山东艺术学院科研成果出版基金资助

中外艺术史要略

张维青 高毅清 主编

山东人民出版社

序

田川流

一

《中外艺术史要略》的出版，是一件十分有意义的事情。该书兼有学术性和知识性，它的问世，是我国艺术史研究的重要收获，将会为艺术学学科领域的研究者与求学者以及社会上广大的艺术爱好者带来帮助。

中国与外国，都有着博大精深的艺术积淀，它们都属于人类的宝贵财富。每当我们漫步在人类艺术的辉煌殿堂，无不感到震撼与欣悦。正当人们越来越重视人类非物质文化遗产的保护、研究与开发的时候，我们一边领略艺术世界的绚烂多彩和美不胜收，同时也深深感到继承这一份人类伟大财富的光荣与责任重大。

人类艺术文化发展到今天，是一部波澜壮阔、辉煌璀璨的大书，有着无穷无尽的内容。但长期以来，较少有人将其放在一个整体的宏大的结构框架中进行研究。在人们的探索中，常常将对于各部类艺术史的研究看得十分重要，独钟于自身所研究的艺术门类，而忽视不同门类艺术史的综合与比较性研究。这一现象，正是中外艺术史研究的薄弱环节之所在。这一方面是由于历史的局限，各艺术门类之间存在较大的差异，阻隔了研究者的视线，同时，也由于人们对于跨门类的艺术研究的意义缺乏更清晰的认知，此外，社会与时代也未能为这种研究提供文化的支持与物质的可能。

而在当今艺术活动趋于综合性与多元性的时代，让读者在一个宏大的时空内全面和多方位地审视人类艺术发展的进程，是一件极富意义的事情。

以整体的和系统的视野研究艺术史，是艺术内在规律不断发展的要求，是对于艺术发展予以全面理解和宏观把握的需要。在各艺术样式之间，虽然存在着程度不同的差异，但无论是艺术活动的基本动机与艺术体验，还是艺术创造的基本形式美法则或者创造的过程，均有相近之处，艺术家的创造所必须具备的心理要素、赖以使用的思维方式，以及艺术物化的基本目标、艺术创造的最终使命等等，也都是相通的。正是基于各艺术门类的差异与同一，才使得不同艺术样式既拥有属于自身独具和赖以生存的特质，同时也具有在社会文化的庞大系统中作为艺术文化体系所共有的特性。在历史上，许多艺术家都已看到不同艺术种类之间相互交融与互化的可能与奥妙，而在今天，充分认识其差异性与同一性，对于深化认识艺术规律，推进艺术发展，是具有重要意义的。

以整体的和系统的视野研究艺术史，是研究者拓展探索领域的需要。在当代，更多的艺术样式越来越趋向于交叉与互融，不同艺术样式的特质经过人们的精心创造，实现了提升，创作了大量新颖的艺术作品，甚至推出新的艺术样式，这些都引发人们进行深入的思考。基于此，我们更有必要将人类有史以来的艺术现象与衍变放在一个整体性框架上，进行多元的研究，追寻其间那些类同的质素，找到可以融会贯通的契机，以求获得整体观照与具体分析的统一。在当代，对于艺术史的研究确实不仅需要具体门类、断代或个案的研究，同时也需要做宏观的全方位式研究，或者在进行具体门类与断代式研究的同时，以更为宏观的研究为参照。这样，一方面显现出每一个案在艺术史的整体系统与框架中的地位和价值，另一方面，也可以展开对于艺术家、艺术作品、艺术现象的比较式研究，以求使人开拓视野，高屋建瓴，开阖自如，获得更大的自由。

以整体的和系统的视野研究艺术史，也是社会与文化发展的要求。首先，在当代，由于世界经济一体化的形成，艺术活动已经成为世界经济贸易的重要方面，但从事经贸的人们常常并不顾及每个艺术品类的审美属性，而是更多地注重其商品属性，并将其置于一个整体性系统中来看待，以求获得最大的效益；其次，由于高新科技的发展，不同艺术种类之间在形式美感上的交叉与互融越来越多，各艺术种类之间的某些差异也在淡化与消隐，特别是由于科技的作用，可以促使众多艺术种类共同融入科技的因素，使之呈现出当代性特色；再次，由于社会文化的发展，不同艺术种类之间的互融、艺术与其他科技、工业、建筑、城市建设等方面的联接越来越普遍，催生了许多具有新颖形式的艺术作品，甚至催生着新的艺术品种或者艺术样式的出现。诸如建筑艺术、环境艺术、工业设计艺术、装饰艺术等等，大都融合了多种艺术的特质，而并非传统的某一艺术种类的再现；又次，是社会心理与大众接受的要求。在当代文化产业及其文化市场迅捷发展的态势下，人们对于艺术的理解和把握，也更多地趋向于艺术活动的整体性与多元性。事实也正是如此，当人们把生活与艺术置于一个新的框架和系统中加以观照的时候，就会发现，对于艺术来说，再也不应将其封闭于一个狭小的空间而孤芳自赏了。当我们立于时代的制高点俯瞰艺术世界时，映入我们眼帘的，将是一个极其丰富和辉煌的世界。

今天，人们当然需要能够反映中外艺术发展全史的大书，但是由于阅读时间、精力的局限，人们同样也需要比较精粹和适度精选的艺术史。在人们面临紧张与快节奏生活方式和充满竞争的时空压力的当代，似乎编撰一部中型的、相对简约的艺术史，更符合多数读者特别是青年人的愿望。因而，基于学习与研究的需要，编撰这样一部60余万字左右的中外艺术史，是十分及时的。

二

在艺术领域治史，撰写一部比较完善的系统的艺术史，是许多人的渴望。但当人们尚未来得及从事这项工程的时候，《中外艺术史要略》的推出，实现了这一夙愿。

该书的新颖与价值是突出的。在以往人们为各艺术门类作史且成果丰硕的基础上作一部艺术的全史，它是对于各种艺术史的系统化的整合；同时，它不是对于艺术家艺术作品艺术现象的简单取舍，而是在浩如烟海的艺术海洋中撷取最美的浪花，为人们提供更为优秀更具华彩的精品。这一整合、采撷的过程，以及对于精品艺术的审视与判断的过程，正是研究与评判的重心。还有，这种研究不应成为比附式的比较，而应当是对于不同地域、不同领域艺术的有机比较，其中，应包括外在的比较，比如时代、社会、自然背景等；同时也应包括对于其内在艺术特质的比较，比如艺术的内涵特色、形式特点等；还应包括对于艺术活动的其他特色，比如艺术的制作、传播与营销等不同特点的比较。

编撰这样一部艺术史，是需要学术勇气的。特别是将古今中外艺术史上的重要艺术家、艺术作品、艺术现象融汇到这样一部60余万字的著述中，肯定是具有极大难度的。首先，它可能会有所取舍，重视或忽略相关内容，或者因为人们审视的目光不同而见仁见智，势必会引起人们的评说；其次，它可能会因篇幅所限，择重弃轻，有所详略，致使部分读者的不满足，但它毕竟为人们提供了一部比较简约的读本，在当下人们面对知识与信息汹涌而来的时候，读一读较为简约的版本，也不失为一件快事；再次，它可能会出现对于某些方面研究的参差不齐，有的地方难以反映出当代学术研究的最新成果，这也是不必求全责备的。面对如此浩繁的工程，如果没有足够的学术勇气的支撑，是很难实施与完成的。

进行这一研究，还需要丰富与多元的知识积累和完善的知识结构。撰写一部艺术史的过程，同时也就是运用当代哲学和美学理论，以及运用科学的批评标准，对于艺术活动全部过程与全部现象予以整合遴选和处理评判的过程。它对于艺术史家的知识结构与理论素质的要求是苛刻的和全面的。在这一研究中，需要对于人类艺术史上无数艺术家、艺术作品、艺术现象进行具体考察及其评判，同时也需要立于宏观的立场，对于大量的现象进行多视角多层面的比较与鉴别。对此，倘若缺乏足够的知识积累，是无法实现其使命的。

进行这一研究，更需要驾驭宏观知识体系的能力，以及良好的治学精神。它首先在于，治史是在前人的基础上来做，这本身就是一种巨大的挑战，做得不好，很容易堕入亦步亦趋、空洞无物以及无数材料的堆砌；其二，正是由于历史上人们已经有了大量的建树，所以对于今人来讲，治史的行为本身就意味着必须有所超越，其中包括对于个案研究的超越，同时更包括整体把握与系统研究的超越，否则，就是缺乏创新价值的读物。即使是兼有知识性与普及性的著述，也需要具有独到的见解与鲜明的创新之处。特别是在当今，人们对于学术研究中的浮躁化、腐败行为深恶痛绝的时候，进行这样的写作，显然是需要极大的坚韧与毅力的。

三

从该书的编撰可以使我们看到，为艺术治史是一项十分严肃的工作，因而必须注重其科学性与系统性。该书作者正是恪守了这一原则。

科学性，即治学的严谨与客观。

严谨，即对于艺术史上的每一方面的作品与现象的考察与判断，均要以充足的史料与其他实证材料为依据，而不应主观臆断，其间，任何偷懒、取巧的做法都是极其有害的。特别是艺术史，由于前人已经做出了大量的研究成果，近人的研究大多是在前人研究的基础上做进一步的考察，或者校正前人的错误，或者拾遗补缺，这样，就更应该在面对大量史料时，做认真严密地考察，以求获得新颖的学术见解。在这样的工作中，不应拾人牙慧、缺乏新意、满足于对于以往既有材料和他人见解的汇集；或者不做深入地研究，不对存疑的问题进行艰苦繁复地探求，而是随意作出结论，或者以自己主观的判断代替严密的考证。这些都是有害于艺术史研究的做法，理应在摈弃之列。为艺术治史，更不能容忍的是对于历史的信口开河、无端猜测、牵强附会。这些，都是对历史的戏弄，甚至是犯罪，一旦谬种流传，当会贻害无穷。

客观，即对于艺术研究中可能遇到的大量悬而未决的课题，进行客观的符合历史本来面目的阐释，而不是以今人的观念，轻易地做出优劣高下的结论。我们既不能对于历史上的人们用今天的价值标准去做出判断，同时也不应对于历史上的作品采用今天的尺度去衡量，勉强赋予其只有今人才能理解的内涵。过去我们曾经不乏这样的教训，机械地使用当代阶级斗争的观念来对于历史艺术作品进行衡量，从而得出作品的优劣是非，以及艺术家艺术地位高低的结论，这样极易对于历史研究产生误导，甚至长期影响后代人们的认知。我们对于历史上的艺术家及其艺术作品或者艺术现象的认知，均应以马克思提出的美学的和历史的观念及其标准来衡量，既要以我们今天能够达到的审美与认知水平来权衡其价值高低，同时也应将其置于特定的历史背景与环境中予以考察，这样方能做出真正客观的符合历史事实的结论。

艺术史研究的系统性，则是将人类艺术活动置于可以相互参照与比较的框架之上，同时将艺术史上无数个案在前人研究的基础上赋予其新的视角，使之生成新义，综合创新，展现出当代学者研究的最新成果。为了达到这一宗旨，该书撰写者潜心研究，披沙拣金，参阅大量资料，力避谬误，使之不仅丰厚且多有创见，同时显现出艺术史脉络的连贯与承继性特点。

系统性研究可以使人以宏观开阔的和高屋建瓴的视角，把握艺术的衍变与发展，同时可以将不同地域和时代的富有个性的艺术现象予以交叉性研究，既可以在历时性意义上得到清晰和流畅的理解，获得时间上的衍生与裂变的线索，同时也可以在共时性的意义上获得对于不同艺术种类、样式和作品的认知，在空间关系上实现对于不同地域(东方和西方)、不同时期艺术的基本状况的把握。其间，无论是历时性研究，或是共时性研究，均具有较大的难度。比如中国与西方艺术发展的历史脉络有时并不是相对应的，如果硬是将其作机械性的对比，就会失去判断的准确。而对于各门类艺术样式的比较也是如此。

系统性研究应当在强调不同艺术门类具体特征的基础上把握其相互关系。在我国，由于历史上文学的相对发达以及长期居于所有艺术种类之首的位置，因而对于文学史的研究也相对发达和丰富。在今天对于宏观艺术史的研究中，有时也会出现以文学史为主线索，而将其他艺术门类的衍变附着于文学史的整体线索之中的现象，这样做显然是不妥的，它势必会将其他艺术种类发展的独特规律予以消隐，失去艺术史研究的基本意义。从宏观上看，文学史应从属于艺术史，文学史的研究应当会对于艺术史的研究带来很大帮助，这是不言而喻的，但倘若将对于艺术史的研究按照文学史的研究模式去做，就会对艺术史学带来不良影响。特别是，艺术各门类的艺术形式均具有自身的特点与追求，本身就与文学活动有着较大的区别，显然这是文学史研究方法所不能替代的。

系统性研究会增进其知识性及其史料性。系统性研究带来的并不是艺术门类、断代及其个案研究史料的堆砌和叠加，而是对于艺术发展脉络的有机把握。它是建立在对于艺术史料缜密研究基础上而得出的科学的判断与整合，特别是对于各门类艺术史的系统性研究，更是必须具有严密的逻辑和清晰的线索，使得所有的资料均在人们研究与梳理的基础上获得扬弃与新的审视，从而使各门类艺术在整体系统中得到应有的位置。这样的研究，对于该书史料性的把握要求更加准确与可靠，同时也会因之而增进其知识性，为读者提供最为准确与翔实的资料。应当说，该书对于上述诸方面关系均有科学和系统的把握。

该书主编张维青和高毅清教授是两位卓有成就的艺术史家，曾撰写160余万字的《中国文化史》，该书获得国家优秀图书奖和山东省优秀社会科学成果一等奖，同时获得学界和媒体诸多的好评，显示出作者严整的知识结构和驾驭宏观知识体系的学术能力。《中外艺术史要略》的出版，将再一次使两位学者的学术研究得到深化。因而我们有理由相信，该书的出版，将会给人们带来新的欢欣与愉悦。

Contents

目录

第一编 文学

第二编 戏剧

第三编 美术

上卷 中国美术

下卷 外国美术

第四编 音乐

上卷 中国音乐

下卷 外国音乐

Contents

目录

第五编 影视

上卷 中国影视

下卷 外国电影

中外艺术史要略

第一编 文学

上卷 中国文学

第一章 先秦、秦汉时期

第一节 先秦文学

先秦文学是指中国从远古时代到公元前221年秦始皇统一全国以前的文学。先秦，是一个极其漫长的历史时期。仅以有文字记载的历史而言，从殷商到秦统一中国(约公元前1400年—前220年)，就有一千余年。但是，文字产生的历史可以远溯到有文字记载以前初民的口头创作。

一、远古歌谣和神话传说

远古歌谣和神话传说最初是在人们口头代代相传的，而且歌谣与神话的产生可以上溯到文字产生以前的远古时期。因此，中国产生的最早的两种文学形式即远古歌谣和神话传说。原始歌谣是在原始人类为求得生存发展的集体劳动中产生的，它反映了原始人类的劳动生活情景。如保存在《吴越春秋·勾践阴谋外传》中的《弹歌》："断竹，续竹，飞土，逐宍(肉)。"以古朴的二言形式再现了狩猎活动的全过程，短促的节奏与弹射时急促的音响相谐。又如保存在《礼记·郊特牲》中的《伊耆氏蜡辞》："土，反其宅！水，归其壑！昆虫，毋作！草木，归其泽！"蜡辞是冬令蜡祭时的祝词，这四句祭辞，句句是希望，句句是乞求，语词恳切，以"咒语"的形式，表达了初民企图控制或征服自然灾害的愿望。

神话传说就是关于神的故事，以故事的形式表现了远古时代的人们对自然、社会现象的认识和解释，寄寓了人们征服自然的意图。神话传说可以分为三类。首先是创世神话。这类神话主要包括初民对天地开辟和人类诞生的解释。关于开天辟地，流传最广的莫过于《盘古开天辟地》和《女娲补天》。传说《盘古开天辟地》中讲到盘古是宇宙开辟神，天地定位是他的功劳。盘古还是宇宙万物的化生神，宇宙间的万物，包括人类自身，都是盘古所化。盘古神话反映的是天地同构和物物相生观念，同时反映了先民对人类自身力量的坚定信念。《女娲补天》讲述了女娲"炼五色石以补苍天"的故事，内容奇伟瑰丽、动人心魄，反映了远古人类所遭受的种种自然灾害。女娲的神话应该是产生在母系氏族社会，它歌颂了女娲这一英雄女性，反映了当时的人们对女性地位和作用的肯定。其次是自然灾害神话。这类神话主要包括《后羿射日》、《大禹治水》、《精卫填海》等故事，表现了人类遭受自然灾害的经历，以及战胜自然灾害的愿望和功绩。再次是战争神话，这类神话主要是表现部族之间战争的神话，以黄帝战蚩尤最为著名。在这些神话中反映了初民对部族英雄的由衷赞美和惩恶扬善的意愿。远古歌谣和神话传说对后世文学创作产生了深远的影响，为后世的各类文学提供了丰富的素材。

二、《诗经》

《诗经》是我国第一部诗歌总集。它收录了西周初年到春秋中叶约五百多年间的作品305篇。《诗经》又名《诗》或《诗三百》。《诗经》中的诗篇分风、雅、颂三类。这种分法与音乐有关。“风”是指各个地区的地方乐调，按地区或诸侯国的名称分为十五国风，共160 篇。“雅”指朝廷正乐，根据作品题材划分为大雅与小雅，共105篇。大雅以反映朝廷的重大事件为主；小雅则以表现贵族日常生活内容居多。“颂”指宗庙祭祀的乐调，分周颂、鲁颂、商颂三部分，共40篇。

(一)《诗经》的思想内容

《诗经》的思想内容十分广泛，几乎涉及到当时社会生活的各个方面。首先是反映劳动和生产的诗。这些诗篇有的是直接描写劳动情景的，情调多欢快轻松，以朴实的语言，深挚的感情，反映了浓厚的生活气息，如《周南·芣苡》。有的以逼真、生动的叙述展现了农夫全年的辛苦劳作，反映当时的生产现状与百姓生活的艰辛，如《豳风·七月》。

其次是反映时弊的政治讽刺诗。这些诗篇多用夸张和比喻手法，对上层统治者的丑恶残暴进行了尖刻的嘲讽。作者以忧患国事、针砭时弊的锋枪，揭露了腐朽统治集团的伪善面目，将其丑恶行径暴露于光天化日之下。如《齐风》中的《南山》、《载驱》等，这些诗都写得辛辣尖刻，讽刺性很强。

再次是反映战争徭役的诗。《豳风·东山》全诗四章，四章开头四句重复，以细雨濛濛中征人归来的凄楚情景，衬托全章诗意。通过一个赴战归来的征人，在回乡途中对家乡亲人的思念，描述了战后农村的残破景象，揭示了战争徭役给人民带来的苦难，反映了人民对和平生活的渴望。

又次是反映婚姻爱情的诗篇。在这些反映婚姻爱情的诗歌中，既有反映男女相悦、相思的情歌，如《郑风·子衿》叙述了女子思念情人的相思之苦，《邶风·静女》则描绘的是男女幽会；也有描述婚嫁、夫妻生活的家庭诗，如《郑风·女曰鸡鸣》中描述了一对青年夫妇和谐的家庭生活和诚笃而热烈的感情，令人羡慕和赞叹；还有不幸的婚姻给妇女造成痛苦的弃妇诗，《卫风·氓》和《邶风·谷风》两篇叙事长诗，就是以弃妇的口吻自述被遗弃的痛苦，是那个时代妇女所遭遇的婚姻悲剧。《诗经》中的婚恋诗，反映出原始婚俗与文明社会婚礼的错杂，人的自然冲动与道德伦理之间的纠葛。

(二)《诗经》的艺术成就

其一，强烈的现实主义精神。《诗经》中绝大多数诗篇，是奴隶制社会的生活写照，抒发的是作者对现实生活的直接感受。它们通过对生产、劳动、徭役、战争、爱情、婚姻、家庭以及祭祖、祈神等的描述，表达了广大人民的理想和愿望，描绘出一幅奴隶制时代晚景的沧桑图画。

其二，赋、比、兴的运用。前人称风、雅、颂、赋、比、兴为诗的“六义”。风、雅、颂为“诗之体”；

赋、比、兴为“诗之用”，即艺术表现方法。“赋”是指铺陈直叙，多表现在一首诗的总体方面，它对社会生活的反映，既有深度，又有概括力。“比”是指比方、比喻，它给人以真实感、形象感，增强诗的感染力量。“兴”是指起兴，这是一种借自然界的事物的描写、联想，引出诗人内心的思想感情的表现方法。

其三，复叠的章法和以四言为主的句式。复叠即各章的词句基本相同，中间只更换几个字，反复咏唱。这种章法可以渲染气氛，深化诗的主题，增强诗的音乐性和节奏感，使感情得到尽情抒发。《诗经》的句式，大多数以四言为主，四句独立成章。但也有一些诗句在四言中又杂以二、三至七、八字句，在整齐中显示出参差错落之美。

其四，丰富、生动、形象的语言，大大增强了诗歌语言的艺术魅力。

《诗经》是我国古代诗歌辉煌的开始，它以人为中心开创了我国现实主义的文学传统，它以真为内质奠立起生活是创作之母的原则，使它成为一种范例。其中的赋、比、兴开启了我国古典诗歌创作的基本手法，实为后代各类诗歌艺术之祖。

三、《楚辞》

《楚辞》，本意是指楚国的诗歌，是一种具有浓厚地方色彩的新诗体。同时，《楚辞》也是一本书。西汉末年的刘向把屈原、宋玉的作品及汉代贾谊等人的仿作合为一集，名为《 楚辞》。从体式上讲，《楚辞》较之《诗经》，篇幅极大增长；同时突破了《诗经》四言为主的句式，以五言、六言为基础，长短灵活，错落有致，加强了诗歌的表现力。从语言上讲，诗句中大量运用语气词“兮”字，成为楚辞的一个鲜明标志；在变换节奏、协调音律和表情达意上，都具有一定的作用。它描写楚国独特的景物，表现楚国的风俗民情，又吸收了楚地许多美丽动人的神话传说，铺排夸饰，想象丰富，是楚辞的共同特征。

(一)《离骚》

屈原(前 340?—前 277)，是楚辞的代表作家，他的《离骚》、《天问》、《九歌》、《九章》都是不朽之作。战国时期，楚国都城沦陷，屈原痛感兴国无望，悲愤交加之中，自沉于汨罗江。《离骚》是屈原最杰出的作品，是中国古代最为宏伟的抒情长诗。书写了诗人的身世、抱负，诗人忧患国事、驰骋幻想、探求实现美政理想的道路，政治遭遇中的痛苦心情和坚持理想的决心。屈原借《离骚》表达了自己对理想的执著追求，塑造了一个为国为民宁死不悔的坚贞高洁的抒情主人公的形象。

《离骚》的艺术成就首先表现在具有浓厚的浪漫主义色彩。全篇通过奇异的神话、动人的传说与现实人物、社会场景的复杂交织，构成了诡奇的意境，借此抒发了诗人千回百转的强烈而复杂的思想感情，使诗篇达到了丰富的内容和完美的形式统一。其次，《离骚》发展了比、兴艺术表现手法。比兴手法在《诗经》中就曾大量运用，但表现得都比较简单，在《离骚》中，比兴渗透在诗篇整体艺术形象的构思中。如用众多的比兴构成了一连串的艺术形象，这不但使诗篇文采华丽，而且创造出一种寄托幽远、耐人寻味的效果，开创了中国诗词以香草美人寄情言志的境界。再次，《离骚》创造出了新的诗体形式和精美的语言。它突破了《诗经》以四言为主的格式，以六言为主，长短相间，创造出一种比较自由活泼的新诗体，扩大了诗歌的表现力。语言上大量吸收楚国民间方言，如“羌”、“扈”、“婵媛”等等，具有鲜明的地方和民族特色，文采华美而又不失质朴。大量虚词的使用，使诗句灵活多变，毫不凝滞呆板。

(二) 风格各异的楚辞创作

《九章》是屈原在流放途中所作，是一组政治色彩浓厚、感情充沛的抒情诗，通过对内心世界的细微刻画，反映诗人的爱国情怀和高尚情操。作者与在《离骚》中奇幻浪漫的表现方式不同，在《九章》中直抒胸臆，文笔朴素，常用白描，直接抒写诗人当时的心绪，平实深沉。

《九歌》本是祭祀时的颂神曲，屈原在民间祭神歌舞的基础上加工创作而成，同时也 寄托着屈原的身世之感和规讽之意。作者不仅在作品中叙写了神灵的活动和神灵的情感，描绘神灵所在的环境和气氛，而且侧重于描摹神灵的相思。这就使奇异深浓的情感与清新的描写结合在一起，造就了奇特瑰丽的艺术境界。

《天问》则是一首奇特的长诗，对自然现象、神话传说和远古历史、社会现实等一口气提出了一百七十多个问题，体现了诗人的见识广博、思想深刻以及勇于怀疑和批判的精神。从文学观点看，《天问》远不如屈原的其他作品，但是它保存了许多神话传说和远古史料，有较大的史料价值。

继屈原之后，还有宋玉、唐勒、景差等著名的楚辞作家。但是唐勒、景差的作品现已不复存在，因此对其风格特点也就无从考证。宋玉以《九辩》为代表。他长于铺排描摹，造语用词长短不拘、参差错落、抑扬变化。这种句法是对屈原的继承，在运用上却比屈原更加成熟。

四、历史散文和诸子散文

春秋战国时期，有一些士人撰作史著、编纂文献，为统治者提供政治借鉴。今存的《尚书》、《春秋》，就保存了殷商、西周、春秋时期的史料。至战国，社会发展进一步动荡混乱，更加需要认真总结历史，从历史中汲取教训。于是出现了《左传》、《国语》、《战国策》这样以平易文体写成的历史著作，从而形成了历史散文的繁荣局面。随着剧烈的社会变革，春秋战国时期引发了一个被后人津津乐道的文化现象“百家争鸣”。在“百家争鸣”的文化环境下，诸子散文也得以繁荣发展。

(一)历史散文

《尚书》是中国最早汇集历史资料的散体文总集。《尚书》即上古之书，又称《书》，由《虞书》、《夏书》、《商书》、《周书》四部分组成，记载从尧、舜到周朝的重大事件 。

《春秋》是我国第一部编年体史书，它记载了鲁隐公元年（前 722 年）至鲁哀公十四年（前 481 年）共 242 年间的各国大事。《春秋》本由鲁国史官编撰，后经过孔子整理、修订，因而成为儒家重要的经典。它采取了一种纲目式的记载，语句极其简短，几乎没有描写的成分。这同时也显示了

《春秋》在修辞技巧中的功力,以一字"寓褒贬,别善恶",选词炼字,十分精细。

《左传》是《春秋左氏传》的简称,又名《左氏春秋》。相传是为阐释《春秋》而作,由左丘明撰写。作为中国第一部叙事详细完整的编年体史书,《左传》比较真实地记载了整个春秋时代共二百多年的历史。作品首先极富文学性的剪裁功夫,并将历史事件故事化、情节化,即省略了那种枯燥乏味的流水账式的史实记述,而常常借助对人物语言、行为和彼此间的关系刻画,以达到记叙史实的目的。其次,刻画人物性格极富立体感,作品不仅能够写出人物某一方面突出的性格特点,而且注意刻画人物性格的多个侧面,有的甚至能够写出性格的发展。再次是生动的场面描写,《左传》以擅长叙写战争著称,它记叙了春秋时期一千四百余场大大小小的战役,千姿百态,每战不同。

《国语》是中国第一部国别体史书,分国记载一些重要史事,是各国史料的汇编。《国语》记事年代起自周穆公止于鲁悼公(约公元前1000年—前440年)。产生于战国初年,作者姓名已不可考。《国语》在文学上最突出的特点,是语言精练简省。作品记载了春秋时代流行于上层社会人物中间的口头语、俗语和政治用语,这些语言言简意赅、生动传神,保存了民族语言的时代特色。《国语》的记事语言也十分精练,不加修饰而极富表现力。

《战国策》也是一部按国记事的国别体史书。它记述了战国初年到秦灭六国约240年间的历史。最初是战国末期和秦汉之间的人所撰写的史料文章,后经西汉刘向考订加工、整理成书,定名为《战国策》。《战国策》共33篇,都是相互独立的单篇,记载了西周、东周及秦、齐、楚、赵、魏、燕、宋、卫、中山诸国军事、外交等政治生活的大事。主要内容包括战国时期谋臣策士的言论和活动。作者在语言上感情充沛、气势磅礴、铺张扬厉、辩丽恣肆,在人物的描述上非常成功,往往只用寥寥几笔,或通过其形象,或通过其言语、行为来传达人物的神貌。此外,《战国策》还善于用一些生动的寓言来说明事理,使抽象事物变得形象鲜明、生动,言短意长,颇富哲思。

(二)诸子散文

诸子散文是春秋战国时代各个学派阐述自己思想学说的著作,是百家争鸣的产物。《汉书·艺文志》中把先秦诸子的各种流派分为儒、道、阴阳、法、名、墨、纵横、农、杂、小说十家。诸子散文的基本创作趋向是从简约到繁复,从零散到严整。越是后期的著作,篇幅越宏大,组织越严密。

儒家经典著作——《论语》、《孟子》

《论语》是一部语录体散文,共20篇,是记录孔子(前551—前479)及其弟子言行的书,由孔子的弟子及后学整理编定而成。《论语》的内容非常丰富,涉及哲学、政治、伦理、教育、文学、艺术等许多领域,是儒家最主要的经典著作,成为后代文人的必读书籍。《论语》言简意赅,朴素生动,富有哲理和感情色彩,形成了一种平易、隽永、含蓄的语言风格。其中许多警句,如"三人行必有我师焉"、"欲速则不达"、"人无远虑,必有近忧"等等,都成为后世人们生活的座右铭。

《孟子》由孟轲(前370?—前289?)和他的弟子共同完成。《孟子》共7篇,也是一部语录体散文，但是这种散文是论辩性的，以问对、答辩的形式展开，针对性很强。《孟子》一书反映了孟子对儒家学说的继承和发扬。其政治学说的核心内容是“仁政”、“民贵君轻”。在哲学上提出了“性善说”。在先秦诸子散文中，《孟子》与《庄子》是文学性最强的。孟子文章雄辩，充满论战色彩。他行文坦露，文字通俗流畅，喜欢使用层层叠叠的排比句式，因此文章富有气势。由于其论辩性，决定了《孟子》文章逻辑性强，很有说服力。同时为了深入浅出地阐明思想，《孟子》文章善于运用比喻和寓言来说明事理，形象生动，引人入胜。如“画蛇添足”、“狐假虎威”、“五十步笑百步”等等，都是借助形象说明道理的生动例子。《孟子》的散文风格对后世有深远的影响，它是感性和理性的结合，孟子善于用文学手段达到实用目的，对于既主张以文载道，又重视文章之美，喜欢在说理中包含个人感情的某些古文家，《孟子》是绝好的典范。

道家经典著作——《老子》、《庄子》

老子姓李名耳，字聃，年代稍早于孔子。《老子》是一部哲理诗，是用诗化的语言阐释哲理。《老子》全书都是一些简短精赅的哲理格言，又押韵，特别便于记诵。

《庄子》由庄周（前369?—前286?）所著，他继承并发展了老子的思想，他们的思想并称为“老庄思想”或“道家思想”。《庄子》共33篇，分成“内篇”、“外篇”、“杂篇”三个部分。一般认为“内篇”7篇是庄子所作，其他部分出自庄子的后学。《庄子》的说理散文在文体上已经脱离了语录体的形式，标志着先秦散文发展到了成熟阶段。作品最大的特点就是以丰富的想象，奇特的构思，大胆的夸张来阐明深刻玄奥的哲学道理。《庄子》全书基本是由一个接一个的寓言组成，通过生动的、形象的比喻和情节性很强的寓言故事来说明抽象的哲理，使深邃的哲理显得形象具体，充满情趣。《庄子》的语言艺术在诸子散文中成就最高。它的词汇丰富，善用比喻、夸张、排比等修辞手法，对所写事物进行生动、细致的描绘，使文章十分传神。《庄子》的文章结构也很奇特。看起来并不严密，变化无端，有时似乎不相关，任意跳荡起落，但思想却能一线贯穿。句式也富于变化，长短相间，再加上一些不规则的押韵，使文章具有表现力，富有独创性。

墨家经典著作——《墨子》

《墨子》是墨家创始人墨翟（前480?—前420?）的著作，由墨家后学根据其先师的言论、笔记整理而成。墨子主张“兼爱”、“非攻”，即反对从宗法制度出发的亲疏尊卑之分，反对各国之间以掠夺为目的的战争。另外还提出“节用”、“尚贤”等主张，在一定程度上反映了当时下层人民的愿望。

墨家的思想提倡质朴和实用，强调语言要有切实的内容，反对无益于实用的修饰和文采。这种思想也影响了《墨子》一书的艺术风格。《墨子》文章结构完整，语言质朴，口语化重，善于运用具体事例来说明事理。《墨子》中的文章往往由小及大，通过层层推理，不仅增强了文章的说服力，使逻辑严密，而且在运用的具体事例中，形成一种相互比喻的关系，增添了文章的形象性。中国古代严格意义上的论说文，就是从《墨子》开始的。因此，它在中国散文史上有着不可忽视的地位。

法家经典著作——《韩非子》

《韩非子》是战国末期法家代表人物韩非（前280?—前233）的一部政治哲学论文集，共55篇。一部《韩非子》构筑了一整套极端专制主义的、严厉控制人的方法和理论。韩非的专制、法制理论，适应当时地主阶级建立全国统一封建政权的需要，但是历来也成为中国封建社会地主阶级镇压人民的思想工具。

韩非的文章很有特色，是非明辨，语言犀利，具有强烈的批判精神。逻辑严密，论述细致，议论透彻，文中往往把道理一层层地铺展开，所以篇幅大多很长。《韩非子》中运用了大量生动的寓言，是先秦诸子著作中使用寓言最多的，共有三百多则。并在寓言中以大量的历史故事和民间传说作论据来驳斥不同的观点，以此来发挥自己的思想主张。如"守株待兔"、"买椟还珠"、"郑人买履"等，都通俗易懂，形象生动，同时又各具深奥哲理，发人深思。

第二节 汉代辞赋

秦的统一，对中国社会的发展起了一定的推动作用，但是秦王朝实行的是严酷的文化专制政策，"焚书"毁灭了许多古代的文化典籍；"坑儒"更扼杀了文人的创作积极性。加上秦的存在只有短短的15年，因此文学上没有什么成就，算得上作家的，只有李斯一人。李斯的《谏逐客书》很有名，内容是劝说秦王不要驱逐非秦国人才。文字生动、气势奔放，有很强的说服力和感染力。所以文学史上所说的秦汉文学，实际上主要是两汉文学。

公元前206年，刘邦建立了汉王朝。虽然在政治体制上沿袭秦制，但在文化方面则采取了较为宽松的政策。其后国力增强，社会进步，使文学出现了蓬勃发展的局面。在汉代文坛占主流地位的是辞赋。辞赋是一种独特的文体，它介于诗歌和散文之间，可以说是诗的散文化或散文的诗化。赋产生于战国后期的楚国，盛行于汉代。汉代的赋，以其内容和表现形式可以分为骚体赋、散体大赋和抒情小赋三类。

一、骚体赋

骚体赋兴盛于西汉前期，内容上侧重抒情，形式上模仿楚辞，也用带"兮"的语句。如贾谊的《吊屈原赋》、司马相如的《长门赋》、司马迁的《悲士不遇赋》等等。

贾谊（前200—前168），是汉代第一位卓有成就的作家。他的骚体赋作，今存有《吊屈原赋》、《鵩鸟赋》。《吊屈原赋》中作者用清丽的文辞，借凭吊屈原而发抒自己政途受挫、怀才不遇的幽愤、哀伤。《鵩鸟赋》则是作者借鵩鸟（古人认为不吉利）入室一事，联想到人生短暂、世事无常，并以道家思想排解自己的内心苦闷，阐明自己对人生的达观态度。《鵩鸟赋》的文句除去了语气词"兮"

字，多数为整齐的四言句，在表现形式上也选取了新颖的问答体，开了汉赋问答体的先河。

司马相如（前179?—前118）的《长门赋》也是一篇杰出的骚体赋。这篇赋是为陈皇后失宠而作，在开头用第三者的语气，描写陈皇后在长门宫的寂寞，后改用陈皇后的口吻描写她望君不至的悲伤心情，有很强的艺术表现力。这篇赋辞藻华美，对景物和人物心理的描写都比楚辞更为细腻。这篇赋为后世的“宫怨”文学开了先河。

西汉后期还出现了一位女性辞赋家，就是班婕妤。其《自悼赋》是第一篇出于女性之手的宫怨赋，抒写了自己从入宫到被废黜过程中的心态变化和感受，真切地诉说了这一类女子的怨恨惆怅之情，深刻而细腻，十分感人。语言上清丽流畅，描写细致，善于借景抒情，对后世的“宫怨”文学影响很大。

二、散体大赋

散体大赋形成于汉初，兴盛于西汉中期，内容上侧重于状物叙事，结构宏大，篇幅较长。它多侧重描写宫苑、山川等壮丽的事物，帝王的政治、军事等活动，以及帝王贵族的富华的生活。在结构上，多采用主客问答的方式，以此来表现作者讽谏的思想。在语言上多用铺叙、排比，语言夸张，辞藻富丽。

枚乘（？—前141），是散体大赋的开创者，其完整保留下来的作品只有一篇《七发》，它标志着汉代大赋的形成。此作以大段的篇幅、铺陈夸张的描写、丰富的词藻、问答的形式、四言为主的句式，描写了贵族种种安逸享乐的生活，并进行了讽刺和劝谏，具备了散体大赋的基本特征，因此《七发》标志着汉赋走上了自己的发展道路。《七发》既奠定了典型的汉散体大赋的基础，又是辞赋中特殊的一支——“七体”的开创之作。

将大赋推向创作高峰的是司马相如。司马相如在汉代文坛上享有很高的声誉，他的著作以赋的成就最高，另有散文、乐府诗。司马相如的代表赋作除了前面提到过的骚体赋《长门赋》外，还有《子虚赋》、《上林赋》。《子虚赋》和《上林赋》标志着汉大赋体制的最终确立。这两篇赋在内容主旨上，通过子虚与乌有的对话以及亡是公的陈述，颂扬了大一统中央皇朝无可比拟的气魄和声威，同时也对天子、诸侯过于奢侈和淫靡提出规劝和讽喻。在结构形式上，两赋结构宏大，用冗长的篇幅，铺叙以游猎场面为中心的山海河川、宫殿苑囿、音乐舞蹈等等众多场面。在语言上，运用对偶、排比等多种修辞手法，以丰富华丽的词藻展现出宏大的气魄。因此，《子虚赋》、《上林赋》代表着汉散体大赋的最高成就，并成为后来扬雄、班固等赋家模仿的典范。

西汉后期的汉散体大赋以扬雄（前53—18）为代表。扬雄的代表作有《甘泉赋》、《河东赋》、《长杨赋》、《羽猎赋》四篇，后世称为“四赋”。“四赋”在题材上，开拓了散体大赋的题材领域，开始描写祭祀。在表现形式上，篇幅相对缩短，描摹的对象集中。在语言上，除采用比喻和夸张的手法外，扬雄还通过含蓄委婉的笔触来表达他的讽谏。

东汉时期的散体大赋，虽已失去了往日的光辉，但仍有一些名篇，其中以班固的《两都赋》、张衡的《二京赋》最为著名。《两都赋》在题材和内容上，以京都为主要描写对象，开创了散体大赋中的"京都"题材。在表现手法上，更注重在写实的基础上夸张，而不是司马相如式的近乎虚诞的夸张。

三、抒情小赋

篇幅短小而具抒情性的赋，西汉已经出现，如扬雄的《逐贫赋》、《酒赋》。扬雄的抒情小赋别致清新，独具一格。赋虽短小，不足百字，但却巧诘滑稽而深含愤世嫉俗的思想，以拟人、比喻等修辞手法抨击西汉末年的堕落和黑暗。抒情小赋虽然在西汉中后期就已经出现了，但是作为与传统汉散体大赋相抗衡的独立文体，只能说是始于东汉中期。

东汉中期以后由于国势衰微，社会动荡，传统的大赋已不适应文人抒发情志的需要，因而抒情小赋随之兴起。抒情小赋内容上侧重于咏物和抒情，篇幅短小，文辞清新。这种小赋往往带有尖锐的批判性，能更直接地反映时代的脉搏。其中最有代表性的是张衡的《归田赋》、蔡邕的《述行赋》和赵壹的《刺世疾邪赋》。

张衡的《归田赋》是东汉抒情小赋的开山之作。全赋短小明畅，不过二百余字，语句清丽流转，直抒心迹，自然清爽令人感到亲切温馨。既表达了对美好归日生活的向往，同时也暗寓对官场龌龊的厌恶。寄情于景，情景交融，结构精巧。这些都标志着《归田赋》完成了赋体的革新转变，基本结束了以散体大赋为主流的时代，开辟了灵巧自如的抒情小赋的新时期。

蔡邕和赵壹是继张衡之后，抒情小赋作家中的佼佼者。蔡邕的《述行赋》将贵族的贪婪与人民的极端贫困对比起来写，表现了对当时政治的不满以及对人民的同情，具有较强的感染力。赵壹的代表作品《刺世疾邪赋》，在四百余字的篇幅中，对黑暗腐败的政治进行了无情的揭露，批判的锋芒直指丑恶的社会现实，直抒其愤慨的情感，毫不掩饰。

第三节 汉代散文

进入汉代，散文文风发生了很大的变化。两汉散文有以《史记》和《汉书》为代表的历史散文，还有大量的政论散文及抒情、记事散文。《史记》开创了中国纪传体的史学撰述，同时也开创了中国的传记文学。政论散文则经历了文风的种种变化，由西汉初期贾谊等的情感浓重，变为西汉中后期刘向等的引经据典；又变为东汉前期王充等的崇尚真实，又变为东汉后期王符等的抨击时弊。两汉时期还出现了数量虽少，但却不容忽视的抒情、记事散文，这些作品往往情感浓厚，很有文采，更具文学价值。

一、历史散文

(一) 司马迁和《史记》

司马迁(前145—前87?)字子长,是我国史传文学的开创者。司马迁以毕生精力完成的《史记》,是中国第一部纪传体通史。《史记》所记载的历史,上起传说中的黄帝,下迄汉武帝太初年间,大约3000年。全书共130篇,52万余字,包括十二本纪、十表、八书、三十世家、七十列传五个部分。本纪,记历代君主或实际统治者之事;表,即以表格的形式列出大事记;书,是有关经济、文化、天文、历法等的专门论述;世家,是世袭功臣、贵族的传记;列传为本纪、世家以外的各种阶层人物的传记。其中本纪、世家、列传是《史记》书中的主体,五种体例相互配合补充,构成《史记》完整的体系,开创了中国纪传体历史著作的先河,成为中国历代正史的基本形式。

《史记》暴露了统治阶级特别是封建帝王的本来面目,对统治阶级的奢侈、残酷及其内部争权夺利的丑恶行径进行了揭示,对贪官污吏欺压无辜的罪行也进行了批评和谴责。《史记》还用大量的篇章记录了"明君"、"贤臣"的事迹,歌颂了他们的优秀品质和对历史做出的杰出贡献。同时也热情赞扬了反抗暴秦的英雄人物,如《陈涉世家》中的陈胜、吴广,以及《项羽本纪》中的项羽。《史记》中还记述了一些中下层人物,肯定了他们的可贵品质和智慧才能。

《史记》的文学成就首先表现在它的叙事艺术上。它本着"实录"的原则勾勒出"实况",作者以第三人称客观地叙述,将对事、对人的褒贬暗含于叙事之中,很少脱离事件本身而做抽象的议论。同时,作者为了避免平铺直叙的介绍,采用了"故事化"的方法,生动地再现了历史的场景和人物的活动。

其次,在对人物的刻画上,《史记》还创造了"互见法",即把两个人或几个人有关的事件详细地写在与这一事件最有关系的那个人的传记中,而对于其他次要的人和事在专集中则一笔带过。这样既避免了不必要的重复,又能集中刻画一个人物,使"这一个"人物的形象更为鲜明突出。作者艺术性地把握人物的本质特征,并将人物置于一定的矛盾冲突中,在细节描写、行为叙述、环境刻画和语言表现上,既能充分传达出"这一个"特质,又再现了人物活动的曲折情节和紧张场面。

再次,在语言表现方面,司马迁在吸取前人经验的基础上,形成了通俗简洁、生动传神、富于感情的语言风格,往往只用几句话甚至几个字就能渲染出场面气氛或展现出人物的情态、心理,有很强的表现力。特别是在描写人物之间的对话上,司马迁用接近当时的口语来刻画他们的态度,并将其语言也个性化,从而使"这一个"的个性化更为突出。

总之,《史记》在中国文学史上堪称一座伟大的丰碑。它在描述故事、塑造人物、运用语言和谋篇布局上都取得了很高的成就,并对后世小说、戏曲的创作产生了很大的影响。唐宋传奇和明清小说,从文体形式到表现手法都明显受其影响。至于戏曲方面,从《史记》中取材的更不在少数,如最早传入西方的中国戏剧《赵氏孤儿》就取材于《史记》。它的价值,恰如鲁迅先生所说,是"史家之绝唱,无韵之《离骚》"。

(二) 班固和《汉书》

班固(32－92)字孟坚,其父班彪是有名的史学家,作有《史记后传》65篇,是后来班固写作《汉书》的重要基础。

《汉书》是中国第一部纪传体断代史。它详实记述了自高祖元年(前206)至王莽新朝地皇四年(23)整个西汉王朝229年的历史。其体例基本继承《史记》,只是改"书"为"志",又取消"世家",并入"传"。全书共100篇,分十二帝纪、八表、十志、七十列传。

《汉书》在人物传记的撰写上,继承并发扬先秦以来中国史学"直笔"、"实录"的优良传统,因此较为全面深刻地反映了当时社会的真实面貌。《汉书》记载武帝以前的历史,大都沿用《史记》的内容加以补充、修饰,使之更系统,更具体。太初年以后的历史则全为班固修撰 。在尊重客观历史事实的基础上,班固同样在人物传记里,暴露了统治阶级的丑恶面目,同时歌颂了张骞、苏武等有民族气节的英雄人物;也接触到了人民的疾苦。在人物塑造上,《汉书》也有不少人物传记能够生动地传达人物的神貌和性格。班固笔下的人物虽不像司马迁那样时时渗透着情感,只是具体地描写历史的事实、人物的言行,却也常常能够显示出历史人物的精神面貌,如《李广苏建传》、《朱买臣传》等都是公认的名篇。在语言上,《汉书》没有《史记》那种浓厚的情感、那样生动形象,但它叙事平实、稳健、严谨,修辞上倾向排比,喜用古字,重视藻饰,语言富丽典雅又很凝炼,也不失为史传文的典范。

《汉书》是一部信实可据的优秀史著。它的人物传记在文学史上也享有较高的声誉。因此 与《史记》、《后汉书》、《三国志》并称"四史"。

二、政论散文

秦代历史短暂,散文成就不高,只有李斯与他的《谏逐客书》。文章紧紧抓住秦王的心理,从远大政治目标出发,说明用客之利、逐客之害,批驳逐客的错误主张。文章用了铺陈排比的手法,又用了一些比喻,气势充沛,语言形象,音节铿锵。这篇散文对汉初贾宜等人的文章风格有直接影响。

(一) 汉代初期

就西汉初期的政论散文而言,因高祖刘邦迫切需要总结秦代及其以前的历史经验教训以利自己的长治久安,故文坛上掀起了一个以治国安邦、务实切用为本的政论著作热潮。在当时,政论散文是散文创作的主体,作者众多,也取得了较高的成就。在形式上多为奏、议、策、疏等,内容多是发表政见,指陈时弊;也有专门总结秦朝灭亡教训,或劝告诸侯不要谋反的。一般都蕴含丰富的情感,气势逼人,文采华丽。重要作家有贾谊、晁错、枚乘等。

贾谊的文章,洋溢着对国家前途的忧患意识,表现出政治家的气魄和历史家的睿智,同时充满热情，富于文采。代表作有《过秦论》、《陈政事疏》、《论积贮疏》。《过秦论》分上、中、下三篇，其主旨是论秦政的过失，分析秦王朝灭亡的原因，总结秦亡的教训。全篇语言感情充沛，气势奔放。作者除了运用铺张描写和对照手法，大大地增强了文章的说服力外，还较多地运用了排比句和一些比喻，增加了文词的华丽。《陈政事疏》(又称《论治安策》)是贾谊的一篇重要的长篇政论散文，被称为"万言书之祖"。《论积贮疏》主要论述了蓄积对于国家的重要性，并针对当时蓄积不足的现状提出了劝农的政策。文章写得紧凑严密，说理透彻，不容置辩。

晁错(?—前154)的文章，《汉书·艺文志》中说有31篇，今存比较完整的有8篇，以《论贵粟疏》为代表。文章所表达的政治主张同贾谊的《论积贮疏》相近，但对时弊的分析更加深入，提出的措施更加具体、切实。语言简洁明快，在浑厚中可见深刻的思考。在文章结构上，晁错的文章比贾谊的更细密严谨，也更切合实际，但在文采和情感方面则稍逊之。

此外，这一时期还要提到的就是枚乘的《上疏谏吴王》和邹阳的《上书谏吴王》。这两篇文章都是劝谏吴王刘濞不要谋反的，文采都很富丽。尤其是枚乘的《上疏谏吴王》，善于铺叙，通篇几乎全用比喻构成，又多用骈语，有辞赋化的倾向。

(二)汉代中、晚期

从汉武帝到西汉末期，是大汉帝国由盛转衰的时期。这一时期的政论散文相对衰落，成就不高。比较重要的作家有司马相如和刘向。

司马相如的《难蜀父老》主要说明开发西南的重大意义。文章论证雄壮，富有气势。他的《谏猎疏》，从武帝自身安全出发劝谏武帝不要打猎。文中有很多富有哲理的劝言，对人们有启发意义。司马相如的散文，语言比较朴实，但很有气势，同时又多用排比句，有明显的辞赋化倾向。

刘向(前77年?—6年)代表作有骚体诗《九叹》，记事散文集《列女传》、《新序》、《说苑》，政论散文《谏营昌陵疏》等。《谏营昌陵疏》为劝阻成帝营造昌陵而作，文章的主旨是提倡薄葬。文章结构严整，逻辑清晰，在叙事议论中抒情，列举了许多历史事实，说服力和感染力都很强。

(三)东汉时期

公元25年，西汉王朝经历了约20年的混乱动荡之后，重归一统。东汉时期的政论散文主要是社会、政治批判的文章，比较重要的作者有王符和仲长统。

王符的代表作有《潜夫论》30篇。《潜夫论》的批判，涉及东汉中期的政治、军事、经济、文化等各个方面。仲长统的代表作有《昌言》34篇，大部分今已不存。《昌言》对当时的社会弊端进行了抨击，针对实际，崇尚实用，充满变革的思想。这些作品在内容主旨上，都暴露和抨击了当时的社会弊端；在文风上都受到汉赋的影响，爱用铺叙，文章骈丽色彩较浓，多用工整的对偶句，在气势和文采上不如西汉的政论散文。

三、其他形式的散文

汉代的抒情散文，一般都是书信形式，有的偏重抒情，有的偏重议理，共同的特点就是抒情与议理相结合。较为著名的作品有邹阳的《狱中上梁王书》、司马迁的《报任安书》、班昭的《为兄上书》。司马迁的《报任安书》是作者给朋友的回信，为叙写个人怀抱之作，以其真挚浓烈的感情动人心魄。文章抒情性强，将叙事、议理与抒情相结合，用有节制的文字，表达了作家因受“宫刑”而产生的万分耻辱、悲愤的心情。

汉代的记事散文以刘向的《新序》、《说苑》和赵晔的《吴越春秋》为代表。这些作品记载历史事实和人物，其中加入了民间传说，有的还加上了作者自己的想象和虚构。刘向的《新序》和《说苑》中寓含劝诫训教之意，文笔朴实简洁，通过描写人物的言行来传达其形貌和精神，颇具小说意味。其中很多篇章类似于后来魏晋南北朝时期的志人小说，具有较高的文学价值。赵晔《吴越春秋》叙述的是春秋末年吴越争霸的历史。在记录基本史实的基础上，还虚构了一些荒诞离奇的故事，也采用了不少神话和民间传说，与后世的传奇小说相近。书中对伍子胥、越王勾践、范蠡等历史人物形象描写得鲜明生动，具备了历史小说的雏形。《吴越春秋》在对历史的记录方式、文章架构、人物塑造等方面对后世创作历史演义、人物传奇类叙事文学作品都产生了深远影响。

进入东汉以后，神学迷信大肆泛滥，一些博学多通的学者们，创作了一些兼重今古、内容丰富的哲学散文。其中以王充的《论衡》最为著名。王充（27—100?）著述颇丰，今存《论衡》85 篇是他最重要的作品。《论衡》中崇尚实用，倡导通俗，批判世俗中言过其实的现象。王充虽然反对文章“华而不实”，但是同时也反对“实而不华”。因此王充散文行文明白畅达，同时重视文辞，句式对偶，多用比喻，富有逻辑性和感染力。

第四节 汉代诗歌

汉代的文坛，在辞赋、散文方面都取得了相当的成就，惟独在诗歌的发展进程上相当缓慢。汉初，楚歌这种诗歌形式，由于被汉高祖刘邦所喜爱，因此很快成为宫廷上层流行的诗歌。此后上升为庄重肃穆的宗庙祭祀乐，同时也就使它很快失去了民歌本来所具有的活泼真切的特性。因此，武帝之后，这种诗歌形式便萧条下来。真正代表汉代诗歌主要成就的是乐府民歌和五言诗。

一、汉乐府民歌

“乐府”本是古代音乐机构的名称，是掌管音乐的官方机构，始于秦代。在秦和汉初时期的乐府，规模不大，只掌管祭祀、朝会的乐章，还未与民间歌辞发生关系。到了汉武帝时，乐府的规模和职能得到扩大。乐府一方面负责为一些文人创作的诗歌谱曲配乐，进行演奏；一方面要派专人去各地采集民间歌谣，加工整理。其后，“乐府”成为一种文学形式的指称。是指由作为音乐机构的乐府所收集、编制的“歌诗”，以及后代文人的仿作。

宋代郭茂倩所编的《乐府诗集》是收录乐府诗最为完备的一部总集。郭茂倩将汉至唐的乐府诗分为十二类，其中包含有汉乐府的为“郊庙歌辞”、“鼓吹曲辞”、“相和歌辞”、“杂曲歌辞”四类。“郊庙”一类中都是由文人制作的朝廷典礼乐章，民歌则主要保存在其他三类中。汉乐府诗歌包括贵族创作、文人创作和民歌三个部分。贵族和文人创作，大多是歌功颂德，风格典雅而缺乏生气，文学价值不高。在汉代的乐府诗歌中，乐府民歌是其中的精华。现存汉乐府民歌作品有四十多篇，大多为东汉乐府机构所采集。

(一)汉乐府民歌的主要内容

汉乐府民歌继承和发扬了《诗经》的现实主义传统。它们来自民间，传达了人民群众的心声，反映了广阔的社会现实，暴露了社会的各种矛盾，成为汉代社会生活的一面镜子。

首先，汉乐府民歌中反映了社会下层民众生活的艰难与痛苦，表现了他们的怨恨和反抗情绪。如《东门行》、《妇病行》、《艳歌行》。《东门行》写一个城市贫民为贫困所迫而决意铤而走险、与妻子生离死别的情景；《艳歌行》描写了流浪者远离家乡的凄苦。

其次，汉乐府民歌中还有大量描写爱情、婚姻的民歌，如《上邪》、《有所思》和《白头吟》。这时的一部分爱情诗不同于以前《诗经》中的平和含蓄，转而成为一种大胆热烈、毫不掩饰的表达。如《上邪》主人公连用了五种绝不可能出现的自然现象，倾诉了自己矢志不移的坚贞爱情。

再次，汉乐府民歌中还有一部分讽刺达官显贵的诗，如《鸡鸣》、《相逢行》。它们描写贵族富人的显贵和奢侈，颇具漫画意味。

最后，汉乐府民歌中也有表达人生哲理的作品，如《长歌行》、《蒿里》、《薤露》。《长歌行》中的“少壮不努力，老大徒伤悲！”指出了生命和时光的可贵并告诫人们珍惜，而《蒿里》和《薤露》则表现了对生命短促、人生无常的悲哀。

(二)汉乐府民歌的艺术特色

第一，汉乐府民歌具有浓厚的生活气息，叙事成分相对增多，很多民歌都有独立的情节。这就为中国古代叙事诗奠定了基础。

第二，汉乐府民歌还着意于人物的描写。汉乐府民歌中描写人物最为成功的当属《陌上桑》了。它写罗敷之美，始终没有直接、正面的描写，而是以他人见到罗敷的反应从侧面烘托，使得罗敷的美呼之欲出。

第三，汉乐府民歌善于运用比兴和铺陈的手法。如《乌生》通篇写乌鸦的经历和所见所感，其实处处都在写人间情事。而《十五从军征》则全诗都是叙述和描写，通过描写老兵向乡人问询家中情况，以及他到家后的所见、所为，表达了一种孤苦和悲凄的情绪。

第四，在形式上，汉乐府民歌打破了《诗经》以四言为主的句式，变为以杂言和五言为主，对五言诗的发展产生了重要作用。

第五，在语言上，汉乐府民歌朴素自然，生动活泼，往往使用口语，富于表现力。

(三)《孔雀东南飞》

《孔雀东南飞》产生于建安末年，后来一直在民间流传，因此诗中掺杂了汉以后的一些社会风俗描写。全诗一千七百多字，是中国古代文学史上一首有名的长篇叙事诗。《孔雀东南飞》讲述的是焦仲卿和刘兰芝这一对恩爱夫妇，由于受到封建礼教的逼迫而分离，终于双双殉情的悲剧故事。在结尾处，兰芝夫妇化为鸳鸯，相随相伴，这表达了作者的美好理想。这首长篇叙事诗的意义，在于它深刻地反映了礼教对真情的摧残，歌颂了兰芝夫妇的反抗精神和生死不渝的坚贞爱情，对后代同类题材的文学艺术创作产生了深远影响。

这首诗善于在尖锐的矛盾冲突中，通过人物的对话和行动来展示人物的性格特征，人物的语言通俗、行动朴实而传神。还成功地运用了比兴和铺陈的手法，以"鸳鸯"来象征并歌颂兰芝夫妇生死不渝的爱情。在叙事结构的安排上也精于剪裁，繁简得当。

二、文人五言诗

五言诗是中国古典诗歌的主要形式之一，它最初产生于民间，经历了从民间歌谣到文人创作的发展过程。最早出现的文人五言诗是班固的《咏史》，虽然从体制上看，这已经是完整的五言了；但是它在艺术表现上却平实呆板、质木无文。因此，这时的五言诗还远远没有成熟。稍后还有张衡的《同声歌》，到了东汉末年，五言诗的作者逐渐增多，以蔡邕的《翠鸟》、赵壹的《疾邪诗》和辛延年的《羽林郎》为代表。

东汉的文人五言诗，除了上述这些注明作者的外，还有一些不知确切作者的作品，以《古诗一九首》为代表。《古诗十九首》都是抒情诗。在内容上主要反映中下层文人的生活和思想感情，以描写游子思妇和仕途失意的最多。《古诗十九首》在艺术上标志着文人五言诗趋向成熟。它善用比兴和写景来抒情，自然平淡、委婉含蓄地将感情表达得真挚而强烈。在语言上，它比较精练工整，同时保持了乐府民歌中朴素自然的特色。代表汉代五言诗最高成就的《古诗十九首》，在形式、题材、语言风格、表现技巧等诸多方面，都对后代诗歌产生了深刻的影响。

思考题：

一、填空：

1.《__________》是中国最早汇集历史资料的散体文总集。《__________》是我国第一部编年体史书。《__________》，由左丘明撰写。《国语》是中国第一部__________。

2.诸子散文是春秋战国时代各个学派阐述自己思想学说的著作，是百家争鸣的产物。儒家以《　　　　　》和《　　　　　》为经典；道家以《　　　　　》和《　　　　　》为经典；墨家以《　　　　　》为经典；法家则以《　　　　　》为经典。

3.＿＿＿＿，其完整保留下来的作品只有一篇《七发》，它标志着汉代大赋的形成。首次将大赋推向创作高峰的是＿＿＿＿。他的代表赋作《　　　　　》和《　　　　　》标志着汉代大赋体制的最终确立。扬雄的代表作有《　　　　　》、《　　　　　》、《　　　　　》、《　　　　　》四篇，后世称为"四赋"。

4.汉散体大赋发展到东汉时期，虽已失去了往日的光辉，但仍有一些名篇，其中以班固的《　　　　　》、张衡的《　　　　　》最为著名。

5.贾谊代表作有论秦政过失的《　　　　　》，被称为"万言书之祖"的长篇政论散文《　　　　　》，以及主要论述了蓄积对于国家的重要性的《　　　　　》。晁错的代表作为《　　　　　》。

6.枚乘的《　　　　　》和＿＿＿＿的《上书谏吴王》。这两篇文章都是劝谏吴王刘濞不要谋反的，文采都很富丽。

7.＿＿＿＿创作的《潜夫论》，涉及东汉中期的政治、军事、经济、文化等各个方面。仲长统的《　　　　　》对当时的社会弊端进行了抨击，崇尚实用，充满变革的思想。

8.汉代的抒情散文，一般都是书信形式，较为著名的作品有＿＿＿＿的《狱中上梁王书》、司马迁的《　　　　　》以及班昭的《　　　　　》。

9.汉代的记事散文以＿＿＿＿的《新序》、《说苑》和赵晔的《　　　　　》为代表。这些作品记载历史事实和人物，其中加入了民间传说，有的还加上了作者自己的想象和虚构。

10.最早出现的文人五言诗是＿＿＿＿的《　　　　　》。东汉的文人五言诗，有一些不知确切作者的作品，以《　　　　　》为代表。

二、解词

1.骚体赋　2.散体大赋　3.抒情小赋　4.乐府民歌　5.《孔雀东南飞》　6.《古诗十九首》

三、简答

1.《楚辞》的艺术特征

2.班固《汉书》的艺术成就

3.汉乐府民歌的主要内容

四、论述

1.《诗经》的思想内容与艺术特色

2.司马迁《史记》的思想内容与艺术特色

3.汉乐府民歌的艺术特色

第一节 魏晋南北朝诗歌

诗歌是魏晋南北朝时期文学的主要形式。诗歌在汉乐府民歌和《古诗十九首》的基础上，经过建安诗人和阮籍、左思等人的努力，形成了文人写作五言诗的兴盛时期。诗歌发展到南北朝时期，南朝与北朝也各自形成了独特的风格。南朝诗歌重抒情，重词藻，清新活泼；北朝诗歌重写实，重质朴，刚健激越。在民歌方面，南北朝的乐府民歌，表现了当时社会人民的生活、感情，在内容、风格上也呈现出巨大差异。

一、建安诗歌

建安(196—220)，是汉献帝的年号。文学上的建安文学，是指从建安到黄初这一时期的文学发展现象。建安诗歌继承并发扬了汉乐府民歌的现实主义精神，比较广阔而真实地反映了汉末的动乱社会，表现了作家积极奋发的进取姿态。这一时期的诗人对人民的灾难有深切的同情，有拯物救世、建功立业的强烈愿望，反映在他们的诗歌中，便形成了一种有很强现实性，志深笔长、梗概多气、慷慨苍凉、清新刚健的风格，被后人称为"建安风骨"。他们的诗歌中蕴含了强烈的主观色彩，叙事、写景都是为了抒发其浓烈的感情。代表诗人有"三曹"(曹操、曹丕、曹植)、"建安七子"(孔融、陈琳、王粲、徐干、阮瑀、应玚、刘桢)以及女诗人蔡琰。

(一)"三曹"

曹操(155—220)，字孟德。其代表作为《短歌行》、《龟虽寿》、《观沧海》。在这些诗中，从主旨表现上，突出了他的高远的志向、卓越的毅力和雄伟的气势，悲歌慷慨，气韵沉雄。从语言上，简朴刚劲，善用比兴，有很强的表现力。如《龟虽寿》中"老骥伏枥，志在千里，烈士暮年，壮心不已"等名句，抒发了诗人老当益壮、发愤图强的襟怀。他在改造利用乐府民歌抒写时事方面取得了突出的成就。

曹丕(187—226)，字子桓，史称魏文帝。代表作《燕歌行》，同时这也是现存文人诗中最早的完整而纯粹的七言诗。其诗多抒写爱情和离愁别恨，描写细致，语言清丽自然。曹丕的《典论·论文》也是中国文学批评史上第一篇专门性的论著。

曹植(192—232)，字子建。曹植的诗歌创作以曹操的去世为界，分为前后两个时期。前期作品多抒发远大理想和宏伟抱负，如《白马篇》。诗中运用精练而又准确的语句，描绘出英雄高超的武艺和英勇杀敌的动态，人物形象栩栩如生。后期的作品则充满了抑郁难平和壮志难遂的悲愤，如《赠白马王彪》，是文学史上一首有名的长篇抒情诗。

(二)“建安七子”

建安七子，指孔融、陈琳、王粲、徐干、阮瑀、应玚、刘桢七位建安作家。他们作为一个群体，在创作上既有相同的倾向和风格，又表现出各自的特点。七子的创作，是建安文学的重要组成部分。七子的文学成就并不完全一致，每个人在不同的文体方面的擅长不尽相同，而且有自己的特点。孔融的成就主要在于散文，诗歌成就最高者为王粲、刘桢。王粲的赋作也很好。徐干诗文兼善。陈琳、阮瑀在章表书记方面的成就比其在诗歌创作方面的成就要高。应玚现存诗作只有数首。

王粲(177—217)是七子中诗、赋最佳者。代表作《七哀诗》三首，强烈地倾诉了诗人对乱世的哀思。他的诗歌的艺术特点在于抒情深切，慷慨悲凉，文辞秀致，局面阔大，具有豪放之美。

刘桢(？—217)代表作《赠从弟》三首。他的五言诗风格劲挺，不重雕饰，充满了磊落不平之气，诗中也吐露了要建功立业的要求，表现出建安作家的共同精神。《赠从弟》三首，抒写了个人的抱负与志趣，语言简洁，虽不用典故，却气势雄壮。

陈琳(？—217)诗歌代表作《饮马长城窟行》，借秦代筑长城的史事，深刻地揭示了当时繁重的徭役给人民带来的苦痛和灾难，歌颂了劳动人民坚贞不渝的爱情。全诗吸收乐府民歌之写实精神，用精彩的对话，真实地表达人物心情。

阮瑀(？—212)代表作《驾出北郭门行》写孤儿受后母虐待，显然受到汉乐府民歌《孤儿行》的影响。诗歌用整齐的五言，借孤儿之言生动描绘了其苦状，感人泣下。

(三)蔡琰

蔡琰(177—?)字文姬，汉末著名文学家蔡邕的女儿。今传蔡琰诗三首，五言、骚体《悲愤诗》各一首，以及《胡笳十八拍》。五言《悲愤诗》记述了她从遭掳入胡直到被赎回国的经历，将纪事、抒情、议论密切结合，写出时代的动乱、民众的悲惨遭遇和个人的不幸命运。这首诗语言通俗、生动、精练，尤其注意人物语言的个性化。

二、正始至永嘉诗歌

正始是魏齐王的年号，永嘉是晋怀帝的年号。从正始至永嘉，将近100年。在这近百年的时间里，出现了大量的著名的诗人。如“竹林七贤”、左思、陆机等。

“竹林七贤”是指正始年间的阮籍、嵇康、山涛、王戎、向秀、刘伶、阮咸七人。其中阮籍、嵇康文学成就最高。阮籍(210—263)代表作《咏怀诗》82首。这些诗从不同的侧面、角度表达了诗人痛苦、寂寞的复杂心情，反映了他的生活态度和对人生问题的反复思考。他在作品中多用比兴、象征手法，而且特别注重环境刻划、气氛渲染。

嵇康(223—262)的文学成就主要在散文方面，他的诗歌代表作有《赠秀才入军》、《幽愤诗》。

他在诗中创造了一个诗化了的、清远的人生理想境界。

西晋年代不长，武帝太康、惠帝元康时期文学兴盛，出现了所谓的二陆（陆机、陆云）、二潘（潘岳、潘尼）一左（左思）。其中，陆机、潘岳并称“潘陆”，在当时评价最高，代表了西晋文学的主流；左思则表现了与“潘陆”不同的风貌。

陆机（261—303）诗、文、赋都有成就。赋体的文艺批评著作《文赋》，是论文的名作，其形式也是前所未有的。虽然陆机的文学成就中，赋胜于诗，但是他也将诗歌进一步推向文人化、贵族化，引导了华丽雅致的诗风。陆机的诗歌代表作有《赴洛道中作》，诗中以清丽的语言与深沉的情感结合，突出表现了孤独与寂寞的心情。但陆机诗歌在内容上多模拟，大多是严格按照乐府古题的题义。在语言上文辞繁缛，华美典雅，多用排偶，多用书面语及古书中的成句，加以精心雕琢，使诗歌带上明显的文人化、贵族化的特征。由于陆机的诗歌过分注重修辞，难免造成繁冗的弊端。

潘岳（247—300）与陆机齐名。代表作有《悼亡诗》三首，是他追悼亡妻之作。他的文风在追求绮丽、喜欢铺叙等方面与陆机一致。但是潘岳的作品用语较浅，文句连接比较紧密，其诗文均以善于叙述悲哀之情著称。

左思（250？—305？）代表作《咏史》诗八首。咏史的题材创自班固，建安以后作者更多。写法大抵是实咏史事，略抒感慨。而左思之作，则是借古讽今，抒发个人的怀抱，是咏史诗的创变。左思的《咏史》诗八首，在主旨上表现了诗人高尚的理想情操和对于弊端深重的社会制度的批判，表达出寒微士人的悲愤不平之气，刚健有力。在语言上，用语简劲，不重辞采，更无累赘的铺写，虽然也多用对偶、比兴，但出语自然而不求工巧。

三、陶渊明

陶渊明（365—427）又名潜，字元亮，是中国东晋时代最杰出的诗人。他在诗、散文、辞赋诸方面都有很高的造诣，但是他的文学创作以诗的成就最为突出。主要可以分为两类，一类是田园诗，一类是咏怀、咏史诗。陶渊明在中国文学史上的一大贡献，就是开创了文人诗歌创作的新领域——田园诗。

陶渊明的诗歌中，最具代表性的是田园诗。他的田园诗不是单独地描写田园风光，而是把田园作为与污浊的社会相对的纯洁天地来描写，在其中寄托了作者的人生理想，并隐含着批判现实的锋芒。田园被陶渊明用诗的构造手段高度纯化、美化了，变成了痛苦世界中的一座精神避难所。代表作有《归园田居》、《饮酒》。如《饮酒·其五》：“采菊东篱下，悠然见南山。”将诗人远离世俗社会之后，悠然自得的隐居生活和心境表达得淋漓尽致。诗人在种种美妙的景象中联想到自己的归隐，悟出了返璞归真的人生哲理，将景、情、理巧妙地融合在一起，使人回味。

陶渊明的咏怀、咏史诗，继承了阮籍、左思的传统，内容上主要写出仕和隐居的矛盾，表现了诗人不得志的苦闷和不与统治者同流合污的高尚情操，同时也暴露了当时政治的黑暗。代表作

《杂诗》、《读山海经》、《咏贫士》等组诗，鲁迅先生称之为“金刚怒目式”的作品。如《咏贫士》这组诗，通过描写古代贤人安贫守贱的事迹，抒写诗人不求名利、坚持节操的情怀，从中我们可以看到诗人心灵的另一个层面。

四、南北朝文人诗歌

自刘裕代晋(420)，宋、齐、梁、陈四代史称南朝。南朝诗歌承继魏晋诗歌之风，日渐繁荣。其总趋势是沿着重抒情、重娱乐的方向发展，尤其重视诗歌艺术形式技巧的追求，形成了清新活泼的风格。与此同时的北方政权称北朝，包括北魏、东魏、西魏、北齐、北周。北朝诗歌则直接承继汉代诗歌之风，重政教、尚写实、崇质朴，形成了刚健激越的风格。

(一)南朝文人诗歌

山水题材大量进入诗歌创作，诗坛上出现了清新自然的山水诗。诗人们将山水作为审美的对象，非常写实地模山范水，奠定了中国山水文学的根基。虽然在先秦文学作品中就出现了自然山水，但是多是作为比兴的材料或作为人、事的背景而存在，并不是作为一个独立的个体存在。是谢灵运改变了山水在诗中的地位，他创作了大批以山水为审美对象的诗歌，奠定了中国山水诗的雏形，从此山水诗正式登上了中国诗歌创作的舞台。

谢灵运(385—433)是第一个用全力来描绘壮丽河山的诗人，对唐代以王维、孟浩然等为代表的山水诗派产生了直接影响。代表作有《登池上楼》、《石壁精舍还湖中作》等。在《登池上楼》中，“池塘生春草，园柳变鸣禽”将初春时节景物中细微而不易察觉的变化描述出来，并以此来反衬自己凄苦的心境，成为传世的名句。在《石壁精舍还湖中作》这首诗中，谢灵运创造了一种山水诗的结构模式，就是先叙述登游缘起或路线，接着具体描写局部景物，最后议论或感慨。诗中巧妙地运用了拟人手法，赋予山水以生命和感情。正如陶渊明笔下的田园风光蕴含着陶渊明的人格精神一样，谢灵运笔下的山水也是人格化的。谢灵运的山水诗意境幽深、明丽、孤独，同样是他企图通过对山水的欣赏来忘却现实的压迫的表现。

谢灵运的山水诗扩大了诗歌题材领域，对景物的描写也比前人更加细腻、逼真，同时创造了一种山水诗的结构模式，对后世诗歌发展起到了推动作用。但是他的诗缺乏社会内容，在生动的景物描写中又不时流露出消极出世的思想；有时雕琢过甚，对句显得呆板无精神，过多的典故和深奥的书面语的使用，让人费解。因此，谢灵运的诗多有名句，少有佳篇。

鲍照(414?—466)，贫贱者的悲愤是他诗歌的主调，代表作有杂言诗《拟行路难》18首。如“对案不能食，拔剑击柱长叹息……自古圣贤尽贫贱，何况我辈孤且直”等，抒发了怀才不遇、壮志难酬的抑郁不平。他是南朝最早有意识地创作边塞题材的诗人，代表作《代出自蓟北门行》、《代苦热行》等，这些诗作不一定反映当时实际发生的战争，他主要是通过战争、边塞风光、军旅生活等激动人心的描写，追求紧张刺激、雄壮有力的情境。他的诗作中有的词藻绚丽，有的朴素自然，有的俊逸豪放，有震撼人心的效果。他在诗体形式的发展上也有重要贡献。杂言诗在汉代就已出现，但在汉魏时代主要以四言或五言为主，夹杂少数的七言的句子。鲍照的杂言诗，则以七言为主，杂用一些五言句，同时隔句用韵，音节抑扬顿挫，富于变化，为七言诗的出现开辟了道路。

诗歌发展到齐、梁时期，以谢朓、沈约、江淹等为代表倡导“永明体”，特别讲求格律成为当时诗歌的最大特点。诗人作诗讲求对偶、词藻，他们的诗作对仗工整，词采华丽，篇幅短小，精益求精。

谢朓(464—499)与谢灵运并称“大小谢”或“二谢”。代表作《晚登三山还望京邑》。他的诗以描写山水风景最为突出，善于运用精练的词句描写景物的奇丽变化，形象生动。他既汲取了谢灵运那种细致与逼真描写的长处，同时又不同于大谢在意象创造中的客观刻画，而更注意营造一种心物沟通的意象，即将自己的心境与自然的景色结合在一起，有一种天然的韵味，从而形成一种清新流丽的风格。谢朓对山水诗的重要变革，是把谢灵运拉到尘世之外的自然山水，拉回到尘世中来，让自然山水和都邑风景联结在一起，将自然景观和人文景观融会。在结构上，也打破了叙游—写景—言理的固定模式，而是物随情动，即自然山水随着人的情感起伏流转，因此，作品更富多变性，更加自然。在语言上，谢朓崇尚清新自然，形成了浅易明快而又清秀天真的语言风格，语言简练却意味深远。

与谢朓同时期的著名诗人，还有沈约(441—513)。沈约代表作有《早发定山》、《游金华山》等。沈约在这些诗中把自然景物的纯净与朝政的昏暗加以对比，他往往将政治上的不得意寄情于山水，诗中经常流露出一种忧患意识。沈约的艳情诗是南朝宫体诗的先声，代表作是《六忆诗》。这些作品写的是闺怨，所表现的是思妇凄凉孤独的心态和处境。《六忆诗》中将女性的身姿、衣着、装饰，以及日常的细节加以渲染，打破了原来闺怨诗的传统写法，成为宫体诗的酵母和温床。

(二)北朝文人诗歌

北朝诗歌创作上的特点是真实地抒发情怀，不修饰，不造作，有北方人粗犷真率的风格。南北朝后期，一批南方著名文人流入北方，他们的作品体现了南方诗风与北方诗风的融合，以庾信和王褒为代表。他们部分诗作清新与浑厚统一，情思慷慨，风格苍劲，结合了南北诗歌的优点。

庾信(513—518)是南北朝末年一位重要的诗人。初仕梁，与徐陵一道写过许多艳丽的宫体诗，世称“徐痍体”。后来出使西魏，被扣留在长安，创作了《拟咏怀诗》27首及其他诗作。这些诗作内容上主要是结合自己的身世，抒发对故国的隐痛和思念，反映了当时时代的惨苦，具有很强的现实主义精神。语言上善于用典故，寓意贴切而又灵活，大大地增强了诗歌的表现力，语简情真，刚健清新。

王褒(513?—576)代表作《渡河北》。这首诗写诗人在秋天北渡黄河时所看到的景色与引起的故国之思。景中含情，通过富于特征的动作，形象地揭示了诗人的内心世界。全诗对仗工整，苍凉刚劲，沉痛感人，显示了南北诗风初步融合的特色。

五、南北朝民歌

南朝的乐府机关所搜集的民歌，产生地区多在城市，题材比较狭窄，作者多是青年男女，内容多是情歌。现都保存在宋代郭茂倩编选的《乐府诗集》的《清商曲辞》中。南朝乐府以产生地区的不同主要可以分为“吴声”、“西曲”和“神弦歌”三类。“吴声”产生于长江下游以当时的首都建业为中心的江南地区，现存有《子夜歌》、《子夜四时歌》等326首，大都是恋歌。“西曲”产生于长江中游和汉水两岸的荆楚地区，现存有《石城乐》、《 莫愁乐》等142首，大都描写商贾的水上生涯和商妇送别怀人。“神弦歌”产生于建业一带，是民间祭神曲，现存有《白石郎》、《青溪小姑》等18首，多写人神相恋。

总体上来讲，南朝民歌从内容、题材上看，主要是描写爱情生活。在表现手法上，常用比喻、夸张来抒情描物，善于运用双关，大大增加了语言的活泼感。在形式上，大都是短小的五言四句的抒情诗，只有《西洲曲》是一首少见的长篇抒情民歌。在语言风格上，清新自然，含蓄委婉，并广泛地运用口语。《西洲曲》全诗160字，诗中描写一个江南女子对远方情人执著的回忆与思念，诗中不见一个“情”字却处处写情。语言清新明丽，采用顶真、双关等手法，声情并茂，语语动人。

北朝民歌主要收录在《乐府诗集》的《梁鼓角横吹曲》里，作者多为鲜卑、氐、羌等少数民族，也有少数汉人。北朝民歌虽然数量比南朝民歌少，但在题材上却要广泛得多，思想性也较强。有牧歌、战歌、情歌，也有反映民生疾苦之歌。情调上明朗、豪放，表现了北方人民坚韧顽强、率直粗犷的性格特征。代表作有反映北方畜牧生活的《敕勒歌》，反映北国人民尚武精神的《李波小妹歌》，反映北地男女爱情生活的《折杨柳枝歌》。

北朝民歌中的《木兰诗》是可以和南朝的《西洲曲》相媲美的长篇叙事诗。描写少女木兰女扮男装代父从军，转战12年，屡立战功后辞官回乡的故事，塑造了一位英勇善战而又机智活泼的巾帼英雄形象。木兰的形象，既反映了北方女性的刚健特点，又是中国劳动妇女善良、勤劳、纯朴、勇敢的象征，至今仍然有积极的影响。《木兰诗》篇幅较长却又繁简得当，语言浅易明快，顶真、比喻修辞的巧妙运用，使人物鲜活生动，风格刚健清新，在艺术上取得了极大成功。

第二节 魏晋南北朝的辞赋和散文

魏晋南北朝辞赋在汉代辞赋的基础上，题材更加广泛，同时受到田园、山水诗的影响，许多作品或反映社会生活，或叙写个人命运，或表现人生理想，或叙述田园山水乐趣，抒情成分都大为增多，而且作家的个性也更鲜明。此时的辞赋以曹植、王粲、左思、鲍照等为代表。魏晋南北朝散文也有很大的发展，叙事、言情的书信和记述山水形胜的文章兴盛起来。散文同样受到辞赋的影响，逐渐出现骈丽化倾向，语言追求对偶排比，词藻讲求富丽华赡，而且抒情的成分增多。

一、魏晋南北朝的辞赋

曹植的赋作，现存的有54篇，叙事、咏物、抒情各类都有。以《洛神赋》为代表，作品写诗人在洛水之滨与美丽的洛水女神相遇，虽然相爱但却因人神相隔无法结合，最终含恨分离。这篇赋借神人相恋的故事，寄寓了作家的忠贞感情，以及理想无法实现的苦闷。作品感情真挚，抒情性极浓，想象丰富而不离奇，巧妙地运用比喻、烘托，体现出赋的语言的发展。

王粲的《登楼赋》被刘勰称为“魏晋之赋首”。它表现了作者在动乱社会里怀念乡土和抱负不能施展的情怀，也反映了当时的社会真实面貌。这篇赋将景物描写与感情抒发巧妙结合，语言自然流畅，给人沉郁而爽健之感。向秀，作为“竹林七贤”之一，代表作《思旧赋》是一篇思念旧友嵇康、吕安的作品，同样是当时赋坛的佳作。

潘岳是西晋赋坛最为突出的作家，代表作有大赋《西征赋》、抒情小赋《秋兴赋》、《闲居赋》、《悼亡赋》等。其大赋贯通古今，显示了作者渊博的学识；其小赋语言流利，以景写情，生动感人。左思的《三都赋》以及陆机的《叹逝赋》也是当时赋坛的重要作品。

南北朝时期的辞赋以陶渊明、鲍照和庾信为代表。陶渊明的辞赋以《归去来兮辞》、《感士不遇赋》为代表。其中以《归去来兮辞》最为著名，文中叙述了他辞官归田途中的解脱心情和到家之后的生活意趣，写出了他对官场污浊的厌恶，赞美了农村的自然景物与劳动生活。赋中语言清新流利，抒情色彩浓厚，富有诗意，同时又充满了哲理的内涵。

鲍照有《芜城赋》、《舞鹤赋》。《芜城赋》是为凭吊广陵而写的一篇感叹兴衰变化的赋文，《舞鹤赋》则寓托自己才高而被轻视的内心苦闷，赋作都有感而发，生动感人。

庾信是南北朝时代最为杰出的赋作家。他的创作前期多作咏物抒情小赋，以《春赋》、《七夕赋》、《鸳鸯赋》为代表。这些小赋对仗工整，流利自然，但是由于缺乏深刻的社会内容，因此思想境界不高。后期创作以《小园赋》、《哀江南赋》为代表，变得委婉清新而苍凉悲凄。

二、魏晋南北朝的散文

诸葛亮(181—234)散文周密畅达，慷慨凄清，为后人所推崇。代表作《出师表》，是给后主刘禅的一封奏疏。文章写得精辟透彻，条理分明，质朴洗练，不用华丽的词藻，也不用历史典故，以诚恳坦率的语言将自己对蜀汉政权的忠诚、坚强奋斗的意志以及鞠躬尽瘁的精神表达得淋漓尽致。

曹丕的《典论》是一部自成体系的综合性论说文集，内容包括政治、道德、伦理、生活、文化等诸方面。其中《论文》文辞流丽清新，也很富于情彩。

嵇康的论说文以《声无哀乐论》为代表，这是一篇逻辑严密、论说细致的论文。但是就文学意义上讲，他的《与山巨源绝交书》更为重要，这是嵇康写给山涛的一封信。文章以犀利的言词，放纵的态度，极为夸张地丑化自己，实际上是用反语对封建礼法之士与变节失志之徒的深刻揭露与无情痛斥。

陶渊明的《桃花源记》是历代散文中的名篇，文中虚构的“世外桃源”，既是作者依据他的社会理想所作的美好想象，也代表了那个动乱时代的广大民众对太平社会的向往。文章风格优美而朴素，语言、意境、主题达到高度的统一。

陈寿的《三国志》，李密的《陈情表》，王羲之的《兰亭集序》也是传世名作。《兰亭集序》是一篇诗集的序言，记叙了兰亭盛会的情景，抒发了作家人生短暂、欢乐有尽的感慨。文章写得情景交融，文情并茂，它以清新朴实的语言，自由活泼地写景抒怀，在当时雕刻词句的骈文风行中别具一格。

郦道元（？—527）有代表作《水经注》。《水经》原本是一部古代地理著作，记录全国主要水道，文字简单。郦道元为之作注，内容比原著大为丰富，成为一部别开生面的著作。书中将景色、人物、故事传说、风土习尚和历史轶闻融合在一起，具有浓厚的文学意味。书中许多山水景物的描写，成为被后世传颂的优美的风景散文并对山水游记的发展，起了相当大的作用。

第三节 魏晋南北朝的小说与文学理论

中国小说的起源，最早可以追溯到上古时代的神话和传说，先秦两汉的史书中的记人记事文学，对后代小说的创作具有很大的影响。由于魏晋南北朝时期佛教已经广泛传播，神仙鬼怪之说也日渐泛滥，同时在魏晋玄学的影响下，士大夫除了论道谈禅外，还很重视品评人物，志怪小说、志人小说便相继产生，分别以干宝的《搜神记》和刘义庆的《世说新语》为代表。在文学理论方面，吸取古人的思想而有专门的文学论述，出现了如《典论·论文》、《文赋》、《诗品》《文心雕龙》等一批杰出的作品。

一、魏晋南北朝小说

魏晋南北朝时期的小说，按题材内容大致可以分为两大类：志怪小说和志人小说。志怪小说数量虽多，但大多已经失传，今存以干宝的《搜神记》为代表。它们记述神仙方术、鬼怪巫妖等非现实的故事，也记载了一些野史轶闻和民间传说，充满着新奇诡异的浪漫主义色彩。

干宝（？—336）的《搜神记》是继承先秦、两汉以来的神话传说、寓言故事而又有所发展的一部志怪小说集，共20卷，收录460余则故事。《搜神记》虽然有很多讲述神仙道术、佛教灵异的故事，但是在这些故事中作者更强调人的理性精神和聪明智慧的重要作用。《搜神记》基本是以人物为中心，故事结构完整，叙事生动、细致，文字简洁质朴，有强烈的浪漫主义色彩。志怪小说对后代文学有深远的影响。唐代传奇，就是在志怪的基础上加以繁衍扩展而形成的怪诞离奇的长篇，同时与人间生活结合。在整个文学史上，志怪小说始终没有消失。宋以后的话本、戏曲也有很多取材于六朝志怪小说。特别是蒲松龄的《聊斋志异》中，类似志怪的篇章就很多。

志人小说的写作目的，虽仍有记录史实、供人揣摩的考虑，但欣赏和娱乐的特点已经很强了。魏晋南北朝时期的志人小说多是记录士族人物的逸闻轶事和言谈举止，以刘义庆的《世说新语》为代表。

刘义庆（403—444）的《世说新语》原名《世说》，是现存最早的一部笔记小说集。主要记述自东汉至东晋文人名士的言行，尤重于晋。书中所描写的魏晋名士风流潇洒，他们追求风度，自我欣赏。《世说新语》对人物的描写，因人而异，有的注重形貌，有的注重才学，有的注重心理，共同点在于突出人物的特征，写出独特人物的独特性格。作者运用富有个性的口语来表现人物的情态，从简约含蓄的语言中透出种种机智和幽默，耐人寻味。作品中表现一种摆脱世俗利害得失，使感情得到自由抒发，精神得到升华的理想境界。

《世说新语》是后世笔记小说和小品文的先驱，并为以后的戏曲、文学作品提供了丰富的素材，对后世文学产生了深远影响。

二、魏晋南北朝的文学理论

《典论》是曹丕的一部学术著作，共 20 篇，《论文》是其中惟一完整保存下来的一篇。《典论·论文》是最早的一篇文学批评专论，在文中提出了“文以气为主”的观点。在这里，“气”指作家的气质、个性，由于每个人的个性不同，创作风格也就有差别。论文中还对文学体裁进行了分类，并指出其各自特点。

嵇康的《声无哀乐论》将老庄思想深入到文艺理论领域。传统儒家的诗乐理论重教化，音乐被赋予了道德的内涵。嵇康将老庄思想引入音乐理论，把音乐的本体归于自然，认为音乐不具备喜怒哀乐之类情感的内容。音乐只是自然和谐的抽象形式，与人类的情感无关。强调音乐不依赖人情感，具有独立性，实际上也就是否定了儒家功利主义文艺观。

陆机的《文赋》是中国文学史上第一篇较为系统而完整的文学创作专论。陆机总结前人的创作经验，并结合自己的感受，描述文学创作的过程，尤其是创作中的心理现象。他认为，创作的欲望源于对生活的感动和对美文的爱好。他也对文学作品的体裁进行了分类，并指出其特点，不同于曹丕的是，他将诗、赋归为两类，指出诗要富于感情而赋要富于文采。他还对写作技巧以及写作时常出现的问题进行了论述，对古代文学理论的发展有很大推进。

钟嵘的《诗品》是中国文学史上第一部诗论。《诗品》专论五言诗，具有浅易明晰的特点。作者认为诗歌应该重视充沛的感情，富丽的辞彩，典雅的风格。他认为诗具有抒发个人生活感情的作用，通过诗的宣泄，人的感情可以得到平衡。钟嵘倡导“建安风力”，主张文质并重，意在引导诗歌创作继承建安文学内容充实、感情豪壮的优良传统；反对诗过多地运用典故。“滋味”是钟嵘从欣赏和批评的角度对诗歌提出的要求,“指事造形,穷情写物”是其实现作品有滋味的重要手段,重视诗歌的形象性。

刘勰的《文心雕龙》是一部文学理论的集大成之作。作者提出了“文原于道”的文学批评原则,认为文学作品要以儒家圣贤经典为本,宣扬圣道;提倡文学创作要注入真情实感,要“为情而造文”;在论述文学创作时,对构思的经营、作家作品风格、写作技巧、精彩的内容和形式等方面都做了广泛而精辟的论述;他的鉴赏论既承认“文情难鉴”,又认为作品是可以理解的,作者的情思是可以探索的,并提出具体可行的观照方法。《文心雕龙》成功地将儒、道等多家学说进行整合,是中国古代文学理论的集大成之作。全书结构严密,内容丰富,说理透彻,词采华茂,对中国的文学创作和文学理论的发展产生了广泛而深远的影响。

《昭明文选》是中国现存编选最早的古代诗文总集,由萧统偕众文士编成。《昭明文选》选录了先秦到齐、梁时期130位知名作家和少数佚名作者的作品,共七百余篇。虽然从所选文章的思想内容来看,表现统治阶级生活、思想感情的作品占相当的比重,但是《昭明文选》的编集仍然对后世文学的繁荣起到了促进作用,成为后世封建知识分子的文学教材。

第四节 唐代诗歌

隋唐五代文学是指从581年隋王朝建立起到960年宋王朝建立止380年间的文学现象。其中隋朝只有38年,文学成就不高;五代时期五十多年,除词以外也无多大成就。因此,隋唐五代文学,重点就是唐代文学。而唐诗作为唐代文学的代表,标示着中国古典诗歌的最高成就。唐诗的发展,大致可以分为初唐、盛唐、中唐、晚唐四个时期。在唐代,涌现了诸如“初唐四杰”、李白、杜甫、王维、孟浩然、高适、岑参、白居易、韩愈、杜牧、李商隐等一大批各具特色的优秀诗人。在题材、体裁上,唐诗也较之以前更加广泛,出现了飘逸、沉郁、绮丽等多样的诗歌风格。因此,唐代是中国古典诗歌发展的黄金时代。

一、初唐诗歌

隋代短促,诗歌成就不高,基本上是齐梁浮艳诗风的延续。但是卢思道的《从军行》、杨素的《出塞》都蕴含雄健悲凉之气,开唐朝边塞诗之先声。

一般自高祖武德元年(618年)至睿宗太极元年(712年)称为初唐时期。这个时期最初为诗坛带来革新倾向的诗人是人称“初唐四杰”的王勃、杨炯、卢照邻和骆宾王。王勃(649—676),现存诗不多,以《送杜少府之任蜀州》、《滕王阁诗》为代表。《送杜少府之任蜀州》虽是一首送别诗,但作者却以雄伟的气势、开阔的意境,表现了一种乐观开朗、豪迈昂扬的时代气息。作者用朴实的语言,表达了真挚亲切的感情。其中“海内存知己,天涯若比邻”成为千古传诵的名句。王勃除了诗作，其《滕王阁序》，也是唐代骈文之首。

杨炯（650—693?）代表作《从军行》。全诗气势雄健，笔力遒劲，是初唐很有气魄的一首边塞诗。

卢照邻（634?—689?），代表作《长安古意》、《行路难》。《长安古意》描绘了长安的贵族生活，批判了他们的骄奢与庸俗。

骆宾王（640?—684?），7岁时因《咏鹅》一诗而闻名，后期作品以《在狱咏蝉》为代表，作品中借蝉自喻，寄托了自己有怨难申的悲愤心情。

继"四杰"之后，陈子昂（661—702），登上诗坛。他的诗歌善用比兴，往往借物抒情，深含寓意，以表达自己的政治怀抱；语言朴素，形成了含蓄深沉的诗风。代表作有《感遇》38首，《登幽州台歌》。《感遇》这组诗，并非一时一地之作，内容十分丰富，反映了比较广阔的社会生活和复杂的思想感情，其中许多诗都显示了诗人鲜明的政治倾向。《登幽州台歌》："前不见古人，后不见来者。念天地之悠悠，独怆然而涕下。"作者直抒胸臆，表现了自己报国无门的悲愤。全诗语言苍劲，慷慨悲凉而朴素雄浑，具有很强的艺术感染力。

贺知章的《回乡偶书》："少小离家老大回，乡音无改鬓毛衰。儿童相见不相识，笑问客从何处来。"成为千百年来脍炙人口的诗篇。张若虚的《春江花月夜》，作者由春潮高涨，月色迷人，勾起了相思离愁。将画意、诗情与对宇宙奥秘和人生哲理的体察融为一体，创造了一个情景交融的艺术境界。

二、盛唐诗歌

自玄宗开元元年（713年）至代宗永泰元年（765年）称为盛唐时期，这个时期不但有李杜两位诗坛巨人，而且还出现了以孟浩然、王维为代表的山水田园诗派，和以高适、岑参为代表的边塞诗派。

（一）山水田园诗派

山水田园诗起于南北朝时代的陶渊明和谢灵运，陶诗多咏田园，谢诗多模山水。随着唐朝盛世的到来，一些知识分子，欣赏陶渊明、谢灵运的诗风，他们有的四海游学，有强烈的建功立业的愿望，借歌赞山川、田园来抒发豪情壮志；有的厌倦政治，潜心佛老，以描写山水、田园来表现隐居生活。因此产生了一个影响深远的山水田园诗派，以孟浩然、王维为代表。

孟浩然（689—740），是唐代第一个倾力写作山水田园诗的诗人。代表作有《春晓》、《过故人庄》。五绝《春晓》写得极其自然："春眠不觉晓，处处闻啼鸟。夜来风雨声，花落知多少？"以不加雕饰的语言，把田园春晓写得生机盎然。其《过故人庄》语淡情浓："故人具鸡黍，邀我至田家。绿树村边合，青山郭外斜。开轩面场圃，把酒话桑麻。待到重阳日，还来就菊花。"用淡抹的笔法，勾勒出一幅绝无尘嚣的恬静田园风景画，渲染出一种恬淡和平的气氛。

王维（710—761），前期创作有《使至塞上》、《陇西行》等为代表的一些边塞诗，留下了“大漠孤烟直，长河落日圆”等描写塞外风光的名句。在这些诗中，表现了作者的豪情壮志，充满了盛唐时代的奋发气息，给人一种鼓舞力量。但是真正奠定王维在唐诗艺术史上大师地位的，是他的山水田园诗，以《山居秋暝》、《鸟鸣涧》等为代表。王维的山水田园诗幽静恬淡，写出了自然界的清新宁静。《山居秋暝》中通过写秋雨之后的山村晚景，幽洁欢快，寄托着诗人的理想与追求，富有诗情画意。正如宋代苏轼所说：“味摩诘之诗，诗中有画；观摩诘之画，画中有诗。”《鸟鸣涧》则清静空旷，意境幽深。王维还有一些抒情小诗，以《送元二使安西》、《九月九日忆山东兄弟》、《相思》为代表。

（二）边塞诗派

唐代疆域广阔，国内各民族之间的经济文化交流日趋频繁，国际间的交往也日益增多。盛唐时代安边性质的战争时有发生，因此，以边关战事为中心的边关生活变成了盛唐诗人关注的重要内容，形成了以高适、岑参为代表的边塞诗派。他们的诗歌主要反映边塞战争，但又不停留在单纯描写军旅战事上，边塞的奇异风情，军中的将士生活，诗人建功立业的愿望和慷慨不平的意气，都成为他们诗作的内容。它们或沉雄浑厚，或神奇瑰丽，具有一种高亢悲壮的美。

高适（700—765），代表作有《燕歌行》、《塞上》、《塞下曲》等。《燕歌行》原是乐府古题，多写征人思妇的相思之情，而高适却用来写战争题材，表现边塞动荡不安的现实。在诗中诗人运用脉络分明的结构，用强烈的对比来表达丰富复杂的内容。他的边塞诗格调壮大雄浑、悲慨苍凉，既有一股英雄豪气，又显得理智冷静。与岑参的边塞诗相比，从风格上讲，高适的边塞诗现实性比较强，而岑参的诗更富有浪漫主义色彩。

岑参（715—770），代表作《白雪歌送武判官归京》、《逢入京使》。《白雪歌送武判官归京》是一首以奇制胜的咏雪送友之作，通篇突出一个“奇”字。作者将边塞八月雪景与中原春日梨花盛开做对比，气象豪迈，意境壮阔。《逢入京使》是岑参的一首驻边思乡的抒情小诗，情真意切，朴素自然。岑参诗中多含描写边塞风光的名句，如《走马川行奉送出师西征》中写狂风：“轮台九月风夜吼，一川碎石大如斗，随风满地石乱走。”他擅长用景来抒情，充满了积极浪漫主义的色彩，表现出诗人的爱国激情。

高适和岑参都以七言见长，诗中都含“悲壮”之音。但是，高适诗较深沉、质朴，诗中多直抒胸臆，夹叙夹议；岑参诗则善于创作奇特的意境、想象丰富夸张、充满浪漫气息，诗中善于描写，寄情于景。

除高适、岑参外，边塞诗人中较为突出的还有王昌龄、王之涣等。王昌龄擅长七绝，被称为“七绝圣手”。代表作有组诗《从军行》，组诗《塞下曲》，《出塞》等。王之涣的代表作有边塞诗《凉州词》和五绝《登鹳雀楼》。《登鹳雀楼》描述了诗人登楼所见所感，把山形水势写得宽广辽远，气势雄放，并由此道出了登高才能望远的哲理。

(三) 李白与杜甫

李白(701—762),字太白,号青莲居士,是继屈原以后我国最伟大的浪漫主义诗人。李白现存诗980多首,深刻反映了唐帝国由盛转衰的历史面貌。代表作有《古风》、《黄鹤楼送孟浩然之广陵》、《蜀道难》、《行路难》、《将进酒》、《梦游天姥吟留别》、《早发白帝城》等。李白诗歌有的表现其政治抱负,抒发了理想难以实现的愤懑;有的揭露了当时社会的黑暗,批判混沌的政治;有的歌颂了祖国大好河山的壮丽景象,表达了自己的赞美与热爱;有的反映了人民的生活与命运,并寄予深切的同情。

李白的诗歌具有强烈的浪漫主义精神,他的诗歌以豪放飘逸著称,具有无比神奇的艺术魅力。其在诗歌方面的艺术成就主要包括以下几个方面。第一,强烈的主观色彩。李白是个清醒的现实主义者,但是在他的绝大部分诗歌中,不是对客观物象和具体事件作细致的描述,而是处处以一种激昂的调子、雄奇的形象,表现出自己独特、鲜明的个性。诗中有他"仰天大笑出门去"的得意,也有他"抽刀断水"的失意;有他"天生我才必有用"的自信,也有他"举杯消愁"的抑郁。这种种炽热感情的抒发,表现了诗人桀骜不驯的个性,在强烈的主观色彩表现中,体现了诗歌的艺术特色。第二,奇特的想象,大胆的夸张,生动的比喻、拟人艺术手法的运用。与李白诗歌强烈的主观色彩表现相适应,其诗歌常用丰富而又卓异的想象、夸张、比喻和拟人等多种修辞手法,来描述形象,抒发其激情。如在《蜀道难》中将神话传说、雄奇景观融于一体,描绘出一幅气势雄伟、壮丽瑰奇的蜀道山水图,突现自己豪迈的气概。《梦游天姥吟留别》中,借助梦境表现崇高的理想。如"白发三千丈,缘愁似个长"(《秋浦歌》),"青天有月来几时?我今停杯一问之"(《把酒问月》),运用丰富的想象、夸张和比喻拟人化的手法,把客观物象与主观情绪结合起来。第三,形式章法的变化无常。李白擅长七言和绝句,尤擅乐府,他的诗完全不受固有格式的束缚,诗句长短可以随心所欲,这也是他的豪放飘逸的诗歌风格在形式上的特征。第四,清新自然的语言。李白诗歌语言浅易明确,诗人在借鉴了民歌清新朴素的语言的基础上,形成了独具特色的清新自然、感情质朴而又不失豪气的语言风格。

李白是继屈原之后中国又一位伟大的浪漫主义诗人,他在中国文学史上产生了深远的影响。在他的诗歌中所反映出来的狂放不受约束的个性精神,扩大了浪漫主义诗歌的题材范围。他的诗歌中所形成的豪放、飘逸、雄壮的艺术风格,丰富了浪漫主义的表现手法,增强了诗歌的表现力和感染力。李白以他绝世的才华,浪漫飘逸的气质,被后人誉为"诗仙"。

杜甫(712—770),字子美,是中国文学史上伟大的现实主义诗人。他的代表作有《春望》、"三吏"、"三别"、《春夜喜雨》、《茅屋为秋风所破歌》等。杜甫的诗是时代风云和其人生的真实记录,深刻地表现了诗人强烈的爱国精神和对人民疾苦的深切同情,具有很强的现实性的,被誉为"诗史"。在现存的一千四百多首杜甫的诗歌中,有的反映了民生疾苦,深刻地揭露了当时社会矛盾,如“三吏”、“三别”。有的反映了其忧国情怀，表现深挚的爱国感情，如《春望》等。有的批判统治阶级骄奢淫逸，横征暴敛，如《丽人行》、《岁晏行》。还有一些描绘山水，歌咏自然，表现诗人悠然自得的情怀。如《春夜喜雨》中：“随风潜入夜，润物细无声。”诗人以拟人手法，写春雨伴随春风无言润物，作者用朴素的描写，使人们感受到一种美好的熏陶。此外，杜甫的一些思亲怀友、伤今吊古、咏物题图等题材的诗歌，也多有佳作。

杜甫是诗歌艺术史上一位集大成者，在他的诗歌中有一种贯穿始终的忧思精神，无论是写民生疾苦，还是写自己的潦倒人生，其感情都是深沉阔大的。“沉郁顿挫”是后人对杜诗这种主导艺术风格的概括，“沉郁”即深沉厚重的诗歌内容，“顿挫”即起伏迭变的表达方式。他的诗歌也正因为这种“沉郁顿挫”的主导艺术风格而在中国文学史上取得了很高的艺术成就。首先，杜诗具有很强的现实主义色彩，他发展了《诗经》、汉乐府以来的写实传统，深刻而生动地反映了“安史之乱”爆发前后的社会生活，揭示了生活的本质。在“三吏”、“三别”中，诗人反映了战乱中人民的苦难。其次，描写事物真实细腻，并将鲜明的爱憎自然地流露在真实的叙述中。在《石壕吏》中，诗人用近乎白描的手法，描述了一幕普通农户被抓兵的悲剧。诗人正是在这种冷静的叙述中，将对当时官吏的憎恶以及对人民的深切同情自然地流露出来。再次，凝练、丰富的语言。杜诗用精练准确的语言，表现出丰富多彩的画面，有的气势磅礴，有的沉郁悲壮，有的真实亲切，极富表现力。又次，完善了多种诗歌体式。无论是乐府，还是五、七言古诗和律诗，在杜甫手中都得到了发展，并更为成熟。

杜甫诗歌中的现实主义精神为后世诗人树立了典范，对中唐以后直至宋代诗歌的发展产生了深刻影响。杜甫被称为“诗圣”，他与李白一向被视为唐诗世界中两座高峰，被人们称为诗歌史上的“双子星座”，他们已经成为唐代诗歌的高伟丰碑。

三、中晚唐诗歌

自代宗大历元年(766)至文宗大和九年(835)为中唐时期，约70年，是唐诗发展史上创作最为丰富的时期。这个时期的诗歌主流转向了现实，出现了以元稹、白居易为代表的新乐府诗歌，以及韩愈、刘禹锡、柳宗元、李贺等杰出的诗人。

自文宗开成元年(836)至昭宗天祐四年(907)为晚唐时期，70年左右。这个时期的诗人以杜牧、李商隐为代表，他们的诗作体现了大唐末世的衰凉，如回光返照发出凄美的惊艳。

(一)新乐府运动

所谓新乐府，是指自命新题写时事的乐府诗，是相对汉魏旧体乐府而言的。新乐府运动是中唐时代出现，由白居易、元稹倡导，以创作新题乐府反映现实为中心内容的诗歌革新运动。新乐府运动的主张是“文章合为时而著，歌诗合为事而作”，他们强调诗歌的社会功能。

白居易(772—846)字乐天，自号香山居士，是唐代最负盛名的诗人之一，是唐代创作量最大的诗人。代表作有《新乐府》50 首和《秦中吟》10 首，都具有强烈的现实性和尖锐的批评性。白居易把自己的诗歌分为讽喻、感伤、闲适和杂律四类。在讽喻诗中，诗人主要反映了社会底层人民的艰苦生活，以及对统治者的批判和对战争的痛斥。如《卖炭翁》就是一首揭露“宫市”暴政的新乐府诗，控诉了宫使的无耻掠夺，表达了诗人对卖炭翁的深深的同情。《新丰折臂翁》则写统治者穷兵黩武给百姓带来的伤害，反映出作者的愤慨。感伤诗以《长恨歌》和《琵琶行》为代表。《长恨歌》是一首描述唐明皇与杨贵妃爱情悲剧的叙事长诗，全诗以丰富的想象、细腻的描写、流丽的语言，表现了李、杨之间的刻骨铭心的爱情，并寄寓着作者的深刻反思与批评。《琵琶行》描写了琵琶女沦落天涯的身世，并以此来发泄自己政治失意的愤懑。全诗充满了忧伤的气息，对音乐的描写有独到之处，产生了很好的艺术效果。白居易还有一些闲适诗和杂律诗，如《赋得古原草送别》、《钱塘湖春行》等。

元稹 (779—831)，是新乐府运动的中坚力量，与白居易并称“元白”。代表作有《田家词》、《织妇词》等。

(二) 中唐时期的其他诗人

刘长卿和韦应物是继孟浩然、王维之后的较为著名的山水田园诗人。刘长卿诗风含蓄温和，代表作《逢雪宿芙蓉山主人》。韦应物诗风清新自然，代表作《除州西涧》。

孟郊 (751—814)，以他和韩愈为代表的韩孟诗派，是与新乐府运动同时崛起的中唐诗派。孟郊诗多古体，注重造语炼字，追求内容的深刻。代表作有《游终南山》、《游子吟》等。

韩愈 (768—824)，是唐代杰出的散文家，位居唐宋八大家之首，同时也是个大诗人。韩愈将散文的篇章结构、句式等用于诗歌写作，把大量的议论和辞赋的修辞手法引进诗中，使诗的形式散文化。代表作有《左迁至蓝关示侄孙湘》、《山石》等。

刘禹锡 (772—843)，其最为后人称道的是咏史怀古诗，其中，以《西塞山怀古》、《乌衣巷》等为代表。刘禹锡还尝试创作了一些带有民歌风韵的诗作，以《竹枝词》、《浪淘沙》等为代表，通俗易懂，活泼清新。

柳宗元 (773—819)，是中唐著名的诗人，也是著名的散文家。他的山水诗以朴素的语言，营造了一个幽清冷寂的境界，代表作有《江雪》、《渔翁》。两首诗中，那两位高洁脱俗的主人公正是诗人自己的写照或是理想的寄托；在幽深清远的景致中，流露出诗人孤独、寂寞之感。

李贺 (790—816)，是一位才华横溢的诗人，被称为“鬼才”，代表作有《金铜仙人辞汉歌》、《雁门太守行》等。李贺诗有丰富的想象力，善于以神话、传说入诗，构思奇特。

(三) 杜牧与李商隐

杜牧 (803—853)，以七言绝句见长，代表作有《泊秦淮》、《过华清宫》等。《泊秦淮》和《过华清宫》都是借古讽今之作，一首以陈后主的《后庭花》亡国之音来讽刺当时的国家命运；一首以杨贵妃的受宠来讽刺当时帝王的荒淫生活。

李商隐（813—858），在晚唐诗坛上，他与杜牧被并称为“小李杜”。代表作有咏怀诗《登乐游原》，爱情诗《锦瑟》、《无题》、《夜雨寄北》等。李商隐诗歌语言多富丽华艳，少质朴清新，诗中总是透露出一种无奈和悲哀。

第五节 唐代散文

唐代古文运动，是中国散文发展史上一次重要的文学革新运动，对唐代散文创作有重要意义。唐代的古文运动，是在中唐文坛以韩愈、柳宗元为领袖，要求革除文学中的浮艳文风，倡导古文传载古道的文学运动。古文运动以“文以载道”为核心理论；名为复古实为革新，要求文章反映现实；在创作上反对因袭，强调创造；反对语言的华而不实，提倡质朴自然的文辞。

一、古文运动

所谓“古文”，是指不拘语句长短，抒写自由，盛行于先秦两汉的散文。由于六朝以来，文体形式僵化和思想内容空虚，韩愈、柳宗元等人在前人的基础上提出了文道合一、文以载道的主张。他们强调正统的儒家孔孟之道，认为道是目的和内容，文只是手段和形式。同时他们也反对简单意义上的模仿古文，认为要创新；要加强作家的思想道德修养，文章要有实际内容；要改革以前的华而不实的语言风格，提倡朴素自然的语风。因此，他们发起古文运动，名为复古，志在创新，意在使中国散文重新得到健康的发展。古文运动不仅有力地改变了当时的文风，而且直接影响了北宋诗文革新，后来质朴实用的古文，终于成为中国散文的主流。

二、韩愈与柳宗元

韩愈是古文运动的领袖，是一位杰出的古文家。他的散文，内容丰富，题材广泛，形式多样，表现力强。韩愈的政治论文以《原道》、《原性》、《原毁》等为代表，这些论文集中体现了他的儒学复古主义观点，思想深刻，笔锋尖锐。以《师说》、《马说》为代表的杂文，表现了他对当时一些社会现象的批判。如《师说》正是对当时社会上轻学风气的揭露，提倡崇尚道业、尊师重教；而《马说》则批判了当时社会埋没人才的现实，寄托了自己怀才不遇的感慨。韩愈的传记散文以《张中丞传后叙》为代表，刻画出鲜明的人物形象，绘声绘色，叙述完整。其祭文墓志铭，如《祭十二郎文》，《柳子厚墓志铭》也一反前人的祭铭文写作惯例，用朴实无华的语言，从对亡者的生活琐事的描述中表现生者之痛，感情真挚。韩愈的散文语言精炼、简洁奇肆，饱含感情，对当时和后世的散文作家都产生了深远的影响。

柳宗元是唐代著名的散文家，是古文运动的另一位领袖人物。他的散文以山水游记成就最高，以《永州八记》为代表。这类作品往往用优美、凝炼、精致的语言，通过描述景物，抒发个人的不幸遭遇及其对现实的强烈不满。在《永州八记》中最为人称道的是《至小丘西小石潭记》，作者在描绘小丘四周的景色中，表现了自己怀才不遇的感叹，体现了作者孤傲高洁的个性。柳宗元还将以前只被用来作论说例证的寓言，作为一种独立的文学体裁来进行创作。这类寓言短小精悍、以此喻彼、形象生动有趣、寓意深长，如《三戒》包括《临江之麋》、《黔之驴》、《永某氏之鼠》，揭露了社会上丑恶的现象。除此之外，还有以《封建论》、《天说》为代表的政论散文，和以《捕蛇者说》为代表的传记散文。柳宗元的散文创作，语言清新精美，独具个性，在中国散文发展史上占有重要的地位。

三、唐代传奇

唐代传奇是继古代神话传说和史传文学，以及六朝志人志怪小说之后，中国小说发展的新阶段，也形成了中国小说创作的第一个小高潮。传奇产生于初盛唐，鼎盛于中唐。当时社会经济的繁荣，文化艺术的兴盛，刺激了传奇的发展。以"传奇"作为小说作品的名称，始于元稹。元代以后，人们将"传奇"明确地用作唐人文言小说的专称，一直沿用至今。小说发展到唐代，有了更为完整的结构、复杂的情节，在人物形象的塑造和人物心理的刻划上也有了显著的提高，因此，唐传奇的出现，标志着中国古典小说的成熟。

唐传奇现存约有四十余部，主要收录在宋初李昉等人编纂的《太平广记》中。如按内容可以大体分为四种类型。首先是爱情婚姻传奇，这类作品的数量最多，成就也最高。以蒋防的《霍小玉传》，白行简的《李娃传》，元稹的《莺莺传》，李朝威的《柳毅传》为代表。《莺莺传》描述的是名门闺秀崔莺莺为追求自由的爱情，不顾封建礼教的束缚与张生结合，但被张生"始乱终弃"的悲剧故事。小说情节曲折，人物心理描写细腻，其"才子佳人式"的爱情模式也为后人所推崇，为后世"董西厢"和"王西厢"戏曲的产生奠定了基础。其次是官场黑暗传奇，这类作品以《南柯太守传》为代表。作者李公佐，是唐代写作传奇最多的一位作家。作品流露了作者人生如梦、超脱出世的思想，是对争名夺利的辛辣讽刺。再次是历史传奇，这类作品以《长恨歌传》为代表。陈鸿的《长恨歌传》与白居易的《长恨歌》一样，是描写唐明皇与杨贵妃的爱情故事，但是不同的是《长恨歌传》更侧重描写唐玄宗的荒淫误国，表现了一种对历史的批判。最后是游侠传奇，这类作品以薛调的《无双传》和袁郊的《红线传》为代表。这类作品反映了当时人民对藩镇割据、混战的痛恨，代表了人们对自由豪迈的人生境界的向往，有其独特的价值。

唐传奇在中国文学史上影响深远。它为后世市井民众文艺的发展奠定了基础，成为元、明、清三代戏曲的重要题材来源，如王实甫的《西厢记》源于《莺莺传》，郑德辉的《倩女离魂》取材于《离魂记》，汤显祖的《紫钗记》取材于《霍小玉传》等等。除此之外，明代的《三言》、《二拍》，清代的《聊斋志异》等作品也都受到唐传奇的影响。因此可以说，唐传奇为中国古代后来一大批优秀的作品提供了基本素材和艺术借鉴。

第六节 唐五代词

词萌芽于隋唐之际，兴于晚唐五代而极盛于宋。词本是一种合乐歌唱的文学，所以叫“曲子词”，每首词都有一个表示音乐性的词调，如《菩萨蛮》、《虞美人》等，称为词牌。词因采用字数不定的长短句句式，故又别名“长短句”。词最早产生于民间，在敦煌发现的曲子词中，有大量的民间无名氏的作品。中唐以后，一些文人在学习民间词的基础上，开始进行词的创作，文人词产生。但是大量词作的出现，是在晚唐时期，并出现了第一位正式大量以词的形式进行创作的词人，那就是温庭筠。

温庭筠(812—866)，是第一位大量写词的词人，是“花间派”词的先导。他的词以描写妇女生活、闺愁宫怨为主，以浓艳香软、绮丽精美为主导风格，代表作有《菩萨蛮》十四首。当然，温庭筠也有一些清新爽朗之作，如《梦江南》，全词意境开阔，毫无藻饰。温庭筠创作的词，主要供歌伎演唱，成为脱离开诗并与之并行的独立的文学样式，对五代词乃至宋词的发展都有很大影响。

词发展到五代时期，形成了两个比较著名的词坛——西蜀词坛与南唐词坛。

西蜀词坛以“花间派”为中心，“花间词派”因《花间集》而得名。《花间集》是五代后蜀赵崇祚辑录的温庭筠等十八家西蜀文人的词集。除温庭筠外，花间派词作的题材都比较狭窄，词风大致相同，内容也较空虚。花间词人中成就最高的是韦庄。韦庄(863—910)，与温庭筠并称“温韦”。韦词比较清丽疏淡，代表作有《菩萨蛮》。

南唐词坛的代表词人是李煜。李煜(937—978)，南唐后主，也是唐五代词人中成就最高的。李煜前期词多写帝王享乐生活，以《浣溪沙》、《清平乐》为代表。后期词艺术成就较高，主要描写“家国俱亡”带来的痛苦悲哀，以《虞美人》、《浪淘沙》为代表。李煜词语言质朴洗练，善用今昔对比，善用生动比喻，将抽象事物形象隽永地传达给读者，感情真挚。其艺术成就在中国词史上，占有不可磨灭的一席之地。

思考题：

一、填空

1.“建安七子”是指________、________、________、________、________、________、________。

2.“竹林七贤”是指________、________、________、________、________、________、________七个人。

3.“老骥伏枥，志在千里，烈士暮年，壮心不已”是________的《____________》中的名句。

4.________的《____________》是中国文学史上第一篇较为系统而完整的文学创作专

论。________的《__________》是中国文学史上第一部诗论。________的《__________》是一部文学理论的集大成之作。《__________》是中国现存编选最早的古代诗文总集。

5. 西晋时代的“二陆”是指________、________,“二潘”是指________、________,“一左”是指__________。

6. ________是中国东晋时代最杰出的诗人。他在中国文学史上的一大贡献,就是开创了文人诗歌创作的新领域——田园诗。他的辞赋以《__________》为代表。作品叙述了他辞官归田途中的解脱心情和到家之后的生活意趣,写出了他对官场污浊的厌恶,赞美了农村的自然景物与劳动生活。其《__________》是历代散文的名篇,文中虚构的“世外桃源”,既是作者依据他的社会理想所作的美好想象,也代表了那个动乱时代的广大民众对太平社会的向往。

7. ________是第一个用全力来描绘壮丽河山的诗人,对唐代以王维、孟浩然等为代表的山水诗派产生了直接影响。代表作有《登池上楼》、《石壁精舍还湖中作》等。

8. ________是南北朝末年一位重要的诗人。以其后期创作的《拟咏怀诗》二十七首为代表,这些诗具有很强的现实主义精神。

9. ________是唐代第一个倾力写作山水田园诗的诗人。代表作五绝《__________》写得极其自然,以不加雕饰的语言,把田园春晓写得生机盎然。王维在《__________》中写秋雨之后的山村晚景,宁静清新,寄托着他的理想与追求。

10. ________擅长七绝,被称为“__________”。代表作有组诗《从军行》,组诗《塞下曲》,《出塞》等。

11. ________的《__________》被刘勰称为“魏晋之赋首”。

12. 曹植的赋作以《__________》为代表,作品写诗人在洛水之滨与美丽的洛水女神相遇,虽然相爱但却因人神相隔无法结合,最终含恨分离。________的《__________》是最早的一篇文学批评专论,文辞流丽清新,也很富于情彩。

13. ________,作为“竹林七贤”之一,代表作《__________》是一篇思念旧友嵇康、吕安的作品,同样是当时赋坛的佳作。

14. ________散文周密畅达,慷慨凄清,为后人所推崇。代表作《__________》,是给后主刘禅的一封奏疏。

15. ________的论说文以《声无哀乐论》为代表,这是一篇逻辑严密、论说细致的论文。但是就文学意义上讲,他的《__________》更为重要,这是写给山涛的一封信。

16.《__________》是一篇诗集的序言,作者________通过记叙兰亭盛会的情景,抒发了人生短暂、欢乐有尽的感慨。

17.《水经》原本是一部古代地理著作,记录全国主要水道,文字简单。________为之作注,内容比原著大为丰富，成为一部别开生面的著作，名为《__________》。

18.__________的诗歌善用比兴，以表达自己的政治怀抱；语言朴素，形成了含蓄深沉的诗风。代表作《__________》中“念天地之悠悠，独怆然而涕下”成为千古名句。__________的《__________》，诗中作者由春潮明月，勾起了相思离愁。作者将画意、诗情与对宇宙奥秘和人生哲理的体察融为一体，创造了一个情景交融的艺术境界。

19.继孟浩然、王维之后，中唐又出现了较为著名的山水田园诗人。其中________诗风含蓄温和，代表作《逢雪宿芙蓉山主人》。________诗风清新自然，代表作《滁州西涧》。

20.__________最为后人称道的是咏史怀古诗，其中，以《西塞山怀古》、《乌衣巷》等为代表。__________被称为“鬼才”，代表作有《雁门太守行》。

二、解词

1.“建安风骨” 2.《搜神记》 3.志怪小说 4.志人小说 5.“初唐四杰” 6.唐代边塞诗派 7.新乐府运动 8.“小李杜” 9.《长恨歌》 10.花间派

三、简答

1.“二谢”的创作风格比较

2.南朝民歌的艺术特色

3.北朝民歌的艺术特色

4.唐代传奇的思想内容

四、论述

1.魏晋南北朝小说创作

2.陶渊明田园诗的艺术风格

3.唐代山水田园诗派的文学创作

4.李白与杜甫的诗歌艺术风格比较

第一节 宋代词

在宋代文学中,成就最为辉煌的要属宋词了,宋词也被人们视为宋代文学的代表,故后来就有唐诗、宋词、元曲并称之说。其题材除了爱情,还包括了咏物咏史、田园风光、送别赠答等方方面面。名家流派众多,有柳永、苏轼、周邦彦、李清照、辛弃疾、姜夔等著名词人,同时也出现了"豪放"和"婉约"两大词派。

一、北宋词

继唐末五代之后,词的创作在宋初兴起,作者多为士大夫贵族。他们继承了南唐词的风流会韵,从内容到形式都延续南唐词的创作倾向,以晏殊和欧阳修为代表。晏殊(991—1055)与幼子晏几道合称"二晏",分别作有《浣溪沙》和《临江仙》,风格柔婉,词作均有成就。欧阳修(1007—1072),词多写男女情爱或相思伤别,词意清丽,代表作有《浪淘沙》、《蝶恋花》。范仲淹(989—1052),词作虽数量不多,但气象阔大,沉郁苍凉,开创了宋代的边塞词,以《渔家傲》为代表。

柳永(984—1053),原名三变,是北宋第一个专力写词的作家,也是第一个大量创作慢词的词人。他的词题材广泛,在民间作品的基础上,善用铺叙与白描的手法,多用俚语白话,通俗易懂.因此很受市民阶层的欢迎,流传甚广。以《雨霖铃》、《八声甘州》为代表。柳永词多数是写妓女生活,诉说她们的痛楚。在这些词作中,或写相见之欢、或写离别之苦,都写得情意深浓、缠绵悱恻,如《雨霖铃》。柳词中也有描写风光之作,铺叙城市繁华和名胜景物,如《望海潮》。还有一部分表现自己政治失意和游子思乡的伤感,如《八声甘州》。其词情景交融,恣意渲染,笔势跌宕,曲折尽情。

苏轼(1037—1101),字子瞻,号东坡居士,在整个中国艺术史上,都是一个难得的全才。他文化修养全面,乐舞、书画皆通,而且是宋代的大散文家、大诗人、大词豪.文称"欧苏",诗称"苏黄",词称"苏辛",它代表了北宋文学的最高成就。苏词现存350余首,虽然数量不大,但却改变了以往的凄丽柔美的婉约词风,开创了豪放词派。代表作有《念奴娇》,《江城子》,《水调歌头》等。苏词以豪放为主调,如《念奴娇·赤壁怀古》气势磅礴、意境阔大、风格雄健,借歌颂周瑜在赤壁之战中的历史功绩,抒发自己怀才不遇、壮志难酬的感慨。在他的《水调歌头》中,亦表现了词人潇洒飘逸、乐观豁达的个性。

苏轼开拓了词的题材范围,提高了词的境界格调。以往的词,往往只描写男女恋情、离愁别绪，题材狭窄。苏轼突破这种传统观念，将词从这种“艳体”中解放出来，无论是爱情，还是怀古、说理等，都由词来表达，大大地扩大了词的表现范围。他大胆地将词引向正统的诗文的道路，将诗文中的雄壮之气加入到词中，词中大胆的夸张与想象，使其作品形成了一种新的意境。除此之外，苏轼打破了原有声律的束缚，发展了词律，使词摆脱了对音乐的附庸。他创作了一些慷慨雄壮的曲词，如《沁园春》、《永遇乐》、《满庭芳》等，大胆地打破了声律的限制，以表情达意为目的。苏轼为词在语言上的突破也做出了重要贡献。他的词清新简洁，没有以往的脂粉气，并在吸取众家之长的基础上，加入了大量的口语，大大地提高了词的表现力。

秦观（1049—1100），词风凄婉柔美，前期主要描写爱情题材，以《满庭芳》为代表；后期作品主要抒写被贬的悲苦，以《踏莎行》为代表。他的词主要体现了“情”和“愁”，特别注意意境的创造，融情入景，词境凄婉，对宋代婉约派词人有直接的影响。

周邦彦（1056—1121），词多写爱情与身世之感，是北宋婉约派词人的集大成者。代表作有《兰陵王》、《西河》等。周词善于细致的描写，曲折的铺叙，他精通格律，语言上善用典故，词风典雅含蓄。

二、南宋词

词经过长期的发展，题材不断拓宽，技巧日益成熟，地位也得到提高。南宋时期，它与诗歌、散文一样，已经成为文人惯用的文学体裁。在这个时期出现了大量出色的词人，但风格也因南渡的变迁而与北宋有了一些差异。

李清照（1084—1151?），号易安居士，是两宋之交杰出的巾帼词人，《漱玉集》收她七十余首词，几乎篇篇佳美。她的词可以以靖康之变为界，分为前后两个时期。前期词主要描写其贵族少女、少妇的生活，词风细腻委婉、优雅动人，从女性心理出发，表达自己对离别相思的感受，略带哀怨悲愁之情。代表作有《如梦令》、《醉花阴》等。《如梦令》中以对话的形式，表现了女子对生活理想不能实现的惆怅寂寞。《醉花阴》则以一个多愁善感的少妇形象，表达了词人对丈夫的浓浓的思念。李清照后期词主要抒写国破家亡的悲苦，将个人命运的不幸与国家的灾难结合起来，表现了一种愁苦悲凉的意境。代表作有《声声慢》，《永遇乐》等。《声声慢》通篇写愁，如泣如诉，将个人身世之悲、国家危难之痛皆寓其中。

李清照借鉴了李煜、柳永、秦观等人的艺术经验而又有自己的创造，是秦观之后婉约派的又一座高峰。他主张词既要有情致也要有深厚的文化内涵，特别强调词在艺术上的独特性，即词“别是一家”。在心理描写上，她不仅善于捕捉细小而生动的形象来表达难以言传的感受，而且善于表现情感的微妙变化，以委婉曲折的笔调描绘复杂的心情。语言上，通俗自然，善用口语，精心锤炼却不见雕饰的痕迹，将雅与俗相融，别有风致。正是由于李清照词的极高艺术成就，后人称她的词为“易安体”，即化俗为雅，用浅俗之语，发清新之思；在温婉中透出刚健与洒脱，柔中有刚。因此，

"易安体"绝非一般意义上的"婉约"二字所能概括的。

辛弃疾(1140—1207)字幼安,号稼轩,他的文章诗词自成一家,特别是他的词,苍凉悲壮,词风豪放,因而他与苏轼并称为"苏辛"。辛词题材广泛,内容丰富,以抗金救国、收复中原的爱国思想为中心主题。首先,辛词中有大量作品抒发了统一祖国的雄心壮志,再现了自己经历过的金戈铁马的生活,表现出一种强烈的爱国感情,以《永遇乐·京口北固亭怀古》、《破阵子·为陈同甫赋壮词以寄之》等为代表。在《永遇乐》中作者通过怀古,表达了坚决抗金的主张和强烈的战斗意志,英气勃勃而又沉郁苍劲。在《破阵子》中,描写了他当年在抗金义军中的豪迈气概和战斗经历,气氛浓郁,声情并茂,充满了铿锵之音。其次,辛词中还有一些描绘田园风物的作品,有的通过对山村风光的描述,表现壮志不得伸的悲愤之情,以《鹧鸪天·代人赋》为代表;有的则以清丽的笔触和通俗的语言,描绘了山村的生活小景,以《西江月·夜行黄沙道中》为代表。又次,辛词中还有许多评论时局、批判朝廷投降苟合的作品,如《水龙吟》、《满江红》、《卜算子》等。这类词借古喻今,委婉含蓄,富于战斗性,有较高的思想价值和较大的社会影响。

辛弃疾词具有多种艺术风格,有的悲壮沉郁、直抒胸臆,有的清新活泼、生机盎然,有的含蓄婉转。他善用比兴、典故,将写景、叙事、抒情融为一体,表达深刻的寓意。在语言上,也具有多样化的特点,有的雄壮雅丽,有的清新明快,吸收大量民间口语,给作品带来了活泼新鲜的气息。辛弃疾扩大了词的题材范围,提高了词的表现力,创新了词的风格。他继承发展了苏轼的豪放词风,将散文化的句式用于词中,反映时代精神和人民愿望,对后世的词人产生了深远的影响。

姜夔(1155?—1221?)是南宋格律派词人的代表,其精通音律,词清空婉丽,多为游记和身世之作,代表作《扬州慢》。词中回忆了当年扬州的繁华,表现了对国事的忧患,情调是低沉的,缺乏激昂的精神和博大的胸怀。前人以"清空"来概括姜夔的词风,主要指其词意境高远,襟怀淡泊。

第二节 宋代诗歌

宋人追求理趣,崇道尚文,作诗好议论,具有散文化倾向。诗人往往从冷静观察事物入手着笔,诗作有的平易自然,有的飞动雄奇,有的刚劲洒脱……,出现了一些著名的诗人,如欧阳修、王安石、苏轼、黄庭坚、陆游、杨万里、范成大、文天祥等;也出现了不同的流派,如北宋初的香山派、晚唐体、西昆体,两宋之交以黄庭坚为代表的江西诗派,以及南宋末的四灵派与江湖派。

一、北宋诗

欧阳修(1007—1072)是北宋文坛的主帅,诗文革新运动的领袖。他的诗歌虽然不及散文,但很善于表现自我,有感而发,在当时具有典范意义。他的诗多为山水、咏物、题赠之作,同时也有一些抨击社会时弊、抒写个人情怀,其最成功的是那些抒写情怀和描写山水的诗。代表作如《画眉鸟》、《戏答元珍》、《黄溪夜归》等。他的诗在艺术上受韩愈的影响较大，将散文和议论的手法融入到诗中；同时也深受李白的影响，形成了平易自然、流丽婉转的风格。宋诗精深平易、注重理性、以文为诗的特点到欧阳修时已初现端倪，他为宋诗开拓出一条新的道路。

王安石（1021—1086）的诗文在北宋就很著名，其诗歌创作主要分两个时期。前期创作主要以议论时政的政治诗和咏物、咏史诗为主，代表作有《感事》、《乌江亭》、《明妃曲》等。这些作品中具有强烈的现实性和政治性，即使是咏物和咏史作品也寄托了他不屈的斗争精神，风格质朴遒劲。后期作品以写景抒情的小诗为代表，通过对山水景色、乡村风光的描写表达其在政治上的失意，以七绝《泊船瓜洲》、《书湖阴先生壁》等为代表。这类作品不同于其前期作品，风格清新优美、描写细腻，很受后人推崇。

苏轼(1037—1101)诗题材广泛，内容丰富，笔力雄健，意趣风发，含蓄蕴藉，风格多样，发展了以文为诗的宋诗特色。现存的苏诗约2700余首，内容主要集中在以下几个方面：

1.政治诗。这类作品包括反映民生疾苦和揭露统治横暴，表现了苏轼关心国计民生、忧国爱民的热忱。虽然数量不多，但却真实地刻画了当时多方面的社会矛盾，以《吴中田妇叹》、《荔枝叹》为代表。

2.写景诗。这类作品在他创作中数量多影响大，诗人常描绘祖国雄奇壮美的河山，同时也通过对山水景物的描写来排遣自己政治失意的惆怅。他的写景诗，风格多样，有的清新明丽，如《新城道中》、《饮湖上初晴后雨》；有的汹涌壮阔，如《望海楼晚景》；有的蕴含了一种随遇而安、超然旷达的思想，如《游金山寺》。

3.哲理诗。宋诗讲究理趣，苏轼也常在写景状物中，揭示出深刻的哲理。诗人通过描绘日常生活经历和山水自然景物来抒发旷逸豁达的人生情怀，如《题西林壁》、《和子由渑池怀旧》等。这类作品既有深厚的内涵，又不乏诗意情趣，将哲理、抒情、写景融为一体，通过明白通俗的语言，表现发人深思的启悟，极富艺术表现力。

4.题画诗。苏轼写了不少题画诗，有的写画，有的评画，有浓郁的画意诗情。《惠崇春江晚景》是为诗僧画家惠崇的《春江晚景》图所作的题画诗。诗中用平易清新的语言，传达了一种生机盎然的感受。苏轼在这类作品中，也传达了自己“神似”、“清新”的艺术主张。

苏轼诗歌最显著的艺术特色就是“以文为诗”，即诗中多用散文的句式，以气贯穿；他又以议论为诗，即将对事物的形象感受与哲理思考结合起来，抒发感悟。苏轼开拓了新的诗境，在平淡的诗风中透露出对人生的深沉的感叹，发人深思。其次，在表现方式上，苏诗有丰富的想象与奇妙的比喻，将生活中平凡的事物描绘出不平凡的一面，意境开阔壮大。再次，苏诗风格多样，有清新明快的七绝、七律；有雄浑豪迈的古体诗；也有潇洒清淡的抒怀小诗。因此，苏轼的诗代表了北宋诗坛的最高成就。

黄庭坚(1045—1105)的诗与苏轼齐名,并称"苏黄",他是江西诗派的创始人。他推崇杜甫的现实主义风格,强调诗歌的内容与社会功用;主张"点铁成金"、"脱胎换骨",即变化前人的语言或诗意、推陈出新;重视炼字、造句、谋篇,多用典故,讲究诗法。以《雨中登岳阳楼望君山》二首为代表。

黄庭坚的诗歌理论和创作,对当时很多诗人影响很大。追随他的一些诗人形成了一个艺术趣味相同、创作倾向相似的诗歌流派——江西诗派。所谓江西诗派,由南宋吕本中《江西诗社宗派图》而得名。他们推崇杜甫的现实主义精神,但是却过分地强调技巧,讲究章法,因此形成了一种偏重形式、忽视内容的诗风。

二、南宋诗

南宋初期,大部分诗人都受到北宋后期江西诗派的影响。直到南宋中期,这些深受江西诗派影响的诗人才从根本上摆脱了它的束缚,形成了风格各异的创作,打开了宋诗的新局面。

陆游(1125—1210),字务观,号放翁,是南宋时期著名的爱国诗人,是中国文学史上创作最丰富的诗人。在陆游留下的大量诗篇中,最为突出也最有价值的,是那些表现爱国思想的作品。这类作品内容丰富,思想精深,既表达了他驰骋疆场的英勇豪情,也抒发了他壮志未酬的深切悲愤。代表作有《书愤》、《十一月四日风雨大作》、《关山月》等。在这类作品中,豪情与悲愤也是结合在一起的,越是悲愤,他对理想越是执著;对理想越是执著,他的悲愤也越是强烈。

除了以表现民族意识为主要内容、以豪放悲壮为感情基调的一类作品构成了陆游诗歌的主旋律,他还有不少以细腻清淡的笔触、闲适恬和的情调描写日常生活和自然景物的诗。这一类诗作,多以平和朴素的韵味和清新委婉的意境来表现诗人人生情趣和审美情趣。如《游山西村》,既是农家田园的山水画,也有"山重水复疑无路,柳暗花明又一村"这样富有的哲理。陆游的爱情诗有《沈园》二首极为传诵,抒发了自己对前妻唐婉的刻骨铭心的情感。

陆游诗风多样,以豪放雄浑为主。诗歌语言不仅简洁自然、质朴清新,而且俗中见雅、浅易中含有深意。他继承了屈原、杜甫的爱国主义传统,将中国的爱国主义诗歌推向了一个高峰。

杨万里(1127—1206)的诗歌,不乏感慨国事之作,有的比较显豁,有的比较隐微。他也关心民生的疾苦,尤其是沦陷区的百姓。他又善于从大自然和日常生活中获取新颖生动的素材,而且深含对人生哲理的思考。在描写田家题材时,语言上自然流畅、风趣活泼,如《戏笔》、《宿新市徐公店》。有些作品不仅有自然与生活的盎然生机,而且富于理趣,如《小池》、《晓出净慈寺送林子方》等。

范成大(1126—1193)诗歌的最大成就,在于反映的生活面相当广泛,揭露的社会问题也比较深刻,这是杨万里所不及的。其诗风清新奔逸,语言明快朴实,轻松而犀利,以《四时田园杂兴六十首》为代表。在这些作品中,比较完整地反映了田园乡村的生活面貌,既有田庄秀丽的风光和农家劳动、生活的习俗场面，也有农民所遭受的沉重剥削和他们的困苦生活。

“永嘉四灵”是指南宋后期在永嘉（今浙江温州）地区的四位诗人，徐照、徐玑、赵师秀、翁卷。他们不满江西诗派的诗风，以个人情性反对理学对诗歌的束缚，以五律为主要诗体，诗歌内容多抒发个人情感，赞咏田园生活，很少反映社会现实。

文天祥（1236—1283）有诗集《指南录》、《指南后录》和《吟啸集》，这些诗表达了他对宋末人民疾苦的同情，对元兵烧杀抢掠暴行的愤怒，表达了其亡国的痛苦和威武不屈的民族气节。诗歌沉郁悲壮、慷慨激昂，代表作有《正气歌》、《过零丁洋》。《过零丁洋》中回忆了国势危难中的艰苦经历，表示了自己以身殉国的坚定信念：“人生自古谁无死，留取丹心照汗青。”成为流传千古的名言。

第三节 宋代散文与小说

宋代散文在中国散文发展史上占有重要的位置。这个时期不仅名家辈出，而且作品的形式、内容和语言、风格，也都有新的发展。宋代散文直指时政、平易畅达，出现了范仲淹、欧阳修、“三苏”、王安石、曾巩、朱熹等著名的散文大家。中国古代小说发展到宋代，反映城市居民思想和生活的白话小说“话本”，日益兴盛起来，逐渐取代了传奇在小说领域的地位，成为古代小说的主要形式。这是中国小说史上的一次重大变迁。

一、宋代散文

范仲淹是北宋初期著名的政治家和文学家，他流传下来的散文作品虽数量不多，但却表达了他的改革时弊的政治主张，反映了他爱国爱民的思想感情。代表作《岳阳楼记》，通过描绘洞庭湖美景，抒发了其忧国忧民的情怀。全文叙事简洁，写景宏阔，情境结合，骈散相间，议论精辟，文辞优美，具有强烈的感召力与艺术性。其“先天下之忧而忧，后天下之乐而乐”的名句，更是凸现了其高尚情操与博大胸襟。

欧阳修是北宋文学革新的领袖。他同其后的苏洵、苏轼、苏辙及王安石、曾巩，与唐代的韩愈、柳宗元合称“唐宋八大家”。欧阳修认为写好文章的关键在于加强修养，要文道并重；在文风上，提倡“文简而意深”，建立了一种平易流畅、委婉曲折的风格；此外他特别注重感情因素。

欧阳修的散文文体多样，有各种类型的议论文、叙事散文和抒情散文；表现形式变化多端，富于内在节奏感与韵律感。欧阳修散文中比重最大的是议论文，有以《朋党论》、《与高司谏书》为代表的政论文，也有以《五代史伶官传序》为代表的史论文。这些文章都具有很强的现实性，议论纵横。他还有一些墓志铭和祭文作品，以《祭石曼卿文》为代表，文章生动感人、语淡情浓。

虽然欧阳修散文中比重最大的是议论文，但是最能体现其文学技巧和艺术成就的却是他的叙事和抒情散文。这类作品或写山水，或咏园林，题材广泛，情景交融，极有特色，以《醉翁亭记》为代表。文章通过对滁州风物人情的描写，展现出一幅作家理想的社会生活图景。以清新的格调，优美的语言，灵活的句式，表现了作者内心淡淡的孤独、怅惘之情。这些作品使散文的叙事、议论和抒情三种功能得到有机融合，为散文开拓了更为广阔、更富有文学价值的领域，对后来的王安石、苏轼甚至明清散文都有很深的影响。

苏洵(1009—1066)，苏轼之父，代表作有《六国论》。其文结构严谨，说理周详；笔锋老辣，纵横博辩；文字雄奇坚劲，气势磅礴。苏辙(1039—1112)，苏轼之弟，代表作《黄州快哉亭记》、《上枢密韩太尉书》等。其文记事详细工稳，文风淡泊平和，议论以稳健见长。

苏轼的散文与韩愈、欧阳修并称，他的散文内容丰富，形式多样，主要有议论文、抒情记叙文、小品文三类。议论文包括史论文和政论文。史论文以《贾谊论》、《留侯论》、《晁错论》为代表，这些文章富有现实意义；政论文以《思治论》、《进策》等为代表，这些文章说理精辟、见解新颖深刻、气势雄放，语言明快畅达，表现出他励精图治的愿望。在抒情记叙文中，以亭台记和山水游记为主，以《石钟山记》、《赤壁赋》、《超然亭记》等为代表，这类散文熔记叙、写景、议论、哲理、抒情于一炉，以酣畅的笔墨，深寓对现实的思考，极富文学色彩。小品文是苏轼散文中饶有趣味的妙品，以篇幅短小、写作随意的书札、杂记、题跋和随笔为主要文体样式。代表作有《东坡题跋》、《东坡志林》、等。这类作品，不拘格套，有旷达的胸襟和高尚的风节，表现了作者开阔豁达的人生态度以及富有生活情趣的心灵。

苏轼散文的艺术成就，首先表现在善于立意、工于谋篇，他特别强调文章的内涵，反对外表华丽而缺乏内涵的文章。其次，善用比喻，将记叙、描写、议论结合，诗情、画意与哲理兼融。再次，有诗化的倾向，以情感和才气为文，气势奔腾而壮阔雄奇，富于想象。苏轼散文善于渲染气氛和营造意境，处处令人体会到一种蓬勃的诗意。

王安石的散文重论辩，说理透辟，力求直抒胸臆，语言简朴。因此，其散文感染力虽不强，但却具有雄辩的说服力。他的散文作品主要有议论文、游记散文和小品文三种。其中艺术成就最高的是议论文，以《答司马谏议书》、《上仁宗皇帝言事书》为代表。这类文章大多体现作者的改革观点，结构严谨，语言朴素简洁而说理透彻，概括性很强，有强烈的现实性和针对性。他的游记散文以《游褒禅山记》为代表，这类文章最大的特点就是在叙述、描写、抒情中融入了议论的因素，借事寓理，给人一种思想启迪。王安石的小品文虽篇幅不长，但却言简意深、笔力雄健、文风峭拔、富有感情，以《读孟尝君传》、《读柳宗元传》、《知人》为代表。

曾巩(1019—1083)，唐宋八大家之一，他追求一种雍容典雅的艺术风格，往往借事寓理，但无论叙述还是议论都比较平和清淡，布局严谨，节奏舒缓，语言简洁。代表作有《墨池记》，《道山亭记》等。

除此之外，还有北宋周敦颐的《爱莲说》，司马光的史传散文《资治通鉴》，南宋时期著名理学家朱熹的游记散文《百丈山记》，也都是当时的散文名篇。

二、宋代小说

宋代随着城市经济的繁荣，市民阶层的壮大，“说话”艺术也得到了迅速的发展。“话本”原是指“说话”艺人的底本，是随着民间“说话”伎艺发展起来的一种文学样式。“说话”就是说故事，近似后代的说书。虽然，在隋唐时期就已经出现了“说话”，但是却是到了宋代才广为流行的。在宋代的民间伎艺中，以“说话”最为发达，分“说话四家”，即“小说”、“说铁骑”、“说经”、“讲史书”。其中以“小说”和“讲史书”对后世影响最大，“小说”即宋代的短篇白话小说，“讲史书”即讲前代兴废战争之事，是后代历史演义小说的起源。现存的宋“话本”大多数散见于《清平山堂话本》、《京本通俗小说》和《喻世名言》、《警世通言》、《醒世恒言》等书中。

现存的“小说话本”中，以写爱情故事的作品为主。在这些爱情小说中，多以妇女为主角，渗透了很强的市民意识，表现了女性对生活、爱情、婚姻的态度，以《碾玉观音》、《快嘴李翠莲》为代表。在这类小说中，主要塑造那些来自市民阶层的女子，她们大胆泼辣、敢作敢为，主要体现了她们要求人身和爱情、婚姻自由的强烈愿望，她们对当时社会束缚的至死不屈的反抗，也反映了当时市民阶层朦胧的民主意识。揭露官僚腐败和昏庸是话本中的又一重要主题，以《错斩崔宁》为代表。这类小说从不同的侧面揭露官府的污浊，反映人民的愤怒，同时表达作者对百姓的深切的同情。

宋代“话本”是反映一般市民生活意识和审美情趣的市民文学。其艺术成就，首先表现在人物塑造上，“话本”中塑造了一批下层人民的艺术形象，特别是塑造了一批与以往温顺、怯懦的大家闺秀不同的、勇敢坚韧的下层女子形象。这些在以往的小说中极少见到的“小人物”大大地丰富了中国古代文学的人物长廊，是中国小说史上一个光辉的开端。其次，表现在语言上，“话本”开创了用白话文写小说的先例，为后来通俗小说的发展开辟了广阔的道路。再次，在情节构设上，“话本”符合一般大众的欣赏习惯，即叙述连贯，故事性强，情节曲折生动，带有悬念和巧合，具有很强的娱乐性和趣味性。

宋代的“讲史话本”也称“平话”，主要讲述历代兴亡的故事。它在史实的基础上，将野史笔记、民间传说编织在一起，但是在结构上比较散乱，语言上文白相杂，文学成就不如小说“话本”。但是却对后世《三国演义》、《水浒传》、《西游记》等长篇小说有着直接的影响，以《大宋宣和遗事》为代表。

第四节 辽金文学

辽(916—1125)、金(1115—1234)是契丹和女真在我国北方建立的少数民族政权。在这三百余年的时间里，中国实际上处于南北长期分治的局面。这个时期是北方少数民族游牧文化与中原汉文化交流与融合的时期，正是在这种历史文化背景下，北方文学的朴实中更多地兼有了南方的情致。

一、元好问

元好问（1190—1257），著有《元遗山集》，存自己的诗作一千三百多首。他是辽、金时代文坛最杰出的大家，在他身上兼备北方民族的豪健英杰的气质和深厚的汉民族文化底蕴。

元好问的诗反映了金代灭亡前后的社会丧乱，以及后来亡国的悲惨。这类诗深沉慷慨，代表了他诗歌的最高成就，以《八月并州雁》、《雪香亭杂咏》为代表。这类诗是他对杜甫现实主义风格的继承，具有苍凉沉郁而悲愤高亢的特点。另外，元好问还有一些清新明丽的景物诗，以《杏花杂事》、《台山杂咏》为代表。也有以《游黄华山》、《游龙山》为代表的长篇山水诗。

元好问的词今存近 380 首，词风以豪放为主，以《江城子》为代表。他的词并非一味豪放，而是能与婉约情词的韵致融会，形成清雄顿挫而深婉明丽的成熟风格。

二、董解元与《西厢记诸宫调》

诸宫调是宋、金、元时流行于民间的一种说唱文学。《西厢记诸宫调》的作者是董解元“解元”是当时对一般儒生的称呼，并非他的真名。

《西厢记诸宫调》是根据唐代元稹的传奇小说《莺莺传》改编的，后人称其为《董西厢》。在结局设置上，《董西厢》将以前的悲剧性结局改为张生、莺莺相偕出走的“团圆结局”，从而改变了女人是祸水的主题，具有一定的反封建礼教的意义。在人物塑造上，《董西厢》将以前逆来顺受的莺莺，塑造成一位叛逆的女性；并将“红娘”这一人物丰富。他还加入了大量细腻的人物心理刻画，增强了人物的真实感、生动感。在艺术表现上，《董西厢》将一个简单的短篇小说发展为一部结构宏大、生动曲折的长篇说唱文学。运用大量的细节描写，增强了气氛，突出了爱情真挚的主题。在语言上，《董西厢》将大量的古典诗词与民间俗语融合在一起，其文既有典雅的风韵，也有质朴的风情，具有浓厚的生活气息。

虽然《董西厢》仍然在题材处理和人物形象的完整性上存在一些不足，但是毕竟在情节、人物和语言上都较之以前有很大的突破，并为王实甫的《西厢记》提供了更丰厚的创作基础。

第五节 元代杂剧和散曲

中国文学从宋代开始由雅到俗的转变。元代，正统的诗文急剧衰微，诗文作家大都是社会地位较高的士大夫，作品多是对自己官场得失的咏叹，在艺术上也停留在对唐宋诗文的模仿。元代文学的主流是元曲，元曲包括杂剧和散曲。杂剧是戏曲，它标志着元代文学的最高成就。杂剧是在北方戏曲的基础上发展起来的，是音乐、歌舞、道白、作工等结合起来表演故事的一种综合性的舞台艺术。散曲属诗歌，是金元时期在北方兴起的一种合乐歌唱的诗歌新体式，它主要是在民间俚曲小调的基础上发展起来的。

一、元代杂剧

早在唐代就已有"杂剧"的名称，但只有到了元代，才真正形成了综合唱、念、作、打，以歌舞演故事的完整成熟的戏曲形式。元代的都市经济的繁荣为元杂剧的兴盛提供了物质基础；文人的社会地位急剧下降，促使戏剧作家可以与艺人们密切交往，作品中也更具生活气息；元朝统治者对戏曲的喜好为其提供了有利条件，文人的参与为杂剧的内涵提供了精神升华；戏曲艺术千百年来的发展、演进也为其兴发提供了艺术支持。正是在这种情况下，杂剧 在当时形成了万紫千红的繁盛景象，也出现了许多著名的作家，如关汉卿、王实甫、白朴、马致远等。他们用戏剧的形式来反映社会生活，倾诉自己的苦闷、悲愤，讴歌生活理想和爱情追求，塑造出各式各样的生动鲜明的文学人物形象。元杂剧题材广泛，有的取材于历史故事，有的来源于志怪、话本，有的来自民间传说，还有一部分取材于元代的现实生活。但是它们都继承了现实主义传统，生动地展现了元代社会广阔的生活面貌，真实地反映了当时的社会现实。

(一) 关汉卿

关汉卿生活在元代前期，是中国文学史上一位伟大的戏剧家，代表作有《窦娥冤》、《救风尘》、《拜月亭》、《单刀会》等，最杰出的又首推《窦娥冤》。他的杂剧内容大致可以分为公案剧、女 性生活剧和历史剧三类。公案剧主要反映元代社会中豪强横行及地方官贪赃枉法的黑暗现实，揭露了统治者的残暴，以《窦娥冤》为代表。女性生活剧以女性为主角，反映她们的生活和斗争，其中既有以《拜月亭》为代表反映爱情婚姻的，也有以《救风尘》为代表反映妓女的生活遭遇和斗争的。这些作品中揭露了封建伦理和社会恶势力的黑暗，歌颂了妇女的反抗精神、勇敢机智以及对幸福生活的追求。历史剧是指一些以历史事件为题材的杂剧，以《单刀会》为代表。在这些作品中，作者歌颂历史英雄，寄寓了深厚的民族感情。

关汉卿的杂剧创作具有很强的艺术创造力。首先在题材选择上，他的作品倾向鲜明，内容丰富，剧作中追求反映生活的逼真感和深刻性，但并不排斥在艺术概括中体现自己的理想。他在暴露社会的不公正和黑暗之时，总是赋予那些善良无辜的弱者以非凡的智慧、才能和崇高道德，或者是他们的行为具有超自然的力量。其次在人物塑造上，他的杂剧中活跃着各种各样的人物，从大家闺秀到风尘女子，从英雄烈士到市井小民，从权豪势吏到地痞恶棍，都富于生气，表现出鲜明的性格，也寄托着作者的爱憎。再次，在戏剧结构上，关汉卿善于布置情节，在激烈的矛盾冲突中，营造戏剧氛围，并使舞台演出富于动作性。而且虽然人物众多，关系复杂，但是却能紧紧围绕主要人物的命运来组织和发展戏剧故事，使剧情丝丝入扣、浑然一体。最后在语言表达上，他力求自然通俗却有声有色，虽然浅显质朴却见出深刻；而且将语言个性化和形象化，即语言要符合人物的身份地位和思想性格。作为元杂剧的奠基人和典范作家，关汉卿的作品不仅是中华文化的宝贵遗产，同时也是世界文学宝库中的优秀财富。

（二）王实甫与《西厢记》

王实甫大约与关汉卿同时或略晚，他的杂剧现存有《西厢记》、《丽堂春》、《破窑记》三种。其中真正代表王实甫创作风格、体现王实甫创作成就的是《西厢记》。作品演绎了一对青年男女追求自由的爱情与婚姻的故事，人物刻画丰满细致，情节曲折动人，再配以优雅而又活泼的语言，自然有一种不同寻常的魅力。

《西厢记》直接取材于金代董解元的《西厢记诸宫调》，在其基础上进行了修改和完善。王实甫一方面对原作中一些不必要的部分进行删减，使情节更加集中；另一方面让剧中人物都坚守自己的立场，使人物之间的矛盾冲突更加激烈，增加了剧情的紧张性和吸引力。

《西厢记》的艺术成就，首先在于它成功地刻画了莺莺、张生、红娘等鲜明的艺术形象。莺莺在王实甫笔下始终渴望自由的爱情，虽然对张生抱有好感，但却由于家庭严厉的压制和身份的约束，展现出多种矛盾的行动，这更全面地展现了莺莺的性格特点，使人物更加可信和可爱。她最后终于以大胆的私情打破了疑惧和矛盾心理，显示了人类的天性在抑制中反而会变得更强烈。作者赞赏女性对爱情的大胆追求，使剧本更有生气和光彩。张生在剧中被王实甫塑造成一个善良、忠厚、对爱情执著的书生，作者并没有将这个人物简单化，而是刻画了他对莺莺痴迷的爱和为接近她做出的各种努力，同时也刻画了他性格中懦弱的一面。正是这些血肉丰满、矛盾复杂的人物性格，以及丰富的心理描写，使这些人物成功地塑造起来。

其次，艺术成就还表现在巧妙的情节设置，环环相扣的矛盾冲突上。剧中以老夫人为一方，以莺莺、张生、红娘为一方，展开的维护和反抗封建礼教的矛盾冲突，是全剧的主线；莺莺、张生、红娘三者之间由于出身不同和性格差异而引起的矛盾冲突是副线。两条线索、两类矛盾的交织都使剧本更加扣人心弦。

再次，在语言表现上，王实甫是驾驭语言的大师。他以经过提炼的当时民间口语为主，并加入前人的诗词佳句，从而形成既明白通畅又清丽华美的语言风格。本色而富于文采，俚俗而具有浓郁的诗意，能使人迅速进入到作者所创造的剧情氛围中，感受到主人公的悲欢离合、缠绵之情，了解人物的内心秘密，从而产生强烈的共鸣。他还善于根据人物不同的身份、不同的性格使用不同的语言。《西厢记》问世以来，影响极其深远，被不断地改编为各种地方戏曲以及说唱艺术，在民间广泛流传，几乎到了家喻户晓的程度。

(三) 其他元杂剧作家

白朴，被誉为“元曲四大家”之一。“元曲四大家”是指关汉卿、白朴、马致远、郑光祖。白朴的代表作有《梧桐雨》、《墙头马上》。《梧桐雨》是根据白居易的《长恨歌》以及其他关于唐明皇和杨贵妃的故事创作的，通过大量对唐明皇的内心世界的叙写，描绘了一个帝王在同时失去权力与爱情时，内心的孤独与哀伤，由此表达了作者对人世沧桑和人生悲凉的感触。《墙头马上》是一部优秀的爱情剧作，它与关汉卿的《拜月亭》、王实甫的《西厢记》和郑光祖的《倩女离魂》合称为元人四大爱情剧。作品以通俗朴素的语言，鲜明地呈现了其对青年男女争取婚姻自主的赞扬，以及对封建家长的讽刺。

马致远，代表作《汉宫秋》，演绎的是王昭君出塞和亲的故事。作者在《后汉书·南匈奴传》情节的基础上加入了大量的虚构，一方面表现了汉代当时统治者的昏庸无能；另一方面也反映了皇帝作为普通人不能主宰自己的命运的悲哀。更以此隐喻自己的民族情绪，锋芒毕露地批判那些碌碌无能的官吏，同时也直接抒发了作者对历史变迁、人生无常的感受。全剧以浓烈的抒情见长，注重对人物内心的细腻描写，有一种浓郁的感伤的情调。

纪君祥，代表作《赵氏孤儿》，是元代一部慷慨激越的历史悲剧。它取材于《史记·赵世家》，并结合其他史料创作而成。主要描述春秋时晋国奸臣屠岸贾谋害忠臣赵盾，将赵家满门抄斩，义士程婴为了保护赵氏惟一的血脉，献出了自己的儿子。20年后，赵氏孤儿长大成人后，终于报了血海深仇。作品不仅仅停留在所谓的“忠奸斗争”的主题上，而是更深刻地反映了一种强烈的复仇意识，强调弱者对于残暴势力压迫的反抗。作者用更多的笔墨表达了对无辜的弱小者的同情，对忍辱负重的义士们所表现出的崇高行为的深深的敬意。《赵氏孤儿》早在18世纪就传到了欧洲，先后被译为法、英、俄、德文字，在世界文坛上曾引起强烈反响。法国大作家伏尔泰把它改编为《中国孤儿》上演，轰动了巴黎。根据此剧改编的秦腔《赵氏孤儿》和京剧《搜孤救孤》等，也一直上演不衰。

郑光祖，是元杂剧后期的重要作家，“元曲四大家”之一，代表作《倩女离魂》，取材于唐代陈玄祐的传奇小说《离魂记》，充满着浓厚的浪漫色彩，是一出优美动人的爱情剧。在艺术上，此剧最鲜明的特色就是情节离奇、构思巧妙。作者以虚实互补的描写，表现了倩女失魂落魄的心理和神态，给观众造成了强烈的悬念，具有很强的艺术吸引力。作者巧妙地利用原有的情节，既写出当时女子为追求自由爱情和婚姻的勇敢、抗争，也描述了她们在礼教的扼制下不能自主的可悲命运。因此，《倩女离魂》不仅情节离奇，而且在离奇的情节中蕴含了深刻的内涵。郑光祖在根本上肯定了人的天然的感情是不可抑制的，伸张了人们追求自由幸福的权利。《倩女离魂》在风格上对后世的《牡丹亭》有着重要的影响。

此外，康进之的《李逵负荆》是现存元人水浒戏的代表，杨显之的《潇湘雨》和石君宝的《秋胡戏妻》也是反映妇女生活不幸的名剧。

二、元代散曲

散曲作为一种起源于民间新声的音乐文学，具有生动活泼、通俗易懂的特点，“文而不文，俗而不俗”，成为当时极为流行的雅俗共赏的新诗体。散曲在体裁上可以分为小令和套数两大类。据隋树森编的《全元散曲》中记载，元代散曲作家，有姓名可靠的有二百多人。

元散曲的创作可以分为前后两个时期，前期作家的活动中心在大都，从事散曲创作的一部分是社会地位较低的杂剧作家，一部分是官位显赫的文人学士。从艺术成就上讲，前者的成就较高，他们的作品风格多样，或清丽端庄、或直白真率、或诙谐滑稽、或豪放雄健，无不写得挥洒自如，既保留了民间文艺浅俗活泼的自然本色，又不乏文采，如马致远的小令《天净沙·秋思》、关汉卿的套数《南吕·一枝花》等。

后期散曲作家活动的中心逐渐南移至杭州。这时出现了一批主要以散曲著名的作家，以乔吉和张可久为代表。他们的作品以清丽见长，无论写世事还是写归隐，都讲究对仗、词藻，有诗词化的倾向，逐渐失去原有的本色质朴的风貌。

第六节 元代南戏与诗歌

南戏又称南曲戏文，是宋元时期用南曲演唱的一种戏曲形式，为了区别于北方盛行的杂剧，故称之为南戏。它在形成和发展过程中吸收了大曲、诸宫调、滑稽戏等民间说唱技艺，因起源于浙江温州一带，所以又称之为“温州杂剧”或“永嘉杂剧”。南戏在南北文化的交流中，在故事题材和演唱艺术上也受到北方杂剧的影响，逐渐发展成为一种较为成熟的戏剧样式。特别是《琵琶记》、《拜月亭》等一批优秀作品的出现，标志着南戏已取代杂剧走向兴盛，并且为明清传奇的兴起奠定了基础。与成就卓著的元曲创作相对而言，元代的正统诗文创作要逊色得多。

一、元代南戏

代表南戏最高成就的是高明的《琵琶记》。《琵琶记》是对早期南戏《赵贞女蔡二郎》的改编，写赵五娘和蔡伯喈的故事。《琵琶记》作为一部有意识宣扬道德教化的剧作，在后世受到统治者的欢迎。它在艺术上采用了双线交错的戏剧结构，通过双线之间富贵与贫寒的鲜明对比，加强了戏剧氛围。在人物塑造上，作者采用逐步深入地展现人物的性格特色和细微的心理活动的方法，使人物鲜活、生动、有血有肉。由于高明《琵琶记》的成功，使南戏从民间俚俗发展到一种较为成熟的艺术形式，带动了以后的文人雅士、富豪子弟也纷纷创作戏文，南戏从而一跃成为全国最流行的剧种。

元人施惠的《拜月亭》，柯丹邱的《荆钗记》，徐畛的《杀狗记》以及无法考订作者的《白兔记》

(全称《刘知远白兔记》)，明代以后被称为“四大传奇”，简称“荆、刘、拜、杀”。元代南戏多以爱情婚姻和家庭伦理为故事内容，有宣扬道德教化的创作倾向。“四大传奇”的曲文都写得比较通俗易懂，以民间口语为主，朴素自然，具有生活气息。这也是元代南戏在艺术表现上的共同特点。

二、元代诗歌

元代诗歌的创作者多是从政的文人，其生活道路与沦落在社会底层的杂剧作家大不相同，思想感情和人民生活的距离较远。作品的题材比较狭窄，而且多模仿唐、宋，成就远远不如同时期的杂剧和散曲。元代前期，影响最大的当属由宋入元的赵孟頫。赵孟頫(1254—1322)的诗以五言古体和七言律诗最为著名，代表作有五古《东郊》、七律《岳鄂王墓》，表达了他对故国的难忘的怀恋。他的诗歌有一种“风流儒雅”的风格，蕴藏了深刻的对历史变迁与个人身世的感伤。

继赵孟頫之后，元代诗坛上出现了题咏应酬之作，最具代表性的是被后人称为“元四家”的虞集、杨载、范椁、揭傒斯。他们的诗歌，内容上重视与“治道”、“教化”的依存关系，创作中有一种个性收束和伦理回归的倾向；艺术上追求典雅，讲究法度，形式工整。因此文学成就并不高。元代后期的王冕，写下了不少反映社会现实的诗篇，以《痛苦行》为代表，这些诗不拘古法，语言质朴自然。倪瓒的《竹枝词》也表现了对现实的不满，流露了强烈的民族感情。

元代还有一些少数民族诗人，在他们的作品中展现了一幅壮丽的边塞风光，极具民族特色。以耶律楚材和萨都剌为代表。耶律楚材是成吉思汗的名臣，他在诗中以宏大的气势，展现了西北山川的雄伟壮丽，境界开阔，情调苍凉，很有特色，以《阴山》为代表。萨都剌的诗题材广泛，风格多样，善于抒情，有流丽清婉的写景诗，也有豪迈旷达的怀古诗。以《上京杂韵》和《闽城岁暮》为代表。同时他的《满江红·金陵怀古》等词作气象高远，意境开阔，雄浑而悲凉，也是历来传诵的名篇。

思考题：

一、填空

1. ＿＿＿＿＿＿与其子＿＿＿＿＿＿合称“二晏”，他们的代表作品分别为《＿＿＿＿＿＿》和《＿＿＿＿＿＿》。

2.＿＿＿＿＿＿是北宋第一个专力写词的作家，也是第一个大量创作慢词的词人。以《雨霖铃》、《八声甘州》为代表。

3.＿＿＿＿＿＿，词风凄婉柔美，前期以爱情题材为主，以《满庭芳》为代表。

4.＿＿＿＿＿＿，词多写爱情与身世之感，是北宋婉约派词人的集大成者。代表作有《兰陵王》、《西河》等。

5.＿＿＿＿＿是南宋格律派词人的代表，其精通音律，词清空婉丽，多为游记和身世之作，代表作《扬州慢》。

6.________的诗与苏轼齐名，并称“__________”，是________的创始人。他推崇杜甫的现实主义风格，强调诗歌的内容与社会功用；主张变化前人的语言或诗意、推陈出新；重视炼字、造句、谋篇，多用典故，讲究诗法。以《雨中登岳阳楼望君山》二首为代表。

7.________，唐宋八大家之一，他追求一种雍容典雅的艺术风格，往往借事寓理，但无论叙述还是议论都比较平和清淡，布局严谨，节奏舒缓，语言简洁。代表作有《墨池记》、《道山亭记》等。

8.________是________时期著名的爱国诗人，是中国文学史上创作最丰富的诗人。代表作有《书愤》、《十一月四日风雨大作》、《关山月》等。在这类作品中，豪情与悲愤也是结合在一起的，越是悲愤，他对理想越是执著；对理想越是执著，他的悲愤也越是强烈。

9.________诗歌沉郁悲壮、慷慨激昂，代表作有《正气歌》、《过零丁洋》。作品《________》中回忆了国势危难中的艰苦经历，表示了自己以身殉国的坚定信念：“人生自古谁无死，留取丹心照汗青。”成为流传千古的名言。

10.________代表作《岳阳楼记》，通过描绘洞庭湖美景，抒发其忧国忧民的思想。

11.________，代表作有《六国论》。其文结构严谨，说理周详；笔锋老辣，纵横博辩；文字雄奇坚劲，气势磅礴。________，代表作《黄州快哉亭记》、《上枢密韩太尉书》等。其文记事详细工稳，文风淡泊平和，议论以稳健见长。

12.________的诗反映了金代灭亡前后的社会丧乱，以及后来亡国的悲惨。这类诗深沉慷慨，代表了他诗歌的最高成就，以《八月并州雁》、《雪香亭杂咏》为代表。

13.《西厢记诸宫调》是________根据唐代________的传奇小说《__________》改编的，后人称其为《董西厢》。

14.纪君祥，代表作《__________》，是元代一部慷慨激越的历史悲剧。

二、解词

1.江西诗派　2.话本　3.“永嘉四灵”　4.“元曲四大家”　5.豪放派　6.婉约派　7.“唐宋八大家”

三、简答

1.宋代豪放词派的文学创作

2.宋代婉约词派的文学创作

3.关汉卿杂剧创作的艺术魅力

4.王实甫《西厢记》的艺术特色

四、论述

1.苏轼的诗歌创作

2.李清照词的艺术风格

3.辛弃疾词的艺术风格

第四章 明、清、近代时期

第一节 明代小说

在宋代说话艺术的基础上，中国小说开始不断向成熟发展。由历史故事与民间传说相融合的口头文学逐渐变为由文人对其加工整理的书面文学，由庞杂无序的说唱故事变为结构连贯的章回体小说。章回小说是中国古代长篇小说的惟一体裁，《三国演义》、《水浒传》、《西游记》、《金瓶梅》等风格各异的长篇小说的问世，开创了中国长篇小说的创作热潮。除了长篇小说的创作，明代的短篇小说的发展也不容忽视，明代的白话短篇小说，是宋元话本的延续和发展，是一种模拟话本的创作，在文学史上被称为“拟话本”。“三言”和“二拍”代表了中国古代白话短篇小说的最高成就。

一、长篇小说

章回体小说是中国古代长篇小说的惟一体裁，它是由说话艺术发展演变而来的。《三国演义》是中国文学史上第一部长篇历史小说，也是中国文学史上第一部章回体小说，原题《三国志通俗演义》。同时期的《水浒传》也是成功之作，在社会上形成很大影响。两部小说一起奠定了中国长篇章回体小说的基础，并为后世长篇章回体小说的创作提供了历史演义和英雄传奇的两种范例。而在神魔小说《西游记》和世情小说《金瓶梅》的影响下，中国长篇小说的创作题材不断扩展并丰富起来。

(一) 历史演义小说——《三国演义》

元末明初，罗贯中取材于以晋·陈寿的《三国志》和南朝宋·裴松之给《三国志》所作的注解，并结合大量魏晋以来的民间传说及民间艺人创作的话本、戏曲等说唱文学，又加入自己的艺术构思创作成了《三国志通俗演义》。《三国演义》描写了从汉灵帝中平元年(184)黄巾起义到晋武帝太康元年(280)司马炎统一全国为止将近百年的历史。它主要通过描述魏、蜀、吴三国的兴衰过程及其相互之间尖锐复杂的政治、军事、外交斗争，广泛而深刻地反映了三国时期社会的复杂和动荡，表现了统治集团的谋略手段和人民在战争年代的灾难与痛苦。它不是一般的历史小说，而是一部史诗式的民族文化经典。它凝聚了中华民族的传统文化价值观念，以儒家的伦理道德为核心，强调仁、义、忠、信、智、勇等美德，批判了狡诈阴险残暴等丑行，同时融汇了千百年来人民群众渴望和平的思想感情和理想愿望。

《三国演义》是中国文学史上历史演义小说的开山之作，它具有一个相当完整严密的宏大结构，有条不紊地处理了繁富的头绪和杂多的过程，描绘了极其壮阔的的历史画面，因此也就自然成为后世此类小说的艺术典范。其艺术成就首先表现在故事的叙述结构上，作者在尊重历史史实的基础上，增添了不少虚构的情节，使作品虚实结合，表现了作者高度的叙事技巧。全书七十余万字，结构宏大，时间漫长，但是作者却成功地以魏、蜀、吴三国的矛盾为开端，以描写战争为重点，以历史的发展变迁有条不紊地展开故事。详略得当，脉络清晰，环环相扣，有很强的艺术表现力。其次，在人物塑造上，作者注意到人物个性的差异，将人物个性化，并在其中渗透了自己的道德评判。如宽厚仁爱的刘备，雄豪奸诈的曹操，忠义勇武的关羽……作者通过生动的情节描写和夸张的笔法，将每一个人物都写得有声有色，给读者留下了深刻的印象。再次，在战争的描写上，作品中的战争规模之大、时间之长、数量之多、形式之多样，是文学史上所罕见的。作者根据每次战役的起因、力量对比、关键人物的作用等等方面，对战争进行生动而又具体的描绘。既写出了战争的声势浩大、残酷悲凉，也写出了战争中的智慧、策略，一箭双雕，具有很强的观赏性。最后，在语言上，文白相间、简洁明快、雅俗共赏，而且作者注意依照每个人物的基本性格，创作个性化话语，从细节上塑造人物。

虽然《三国演义》在人物塑造上仍然存在一些问题，如每个人物的性格的单一化，缺乏变化与发展；再如过于夸大某个人物的主要特征，有种失真感。但是《三国演义》毕竟在思想上和艺术上都取得了巨大的成就，成为我国历史小说创作的楷模。它既为后世的历史小说的创作提供了典范，也为后世的戏曲创作提供了大量的素材。而它故事中所蕴含的丰富的历史知识，以及其中的种种智慧，也在不同的时代具有不同的借鉴意义。

(二) 英雄传奇小说——《水浒传》

《水浒传》是中国文学史上第一部用白话文写成的英雄传奇小说，主要依靠民间文学的积累和作家的加工创造。施耐庵根据南宋龚开的《宋江三十六人赞》和宋末元初的《大宋宣和遗事》中所讲述的有关水浒的故事，并结合元杂剧中的一些“水浒戏”，再经过自己的艺术加工，从而创作了杰出的长篇小说《水浒传》。

《水浒传》真实地描写了一批具有江湖英雄豪气的好汉，从先后被逼上梁山，到接受招安，直至彻底失败的全过程，广泛地反映了封建社会的黑暗现实，深刻地揭露了统治阶级的罪恶.反映了人民群众的痛苦，揭示了尖锐复杂的社会矛盾，向后人展示了一幅北宋末年的社会图景。《水浒传》通常被评价为一部正面反映和歌颂农民起义的小说，这是因为作者为好汉们设立了一个道德前提，那就是“忠义”。作者通过对好汉们的“忠义”行为的描述，歌颂了他们的反抗精神；梁山泊上的“有福同享，有难同当”也与当时现实社会形成了鲜明的对比，从而描绘了一个作者心目中的理想社会模式。

《水浒传》虽然依托于史实，但人物情节却几乎完全出于创作，语言上也是运用纯粹的白话，因此《水浒传》堪称是中国白话文学的一座里程碑。施耐庵以纯熟的白话来刻画人物的性格，描述各种场景，极具生活气息。自此，白话文体在小说创作中的优势得到了完全的确立，对中国文学史有极为深远的影响。在故事架构上，作者将原本分别独立的故事重新组织在一起，这样就形成了一个既具有完整的长篇框架，同时又保存了一些具有独立意味的单元的新的小说结构。在人物塑造上，作者注意用细节来塑造众多身份、经历各异，从而性格志趣各异的人物形象，如勇敢豪爽的武松，憨直鲁莽的李逵，刚烈正直的林冲……这无疑是小说最值得称道的地方。作者突破了《三国演义》中人物性格单一化的状况，写出了人物性格的发展变化。《水浒传》还继承了民间说话的传统，十分重视故事情节的生动曲折。施耐庵善于在情节的展开中通过人物的行动来刻画人物的性格，情节中包含的激烈的冲突自然也就使作品具有一种极具吸引力的传奇色彩。《水浒传》所创制的英雄传奇小说的体式，对后代此类小说创作产生了重大影响，成为后代此类小说的典范之作。此外，作品中有关市井生活的生动描写，对人情小说的发展也具有不可忽视的作用，如《金瓶梅》。《水浒传》还给其他艺术形式如戏曲、绘画等都提供了资源。明清传奇和绘画作品中陆续出现了一些以水浒为题材的作品。

(三) 神魔小说——《西游记》

《西游记》是中国文学史上的第一部长篇神魔小说，作者吴承恩在众多民间流传的取经故事的基础上，进行不断的艺术加工，最后形成了这部巨著。

《西游记》全书共一百回，八十多万字，讲述了孙悟空、八戒、沙僧保护唐僧去西天取经的过程。吴承恩通过对孙悟空难以约束的、无法无天一面的描述，表现了对人性向往自由的歌颂；在“历险记”式的过程中蕴含了人必须历经千难万险才能最终获取完善和幸福的意义。在他笔下所谓的天宫地府、妖魔鬼怪都成为现实社会的皇权统治和霸道权臣的象征。在中国文学史上，以神话为素材的文学创作一向不够发达，《西游记》立足于民族传统文化，又吸取外来文化的营养，以丰富的艺术想象力，描绘出了一个光怪陆离的神话世界，创作出了许多离奇的神话故事，塑造了孙悟空、猪八戒等鲜明生动的神话艺术形象，体现了中国文学在摆脱思想拘禁以后所产生的活力，在文学史上具有重要意义。

《西游记》的艺术成就，首先表现在人物塑造上，将动物的形态、神魔的法力和人的意志精神三者有机地结合为一体，产生了形貌各异、个性独特而又栩栩如生的艺术形象。猪八戒贪吃好睡、懒惰笨拙既与他的动物本性有关，又是人性的表现；他勇敢中带着怯懦，憨厚中带着奸滑，同样体现了人类普遍存在的欲望和弱点。这种极具日常生活中人物真实性的艺术形象，让人觉得亲切，同时也显示了中国文学中的人物类型进一步向真实、日常和复杂多样的方向发展。其次，在结构形式上，《西游记》采用的是单线发展的线性结构形式，每个故事既有相对的独立性，又被一条贯穿的主线串在一起。全书以孙悟空这个人物为中心来展开故事情节和小说结构,贯穿了整部小说始终。又次,在表现形式上,幽默和诙谐成为作品的独到之处,中国自古以来"寓庄于谐"的传统在《西游记》中得到了淋漓尽致的发挥,上到玉帝、如来、观音,下到妖魔鬼怪甚至取经者,都成了作者嘲讽打趣的对象,其中蕴含了作者对不合理的社会现象和世态人情的嘲讽。最后在语言上,既有散文的韵味又汲取了民间说唱和方言口语的精华,在轻松活泼中渗透着浓烈的调侃,从而形成了一种明快洗练、乐观幽默、富有趣味的语言风格。

《西游记》问世以后,流传甚广,影响很大,在它的启迪下,明清两代出现了一大批神魔小说。同时它引起了人们对神怪题材的广泛兴趣,出现了不少借历史事件写神魔争斗故事的小说,如《封神演义》等。《西游记》中塑造的孙悟空、猪八戒等神话形象,家喻户晓,深受大众喜爱。

(四) 世情小说——《金瓶梅》

《金瓶梅》是中国文学史上第一部由文人独立创作的长篇小说,也是第一部以家庭日常生活为素材的长篇小说。它的出现,标志着中国古代小说的发展进入了一个新的阶段。《金瓶梅》作者署名兰陵笑笑生,书名由小说中三个主要女性(潘金莲、李瓶儿、春梅)的名字合成。

《金瓶梅》写的是宋代的人物和故事,实际上却是明中叶以后社会生活的写照。作品描绘了一个上至朝廷中擅权专政的太师下至地方上官僚恶霸乃至市井间的地痞流氓所构成的社会,着重刻画了西门庆这个兼有官僚、恶霸、富商三种身份的市侩势力的代表人物,并以他为中心,通过他的种种活动,暴露了明代社会的腐朽和黑暗。小说中还生动、具体地描绘了明代城市的现实生活,特别是有关城市生活场景和社会风情、习俗的描写,为后世提供了明代中后期社会的政治、经济、宗教、民俗等方面的真实材料。

《金瓶梅》在题材上,将以往以历史、神话为主的章回体小说的创作引向了家庭生活,把主要人物由帝王、将相、英雄、神仙换成了凡夫俗子。这种创作大大降低了小说的理想成分和传奇色彩,却加浓了其现实性和生活性,对以后的长篇小说的取材、创作开辟了一条新的途径,特别是对清代巨著《红楼梦》产生了影响。在结构框架上,以往的长篇小说常以时间为序的单线结构形式,在故事与故事之间形成了一种既相互联系又相对独立的关系,《金瓶梅》则巧妙地以西门庆一个家庭的兴衰为经线,以西门庆和金(潘金莲)、瓶(李瓶儿)、梅(春梅)几个主要人物的关系为纬线,相互交织。在人物塑造上,作者善于将人物放到典型的环境中,注意多层次、多侧面地刻画其性格;并以大胆而细腻的日常生活描写,真实而又准确地反映出人与人之间的微妙复杂的关系。在语言上,《金瓶梅》继承了说书艺人的口语化传统,小说中语言极富个性化和通俗化,擅长用大量的谚语、俗语、歇后语、比喻等,形成一种酣畅淋漓、丰富泼辣的语言风格。

二、短篇小说

明代白话短篇小说,是宋元话本的延续和发展。明代中叶随着商业经济的活跃,以及市民阶层的广泛需求，白话短篇小说的创作迅速繁荣起来。文人们一方面对宋元话本加工润色，一方面模拟宋元话本的形式进行大量创作。这种模拟话本而创作的白话短篇小说，在文学史上被称为"拟话本"。冯梦龙整理、出版了《喻世明言》、《警世通言》、《醒世恒言 》三部短篇小说集，简称为"三言"。此后，在"三言"的直接影响下，凌濛初写了《初刻拍案惊奇》和《二刻拍案惊奇》，人称"二拍"。"三言"和"二拍"代表了中国古代白话短篇小说的最高成就。

(一) 冯梦龙与"三言"

冯梦龙(1574—1646)，代表作《喻世明言》、《警世通言》、《醒世恒言》三部短篇小说集，在"三言"中共收录话本和拟话本小说120篇，每集40篇。其中内容非常丰富，涉及到了当时社会生活的各个方面。

"三言"以普通市民及其生活作为自己的主要表现对象。在这些作品中，首先表现了对"重农抑商"传统观念的反叛，在作品中对自食其力的经商活动给予全面的肯定。其次是对男女真情的赞美和歌颂，作品中将男女情欲作为人类生活的重要组成部分，对男女情欲做了深刻细致而真实清晰的思考。再次，作品中以平民阶层的立场和角度出发，对社会上各种黑暗现象和不公问题给予了揭露和抨击。

"三言"不仅在内容上呈现出一种新面貌，而且在艺术成就上也呈现出一种新的追求。第一，"三言"以现实主义为基础，更多地是对现实生活的具体真实的描写。第二，在故事的架构上，冯梦龙较多地运用偶然和巧合的艺术手法，简化故事的漫长进程，使主题更鲜明；并在故事中设置悬念，加强情节的曲折度。第三，在人物塑造上，作者善于在激烈的矛盾冲突中，通过个性化的语言和动作、细腻的心理描写，来表现人物性格，从而使人物更具个性化。第四，在语言上，三部作品基本上是用白话，同时也掺杂了少许文言，更能体现雅俗共赏的特点。

(二) 凌濛初与"二拍"

凌濛初(1580—1644)，代表作有《初刻拍案惊奇》、《二刻拍案惊奇》，被后人合称为"二拍"。"二拍"大多是根据文言笔记小说集、戏曲故事、社会传闻创作而成，是对传统陈腐观念的冲击与反抗，表现出了比"三言"更强烈的市民社会意识。

"二拍"中，首先有一部分作品反映了商人的经济活动和追求财富的人生观念，对一些商业活动的过程甚至交易内容都做了较为深入的描写，从而更为真实地反映出当时商业贸易的情况与动向。其次，爱情和婚姻也是"二拍"中的重要题材，作者肯定了"情"对于人生的至高价值，认为在婚姻问题上男女平等，并更多地将"情"与"欲"联系在一起，表现了一种对传统封建婚姻、伦理道德观念的大胆反叛。再次，"二拍"中同样有大量的作品，对当时社会的各个层面和角落进行锐利的批判。

"二拍"由于当时是应书商的要求而编写的，因此总体上人为编造的痕迹比较明显，艺术成就远不及“三言”。在“三言”、“二拍”的影响下，明末清初出现了大批的拟话本小说，但水准和影响均远逊于“三言”和“二拍”。

第二节 明代的诗歌与散文

到了明代，小说、戏曲取代诗、文等传统文学形式，成为文坛崛起并受大众欢迎的主角，受到市民通俗文学严重冲击的诗歌和散文作家，也丧失了唐宋时期创作者们的艺术创新精神。从明代的诗、文作品中看，虽然也能够看到作家所反映的社会生活和个人心理感受，但是在表现手法上，却基本上是在模仿古人，很少有艺术观念和方法上的创新。前七子、后七子、公安派等成为明代诗歌代表。而明代散文的基本走向也与诗歌相同，始终是在“文”与“道”、“情”与“理”的相互对峙和交锋中向前推进发展。

一、明代诗歌

明初诗坛的作品大多富于现实意义，风格古朴、雄放。如刘基有《古戍》，高启有《登金陵雨花台望大江》，都很有名。于谦也是当时著名的诗人，诗中具有充实的社会内容，以《石灰吟》、《北风吹》、《荒村》、《田舍翁》为代表，他的诗歌朴素明畅、通俗易懂、情真意切、清新活泼。

诗歌发展到明代中叶，出现了一些流派，如“前七子”、“后七子”、“吴中四才子”、“公安派”等。“前七子”是指以李梦阳、何景明为核心，包括康海、王九思、边贡、王廷相、徐祯卿等人的文学群体；“后七子”是指以李攀龙、王世贞为首，包括谢榛、宗臣、梁有誉、徐中行、吴国伦在内的文学群体，他们都主张模拟古人。“吴中四才子”是指祝允明、唐寅、文徵明和徐祯卿，他们同时还是著名的书画家，他们的观念多带有市民色彩，作品中表现出对国家政治问题的淡漠和对物质享乐的大胆追求。“公安派”的诗歌创作以袁宏道为最高，他认为文学应随时代的变化而变化，以《巷门歌》、《感事》为代表，他们的出现使诗坛上的复古倾向有所扭转。

到了明代末期，诗歌也朝着肯定个性、注重真情实感的方向发展。陈子龙（1608—1647）是明末诗歌的代表人物，他也提倡复古，但认为诗歌要与现实斗争密切结合。以《小车行》、《辽事杂诗》、《卖儿行》、《秋日杂感》为代表。

二、明代散文

明代的散文同样也经历了明初、明中叶、明末三个阶段。明初的散文家以宋濂、刘基为代表，重视文章的社会作用，创作了一些揭露时弊、反映现实的作品。宋濂（1310—1381），最主要的文学成就在散文，他的散文气势浑厚，笔力雄健，语言自然流畅，以《送东阳马生序》为代表。刘基的散文古朴雄放，富有形象性，语言犀利辛辣，以《卖柑者言》为代表。

唐宋派是出现在明代中期的文学派别,以归有光为代表,主张恢复唐宋时期以理学为主导的“文道合一”的传统,同时他还提倡文学的抒情作用,以《项脊轩志》为代表。公安派则大张旗鼓地反对复古,以“三袁”为代表,即袁宗道、袁宏道、袁中道,他们随意书写,清新洁净,其中以袁宏道成就最高。袁宏道以《晚游六桥待月记》为代表,文笔自然明快、清丽秀美。

明末的散文以小品文的繁兴为主要特征,在这时期的作品中,有的描写风景,有的杂记琐事,以张岱、徐宏祖为代表。张岱散文题材广泛,描写细致,风格自然清丽,语言形象生动,以《西湖七月半》为代表。徐宏祖的《徐霞客游记》,是中国山水地理方面的科学著作,也是一部优美的游记散文集。他的文笔细腻,富有浓重的抒情性。

第三节 清代小说

清代文学以小说创作最为繁荣,长篇、短篇、文言、白话都取得了很高的成就。在明代小说发展的基础上,清代小说继续发扬光大,而与明代重情主欲的主流不同的是,清代小说的中心由个人的情欲转向了社会家庭。就长篇小说而言,产生了一些具有强烈现实意义的英雄传奇和历史演义,也出现了以《儒林外史》为代表的一批讽世佳作,以及《红楼梦》为代表的以家庭日常生活为题材的世情小说。就短篇小说而言,蒲松龄的《聊斋志异》代表了清代文言短篇小说的最高成就,还有纪昀的《阅微草堂笔记》是清代笔记小说的代表。

一、清代长篇小说

清代长篇小说拥有广泛的读者,作品的数量和质量也达到了历史的巅峰状态。在众多的作品中,属《儒林外史》与《红楼梦》成就最高。他们都反映了在沉闷压抑的社会环境中,人性无法得到健康和自由的发展,反映了具有独立人格理想的才智之士内心中深深的失望与困苦。

(一) 吴敬梓与《儒林外史》

吴敬梓(1701—1754)创作的《儒林外史》是中国文学史上第一部长篇讽刺小说。小说以封建时代知识分子为主要描写对象,以周进、范进为例,通过二人中举前后的悲喜剧,揭示了八股制对士人心灵的摧残,揭示了当时科举制度的腐朽以及它所造成的社会危害,并以此扩展到对当时官僚制度、人伦关系以至整个社会风尚的批判。作者在作品中也塑造了一些自己所肯定、赞颂的人物,一类是士林中为数不多的贤者,一类是市井中正真朴实的小民。他们都信守自身的人生原则,作者在这些人物的塑造中寄寓自己的思想,表达自己对自食其力、远离功名利禄、自由自在生活的向往。

《儒林外史》的出现,标志了中国小说艺术的重大发展。首先,从艺术风格上讲,小说中独具特色的讽刺性成为它成功的关键。作者对世事的讥讽,并非出于因个人遭遇而产生的对某些人物或对社会的激愤，而是出于对社会的真切认识，饱含了一种忧患之心。正是它的“讥讽”，小说也就自然具有了写实性，作者往往通过喜剧的表面去挖掘其内在的悲剧意蕴。小说主要通过选取许多日常生活中人们司空见惯的事情，经过作者的提炼，透过对人物深层心理的刻画来表现社会的荒谬和人心的虚伪。其次，从结构上讲，小说没有贯穿全书的中心人物和主要情节，而是分别以一个或几个人物为中心，其他人物作陪衬，形成一个个相对独立的故事。这种结构形式对晚清谴责小说产生了很大影响。再次，从人物塑造上讲，对细节的夸大是吴敬梓塑造人物的最突出的特征。作者善于以对比手法展示人物前后行为的矛盾，给以辛辣的讽刺；或者以白描的手法精心刻画人物行动，借以暴露其可笑卑鄙的内心世界；或借用人物自己言行之间的矛盾来讽刺他们口是心非的劣迹。最后，从语言上讲，作者运用纯熟的白话，形成了一种简洁有力、含蓄风趣的语言风格。

《儒林外史》将小说创作的目光转移到文人生活自身，这不仅扩展了小说的题材，而且是对整个封建文化体系的反思。作品中强烈的讽刺性、独特的结构形式、细腻的人物塑造，对以《官场现形记》、《二十年目睹之怪现状》为代表的晚清谴责小说影响很大。

(二) 曹雪芹与《红楼梦》

曹雪芹(1715?—1763?)，名霑，字芹圃，号雪芹，写下了中国古代文学的压卷之作——《红楼梦》。《红楼梦》在作家生前基本完稿八十回，后四十回则是由高鹗(1738?—1815?)续写。《红楼梦》以爱情故事为中心线索，于贾府这一世代富贵之家从繁盛到衰败的过程中，写出以贾宝玉和一群红楼女子为中心的许多人物的悲剧命运，反映了具有一定觉醒意识的青年男女在封建体制和封建家族遏制下的历史宿命，以及整个封建社会走向灭亡的必然趋势。小说全面展示了 18 世纪中国封建社会的面貌，以作者对生活的独特感受，艺术地表现了对社会、对人生的见解。

从《红楼梦》的主要内容上讲，作者首先是以贾家的家庭悲剧写社会悲剧，以四大家族的兴衰为基本线索，从对这些封建官僚家族政治上的腐败、生活上的穷奢极欲、道德上的沦丧、一代不如一代的子孙等生动的描写中，揭示出封建家族自然枯萎的悲剧命运。贾宝玉、林黛玉、薛宝钗等性格各异的人物形象的成功塑造，也很好地从不同方面传达了作者所要表现的多层次小说主题。贾宝玉是小说中的核心人物，在他身上体现了一种新的人生追求与传统价值观的冲突，以及这种追求不可能实现的痛苦。林黛玉既是一个封建的叛逆者也是一个被不合理的封建社会所损害的弱女子，在她身上体现了现实世界对这种诗意纯净的感情的毁灭。薛宝钗则是一个封建社会的标准淑女，是一个封建制度的卫道士，在她身上表现了一个被封建礼教所逐步吞噬的失去人性之美的灵魂。作者将自己对社会、对生活、对人生、对爱情等方面的认识，融入到每一个人物的塑造中，让读者在为人物命运感叹的同时，对当时的社会有了更深刻的感悟。《红楼梦》中所揭示出的封建社会的终将崩溃的历史必然性，同样预示了新思想、新社会的到来，传达了人们在社会生活中对美好的生活和情感的向往。

鲁迅先生曾在《中国小说的历史变迁》中对《红楼梦》的思想和艺术成就总结道："自有《红楼梦》出来以后，传统的思想和写法都打破了。"从思想上讲，《红楼梦》打破了中国传统的悲中有喜的悲剧意识，达到了以对历史和时代的深刻反思来认识人生的悲剧的高度。从艺术上讲，《红楼梦》表现了一种在前人基础上的突破，标示着小说艺术达到的极高造诣。

首先，表现在作品的结构形式上，它以贾府这个具有典型性的封建家族为圆心，从纵（家族的兴衰历史）横（宝黛爱情悲剧）两个方面展开全书，其中又有许多相互交织的故事和人物。这其中有堂堂正经的大事，也有涓涓细流的小事，它们有详有略地交织在一起，构成了一幅内容丰富、层次清晰的社会生活画卷。

其次，表现在作品的人物塑造上，《红楼梦》写出了人物性格的复杂性和多面性。作品注重以环境描写来衬托人物的鲜明个性，达到人物与环境的和谐统一；大量的人物心理描写也成为作者表现人物复杂性格的善用手法。作品中共描写了四百多个人物，其中很多是具有鲜明个性的典型人物。他们在出场时似乎就具有了一种基本性格，但是随着故事的深入、发展，他们的性格也不断地得到深化。

再次，在表现手法上，作品中运用对比、映衬的写法，使即使是关系亲近、教养相似的人也呈现出鲜明的性格差异，使读者不易混淆。如尤氏姐妹，一个软弱，一个刚烈。同时作者并不在作品中直接对人物进行评论，而是通过用巧妙的语言让读者去体味弦外之音。

末次，表现在作品的语言风格上，《红楼梦》是中国古典小说中语言艺术成就最高的作品。它大量地吸收和提炼了民间口语，形成了既典雅又通俗的语言风格。另外，作者在人物对话的个性化方面也取得了很高的成就，在一些章节中几乎全是人物对话，不但每个人物的语言各具特色，而且同一人物在不同场合的语言也不同。

《红楼梦》是中国古典长篇小说创作达到高峰的标志，是一部十分成熟的古典现实主义长篇小说。它不依附于历史材料和古代文学作品，而是直接从现实社会生活中取材，使中国的长篇小说创作进入了一个新的阶段。作品中对环境和人物典型化的成功塑造，也为后世文学创作提供了宝贵的艺术经验。二百多年来，《红楼梦》不仅在国内外广泛流传，而且吸引了大批学者对它进行深入研究，形成了一门专门的学问——"红学"。《红楼梦》还被多次改编为其他艺术形式，如戏曲、绘画、电视、电影，至今魅力不衰。

（三）其他长篇小说

清代的其他长篇小说主要分为三类：一类是历史小说和英雄传奇，这类作品往往通过借古喻今，表现作者强烈的民族意识和对现实的不满；一类是世情小说，这类作品以家庭生活为题材，多描写才子佳人的故事；一类是才学小说，借以炫耀学问，展示作者的见多识广。

清代的历史和英雄传奇小说，主要是对明代《水浒传》一类小说的续写，其中加入了作者对当时社会各种问题的思考。代表作有陈忱的《水浒后传》,"青莲室主人"的《后水浒传》,钱彩和金丰合著的《说岳全传》,褚人获的《隋唐演义》。作者陈忱在《水浒后传》中,重在表现民族的反抗精神和不屈斗争,不仅揭露了尖锐的社会矛盾,而且还借北宋末年抗金的历史,总结明亡的历史经验教训,表现了强烈的民族意识。在钱彩和金丰合著的《说岳全传》中,作者以岳飞为中心人物,以忠奸斗争为主线,表达了当时社会上人们希望民族英雄兴邦建国的强烈愿望。作品中成功地塑造了一个丰满而又立体的岳飞形象,同时在创作中虚实相间的描写、大量口语的使用,都使小说更加引人入胜。

清初有一部分小说承袭世情小说《金瓶梅》的遗风,以家庭生活表现广阔的社会情态。《红楼梦》自然是这类小说的杰出代表,除此之外,还有《醒世姻缘传》和《歧路灯》等作品。《醒世姻缘传》,署名"西周生辑著",以明代社会为背景,主要叙述的是狄希陈两世姻缘的冤仇相报的故事。全书采用山东方言,诙谐有趣,人物形象生动,结构严谨,通过对家庭生活的描写,揭露当时社会的黑暗,反映了封建社会一夫多妻的婚姻制度的罪恶。这本书的杰出价值在于,它对当时社会生活的各个方面描绘得细致而又生动,被认为是"一部最丰富最详细的文化史料"。李绿园的《歧路灯》以写实的手法,为人们展示了一幅浩瀚的社会生活图画,但是由于作者宣扬封建伦理思想的目的,使作品充满了说教色彩。

清代中期以后,出现了一些以炫耀学问、以才学见长的小说。这些小说在内容上没有统一的倾向,其中有的却能够反映和揭露一定的现实问题,如李汝珍的《镜花缘》。作品中以唐代的故事作"水"、"镜",来照清代社会生活的"月"、"花",一方面颂扬了女性的才能,批判了男尊女卑的封建思想;一方面对现实社会的世态人情以及科举制度进行了嘲讽,表现了作者对新的生活理想的向往。《镜花缘》虽然继承了《儒林外史》中的讽刺手法,有些地方的运用也较为生动,但是它主要是一种漫画式的勾勒,失去了《儒林外史》中那种辛辣讽刺的真趣,因此在艺术成就上远逊之。

二、清代短篇小说

我国的文言小说经六朝志人和志怪小说的准备,到唐代传奇形成了第一个高潮。此后逐渐趋于平稳,到了明清两代才重放异彩,尤其是到了清代,《聊斋志异》标志着文言小说的创作达到了又一个高峰。清代产生的数量可观的文言小说中不乏佳作,其中以袁枚的《新齐谐》和纪昀的《阅微草堂笔记》最为著名。同时在明代的"三言"、"二拍"的基础上,清代拟话本小说的创作也逐渐摆脱了仅从前人创作中取材的限制,而走上了从现实取材、作家自己创作的道路,以李渔的《连城璧》和《十二楼》为代表。

(一) 蒲松龄与《聊斋志异》

蒲松龄(1640—1715)字留仙,号柳泉居士,世称聊斋先生。他的《聊斋志异》是一部优秀的文言短篇小说集,代表了中国文言短篇小说的最高成就。书中虽然谈狐说鬼,实际上却寄托着作者的满腔悲愤。全书近500篇，包含了两种不同性质的作品，一类篇幅短小而不具有故事情节，它们属于各类奇异传闻的简单记录；另一类才是真正意义上的小说，多为神鬼、狐妖的奇异故事。这些故事均是在民间故事、野史轶闻的基础上，又经过艺术加工再创作而成的。

《聊斋志异》反映的社会生活非常广泛，在小说中，不仅有官府、地主和读书人还有农夫、商人、艺伎、侠客等等社会的“角落成员”，作者通过对他们生活状态、思想情绪、社会地位等的形象而又生动的描绘，反映了一幅涉及社会生活方方面面的广阔的风俗画。蒲松龄通过对这些封建社会末世各阶层人物的真实面貌的描摹，反映了相当深刻的社会问题。

首先，《聊斋志异》中的一些作品揭露了社会现实的黑暗和官府的腐败。在这些作品中作者以自己的亲身体会，用大量的篇幅来描述封建官吏们的种种罪行，反映了自己的政治思想。以《席方平》、《红玉》等篇章为代表。其次，小说中还广泛地揭露了科举制度的弊端，展现了考场的黑暗，以及在科举制度重压之下考生已经变形的心态。以《王子安》、《考弊司》等为代表。再次，歌颂纯真的爱情也是小说的主要内容之一。这类作品数量最多、质量最高，作者在这些作品中通过幻想出来的神鬼、狐妖与人的爱情故事，来表现对封建礼教、封建婚姻制度的强烈控诉，表达了作者对纯真感情的向往。以《阿宝》、《连城》、《晚霞》等为代表，在这些作品中作者塑造了一批美丽活泼、不受世俗礼法约束的女子形象。最后，小说中还有少数篇章，通过对平常人们司空见惯的现象的描写，引起人们的警觉，富有教育意义，如《劳山道士》等。

《聊斋志异》在艺术上的最突出特点，就是把幻想和现实结合在一起，浪漫主义与现实主义看似矛盾对立，但是蒲松龄却在自己的切身生活体验中将二者融会，创作出根植于现实又超越现实的艺术境界。其次，在情节设置上，小说情节离奇曲折、富于变化。作者通过正面、侧面描写，倒叙、插叙等多种方式，避免了平铺直叙，体现了中国短篇小说中情节跌宕起伏的特点。再次，在人物塑造上，小说中成功地塑造了一系列个性鲜明、性格复杂的人物形象。作品中巧妙地通过人物之间的性格对比、环境描写、大量的心理刻画来突出主要人物的性格，并在保持神鬼、狐妖其自然本性的基础上，赋予它们人的社会性，达到了物性与人性的完善统一的境界。最后，在语言风格上，小说具有文言文的简练、典雅，同时具有白话的生动、传神，极富表现力。蒲松龄不愧是一位语言大师，他成功地用文言语汇生动地再现了现实生活，在语言运用上达到了炉火纯青的地步。

(二) 其他短篇小说

《聊斋志异》问世以后，产生了广泛的影响，出现了大量的模拟之作，但在思想深度和艺术造诣方面都远不及它。在当时有两部文言笔记小说，流传甚广，成为传世名作——袁枚的《新齐谐》和纪昀的《阅微草堂笔记》。袁枚在《新齐谐》中采用六朝志怪的笔法撰写鬼怪故事，他在作品中不时地以诙谐放达的语言流露出对传统思想的讽刺。而作为正统文人代表的纪昀，以质朴简淡的文笔记述狐鬼神怪的故事，并在故事中反映出世态人情，借狐鬼以抒己见，机智有趣。

自明末的“三言”、“二拍”之后，清代的拟话本小说创作也在前人的基础上形成了自己独特的风格特征。这些作品开始从现实中取材，其中成就最高的当属李渔。李渔（1611—1680），是明末清初著名的戏剧家和戏剧理论家，他也从事小说创作，以《连城璧》和《十二楼》两部短篇小说集为代表。作品中主要描写男女爱情，在其中揭露当时社会的黑暗，反映了当时人民的流离之苦，有一定的社会意义。他的作品结构清晰、严密，善用令人耳目一新的故事吸引读者，构思巧妙，语言简洁清晰。

第四节 清代的诗、词与散文

清代诗人和诗歌流派众多，呈现出唐宋以后诗歌创作的复兴局面。清代是词的中兴时代，清代词家多，他们或借词寄托亡国之痛，或抒发自己的矛盾心情，具有强烈的爱国意识。清代的散文成就则主要表现在清初的“学人散文”和“文人散文”的创作上，以及其后的桐城派古文重要派别。

一、清代的诗

清初诗人中有一些是明朝的遗民，大都亲身经历过战乱之苦，在他们的诗歌中有强烈的民族感情和爱国思想，顾炎武是其中的代表。顾炎武（1613—1683），代表作《秋山》，他的诗歌中大部分是描写民族兴亡之事，往往以雄浑悲壮的风格，朴素自然的语言，表达他忧国忧民的真情实感，以及对异族入侵的不满和对明王朝的眷恋。

钱谦益和吴伟业都做过明朝的官，后来又都为清政权服务，他们被后人誉为清诗的开山宗匠。他们与龚鼎孳合称“江左三大家”。钱谦益（1582—1664）的诗歌融唐宋诗风为一炉，词藻华丽、才气纵横。在他的代表作组诗《后秋兴》中，作者以华丽而沉郁的语言，表达了自己忧国之情。吴伟业（1609—1671）的诗歌苍凉凄楚，气势磅礴，语言华丽。他的诗作中包含了丰富的社会内容，从不同的角度反映换代之际社会的动荡和家国之恨。代表作有《圆圆曲》、《雁门尚书行》、《芦州行》等，真实婉转，感人至深。

王士祯（1634—1711），有“清代第一诗人”之称，他所创立的“神韵说”对清代诗坛有深远的影响，著有《带经堂集》。“神韵说”即要求作诗应蕴藉含蓄，以达到一种冲淡闲远、缥缈空灵的境界。王士祯的诗歌主要以描写自然景物和个人情怀为主，代表作有《真州绝句》、《秦淮杂诗》等。作品语言自然，意境清新，有事有景，耐人寻味。

袁枚（1716—1797），著有《小仓山房诗文集》、《随园诗话》和志怪小说《新齐谐》。他提出的“性灵说”，认为写诗要抒发人的真性情，从强调个人性情出发，每个时代应该有自己的文学。袁枚的主张是对晚明公安派的延续，不同的是，公安派的主要成就在于小品散文，而以袁枚为代表的性灵派的主要成就则在诗歌方面。袁枚的诗歌多写身边琐事或是对山水风月的歌唱，虽然题材狭窄，但是构思新颖，笔调流利，变化多姿，表现了诗人的个性。代表作有《春日杂诗》、《马嵬》等。

郑燮(1693—1765)字克柔，号板桥，是清代画坛“扬州八怪”之一，著有《郑板桥集》。他的诗歌观点与袁枚相近，但是更注重诗歌的现实性和社会性。因此他的诗歌就具有了一种关心民生疾苦的深刻意义，代表作有《逃荒行》、《还家行》等。除了反映人民悲苦的生活现状，他的诗歌中还有一部分题画诗，表达了诗人独立的人格和坚强的意志，代表作有《题竹石画》、《潍县署中画竹，呈年伯包大中丞括》。

二、清代的词

清词境界较之宋词更为开阔，社会的变故与人生的坎坷，深深地震荡着清代词人，因此在他们的词作中表现出前所未有的悲怆。词发展到清代，在描写对象上几乎不受任何限制，而且此时词人数量和词作总量也很惊人。

词的复兴实际是由王夫之、屈大均、吴伟业等人发端，他们处于换代之际，因此他们的词作中也就自然寄托了他们的故国之思、亡国之痛，具有强烈的爱国情怀和民族意识，悲惋感人。

清初词人最著名的要数陈维崧、朱彝尊、纳兰性德三人了，它们代表了当时词坛的不同风格，被后人称为“清初三大家”。陈维崧的词作多表现社会现实，以豪放苍凉的风格、自然率直的语言，抒写了作者内心深挚而强烈的感情。代表作有《贺新郎·纤夫词》。朱彝尊，是浙西词派的创始人和代表词人，认为词作应该具有疏淡清远的意境，偏重格律，以《长亭怨慢·雁》为代表。纳兰性德(1655—1685)，是一位卓越的满族词人，著有《纳兰词》(又名《饮水集》)。他的词作多写家庭生活、身边琐事、离别相思之情，很少触及社会重大题材。他善于将华丽的语言和自然朴素的语言相结合，表现真实而深切的人生感受。代表作有《长相思》、《蝶恋花》、《如梦令》等。

清代中叶以后，受到浙西词派的影响，词坛一度形成了盲目拟古、注重形式而脱离现实的局面，直到嘉庆初年张惠言创立的常州词派的出现才扭转了词风。张惠言(1761—1802)力图提高词的地位，强调词的内容要充实，主张比兴含蓄。他的词作气势雄健、风格俊逸，但在内容上也多为感叹身世、惜春之作，未能超越前人。与张惠言同时或稍后的如张琦、周济、董士锡等人，都是常州人，又互相唱和，被称为常州词派，在词坛上影响很大。

三、清代散文

清代散文主要可以分为清初散文和清代中期以后的散文。就后世的评价来说，中期以后以桐城派为代表的清代散文映示着清代散文的最高成就。

(一)清初散文

清初散文有两种不同类型的作家群体，他们具有不同的风格和创作倾向。一类是以黄宗羲、顾炎武、王夫之为代表的“学人散文”，一类是以侯方域为代表的“文人散文”。明清之际，以黄宗羲、顾炎武、王夫之为代表的一批思想家，强调文章的社会功能。他们写下了一些分析和批判社会问题、抨击封建专制的文章，表现了他们强烈的民族意识和爱国精神。这些“学人散文”以政论文和学术论文为主，文学性不强。

以侯方域为代表的一些文人，主张恢复唐宋散文的淳厚传统，作品也以传记散文为主，他们在作品中反映了当时知识分子的苦闷，寄托了自己怀才不遇的感慨。侯方域（1618—1654）与同时期的魏禧、汪琬并称“清初散文三大家”。他的文章将历史散文、唐宋散文、传奇小说的笔法融合在一起，注重气势和生动，文笔流畅，结构严谨。代表作有《李姬传》、《马伶传》等。

（二）桐城派

桐城派是清代最大的散文流派，它创始于方苞，经过刘大櫆、姚鼐等人的继承和发展，至清代中叶形成统治文坛的势力。桐城派散文理论的基本特征，是以程朱理学为思想基础，以清王朝政权为服务目的，以先秦两汉和唐宋八大家的古文为楷模，他们在文章体制和作法上有细致规则的系统化的散文理论。

方苞（1668—1749），提出了著名的作文“义法”，即文章讲究要有充实的内容和义理，层次清晰的表现方法，形式要为内容服务，内容和形式相结合，语言清淡。他的文章多是一些通经明理的论文，缺乏深刻的社会内容。其代表作《狱中杂记》，却以平易的笔法，清晰的脉络，揭露了封建监狱中的黑幕，是中国古代散文的名篇。

刘大櫆（1698—1779），是桐城派中承前启后的人物。他的散文注重词藻，风格清峻，代表作有《游三游洞记》等。

姚鼐（1731—1815），是桐城派的集大成者。首先，他在方苞和刘大櫆的基础上，提出文章要义理、考证、辞章兼备，充实了散文的写作理论。其次，他还总结了前人关于艺术风格的各种归纳，将多种文风归结为“阳刚”和“阴柔”两种，对中国文学艺术风格的分析探索具有重大影响。姚鼐的文章简洁精练，富有文采，具有很强的形象性。其代表作《登泰山记》，是一篇山水游记，文章在描绘壮丽景色的同时，融入了作者的独特感受，以简洁的语言、生动的描摹，体现了作者古朴的情趣。

姚鼐不仅发展了桐城派的散文理论，而且还将桐城派的影响扩大到大江南北。他编选的《古文辞类纂》，上自秦汉，下至方苞、刘大櫆，体例严谨，附有评论，在社会上产生了很大的影响。

（三）骈体散文家

骈体文起源于汉魏，兴盛于南北朝，唐宋时期有所发展，元明时期逐渐衰微，到了清代又出现了“中兴”的局面，并出现了一些著名的骈体文作家。

汪中（1745—1794），是清代骈文作家的代表。他的文章不模仿古人，不刻意雕琢，感情真挚，气势浑厚，有自己的独特风格。代表作《哀盐船文》。

第五节 近代文学

近代文学是指1840年到1919年这段历史时期发生的文学现象。在这段时期内，进步作家们有意识地把文学作为政治斗争的武器，充分发挥了其为政治服务的功能。这个时期无论是诗歌、散文，还是小说，都不同程度地反映了爱国主义和民主主义的思想。从形式上讲，近代文学较之以前，更加自由，风格也日趋平易，语言更加通俗易懂。

一、近代诗歌

近代诗歌主要分为三个阶段，一是鸦片战争到太平天国时期，以龚自珍、魏源为代表，他们的诗歌中深刻地反映了当时的社会现实，表现了爱国的激情。二是资产阶级改良运动时期，以黄遵宪、谭嗣同、康有为为代表，他们的诗歌中多表现了一种振兴国家、挽救民族危亡的爱国精神。三是资产阶级民主革命时期，以秋瑾、柳亚子为代表，他们的诗歌中以旧体形式书写新内容，宣传民族主义，批判封建文化和礼法。

龚自珍（1792—1841），他的诗中大都是政治抒情诗，代表作有《乙亥杂诗》。在他的这些作品中，对当时黑暗的现实社会进行了大胆而深刻的揭露和批判，书写了自己深切的忧患意识。诗中多抒发主观感情，想象丰富，语言瑰丽，具有鲜明的浪漫主义色彩。

魏源（1794—1857），著有《诗古微》等学术著作，以及《古微堂集》等诗文集。他的诗歌主要有两类，一类是反映现实生活和社会时事的政治诗，以《北上杂诗》为代表；一类是描写自然风景的诗作，以《钱塘观潮行》为代表。

黄遵宪（1848—1905），是近代诗歌革新的先行者，是"诗界革命"的旗帜。他提出"我手写我口"的主张，认为诗歌应该摆脱旧形式的束缚，扩大题材范围，表现诗人真实感情和个性。在他的诗歌中表现了强烈的爱国主义精神，以《书愤》为代表。

康有为、梁启超、谭嗣同等人也是当时较有影响的诗人。他们的诗歌多取材于当时社会的重大政治事件，在诗歌中抒发自己改良社会、拯救国家的政治抱负。其中康有为的《过虎门》，梁启超的《二十世纪太平洋歌》，谭嗣同的《狱中题壁》都是传世名作。

20世纪初，一个新的年轻诗人群体崛起于诗坛，他们在作品中大声疾呼、直抒胸臆，表现了革命、中华、民权、自由……的时代主题，虽然在诗体上仍然保留传统的格律、形式，但却使诗歌更具近代性质，呈现出一种昂奋激烈的美学风貌。

秋瑾（1878—1907），中国优秀的女诗人，现存《秋瑾集》。她的前期创作以"闺怨"题材为主，委婉清新。后期创作则表现了她的巾帼豪情，悲歌慷慨，具有感人的力量。代表作有《宝刀歌》、《宝剑歌》等。

柳亚子(1887—1958),名弃疾,字亚子。他的诗歌中表现了激进的政治情绪,歌颂太平天国,力倡女权,感情真挚。他善用严整的格律,以清新的语言、激昂的情绪表达主题,富于浪漫主义精神。代表作有《孤愤》、《元旦感怀》、《吊鉴湖女士》等。

二、近代散文

近代散文的发展出现了十分复杂的局面,但是与诗歌领域相同的是,新文化与旧文化斗争的存在。以龚自珍、魏源为代表的一批作家认为写文章的目的就在于"经世致用",主张体现文章的社会性、政治性。龚自珍的散文直接反映社会现实,为政治斗争服务,扩大了散文创作的题材领域,以多变的表现手法,表达了自己向往美好未来的浪漫主义精神。代表作有《病梅馆记》。魏源散文则比较谨慎,但论理切实,结构灵活,条理清晰,语言平易。代表作有《学篇》、《治篇》。

其后的康有为、梁启超等人在继承龚、魏两人散文理论的基础上,倡导了"新文体运动"。所谓"新文体"散文,即内容上直接宣传维新变法,为现实政治斗争服务;形式上,议论、叙述、抒情相结合,兼采古文、辞赋、骈文、西学译文等众家之长;语言上,文白夹杂,明晓通畅。梁启超的《少年中国说》是一篇典型的"新文体"散文,风格新颖,气势奔放。谭嗣同的《仁学》、邹容的《革命军》也是"新文体"散文的著名篇章。

严复用古文翻译的《天演论》,以及林纾的一些翻译文学作品,都产生了较大的社会影响。章炳麟的散文内容充实,结构严谨,锋芒毕露,好用古字,代表作有《革命军序》。

三、近代小说

中国古典小说的发展自《红楼梦》达到高峰以后,便开始走向衰落。到19世纪末,小说仍然沿着明清小说的线索发展,主要有侠义小说、公案小说、狎邪小说等,以及在小说革命运动中出现了谴责小说、文言短篇小说等。

《儿女英雄传》,作者燕北闲人,本名文康,费莫氏。这是一部借侠义故事来鼓吹封建伦理道德的小说,揭示了官场腐败、科举取士的种种弊端。作品语言传神,场景壮阔,描写平实细腻。

《三侠五义》(又名《忠烈侠义传》)是晚清侠义公案小说的代表作,作者石玉昆。后来经著名学者俞樾改写,更名为《七侠五义》。作品以北宋仁宗时期为背景,成功地塑造了包拯这一清官和一群侠客义士的形象,作品中所写故事虽多为虚构,但却合情合理,富有吸引力。此外,《施公案》、《彭公案》、《英雄小八义》等也是当时较为著名的侠义公案小说。

狎邪小说是指19世纪40年代至90年代出现的一批以妓女为主要描写对象的小说。主要作品有俞达的《青楼梦》,韩邦庆的《海上花列传》。其中韩邦庆的《海上花列传》是一部生动的用吴语写成的小说,通过对妓女生活的写实,打破那种令人难以置信的对爱情所抱有的浪漫想象。

"小说界革命"是近代文学革新的重要组成部分,获得了比"诗界革命"、"文界革命"更大的成功。1902 年梁启超创办《新小说》杂志，在第一期上正式提出了“小说界革命” 的口号。他认为小说对于改良世道人心、启发民众的觉悟是最为有效的手段。在这种新思想的带动下，当时出现了一批以新道德、新宗教、新政治、新人心、新人格为主题的小说，被称为“新小说”。代表作有著名的晚清四大谴责小说《官场现形记》、《二十年目睹之怪现状》、《老残游记》、《孽海花》。

李宝嘉（1867—1906），字伯元，代表作品《官场现形记》。作品以封建末世的官场为描写对象，全面而又深刻地揭示了官场的黑暗、政治的腐败。

吴沃尧（1866—1910），代表作品《二十年目睹之怪现状》。是早期借鉴翻译小说的成功案例。作品以一名为“九死一生”的主角的见闻为贯穿始终的线索，以第一人称的叙述方式展开，但又不重在描写主人公的身心经历，而是以此来引出各种社会怪状。作品中真实地再现了一个分崩离析时代的道德颠覆过程，是整个近代小说中最引人注目的一部。

刘鹗（1857—1900），代表作品《老残游记》。作品以游记体的形式，通过“老残”两个月间的旅行见闻，描摹社会风俗，寄寓了作者的情怀。作者以散文化的笔触、生动清新的语言，表现了当时的社会境况。

曾朴（1872—1935），代表作品《孽海花》。作品以战争作为背景，通过人物的“琐事”反映历史现象，将国政大事与主人公的情事结合在一起，真切地凸现了那个风云变幻时代以及在时代变换中无法把握的个人命运。

思考题：

一、填空

1.__________创作的《____________》是中国文学史上第一部长篇历史小说，也是中国文学史上第一部章回体小说。__________创作的《____________》是中国文学史上第一部用白话文写成的英雄传奇小说。__________创作的《____________》是中国文学史上的第一部长篇神魔小说。

2.明末的散文以小品文的繁兴为主要特征，以张岱的《__________》、徐宏祖的《__________》为代表。

3.《____________》是中国文学史上第一部由文人独立创作的长篇世情小说。__________创作的《____________》是中国文学史上第一部长篇讽刺小说。

4.冯梦龙的《__________》、《__________》、《__________》三部短篇小说集，简称为“三言”。此后，在“三言”的直接影响下，________写了《________》和《__________》，人称“二拍”。“三言”和“二拍”代表了中国古代白话短篇小说的最高成就。

5.明初诗坛的作品大多富于现实意义，风格古朴、雄放。以刘基的《____________》和的《登金陵雨花台望大江》为代表。

6.________的《________》是一部优秀的文言短篇小说集，代表了中国文言短篇小说的最高成就。

7.清代两部文言笔记小说，流传甚广，成为传世名作——袁枚的《________________》和__________的《阅微草堂笔记》。

8.《后秋兴》是的代表作品，他的诗歌融唐宋诗风为一炉，词藻华丽、才气纵横。《圆圆曲》是的代表作品，他的诗歌苍凉凄楚，气势磅礴，语言华丽。

9._________有"清代第一诗人"之称，他所创立的___________对清代诗坛有深远的影响，著有《带经堂集》。

10.《题竹石画》、《潍县署中画竹，呈年伯包大中丞括》是___________的代表作品，他是清代画坛"扬州八怪"之一。

11.清初词人最著名的要数________、________、________三人了，他们代表了当时词坛的不同风格，被后人称为"清初三大家"。

12.清初散文有两种不同类型的作家群体，他们具有不同的风格和创作倾向。一类是以黄宗羲、顾炎武、王夫之为代表的"_________"，一类是以侯方域为代表的"___________"。

13.______________是桐城派的集大成者，其代表作《登泰山记》，是一篇山水游记。

14.______________的诗中大都是政治抒情诗，代表作有《乙亥杂诗》。

15.____________的《过虎门》，__________的《二十世纪太平洋歌》，__________的《狱中题壁》都是传世名作。他们的诗歌多取材于当时社会的重大政治事件，在诗歌中抒发自己改良社会、拯救国家的政治抱负。

二、解词

1."三言"　2."二拍"　3.唐宋派　4.公安派　5.小说界革命　6.晚清四大谴责小说

三、简答

1.历史演义小说《三国演义》的艺术特征

2.英雄传奇小说《水浒传》的艺术特征

3.神魔小说《西游记》的艺术特征

4.《红楼梦》的主要内容与人物形象塑造

四、论述

1.吴敬梓《儒林外史》的思想内容与艺术风格

2.《红楼梦》的艺术成就

3.《聊斋志异》与清代的文言短篇小说创作

第五章 现代时期

第一节 “五四”文学革命与鲁迅

1911年的辛亥革命，不仅推翻了清王朝，而且结束了两千多年的封建帝制，开辟了中国历史的新纪元。1917年《新青年》第二卷，发表胡适的《文学改良刍议》，后来又发表陈独秀的《文学革命论》，是为文学革命的开端。这次文学革命是在新文化运动中产生的，同时也促成了文学观念的变革与文学创作的转型。鲁迅是中国伟大的文学家，是中国现代文学的奠基者，他代表了中国民族文化的新方向。

一、“五四”文学革命

1915年9月，由陈独秀主编的《青年杂志》(后更名为《新青年》)，掀起了一场波澜壮阔的新文化运动。这场新文化运动在陈独秀、胡适、李大钊、蔡元培、鲁迅等人的带领下，挥舞着民主和科学两面大旗，以个性主义和人道主义为思想武器，向中国传统的封建文化发起了空前规模的宣战。“五四”，是一个划时代的历史符号，标志着传统中国与现代中国的分野。“五四”文学革命正式发难的标志是，胡适的《文学改良刍议》和陈独秀的《文学革命论》在《新青年》的发表，这两篇文章共同促成了“文学革命”的爆发。

五四新文学提倡“人的文学”，它以人道主义和个性主义为思想基础。无论是鲁迅的小说、杂文创作，还是以文学研究会为代表的“为人生”派的文学创作，都很好地贯彻了这一宗旨。五四新文学的“人的文学”这一主张，推动了现代中国人性解放的历程。

二、中国的文学巨人——鲁迅

鲁迅(1881—1936)，浙江绍兴人，本名周树人，自1918年发表《狂人日记》时开始使用“鲁迅”为笔名。《狂人日记》是一篇划时代意义的作品，标志着中国现代小说的诞生，宣告一个崭新的文学世纪的开始。其后《阿Q正传》的问世，更是奠定了鲁迅作为世界级作家的地位。五四时期，鲁迅以小说、杂文等多种文体富于个性的艺术形式表现人性解放、个性解放的启蒙主题，在显示出文学革命实质的同时，也展现了新文学主将的卓越姿态。

(一) 鲁迅的小说

鲁迅的前期小说创作，都收集在《呐喊》、《彷徨》中，这两部作品集的核心就是反对旧道德、提倡新道德，通过对“国民性”弱点的深刻发现和艺术刻画而达到批评和揭露传统封建礼教和封建思想文化本质的目的。后期的历史小说都收集在《故事新编》中，具有强烈的现代意识与斗争精神。

1.《呐喊》

《呐喊》是鲁迅第一部短篇小说集，收录1918年至1922年间创作的14篇小说，其中《狂人日记》、《孔乙己》和《药》写于“五四”前。农村生活和农民形象在《呐喊》中占有显著的地位。在《狂人日记》中，鲁迅通过狂人的眼睛去揭露、批判，用迷狂、错乱的语言，去点破旧礼教的实质。作品中对于封建礼教和封建文化“吃人”本质的揭示，实际上成为其余各篇小说的总主题。在《孔乙己》中，作者用简练、精粹的语言，塑造了一个科举制度下的知识分子“孔乙己”的形象，揭露封建科举对人的腐蚀。《药》中反映了群众对于革命十分冷漠这一社会现状，继续对封建制度的“吃人”性进行无情的揭露。

《阿Q正传》无疑是《呐喊》中最优秀的作品，也是我国现代文学史上的一座不朽的丰碑。作者在广阔的社会历史背景上，成功地塑造了阿Q这个凝聚着“国民性”的典型形象。阿Q身上的“精神胜利法”既是其个人的，也是全体国民的，充分挖掘了国民身上的愚昧落后的因素，并给予重重的鞭挞。

2.《彷徨》

《彷徨》收录了1924年的《祝福》、《肥皂》等，和1925年的《孤独者》、《伤逝》等，共计11篇。《彷徨》中虽然反映了鲁迅在上世纪20年代中期的思想苦闷，但同时也表现了他不断探索真理的可贵精神。《彷徨》中也有一些农村题材的作品，但都是表现农村妇女命运的。如《祝福》中的祥林嫂，作者通过描写祥林嫂的悲剧命运，表现了男尊女卑的传统社会对妇女的束缚，也反映了中国农村妇女的共同命运。知识分子生活也是鲁迅小说的一个重要题材，如《伤逝》中的涓生和子君。《伤逝》是鲁迅写的一篇诗体小说，他通过描写两个主人公的爱情悲剧，指出人生的要义并不在于爱，而且对只求个人幸福而不能与旧势力做“持久”斗争的人性弱点给予批判。

3.《故事新编》

鲁迅还是中国现代历史小说的首创者，他的《故事新编》收录了自1922年起到1935年的创作，于1936年1月出版，为现代历史小说创作提供了基本模式。《故事新编》取材于中国历史、神话、传说，包括《补天》、《奔月》等8篇作品。他以现代意识去观照历史，将古人古事与今人今事穿插在一起，运用夸张与讽刺的手法，对现实进行批判，全书贯穿着面对现实的斗争精神。

4.鲁迅小说的艺术成就

鲁迅小说的艺术成就，首先表现在他小说的结构体式上。他在谋篇结构上借鉴西方小说体式灵活多变的长处，采用了日记体、诗歌体、叙事体等不同形式的结构体式，善于运用短篇小说的形式多方面探索人的生存状态。其次,他的小说十分重视人物形象的塑造。他的小说中主题人物是普通的下层民众,他通过真实的细节描写,逼真地再现人物的生活环境,以及大量的人物内心世界,成功地塑造了一系列典型的、生动的、立体的艺术形象。在他的小说中,注重探索人的精神面貌,表现了人的灵魂在社会、文化环境中苦苦挣扎、扭曲变形的过程。他笔下的人物有着复杂的性格,很难简单地用"好、坏、善、恶"来评价。再次,他的小说的通俗易懂的语言风格是现代文学的典范。鲁迅的小说语言言浅意深,精练含蓄,时而冷峻峭拔、时而自然朴实、时而抒情优美,时而诙谐幽默,显示出他作为语言大师的语言功力,为现代白话小说的发展奠定了坚实的基础。

(二) 鲁迅的杂文与其他作品

1.鲁迅的杂文

在鲁迅的文学创作中,杂文占有最重要的地位,其杂文包括杂感、论文、演讲、日记等。杂文这个词虽然不是鲁迅独创的,但是却因为鲁迅而受到人们的重视。他的杂文创作可以分为两个时期,囊括了20世纪前30多年的广阔的社会生活、文化现象,以议论的方式直接表达了他对社会人生的深刻而独到的认识。

1918年至1925年是他杂文创作的前期,作品主要收录在《坟》、《热风》以及《华盖集》中。这个时期的杂文主要是以启蒙主义的态度对当时文化的批判,偏重于探究文化思想和社会现象的本质问题。如《坟》中的文章,重说理,所论及的问题都有普遍的文化意义和启蒙性质。《热风》中基本上是一些情感充沛、短小锐利的随感录。1928年直至逝世是他杂文创作的后期,作品主要收录在《华盖集》的后半部分、《三闲集》、《二心集》、《南腔北调集》、《且介亭杂文》等集中。这个时期的杂文往往以具体的现实生活现象引出对整体社会的思考,巧妙地运用暗喻和关联的手法,具有鲜明的道德倾向,给人一种内在的亲和力和震撼力。如《"友邦惊诧"论》中,有力地揭露、讽刺了国民党当局的倒行逆施;《拿来主义》中,对新文学发展提出了具有重要意义的见解;《记念刘和珍君》和《为了忘却的记念》中,通过对战死者的深切怀念,表现他对革命前途充满信心。

鲁迅的杂文是一部生动形象的近现代中国社会史。与他的小说一样,他的杂文具有清醒的现实主义特色,善于挖掘近现代中国各种问题的历史渊源,直至今天仍然具有很强的认识意义。鲁迅杂文的艺术成就,首先表现在其思想性上,他的杂文具有鲜明的彻底的反帝反封建的精神,是战斗性与科学性的高度统一。作品中直接表示对现实和历史的见解,包含了作者丰富的社会经验;其中所凸现出来的坚持与旧势力斗争、不屈不挠的革命精神,也为后人留下了宝贵的精神财富。其次表现在艺术形式上,鲁迅作品中具有生动的形象性,无论是事或人,都具有典型意义。他的杂文在广泛的题材中,以政论、短评、抒情散文、寓言等灵活多变的形式,透过形象来说理、论辩、批判。再次表现在语言风格上,他的杂文同样具有多重笔法特点,有的沉郁严峻,有的气势雄辨,有的诙谐幽默,有的委婉抒情。

2.鲁迅的其他作品

鲁迅是现代散文诗的开拓者之一,其散文诗以《野草》为代表作。《野草》中收录了作者在1924年至1927年创作的24篇作品,是作者惟一一部散文诗集。作品在抨击黑暗现实和批判国民劣根性的同时,更侧重于对自己的精神世界的理性审视与深层探索,流露出强烈的主观性,表现了一种自我灵魂拷问中的犹疑与痛苦,一种与内心理想相对立的厌恶和抗争。在艺术表现上,《野草》以象征主义为抒情的主要手法,用一些突兀的想象所构成的意象,来象征现实生活中某些人和事,某些社会心理和社会思想,表达自己特有的复杂心态或心境。在语言上,冷峻、深沉、含蓄、凝练。

《朝花夕拾》是作者在1926年创作的一部回忆性散文集。这部作品侧重对世态人情的描绘,是作者个人往事的回忆,其中有生机盎然的百草园,有满含感情的藤野先生……在这些生动的描述中,反映了时代的氛围、文化的气息以及作者那深邃的思想。

第二节 “五四”至建国前的诗歌与散文

浪漫主义作为“五四”后一股重要的潮流,是以郭沫若的《女神》为发端的。以闻一多、徐志摩等为代表的新月派,在中国现代文学史乃至文化史上都产生过巨大影响。受法国象征派诗歌的影响,中国以李金发为代表的象征派诗人同样以独特的艺术手法,传达着他们的思想和情绪。他们以及其后以戴望舒为代表的现代派,为中国新诗的多元化发展做出了重要贡献。抗日战争爆发后,由于民族精神的振奋,新诗形成新的高潮。艾青、臧克家等著名诗人以其各自的创作,表达了对祖国的深切感情。

一、诗歌

(一)郭沫若与《女神》

郭沫若(1892—1978),原名郭开贞,是“五四”新文学运动的奠基者之一。其诗集《女神》是现代浪漫主义的发端,充分地表现了“五四”时代精神,把新诗艺术推向新水平,因而成为白话新诗真正取代文言旧诗的标志,也为新诗奠定了基石。

《女神》从内容上讲,首先突出体现了五四的时代精神,表现为一种彻底的批判和创造。其次,作品中的一些诗篇充满了强烈的个性解放要求。再次,作品中的许多诗篇也表达了对伟大祖国的深情,表现了对祖国美好明天的憧憬和向往。长诗《凤凰涅槃》,采用神话题材,以凤凰的重生来象征旧中国的毁灭和新中国的诞生,表现出彻底反帝反封建的叛逆性和强烈的爱国主义情怀。最后,作品中歌唱光明、歌唱力量,表现了一种乐观向上的进取态度 。

《女神》的艺术成就表现在其浪漫主义风格上。首先从题材上讲，作者采用古代典籍和神话传说中的英雄事迹，来抒发自己的理想，表达时代精神。其次从结构形式上讲，作者创造了适合于内容的自由诗体，有长有短、变幻多端，运用诗剧的形式，将诗和散文、抒情和叙事融为一体。再次从表现手法上讲，作者运用宏大奇特的想象，以比喻、象征的手法借助某一形象来寄托、抒发自己的感情。最后，从语言上讲，也有多种风格，有的豪迈、雄健，有的清丽、婉约。

《女神》之后，郭沫若又创作了《星空》、《瓶》、《前茅》，但是相比较《女神》而言，便失去了那种澎湃的激情，原本粗犷的笔法也变得恬淡了，也不再有《女神》那样高度的艺术魅力了。

除了诗歌，郭沫若的散文也颇具特色。他的散文多记述自己的生平，从回忆童年到描写异国生活，不受任何章法的约束，也不讲究文字的锤炼。代表作有散文集《橄榄》，记叙性散文《请看今日之蒋介石》等。

(二) 新月派与闻一多

新月派源自1924年正式成立的"新月社"，以闻一多、徐志摩、梁实秋、林徽音等为代表。他们没有统一的风格，但是他们将理性作为文学中最重要的因素，并且倡导新诗的格律化，而且他们主张以绅士的精神，在和谐中庸的基本前提下，追求一种稳健、理性、有序的思想文化。

闻一多(1899—1946)，代表作品有诗集《红烛》和《死水》。1923年出版的《红烛》收录了103首诗歌，其中有对美与爱的向往，有两地相思之苦，也有为祖国的悠久历史而自豪的咏唱。作品中体式多样，形象丰富饱满，意境深远，含有奇异的想象与生动的比喻。1928年的《死水》，收诗28首，主要是向祖国、民族倾吐真情的篇章，表达了腐败落后的现实给他带来的震惊、苦恼和失望，集中还有多首具有浓郁社会色彩的诗作。他的诗歌作品多是一些比较严格的格律诗，强调平仄、韵脚与节、句外观的形式之美。

徐志摩(1897—1931)，代表诗集《志摩的诗》，诗作《再别康桥》脍炙人口。爱情诗是徐志摩诗作的重要部分，有歌颂执著爱情的，色调比较明朗；也有表达忧伤失望情绪的，色调较为沉郁。同时，徐志摩的散文作品也很丰富，著有散文集《落叶》、与陆小曼合作的书信日记合集《爱眉小札》等。他的散文中常以第一人称，表现亲切的态度，以丰富的想象、比喻以及句式的丰富变化，传达对民主主义理想的憧憬、对专制统治的愤懑、对生活苦涩的咀嚼。

(三)李金发与戴望舒

象征派的诗不用真实描写的手法，也不直接抒发自己的情怀，它往往使用异乎常态的奇怪的联想、隐喻、幻觉等来表达诗人所要表现的思想、生活，因而造成了朦胧、迷离、神秘的色彩。诗人有意使词句之间的关系变得松散，让读者通过这些松散的词句所提供的暗示去进一步想象。象征派诗人以李金发为代表。

李金发(1900—1976)，原名李淑良，被誉为是"东方的波德莱尔"，代表作有诗集《微雨》，诗作

《弃妇》、《死》等。他1925年出版的诗集《微雨》,第一次把法国象征派诗歌引进中国。《弃妇》是其象征艺术的集大成之作,他将自己比作这个世界的一个"弃妇",借以表现自己的生活遭际和对生活的哀怨之感。"死亡"在他的诗中也具有重要地位,在一些作品中他正面描写了自己对死亡的迎接与体验。

在象征派诗歌的影响下,出现了孕育于20年代末盛行于30年代初的现代诗派,他们的诗歌具有现代主义的特征,作品表现了现代人在现代生活中所感受到的现代的情绪,强调形式的自由,不讲究整齐和押韵,注重意象,诗意朦胧。以戴望舒为代表。

戴望舒(1905—1950),有"雨巷诗人"之称。其以诗作《雨巷》为代表的前期创作中,既吸收了前期象征派重直觉、主象征、多暗示以及尽可能表现潜意识情绪的特征,也借鉴中国古典诗歌中的意境、比兴、典雅语言,表现出一种优雅与成熟的气质。其以诗集《望舒草》为代表的后期创作,则多表达了诗人对世界、人生、生命内在构成的更加深刻的思考,更具知性魅力。

(四) 艾青与臧克家

抗战爆发以后,以艾青、田间为代表的七月派登上诗坛。他们以《七月》为阵地,发表了一些以自由体诗的形式描写战争的作品。其中洋溢着一种爱国抗敌、向往光明的政治热情,表现了一种粗犷的、不可战胜的力。田间(1916—1985),原名童天鉴,代表作品《给战斗者》、《义勇军》等。他的诗歌感情强烈,富有鼓动性,语言质朴、真诚,善于用诗的语言塑造鲜明的人物形象。

艾青(1910—1996),原名蒋海澄,代表作有《大堰河——我的保姆》、《向太阳》、《北方》、《光的赞歌》、《火把》等。他诗歌中的两个中心意象,一个是土地,与之相连的是忧郁与悲怆;另一个是太阳,与之相连的是激昂与希望。《大堰河——我的保姆》是他的成名作,诗中集中描述了大堰河的苦难命运,以质朴和炽热的情感,表达了对自己的保姆的怀念、挚爱与赞美。作品中再现了一位勤劳、纯朴与善良的贫苦劳动妇女形象,表达了作者对灾难深重的农民的深切的同情与关怀。艾青的诗歌注重意象的营造,这种意象既有外在可以感觉的形象性,如色彩、光泽,又象征或隐喻着深厚的内在含义。他提倡运用口语化的语言,但是必须饱含情绪和思想,富有启示性。他以一种自由的散文化的形式体现主题,从而建立了一种较为成熟而典型的自由体诗歌模式,为中国新诗开辟了新的广阔空间。

臧克家(1905—2004),1933年出版诗集《烙印》,产生了广泛影响,其后的诗集《罪恶的黑手》奠定了他在诗坛的地位。在其众多的创作中,反映农村与农民的诗歌艺术成就最高。作者以劳苦大众的现实生活为内容,同时注重诗歌的形式、韵律、节奏,通过抒写农民的苦难与不幸、勤劳与坚韧,来表达他对农民痛苦、农村凋敝的深刻感受。《难民》、《老马》等都是这类作品的杰出代表。建国以后,他还创作了一些歌唱新时代、新生活的作品,以歌颂鲁迅的《有的人》为代表。

二、散文

(一) 语丝派与周作人

语丝派，源于1924年在北京因编辑出版《语丝》周刊而得名的语丝社。语丝派作家多以散文创作见长。前期主要致力于杂文创作，他们的杂文，内容上直面人生、针砭社会，形式上善于讽刺、无所顾忌，由此发展成一种独特的文体——语丝体，对后世杂文、随笔创作影响很大，以鲁迅、周作人、林语堂为代表。后期的语丝派创作，奠定了它在散文流派中的重要地位，以周作人的小品散文为代表，这类散文有叙有议，追求平淡，文风洗炼，有闲适的情趣。

周作人(1885—1967)，原名周櫆寿，著有散文集《自己的园地》、《知堂文集》、《苦茶随笔》等。他提倡表现性灵、情趣的闲适小品文，以《故乡的野菜》、《乌篷船》、《吃茶》等为代表，它们被公认为现代抒情记叙小品的经典名篇。作者在这些文章中以清新平和的文字，对抒写对象进行细致入微地描摹，并且融入了作者自我的神韵，表现出一种丰富的知识性和高雅的情趣。他还创作了一些杂文，反映了鲜明的时代精神以及他自己的个性特色，如《人的文学》、《祖先崇拜》等。

(二) 冰心与朱自清

文学研究会的几位主要作家，在散文创作方面都有很高的成就，尤以冰心、朱自清为突出。他们是当时白话美文开创者的杰出代表，为散文艺术的发展做出了重要贡献。

冰心(1900—1999)，原名谢婉莹，她是一位在散文、小说、诗歌三方面俱有成就的作家。她是“问题小说”的最早写作者之一，是“繁星体”小诗的开创者，又创造了清丽柔美的“冰心体”散文。所谓“冰心体”散文，是指她的散文具有抒情诗和风景画的情致，从内容上讲，以“爱的哲学”为主题，即宣扬自然爱、母爱、儿童爱，其中有对下层人民的同情、探索人生的惆怅，也有对祖国、故乡、亲人、大海的眷恋，都充满了作者的爱国主义情思。从风格上讲，以典雅清丽的语言，委婉亲昵的笔调，形成了一种优雅、柔美的韵致。其散文代表作有书信体散文集《寄小读者》、散文《小橘灯》、《樱花赞》等。

朱自清(1898—1948)，原名自华，号秋实，在其创作生涯中，散文成绩最为突出。代表作有《背影》、《荷塘月色》、《儿女》等。其散文创作主要有三类，一类是以平实的描叙来掩藏愤懑的激情，表现出鲜明的政治倾向性和强烈社会正义感的杂文；一类是以《背影》为代表以质朴无华，委婉感伤的笔触展开描述，在时间、场面、细节中寄寓感情的抒情小品；一类是以《荷塘月色》为代表，意象优美，音律婉转，清新优雅，富有诗意的游记。自《背影》以后，朱自清更注重从日常人生取材，抒写身边的琐事，体味人情世态，在语言和表现形式上也返璞归真，在现代散文开创期树立了平易自然、朴实清新的风范。

(三) 其他散文家

林语堂(1895—1976)，《翦拂集》是其散文成名作，后又有散文集《我的话》上下编，《行素集》，以提倡和创作幽默闲适小品而著称于世。他的散文中,往往通过日常生活的琐碎小事,来体察世人的一些可笑心理,通过借题发挥、以小见大来调侃人生、嘲讽世俗,是一种对人生的宽泛的批评,富有机智的幽默。

梁实秋(1903—1987),代表作有《雅舍小品》、《秋室杂文》等。他的散文取材独特,大小不拘,轻功用而重韵味,重视文章的理趣,追求雅洁,体现了作者悠然自在的雅士风度。后来他也创作了一些游子乡思、悼亡亲情的文章,其中有一种人到老年的温馨醇厚,耐人寻味,以《北平年景》、《同学》等为代表。

第三节 "五四"至建国前的小说

在这30年中,是中国小说发展的重要时期,出现了多种不同的小说流派,也产生了一批影响深远的宏篇巨著。首先是以文学研究会为代表的"为人生"小说,这类作品密切地关注社会人生的各类现实问题,表现出强烈的社会使命感和文化批判意识。其次是以创造社为代表的青春小说,这类作品主要通过男女情爱的叙述来描写内心的苦闷,有较强的散文化倾向。再次是以整体把握社会变革、主要表现人物心理世界的小说,以茅盾等人为代表。这一时期也出现了一些小说发展史上举足轻重的人物,如巴金、老舍。

一、"为人生"派

文学研究会成立于1921年1月,由郑振铎、沈雁冰、叶圣陶、周作人、许地山等12人发起,以改革后的《小说月报》为主要阵地,进行文学创作,同时也翻译、介绍国外文学。后来逐渐发展壮大,冰心、朱自清、庐隐等著名作家都成为它的成员。文学研究会的作家们认为文学应该是"人生的镜子",是"人生自然的呼声"。他们高举"为人生"的旗帜,坚决反对封建文学,他们要求文学要表现人生、指导人生,对于人生起作用。正因为他们的这种创作倾向,因此被称为"为人生"派。它在题材选择上也呈现出不同的特点,"为人生"派的小说创作又可以分为启蒙小说、问题小说、乡土小说三种形式。

(一)启蒙小说

主要指以鲁迅为代表的那些以冷静客观的态度剖析国民性格的小说。这在第一节"鲁迅"部分已有详论,此处不再赘述。而其它作者的小说也有对社会、人生的诸多探讨,从而具有深刻的启示意义。

茅盾(1896—1981),原名沈雁鸿,字雁冰,是文学研究会的发起者之一。他提倡"为人生"的文学主张,并且较为明确地指出"人生"并非一人一家的人生,而是一社会一民族的人生,强调要反映一般民众特别是下层人民的生活苦难，同时强调文学推动社会改革和思想启蒙的作用。代表作有《蚀》三部曲《幻灭》、《动摇》和《追求》，著名的长篇小说《子夜》，以及短篇小说《林家铺子》，“农村三部曲”《春蚕》、《秋收》、《残冬》等。

在《蚀》三部曲中，他以大革命失败前后剧烈的社会变动为背景，表现了一代小资产阶级知识分子坚持自己追求的心灵过程。作品中塑造了一些“时代女性”的形象，他们天生丽质而且观念开放，具有革命的激情，追求圣洁的理想与寻求肉欲的享受和刺激，是一种复杂的纠结体。这些人物形象为新文学的人物画廊增添了新鲜的艺术形象，也对新文学的小说叙事艺术做出了贡献。

1933年的长篇小说《子夜》，以十里洋场的上海为中心，以民族资本家吴荪甫与买办资本家赵伯韬之间的斗争为主线，全景式地反映了30年代初半封建半殖民地中国的社会现实。它既是一部社会剖析小说，也是一部政治讽喻小说。作品中成功地塑造了资本家的群像，作者将他们放到错综复杂的社会关系中对其性格内涵进行全面的考察，从政治、经济、文化、道德等不同的角度反映了一个人物的全面的主体人格，具有层次感和复杂性。他注重对人物的心理活动的描写，并将这种心理描写与对社会历史的剖析结合在一起，以此来表现更为深刻的内容。

以《林家铺子》、“农村三部曲”为代表的短篇小说，及时反映出“一·二八”战 争之后，中国社会的百业凋零，农村的凋敝、，农民的挣扎以及绝望后的铤而走险。对后来的如叶圣陶的《多收了三五斗》，洪深的“农村三部曲”《五奎桥》、《香稻米》、《青龙潭》 等以丰收成灾为题材的作品，提供了艺术经验。

叶圣陶(1894—1988)，原名叶绍钧，是“为人生”派小说的代表作家，代表作有《多收了三五斗》、长篇小说《倪焕之》。他的小说在冷静真切的人生观察中汲取平凡而又具体的生活题材，以严肃客观的笔触展开深刻细致的挖掘。他擅长表现小市民凄苦卑微的生活与下层知识分子矛盾重重的性格。《倪焕之》是“五四”新文学最早出现的长篇小说之一，它标志着作者现实主义创作方法的成熟。作品中真实地描写了富有革命性的小资产阶级知识分子倪焕之的性格及其发展，成功地塑造了一个丰满、生动的人物形象。其短篇小说也颇具特色，以《夜》、《多收了三五斗》为代表，这些作品讲究章法，语言洗练，风格质朴，讽刺含而不露。

他还从事童话创作，他的童话作品同样取材于中国现实生活，构思巧妙，形象生动，语言通俗，富于哲理性，洋溢着童真童趣的轻快活泼。代表作有童话集《稻草人》、《古代英雄的石像》等。

除此之外，许地山的《春桃》和王统照的《沉思》、《湖畔儿语》也是当时“为人生”派小说的名作。

(二) 问题小说

在上世纪20年代初最为流行的小说便是“问题小说”。所谓问题小说是指作者主要探究“人生究竟是什么”以及个性解放、婚姻自由、男女平等等许多现实问题的小说，冰心是这类小说的代表作家。《两个家庭》是冰心的小说处女作，是一部反映社会问题的“问题小说”。《超人》是其“问题小说”的代表作品，从这部作品开始，她不再满足于仅仅提出社会问题，而是力图探寻“人生的意义”和终极归宿。冰心以其清丽隽永的文字，融叙事、写景于一体，来思考和探究社会、人生问题，无疑是对当时小说创作的一种新的尝试。

庐隐的《海滨故人》是一部结合自己的人生经历、生命体验探索青年男女情感世界和人生问题的小说。叶圣陶的《校长》、《前途》等作品也是通过底层知识分子的苦难生活来揭示社会问题的“问题小说”的名作。

(三)乡土小说

乡土小说重在展示出不同地域的人民的苦难，并通过对各种恶风陋俗的描写，揭示封建传统的吃人本质。乡土小说在鲁迅小说中已初露端倪，后来的一些作家受其影响，选择自己所熟悉的故乡生活进行发掘和表现。他们一方面表现对家园故里的眷念，一方面又以“现代”的观点剖析乡村社会的愚昧、野蛮与闭塞。他们虽然是一个创作群体，但是每个作家的创作风格又各有不同。王鲁彦的《黄金》和许钦文的《父亲的花园》等作品，都是当时乡土小说的名作。

二、“为艺术”派

创造社成立于1921年6月，由郭沫若、郁达夫、成仿吾等人发起，至1929年2月被国民党查封。他们以《创造月刊》为阵地，钟情于浪漫主义的文学创作，提出“为艺术”的文学创作观念。他们试图将文学从“文以载道”的旧传统中解救出来，恢复文学自身的独立品格，强调文学的白话形式。以创造社为中心的“为艺术”派作家，在小说创作中注重表现个人内心的感觉，把主观感情的抒发作为创作的主要目的，因而他们的小说一般都具有很浓的抒情性，其中以郁达夫最为优秀。

郁达夫(1896—1954)，是创造社小说、散文方面创作数量最多、成就最大的作家。代表作有《沉沦》、《春风沉醉的晚上》、《迷羊》等。他的“自叙传”色彩时期小说的重要特点是，常以第一人称描述他经历的事情和感想，通过对赤裸裸的自我的表现，展示真实的个性。他的小说具有独特性，从题材上讲，往往取材于域外留学生生活，侧重于刻画青年人的青春期心理，尤其是展示青春期的性心理活动。从人物塑造上讲，他独创了一种“零余者”形象，其中充满了需要感情慰藉而得不到慰藉的多情游子的孤独。从表现形式上讲，他创造了一种新的小说模式——心理情绪模式，作品主要是以创作者或者人物的心理演变和情感流动来编制情节的发展。

三、左翼作家

1930年3月2日中国左翼作家联盟在上海成立，发起人有鲁迅、沈端先、郁达夫、郭沫若、茅盾等，后来逐渐发展壮大，他们以《萌芽》、《文学月报》、《现代小说》等期刊为阵地，以“援助而且从事无产阶级艺术的产生”为奋斗目标，是在中国共产党领导下，为开展无产阶级革命文学运动而成立的进步作家组织。“左联”的成立，将无产阶级革命文学运动推向高潮，并在高潮中涌现了一批文学新人，他们成为20世纪30年代左翼文学的中坚力量，并且成为抗战以后国统区、根据地、解放区文学的骨干力量，如丁玲、张天翼、沙汀等。他们在鲁迅、茅盾、郭沫若等文学宿将的带领下，创造出骄人的文学成绩。

(一) 丁玲等女作家

丁玲(1904—1986)，原名蒋伟，字冰之，代表作有短篇小说集《在黑暗中》、小说《莎菲女士的日记》和《太阳照在桑干河上》等。《莎菲女士的日记》是一个女大学生爱情心理的真实剖白，作品对主人公心理活动做了细致入微的描绘，笔法泼辣直率。以这部作品为代表的她的前期创作，充满了五四以来新女性要求解放的精神，大胆地描写了她们精神的苦闷和由此而来的反封建的叛逆性格，表现出鲜明的自立自强的女性意识，同时也流露出较浓的感伤和低沉情绪。

1948年出版的长篇小说《太阳照在桑干河上》，很快在海内外引起了热烈的反响，被先后译成俄文、日文、德文、英文等二十余种文字出版。1952年，《太阳照在桑干河上》荣获苏联1951年度斯大林文学奖二等奖。作品描写的是1946年华北农村(怀来县)的土改斗争，它以暖水屯为主要活动空间，表现了土改工作的全过程，揭示出解放区农民在党领导下，在推翻封建地主阶级反动统治的斗争中逐渐觉悟的艰难过程和焕发出的革命精神，并且对宁“左”勿右的思想倾向与偏激做法给予了婉转的批评。

丁玲作为一位女作家，其作品中具有鲜明而强烈的女权主义色彩，她作品中既有女性应有的秀丽，也有一股坦坦荡荡的大丈夫气概。她注重人物的精神探索与心理剖析，这无疑扩展了现实主义创作原则，为中国新文学的发展做出了可贵的贡献。

谢冰莹，也是左翼中富有才情的女作家，代表作自叙传《一个女兵的自传》。这部作品可以称为是中国现代女性的心灵史，作品是作者自身感受的凝结，结构自由、文笔圆熟，具有散文般的抒情气息，富有时代感和历史感。

东北作家群是指，一部分以东北人民生活作为主要表现对象的进步作家群体，以萧军、萧红为代表。他们虽未正式加入“左联”，但是他们作品的思想趋向和“左联”的要求是一致的，因此他们的创作实际上是左翼文学的一部分。

萧红(1911—1942)，原名张秀环、张乃莹，是东北作家群的代表作家。萧红的代表作有中篇小说《生死场》，长篇小说《呼兰河传》、《马伯乐》，短篇小说集《旷野的呼唤》等。《生死场》以简洁明快的构图和女性富于实感与质感的笔触，描绘出东北人民在“九·一八”前后的生存的艰难，以及国人的失土之痛与抗日激情。《呼兰河传》是一部散文体的长篇小说，作品中没有贯穿始终的人物和故事，大量文化风俗的描写成为主角，寄托了作者对乡土的浓浓的眷恋，也蕴含了她深深的爱国情怀。

萧红的小说创作,以自己的生活体验和历史感悟为基础,并不轻易地追逐某些艺术思潮,始终将人的觉醒和个性解放作为自己艺术思考和艺术表现的基本主题,从而形成了自己的艺术风格。

(二) 其他作家

柔石 (1902—1931),原名赵平复。代表作《二月》,描写了知识青年萧涧秋的一段人生经历,表现了知识分子想要摆脱现实而又无法摆脱的尴尬处境。作品具有浓郁的抒情色彩,描写手法丰富多变,语言生动优美,其间穿插了大量的独白、乐曲等,使小说独具韵味。

张天翼 (1906—1985),原名张元定,代表作《华威先生》、《包氏父子》等。他以短篇讽刺小说而闻名,描写的大多是他所要揭露、鞭挞的人物,他以人物的某种畸形病态的喜剧性格为入手点,善于抓住人物的细节动作以及前后矛盾之处来刻划人物性格。语言上,轻松诙谐,以稍带嘲弄的口吻表露作家的主观讽刺态度,笔法极为灵活。《华威先生》是公认的讽刺佳作,成功地塑造了一个对抗战工作"包而不办"的国民党官僚的典型形象。

沙汀 (1904—1992),原名杨朝熙,代表作有长篇小说《淘金记》,短篇小说《在其香居茶馆里》等。他善于以阴冷而犀利的笔触描绘四川农村社会场景,大多气氛阴暗、情节悲惨,但也有一些作品中流露了川人的幽默与讽刺的智慧。如其短篇小说《在其香居茶馆里》就是脍炙人口的名篇。

艾芜 (1904—1992),代表作有短篇小说集《南行记》等。这些作品主要取材于他漂泊于各地的经历,小说中的强盗、窃贼,大都是因为生活的逼迫,才不得不以这种不正当的手段反抗社会、谋求生存,他们虽然野蛮、残暴,但也不乏同情心。因此,在他的作品中总有一种人类不泯的善良人性,使作品具有浪漫主义的色彩。

萧军 (1907—1988),原名刘鸿霖,是东北作家群的代表,代表作有《八月的乡村》等。他的作品风格中有一种黑土地的粗犷、雄放、苍凉、浑厚。

四、巴金与老舍

(一) 巴金

巴金 (1904—2005),原名李尧棠,一生创作颇丰,主要包括四大题材,即异国生活题材、青年生活题材、工农生活题材以及家庭生活题材。其中以反映青年生活和家庭生活题材的作品艺术成就最高。代表作有"爱情三部曲"《雾》、《雨》、《电》,"激流三部曲"《家》、《春》、《秋》等。

他在"爱情三部曲"中,力图通过爱情题材来描写青年人的性格,对青年人身上畏首畏尾的怯懦性格、沉醉于温柔乡而不思进取的狭小胸襟提出批评,讴歌了为人类幸福勇于献身的无畏精神。真正奠定巴金在中国现代文学史上地位的,是他的"激流三部曲"的第一部《家》的问世。《家》不仅是他的第一部长篇小说,而且也是他最负盛名的作品,是新文学史上的里程碑。作品描写了一个正在崩溃中的封建大家庭——高公馆,通过对高公馆衰败过程的具体描绘,表现封建伦理道德、家族宗法制度对年轻一代的摧残。作品成功地塑造了封建宗法制度的维护者高老太爷，封建礼教的牺牲者觉新，大胆而不成熟的新生力量的代表觉慧等多个个性鲜明的艺术形象。作者将人物置于矛盾斗争中，通过人物的言行来凸显其性格，注重内心活动的描写，以饱含激情的笔触，酣畅淋漓地表达了自己的民主思想和人道精神，富有感染力。

巴金小说中包含正义与自由的政治追求，义无返顾的献身勇气，民主主义、人道主义、爱国主义等多种精神，其中融入了他无所羁绊的强烈感情，从而表现出一种博大、刚健的气度。

(二) 老舍

老舍 (1899—1966)，原名舒庆春，满族人。代表作有长篇小说《骆驼祥子》、《四世同堂》、《二马》，中篇小说《我这一辈子》、《月牙儿》，话剧作品《龙须沟》、《春华秋实》、《茶馆》等。《二马》中，通过马氏父子去英国经营古玩店的故事，抨击了帝国主义的傲慢与偏见，对封闭性的民族文化心理的陈腐和愚昧进行辛辣的讽刺。在《我这一辈子》中，作者将白描手法运用到极致，小说以一位老巡警之口，用冷峻而不乏幽默的语言表现了复杂艰涩的人生。

《骆驼祥子》代表了老舍文学创作的最高成就。作品以写人为中心，围绕人物的命运来展开情节。小说真实地展现了都市人力车夫的悲剧人生，通过记述以祥子为中心，与其相关的虎妞、小福子以及别的一些城市贫民的悲惨遭遇，表现了对下层劳动人民的深切同情，对社会黑暗的深刻揭示。《四世同堂》以抗战为背景，描述祁家四代人聚集而居，维持着这种中国传统文化中理想的家庭模式，直至这个家庭分化、解体。小说揭示了中国下层市民朴实坚韧、讲究伦理之情的品格，也展现了他们由于传统文化的束缚而形成的平和忍耐、封闭保守的心理弱点，同时也反映了知识分子的善良、懦弱和苦闷。

幽默是老舍作品的一大特色。不论是在喜剧作品中还是在以悲剧为主调的作品中，都有幽默的成分，但是决不是单纯的笑，而是一种带泪的笑。其小说创作还讲究"俗"和"白"，"俗"即描写普通的市井生活，通过日常的起居饮食来表现人物，写风俗、民俗，他的许多小说因此具有浓郁的市井风味和北京地方色彩。"白"即语言朴实，特别重视口语的运用。他的作品中京味十足的口语，比一些知识分子的语言更具生动性。

五、其他小说流派与作家

张恨水 (1895—1967)，原名张心远，鸳鸯蝴蝶派的代表，是现代章回小说的大家，代表作有《春明外史》、《金粉世家》、《啼笑因缘》等。

沈从文 (1902—1988)，原名沈岳焕，以反映湘西的人生状况及人生哀乐的作品而闻名，代表作有中篇小说《边城》。他笔下的边城简直是桃花源的翻版，那里没有一个恶人，也没有纷争，整篇作品重在表现一种优美、健康、自然而又不违背人性的人生形式。他的这类小说具有散文化的特点，语言上质朴而生动，多选用湘西人惯用的词汇，充满了生活气息；表现手法上，多用比喻、对比、夸张等修辞手法，极富象征性的意境与含蓄的诗意。

钱钟书（1910—1998），代表作《围城》。小说以从国外留学归来的方鸿渐为中心人物，描写抗战爆发前后从上海到湖南后方的一些知识分子的生活。它是一部讽刺小说，以含蓄的笔法透过对人物光彩体面外表下的矛盾因素的描写，对中国知识界的人物和现象进行讽刺，因此被人们称为“新儒林外史”。

张爱玲（1921—1995），是抗战时期沦陷区女性作家的代表，代表作有《沉香屑：第一炉香》、《倾城之恋》、《红玫瑰与白玫瑰》、《半生缘》等。她的小说多以婚恋为题材，侧重描写婚恋中的苦涩，以此为突破口来感受人生之苦。

第四节 建国十七年至文化大革命文学

这段文学是指从1949年7月至1976年10月的文学创作。这一时期文学创作的总态势是从多元走向一元。1949年7月第一次全国文学艺术工作者代表大会召开时，标志着解放区和国统区不同文艺队伍的会师和合流，并在毛泽东文艺思想的指引下向新的时代迈进。虽然后来经历了1957年反右派斗争扩大化，1958年掀起的“大跃进”、“人民公社”运动，但是仍然出现了新中国文学的影响广泛的作品。如诗歌中的《向困难进军》（郭小川）、《放声歌唱》（贺敬之），刘白羽、杨朔、秦牧的散文，报告文学《谁是最可爱的人》（魏巍）等；小说领域中，《三里湾》（赵树理）、《红旗谱》（梁斌）、《青春之歌》（杨沫），戏剧中的《茶馆》（老舍）、《蔡文姬》（郭沫若）等。从1966年6月到1976年间全国除了八个“革命样板戏”之外，几乎没有文学。

一、十七年的诗歌

中国新诗在1949年后出现了一批为新中国欢呼的颂歌，许多著名诗人如郭沫若、艾青等都写了热情的诗篇来歌唱这个新诞生的共和国。

李季（1922—1980），建国前他根据流传在“三边”的民间历史故事，以“信天游”形式创作了著名的叙事诗《王贵与李香香》。作品描写了第二次国内革命战争时期，一对贫苦的男女青年农民在恋爱婚姻中的悲欢离合。作品将爱情与表现阶级斗争结合起来，借一对男女青年的苦难婚姻，表现地主与农民之间的尖锐的阶级冲突，表现土地革命波澜壮阔的气势，带有史诗的特征。建国后，他专注于表现玉门石油矿的现实生活而被称为“石油诗人”，代表作有《玉门诗抄》等短诗集。

闻捷（1923—1971），原名赵文节，代表作有诗集《天山牧歌》。他的这些诗是对新生活的歌颂，将奇丽的边疆风俗和奇幻的自然景观相结合，往往是劳动加爱情的典型模式，多采用不严格的四行一节、大体整齐而押韵的体式。长诗《复仇的火焰》气势宏大，描写精细。

郭小川（1919—1976），他的诗在总体上表现出诗人的崇高精神境界和广阔的思想视野，充满了战斗的激情和对于美好的生活理想的强烈向往与追求。他的抒情诗大体有两类，一类是政治抒情诗，充满磅礴的气概、奔放的热情，富于政治鼓动性，以《致青年公民》为代表。一类是生活抒情诗，题材较为广泛，以《甘蔗林——青纱帐》为代表。《白雪的赞歌》、《一个和八个》等叙事诗也是其重要作品。

贺敬之(1924—)，1942年与丁毅合作创作新歌剧《白毛女》，产生广泛影响。建国后的诗歌代表作有《回延安》、《雷锋之歌》、《桂林山水歌》等。他的诗歌中保持着昂扬的革命激情和理想精神，歌颂党，歌颂新社会，歌颂新的英雄人物，并在诗歌形式上不断进行新的探索，在继承古典诗歌和民歌传统的基础上，借鉴和吸取外国诗歌的长处，创造节奏鲜明、富于韵律的新格律诗。

毛泽东(1893—1976)，他的诗词中一方面充分表现了他作为革命家大气磅礴的人格和宏博胸襟、崇高情怀，生动地反映了中国革命艰难曲折的历史过程和壮丽图卷，以《长征》、《沁园春·雪》为代表。另一方面他的诗词形式风格多样，艺术想象瑰奇丰富，体现了革命现实主义和革命浪漫主义的结合。

除了上述诗人，还有当时活跃于诗坛的一些中青年诗人，也都创作了大量的为和平建设新时代而歌唱的作品。阮章竞的《漳河水》，张志民的《死不着》，李瑛的《战场上的节日》，白桦的《热芭人的歌》等也都是当时的名篇。

少数民族民间文学的搜集、整理，在建国后取得了很大的成绩。其中以长篇叙事诗《阿诗玛》和《嘎达梅林》为代表。《阿诗玛》是彝族口头流传的长篇叙事诗，主要流传于云南圭山地区。作品以婚姻问题为中心内容，表达了少数民族传统叙事诗中普遍的反封建主题。全诗情节曲折动人，突出地渲染了人物的复杂心理，语言自然、简洁，表现手法多样，具有一种动人的美。曾被改编为歌剧、电影等在全国广为流传。《嘎达梅林》是反映现代蒙古族斗争生活的作品，约产生于30年代，后来逐渐扩展。作品通过嘎达梅林起义斗争从发动到失败的全过程，真实地表现了特定时期错综复杂的社会矛盾和斗争，在广阔的背景上反映和歌颂了内蒙古各族人民反对军阀掠夺、反抗封建压迫的斗争精神和英雄气概。这篇长诗还采用民间讲唱文学的表演形式，以唱为主，讲唱交替，将抒情与叙事巧妙地结合起来。民族民间语言的广泛运用使作品更具浓郁的民族特点。

在新中国的民歌的收集整理和出版方面，《红旗歌谣》与《天安门诗抄》具有重要意义。它们出自当代人民群众的创作，作为一种现象，既具现实的政治意义，也具有文学本身的意义。

二、十七年的散文与报告文学

(一) 散文

杨朔(1913—1968)，原名杨毓晋，代表作有《荔枝蜜》、《雪浪花》、《泰山极顶》等。他的全部作品都以那些名不见“经传”的“小人物”——平凡、普通的劳动者为描写对象，提出“好的散文就是一首诗”的创作主张。他的散文是以“诗化”为主体，和“小说化”与“通讯化”合一的“三化”统一体，他善于以诗的手法创造意境，重视写人物、场景和对话，还力求题材趋新、有新闻性。他在长期的散文创作中形成了一种抒情模式：以景（物）比兴——写人叙事——激扬指点，被人称为“杨式”散文。

秦牧（1919—1992），代表作有《贝壳集》、《潮汐和船》、《花城》等。他的散文常常抓住一个抒情意象，随意而谈，如行云流水般从容自如。他的散文体裁广阔、写法多样，或描绘山川土地，或状写花鸟虫鱼，或介绍名胜古迹，或漫话轶闻趣事，是思想性、知识性与趣味性的“三性”结合体。

刘白羽（1916— ），代表作有《日出》、《长江三日》等。他的散文多从生活的激流中选取素材，表达鲜明而重大的政治内容。作者善于摄取生活和自然中的事物，将其赋予一定的象征意义，形象地表达某种哲理，融情寓理于景物之中。他的散文雄浑豪放，充满激情，形成了自己的风格。

除了三大家以外，吴伯萧的回忆散文《记一辆纺车》也较有影响，一些带有游记性的抒情散文也取得了重要成绩，如宗璞的《西湖漫笔》、沈从文的《新湘行记》、李健吾的《雨中登泰山》和历史学家翦伯赞的《内蒙访古》等。

（二）报告文学

报告文学是新闻与文学的综合，往往能将社会生活中的一些重大事件或“热点”很快地反映出来。二三十年代出现的夏衍的《包身工》等作品是中国报告文学的发端之作。建国十七年的报告文学创作，从内容来看主要有两个方面，一是写抗美援朝，如魏巍的《谁是最可爱的人》、巴金的《生活在英雄们中间》、刘白羽的《朝鲜在战火中前进》；一是写新中国的工农业生产建设及其中涌现出的风云人物，如穆青的《县委书记的好榜样焦裕禄》、陈广生等人的《毛主席的好战士——雷锋》、房树民的《为了六十一个阶级弟兄》等。

与报告文学一样注重人物和事件的真实性的回忆录和人物传记，多为关于革命历史人物和事件的回忆，如《星火燎原》、《红旗飘飘》中收录的都是这样的作品。其他的如罗广斌、杨益言的《在烈火中永生》，吴运铎的《把一切献给党》，高玉宝的《高玉宝》等也都引起广大读者的关注。

三、十七年小说

十七年小说普遍以歌颂为主调，具有鲜明的时代特色和独特的民族风格。作家们不仅在小说的内容上，而且在叙事、描写、人物塑造及语言运用等方面，也都将以往中国古典文学和民间文化中的营养与自己的创作结合起来，形成了鲜明的“中国作风和中国气派”。

（一）短篇小说

1. 赵树理与“山药蛋”派

赵树理（1906—1970），代表作有短篇小说《小二黑结婚》、《登记》，中篇小说《李有才板话》，长篇小说《三里湾》，剧本《十里店》等。赵树理的小说创作的基本主题是批判现实中存留的封建意识和愚昧、落后，歌赞社会变革中勤劳智慧、热心集体事业的普通农民。他坚持现实主义创作原则，在小说中相当深刻地揭示了农村的矛盾和农民的心理，对农民作为小私有者的劣根性的揭露入木三分，同时又本着善意以幽默诙谐的笔墨给予讽劝。

在成名作《小二黑结婚》中，赵树理一方面反映了当时农村的一些实际问题，一方面又把这些问题放在新旧交替的时代特点中去认识，以新必胜旧作为解决问题的基本模式。《李有才板话》中，描写改造村政权和减租减息，十分有概括力地表现了根据地初建时期农村的阶级斗争面貌。1955年的《三里湾》是我国最早出现的反映农业合作化运动的长篇小说。

赵树理善用讲故事的方式创作小说，生动有趣、平凡亲切；在结构上将一个个故事按照一定的顺序排列起来，讲完一个再讲一个；在人物塑造上，通过人物的动作和语言来表现人，这样使小说读起来轻松活泼；在语言上，他大词小用，把一些严肃的词语用在不那么严肃的场合，以达到幽默的效果。他所具有的从内容到形式都带有浓郁的泥土气息的艺术风格，直接影响了被称为“山药蛋”派的一代山西作家。

“山药蛋”派是20世纪五六十年代的小说创作流派，它没有明确的理论旗帜，而是一群山西作家在创作实践中自然形成的。这个作家群以赵树理为代表，以马烽、西戎、孙谦等人为主力，以《火花》文学月刊为阵地。他们的创作有几个共同点：首先是都以山西的农村生活为创作题材；其次是都遵循现实主义创作精神，敢于触及人民内部矛盾，解释农民群众在新旧交替的时代中摆脱传统积习的曲折与艰辛；再次都崇尚民族化、群众化，通俗易懂，诙谐风趣，在浓郁的乡土气息中蕴含纯朴、自然的美。

“山药蛋”派的创作中，比较著名的有以讴歌农村新人新事新风尚见称的马烽的《结婚》，西戎的《赖大嫂》则通过描写赖大嫂对党的养猪政策从怀疑观望到信任的复杂心理过程，活灵活现地展现人物形象，引起广泛注意。

2.孙犁等其他作家

孙犁(1913—2002)，原名孙树勋，优秀的短篇小说作家，以清新隽永的优美风格而蜚声文苑，代表作有《荷花淀》、《芦花荡》等。他的这些作品形成了他的白洋淀小说系列，内容是以河北白洋淀一带的水乡为背景，反映水乡农村抗日战争的生活。作品中着重表现水乡人民在抗战中充满乐观主义的精神面貌，有着很浓的生活气息；他把诗和散文的特点吸收到小说创作中来，使这些具有浓厚的水乡气息的小说充满了纯朴、优美的诗情画意。孙犁的短篇不刻意追求篇章结构，随情所至，崇尚天籁自然。

茹志鹃(1925—1998)，她的短篇小说多写战争时期的军民生活，创作题材主要有两类，一类是反映战争年代，主要是解放战争时期的生活，如《百合花》；一类是描写当时的城乡生活，如《春暖时节》等。

王愿坚(1929—1991)，代表作有《党费》、《七根火柴》、《亲人》等。他的小说篇幅不长，结构精巧,善于选取一个最动人的事件写出一个人物。他的小说主体单纯、鲜明,作品都是为了记录革命前辈的英勇豪迈的斗争生活,表现他们崇高的精神品质,饱含革命激情。

李准(1928—2002),代表作中篇小说《李双双小传》、《耕耘记》等。他讲究适合农村欣赏习惯的朴素、明朗、平易的风格,注意作品的故事性。他重视细节描写,善于使用白描的手法,从人物的行动中,从性格冲突中去刻画人物。故事结构上,大多层次清楚,自然流畅。

(二)中、长篇小说

1.革命历史小说

杜鹏程(1921—1991),原名杜红喜,代表作有长篇小说《保卫延安》、中篇小说《在和平的日子里》等。在《保卫延安》中,作者描写出了一幅动人心魄的人民革命战争的图画。小说以周大勇及其连队作为全书结构中心,刻画了各级战士、干部和彭德怀副总司令的崇高群像,再现了人民解放军顽强不屈的英雄气概。

吴强(1910—1990),代表作《红日》,是一部正面描写解放战争的长篇小说,讲述了1947年国民党军队向山东解放区发起进攻的历史事实。作品中既有残酷的战争场面的描写,也有花前月下的爱情插曲,将宏大的历史与精致的情感、雄浑与细腻,巧妙而成功地结合在一起。

曲波(1923—2002),代表作《林海雪原》,主要反映解放战争初期人民解放军在我国东北地区林海雪原中剿灭国民党残余势力的战斗生活。作品极富浪漫主义色彩,含有传奇、夸张的特征,采取中国古典小说中单线发展的结构手法,具有主题集中而又富于变化的叙事特色。他运用评书韵味的明白、刚健的口语化叙述,成功地塑造了杨子荣等的英雄形象,从而使整部作品充满了豪侠浪漫色彩。

由罗广斌(1924—1967)和杨益言(1925—)创作的《红岩》,是他们以目击者和亲历者的身份,记叙当年在那个人间地狱中革命志士们备受苦难、坚贞不屈的可歌可泣斗争历史的作品。小说塑造了江姐、许云峰、华子良等一批各具个性的革命者感人形象,根据小说改编的歌剧《江姐》,也受到读者和观众的广泛欢迎。

梁斌(1914—1996),原名梁维周,代表作《红旗谱》,描写以朱严两家为代表的贫苦农民与恶霸地主冯老兰之间的世代斗争,表现了我国北方农村在20世纪20－30年代农民为争取自身解放从自发走向自觉的斗争。作品中成功地塑造了朱老忠这一人物形象,作者善以人物的语言和行动来刻画人物性格,运用北方口语,同时适当地加入古典文学和新文学中富于表现力的语言,新鲜活泼,因此朱老忠的一举一动都洋溢着冀中农村所特有的生活气息。他的成长道路,反映了中国共产党出现以后中国农民阶级命运的历史性变化。

欧阳山(1908—2000),代表作《一代风流》,全书约150万字,由《三家巷》、《苦斗》、《柳暗花明》、《圣地》、《万年春》等卷构成。全书以男主人公周炳的成长过程为线,通过个人命运和情感纠葛与时代风云的变幻相交织，讴歌中国共产党领导的新民主主义革命，表现革命者在斗争中的人格升华。其中以《三家巷》最为著名，作品以第一次国内革命战争时期的广州为背景，以买办陈家、地主何家、工人周家三个家庭的生活变迁，折射出中国社会的历史变动，展现了20世纪20年代中国社会全景图。小说成功地借鉴了《红楼梦》的艺术经验，呈现了一个开放式的人物关系网络，将社会底层与政坛上层连接在一起，以丰富的地方生活风貌描绘展现了南国的地方风俗、风光。

杨沫(1914—1995)，原名杨成业，代表作《青春之歌》，这部作品与后来的《芳菲之歌》、《英华之歌》都是以林道静为主人公，被合称为杨沫的“青春三部曲”。其中以《青春之歌》最为著名，作品描写主人公林道静离家出走，踏上了虽然曲折却充满信心和力量的革命道路，她多情、倔强的性格在这期间被表现得淋漓尽致。它深刻地描写了一个小资产阶级女性如何成长为无产阶级战士的艰难历程和典型形象，将我国新文学知识分子题材的小说推向了一个新的境界和高度。小说的叙述语言流畅而富有感情色彩，对人物的内心世界和微妙情感描写比较细腻，在当代大量描写战火硝烟的作品中别具风采。

这个时期的革命历史小说还有孔厥、袁静的《新儿女英雄传》，刘知侠的《铁道游击队》，雪克的《战斗的青春》，李英儒的《野火春风斗古城》，冯德英的《苦菜花》以及刘流的《烈火金刚》等。其中《新儿女英雄传》和《烈火金刚》采用了古典式的章回体，《铁道游击队》和《野火春风斗古城》等作品，很注重情节的传奇性，非常符合中国大众的欣赏习惯。这些优秀的小说就像一曲曲雄壮的颂歌，歌颂了中国人民的英勇与不屈的斗争精神。

2.社会变革题材

赵树理1955年创作的《三里湾》是我国最早出现的反映农业合作化运动的长篇小说。作品语言朴实、生动，充满机智、幽默和诙谐，既吸收传统小说故事脉络清晰，情节起伏曲折、悬念强烈的叙事特点，又在人物心理刻画上更细腻、更深入，在小说形式上可谓博取众长。

周立波(1908—1979)，原名周绍仪，代表作有长篇小说《暴风骤雨》、《铁水奔流》、《山乡巨变》。他的第一部长篇小说《暴风骤雨》，反映了土改运动中的东北地区农村生活，1951年与丁玲的《太阳照在桑干河上》共同获得苏联的斯大林文学奖。《山乡巨变》以全国农村的合作化运动的高潮为背景，写青年团县委副书记邓秀梅到清溪乡领导合作化运动的故事。作者以轻松的笔调描写在合作化背景下乡村日常生活的真实情景，通过家庭矛盾、爱情纠葛、社会习俗以及人与人之间的关系来表现合作化的浪潮对农村生活的影响，以此来揭示“山乡巨变”的主题。

柳青(1916—1978)，原名刘蕴华，代表作《铜墙铁壁》、《创业史》。其中《创业史》是一部具有里程碑意义的作品。小说真实地记录了我国广大农村在土地改革和消灭封建所有制以后所发生的一场深刻、尖锐的社会主义改革运动，主人公梁生宝是被作家作为农村先进农民典型而着力塑造的艺术形象。作品构思宏伟，人物生动，情节曲折，引人入胜。语言上富于关中地方色彩，人物对话犹为精炼、传神，几句话便使不同性格的人物形象跃然纸上。作者的叙述巧妙地将客观描述与主观抒情相交融，在具体情景中展现宏阔的视野与历史的深度。

周而复（1914— ），代表作长篇小说《白求恩大夫》、《上海的早晨》。《上海的早晨》以1949年至1956年间的全国暨上海的社会主义革命和建设为大背景，描写民族资产阶级同工人阶级之间的矛盾，以及党对资本家实行利用、限制、改造政策所取得的胜利。

在这十七年中，还有一些写工业题材的优秀作品。如草明的《乘风破浪》，杜鹏程的《在和平的日子里》，雷加的《春天来到了鸭绿江》和艾芜的《百炼成钢》等，都反映了钢铁、矿山、铁路等工业部门的生产和生活，塑造了一些具有时代色彩的工人形象，表现了工人阶级辛勤劳动、勇于创新的品质、精神。另外，表现爱情生活的作品也有，但是这一时期这类作品少之又少，以宗璞的《红豆》、陆文夫的《小巷深处》、邓友梅的《在悬崖上》为代表。

第五节 思想解放浪潮中的文学

1976年粉碎"四人帮"以后，中国当代历史进入了一个新时期。从1976年至1989年，中国社会发生了一系列重大的变化，经济体制改革、对外开放搞活等等，在人们经历了思想解放的浪潮的同时，现实的变化也对文学创作产生了重要影响。社会的稳定、经济的繁荣、人民生活水平的稳步提高都为文学的创作提供了良好的基础，特别是思想解放和改革开放、西方文艺思潮的引入，使这一时期的文学在诗歌、散文、小说等各个领域形成了众多风格各异的流派，文学的多元化成为这一时期的重要特点。

一、诗歌与散文

（一）诗歌

1.新边塞诗派

新边塞诗派是20世纪80年代诗坛上的一个诗歌流派，以杨牧、周涛等人为代表。这些诗人的作品多以大西北、西藏等边疆地区的自然和社会生活为背景，吟诵沙漠戈壁、胡杨驼铃，在歌咏大自然中寄托拓荒者的情感、意志和精神，形成了一种苍凉、雄劲、粗犷、豪放、壮美的风格，在这一时期诗歌中独树一帜。代表作有杨牧的《我是青年》、《复活的海》，周涛的《神山》、《大西北》，章德益的《我应该是一角大西北的土地》等。

2."朦胧诗"派

上世纪70年代末到80年代初，"知青"一代人崛起诗坛，他们大多有上山下乡后又回城的经历，他们的诗歌作品反叛现实主义传统，张扬现代主义，细节形象鲜明，整体意蕴朦胧，因此被称为“朦胧诗”派。“朦胧诗”派中的大多数人后来都迁居国外，以舒婷、北岛、顾城、梁小斌等为代表。

舒婷（1952— ），代表作《致橡树》、《船》等。她充分发挥女性诗人表达细腻的优势，以清新而不落俗套的语言，贴切地传达心理细微的活动，表现了对自身、对别人，甚至对整个人类的挚爱和关怀。她的诗歌有一种忧伤的魅力，具有“婉约派”优雅的古典美。《祖国啊，我亲爱的祖国》中，作者以其温柔而深情的创作个性和真诚的内心剖白，表达了对伟大祖国的浓浓深情，具有巨大的感染力。

北岛（1949— ），代表作《回答》。他的诗歌典型地表达了社会转折期一代青年愤怒的呼喊和抗争，充分表现了对“人”的关注。他在作品中采用象征的艺术手法，将时间与空间错位，并且运用蒙太奇、跳跃、通感等技巧来表现多层的复合意蕴。

顾城（1956—1993），代表作《黑眼睛》、《方舟》、《如期而来的不幸》等。他的《生命幻想曲》、《我是一个任性的孩子》等作品中，叙述者常以与世事无涉的“孩子”的身份和语态，来描写天真的想象和梦幻，表现出一种对抗“现实”的诗歌方式。他也因此被称为“童话诗人”。他最成功的作品是，一些揭示了世界不可弥合的分裂、人在其中所经受的无法挣脱的“压迫”的作品，如《方舟》等。

3.先锋诗派

先锋诗派又被称为“后朦胧派”、“第三代”派、“新生代”派等，它统指比“朦胧诗”派诗人更年轻的诗人。他们生长在改革开放的年代，社会由计划经济向市场经济的转轨，促使这一代年轻人的价值观念和是非标准起了变化。他们热衷于所从事的新诗试验运动，主张对既有文化的怀疑和反叛；还主张“非崇高”和“非意象”。他们认为人就是人，无所谓崇高和卑下，他们最重要的是要生活。因此有人称他们为中国式的“嬉皮士”、“垮掉的一代”。

他们的作品中描写凡人细事，更注意描写丑的事物，常运用嬉笑怒骂式的反讽手法将不堪入目或具有刺激性的字眼写进诗作。海子的长诗《土地》，西川的诗集《隐秘的汇合》，韩东的《有关大雁塔》、《温柔的部分》，李亚伟的《中文系》都是其中的代表作品。

先锋诗人是一群孤独的探索者，他们的诗句话语，隐含的意义较之一般的作品更为复杂、更加耐人寻味，甚至难以琢磨，因此他们的诗作似乎需要更先锋的读者来解读。

（二）散文

文革结束以后，抒情散文创作才有所复苏。其中的大量作品是缅怀革命领袖，控诉“四人帮”罪恶，怀念文革中的被害者，对过去的反思。如毛岸青、邵华的《我们爱韶山的红杜鹃》，巴金的《望着总理的遗像》，杨绛的《干校六记》等。最有影响的、成就最大的是巴金的《随想录》。《随想录》中，有一部分是悼念老一辈革命家、文坛知交、身边故人和亲友的散文，还有一部分是随感、杂记等感发性散文。

1.女性散文

女性散文的异军突起是当代中国文学史上一个重要现象。老作家有冰心、丁玲、杨绛等，中年作家有张洁、宗璞等，还有被称为"中坚"力量的一些年轻作家如王英琦、叶梦、张抗抗、铁凝、王安忆、毕淑敏等，此外还有一些如雨后春笋般涌现的新人，这种情况是前所未有的。除了老一辈的女性作家中丁玲的《牛棚小品》、杨绛的《干校六记》等作品外，王英琦的《不该遗忘的废墟》，叶梦的《羞女山》、《今夜，我是你的新娘》，斯妤的《女儿梦》、《心灵速写》等也都成为这一时期典型性的作品。

她们的散文创作，以女性特有的视角，展现女性心灵的世界，凸现女性意识觉醒，在思想转型期的散文中独领风骚。

杨绛（1911— ），散文代表作《干校六记》是以描写"五七"干校生活为主的纪实散文集。作品以写实的手法，显示知识分子在"文革"中的遭难，文章始终以淡淡的笔墨叙写人和事，主人公将情感深深隐藏，使文章笼罩着一种苍凉凄楚的情调。

2.报告文学

徐迟是本时期报告文学"开山"作家，他的报告文学创作以关注科技界的知识分子的命运著称于世。代表作有报道李四光的《地质之光》，报道陈景润的《哥德巴赫猜想》等。他的作品着眼于报道对象的"全人"和全部科研活动，注重把报道对象的人生经历和科研活动放到特定的历史环境之中，通过对比描写，折射出时代的发展和变化。因此他的作品具有很强的传记性质。他的作品语言是经过提炼的现代口语，但同时也吸取了古代文言和"欧化"的语言精华，因此使作品在总体上显示出一种"诗化"的散文语言特色。

本时期报告文学作家的"新生代"以钱钢和李延国为代表。钱钢的《唐山大地震》把关注的目光投向过去年代的重大事件，具有比较厚重的历史感，表现了深刻的反省意识。李延国的《在这片国土上》则着眼于报道对象的综合景观，在其中凸现人的意志、理想和精神。

二、小说

（一）历史小说

20世纪70年代末80年代初出现了历史小说的创作高峰，以姚雪垠的《李自成》为代表，这些小说严格地遵循历史事实，追求艺术的典型化和再现历史的本质。《李自成》是一部严格意义上的现实主义小说，完整地再现了李自成所领导的明末农民起义军的产生、壮大直至失败的历史过程。作品对中国古代农民起义和农民战争的本质与规律作了深入的分析，将古典小说中的白描艺术用于现代小说创作，并与现代的典型化相结合，使作品兼具史诗性与典型性。

当时还有一种历史小说，它们并非以再现历史史实为主，而是以历史事实来传达作者关于天下兴亡和世事沧桑的感慨，表现作者对于中国历史的认识和理解。

(二) 伤痕小说

刘心武的短篇小说《班主任》的发表，是“伤痕小说”创作潮流兴起的最初标志。其后以卢新华的短篇小说《伤痕》等作品为代表的大批小说，集中揭露文化大革命给人们的精神与肉体所造成的“伤痕”，在上世纪70年代末造成了一股“伤痕小说”的创作潮流。“伤痕小说”的创作题材分布十分广泛，革命干部、知识分子、农民、知青等都成为这类小说的创作对象。在这些小说中都不同程度地涉及到了人性和人道主义的问题，而所谓的“伤痕”也主要表现为对于人性的扭曲和戕害。

刘心武(1942—)，代表作有《班主任》、《如意》等。他的短篇小说《班主任》揭露了“文化大革命”给社会生活和人们的精神心理造成的“外伤”，塑造了宋宝绮和谢惠敏两位极富典型性、心灵被严重扭曲的都市少男少女的形象，重新喊出“救救孩子”的呼声。作品最成功的地方首先是敏锐地提出问题，大胆地揭示问题；其次是注重解剖灵魂，深入刻画人性。

除此之外，韩少功的短篇小说《月兰》是当时反映农村问题的名篇，作品描述了农村政策给农民所造成的痛苦和伤害。这期间还有一些触及知识青年身心“伤痕”的作品，如卢新华的《伤痕》、孔捷生的《在小河那边》等，这些作品描写了文化大革命给个人和家庭所造成的沉重的创伤，也产生了强烈的社会反响。稍后叶辛的《我们这一代年轻人》、《蹉跎岁月》 等，也是描写“十年动乱”中人妖颠倒的现实和知识青年的悲惨命运的作品，但是它们开始注意表现年轻人的理想和追求，描述了苦中的“甜”和失中的“得”，体现出作者更深沉、冷静的思考。

(三) 反思小说

在“伤痕小说”出现以后，进一步强化了对于一些历史问题的反思，从而使得“反思”成为小说创作的重要题材之一。这些反思小说大都比较注重深入写实，开始重建现实主义小说严谨的叙事传统，这标志着小说创作回归现实主义的轨道，并取得了重要的艺术成就 。

王蒙(1934—)，代表作品长篇小说《青春万岁》，“季节”四部曲《恋爱的季节》、《 失态的季节》、《踌躇的季节》、《狂欢的季节》，小说集《在伊犁——淡灰色的眼珠》等。其中《在伊犁》和《新大陆人》系列中，他以抒情、调侃、幽默的讽刺表现了对历史沉重的反思，以及对人性秘密探寻的主观眼光。《青春万岁》是一部描写50年代初期北京中学生的学习生活的作品，洋溢着青春的活力和时代的激情。在他的“季节”四部曲中，他以个人体验的线索，集中反映了从20世纪50年代到60年代中国知识分子的命运和“心态史”，充满了幽默、自嘲和心灵的醒悟。

张贤亮(1936—)，代表作品短篇小说集《灵与肉》，长篇小说《男人的风格》、《我的菩提树》等。他的反思不同于王蒙，是一种对于自我灵魂的严峻拷问，他对笔下知识分子内心灵魂的解剖，包括忏悔与自省，都极为深刻，具有强烈的艺术感染力。

高晓声(1928—1999),代表作《青天在上》、《陈焕生》。他的作品深刻地反映了农民所处的社会地位、封建意识和人生依附态度,同时也充分表现他们的淳朴、勤劳、善良和忍耐的品格。其中最具代表性的要数“陈焕生”系列,在这些作品中他不仅表现了农民的生活方式,而且深入地表现了他们的精神方式与思维方式,从而揭示了他们灵魂深处的问题。

张弦的《被爱情遗忘的角落》通过揭示农村女性的婚姻悲剧,把封建、愚昧、落后的精神面具撕开给人们看。古华的长篇小说《芙蓉镇》以及周克芹的《许茂和他的女儿们》则对知识分子与农民的命运投入了更多的关注,揭示文化大革命对他们的摧残,以及人与人关系扭曲的悲剧。莫应风的《将军吟》是对文化大革命的直接的历史实录和记实的情感反应,同时也表达了作者对于文化大革命的历史教训的朴素的理性思考。而李国文的《冬天里的春天》则大胆地借鉴和吸收现代主义的表现手法,通过对人物数日内的活动和心路历程,将历史与现实交错叠印,表达了作者对于一些历史问题的深刻思考。李存葆的《高山下的花环》和徐怀中的《西线轶事》是两部反映部队、军人题材的作品,表达了作者对于英雄主义和与之相关的社会历史问题的深入思考。

(四)知青小说

以上山下乡的知青的生活和情感经历为主要内容的小说,被称为“知青小说”。

梁晓声(1949—),代表作短篇小说《这是一片神奇的土地》,《今夜有暴风雪》,长篇小说《一个红卫兵的自白》。他的知青小说具有这代人情绪演化的历史特征,突出表现了他们在理想与现实之间游荡的纷繁思绪,为这代人的人生价值遭到不公正的对待而鸣不平,具有强烈的社会责任感和历史使命感。

张抗抗(1950—),代表作《隐形伴侣》、短篇小说《爱的权利》。她的小说从深入发掘人性的角度,进一步揭示了那个荒谬的时代对一代人灵魂的扭曲。

王安忆(1954—),她的《本次列车终点》以平实细腻的风格,措写了知青陈信插队返回上海后所遇到的一系列具体生活问题和社会压力。其后的创作发生了变化,《小鲍庄》、《纪实与虚构》中显现出文化寻根的走向,《长恨歌》以细腻的笔触,描写了一个女人在上海这个大都市的生活经历和情感波折,表现了一位悲剧性的女性的命运与心路历程,获得茅盾文学奖。

叶辛的《蹉跎岁月》、《孽债》,充满了对那代人命运的同情与思考。张承志的《北方的河》以其强烈的主观色彩、强劲而浪漫的风格,给人一种精神的鼓舞,在同类小说中也独树一帜。史铁生的知青小说也颇具特色,他的作品中没有一般作家作品中对历史和命运的责难,而是以陕北农民的生活自勉,歌颂了那里的人们无论在怎样的环境中都充满了对人生的期盼,以《我们遥远的清平湾》为代表。

(五)改革小说

改革小说是指以反映改革为主的小说,其主要的题材领域是王在进行的工厂和农村的经济改革，同时也涉及到其他物质生活领域和人们的精神世界的复杂变化，因而作品具有较为强烈的时代感和现实感。但这些作品在艺术上又大都富于浪漫主义的激情和理想主义的色彩。

蒋子龙的《乔厂长上任记》被称为是"改革小说"的发轫之作。柯云路的短篇《三千万》和水运宪的中篇《祸起萧墙》也是当时成功的改革小说。尤其是《祸起萧墙》，作品大胆地描写改革者的悲剧，在揭示改革过程中的矛盾冲突方面达到了相当高的思想深度。铁凝的《哦，香雪》以及路遥的《人生》则表现了改革所引起的对新生活的向往和人生的追求。

路遥(1949—1992)，代表作《平凡的世界》。作品以陕北黄土高原双水村孙、田、金三姓人家的父辈和儿女两代人为描写对象，通过对人物为了实现自己那平凡的目标所做出的不平凡的努力的描绘，展现了1975至1985这10年间的时代风貌，探索这一代乡村青年的人生道路。

(六) 寻根小说

寻根小说是指20世纪80年代中期由一部分青年作家有意识地发起和自觉推动的一股创作潮流。在当时改革小说的影响下，由于很多现实问题迫使作家将现实问题转向民族的历史和文化，作家们汲取现实改革中的精神力量，企图从一个更深入的层次寻找现实中难以寻找的答案。

韩少功(1953—)，是率先倡导"寻根小说"的作家之一，《爸爸爸》是寻根小说的代表作品。作者一方面对民族精神中保守落后的意识给予现实的揭露与批判，一方面汲取民族精神中的精华，注入现实生活，使之光大发扬。

阿城(1949—)，代表作《棋王》、《孩子王》。《棋王》中主要宣扬了中国传统文化中的老庄哲学，以知识青年王一生将全部生命和注意力都集中在"吃饭"和"下棋"两件事上，来表现处于乱世的人们抵御乱世的精神状态。

贾平凹(1952—)，代表作品短篇小说集《天狗集》，长篇小说《商州》、《废都》、《土门》、《高老庄》等。他的"寻根小说"往往以男女之间的爱情故事，表现改革开放给封闭的山村与山民所带来的冲击。《腊月·正月》、《天狗》等都是这类作品的代表，极富时代的精神与激情。他注意开拓、表现生活的文化层面，对美好人性与人情给予歌颂，同时也鞭挞了那些保守、愚昧、封闭、落后的国民性。他的作品以文言与方言的夹杂，而独具文化的风韵与地方特色。

李准的《黄河东流去》是作者为展示民族精神，展示民族前途的信心而创作的。它和刘心武的《钟鼓楼》堪称为为数不多的长篇"寻根小说"的优秀代表。这些长篇"寻根小说"更注重作品的历史感和文化蕴涵，在不同程度上涉及到民族的精神文化传统问题，是一些真正以表现、追溯民族精神的历史文化渊源为中心的作品。

(七) 前先锋小说

小说中的先锋探索较晚于诗歌，刘索拉的《你别无选择》和徐星的《无主题变奏》被视为"现代主义"的代表作。而在上世纪80年代中期，莫言、残雪等人的叙事方式的试验，为先锋小说的发展起到了承上启下的重要作用,因此被人们称为“前先锋小说”。而其后的苏童、余华等人更是以自己的创作,逐渐使先锋小说赢得了世人的认可。

莫言(1956—),代表作中篇小说《红高粱》。他的小说叙事极为真实,往往以第一人称叙述并非自身目击的历史往事,这使他的小说具有新颖性。他的“红高粱系列”以无拘无束的笔触,表现了一种宣泄式的快乐,将寻找民族的文化之根的历史沉思变为生命力的自由发泄,将历史、自然与人性融合在一种自然、本真的生活状态中。

残雪(1953—),原名邓小华,代表作《苍老的浮云》、《山上的小屋》等。她小说中极力夸大日常生活里精神怪异的现象,以此来揭示女性潜意识中对男权统治的反抗。

第六节 20世纪90年代的文学

20世纪90年代,是中国文学发展的重要历史时期,虽然目前尚未被完全认识,但它展现在人们面前的巨大变化,以及所显示出来的新的发展趋势,却是一个有目共睹的事实。80年代末,当面对市场经济的浪潮时,文学也自然地出现了一种盲目适应市场化的潮流,这种文学商品化倾向,是文学适应市场经济的必经之路。进入90年代以后,重建失落的“人文精神”成为文学的主要思想,许多作家在作品中开始深入的反省,整个文学创作领域也呈现出一种稳健的姿态,进入了一个以追求人文精神、关切现实人生和高扬个体感性为主导的深入发展阶段。尤其是在小说领域出现了多种内涵题材的作品,如“新写实小说”、“先锋小说”、“女性小说”和历史题材、反腐题材以及少数民族文学等等。20世纪90年代中后期的散文创作,以余秋雨为代表的“文化散文”的创作进入了高峰期。

一、新写实小说

“新写实小说”注重写实性,他们一方面注重对生存欲望和生命本能的表现,一方面注重对生存状态和生活本相的还原。

刘恒(1954—),原名刘冠军,他的作品多写农民、工人、市民和知识分子,具有多样的风格追求,往往能以朴实的笔触生动地传达出生活的原色。《狗日的粮食》、《伏羲伏羲》,可以说是描写人的生存状态、关注食与性两大主题的代表作品,前者以粗俗的农村语言,通过描写女人的母性与悲惨命运来揭示“民以食为天”的深刻道理。《伏羲伏羲》被“第五代”著名导演张艺谋改编为电影《菊豆》,在国内外产生了广泛影响。

池莉(1957—),代表作《烦恼人生》、《你是一条河》、《小姐,你早》、《生活秀》等。其中《烦恼人生》标志着新写实小说的诞生,作者以对一系列生存状态包括吃喝拉撒睡等真实细节的描写,让人感到生活无可奈何的平凡与苦恼,从而呈现出不同于传统现实主义的特色。她后来的作品风格上也有变化，近期的《你以为你是谁》开始对人生严肃的哲学命题展开更深刻的探寻。

方方（1955— ），原名汪芳，代表作《风景》，被誉为“新写实小说”的“开山之作”，也是“新写实小说”中最富现代主义色彩的一篇。

刘震云（1958— ），他擅长以朴实笔墨描写普通人的平常生活，以大量的反讽来叙述生活的细节，从中透视出时代的深刻变化和人物内心的波澜，表现生存环境对人的命运的塑造。代表作有《一地鸡毛》。

二、先锋小说

苏童（1963— ），代表作《妻妾成群》、《米》。《妻妾成群》以对“历史颓败”情景的刻画、温馨而伤感的语言，显示了苏童对历史的特殊感觉方式，带有一种回归现实主义传统的意向。后被张艺谋改编成电影《大红灯笼高高挂》，取得巨大成功。而欺诈、诱惑、阴谋、复仇等则是构成他另一部小说《米》的主要内容，表达了作者对女性悲惨命运的浓郁的感伤。

余华（1960— ），他以冷酷的叙述著称，总是注视那些社会中潮湿阴暗的角落，探究那些非常态的行为心理。罪恶、暴力、阴谋、死亡等等都是余华小说创作的原材料，但是从代表作《活着》起，他开始关注普通人的日常生活状态，关心他们的生存哲学、日常伦理和现实痛苦，并在作品中流露出以往难有的温情。《活着》里的主人公福贵，一生屡遭大难，儿子、女儿、女婿、外孙、妻子相继去世，但是他仍然乐观地活着，作者认为他没有被命运挤垮的最根本的原因，就是中国式的最朴素的生存哲学：活着。

北村是重要的先锋派作家，他将自己的第一部长篇小说《施洗的河》称做“精神的报告文学”，在小说的思想内蕴上具有强烈的先锋色彩。

三、女性小说

90年代以后，以陈染、林白、等人为代表的以剖析女性的性心理和私生活为主要创作内容的女性作家，被称为女性“私人化”小说家。

陈染（1962— ），有代表作中篇小说《世纪病》、《与往事干杯》，长篇小说《私人生活》等。其中《与往事干杯》是作家转向揭示女性内心隐秘的代表作品，作品中讲述一个女孩的自我封闭的故事，父母的离异使得她特别渴望得到异性的保护和关爱，刻画了她超乎怯懦的性格大胆地尝试性与爱的苦果。

林白（1958— ），原名林白薇，代表作《一个人的战争》。作品讲述了一个女人的内心生活，那种渴望和欲求，那些绝望和祈祷。陈染和林白的小说所描写的几乎都是纯粹的个人内心生活，其叙事具有“个人记忆”的明显特征和自叙色彩。

铁凝是能够真切而深刻地描写女性世界的女作家，代表作有《棉花垛》、《玫瑰门》等，她在小说里写了一种女性的状态、女性的生存方式和一种生命的过程。

卫慧和棉棉是代表着都市中新人类的价值观念和生活方式的女作家，她们的女性书写是从先锋作家的终点开始的。她们小说中的人物，已经失去了社会和精神的内涵，而几乎只剩下生物性了。

四、历史题材与反腐题材

(一) 历史题材

历史题材的长篇创作是除现实生活题材外作家用力最多的领域，取得的成绩也相当大。其中以古代历史为表现对象的长篇小说，往往集中刻画一个历史人物，以凌力和唐浩明为代表。

凌力是位女作家，代表作有《暮鼓晨钟》、《少年天子》等。她的历史小说，想表现和颂扬那些使人类奋发上进的精神品质，颂扬过去、现在、将来都被人们追寻的真善美。作品无论在历史场景或揭示人物的深层心理方面，都达到了较高的水准。

湖南作家唐浩明以三卷本的长篇巨著《曾国藩》而闻名，作品通过对曾国藩人生经历的描述，揭示了他作为中国封建时代最后一个大儒的心路历程，突出表现了他光辉外表下的那颗怯懦的心灵。

二月河的《雍正皇帝》也是这一时期历史小说创作的代表作，作品中对人物心理和人性的深刻开掘，以及在处理历史真实和艺术创造的雅、俗关系等问题上，都成为当代历史小说发展到新阶段的突出标志。

在革命历史长篇创作上，部队作家黎汝清的《湘江之战》被认为是我国革命历史题材长篇创作的突破之作、超越之作，其中以当代意识审视历史，写出了导致这场悲剧的各种历史原因，真实地刻画了毛泽东、周恩来、王明等一组历史人物。

(二) 反腐题材

20 世纪 90 年代末兴起了一种很受关注的题材，那就是反腐败。张平的《抉择》、陆天明的《大雪无痕》、《苍天在上》等都成为这类作品的杰出代表。

山西作家张平在几部长篇小说中突出描写了亲情、人情、社会关系等等因素织成的无所不在的“网”，而将作品中的主人公置于这样的典型环境之中进行刻画，作者常常以富有解析性的语言揭示人物的心理。他的作品充满了激情与正义感，《抉择》被改编为电影《生死抉择》，在全国引起巨大反响。

其他的作品，如陆天明的《苍天在上》、周梅森的《人间正道》、《中国制造》等等，都呼应了文学应面向现实、反映改革的“主旋律”的要求，敢于大胆暴露改革开放过程中的各种错综复杂的社会矛盾，深入揭示围绕权力和财富展开的各种冲突和搏斗。这些作品也表达了人民群众的愿望，传达了他们的呼声，显示了正义和道德的力量，因而受到读者的欢迎。反腐题材作品的其正面性也成为近几年来被改编成电视剧最多的题材之一。

五、少数民族文学

霍达(1945—),回族,代表作《红尘》、长篇小说《穆斯林的葬礼》、《补天裂》等。她的小说,主要取材于北京市民阶层的生活,呈现出一幅现代北京市井风情和人生画卷。长篇小说《穆斯林的葬礼》获得茅盾文学奖,全书在相当广阔的社会和时代背景下,透过一个穆斯林家庭的60年间的人生遭际、爱情悲欢,探索穆斯林历史和文化发展轨迹,刻画了小说主人公们对伊斯兰教的精神追求和对物质文明的执著创造。作者通过塑造的梁亦清、韩子奇、梁君璧、梁冰玉等性格各异的人物形象,歌颂了回族人民的淳朴、善良、宽厚、进取的优秀品质,同时也深刻地鞭挞了种种反人道的陈规陋习和价值观念。

阿来,藏族,代表作《尘埃落定》。作品选取了一个特殊的叙事角度,以麦其土司的二少爷——傻子"我"的眼光来看历史,以"我"作为土司制度灭亡的历史见证,从而使这段历史带有一种特殊的"魔幻"色彩。作者认为傻子对历史的预见不是依靠聪明人的理性,去求得历史的一种合乎规律的认识,而是凭借自己的一种独特的直觉感悟,直接去触摸历史的隐秘部分。同时他还借傻子的"傻"来传达一种个体生命存在的哲理,即一种避祸全身之法。

六、其他小说创作

陈忠实(1942—),代表作《白鹿原》等。作品浓墨重彩地刻画了"白鹿村"的兴衰,展现了关中大地民情风俗的嬗变,表现了传统中国农村买卖土地和房屋中的明争暗斗,宗族族长的地位和祠堂里的阴森恐怖,灾难岁月里的家庭和亲族关系,青年人的爱情、婚姻问题等等。白嘉轩是陈忠实贡献给文坛的中国家族文化的最后一位族长形象, 在他身上同时具有完美的个人品质和维护封建文化信条的顽固与残忍。

贾平凹的《白夜》和《废都》一样,不仅流露出作者对于现代城市文明的反感与恐惧,也表现了处于传统文化与现代文明夹缝中的贾平凹内心深处的焦虑和忧愤。

张炜(1956—),代表作《家族》、《柏慧》。他执著于已经过曲折的历史和正在进行中的生活现实,通过发掘和展示"历史、社会、人性中蕴含的故有的魅力",表现一种为着某种人生信仰和人格理想而"牺牲"、而"殉道"的精神。

七、转型期的散文

20世纪90年代"文化散文"是创作量最大的,也出现了一批引人注目的散文作家。在他们的散文中"文化反思"是主题,作品中有主体人格的重建的构想,以及对理想主义、家园意识、终极关怀、自我救赎的热情执著,达到了时代文化精神的最前锋。

余秋雨(1946—),代表作《文化苦旅》、《文明的碎片》、《山居笔记》、《霜冷长河》等等。他的散文主要是一种文化的感受,以自己独特的思维方式对人类文明进行重新审视。他的散文最成功之处,是以文化的视角借助自己的人生体验将历史文化事件发酵,使散文成为现实的一面镜子,形成一股强劲的文明批评冲击波。在他的散文中,可以体会到一种文化生成的奥秘,一种文化的历史兴衰,一种对文化的缔造者的由衷的礼赞,一种对文化人的命运的深切关注,因此对描写对象的独特的文化发现和文化阐释成为他散文的永恒的主题。

周涛(1946—),代表作《稀世之鸟》、《我与地坛》。他的作品主要是抒写对这些景物人事的独特感悟和由这些景物人事所引发的独特的思考,这种感悟和思考带有普遍性的或终极性的生命和存在的哲学问题。

20世纪90年代的生活激发了张抗抗的散文创作激情,她的《沧浪之水》主要表现了倔强的抗争精神,是她散文中最为光彩的篇章。

思考题:

一、填空

1.《呐喊》是______第一部短篇小说集。他的历史小说都收集在《______》中,具有强烈的现代意识与斗争精神。其杂文创作的前期作品主要收录 在《______》、《______》中,《野草》是他的散文诗代表作。《______》是作者在1926年创作的一部回忆性散文集。

2.诗集《女神》是______的代表作品,它是现代浪漫主义的发端,充分地表现了"五四"时代精神,把新诗艺术推向新水平,因而成为白话新诗真正取代文言旧诗的标志,也为新诗奠定了基石。

3.《大堰河——我的保姆》是我国著名诗人______的代表作品。

4.______是"问题小说"的最早写作者之一,是"繁星体"小诗的开创者,又创造了清丽柔美的"______体"散文。《寄小读者》和《小橘灯》是她散文的代表作品。

5.叶圣陶,原名______,是"为人生"派小说的代表作家,代表作有《多收了三五斗》、长篇小说《______》,它标志着作者现实主义创作方法的成熟。

6.1952年,______创作的《太阳照在桑干河上》和______创作的《______》共同荣获苏联1951年度斯大林文学奖。

7.巴金的"激流三部曲"是指《______》、《______》、《______》,他的"爱情三部曲"是指《______》、《______》、《______》。

8.长篇小说《三里湾》是______的代表作品,《保卫延安》是______的代表作品,《红日》是______的代表作品,《林海雪原》是______的代表作品,《红岩》是______的代表作品,这些小说与杨沫代表作______都是建国后产生重要影响的作品。

9.《致橡树》、《船》是“朦胧派”著名诗人________的代表作品，刘心武的短篇小说《________》的发表，是“伤痕小说”创作潮流兴起的最初标志。蒋子龙的《________》被称为是“改革小说”的发轫之作。

10.著名少数民族作家霍达的长篇小说《________》获得茅盾文学奖，这是一部以回族人民的生活变迁来反映社会变化的作品。藏族作家阿来，则以《________》为代表。

11.在90年代的历史小说创作中，________创作的《暮鼓晨钟》和《少年天子》成为其中具有代表性的作品，被成功地改编成电视剧，产生了广泛影响。

二、解词

1.新月派诗歌　2.象征派诗歌　3.七月派　4.语丝派　5.文学研究会

6.创造社　7.中国左翼作家联盟　8.“朦胧诗”派　9.寻根小说　10.女性小说

三、简答

1.郁达夫“自叙体”小说创作特色

2.巴金的小说创作

3.“山药蛋”派的创作风格

4.知青小说的创作特色

5.90年代新写实小说的创作

6.余秋雨“文化散文”的艺术特色

四、论述

1.鲁迅的小说创作

2.“为人生”派的小说创作

3.老舍小说创作的特点

4.“伤痕小说”的创作风格

5.“反腐题材”小说的创作特点与现实意义

下卷 外国文学

第一章 古希腊到中世纪

第一节 古希腊文学

古希腊是欧洲文学的发源地之一，古希腊同古代的东方各国联系密切，这些文明古国的文化对古希腊文化产生了积极的影响。古希腊的文学随着社会的发展经历了氏族公社制向奴隶社会过渡时期、雅典奴隶主民主时期、希腊化时期三个阶段。

一、古希腊神话

古希腊神话产生于人类社会发展的早期阶段，是古希腊早期的文学成就之一，它是古代希腊人民留给后世的一份丰富多彩的口头文学遗产，是古希腊人民在与自然的长期斗争中，把自然力加以形象化的反映，是古希腊人民集体智慧的结晶。

希腊神话既包括神的故事又包括英雄传说，神的故事包括神的产生、开天辟地、人类的起源和神的谱系等，古希腊神话中的神都是拟人化和人格化的形象，并且都有七情六欲和善恶思想，当时著名的神有宙斯、波塞冬、哈台斯、雅典娜、阿瑞斯等。这些神话故事有的反映了希腊处于蒙昧时代的情况，有的反映了父权社会，有的反映了血缘家庭制。神话中的英雄传说主要反映了集体的智慧和力量，它往往展示了不同英雄形象的勤劳智慧和崇高勇敢，比较著名的有特洛亚战争的故事，伊阿宋率领众英雄取金羊毛的故事，俄狄浦斯的故事等等。古希腊神话成为后来希腊诗歌、喜剧、悲剧等的来源，对后代的欧洲文学产生了重要的影响。

二、《荷马史诗》

特洛亚战争之后流传着许多歌颂战争中的氏族部落首领的英雄事迹，同时，在这些流传中融合了英雄传说和神话故事。公元前八九世纪时，盲诗人荷马在这些口头短歌的基础上进行了系统的整理和加工，最后终于形成了古希腊文学的辉煌典范《伊利亚特》和《奥德赛》。《伊利亚特》和《奥德赛》具有统一的风格和完整的情节，是古希腊的两大史诗，是荷马史诗的代表作，既反映了时代的面貌与冲突，又突出了史诗的中心思想，以鲜明简洁的笔触勾勒出一系列的英雄形象。

《伊利亚特》用神话方式表现特定的社会历史，以希腊人围攻特洛伊城为故事背景，是一部描写战争的英雄史诗，全书分为24卷，史诗不仅歌颂了氏族首领的英雄品质，而且也歌颂了个人利益服从集体利益的品德，同时史诗还显示了在氏族集体的英雄身上开始萌芽的个人意识。《伊利亚特》中比较著名的英雄有阿喀琉斯、狄俄墨得斯、埃阿斯、赫克托耳等，他们都是英勇无畏的战士，从他们的身上既可以看到他们保家卫国、视死如归的精神，同时又感受到他们身上的复杂个性特征。

《奥德赛》前半部分富于浪漫色彩，后半部分具有强烈的现实精神，全书也分为24卷，但是它的形成比《伊利亚特》要晚，在内容与风格上也与其不同。全书着重讲述了俄底修斯还家途中的奇遇以及他家中发生的故事，充分表现出他的机智和勇敢，书中还运用了大量的比喻和重复的手法，增加了史诗的质朴感和感染力。

荷马史诗之后出现了教诲诗《田功农时》，它的作者赫西俄德是公元前8世纪彼阿提亚的自耕农，他借用这首长诗劝导弟弟走正直劳动的道路。在诗中赫西俄德描写了许多农村景色的生动画面，同时也反映出了当时氏族贵族仗势欺压农民的社会现实。

公元前8世纪到公元前6世纪，抒情诗繁荣起来，起源于民间歌谣的抒情诗有琴歌、笛歌和讽刺诗等，比较著名的有品达的合唱琴歌、提耳太俄斯的进行曲、女诗人萨福的独唱琴曲等。这些作品有的歌颂了竞技的胜利者，有的歌颂了生活、爱情和大自然，在艺术上具有较高的成就，对后世的抒情诗影响较大。

三、伊索寓言

伊索寓言相传为公元前6世纪时一个叫伊索的奴隶所作，共收集了三四百个以动物生活为题材的小故事。伊索寓言主要通过描写动物之间的关系来影射当时的社会，赞扬了劳动人民的智慧，谴责了上层统治阶级的残忍。比较著名的故事有《农夫与蛇》、《龟兔赛跑》、《狐狸与葡萄》、《狗和公鸡与狐狸》、《芦苇与橄榄树》等，通过这些意味深长的寓言故事，揭示了很多生活中的道理。

公元前6世纪末期，新兴工商业奴隶主对氏族贵族奴隶主斗争取得了胜利，民主制确立起来。在这一时期散文和文艺理论取得了较高的成就，古希腊比较著名的著作有希罗多德的《历史》和休昔底德的《伯罗奔尼撒战争史》。

四、柏拉图与亚里士多德

柏拉图（前427—前347），是雅典奴隶主贵族派的思想家，他文艺理论的核心是“理念论”，认为现实世界是对理念世界的模仿，文艺是对现实的模仿，即“模仿的模仿”，文艺是不真实的，同时他认为灵感是文艺创作的源泉，即“灵感说”。他的主要著作有《理想国》、《伊安》、《会饮》等，通过对话者之间的辩论生动地阐述了文艺与美学之间的问题，对后来欧洲文学的发展产生了重要的影响。

亚里士多德（前384—前322），是柏拉图的学生，在政治斗争中采取中和的立场，他的主要著作是《诗学》,这是关于文艺理论方面的著作,在书中亚里士多德回答了文艺创作中的一些基本问题,为西方文艺理论中现实主义的发展奠定了基础。他虽然继承了柏拉图的模仿说,认为文艺的本质是模仿现实,但是他认为现实世界本身是真实的,因而文艺是真实的,同时他肯定了文艺的认识作用和教育作用。

第二节 古罗马文学

古罗马也是欧洲文学的发源地之一。公元前3世纪中叶,随着国力的强大和经济的繁荣,在希腊文学的影响下,古罗马文学形成了。古罗马文学虽然继承和模仿希腊文学,但是具有自己的民族特色,它的发展经历了早期罗马文学、公元前1世纪至公元1世纪的文学、1世纪后的古罗马文学三个阶段。

在共和国末期,古罗马文学在诗歌和散文方面都取得了较高的成就,比较著名的有散文家西塞罗、诗人卢克莱修和抒情诗人卡图鲁斯等。

屋大维在公元前31年统一了罗马全国,罗马历史帝国时期开始了。罗马帝国在注重维持和平的同时还注意到文化对维护政权的作用,当时很多著名的作家聚集在屋大维周围为他的政权服务,于是古罗马文学史上出现了所谓的"黄金时代"。在这段时期,古罗马的诗歌和文艺理论都取得了新的成就。

一、维吉尔

维吉尔(前70—前19),是古罗马著名的诗人,他的主要著作有《牧歌》、《农事诗》、《伊尼德》等。在这些诗歌中维吉尔赞颂了统治者的英明和帝国的光荣,同时他的诗歌也反映了罗马的现实。

《牧歌》借助牧人对歌、独歌等形式,抒发歌唱了美好的爱情以及对统治者英明的赞颂,在诗中诗人描写了田园的美好风光,流露出对大自然美好景色的热爱。

《农事诗》主要涉及到当时的农业生产,例如在诗中谈到了种葡萄、种橄榄树和养蜜蜂、牧羊等,对当时的农业生产具有重要的指导作用。

《伊尼德》以伊尼亚斯为主人公,通过他的漂泊经历,赞颂了他服从国家的忠心和建国兴邦的决心,同时也可以感受到主人公仁爱、公正的品德和自我牺牲的精神。《伊尼德》在艺术上具有很高的成就,维吉尔既借鉴了荷马史诗的很多因素同时又吸收了罗马文学的成就,它是欧洲文学史上第一部文人史诗。它的语言具有明显的个人创作的风格,严谨而富于暗示,简洁而富于节奏,在描写技巧上,维吉尔非常擅长心理细节的刻画,在这一点上超过了荷马史诗。

二、贺拉斯

贺拉斯（前65—前 8）是一个杰出的文艺理论家，同时也是著名的讽刺诗人和抒情诗人。《诗艺》是他用诗简的形式写给皮索父子的文学论文，他充分吸收了维吉尔和亚里士多德的创作实践与文学理论，提出了对于文学创作的许多独到的见解，他肯定了文学模仿自然的观点和文学“寓教于乐”的作用，同时他在《诗艺》中谈到了作诗的一般原则、诗歌的形式和技巧、诗人的修养和任务等，这些主张和观点对后来的古典主义文学理论产生了很大的影响。

三、奥维德

奥维德（前 43—18）的重要作品有《变形记》、《爱情诗》、《爱的艺术》、《古代名媛》等，其中以神话诗《变形记》最为著名。在这部作品中，奥维德把古希腊罗马的神话融合在一起，构成了一个有机的整体。诗人利用优美的诗句、丰富的想象、巧妙的结构，表达出对统治者的强烈不满，这部作品也成为后来作家进行创作的源泉。

从公元 1 世纪起，古罗马的文学日趋衰落，诗歌和文学理论都停滞不前，只有讽刺文学和小说比较有成就，著名的有马希尔的讽刺诗，彼特隆纽斯的小说《萨蒂里卡》和阿普列尤斯的小说《变形记》等。

四、《圣经》

在公元 1 世纪中叶到 2 世纪末期早期基督教文学发展起来，早期基督教文学兴起以后，形成了欧洲的一个新的文学思潮。

《圣经》是基督教的经典，对欧洲文学产生了深远的影响，它包括《旧约》、《新约》两部分。《旧约》是希伯来《圣经》中的优秀的文学作品，是源远流长的希伯来经典，是发展中的世界宗教的经典，其中包括非常多的规章制度，例如施行割礼、严守安息日等。《旧约》的内容十分丰富，总汇了古代的神话、传说、民间故事、宗教律法、历史书等，具有很高的文学价值和历史文献价值。

《新约》是基督教的正典，是经过教会筛选出来的早期基督教文学中的 27 卷，它含有丰富多彩的优美作品、深邃的宗教经验和奥意。《新约》的内容主要涉及了耶稣及其使徒们的传说、言行录和书信等。《圣经》后来被统治阶级利用，作为教化人民在现世受苦、顺从上帝的理论根据。早期的基督教文学从《新约》中可以看出有四种，它们分别是福音书、史传、书信和启示录。福音书有善良美好的目的，全书充满着诗歌和情意，具有希腊文学现实的风格，并且把基督教化成一种理念和哲学理论，例如《约翰福音》标志着基督教在希腊罗马文化交流融合中达到一个新的阶段。史传体作品在《新约》中只有一卷，就是路加写的有“基督教史诗”之称的《使徒行传》，路加被称为欧洲古代新时期的荷马。书信体的论文是罗马时代的新文体，占《新约》的三分之一，比较著名的有《哥林多前书》、《以弗所书》、《腓立比书》等。启示录是当时希伯来文学中的最新体裁，《新约》中的《启示录》是伟大的古代象征主义作品，除了序言和结语外，中分为给七个教会信、世界末日的景象和大决战的最后胜利三部分。

第三节 中世纪文学

从西罗马帝国灭亡的公元476年到17世纪中叶英国发生的资产阶级革命，这一段历史在欧洲被称为中世纪，中世纪文学主要是指公元5世纪至11世纪和12世纪至15世纪的文学。欧洲封建社会文化的发展离不开基督教，基督教在当时作为国教对中世纪文学影响深远。它在意识形态方面的统治影响了整个的文化领域，这个时期的文化和学术都染上了浓厚的宗教色彩。中世纪文学主要有教会文学、骑士文学、英雄史诗和城市文学等。这个时期东方的文学也有很大的发展。

一、教会文学

教会文学在中世纪的文学中占有非常重要的地位，当时的科学、哲学、文学、诗歌、戏曲等都是为教会服务的。教会文学的种类非常多，有圣经故事、梦幻故事、祷告文等，这些作品有的渲染了上帝至高无上的权威，有的歌颂了殉教者、苦行者和香客等。后来一些非僧侣人士和下级教士采用了教会文学的形式表现了进步的思想，如朗格兰的长诗《农夫彼尔斯的幻象》就是运用教会文学的形式来表达劳动人民的思想感情。

二、骑士文学

骑士文学代表了世俗贵族阶级文学的主要成就，表现了封建贵族阶级的精神特征，是一种反映封建主阶级意识的文化。骑士文学中始终贯穿着骑士精神，骑士精神总的说来就是"忠君、护教、行侠"，以及对自己的女主人效忠。在这里有符合下层人民愿望的一面，如锄强扶弱、保护妇女等道德信条，同时也有突破禁欲主义束缚的一面，如他们向往世俗的美好爱情，但更多的是反映了他们维护封建制度的一面，如骑士的忠君和护教等。

法国是骑士文学最为兴盛的地方，法国南部的普罗旺斯是骑士抒情诗的主要发源地。在普罗旺斯的骑士抒情诗人被称为"特鲁巴杜尔"，即吟咏诗人，主要包括当时的封建主、骑士以及少数社会下层出身的人。比较著名的《破晓歌》，主要描写了骑士与贵妇人之间的风雅爱情，表达了他们离别时的依依不舍，语言生动，心理刻画细致，主要描写现世的生活。

法国北方主要是骑士叙事诗的发源地，那里的诗人被称为"特鲁维尔"，也是吟咏诗人的意思，骑士叙事诗不同于抒情诗重在描写现世的生活，而是脱离了历史和现实的根据，出自他们自己的想象和虚构，在虚幻中表现骑士精神。有的描写了骑士为了博得贵妇人的喜爱和青睐而进行各种各样的冒险，有的描写骑士们为了护教而进行征讨异教徒的活动。《特里斯丹和依瑟》是流传非常广的骑士叙事诗之一，故事讲述了特里斯丹和依瑟误饮魔汤而相爱，但最终受到种种迫害而悲惨死去的爱情故事，歌颂了两人之间真诚的爱情和对封建婚姻礼教的控诉。《奥卡森和尼柯莱特》不仅运用了散文的形式，而且运用了诗的形式，故事讲述了奥卡森不顾骑士精神的约束而疯狂地爱上女俘虏，经过种种的艰辛与女俘虏终成眷属。从《奥卡森和尼柯莱特》中，可以看到当时骑士精神的衰落和反封建思想的萌芽。

三、英雄史诗

英雄史诗是在民间文学的基础上发展起来的，是劳动人民集体智慧的结晶。从内容上看，虽然都是反映当时民族的重要历史和歌颂杰出的英雄人物，但是从反映的时期上来看主要分为两个部分，一部分是封建制度确立以前的氏族部落生活，另一部分是封建制度发展以后英雄忠于国家形象。

《裴欧沃夫》是流传至今最完整的一部早期英雄史诗，这部作品歌颂了部落的英雄，反映了氏族社会时期的生活。史诗叙述了瑞典青年裴欧沃夫只身杀死怪兽，后来当裴欧沃夫成为国王时又为了本族杀死火龙，但最终牺牲了自己，史诗歌颂了裴欧沃夫的临危不惧、见义勇为、勇于自我牺牲的高贵品质。史诗《裴欧沃夫》在语言上运用了形象的比喻，在人物性格刻画上鲜明细致，在结构上也比较严谨。

北欧当地流传的异教神话和史传故事没有受到基督教的破坏，尤其是冰岛的神话故事和英雄传说，比较著名的有《女法师的预言》、《洛基的吵骂》、《佛尔松萨迦》等，都极其生动丰富地反映了氏族社会晚期的社会生活和思想观念。

《罗兰之歌》是一部爱国主义诗篇，是后期英雄史诗中最具代表性的作品。诗中叙述了查理大帝时期，罗兰建议查理大帝派加奈隆前去和萨拉哥撒国王马尔西勒谈判，加奈隆由此对罗兰怀恨在心并且决定报复，加奈隆和萨拉哥撒国王马尔西勾结起来，罗兰在回国途中遭到了敌人的埋伏袭击，最终因为寡不敌众而全军覆没，查理大帝最后击败了敌人并且惩处了叛贼加奈隆。史诗一方面热情讴歌了查理大帝的英明，歌颂了罗兰和奥里维等英雄们的赤胆忠心，另一方面也严厉谴责了以加奈隆为代表的叛徒和封建主的自私，反映了当时广大人民的要求。《罗兰之歌》着重塑造了罗兰这一英雄形象，他勇敢刚毅、健壮雄伟，具有非凡的英雄气概，他热爱国家，忠于君王，符合当时人民的要求和历史进步的要求。《罗兰之歌》在艺术上也非常完美，民间创作艺术的特色表现明显，诗中运用了对比和重叠的手法，在风格上也比较粗犷朴素。史诗以历史为依据而进行了虚构加工，有力地渲染了史诗的气势，强化了史诗的英雄主义主题。

《熙德之歌》是歌颂西班牙人民反抗阿拉伯人入侵的英雄史诗，史诗采用了写实的手法，歌颂了西班牙的英雄罗德利戈·德比瓦尔的爱国忠君的信念和为保卫基督教信仰而战的思想。

《尼伯龙根之歌》是德国的描写封建主之间亲情与复仇的史诗，全诗共有9516行，史诗缺乏爱国思想和民族意识，肯定了理想英雄西格夫里的急功好义和心怀坦荡，同时谴责了封建朝臣哈根的阴险狡猾与残暴狡诈。

中世纪不仅流传着英雄史诗而且也流传着民间歌谣，这些民间歌谣大都能够反映人民的愿望和对英雄人物的颂扬，比较著名的有俄国的英雄歌谣和英国的谣曲。

俄罗斯的英雄歌谣实际上是一些歌谣体叙事诗，主要歌颂了人民心中的英雄人物，例如穆罗姆人伊利亚就是一个大公无私、正直善良、性情平和的英勇战士。他虽然是备受屈辱与压迫的农民，但是他有自尊心，对于贵族和王公们的无礼决不容忍。同时他又热爱祖国，自觉地保卫祖国和人民，深受广大人民的喜爱。

英国的"罗宾汉谣曲"不仅仅在英国非常盛行，而且广泛流传于西欧和北欧的其他国家，谣曲热情地歌颂了以罗宾汉为首的绿林好汉在斗争中表现出来的机智和勇敢。

四、城市文学

城市文学反映了市民阶级的反封建精神和市民的文化要求，打破了教会在思想文化上的垄断，它是在民间文学的基础上发展起来的，主要是通过街头说唱者的极其生动的语言，或者是对贵族、教士和骑士进行讽刺，或者是对市民和农民进行表扬，韵文故事和讽刺叙事诗是城市文学中新创的体裁。

《列那狐故事》是中世纪市民文学的最重要的文学成就之一，它是一批以狐狸为中心形象的故事诗。各种动物都有其代表的象征意义，例如狐狸象征市民，狮子象征国王，小动物象征下层市民。它通过叙述动物之间的故事，反映出中世纪封建社会的现实生活。列那狐与猛兽进行斗争，歌颂了市民的机智，列那狐对小动物进行欺侮，谴责了他们的丑行。

《玫瑰传奇》是中世纪文学中的重要长篇故事诗，整篇故事诗分为上下两部分，由两个不同的作者完成。上部叙述的是骑士式的典雅爱情，下部在许多方面表现了新兴市民的人文主义思想的萌芽，触及到了许多重大的社会问题，整篇故事诗采用了隐喻的手法，是文学史上的一部非常重要的作品。

市民抒情诗出现在大约13世纪以后，这些诗歌主要反映了城市下层人民的思想情绪，代表性的作家是法国的维庸和吕特勃夫。

14世纪的时候城市戏剧发展起来，对后来的文艺复兴和17世纪欧洲戏剧的发展产生了重要的影响。它主要是在中世纪的杂要表演与宗教奇迹剧的基础上发展起来，笑剧、道德剧和傻子剧是三种主要形式。《巴特兰律师》是非常著名的笑剧，赞扬了巴特兰律师的狡猾和羊倌的智慧，反映了笑剧作者的市民意识。

五、但丁

但丁(1265—1321)是中世纪最伟大的作家,恩格斯指出"他是中世纪的最后一位诗人,同时又是新时代的最初一位诗人"。他的创作标志着从封建主义向资本主义时代的过渡。《神曲》是但丁完成的最伟大的作品,是他在放逐期间完成的一部长诗,它共分为《地狱》、《炼狱》、《天堂》三部。

《神曲》对中世纪蒙昧主义进行了强烈的批判,对人的才能和智慧进行了歌颂,但是由于但丁是新旧交替时代的诗人,在他的世界观中基督教的神学观念和中世纪的思想仍然占有相当的比重。《神曲》体现了但丁作为新旧交替时代伟大诗人的成就和矛盾。

《神曲》在艺术上具有很高的成就。首先,它成功塑造了一批丰富多姿、有血有肉的人物形象,刻画了他们的品质,例如教皇的贪婪,君主的残暴,弗兰采斯卡的温柔等,这些人物都栩栩如生,个性鲜明。其次,《神曲》在结构上巧妙而严整,奇偶连韵,匀称工整。再次,《神曲》是但丁用意大利民族语言写成的文学作品,促进了意大利民族语言的统一和民族文学的发展。《神曲》是欧洲文学史上一部具有划时代意义的巨著。

六、紫式部

紫式部(978—1015)是日本著名作家。她的代表作《源氏物语》是日本中古长篇写实小说,全书54回,近百万字。前44回写源氏极享荣华,伴随着感情纠葛的一生,这是作品的中心内容,后10回写源氏之子薰与宇治山庄女子之间错综的爱情故事。紫姬是作者着意刻画的理想淑女形象,她气质优雅,艺压群芳,性格婉约,通情达理,深得源氏钟爱,被公认为是最幸福的女人。可是即便是这位十全十美的女人,也有着难以言说的苦楚——因源氏用情不专而引起的嫉妒,所以正值盛年,日渐衰弱,香消玉殒。

《源氏物语》的思想价值,在于展示了平安王朝的宫廷豪华奢侈、腐朽淫乱的生活,反映了贵族阶级人与人之间争权夺势、互相倾轧的人际关系,暴露了贵族社会门第为重、男尊女卑的不平等的社会现象。这从客观上预示了旧贵族阶级必然灭亡的趋势,具有一定的认识价值和思想意义。《源氏物语》是世界文学史上最早的一部长篇写实小说,作品流露出明显的现实主义倾向,被认为代表了日本古典现实主义文学的最高峰。

七、《一千零一夜》

《一千零一夜》又名《天方夜谭》,这部脍炙人口的文学名著是中东各国、阿拉伯地区广大市井艺人在几百年过程中,共同加工提炼而成的一部优秀的民间故事集。它生动地描绘了中世纪阿拉伯帝国的社会生活,是一幅瑰丽多姿的历史画卷。它具有引人入胜的故事,流畅通俗的语言和对理想的热烈追求,吸引着一代又一代的读者。在它出版至今的二百多年中,几乎传遍了全世界。它强烈的艺术魅力,始终为各国人民所喜爱,不愧是世界文学宝库中一串璀璨的明珠。

思考题：

一、填空

1.盲诗人荷马在口头短歌的基础上进行了系统的整理和加工，终于形成了古希腊文学的辉煌典范，就是《________》和《________》，这两部作品具有统一的风格和完整的情节，是古希腊的两大史诗。

2. 公元前6世纪时一个叫伊索的奴隶收集了三四百个以动物生活为题材的小故事写成《________》，主要通过描写动物之间的关系来映射当时的社会，赞扬了劳动人民的智慧，谴责了上层统治阶级的残忍。

3.贺拉斯的《________》是用诗简的形式写给皮索父子的文学论文，肯定了文学模仿自然的观点和文学"寓教于乐"的作用，对后来的古典主义文学理论产生了很大的影响。

4.《圣经》是基督教的经典，对欧洲文学产生了深远的影响，它包括《________》和《________》两部分。

5.中世纪文学主要有________、________、________、________ 四种类型。

6.《________》是流传至今最完整的一部早期英雄史诗，歌颂了部落的英雄，反映了氏族社会时期的生活，歌颂了裴欧沃夫的临危不惧、见义勇为、勇于自我牺牲的高贵品质。

7.《________》是后期英雄史诗中最具代表性的作品，它讴歌了查理大帝的英明，歌颂了罗兰赤胆忠心，同时也谴责了以加奈隆为代表的叛徒和封建主的自私，反映了当时广大人民的要求。

8.《________》是中世纪市民文学的最重要的文学成就之一，它是一批以狐狸为中心形象的故事诗，各种动物都有其代表的象征意义。

9.《神曲》是中世纪最伟大的作家但丁完成的作品，是他在放逐期间完成的一部长诗，它共分为《________》、《________》、《________》三部。

10. 被恩格斯指出"他是中世纪的最后一位诗人，同时又是新时代的最初一位诗人"的是________，《神曲》体现了他作为新旧交替时代伟大诗人的成就和矛盾。

二、解词

1.荷马史诗　2.伊索寓言　3.《新约》　4.骑士文学　5.英雄史诗　6.但丁及其《神曲》

三、简答

1.柏拉图和亚历士多德的主要文学观点

2.基督教在中世纪文学发展中的作用

3.城市文学的主要内容与艺术特点

四、论述

1.荷马史诗的英雄主义和艺术魅力

2.《神曲》的思想内涵与艺术成就

第二章 文艺复兴时期

第一节 人文主义文学

中世纪后期的文艺复兴运动，使欧洲文化呈现出繁荣兴旺的景象。文艺复兴是14世纪到16世纪欧洲资产阶级在思想文化领域所进行的大规模的反封建、反教会的思想文化解放运动，它对欧洲社会历史的发展产生了极其重大而深远的影响。文艺复兴运动是新兴的资产阶级以世俗的形式向封建主阶级思想文化体系发动的一场大冲击，它集中在哲学、教育、文学、艺术等思想领域和文化领域。

一、文艺复兴运动

在13世纪末14世纪初，封建社会的内部开始出现了资本主义生产方式的萌芽，在这样的历史条件下，最初的资产阶级分子产生。15世纪末期，地理大发现和环球航行的成功更进一步促进了资本主义生产关系的发展。封建的生产关系严重地束缚了资本主义的开拓，新兴的资产阶级要想发展资本主义不但要用商品经济取代自然经济，而且要用新的文化体系来反对封建的精神禁锢，扫清资本主义道路上的障碍，这是导致文艺复兴运动产生的社会历史原因。

文艺复兴运动的产生，不仅是社会历史的要求而且也是思想文化上的要求，多种因素的交流与融合对文艺复兴的产生起到了重要的作用。首先，虽然在中世纪占主导地位的是宗教文化，但是在这个时期也存在着骑士文学、城市文学等，这些文学形式中所体现出来的思想特点和艺术风格与民间大众在文化精神上存在着共同性，都具有一种世俗性和人民性的文化价值倾向。13世纪末期14世纪初期社会生产力的发展，导致了宗教文化与进步思想的激烈冲突，这两种文化体系的冲突为文艺复兴运动产生提供了可能。其次，城市市民文化形态在13世纪前后的欧洲封建社会内部已经产生了，它具有强烈的反封建、反教会倾向，是早期的资产阶级文化形态，它反映出城市市民阶级的思想感情和愿望要求，体现出城市市民独特的文化品位。这种文化形态在14世纪发展起来，成为文艺复兴时期人文主义思想的重要组成部分。再次，古希腊罗马文化是欧洲文学的源头，它具有与中世纪宗教文化不同的人文精神，包含着朴素的唯物主义的积极乐观态度。古希腊罗马文化是古代精神和东方文化的结晶，从中可以发现很多可以与封建神学相抗衡的积极因素，于是一些新兴的资产阶级代表人物开始收集、整理、研究古代希腊罗马文化。文艺复兴从本质上讲，是借助古代文化精神摧毁以神为中心的封建的宗教意识形态．建立以人为中心的资产阶级人文主义新的思想文化体系。

二、人文主义文学

文艺复兴时期欧洲各国存在着人文主义文学、民间文学和封建文学三种文学，其中人文主义文学占有主导的地位，它带来了欧洲文学史上的一个新的繁荣时期。文艺复兴时期的文学是欧洲近代文学的开端，也是继古希腊文学以后的欧洲文学的又一个高峰。

人文主义文学是文艺复兴运动的重要的组成部分，具有鲜明的新文化特征和独特的文学品格。人文主义文学的核心精神是对人的关注，肯定人的价值和尊严，颂扬人的理性和力量，反对中世纪封建教会鼓吹的以神为本的神学观念，反对推崇上帝的绝对权威。古希腊古罗马文学的传统、中世纪文学的英雄形象以及但丁创作中的新思想都为人文主义文学的精神提供了思想文化启迪。

人文主义文学的基本题材与主题是着力描写现世生活，肯定人的权利，用理性反对蒙昧主义，用个性解放反对禁欲主义。人文主义者赞美理性，认为理性是人和谐发展的重要条件。人文主义者在文学创作中把描写现世生活作为首选题材，反对上帝万能论．反对克制情欲和禁欲苦修，这是对古代希腊罗马、中世纪骑士文学和城市文学某些题材和内容弘扬和继承的结果。

人文主义文学追求人的精神世界、情感特征和欲望要求等，它充满着昂扬进取的精神和令人愉快的生活情趣。人文主义文学采取写实主义的创作方法，广泛地描写了欧洲历史大变动时期的社会生活，展示了社会转型时期人性觉醒的现实。人文主义文学扩大了传统文学的体裁领域．抒情诗、叙事诗、戏剧、十四行诗、框架式短篇小说等都从形式到技巧进一步走向成熟，并取得了辉煌的成就。

人文主义文学的发展一般被分为三个时期，14 世纪初至 15 世纪中叶、15 世纪下半叶至 16 世纪上半叶、16 世纪下半叶至 17 世纪初。14 世纪初至 15 世纪中叶为人文主义文学产生与发展的早期，在当时的社会历史条件下，人文主义者更多地强调个性解放和享受世俗，同时感受到了神学体系的不合理，主要的代表国家是意大利和英国。15 世纪下半叶至 16 世纪上半叶，是人文主义文学发展的中期，新一代的人文主义文学家，不仅仅讴歌人的本能欲望和展示个性要求，而且更加侧重展示巨人风采和理性力量，在这个时期，真正理解人的价值和尊严以及展示巨人的思想和行动，就成为此时人文主义文学的主导趋势，主要的代表国家是法国。16 世纪下半叶至 17 世纪初，是人文主义文学发展的晚期，在这个时期人文主义文学发展到顶峰，这个时期的人文主义重视对人自身矛盾的关注，对由于人性的弱点所造成的社会丑恶现象的探讨，成为此时期文学的基本特点。对人自身及人与世界关系的认识，客观上既是对人文主义进步性与局限性的艺术总结的反映，同时也具有否定神学体系的巨大价值。

人文主义文学是一种新型的文学，在当时给封建的神学体系沉重的打击，具有巨大的历史进步意义。但是由于受当时社会生产力水平的局限，当时的人文主义家所肯定的人和人性掩盖了人的社会属性和阶级属性，他们所描写的人也仅仅是新兴的资产阶级自己的化身。

第二节 意大利、西班牙文学

一、意大利

意大利是资本主义关系最早出现的地方，也是欧洲文艺复兴运动的发源地，早在但丁的文学作品中，就已经传达出了人文主义思想，但丁和后来的彼特拉克、薄迦丘被称为佛罗伦萨文坛上的“三杰”。

(一) 彼特拉克

彼特拉克 (1304—1374) 被称为人文主义的先驱，是公认的第一个人文主义学者，被誉为“人文主义之父”。他第一个提出了人学和神学的对立概念，他写过许多优美的诗篇，并且获得了“桂冠诗人”的称号。他不仅用拉丁文写作爱国的政论和叙事诗，而且用意大利语写成了抒情诗《歌集》。诗集中有的歌颂了他心目中情人劳拉形态的美和精神的美，有的歌颂祖国、呼吁统一。

诗人抛弃了中世纪的神秘思想和抽象晦涩的风格，在诗中表达了诗人的爱情观和幸福观，认为男女青年有权利享受爱情生活，摆脱了中世纪文学中的那种抽象的象征意义，表现了以现世幸福为中心的爱情观和人文主义精神以及对现世幸福生活的肯定。《歌集》中的政治诗表达了热爱国家、反对封建割据的思想感情。在艺术上，《歌集》继承了“温柔的新体”诗派的传统，并且采用了十四行诗体，使这种诗体达到了完美的境地。彼特拉克对后世欧洲的诗歌产生了重大的影响。

(二) 薄迦丘

薄迦丘 (1313—1375) 是第一个通晓希腊文的人文主义者，是意大利文艺复兴运动的杰出代表，他将彼特拉克开创的意大利人文主义文学发展到了新的高度。薄迦丘自幼自学诗学，阅读经典作家的作品，他亲身体验到市民和商人的生活以及思想感情，为他以后《十日谈》的创作奠定了基础。薄迦丘是一个才华横溢的作家，他的短篇小说、传奇小说、叙事诗、牧歌、十四行诗等成就卓著。

薄迦丘的第一部作品是在 1336 年左右完成的传奇小说《菲洛柯洛》，《菲洛柯洛》是欧洲早期出现的长篇小说。小说以西班牙宫廷为背景，叙述了一个信仰基督教的少妇和青年异教徒的爱情故事，两人最终冲破种种阻挠，有情人终成眷属。叙事长诗《菲洛斯特拉托》和《苔塞伊达》开创了八行体诗的先河，展示了人世间生活的美好和友情的欢乐，赞颂了纯洁的爱情和高尚的友谊。牧歌式传奇《亚美托的女神们》借用神话题材，抒写了在爱情的力量下一个粗野的牧羊青年的转变过程，在形式上仿效了但丁的《新生》，用散文连缀三韵句诗歌。长诗《爱情的幻影》具有隐喻诗的特点，把歌颂德行和赞美纯洁的爱情结合起来。长诗《菲埃索拉的女神》是一部八行体长诗，叙述了一对恋人在遭到惩罚后化为两条河流，最后又汇集到了一起。《菲洛美塔的哀歌》描写了被抛弃的女子的遭遇，并且细致地描绘了女子的爱怨和希望，精于人物的心理描写。

薄迦丘的作品都以爱情为主题，充满对人世生活和对人生幸福的追求。他在理论著作中提出了“诗歌即神学”的观点，强调了文学的启迪和教育的巨大作用。薄迦丘没有完全摆脱中世纪神学的观念，但是他的文艺理论为文艺复兴时期诗学的发展奠定了基础。

他的主要著作《十日谈》，是世界文学史上一部具有巨大价值的文学作品。故事来源广泛，从历史事件、中世纪传说和东方民间故事中汲取素材，以人文主义思想加以改造和创作，抒发了文艺复兴时期的人文主义和自由思想，同时采用故事会的形式，把这些故事有机地组成一个和谐的叙述系统。这样既可鲜明地表达作者的情感和观念，又具有引人入胜的艺术魅力。在这部作品中，他大胆地揭露了封建贵族的生活腐朽和道德败坏，勇敢地向教会的禁欲主义提出挑战，对天主教会和宗教神学进行了尖锐的批判，同时对僧侣们的恶劣行径进行了有利的抨击。作品也反映了社会现实，宣扬了现世幸福和爱情主题，讴歌爱情的高贵，讽刺了建立在经济关系上的婚姻，并且主张妇女应该享有和男人平等的地位。《十日谈》在艺术上以古典精要为典范，采用了短篇小说和框形结构的形式，语言丰富，文笔精炼，善于描绘自然和刻画人物心理，奠定了意大利散文的基础，并且开创了欧洲短篇小说的艺术形式。《十日谈》问世后，被翻译成欧洲各国文字，深受欢迎。

15 世纪以后意大利的人文主义文学虽然有所发展，但是总体来说不如前期。这个时期的作家在创作中，反映了意大利文艺复兴晚期的社会生活，表现了晚期人文主义运动的深刻矛盾。这个时期的代表作有卢多维克·阿利奥斯托的传奇叙事长诗《疯狂的罗兰》和托夸多·塔索的叙事长诗《被解放的耶路撒冷》。

二、西班牙

西班牙在 15 世纪时走向统一，但是 16 世纪中叶便开始走向困顿，在这种社会历史条件下，资本主义关系得不到充分的发展，因此人文主义文学在西班牙出现得较晚。16 世纪中叶，西班牙经济衰落，人民群众日益贫穷，农民和手工业者纷纷破产，社会上盛行一种冒险风气。

（一）流浪汉小说

流浪汉小说是欧洲近代小说的一种模式，它是在一种转型期大环境下产生和发展起来的。西班牙 16 世纪最著名的流浪汉小说是《小癞子》，小说取材于现实生活，以主人公拉撒路穷孩子小癞子的活动为线索，通过他的亲身经历和所见所闻来安排各种生活场景，从而描绘了各阶层的人物，揭示了社会生活的各个方面。流浪汉小说在描写无业游民不幸命运的同时，也描写了主人公为生活所逼进行的各种恶作剧，表现了他们的消极反抗情绪。

(二) 塞万提斯

塞万提斯(1547—1616)是西班牙文艺复兴时期最著名的小说家,被认为是欧洲现实主义小说的先驱,为近现代小说的发展做出了贡献。他的作品主要是反封建,同时寄予了对受压迫人民的同情。

《堂吉诃德》是塞万提斯的代表作,是一部讽刺骑士制度的长篇小说,开创了欧洲近现代长篇小说的先河。作者以文艺复兴为起点,着力塑造典型人物,在猛烈抨击反现实主义倾向的同时,以现实主义的创作方法塑造了堂吉诃德和他的随从桑丘这两个典型的形象。“描写的时候模仿真实,模仿得愈亲切,作品就愈好”;“凭空捏造愈逼真愈好,愈有或然性和可能性,就愈有趣味”。这是塞万提斯的创作原则。作者把现实与幻想结合,以史诗般的宏伟规模,在一个极其广阔的社会背景上,绘出 16 世纪末 17 世纪初西班牙社会的现实画面。现实主义描写在小说中占主导地位,作品对社会世态、人情习俗等当代的重大事件都做了反映,同时作者采用了虚实结合的方法和讽刺、夸张、对比的手法,来鞭挞现实社会,作品中还通过对比讽刺了骑士小说的文风。

堂吉诃德是一个矛盾复杂的悲喜剧形象。作品塑造的堂吉诃德是一个不畏强暴、追求理想的喜剧性人物,在资本主义处于上升时期的西班牙,主人公却认为扫尽社会不平,“莫过于游侠骑士和骑士道的复活”。堂吉诃德是悲剧性和喜剧性的矛盾体。在小说的第一部,着重表现了堂吉诃德的喜剧因素,堂吉诃德想在现实生活中恢复已经过了时的骑士精神,结果使自己成为一个滑稽的喜剧性角色。堂吉诃德不仅是一个单纯的喜剧性角色,同时他又是一个带有悲剧因素的人物,他为了追求自己的所谓的正义理想而置自身危险于不顾,愿为社会而不惜牺牲自己的生命。作品塑造的堂吉诃德是西班牙君主专制制度社会里产生的一种可悲现象,是处于新旧交替时代的现实社会矛盾的反映。在作品中作家既有批判和否定,同时又有理想和肯定,因此可以说堂吉诃德是一个喜剧性与悲剧性相结合的人物。在《堂吉诃德》中,作者对上层腐朽的统治阶级进行了无情的鞭挞和嘲骂,揭露了他们的阴险和凶残的本性,同时对人民的苦难寄予了深切的同情。

塞万提斯的代表作还有历史剧《奴曼西亚》、长诗《帕尔纳索斯游记》和《八出喜剧和八出幕间短剧集》、短篇小说集《训诫小说集》等。《训诫小说集》中一类是浪漫主义风格的作品,另一类是现实主义风格的作品,它是继薄迦丘的《十日谈》之后给予西方文坛影响最深的短篇小说集,这是塞万提斯丰富的想象力和创造力的延伸,具有鲜明的塞万提斯的风格。

第三节 法国、英国、德国文学

一、法国

法国的人文主义运动开始于 15 世纪末,16 世纪取得了很大的成就,此时的法国是一个统一的民族国家，是西欧最大的君主国，法国的人文主义文学存在着贵族和平民两种倾向。

(一) 龙沙

龙沙 (1524—1585) 是“七星诗社”的代表人物，他的文学创作一方面具有浓重的贵族倾向，迎合贵族趣味，轻视民间语言和民间传说故事。另一方面肯定生活的美好，歌颂自然与爱情，注重民族语言的统一和民族诗歌的建立，追求一种典雅的艺术风格。

(二) 弗朗索瓦·拉伯雷

弗朗索瓦·拉伯雷 (1495—1553) 是法国代表平民的人文主义作家，是欧洲文艺复兴时期最重要的作家之一。他具有人文主义思想，反对天主教会，要求享受现世的幸福，同时在作品中运用大量的民间语言和民间传说，故作品深受人民的喜爱。

《巨人传》是拉伯雷创作的长篇小说，小说情节离奇、想象丰富、夸张奇特、讽刺辛辣。小说共五部，第一部的主人公卡冈都亚是文艺复兴时代巨人的象征，第二部的主人公庞大固埃深受人文主义教育的影响，第三部辛辣地讽刺了宗教迷信，第四部、第五部对教会和封建法律进行了尖锐的揭露。《巨人传》具有十分严肃的思想内容，作家通过塑造两个无论在躯体上还是在精神上都高大的巨人形象，全面地展示了人文主义理想，展示了对人及世俗生活的肯定，同时也强调了人文主义教育和知识的重要性。小说通过两个巨人的所见所闻，强烈地抨击了封建国家的黑暗和罪恶，揭露和嘲笑了封建教会的虚伪和封建国家上层建筑的腐朽。小说提出了新兴资产阶级的社会理想，就是建立一个美好的地方，在里面人们可以随心所欲、无拘无束地享受生活，这种乌托邦式的社会理想表达了人类要求自由平等的愿望。

(三) 蒙田

蒙田 (1533—1592) 是法国文艺复兴后期的人文主义作家，他的《随笔集》探讨了当时的社会问题，他被誉为欧洲近现代散文的创始人。

二、英国

英国文学是文艺复兴时期欧洲文学的高峰。早在 14 世纪英国就已经产生了人文主义作家，16 世纪中叶到 17 世纪初期，人文主义文学发展到了繁荣时期。

(一) 乔叟

乔叟 (1340—1400) 是英国杰出的人文主义作家，在意大利人文主义运动的影响下，他的诗显示出反封建、反教会、追求个性自由的倾向。他根据薄迦丘的长诗《菲洛斯特拉托》改写成了长诗《特罗勒斯与克丽西德》，讽刺了封建礼教，表现了新兴市民阶级的生活观和爱情观。诗体的《坎特伯雷故事集》是乔叟的代表作，他用生动活泼的方言，幽默讽刺的手法，展现出了一幅英国社会的画卷，全面地反映了 14 世纪英国的社会现实，揭露了封建阶级尤其是教会的腐败无耻，肯定了对世俗爱情的追求。

(二) 托马斯·莫尔

托马斯·莫尔(1478—1535)是15世纪末英国人文主义学者中最重要的代表作家,他的主要著作是用拉丁文写成的《乌托邦》。在《乌托邦》中,作者深刻地指出了资本原始积累的残酷性,认为私有制是社会罪恶的根源,主张人人劳动,消除人剥削人的现象,这部对话体幻想小说被认为是欧洲最初的空想社会主义著作之一。

16世纪中期以后,英国的人文主义文学出现了繁荣,埃德蒙·斯宾塞(1552—1599)创作了长诗《仙后》。在长诗中他表达了政治上实施法律、宗教上反对天主教的愿望,同时充满了对生活和大自然的热爱,但是过分堆砌辞藻,缺乏一种朴素自然的美。作品对后世英国诗歌的创作产生了极大的影响。

在英国资产阶级革命前夕,一些英国学者、作家翻译了许多古希腊、罗马的作品,译文简洁、朴实和严肃,这种风格促使形成了英国民族语言和散文的特点。

三、德国

这个时期的德国,还没有形成一个统一的民族国家,资本主义发展迟缓。农民和城市平民受到罗马天主教会、神圣罗马帝国和封建诸侯的残酷压迫,尖锐的社会矛盾导致了宗教改革和农民战争的发生。

(一) 马丁·路德

马丁·路德(1483—1546)是德国宗教改革的领袖,恩格斯说他"不但清扫了教会这个奥吉亚斯的牛圈,而且也清扫了德国语言这个奥吉亚斯的牛圈,创造了现代德国散文"。他用德语翻译出了《圣经》,奠定了德国文学语言的基础,他的《我主是坚固堡垒》被誉为16世纪的《马赛曲》,是一首鼓动人心的赞美诗。

(二) 托马斯·闵采尔

托马斯·闵采尔(1490—1525)也是德国宗教改革的领袖,他起初和马丁·路德意见一致,可以说是支持者和伙伴,但是后来由于意见相左而分道扬镳。在《致阿尔斯特德人民书》中号召城市平民和农民联合起来举行起义,慷慨陈词,热情充沛,富于说服力。

在这一时期,德国的人文主义文学的代表作品还有埃拉斯慕斯的著名讽刺作品《愚蠢颂》,通过"愚蠢"这个人物的自白来揭露僧侣的迷信和虚伪,抨击了诸侯之间的内战,乌利希·冯·胡登的《蒙昧者书简》也对整个社会进行了尖锐的批判。

民间文学在当时的德国也发展起来,最具代表性的是《梯尔·欧伦施皮格尔》和《浮士德博士传》,前者反映了农民的觉醒,后者反映出文艺复兴时期追求知识和人世欢乐的进取精神。

思考题:

一、填空

1.______________是14世纪到16世纪欧洲资产阶级在思想文化领域所进行的大规模的反封建、反教会的思想文化解放运动,它对欧洲社会历史的发展产生了极其重大而深远的影响。

2.意大利是欧洲文艺复兴运动的发源地,早在但丁的文学作品中就已经传达出了人文主义思想,但丁和后来的______________、____________被称为佛罗伦萨文坛上的"三杰"。

3.____________被称为人文主义的先驱,是公认的第一个人文主义学者,被誉为"人文主义之父"。他第一个提出了人学和神学的对立概念,而且用意大利语写成了抒情诗《歌集》。

4.薄迦丘的主要著作是《____________》,在作品中对天主教会和宗教神学进行了尖锐的批判,同时对僧侣们的恶劣行径进行了有利的抨击。

5.西班牙16世纪最著名的流浪汉小说是《____________》,小说取材于现实生活,以主人公拉撒路穷孩子小癞子的活动为线索,通过他的亲身经历和所见所闻来安排各种生活场景,从而描绘了各阶层的人物,揭示了社会生活的各个方面。

6.___________是西班牙文艺复兴时期最著名的小说家,被认为是欧洲现实主义小说的先驱,他的作品主要是反封建,同时寄予了对受压迫人民的同情,《____________》是他的代表作。

7.拉伯雷是法国代表平民的人文主义作家,他创作了长篇小说《______________》,乌托邦式的社会理想表达了人类要求自由平等的愿望。

8.______________是英国杰出的人文主义作家,他根据薄迦丘的长诗《菲洛斯特拉托》改写成了长诗《______________》,讽刺了封建礼教,表现了新兴市民阶级的生活观和爱情观。

9.托马斯·莫尔是15世纪末英国人文主义学者中最重要的代表作家,他的主要著作是用拉丁文写成的《______________》,这部对话体幻想小说被认为是欧洲最初的空想社会主义著作之一。

10.被恩格斯称为"不但清扫了教会这个奥吉亚斯的牛圈,而且也清扫了德国语言这个奥吉亚斯的牛圈,创造了现代德国散文"的德国人文主义家是______________。

二、解词

1.文艺复兴　2.人文主义文学　3.薄迦丘　4.流浪汉小说　5.《堂吉诃德》　6.《巨人传》

三、简答

1.人文主义文学的基本内涵

2.彼特拉克的人文思想与文学创作

3.《十日谈》的主要内容和艺术成就

四、论述

1.堂吉诃德矛盾复杂的悲喜剧形象

2.《巨人传》中的人物形象所体现的人文主义认识

3.文艺复兴时期文学的发展及在欧美文学史上的重要地位

第三章 十七到十八世纪

第一节 巴罗克文学和清教徒文学

一、巴罗克文学

巴罗克文学产生于16世纪下半叶，在17世纪上半叶达到盛期。巴罗克原本用来形容形状不规则的珍珠，后来把16到17世纪具有富丽繁复、精雕细刻的建筑称为具有巴罗克风格的造型艺术，这种建筑崇尚豪华动感和装饰美，成为文艺复兴后期的一种新的建筑风格。巴罗克风格不仅存在于建筑方面，而且也存在于美术、音乐和文学等方面，巴罗克文学由此而得名。巴罗克文学在思想上偏重于表现信念的危机，艺术上发展了一种新的美学趣味和倾向。它的出现适应了当时的社会愿望和需要，对19世纪的浪漫主义文学产生了重要的作用，对19世纪以来的拉美文学也产生了深刻的影响。

(一) 意大利

意大利是巴罗克文学的发源地，诗人贾姆巴蒂斯塔·马里诺(1569—1625)是意大利巴罗克文学的代表人物。他的长诗《阿多尼斯》讲述了爱神维纳斯和美少年阿多尼斯的爱情故事，并且在里面穿插了许多有趣的插曲，形成了一种“马里诺诗体”，成为后来诗人模仿的对象。

(二) 西班牙

西班牙也是巴罗克文学兴起比较早的地方，诗人贡戈拉·伊·阿尔戈特(1561—1627)是西班牙巴罗克文学的代表人物之一。他的歌谣和十四行诗风格幽默活泼，在诗歌中最有成就的是叙事诗和寓言诗。他的长诗穿插神话故事，充满比喻，并且往往词汇夸张，比喻新奇，句式对偶，成为17世纪西班牙文学中巴罗克时期的代表倾向，影响深远。佩特罗·卡尔德隆(1600—1681)也是西班牙巴罗克文学的杰出代表人物，并且是西班牙非常著名的戏剧家和诗人。他的剧本结构严谨，常常运用象征和隐喻来加强效果，代表作为《人生如梦》，剧中借王子的反抗传达出作者对宿命论的否定。

(三) 德国

德国巴罗克文学的代表人物，是汉斯·雅各布·克里斯托弗·格里美尔豪森(1621—1676)。他的《痴儿西木传》是一部带有明显的巴罗克文学特征的流浪汉小说，主人公经历了战争苦难和冒险奔波，最终过上了隐居生活。人物情节曲折，语言通俗生动幽默，并且善于运用双关语。

(四) 法国

巴罗克文学在法国兴盛发展，小说和诗歌在这个时期的文学中占有重要的地位。奥诺雷·德·于尔菲 (1568—1625) 的小说《阿丝特蕾》通过牧羊人与阿丝特蕾的爱情故事，描写了理想化的田园牧歌式生活，并且穿插了许多缠绵的对话。阿格里帕·多比涅 (1552—1630) 的诗歌《惨景集》涉及到人的处境、大自然和世界的奥秘等，风格雄浑，节奏鲜明。马莱布（ 1555—1628) 的《圣彼得的眼泪》，运用夸张比喻的手法，精于隐喻和反衬，并且色彩浓烈，表意曲折。

(五) 英国

英国 17 世纪巴罗克文学的代表是英国的骑士派和玄学派。骑士派诗人大多以爱情为主题，表现及时行乐的思想，在诗歌的语言和技巧上非常讲究，代表作家有赫显克、加莱和萨克林等。玄学派诗人主要写爱情和宗教的主题，并且从哲学和神学中抽取意象，主要的代表人物是约翰·多恩。

二、清教徒文学

英国的宗教改革进行得非常不彻底，17 世纪新兴的资产阶级反对国教的宗教仪式和贵族的生活方式，要求纯洁教会，清除国教中天主教的影响，于是有了“清教徒”的称号。清教徒运动是英国资产阶级革命的重要组成部分，清教徒提倡勤俭节约，他们的思想代表了 17 世纪英国资产阶级的人生观，同时也反映了时代精神。他们以《圣经》为斗争的思想武器，掀起了反对封建专制的革命运动，在这种背景下产生了以表现清教思想为特征的清教徒文学，显示出强烈的批判锋芒。

(一) 约翰·弥尔顿

约翰·弥尔顿 (1608—1674) 是 17 世纪英国最重要的作家，也是欧洲杰出的诗人。弥尔顿用激情充沛的诗句，在宏伟壮阔的背景上，表现资产阶级反封建斗争的历史，塑造资产阶级革命者的英雄形象。曾发表过《论出版自由》、《论国王和官吏的职权》、《为英国人民声辩》等雄辩性的文章。

《失乐园》是一部宏大的史诗，它取材于《圣经》，主要描写了叛神撒旦造反的故事和亚当、夏娃违犯上帝禁令偷吃禁果而被赶出乐园的故事。长诗表现了诗人对复辟时期现实的不满和对清教徒的赞颂，赞颂了撒旦的反抗，体现了诗人清教徒的革命思想。史诗气势磅礴，热情澎湃，字里行间充满着激情，富有强烈的艺术魅力。这些都是诗人对于 1642 年革命的反思和对于自己人生经验的总结。

《复乐园》取材于《新约》，表现了革命者坚贞不渝的气节和对资产阶级革命的坚定信念。《力士参孙》取材于《旧约》，揭示出参孙的内心痛苦和视死如归的大无畏精神，树立了一个坚贞不屈的斗士的光辉形象。

弥尔顿继承了荷马史诗的优秀传统和文艺复兴时期的人文主义思想，以丰富的想象力描绘出生动的场面，赋予人物鲜明的性格。同时他吸取了中世纪文学的象征和寓意手法，给19世纪的新型史诗和诗体小说开辟了道路。恩格斯认为弥尔顿是“第一个为弑君辩护的人”，他启迪了后来的革命者，是18世纪法国启蒙学者的先辈。弥尔顿的作品以《圣经》为题材，具有明显的清教徒思想，同时作品中的主人公也具有英雄主义的色彩，其创作对后来英国文学的发展产生了重大的影响。

(二) 约翰·班扬

约翰·班扬(1628—1687)是英国著名的清教徒作家，他的讽喻小说《天路历程》以梦境寓意的形式，描写了一个基督徒历尽艰险最终走向天国的故事，揭示了社会的黑暗和人民的不满。

第二节　古典主义文学

17世纪欧洲的主要文学思潮是古典主义，它形成于意大利，繁荣于法国，盛行于欧洲各国。古典主义文学思潮是新兴的资产阶级与封建贵族在政治上妥协的产物，亨利四世、路易十三和路易十四在镇压各种反对王权的运动过程中，逐步建立起了中央集权的强大的君主专制国家。在资本主义开始发展的历史条件下，王权为了巩固自己的地位，开始拉拢资产阶级。古典主义作家服从于当时绝对君权的统治，是绝对君权政治在文学上的反映，也是当时资产阶级在政治上对封建王权暂时的妥协、让步的一种表现。

政治上的集中统一思想，要求文艺创作也要有统一的法则，在这种条件下，古典主义思潮在法国迅速地发展起来。古典主义以歌颂君主专制、赞扬绝对君权为基本主题，重视宣扬个人对社会和国家的绝对服从，强调文学的社会教育作用。在这个时期，出现了维护王权、要求文学语言规范化的文艺思想，马来伯提出诗歌要为王权服务，语言要明晰合乎逻辑，创作要有严整的格律。这种文艺思想很快得到了王权的支持，后来路易十三还成立了“法兰西学士院”，在语言文学方面设立适应君主专制政治需要的统一规范，注意从组织上来控制文学艺术，在这种社会历史条件下，古典主义文学形成了特定的时代风格。

一、古典主义

古典主义在政治上维护王权和民族利益，主张国家统一，反对封建割据，要求作家为专制政体服务，同时把文学和现实政治结合得非常紧密。在主人公的感情和国家的利益发生冲突的时候，要求克制个人感情，服从国家的整体利益。古典主义轻视劳动人民的艺术要求，带有明显的宫廷倾向，但总体来说，当时的古典主义政治倾向具有一定的进步意义。

古典主义文学是一种崇尚理性的文学，笛卡儿的唯理主义哲学为古典主义文学提供了哲学基础。作家们肯定人的理性，反对宗教神权和蒙昧主义，主张用理性克制个人的情欲，处理个人与国家利益的矛盾。古典主义的这种崇尚理性的特点，要求创作要有规范，作品思想清晰，描写逼真，构思精密。此外古典主义作家敢于揭露社会上的恶习和弊端，并进行了尖锐的抨击。

古典主义文学擅长模仿古人，重视规则。古典主义者大力提倡向古代学习，他们从古代希腊、罗马的文学和历史中选取创作题材，并且借用古代形象来塑造他们自己理想中的英雄人物。古典主义者遵从和模仿古代文学作品中体现出来的创作原则，例如戏剧创作中的“三一律”，要求一个剧本只能有一条情节线索，剧情只能发生在同一地点，时间不能超过一昼夜，他们认为这是亚里士多德的规定。古典主义重视艺术形式的完美，但是它过分严格的形式要求，逐渐成了创作发展的阻碍。

古典主义文学要求语言准确精练、华丽典雅，表现出较多的宫廷趣味。古典主义诗剧往往是完美的艺术品，不仅达到两千行左右这一精练的标准，而且诗句优美。高乃依的语言具有雄辩遒劲的阳刚之美，代表了古典主义的崇高风格，拉辛的语言具有细腻动人之美，代表了古典主义的优雅风韵，古典主义文学对民族语言的规范化起到了良好的作用。

二、法国

法国的古典主义文学，不仅对法国民族文学和民族语言的形成起了重要的作用，而且对于17、18世纪的欧洲文学，也产生了重要的影响。19世纪初期浪漫主义运动兴起之后，古典主义作为一种过时的、保守的文艺思潮逐渐在欧洲文坛上消失。

古典主义喜剧、寓言和散文具有较广的文学视野和较多的民主精神，它们反映的生活面非常广阔，喜剧描写到资产阶级、平民、学者等等，寓言以动物写人反映了很多人的本性，散文除了记录重大的历史事件外，还有人物特写，哲理深沉，善于思索人生的重大问题。

勒内·笛卡儿(1596—1650)的唯理主义是古典主义的哲学基础，他的理论直接指导了古典主义作家的创作。他的《方法论》是法国第一部重要的哲学和科学著作，也是欧洲哲学史上的重要著作。笛卡儿提出要运用“纯粹的自然而然的理性”，认为感觉是不可靠的，理性是一切认识的根源，他还认为万物之美在于真，人凭理性才能认识这种真。

尼古拉·布瓦洛·德彼雷奥(1636—1711)是古典主义的理论家，他的诗体理论著作《诗的艺术》总结了高乃依、拉辛、莫里哀等作家的经验，提出了古典主义的美学原则，被认为是古典主义的法典。布瓦洛继承了亚里士多德的模仿说，提出为了求美就要求真，也就必须模仿自然的观点，他认为理性是艺术的最高准则。布瓦洛所说的自然内容狭隘，但是包含着关注现实的艺术要求，他制定的各种文体必须遵循的法则成为后来创作上的束缚。《诗的艺术》对法国和欧洲的文学产生过很大的影响，成为欧洲文艺理论史上一部重要的著作。

让·拉封丹(1621—1695)是一位拥护古典主义的作家,他的作品对寓言诗的发展做出了很大的贡献,在法国和欧洲享有很高的声誉。他的作品真实地反映了封建社会的现实面貌,有的揭露了封建王朝的黑暗,有的谴责了贵族阶级的残暴,有的描写了劳动人民的苦难。在结构上,让·拉封丹力求将寓言写成压缩的剧本,有开场、发展、结局,在对话上写得活泼自然,显示出人物的个性,作品韵律则千变万化,诗句自由而朗朗上口,将寓言创作提高到前所未有的高度。作品中性格化的形象、戏剧性的情节和民间语言共同表现出了作家的独特风格。

法国古典主义的散文非常有特点,布莱兹·帕斯卡尔的《致外省人书简》为受压制的教派辩护,拉法耶特夫人的《克莱芙王妃》是欧洲非常著名的心理小说,让·德·拉布吕耶尔的《品性论》反映了17世纪下半叶的社会风俗,弗朗索瓦·德·费纳龙的《忒勒马科斯历险记》主要表达了作者的政治观点和治国主张。

三、英国

17世纪以后,欧洲许多国家在不同的时期接受法国的影响出现了古典主义文学,约翰·德莱顿是英国最有成就的古典主义作家,是古典主义的倡导者和实践者,他是宫廷诗人,曾经受封为“桂冠诗人”。他在文学理论方面取得了很大的成就,有《论戏剧诗》、《悲剧批评的基础》等论著,被视为英国文学批评的奠基作,其中《论戏剧诗》阐述了古典主义法则。他也写过不少“英雄剧”,描写贵妇人和骑士的爱情纠葛,歌颂过时的理想,美化宫廷生活。亚历山大·蒲伯的创作使英国古典主义达到了高潮,《批评短论》提出“优美趣味”说,《夺发记》抨击了上流社会的空虚无聊,他的作品意象丰富,语言精练。

四、德国

德国古典主义的代表作有约翰·克里斯托弗·高特舍特的《批判诗学试论》,这部作品对德国民族语言的规范和剧坛的整顿起到了重要的作用,他推崇理性和“三一律”,有助于启蒙精神的发扬。

五、俄国

俄国为了歌颂贤明的君主,也接受了古典主义的文学观念,为彼得一世的改革服务。亚历山大·彼得罗维奇·苏马罗科夫的《霍烈夫》促成了俄罗斯剧院的诞生,米哈伊尔·瓦西里耶维奇·罗蒙诺索夫的《俄文语法》根据古典主义的原则,把文学体裁分为三种,为语言的规范化奠定了基础。

第三节 启蒙主义文学

18世纪的欧洲处在封建社会向资本主义过渡的社会转型时期，在这一时期封建势力同资产阶级和人民群众的矛盾日益激化，于是欧洲各国普遍要求推翻封建制度，铲除封建残余，建立和发展资本主义社会。顺应这一历史要求，在文化领域内便产生了称为“启蒙运动”的思想文化革新运动。

科学和生产力取得突破性发展是促使启蒙运动诞生的重要原因，当时各种科学已经形成独立的学科，科学在生产实践的运用大大扩大了国际贸易，提高了工农业的生产力，随着人们的视野的开阔，人们开始从新的视角重新审视世界。英国自17世纪以来的哲学、社会科学等进步思想文化的发展对欧洲启蒙运动的诞生产生了直接的影响。霍布斯关于社会契约的理论、洛克的经验主义哲学、托兰德的自然神论和无神论等，实际上都是18世纪启蒙运动的序幕。这些新思想首先在法国兴起，后来传至欧洲各国，欧洲先进的知识分子继承了文艺复兴的反教会的思想，在各个领域掀起了启蒙运动。

启蒙运动是第二次全欧洲性的思想文化运动，是文艺复兴运动在新的历史条件下的继续和发展。启蒙运动带有更加鲜明的政治色彩，理性思考和改革热情，提出了更加彻底、更加完整的纲领，为资产阶级夺取政权和巩固政权奠定了舆论基础。

一、启蒙文学

启蒙文学的显著特征是崇尚理性，把理性作为评判一切的标准；具有强烈的战斗性和批判性，猛烈地抨击封建专制和教会，尖锐地揭露社会上的不平等、不合理现象；充满理想并且描绘了社会政治的改革图案。并且启蒙文学家的创作意图是宣传启蒙思想，他们重视文学的社会功能和教育功能。

在思想内容方面，启蒙运动的思想核心是理性崇拜，这也是启蒙文学的思想基础。启蒙主义者把理性看作衡量一切的尺度，他们认为要改造社会必须用理性和符合理性的科学去照亮人们的头脑，启迪人们的蒙昧无知。启蒙主义者崇拜的自然理性，不同于17世纪崇尚君主王权的理性主义，而是属于新兴的资产阶级世界观范畴。他们宣传唯物论或自然神论，从理论上深刻批判蒙昧和宗教神秘主义，号召人们用真实感觉和自然理性去认识世界。启蒙作家重视文化教育和科学技术，并要求培养新时代的新人，他们弘扬人的价值和个性尊严，宣传以自由、平等、博爱为核心内容的人道主义。总起来说，虽然启蒙主义者摆脱不了时代和阶级的局限，但它宣传了一种崭新的世界观和价值观，符合历史发展的要求和广大人民的愿望，推动了人类思想文化和科学知识的发展，为建立资本主义制度和国家制度奠定了理论基础。

在文学风格方面，启蒙运动的参加者和拥护者大都具有强烈的政治性和革命性，把文艺当作宣传启蒙思想的工具和批判封建主义的武器。在欧洲形成启蒙文学的强大的潮流中，一些启蒙作家借用古典主义的形式进行创作，但在思想内涵上却冲破了它，随着启蒙文学的发展，古典主义受到了强烈批判。在启蒙运动的鼓舞和现实主义理论的指导下，启蒙作家以大量的优秀作品展示出启蒙文学特有的风范和特点。

在描写对象方面，启蒙文学描写赞颂的主人公主要是资产阶级和其他平民。启蒙作家对传统教会进行了激烈的批判，并且以自由、平等、博爱等思想全面批判封建统治，从理论上动摇了封建教会存在的合理性。例如，浮士德、费加罗、鲁宾逊等，这些人物不但富有时代的理性特色，而且也呈现出人的灵魂内部的各种心理因素的矛盾，揭示出丰富复杂的人性内涵，都成为一些不朽的艺术形象。

在文体方面，启蒙作家为了宣传启蒙思想，广泛采用了小说、诗歌、戏剧和政论等各种文体，打破了诗体文学独尊的局面，开创了文学史上的散文时代。小说的形式多种多样，有书信体、自白体、对话体等，法国的哲理小说和英国的现实小说最为著名。戏剧方面打破了悲剧和喜剧的严格界限，主要表现普通人的日常生活，开创了后来长足发展的话剧的先河。

欧洲各国的启蒙文学由于各自的发展情况和文学传统的不同，具有独特的发展过程和特点。

二、英国

英国的启蒙主义文学以现实主义的长篇小说成就最高，小说家继承了流浪汉小说和市民文学的特点，深刻地反映了英国资产阶级的生活现实，为欧洲 19 世纪的现实主义长篇小说的繁荣奠定了基础。

(一) 丹尼尔·笛福

丹尼尔·笛福 (1660—1731) 是启蒙文学时期英国最重要的长篇小说作家，是英国现实主义小说的开创者之一。他的小说《鲁滨逊漂流记》用写实的手法描写了鲁滨逊用才智克服困难，用劳动战胜自然，最终用火枪和基督教义征服土著居民，成为了荒岛的主人，塑造了一个英国真正资产者的著名艺术典型，小说反映了资产阶级上升时期的个人进取精神。它的成功为英国的现实主义小说开辟了道路和奠定了坚实的基础。《摩尔·弗兰德斯》是笛福的另一部重要的小说，它描写了主人公弗兰德斯在资产阶级社会的腐蚀和迫害下堕落的过程，笛福肯定了弗兰德斯的个人品质和善良品质，并且肯定了现存的社会制度。

(二) 约拿旦·斯威夫特

约拿旦·斯威夫特 (1667—1745) 是一个激进的启蒙主义作家，他的长篇讽刺小说《格列佛游记》享誉世界。在这部讽刺小说中，斯威夫特全面讽刺了英国的社会现实，并且把讽刺的对象夸张变形到荒诞的地步，他对社会进行了深刻的揭露和辛辣的讽刺，尖锐地揭露了贫富的矛盾和对立。他的作品中包含着启蒙主义的社会原则和价值观，提出了开明君主、贵族和人民三方面势力均衡的法治主张，并且还提出了共和政体的主张。

(三) 撒缪尔·理查生

撒缪尔·理查生（1689—1761）是英国家庭小说的开创者，《克拉丽莎》和《帕米拉》是他的代表作。《帕米拉》关注婚姻和家庭，把婚姻自主同中产阶级的道德说教结合在一起，树立了资产阶级清教徒式的道德规范，维护了资本主义的社会秩序。理查生擅长以书信体的形式描写家庭的日常生活，注重人物心理的描写和情感的细腻变化，在结构上突破了流浪汉小说的串连式方法而集中描写一个完整的故事，尤其是他的感伤和哀婉的情调奠定了英国感伤主义文学的基础。

(四) 亨利·菲尔丁

亨利·菲尔丁（1707—1754）是18世纪英国杰出的小说家和戏剧家，是英国近代小说的创始人之一。他的小说被称为“散文滑稽史诗”，他被公认为英国现实主义小说的奠基者。

菲尔丁把小说提高到同史诗等同的地位，他认为史诗和小说都是从自然中临摹来的，创作的主要任务就是描写典型人物。“散文滑稽史诗”的代表作是《约瑟夫·安德鲁斯》和《汤姆·琼斯》。《约瑟夫·安德鲁斯》通过主人公安德鲁斯的遭遇和经历，揭露了乡绅地主的专横和批判了维护贵族特权的政治制度。《汤姆·琼斯》围绕着汤姆·琼斯和布立非两个人物的基本冲突展现了当时英国的现实图景，表现了对当时英国进行社会改造的要求和对新的道德规范的呼唤。

这两部小说情节复杂，深刻地反映了当时的社会生活，在描写对象上注重塑造普通人的形象，在艺术手法上也凸现幽默和滑稽的特点。菲尔丁的小说包含广阔的生活图景、众多的人物形象、曲折动人的情节和严谨完整的布局结构，菲尔丁继承了讽刺小说的传统，揭露了社会生活中的种种矛盾，同时吸取了流浪汉小说和感伤主义的艺术经验，深刻地反映了18世纪英国的社会现实，对后来英国长篇小说的发展产生了重要的影响。

(五) 托比亚斯·斯摩莱特

托比亚斯·斯摩莱特（1721—1771）的作品多为流浪汉小说，他的自传体小说《兰登传》通过主人公兰登为了生存而努力挣扎的经历，抨击了英国政府的黑暗和上层社会对爱尔兰人的歧视，具有强烈的社会现实意义。

(六) 感伤主义文学

感伤主义文学是启蒙文学的继续和发展，主要流行于18世纪中后期的欧洲，它产生于英国，是英国中小资产阶级情绪的反映。感伤主义作家突出强调感觉和感情，着力描写个人内心的感受，渲染中下层人物的痛苦，作品充满感伤情调。感伤主义文学的产生与英国贝克莱和休谟的感觉主义哲学有关，法国的卢梭和德国的狂飙突进作家都受其影响。感伤主义是软弱的中小资产阶级情绪的一种反映，他们在对于理性社会表示失望的同时，转向了对感情的崇尚和对宗法社会的留恋,感伤主义来源于斯泰恩的《感伤的旅行》。

此外,还有一些名家名作。如奥立佛·哥尔德斯密(1730—1774)的代表作《威克菲尔牧师传》,一方面批判了地主的专横和暴虐,另一方面反映了作者的妥协性,在浓郁的感伤情怀的描写中既有喜剧性的幽默又有戏剧化的场景。理查·布林斯莱·谢立丹(1751—1816)是英国最著名的喜剧作家,他的代表作《造谣学校》尖锐地讽刺了资产阶级贵族的虚伪和荒淫,把英国喜剧推向了高峰,他的创作大多是轻松愉快的风习喜剧。罗伯特·彭斯(1759—1796)是英国杰出的诗人,他的诗歌拥护美国的独立和法国的革命,在现实的生活中迸发出浪漫主义的激情。

三、法国

古典主义在法国衰落之后,启蒙主义文学开始登上文坛。启蒙作家继承了法国的文学传统,或者利用旧形式,或者创造新形式,使启蒙思想广泛传播。法国的启蒙文学具有鲜明的政治倾向,更加全面地反映了启蒙运动的理论体系。

(一)阿兰·勒内·勒萨日

阿兰·勒内·勒萨日(1668—1747)是法国启蒙文学的重要作家,他的代表作《吉尔·布拉斯》采用流浪汉小说的形式,通过西班牙青年的经历,映射了当时法国的社会现实,批判了社会的政治黑暗。这部作品在欧洲现实主义小说发展史上具有重要的地位,开启了启蒙文学的序幕。

(二)查理·路易·德·瑟贡达·孟德斯鸠

查理·路易·德·瑟贡达·孟德斯鸠(1689—1755)是法国启蒙文学史上的重要人物,是一位真正意义上的启蒙作家。《波斯人信札》是第一部著名的启蒙哲理小说,开了18世纪哲理小说的先河,为法国的启蒙主义文学开辟了道路。作品内容涉及到法国的政治、宗教和社会生活,全面地宣传了作者有关政治、宗教社会、和道德等方面的启蒙思想,它是孟德斯鸠用书信体写成的一部小说。作者提出了他的社会乌托邦理想,以人的自然品质维系着社会生活,同时小说具有很强的揭露性和讽刺性,猛烈地抨击了封建专制制度和天主教会,尖锐地批判了上流社会的腐朽生活。他的理论著作《法的精神》详细地论证了三权分立的学说,把法制提高到了国家政治生活的首位,成为关于国家学说的重要著作。

(三)伏尔泰

伏尔泰(1694—1778)是法国启蒙运动的领袖人物,他的哲理小说受到当时人们的欢迎。他倡导文艺为社会改良和宣传启蒙思想服务,但是又强调古典主义的规则应该遵守。《查第格,或命运》、《老实人,或乐观主义》、《天真汉》是他的代表作品,他的这些作品有的对罪恶的社会进行了揭露,鼓舞启蒙主义者战胜恶势力的迫害,有的批判了盲目的乐观主义精神,表达了作者的乌托邦理想,有的把尖锐的启蒙思想武器指向法国封建专制制度和天主教会,鼓舞了国家进步人士争取民族独立和自由的斗争。伏尔泰的讽刺才能被拜伦称赞为"那简直像一阵狂风,随心所欲地飘刮，拔起了一切事物的根，有时教蠢材出丑，有时把皇座也震动”。

伏尔泰还将中国元杂剧《赵氏孤儿》改编为《中国孤儿》，成为中法文化交流史上的一段佳话。

（四）德尼·狄德罗

德尼·狄德罗（1713—1784）是法国著名的启蒙思想家和作家。《百科全书》是狄德罗组织大批启蒙思想家用了二十多年完成的，是一部反对封建意识和天主教蒙昧的巨著，把启蒙运动推向了一个新的阶段，因此这些人得名“百科全书派”。狄德罗的主要成就是他的三部哲学小说，《修女》猛烈地抨击了教会对主人公精神上的压制和摧残，批判了摧残人性的宗教制度，为维护人权和个性解放呐喊。《宿命论者雅克》揭露了封建社会贵族阶级的腐朽生活，同时激发了人们反宗教的意识，刻画了正在起来反抗的仆人的生动形象，同时它的结构接近于现代新小说派的叙述方法。《拉摩的侄儿》是一部对话体小说，有力地揭露了现存社会制度的罪恶，恩格斯称它是“辩证法的杰作”。狄德罗是西方近现代美学的代表，他的主张以启蒙思想为基础，他主张艺术要反映现实生活，并且强调艺术对社会人生要起指导作用。

（五）雅克·卢梭

雅克·卢梭（1712—1778）是法国18世纪最杰出的启蒙思想家之一，他被称为浪漫主义运动之父。他的著作对文学、历史和艺术等各个领域产生了深远的影响，卢梭最重要的三部著作是《新爱洛伊斯》、《社会契约论》和《爱弥儿》。

《新爱洛伊斯》是一部书信体的长篇小说，作家对主人公真诚而纯洁的爱情寄予了深厚的同情，对摧残爱情的专制力量提出了愤怒的控诉。这部小说不以故事情节的发展作为线索，而是通过人物内心的独白表现故事的侧影，并且它的语言总是形象化的，优美的笔调饱含着浓烈的情感和对青年人思想及生活的启示。作品具有浪漫主义的重要特征，将爱情作为人类崇高美好的情感进行了热情的歌颂，是一部具有历史意义的开创性小说。《社会契约论》作为一部政治论著，集中反映了卢梭的社会政治理想，是一部重要的经典文献。在这部著作中，作者提倡民主、自由、平等，同时主张消灭封建专制制度，建立以全社会共同契约为基础的民主共和国。《爱弥儿》是一部讨论教育的哲理小说，阐述了卢梭关于培养自然人的教育思想，成为人道主义教育的经典名著和后世塑造新人形象的教育小说。此外，《忏悔录》是卢梭用7年时间完成的重要作品，在书中作者叙述了个人的生活经历和他的整个内心世界，他以惊人的勇气和真诚对真理进行探索和追求，同时对社会的罪恶进行了抨击，《忏悔录》以其独特的魅力成为文学史上的一座丰碑。

四、德国

德国的资产阶级成长缓慢，缺少革命的勇气，德国政治、经济和文化的落后，决定了德国的启蒙运动只能是局限在文学艺术和文化思想领域里的改革运动。18世纪德国文学的任务，是创造具有近代意义的民族文学。德国启蒙文学起步于18世纪20至40年代，在中期开始繁荣。德国的“狂飙突进”运动，是德国文学史上第一次全德规模的文学运动。“狂飙突进”运动的作家们强调文学的民族性，要求个性解放，崇拜天才人物，他们的思想带有狂热的、叛逆的性质。“狂飙突进”运动促进了德国民族意识和个性的觉醒，把启蒙文学推向了更为繁荣的新阶段。

(一) 高特·荷德·埃夫拉姆·莱辛

高特·荷德·埃夫拉姆·莱辛（1729—1781）是德国启蒙运动的伟大代表，是现实主义美学家和剧作家，是德国民族文学的真正奠基人。他的美学理论、戏剧理论和戏剧实践为德国启蒙文学的发展开创了道路，他的剧作《萨拉·萨姆逊小姐》是欧洲文学中第一部悲剧。

(二) 弗列德里希·席勒

弗列德里希·席勒（1759—1805）是德国狂飙运动的主要代表之一，他的《阴谋与爱情》是德国市民悲剧的代表作。

(三) 约翰·沃尔夫冈·歌德

约翰·沃尔夫冈·歌德（1749—1832）是德国最伟大的诗人、作家和思想家。恩格斯称他为“天才的诗人”，海涅称他为“世界的一面镜子”。他的人道主义和个性完善思想，深刻地体现了当时德国人的主要追求。

歌德一生创作了大量的诗歌，他的歌颂爱情的诗歌与他热爱生活的情感紧密联系在一起，歌颂自然的诗歌把自然与爱融合在一起，并且探索了人与自然、爱与自然的关系；对封建统治阶级表示不满和反抗的诗歌，则显示出诗人充满斗志和不屈意志的坚强力量；对世界、人生、历史和现实的哲理性思索的诗歌，探索了生活的意义和本质，充满了深刻的智慧和思悟，表达了诗人对于时代、历史的观察和对生命演化的思考。他的诗歌体现出罗可可的华丽风格，具有极高的思想价值和审美价值，他运用和发展了各种诗体，使诗歌艺术取得了很高的成就。

书信体小说《少年维特之烦恼》是歌德根据本人亲身经历的爱情体验和友人的事件写成的，作品深刻地体现了德国“狂飙突进”运动时期的时代精神和德国资产阶级的特色，表现了德国新兴的资产阶级对现实生活无能为力的软弱性和妥协性。小说情感充沛细腻，哀婉缠绵，写法上接近感伤主义。《野玫瑰》是歌德创作的一系列充满青春活力和生活气息的优美抒情诗。他的抒情长诗《普罗米修斯》通过对天神统治宇宙权威的否定，表达了人们强烈的反抗与叛逆精神。诗体悲剧《浮士德》是他的代表性作品，是他一生思想和艺术探索的结晶。

思考题：

一、填空

1.__________文学产生于16世纪下半叶，在17世纪上半叶达到盛期，__________原本用来形容形状不规则的珍珠，后来逐渐成为文艺复兴后期的一种新的建筑风格，这种建筑崇尚豪华动感和装饰美。

2.约翰·弥尔顿的《______》是一部宏大的史诗，取材于《圣经》，主要描写了叛神撒旦造反的故事和亚当、夏娃违犯上帝禁令偷吃禁果而被赶出乐园的故事，赞颂了撒旦的反抗，体现了诗人清教徒的革命思想，他的《______》取材于《新约》，表现了革命者坚贞不渝的气节和对资产阶级革命的坚定信念。

3.德彼雷奥是古典主义的理论家，他的诗体理论著作《______》总结了高乃依、拉辛、莫里哀等作家的经验，提出了古典主义的美学原则，被认为是古典主义的法典，成为欧洲文艺理论史上一部重要的著作。

4. 丹尼尔·笛福是启蒙文学时期英国最重要的长篇小说作家，是英国现实主义小说的开创者之一。他的小说《______》用写实的手法塑造了一个英国真正资产者的著名艺术典型，小说反映了资产阶级上升时期的个人进取精神，它的成功为英国的现实主义小说开辟了道路和奠定了坚实的基础。

5.______是18世纪英国杰出的小说家和戏剧家，是英国近代小说的创始人之一，他的小说被称为“散文滑稽史诗”，他被公认为英国现实主义小说的奠基者。

6.孟德斯鸠是法国启蒙文学史上的重要人物，是一位真正意义上的启蒙作家。《______》是他用书信体写成的第一部著名的启蒙哲理小说，开了18世纪哲理小说的先河，他的理论著作《______》详细地论证了三权分立的学说，把法制提高到了国家政治生活的首位，成为关于国家学说的重要著作。

7.______是法国启蒙运动的领袖人物，他的哲理小说受到当时人们的欢迎。他倡导文艺为社会改良和宣传启蒙思想服务，但是又强调古典主义的规则应该遵守。他将中国元杂剧《赵氏孤儿》改编为《______》，成为中法文化交流史上的一段佳话。

8.狄德罗是法国著名的启蒙思想家和作家，《______》是狄德罗组织大批启蒙思想家用了20多年完成的，是一部反对封建意识和天主教蒙昧的巨著，把启蒙运动推向了一个新的阶段。《______》是一部对话体小说，有力地揭露了现存社会制度的罪恶。

9.______是法国18世纪最杰出的启蒙思想家之一，他被称为浪漫主义运动之父。他的著作对文学、历史和艺术等各个领域产生了深远的影响，最重要的著作是书信体的长篇小说《______》，作品具有浪漫主义的重要特征，将爱情作为人类崇高美好的情感进行了热情的歌颂，是一部具有历史意义的开创性小说。

10.______是德国最伟大的诗人、作家和思想家，恩格斯称他为“天才的诗人”，海涅称他为“世界的一面镜子”，他的代表作有书信体小说《______》，诗体悲剧《______》。

二、解词

1.《失乐园》　2.启蒙运动　3.《鲁滨逊漂流记》　4.感伤主义文学　5. 德国狂飙突进运动　6.歌德

三、简答

1.古典主义的文学风格

2.启蒙文学的总体特征

3.伏尔泰和狄德罗小说的特点

四、论述

1.菲尔丁的现实主义小说

2.卢梭的文学创作

3."狂飙突进"运动在德国的文学表现

第一节 浪漫主义文学

浪漫主义是18世纪末、19世纪初欧洲普遍流行的一种文艺思潮，它是欧洲资产阶级革命高潮年代的产物，在政治上反对封建专制，在艺术上与古典主义相对立，属于资本主义上升时期的一种意识形态，受德国古典哲学和空想社会主义思潮影响重大。浪漫主义思潮包含着对革命中胜利的激情和对革命后现实的失望，其基本的特征是浓重的感情色彩、自由的理想抒发、强烈的个性张扬。浪漫主义作家是启蒙运动的继承者，他们重视中世纪的民间文学和诗体长篇小说，提出了“回到中世纪”的口号。

浪漫主义作家在政治上反对封建制度，批判现实的黑暗，矛头指向封建贵族和封建残余，同时也展示了资本主义社会的残酷。浪漫主义文学强调创作的绝对自由，反对古典主义的清规戒律，要求突破文学描绘现实的范围。浪漫主义文学偏重于描写自然风光，不满资本主义的文明和现实，高举回归自然的主张。在艺术特点上，浪漫主义文学惯用对比和夸张，重视丑的美学价值，大力提倡想象，并且爱好忧郁感伤的情调。由于作家的阶级立场和政治态度不同，浪漫主义形成两大对立的派别：积极浪漫主义和消极浪漫主义。

一、德国

18世纪末19世纪初，德国最先创建了浪漫主义的理论，兴起了浪漫主义文学的探索。奥古斯特·施莱格尔（1767—1845）是“耶拿派”的代表人物，他的作品以歌颂中世纪为理论和创作的出发点，带有较重的宗教神秘色彩。霍夫曼（1776—1822）是一个深受浪漫主义影响的作家，他的代表作《小查克斯》通过奇异和荒诞的故事对现实中的黑暗现象进行讽刺。沙米梭（1781—1838）是德国著名的小说家，他的代表作《彼得·史雷米尔奇异的故事》具有明显的资本主义倾向。

亨利希·海涅（1797—1856）是德国最富批判性的浪漫主义诗人和革命民主主义诗人。他的作品猛烈地抨击了腐朽的封建制度，歌颂了民主革命，揭露了资本主义的罪恶。《德国——一个冬天的神话》是他的政治抒情长诗，写的是他从巴黎返回祖国探望病中的母亲时，沿途的所见所闻和主观感受。在诗中海涅利用幻想和童话对德国的腐朽制度进行了猛烈的抨击，对德国的资产阶级对封建势力的妥协进行了尖锐的讽刺。这部诗体游记在描写德国现实时，利用现实和梦幻的交织构成了长诗的独特风格。在诗中海涅还对德国社会黑暗丑恶的现象进行了广泛而又深刻的揭露，这些揭露大大加强了长诗的鞭挞、批判封建反动制度的力量，增强了长诗的战斗作用。诗人采用浪漫主义和现实主义相结合的手法，将历史事件、民间传说、童话、梦境融入到对现实的描绘之中，从而构成了长诗既幻丽又冷峻的特色。比喻、夸张、象征、梦幻等手法的运用，增强了长诗的讽刺力度。

二、英国

英国的浪漫主义文学也取得了令人瞩目的成就。华兹华斯(1770—1850)的《抒情歌谣集》宣告了英国浪漫主义的诞生，他为诗集写的序言奠定了浪漫主义诗学的理论基础。他的作品以朴素的口语描摹普通人的日常生活和纯真情感，对浪漫主义诗歌的发展产生了积极的作用。

(一) 乔治·戈登·拜伦

乔治·戈登·拜伦(1788—1824)是英国杰出的浪漫主义诗人，也是19世纪欧洲浪漫主义文学的重要代表作家。《恰尔德·哈洛尔德游记》是拜伦最重要的代表作品，它既是一篇生动热情的旅途抒情日记，又是一首评论当时重大历史事件的长诗。诗歌具有明确的政治倾向，憎恨反动统治，反对侵略，渴望自由，歌颂民族解放斗争。诗歌通过哈洛尔德的经历，表达了作者对各种形式的暴政和压迫的愤怒，以及对争取独立、争取自由的人民的赞扬。诗人的主观抒情在诗中占有重要的地位，这是浪漫主义的一个最基本的特征，也是浪漫主义和现实主义在创作上的最大的不同之处。诗体小说《唐璜》是拜伦后期的代表作，被歌德称赞为"绝顶天才之作"。拜伦改造了传说中唐璜的形象，把他描写成18世纪末天真、热情、善良的贵族青年。《唐璜》绝不只是描写唐璜，而更在于广阔而深刻的社会讽刺，以及与之紧密相连的揭露、谴责和批判。在艺术上《唐璜》表现手法多种多样，同时把不同生活领域里的丰富语汇掺和使用，大大增强了表现力。拜伦的诗歌具有深刻的思想意义，既表达了对封建专制的痛恨，又揭露了资本主义的罪恶，同时还抒发了对自由的热爱。

(二) 波西·比希·雪莱

波西·比希·雪莱(1792—1822)是英国诗人，他的诗音调优美，节奏明快，想像丰富。在他的第一首著名的长诗《麦布女王》中，批判了封建的专横，谴责了资本主义的种种剥削形式，并且还提出了通过宣传教育以建立美好的自由社会的幻想。雪莱创作的高峰是他的抒情诗剧《解放了的普罗米修斯》，它是一部积极浪漫主义的典型作品。剧中主人公普罗米修斯因反抗天神朱庇特对人类的专制残暴，被铁链锁在高加索岩石上，身受百般摧残，却绝不向暴君屈服，最后终于依靠大自然的力量获得解放。雪莱通过这一象征性的艺术形象，歌颂了坚贞不屈的反抗精神，表达了对未来美好世界的向往。

司各特(1771—1832)是英国浪漫主义文学的重要代表人物，他的《艾凡赫》对许多现实主义大家的创作也产生了重要的影响。简·奥斯丁(1775—1817)是代表从浪漫主义向现实主义过渡的第一位英国女作家,她的《傲慢与偏见》以细微的心理刻画突出了个体的价值和尊严 。

三、法国

(一)夏多布里昂

夏多布里昂(1768—1848)是法国浪漫主义文学早期的代表作家,他的《基督教真谛》集中反映了他对中世纪的怀恋和以基督教精神来拯救世界的意愿,包含中篇小说《阿达拉》和《勒内》都具有开创性的意义。

(二)斯达尔夫人

斯达尔夫人(1766—1869)的作品具有鲜明的自由主义精神,是法国早期浪漫主义文学的重要成果,代表性的作品有《论文学》、《论德意志》和《苔尔芬》等。

(三)维克多·雨果

维克多·雨果(1802—1885)是法国浪漫主义的最杰出代表,是法国最伟大的诗人和小说家之一,他的创作为浪漫主义小说开辟了广阔的天地,对后来的作家产生了巨大的影响。其创作最突出的特点是人道主义,这个特点鲜明地反映了资产阶级民主思想强的一面和弱的一面。

《巴黎圣母院》是雨果发表的第一部长篇小说,是一部浪漫主义小说的典范。小说富于浪漫主义色彩,通过情节紧张和变幻莫测的故事,揭露了中世纪教会和贵族统治阶级的罪恶,肯定了人民群众对教会和国王权力的反抗,同时宣扬仁慈与爱情创造奇迹的人道主义思想。

《悲惨世界》是雨果的长篇小说代表作之一,是一部以史诗笔法写成的现实主义杰作,展示了一幅蔚然壮观的19世纪初期法国社会历史画面。作品通过主人公冉阿让的悲惨经历,揭露了资本主义社会中的下层人民受苦难的悲惨遭遇以及资产阶级法律与人民为敌的本质。它从人道主义思想出发,描写了下层劳动人民的贫穷处境,集中表现了以博爱为核心的人道主义思想,此时的人道主义已经发展为对现代资产阶级社会的道德和法律的批判。

他的诗歌作品《秋叶集》和《暮歌集》带有鲜明的时代烙印,歌颂了人民,鞭挞了暴君,诗史《历代传说》被认为是法国诗歌和世界文学中最丰富最完美的抒情诗史之一。

(四)大仲马

大仲马(1802—1870)也是法国浪漫主义文学的重要作家,他往往以丰富的想象力创作出充满传奇色彩的历史小说,代表作品主要有《基督山伯爵》和《三个火枪手》。大仲马的浪漫主义剧本《亨利第三及其宫廷》完全破除了古典主义"三一律"。大仲马小说大都以真实的历史作背景,以主人公的奇遇为内容,情节曲折生动,处处出人意外,堪称历史惊险小说。异乎寻常的理想英雄,急剧发展的故事情节,紧张惊险的打斗动作,清晰明朗的完整结构,生动有力的语言,灵活机智的对话等,构成了大仲马小说的特色。

四、俄国

俄国文学在经历了古典主义和感伤主义之后，浪漫主义文学在19世纪发展起来了。茹科夫斯基(1783—1852)的诗歌充满了神秘主义的色彩，对浪漫主义的形成产生了重要的影响。

亚历山大·谢尔盖耶维奇·普希金(1799—1837)是19世纪俄罗斯伟大的民族诗人，俄国浪漫主义文学的主要代表和俄国现实主义文学的奠基人，高尔基称赞他为"俄国文学之始祖"。长篇童话叙事诗《鲁斯兰和柳德米拉》，首创性地把民间故事和民间语言引入诗歌，成为俄国文学中第一首积极浪漫主义诗歌。他的诗体长篇小说《叶甫盖尼·奥涅金》为俄国小说创造了典范，成为俄国现实主义散文小说的开端。小说描述19世纪早期俄国贵族青年的苦闷彷徨和上层社会的生活，奠定了俄国批判现实主义文学的基础。主人公奥涅金是俄国文学中第一个"多余人"形象，他的两重性概括了19世纪20年代俄国贵族先进青年的典型特征。小说为俄国文学首创了描写典型环境中典型性格的典范，第一次展示了整个俄国生活的真实画卷。后来普希金又陆续完成了《上尉的女儿》、《杜勃罗夫斯基》、《黑桃皇后》、《波尔塔瓦》、《青铜骑士》、《渔夫和金鱼的故事》和《死公主和七勇士的故事》等作品。

五、美国

美国深受英国文学的影响，后来逐渐建立起了民族文学的意识。

纳撒尼尔·霍桑(1804—1864)的作品具有浓郁的神秘色彩和宗教意识，长篇小说《红字》通过一个受不合理婚姻束缚的少妇海丝特·白兰因犯"通奸"罪被监禁、示众和长期隔离的故事，暴露了政教合一体制统治下殖民地社会的冷酷虚伪，探讨了有关罪恶和人性的道德、哲理问题。他擅长揭示人物内心冲突和心理描写，充满丰富想象，惯用象征手法，且潜心挖掘隐藏在事物后面的深层意义。其他著名作品还有长篇小说《带有七个尖角楼的房子》、《玉石雕像》和《教长的黑面纱》等。

瓦尔特·惠特曼(1819—1892)是19世纪美国最杰出的浪漫主义诗人，是美国资本主义上升时期自由、平等和民主精神的伟大歌手。《草叶集》是美国诗歌史上一座灿烂的里程碑，将美国文学中的浪漫主义诗歌推向了高峰。作品包含了丰富而深刻的思想内容，真实记录了处于资本主义上升时期新兴的美国前进的历史步伐，充分反映了19世纪中期美国的时代精神。诗人站在激进的资产阶级民主主义立场上讴歌美国这块"民主的大地"，诗集通过"自我"感受和"自我"形象，热情歌颂了资本主义上升时期的美国。作者在诗歌形式上有大胆的创新，创造了"自由体"的诗歌形式，打破了传统的诗歌格律，以断句作为韵律的基础，节奏自由奔放，汪洋恣肆，舒卷自如，倡导了一种清新、质朴、自由奔放的文风，开创了美国民族诗歌的新时代。

第二节 现实主义文学

现实主义是从文艺复兴到19世纪这一历史时期形成的一种文艺思潮和创作方法，也是欧洲资产阶级登上历史舞台以及确立政治统治时期出现的一种文学现象。工业革命在西欧开展以后，资本主义经济迅速发展，资本主义制度所固有的矛盾和弊病逐渐暴露，真实地反映现实生活、揭露批判社会黑暗的现实主义文学逐渐发展为文学的主流。

现实主义文学强调真实具体地描写现实生活，详尽分析人类行为互相冲突的趋势，着力再现典型环境中的典型人物。现实主义作家揭露了资本主义社会本质，对资本主义社会及其法律、道德提出了强烈的控诉，同时深切同情饱受苦难的劳动人民。

一、法国

法国是欧洲现实主义文学的发源地，法国的现实主义文学从某种意义上来说是对浪漫主义的继承和发展。

（一）斯丹达尔

斯丹达尔（1783—1842），原名亨利·贝尔，斯丹达尔是他的笔名。是19世纪法国现实主义文学的创始人，他的作品具有鲜明的时代特征，丰富的社会内容，进步的文学观点和丰富的创作技巧，这奠定了他在法国以至欧洲文学史上的重要地位。斯丹达尔的第一部小说是《阿尔芒斯》，对当时的现实进行了密切的关注和尖锐的批判，文艺论集《拉辛与莎士比亚》，在浪漫主义的旗号下提出了现实主义的美学原则，是19世纪现实主义文学的第一部理论著作。

《红与黑》是欧洲文学中最早的一部现实主义著作，也是斯丹达尔最负盛名的代表作品。小说以于连的生活经历为线索，以波旁王朝时期的社会生活为背景，展示了尖锐复杂的社会矛盾，具有鲜明的时代精神和强烈的反封建、反教会的政治色彩。《红与黑》的批判锋芒指向封建贵族、反动教会和资产阶级，从而揭示了法国社会的本质特征，深刻地表现了反对封建复辟的基本主题。它的历史真实性、思想进步性以及把政治分析与心理分析融为一体的艺术手法都达到了完全成熟的高度。因此，它被称为法国批判现实主义作品的先驱，具有里程碑的意义。

（二）奥诺雷·德·巴尔扎克

奥诺雷·德·巴尔扎克（1799—1850）是19世纪法国现实主义文学最杰出的代表，欧洲现实主义文学的奠基人和引领者，他的巨著《人间喜剧》被称为“社会百科全书”。

《人间喜剧》以现实主义手法，通过一系列资产阶级典型形象的塑造，淋漓尽致地揭露了资产阶级的自私、贪婪、狡诈和虚伪，真实地展示了他们的罪恶历史和描绘了法国社会生活。它通过九十多部小说，二千四百多个人物，展示了19世纪前半期整个法国社会的生活画卷。在《人间喜剧》中以《高老头》和《欧也妮·葛朗台》最为著名。《高老头》的故事发生在1819年到1820年的巴黎，以巴黎偏僻街区的一个破旧的伏盖公寓为活动中心，在这里作者把所描写的人物集中起来，通过这些人物从下层社会写到了封建贵族、资产阶级上层，全面地反映了当时巴黎的社会生活情况。高老头最终死在公寓，钱财被两个女儿搜刮净尽。《欧也妮·葛朗台》是巴尔扎克的代表作之一，其主人公葛朗台是一个资产阶级暴发户的典型。小说通过葛朗台的发家史及其女儿欧也妮·葛朗台的爱情、婚姻悲剧，深刻而生动地揭示了19世纪初期法国社会人与人之间赤裸裸的金钱关系。小说的最大成就，是成功地刻画了一个贪婪、吝啬、狡诈的资产阶级暴发户葛朗台的形象。

巴尔扎克在艺术上取得巨大成就。他在小说结构方面匠心独运，小说结构多种多样，不拘一格；并善于将集中概括与精确描摹相结合，以外形反映内心本质等手法来塑造人物；他还善于以精细入微、生动逼真的环境描写再现时代风貌，构成了一幅幅鲜明生动的生活场景。巴尔扎克以自己的创作在世界文学史上树立起不朽的丰碑。

（三）居斯塔夫·福楼拜

居斯塔夫·福楼拜（1821—1880）是19世纪中期法国的重要作家，他起着承前启后的作用，对自然主义和20世纪作家产生了重大影响。长篇小说《包法利夫人》以简洁细腻的现实主义笔触，再现了19世纪中叶法国的外省生活和当时激烈的社会斗争的广阔场面。小说通过爱玛的悲剧，对罪恶的社会进行了尖锐的批判。

福楼拜主张文学应严格、细致、忠实地描绘事物，文学可以将丑恶的生活现象照实描绘，这又为19世纪后期的自然主义开辟了道路。他善于在篇幅不很大的长篇小说中塑造一系列个性突出的典型人物，在塑造典型人物同时又注意环境的描写，在描写上，他通常用白描手法，运用简洁的语言抓住特征，烘托气氛。

（四）普罗斯培尔·梅里美

普罗斯培尔·梅里美（1803—1870）也是法国现实主义文学的代表作家。他的长篇小说《查理九世时代轶事》表现了他强烈的反封建意识，他的中篇小说《嘉尔曼》以强烈的叛逆精神，浓郁的异国情调，鲜明的人物形象和新颖的艺术构思而影响深远。

（五）阿尔封斯·都德

阿尔封斯·都德（1840—1897）是法国19世纪后期的一位带有自然主义倾向的现实主义小说家。他的长篇小说《小东西》忠实地描写物质现象和人物的心灵世界，真实与虚幻和谐地结合在一起。在这部作品中，作者描写了孤独的少年在冷酷自私的环境中饱受欺凌的不幸遭遇，在冷静的叙述中隐藏着含蓄的讽刺与批判，对人物的内心感受表现得非常细致。

（六）欧仁·鲍狄埃

19世纪后期的巴黎公社文学是一种新颖的现实主义文学，它真实地反映无产阶级和广大劳动人民的斗争生活，表现了无产者为理想而奋斗的革命激情，巴黎公社文学为20世纪世界无产阶级文学的发展奠定了基础。

欧仁·鲍狄埃（1816—1887）是巴黎公社文学的代表，他的《国际歌》以饱满的无产阶级政治热情，号召全世界无产阶级和劳动大众团结起来，彻底推翻资产阶级的反动统治，为解放全人类而奋斗。《国际歌》形象地阐述了马克思主义学说，表现了无产阶级为解放全人类而团结战斗的英雄主义和乐观主义精神，并且采用民歌的形式表达了无产者的战斗激情。

二、英国

英国的现实主义文学较多地表现了小人物的悲惨命运和苦难生活，带有浓重的改良主义和人道主义色彩，同时英国的现实主义作家开拓了重要的题材领域，他们把劳资矛盾反映到了自己的创作中来，并且提出了重大的现实问题，具有重要的意义。

（一）查理·狄更斯

查理·狄更斯（1812—1870）是19世纪英国现实主义文学的主要代表。一生创作了14部长篇和百余篇中、短篇小说以及大量杂文、特写、游记、剧本等，代表着英国19世纪现实主义文学的最高成就。

《艰难时代》是狄更斯描写劳资矛盾的长篇代表作，展示了工业资本家对工人的残酷剥削和压迫，描写了工人阶级的团结斗争，并批判了为资本家剥削辩护的自由竞争原则和功利主义学说，反映了当时日益尖锐的劳资矛盾。《双城记》以法国贵族的荒淫残暴、人民群众的重重苦难和法国大革命的历史威力，来影射当时的英国社会现实，小说体现了作者侧重描写感受世界的现实主义创作方法，并且成功地运用了悬念和象征等艺术技巧。《大卫·科波菲尔》是作者的自传体小说，在这部小说中，不仅可以全面地了解大卫曲折艰辛的身世，更重要的是可以通过他的一生道路了解19世纪上半期英国的社会现实。

他的作品广泛而深刻地描写了这个时期社会生活的各个方面，鲜明而生动地刻画了各阶层的代表人物形象，并从人道主义出发对各种丑恶的社会现象及其代表人物进行揭露批判，对劳动人民的苦难及其反抗斗争给以同情和支持，同时他的作品情节细腻感人，人物个性鲜明生动，具有强烈的艺术感染力。

（二）威廉·梅克皮斯·萨克雷

威廉·梅克皮斯·萨克雷（1811—1863）是著名的英国讽刺作家。他善于描写社会上等阶层人与人之间的虚伪关系，善于细腻地刻画人物的情绪状态。他的代表作《名利场》通过描写两个生活态度截然不同的妇女的命运，揭露出资本主义金钱社会是一个冷酷自私的名利场。通过描写穷画家女儿蓓基·夏泼在受尽歧视后，不择手段向上爬的故事和她的沉浮遭遇，深刻地揭露了社会的腐朽堕落，生动地塑造了以斯丹恩勋爵为首的一系列厚颜无耻、荒淫奸诈的贵族资产阶级形象。

（三）勃朗特姐妹

夏洛蒂·勃朗特（1816—1855）是19世纪英国著名的现实主义女作家，她与狄更斯、萨克雷等人被马克思称为"现代英国的一批杰出的小说家"。她的代表作《简爱》描写了女主人公简爱坎坷的生活道路和曲折的情感历程，着力刻画了简爱对独立人格的执著追求。在作品中作者用第一人称来叙述故事，同时饱含强烈的情感，景物描写也富有浓郁的地方色彩。

艾米莉·勃朗特（1818—1848）是19世纪英国著名的小说家和诗人。她的代表作《呼啸山庄》讲述了一个复仇的故事，气氛恐怖而神秘，但其寓意已经超过了复仇的框架。同时小说暴露了英国外省庄园虚伪的田园生活，准确地传达了工业革命前荒原地带的生活气息。小说具有复杂而独创的情节结构和浓郁的乡土气息。

安妮·勃朗特（1820—1849）的代表作是《艾格尼斯·格雷》。勃朗特姐妹三人都是作家，这在世界文坛上也是少有的事。

（四）托马斯·哈代

托马斯·哈代（1840—1928）是英国19世纪末20世纪初杰出的小说家和诗人。他的第一部长篇小说是《计出无奈》，《远离尘嚣》是他的成名作。哈代一生共发表了近20部长篇小说，其中最著名的是《德伯家的苔丝》、《无名的裘德》、《还乡》和《卡斯特桥市长》。诗8集，共918首，此外，还有许多以"威塞克斯故事"为总名的中短篇小说，以及长篇史诗剧《列王》。

哈代的作品反映了资本主义侵入英国农村城镇后所引起的社会经济、政治、道德、风俗等方面的深刻变化以及人民的悲惨命运，用失望和悲怆的笔调描写了农村的破产和资产阶级道德、宗教、法律的虚伪，真实地表现了哈代对农村由幻想到失望的感情变化过程。他的作品承上启下，既继承了英国批判现实主义的优秀传统，也为20世纪的英国文学开拓了道路。

三、德国

德国早期的现实主义文学以批判封建君主专制和诸侯割据为主，同时也批判了自由时期社会的弊端，德国实现了统一以后，现实主义文学得以迅速的发展。

格奥尔格·维尔特（1822—1856）是德国著名的工人诗人。他的诗歌饱含着对无产阶级的苦难和不幸的深切同情，传达了劳动人民的心声，并号召他们起来斗争，展望光明的未来，他的代表作是《刚十八岁》。

四、丹麦

丹麦的现实主义文学在西欧的影响下发展起来。汉斯·克利斯蒂·安徒生（1805—1875）是世界著名的童话作家，他的作品立足于现实，热烈地歌颂劳动人民，愤怒鞭挞统治者和剥削者，尖锐地批判社会的黑暗，体现了现实主义和民主主义精神。《卖火柴的小女孩》写出了穷苦人的悲惨遭遇和善良而美好的愿望，《皇帝的新装》辛辣地讽刺了统治者的无知和骄横，《白雪公主》表达了对理想与光明的坚定信念。安徒生把他的天才献给了"未来的一代"，一生写了一百六十多篇童话和故事，他的童话描绘了穷苦人的生活，嘲笑了贵族的无知和丑态，勾画了人类理想的未来。

五、挪威

亨利克·易卜生（1828—1906）是19世纪后期挪威杰出的剧作家和诗人，是欧洲戏剧史上继莎士比亚、莫里哀之后的第三个高峰，被誉为"现代戏剧之父"。除创作了二十多个剧本外，还写了大量的诗歌。代表作《玩偶之家》、《群鬼》等一系列"社会问题剧"，对社会上的愚昧、偏见进行了尖刻的抨击，大大推动了欧洲戏剧的革新和发展。

六、俄国

俄国的现实主义文学始终和蓬勃开展的俄国人民解放运动紧密联系，它的批判矛头直指封建农奴制及其残余，并且表现出推翻封建制度的政治要求。

（一）米哈依尔·尤里耶维奇·莱蒙托夫

米哈依尔·尤里耶维奇·莱蒙托夫（1814—1841）为俄国现实主义文学的发展做出了重要的贡献，他的诗歌表达了进步贵族的民主革命思想。长篇小说《当代英雄》成功地塑造了继奥涅金之后又一个"多余人"形象——毕巧林，开了俄国小说心理描写的先河，映现了反对农奴制的思想，表达了作者对当代社会的看法。《诗人之死》愤怒指出杀害普希金的凶手就是俄国上流社会，这首带有强烈政治色彩的诗篇震撼了俄国文坛，奠定了诗人作为普希金继承者的地位。《波罗金诺》歌颂人民在卫国战争中的爱国主义热情和英雄气概。

（二）尼古拉·瓦西里耶维奇·果戈理

尼古拉·瓦西里耶维奇·果戈理（1809—1852）是19世纪俄国现实主义文学的奠基人之一，是世界文学史上杰出的讽刺作家，鲁迅称他为"写实派的开山祖师"。长篇小说《死魂灵》以精湛的现实主义艺术技巧，广泛地反映了19世纪上半叶俄国社会的现实生活，具有史诗般的规模。《死魂灵》是果戈理的创作达到顶峰的标志，有力地揭露了俄国专制统治和农奴制度的吃人本质，极大地震撼了整个的俄罗斯。喜剧《钦差大臣》逼真地反映了俄国专制社会的种种弊端和黑暗，从而深刻地揭露了官僚阶级的丑恶和腐朽。果戈理被誉为"俄国散文之父"，而普希金是俄国文学中的诗歌之父，他们两人一向被誉为俄国文学史上的"双璧"。

（三）列夫·托尔斯泰

列夫·托尔斯泰（1828—1910）是俄国现实主义文学最伟大的代表，也是公认的世界上最伟大的小说家之一，列宁认为他是俄国革命的镜子。他的处女作《童年》与后来发表的《少年》、《青年》合成自传体三部曲。后来发表了《塞瓦斯托波尔故事》，开创了俄国文学描写战争的现实主义传统。史诗性的长篇小说《战争与和平》是一部描写拿破仑入侵时期，俄罗斯波澜壮阔的人民战争的史诗。小说成功地把大规模的战争场面和多方面的和平生活有机结合在一起，描绘了19世纪最初20年纵横俄国城乡的广阔画面。在小说中人民被描写成决定俄国命运的伟大力量，但他又认为历史事件都是命定的，表现了宿命论思想。著名长篇小说《安娜·卡列尼娜》从贵族婚姻和家庭关系这个角度，描绘了19世纪70年代俄国生活的广阔画面，反映了贵族社会的深刻危机，反映了俄国从封建制到资本主义的过渡。

(四) 安东·巴甫洛维奇·契诃夫

安东·巴甫洛维奇·契诃夫(1860～1904)是19世纪末俄国伟大的现实主义作家，是幽默讽刺大师和短篇小说巨匠。他的小说短小精悍，简练朴素，结构紧凑，情节生动，笔调幽默，语言明快，富于音乐节奏感，寓意深刻。他善于从日常生活中发现具有典型意义的人和事，通过幽默可笑的情节进行艺术概括，塑造出完整的典型形象，以此来反映当时的俄国社会。

代表作《变色龙》鞭挞了忠实维护专制暴政的奴才及其专横跋扈、暴戾恣睢的丑恶嘴脸，揭示出黑暗时代的反动精神特征。《带阁楼的房子》揭露了沙俄社会对人的青春、才能、幸福的毁灭，讽刺了自由派地方自治会改良主义活动的于事无补。《农民》极其真实地描述了农民在80、90年代极度贫困的生活现状，表现了他对农民悲惨命运的关心同情。契诃夫的戏剧作品《伊凡诺夫》、《海鸥》、《万尼亚舅舅》、《三姊妹》、《樱桃园》等，都曲折反映了俄国1905年大革命前夕一部分小资产阶级知识分子的苦闷和追求。他的剧作含有浓郁的抒情味和丰富的潜台词，令人回味无穷，剧本故事取材于日常生活，情节朴素，进展平稳，但却富有深刻象征意义。

(五) 亚历山大罗维奇·冈察洛夫

亚历山大罗维奇·冈察洛夫(1812—1891)是俄国重要的现实主义作家。他的代表作《奥勃洛摩夫》塑造了俄国文学史上最后一个"多余人"奥勃洛摩夫形象，这个形象概括了沙皇统治下俄国已经丧失了进步性的可能，预示了俄国文学中新人的形象将取代多余人的形象。

七、美国

美国的现实主义文学，从民主主义理想出发批判资本主义的罪恶，反映劳动人民的不幸遭遇，追求自由与平等的理想，具有较强的民主性和人民性。

(一) 比彻·斯托夫人

比彻·斯托夫人(1811—1896)是美国废奴文学的代表作家，她的《汤姆叔叔的小屋》主要描写了老黑奴汤姆的不幸命运，从而把南方蓄奴制的罪恶公之于天下。《汤姆叔叔的小屋》既描写了不同表现和性格的黑奴，也描写了不同类型的奴隶主嘴脸。它着力刻画了逆来顺受的黑奴汤姆，也塑造了具有反抗精神的黑奴。通过对汤姆和乔治·哈里斯夫妇这两种不同性格黑奴的描述,说明逆来顺受、听从奴隶主摆布的汤姆难逃死亡的命运,而敢于反抗、敢于斗争的乔治夫妇可以得到新生。《汤姆叔叔的小屋》对社会发展起到了积极意义,对美国废奴运动和美国内战中正义一方获得胜利产生了巨大的作用,也把废奴文学推向了高潮。

(二) 马克·吐温

马克·吐温(1835—1910)是19世纪美国现实主义文学的杰出代表,是美国文学史上第一个用纯粹的美国语进行写作的作家,被誉为"美国文学之父"。他的作品具有幽默讽刺的特色,带有浓郁的美国乡土气息。他站在民主主义立场上,用幽默、诙谐和滑稽的笔调,生动地描绘了19世纪末美国五光十色的社会图景与风土人情,他的后期作品对美国社会的虚伪、种族歧视与对外侵略扩张,给予了辛辣的讽刺和揭露。他的最著名的作品是《哈克贝利·费恩历险记》,揭露了美国社会的假民主,对美国严重的种族歧视进行有力的抨击。他的代表作品还有《竞选州长》、《汤姆·索耶历险记》等。

(三) 亨利·詹姆斯

亨利·詹姆斯(1843—1916)是美国现实主义的重要作家,他的小说开了美国文学史上心理分析的先河,开辟了小说艺术的新途径。

(四) 杰克·伦敦

杰克·伦敦(1876—1916)是19世纪美国重要的现实主义作家。他一生中写了十几部长篇小说和一百五十多篇短篇小说,成为20世纪著名的多产作家。他的小说主要描写挣扎在社会底层的人,赞美在恶劣的生存环境中积极进取的精神,对社会的黑暗进行深刻的揭露,并且以人物的行动来表现主题。

他站在否定资本主义社会制度的高度,对美国黑暗社会给予了有力批判,对劳动人民的悲惨生活进行了生动的描写。《热爱生活》写普通淘金者的生活和冒险,表现他们在艰苦的自然条件下战胜环境的非凡毅力。特写集《深渊中的人们》,描写伦敦贫民窟中工人的悲惨生活。社会空想小说《铁蹄》,写工人出身的革命领袖与垄断资产阶级寡头政治的斗争,引起广泛反响。代表作《马丁·伊登》,写水手出身的青年作家终于得到了过去渴望的名声、地位、爱情,却发现这些都是空虚的。

第三节　其他文学流派

一、自然主义文学

自然主义文学产生于19世纪下半叶的法国,19世纪末和20世纪初传至欧洲和世界各国,它是19世纪文学思潮发展的产物，在思想上受到实证主义、遗传学说和决定论的深刻影响。自然主义继承巴尔扎克、斯丹达尔以及福楼拜的现实主义观点，将写真实和客观性作为文学创作的首要条件，并且接受了巴尔扎克描写一段历史时期，反映整个社会的成功经验，同时机械地将自然科学的理论搬到文学创作中，从生理角度去表现人，特别是以当时遗传学的观点去理解促使人行动的原因。自然主义力图细致地描绘现实，排斥虚幻的想像，从而给人一种实录生活和照相式的印象，并且擅长描写群众场面，注重群体的写照，逐渐忽略典型的创造，或者说只追求人物的气质特点和精神变态心理，同时开始淡化情节，主张按生活的本来面目去反映现实。

(一) 左拉

左拉(1840—1902)是法国重要的批判现实主义作家，自然主义文学理论的主要倡导者。他主张用科学实验去证明社会法则，用遗传的道理阐明一切。一方面对现存的制度进行毁灭性的批判，一方面又对资本主义社会抱有不切实际的幻想。后来他对现实主义和自然主义逐渐产生浓厚兴趣，主张以科学实验方法写作，对人物进行生理学和解剖学的分析，写作时记录现实生活中的事实，不掺杂主观感情。长篇小说《娜娜》是他的现实主义的文学杰作，深刻揭露了法国资产阶级的道德和生活。受巴尔扎克的影响，左拉创作了一套长达600万字、由20部长篇小说构成的巨著《鲁贡——玛卡尔家族》，它包含一千多个人物，反映了19世纪后半期法国各方面的社会生活。

(二) 莫泊桑

莫泊桑(1850—1893)是法国19世纪末叶的重要作家，他一共发表了6部长篇小说、3部游记和306篇中短篇小说，其中以短篇小说的成就最为突出，其精湛的艺术技巧使莫泊桑获得了"短篇小说之王"的美誉。

莫泊桑小说的题材是极其丰富多彩的，在他的作品里，贵族、官僚、小业主、自由职业者、乞丐、娼妓等，都获得了栩栩如生的刻画，小说所截取的生活层面也十分广泛，既有描写五光十色的诺曼底乡村故事，又有世态炎凉的都市小市民的日常生活，还有以描绘普法战争为内容的篇章。

他的代表作《羊脂球》是一篇以真实事件为素材的小说。作家通过对普法战争期间一辆车上的乘客的描写，刻画了当时法国社会各阶层人物面对战争和危难时的态度和立场，整篇小说构成了一幅战争时期的法国社会画面。在《我的叔叔于勒》、《项链》、《一家人》中作家对小资产者贪婪自私、爱慕虚荣、虚假伪善等弱点进行无情的揭露和讽刺。在《绳子》、《一个女雇工的故事》中他对特定地区的自然风光、世态人情都有非常精彩的描绘。莫泊桑小说的艺术风格别树一帜，在创作中力求逼真、自然，以写实的手法描摹细节，烘托气氛，他尤其擅长运用简练、生动、清晰的语言勾画人物。

二、唯美主义文学

唯美主义文学的理论基础是康德哲学，它认为艺术与政治、道德、功利无关，注重形式美，着力探索文学形式，以及文学与音乐、绘画之间的关系，以增强文学作品的表现力，它认为艺术家对待题材的态度应该是客观、冷漠的。唯美主义在艺术上开拓了美的领域，扩大了艺术表现的范围，对形式美和美感的独特性的强调有一定的参考价值，但是它片面强调美的超功利性，过分注重形式而忽略内容，将艺术与生活割裂开来，这些观点产生了消极的影响。

(一) 勒贡特·德·利尔

勒贡特·德·利尔（1818—1894）认为艺术的最高任务是实现美，艺术独立于真理、功利和道德，他的诗具有雕塑美和画面美，观察细致，用词准确。《古代诗集》从古印度和古希腊去寻找题材，表现了排斥现实的倾向，《蛮族诗集》从圣经、古埃及和中世纪去寻找灵感。

(二) 奥斯卡·王尔德

奥斯卡·王尔德（1856—1900）是唯美主义的代表。他的对话录《谎言的衰朽》认为生活对艺术的模仿远远多于艺术对生活的模仿，生活中美的形式十分贫乏，全靠艺术家为生活提供美的形式。他的小说《道林·格雷的画像》描写主人公在享乐主义的引导下，纵情声色，最终走向了犯罪的道路。诗剧《莎乐美》借用《圣经》题材，写主人公为了瞬间的美的享受，不顾一切，牺牲一切。

三、前期象征派

前期象征派的哲学基础是唯心主义，它大量描写城市中的丑恶现象，在艺术上则是化丑为美，丑中见美，注重挖掘人的精神世界，以具体意象去反映抽象事物，并升华为哲理，同时追求诗歌的音乐效果，诗画结合，在语言上精益求精。

波德莱尔(1821－1867)在法国诗歌乃至欧美诗坛上的地位是划时代的，他对后世的文学创作产生了极其深远的影响。他承前启后，汲取了浪漫主义的精华，开启了象征主义的先河，被公认为现代主义文学的先驱。《恶之花》是波德莱尔的代表作，体现了他的创新精神。他描写丑和丑恶事物，具有重要的美学意义，他认为丑中有美，以丑为美，化丑为美，在美学上具有创新意义。这种美学观点是 20 世纪现代派文学遵循的原则之一，作品展示了个人的苦闷心理，同时也写出了小资产阶级青年的悲惨命运。

思考题：

一、填空

1.__________是德国最富批判性的浪漫主义诗人和革命民主主义诗人，他的作品猛烈地抨击了腐朽的封建制度，歌颂了民主革命，揭露了资本主义的罪恶，《德国——一个冬天的神话》是他的政治抒情长诗。

2.雪莱创作的高峰是他的抒情诗剧《__________》，剧中主人公普罗米修斯因反抗天神朱庇特对人类的专制残暴，被铁链锁在高加索岩石上，最后终于依靠大自然的力量获得解放。

3.《____________》是雨果的长篇小说代表作之一，是一部以史诗笔法写成的现实主义杰作，展示了一幅蔚然壮观的19世纪初期法国社会历史画面，作品通过主人公冉阿让的悲惨经历，揭露了资本主义社会中的下层人民受苦难的悲惨遭遇以及资产阶级法律与人民为敌的本质。

4.普希金是19世纪俄罗斯伟大的民族诗人，俄国浪漫主义文学的主要代表和俄国现实主义文学的奠基人。长篇童话叙事诗《____________》首创性地把民间故事和民间语言引入诗歌，成为俄国文学中第一首积极浪漫主义诗歌，诗体长篇小说《____________》为俄国小说创造了典范，成为俄国现实主义散文小说的开端。

5.__________是19世纪美国最杰出的浪漫主义诗人，是美国资本主义上升时期自由、平等和民主精神的伟大歌手，他的《草叶集》是美国诗歌史上一座灿烂的里程碑，将美国文学中的浪漫主义诗歌推向了高峰。

6.《__________》是欧洲文学中最早的一部现实主义著作，也是斯丹达尔最负盛名的代表作，小说以于连的生活经历为线索，以波旁王朝时期的社会生活为背景，展示了尖锐复杂的社会矛盾，具有鲜明的时代精神和强烈的反封建、反教会的政治色彩。

7.巴尔扎克是19世纪法国现实主义文学最杰出的代表，欧洲现实主义文学的奠基人和引领者，他的巨著《____________》被称为“社会百科全书”。

8.____________是19世纪后期挪威杰出的剧作家和诗人，是欧洲戏剧史上继莎士比亚、莫里哀之后的第三个高峰，被誉为“现代戏剧之父”，代表作《玩偶之家》对社会上的愚昧、偏见进行了尖刻的抨击，大大推动了欧洲戏剧的革新和发展。

9. 列夫·托尔斯泰是俄国现实主义文学最伟大的代表，他的处女作《童年》与后来发表的《____________》、《____________》合成自传体三部曲。史诗性的长篇小说《____________》是一部描写拿破仑入侵时期，俄罗斯波澜壮阔的人民战争的史诗。

10.斯托夫人是美国废奴文学的代表作家，她的小说《____________》主要描写了逆来顺受的老黑奴汤姆的不幸命运，从而把南方蓄奴制的罪恶公之于天下，这部小说把废奴文学推向了高潮。

二、解词

1.唐璜　2.大仲马　3.狄更斯　4.契诃夫　5.自然主义　6.唯美主义

三、简答

1.浪漫主义的特点

2.现实主义的特点

3.前期象征派及代表作家

四、论述

1.巴尔扎克作品的思想内容与艺术成就

2.英国现实主义文学的代表作家及其作品

第五章 二十世纪

第一节 现实主义文学

20世纪现实主义文学是19世纪现实主义文学的发展和继续，这个时期的作家接受了前辈们的批判精神，广泛地反映社会生活和多样地塑造典型人物等基本的创作方法，同时也采用和创造了一些新时期文学流派的新手法，使文学表现出更为丰富的内容和更为复杂的面貌。

一、英国

英国是这一时期现实主义文学最有成就的国家之一。

(一) 萧伯纳

萧伯纳(1856—1950)是英国最有代表性的现实主义戏剧家，他的戏剧创作为19世纪末和20世纪初英国戏剧的复兴做出了重要的贡献。《苹果车》是萧伯纳后期的重要作品，这是一出政治讽刺剧，以英国的议会制为攻击的对象，以内阁会议为主要情节。萧伯纳在作品中批判讽刺了英国19世纪末20世纪初的各种社会现实问题，包括中产阶级的文明习俗和伦理道德，描写了中产阶级一代人的软弱，思考了更有普遍意义的人生态度和人性本质。在萧伯纳的戏剧作品中，社会问题剧占了很大的比重，这些戏能启发观众去思考问题，能始终抓住观众的兴趣和注意力。此外，他还能以丰富生动和引人入胜的语言，表现出独特的机智和幽默。

(二) 戴维德·赫伯纳·劳伦斯

戴维德·赫伯纳·劳伦斯(1885—1930)是20世纪英国文学史上最重要的作家之一，他一生写了10部长篇小说、四十多篇中篇小说、约1000首诗和4部戏剧，其中最能体现他创作成就的是小说。他的长篇小说《白孔雀》通过两个家庭的故事，揭示了一个个变异、扭曲的心灵，对文明扼杀人的自然天性的现象做了谴责，作品初露了劳伦斯作品中反复出现的人与文明的关系的主题，并表现出心理探索的倾向。自传性质的小说《儿子与情人》集中探究了人性的变异与心灵的扭曲，以此来批判工业文明对人的自然天性的摧残，在心理探索的过程中表现了社会批判、文化批判的思想。

二、法国

法国20世纪的现实主义作家对社会的剖析从家庭着手，以家庭变迁去反映社会变化，同时又将目光投向国际上的民族解放斗争和反法西斯斗争，把握住时代的脉搏。

罗曼·罗兰（1866—1944）是19世纪末20世纪前期法国著名的现实主义作家。他的主要作品有戏剧、小说和名人传记等。他相继写出《贝多芬传》、《米开朗琪罗传》、《托尔斯泰传》等名人传记。代表作《约翰·克利斯朵夫》是20世纪初发表的一部“长河小说”，反映了世纪之交风云变幻的时代和具有重大意义的社会现象。在这部长达10卷的小说里，作家塑造了一个个自我奋斗的知识分子形象，反映了他们对帝国主义时代德国、法国黑暗腐朽社会的反抗，以及他们个人奋斗道路必然失败的悲剧。作品的最大成就在于塑造了克利斯朵夫的形象，这一形象概括了20世纪初西方整整一代进步知识分子的思想特征和精神面貌，它也开拓了有别于19世纪传统的现实主义的新途径。《约翰·克里斯朵夫》共4集10卷，是罗曼·罗兰一生最重要的代表性作品，作者因这部小说获得1915年诺贝尔文学奖，后来罗曼·罗兰还写了《甘地传》、长篇小说《欣悦的灵魂》等。

三、德国

德国小说在20世纪得到了重大发展，它继承了德国文学重视哲理的特点，并加强了批判精神，反法西斯的主题成为最强音。

（一）托马斯·曼

托马斯·曼（1875—1955）是德国现实主义文学的代表作家，他的长篇小说《布登勃洛克一家》是一部编年史式的长篇记述体作品，小说在方法上融合了众多现代派的表现手法，在结构上经过了精心设计，情节和人物都经过了细致的安排。托马斯·曼在思想上继承了19世纪的人道主义传统，同时又深受叔本华和尼采哲学思想以及弗洛伊德精神分析学的影响，既保持了现实主义的批判精神，又将这种批判精神和20世纪的现代思潮结合在一起，形成了独特的世界观并加以文学表现。

（二）贝托尔特·布莱希特

贝托尔特·布莱希特（1898—1956）在20世纪德国文坛上是独树一帜的剧作家、诗人。《三分钱歌剧》是布莱希特走向辉煌的作品，它是作家“叙事体戏剧”理论的生动表现，打破了传统的“三一律”形式，依靠中心人物和分散的场景取得了一种“间离效果”，即不再让观众陷入恐惧与怜悯，以便于更好地认清人物悲剧命运的社会根源。《戏剧小工具篇》是布莱希特的美学论著，成为阐述“叙事体戏剧”的重要文本。他的作品《高加索灰阑记》套用了元杂剧《包待制智勘灰阑记》的故事模式，并且改变了元杂剧中将孩子判给生母的故事情节，使得作品的社会意义得到了提升。

四、美国

美国的现实主义文学在这一时期敢于面对美国的经济繁荣，正视社会矛盾和精神矛盾，体现了清醒的现实主义态度，从而涌现出一批具有世界影响的作家，把美国文学推上高峰。

(一) 亨利·詹姆斯

亨利·詹姆斯(1843–1916)是美国小说家、文学批评家、剧作家和散文家。詹姆斯是19世纪美国现实主义文学的三大倡导者之一,他同豪威尔斯、马克·吐温一起,为美国现实主义文学的发展,做出了积极贡献。詹姆斯强调指出,小说存在的理由是它努力表现生活,艺术的领域包括所有的生活、所有的感情、所有的见闻、所有的见解,现实的气氛是小说的最大优点。詹姆斯指出内容和形式的一致,把它们之间的紧密关系比做针和线一般的不可分离。詹姆斯关于心理描写的理论和创作实践,丰富了现实主义文学的内容,《小说的艺术》阐明的许多理论和观点,迄今依然被广泛地认为是无懈可击的经典之作。

(二) 欧·亨利

欧·亨利(1862—1910)是美国最著名的短篇小说家之一,他善于描写美国社会尤其是纽约百姓的生活。他的作品构思新颖,语言诙谐,结局常常出人意外,又因描写了众多的人物,富于生活情趣,被誉为"美国生活的幽默百科全书"。代表作有《爱的牺牲》、《警察与赞美诗》、《带家具出租的房间》、《麦琪的礼物》、《最后一片藤叶》等。

(三) 西奥图·德莱塞

西奥图·德莱塞(1871—1945)是20世纪美国著名的现实主义作家。《嘉莉妹妹》是他发表的第一部长篇小说,描写了在金钱至上的美国社会里一个出身于劳动家庭的纯洁少女嘉莉走上堕落道路的悲剧。第二部长篇小说《珍妮姑娘》,描写了工人家庭的姑娘珍妮的悲惨遭遇。长篇小说《金融家》和《巨人》、《斯多葛》合称《欲望三部曲》,深刻揭露了美国大资产阶级巧取豪夺的罪恶。长篇小说《美国的悲剧》,使作者一跃而成为全美最有名的作家。这部小说是德莱塞最优秀的作品,描写了一个普通的美国青年在腐败的社会风气影响下,追求"上等人"的生活,堕落成为杀人犯的故事。在这部小说里,德莱塞集中地批判了美国的生活方式,深刻地揭露了美国社会制度的罪恶。

(四) 海明威

海明威(1899—1961)是20世纪美国小说家,1954年诺贝尔文学奖获得者。他的第一部重要短篇小说集是《在我们的时代里》,长篇小说《太阳照样升起》使他一举成名,他创作的中篇小说《老人与海》获1952年普利策奖。《老人与海》的主题思想是人要勇敢地面对失败,小说中的渔夫桑提亚哥在同象征着厄运的鲨鱼的斗争中虽然失败,但他坚忍不拔,在对待失败的风度上取得了胜利。它的艺术概括程度更高,达到寓言和象征的高度。1954年,瑞典皇家科学院授予海明威以诺贝尔文学奖金,以表彰他"精通现代叙事艺术"。海明威的创作具有独特的风格,多细致入微的心理剖析和情景交融的环境描写。其他作品还有《永别了,武器》、《丧钟为谁而鸣》、《死在午后》、《非洲的青山》和《有的和没有的》等。

五、哥伦比亚

加西亚·马尔克斯(1928—)是哥伦比亚小说家,魔幻现实主义文学的代表人物。加西亚·马尔克斯作品的主要特色是幻想与现实的巧妙结合,以此来反映社会现实生活,审视人生和世界。重要作品有长篇小说《百年孤独》、《家长的没落》、《霍乱时期的爱情》,中篇小说《枯枝败叶》、《恶时辰》、《没有人给他写信的上校》、《一件事先张扬的凶杀案》,短篇小说集《蓝宝石般的眼睛》、《格兰德大妈的葬礼》,电影文学剧本《绑架》,文学谈话录《番石榴飘香》和报告文学集《一个海上遇难者的故事》、《米格尔·利廷历险记》等。

六、俄苏

20世纪的俄苏文学具有强烈的社会责任感和使命感,作品中表现新的主题,塑造新型的主人公形象,并且洋溢着浓厚的人道主义思想。

(一)高尔基

高尔基(1868—1936)是伟大的无产阶级作家,苏联文学的创始人,他的第一部长篇小说是《福马·高尔杰耶夫》。高尔基最优秀的代表作《母亲》是一部划时代的巨著,开辟了无产阶级文学的新的历史时期。小说真实地描写了19世纪末20世纪初,俄国马克思主义和俄国革命运动的结合过程、无产阶级革命运动的兴起发展以及人民群众的觉醒和行动。巴威尔是无产阶级文学中最早出现的高大的工人革命家的形象,高尔基通过这一形象成功地概括了20世纪初俄国革命者成长过程和无产阶级整个阶级的成长历史,着力描写了革命运动的深入和发展,从而揭示了广大革命群众的觉醒和成长。高尔基创作了自传体三部曲《童年》、《在人间》和《我的大学》。长篇史诗《克里姆·萨姆金的一生》是高尔基最杰出的艺术成就之一。

(二)米哈依尔·亚历山大维奇·肖洛霍夫

米哈依尔·亚历山大维奇·肖洛霍夫(1905−1984)是苏联当代著名小说家。他的代表作《静静的顿河》以十月革命前后一系列重大历史事件为背景,成功地塑造了葛利高里·麦列霍夫这个出身于哥萨克中农家庭人物的复杂形象。通过他从青年时代参加帝国主义战争,十月革命时一度加入革命行列,不久又深深陷入反革命营垒而不能自拔和最后彻底毁灭这一漫长而又复杂的经历,以庞大、完整的艺术形象体系,反映出地主、资产阶级反动腐朽势力遭遇失败和布尔什维克党领导的革命人民最终取得胜利的过程。

《被开垦的处女地》是肖洛霍夫又一部重要作品,它通过顿河地区格内米雅其村的集体化过程,比较真实地反映了30年代苏联在联共领导下从私有制个体经济走向集体化道路的历史进程。肖洛霍夫的小说风格体现为丰富、新鲜而又有乡土气息的比喻,表现故事人物的叙事文体和对句法的改革实验,以及小说内部各种文体的交替使用。

七、东方

在与西方文学的冲突和碰撞中，东方各民族作家逐渐找到了既能使自己独特的民族精神文化在世界文坛中获得一席之地，又能把鲜明的民族风格与开放的世界意识密切结合的创作道路，使东方文学与世界文学相互融合，跟上了世界文学的发展步伐。

(一) 泰戈尔

泰戈尔(1861—1941)是印度著名作家，在世界许多国家泰戈尔都被尊为“诗圣”。哲理诗集《吉檀迦利》最早显示了泰戈尔的独特风格。从形式上看，这是一部献给神的颂歌，但泰戈尔歌颂的并不是“一神教”拥有绝对权威的神，而是万物化成一体的泛神，是人人可以亲近、具有浓厚平民色彩的存在。后来泰戈尔自己把《吉檀迦利》译成英文，并以此获得了诺贝尔文学奖。

《园丁集》融进了诗人青春时代的体验，细腻地描叙了爱情的幸福、烦恼与忧伤，可以看作是一部青春恋歌。同时作者又与自己的青春经验保有一定距离，可以相对地进行理性审视和思考，从而使这部恋歌不时闪烁出哲理的光彩。《新月集》是诗人历经人世沧桑之后，从睿智洁净心灵唱出的天真的儿歌，诗人熔铸儿时的经验，借助儿童的目光，营造了一个晶莹的童话世界。而深达的哲理，则时时从童稚的话语和天真的画面中流露出来，智者的心灵与纯真的童心在《新月集》里达到了最好的融合。

(二) 川端康成

川端康成(1899—1972)是日本作家。一生中创作了大量的小说和散文，其中尤以《伊豆的舞女》、《千只鹤》、《睡美人》、《雪国》、《古都》等最富盛誉。他的作品在虚幻、哀愁和颓废的基调上，以病态、诗意、孤独、衰老、死亡来反映空虚的心理、细腻的感情和忧郁的生活，追求一种颓废的至美，达到一种空灵虚无的艺术至境。

他战前和战时的创作，可以大致归为两类：一类是描写他的孤儿生活，抒发他的孤独感情，描写他的失恋过程和痛苦感受的作品，《十六岁的日记》是这类作品的代表。另一类是描写处于社会下层的人物，尤其是下层妇女的悲惨遭遇，表现她们对生活、爱情和艺术的追求的作品，《伊豆的舞女》和《雪国》等是这类作品的代表。他战后的创作，一方面继续写作表现人们正常生活和感情的作品，其中或反映出社会存在的某些问题，或表达出对普通人民的同情态度，或流露出作者积极健康的审美情趣，如《舞姬》；但另一方面，他又写出一批以表现官能刺激、色情享受和变态性爱为主题的作品，故事情节越来越离奇，在颓废的道路越走越远。

(三) 大江健三郎

大江健三郎(1935—)是日本著名作家。他将生活态度与文学创作结合起来，发表了《个人的体验》和《核时代的森林隐遁者》等一系列以残疾人和核问题为主要题材的作品，具有较浓厚的人道主义倾向。在借鉴西方现代派文学技巧的同时，充分运用日本文学传统中的想像，把现实与虚构巧妙地结合在了一起，主要作品有《日常生活的冒险》、《洪水淹没我的灵魂》等长篇小说。长篇小说《我们的时代》和随笔《我们的性的世界》等作品，注意从性意识的角度来观察人生，试图表现都市青年封闭的内心世界。此外，大江在随笔和文学评论领域也非常活跃，著有《广岛日记》、《作为同时代的人》和《小说方法》等作品和文论。

第二节 现代主义文学

现代主义是20世纪上半叶欧美反传统特征的文学流派的总称，是20世纪一种具有代表性的文艺思潮。现代主义具有强烈的文化批判倾向，并且突出表现异化主题。现代主义文学强调表现内心生活和心理真实，具有主观性和内倾性特征，并且普遍运用象征隐喻的神话模式，追求艺术的深度内涵。现代主义文学提倡以丑为美，大量描写丑的事物，同时热衷于艺术技巧的革新与实验，某些作家的创作具有形式主义倾向。

一、象征主义

象征主义继承并发展了前期象征派的传统，更富于现代主义的特征。象征主义作家反对过多强调主观精神的自由与无限，也反对过于强调客观事物的形象，他们认为客观是主观的象征，创作是苦闷的象征，象征的基础是神秘，反对理性，崇拜直觉。象征主义在文学上的主要成就是诗歌创作。

艾略特(1888～1965)是英国诗人，文学评论家，他被认为是第二次世界大战前用英语写作的最有影响的诗人。诗歌《四个四重奏》获诺贝尔文学奖，对英美现代派文学及新批评派评论起了开拓作用。主要诗作包括《普鲁弗洛克的情歌》、《一位夫人的写照》、《小老头 》、《荒原》、《空心人》、《灰星期三》、《四个四重奏》。最著名的诗剧是《大教堂凶杀案》，最有影响的文学评论有《传统与个人才能》、《批评的功能》、《诗歌的用途和批评的用途》。

二、表现主义

表现主义产生于德国，是一个具有广泛影响的现代主义文学流派。表现主义文学善于透过事物的外层表象展现内在的本质，善于直接表现人物的心灵体验展现内在的生命冲突。表现主义是对现实主义和自然主义的反叛，这种反叛精神对其他现代主义流派产生了深远的影响。

(一) 卡夫卡

卡夫卡(1883—1924)是奥地利小说家。主要作品为4部短篇小说集和3部长篇小说。卡夫卡是欧洲著名的表现主义作家，他深受尼采、柏格森哲学影响，对政治事件一直抱旁观态度。其作品大都用变形荒诞的形象和象征直觉的手法，表现被充满敌意的社会环境所包围的孤立、绝望的个人，成为席卷欧洲的“现代人的困惑”的集中体现，并在欧洲掀起了一阵又一阵的“卡夫卡热”。短篇小说《地洞》借小动物防备敌害的胆战心理，表现资本主义社会小人物时刻难以自保的精神状态和在充满敌意的环境中的孤立绝望情绪。短篇小说《变形记》通过小职员萨姆沙突然变成一只使家人都厌恶的大甲虫的荒诞情节，表现现代社会把人变成奴隶乃至“非人”的“异化”现象。长篇小说《城堡》写土地丈量员 K 在象征神秘权力或无形枷锁统治的城堡面前欲进不能，欲退不得，只能坐以待毙。

(二) 尤金·奥尼尔

尤金·奥尼尔(1888—1953)是美国著名剧作家。他一生共三次获普利策奖，并于 1936 年获诺贝尔文学奖。他关心社会问题，写作题材相当广泛，也为现代社会的冷酷、残暴和现代人没有归宿的境地所困扰，他努力发掘人的欲望及失意的根源，关于现代人无能为力的悲剧意识贯穿在他的一生所有作品中。奥尼尔一生坚持不懈地革新戏剧艺术，他把戏剧从 19 世纪的传统束缚中解放出来，使之在现实生活中扎根、成长。他首次把现实主义乃至自然主义的传统手法运用于美国戏剧的创作中，他的艺术风格以多种多样和精深圆熟而著称，对美国戏剧的发展有划时代的影响。

三、未来主义

未来主义是 20 世纪初从意大利流行到欧洲各国的现代主义文学流派。它否定过去的文化积淀，主张彻底抛弃艺术遗产和传统文化，强调打破旧有的形式规范，用自由的语言进行艺术创造。未来主义的创新性丰富了文学创作的艺术表现手法。

阿波利奈尔 (1880—1918) 是未来主义的代表诗人，他把诗歌创作同绘画、音乐结合起来，并借鉴立体主义绘画的技法，创立了立体未来主义。他的《醇酒集》努力摆脱传统诗律的束缚，重视诗歌内在的节奏和旋律，开辟了现代诗的结构变化。

四、超现实主义

超现实主义是从法国流行到欧美的现代主义文学流派，它试图将文艺创作从理性和现实的束缚中解放出来。超现实主义强调表现超理性、超现实的无意识世界和梦幻世界，对后来的荒诞派、黑色幽默和魔幻现实主义产生了重大影响。

路易·阿拉贡 (1897–1982) 是法国当代著名诗人、作家。阿拉贡的创作异常丰富，在诗歌、小说及评论等方面取得巨大成就。他积极参加超现实主义创作活动，先后发表诗集《欢乐之火》、《永动集》和小说《阿尼塞或全貌》、《巴黎的土包子》等。后来阿拉贡的诗作转向爱情领域，有《眼睛与记忆》、《艾尔莎》和《艾尔莎的迷狂者》等诗集。在小说方面，除《真实的世界》之外，还著有历史小说《受难周》和新小说《处死》、《布朗什或遗忘》和《昂里·马蒂斯，小说》等。

五、意识流小说

“意识流”本来是心理学术语，认为人的意识并不是片断的衔接，而是处于永远的流动状态中。意识流小说不重视描摹客观世界，着力于表现人的内心真实，打破了传统小说的叙事模式和结构方法，用心理逻辑去组织故事，它运用大量的内心独白和象征暗示来进行创作。意识流小说的主要代表作家有法国的普鲁斯特、爱尔兰的乔伊斯、美国的福克纳等，其创作方法成了现代小说的基本创作方法。

福克纳（1897～1962）是美国小说家，他被西方文学界视作“现代的经典作家”。共写了19部长篇小说和七十多篇短篇小说，其中绝大多数故事发生在虚构的约克纳帕塔法县，被称为“约克纳帕塔法世系”。这部世系主要写该县及杰弗逊镇不同社会阶层的若干家庭几代人的故事，时间从独立战争前到第二次世界大战以后，出场人物有六百多人，其中主要人物在他的不同作品中交替出现，实为一部多卷体的美国南方社会变迁的历史。其最著名的作品有描写杰弗逊镇望族康普生家庭的没落及成员的精神状态和生活遭遇的《喧哗与骚动》。《我弥留之际》写安斯·本德仑偕儿子运送妻子灵柩回杰弗逊安葬途中经历种种磨难，《八月之光》写孤儿裘·克里斯默斯在宗教和种族偏见的拨弄、虐待下悲惨死去，《押沙龙，押沙龙》写一个有罪孽的庄园主塞德潘及其子女和庄园的毁灭性结局，《斯诺普斯三部曲》写新兴资产阶级弗莱姆·斯诺普斯的冷酷无情及其必然结局。福克纳1949年获诺贝尔文学奖。

六、存在主义

存在主义文学产生于法国，是在存在主义哲学的基础上形成的文学流派。存在主义表现出对人的生存状态的深切关注，它的基本主题是揭露世界和人的存在的荒诞性，肯定人的存在先于人的本质，表现人在荒诞绝望的境况中的精神自由。

萨特（1905－1980）是法国当代著名作家，哲学家，存在主义文学的创始人。萨特的成名作是长篇小说《恶心》，这是一部带有自传性质的日记体小说，他通过中心人物罗康丹对世界和人生的看法，充分表达了作者的哲学观念——存在主义。它的特征是以“自我”为中心，认为人是其存在先于本质的一种生物，人的一切不是预先规范好的，而是在日常行动中才形成的。

存在主义文学作为萨特存在主义哲学的一种体现形式，具有鲜明的特征，这些特征的核心是“真实感”，即提倡文学作品要如实地把世界和人类表现出来，绝对不应该把作品中的人物典型化、集中化，不应该要求他们比现实世界中的人物来得更美或更丑。在艺术技巧上，萨特喜爱自然主义地渲染人的卑下情感和事物的丑恶细节，经常用大段的“意识流”打断或代替故事的叙述，结构比较松散。萨特是当代法国哲学界、文学界的首要人物，他以他的存在主义哲学思想，影响了法国以至全世界整整两代文学家和思想家。萨特的著作除《恶心》以外，还有短篇小说集《墙》，长篇巨著《自由之路》三部曲《懂事的年龄》、《弥留期》和《心灵之死》，他还主办了很有影响的《现代》杂志。

七、荒诞派

荒诞派戏剧产生于法国，它突破了传统戏剧的一切基本规律，完全丢弃了在传统戏剧中必不可少的情节和结构，以破碎的舞台形象代替性格鲜明生动的人物。

(一) 贝克特

贝克特 (1906—1989) 是爱尔兰戏剧家、小说家，写了长篇小说《瓦特》。主要作品是两幕剧《等待戈多》，其主要情节是两个瘪三在荒凉的乡间土路上无聊地等待戈多的情景，至于戈多是谁，为什么要等他，剧中都未作交待。此外还写了三部曲小说《马洛伊》《马洛伊之死》和《无名的人》，其中，《马洛伊》曾被一些评论家称为 20 世纪的杰作之一，1969 年获诺贝尔文学奖。

(二) 欧仁·尤内斯库

欧仁·尤内斯库 (1909—1994) 被公认为是荒诞派戏剧的创始者之一，他相继发表了三十多个剧本。《秃头歌女》是尤内斯库主张反对传统形式戏剧，自成一套“反戏剧”戏剧理论的第一部作品。作品描写了一对典型的英国中产阶级夫妇与另一对典型的英国中产阶级夫妇之间的无聊的对话。尤内斯库通过反复的夫妇对话，表述了他认为“人生是荒诞不经的”这种看法。看似无聊、平淡、荒唐的对话，却印证着他极深刻的人生体验，进而揭示出人类精神生活的空虚和相互之间的不理解，表现了“二战”后西方的一种精神危机和社会中人们走投无路的绝望观念。

八、新小说

新小说并不具有统一的美学纲领，实际上是一个松散的俱乐部式的文学团体，它贬低文学的思想性和倾向性，关注创作的技巧和表现手法。

娜塔丽·萨洛特 (1902—　) 是法国“新小说”的先驱人物。在文集《不疑的时代》中，她质疑了传统的文学观念，赋予写作以新的意义，这部作品也被认为是“新小说”的先声之作，《天文馆》奠定了她在法国文坛作为小说家的地位。自传性质的作品《童年》不是传统的线性的叙述，而是把片段的回忆和记忆中对话的只言片语剪辑在一起。萨洛特的所有作品都保持着新奇性，《你不喜欢自己》就完全由简单对话写成。

九、“垮掉的一代”

“垮掉的一代”出现于美国，它关心的中心问题是个人在当代社会中的生存状态。“垮掉的一代”抗议社会对他们的压抑，并且追求无节制的自我放纵，作品的结构无拘无束，语言粗糙甚至粗鄙。“垮掉的一代”通过他们对美国社会的反叛和他们迷茫的眼光，从新的角度认识世界，他们的风格在当代美国文学中占有重要的地位。

(一) 杰克·凯鲁亚克

杰克·凯鲁亚克 (1922—1969) 是美国流浪汉文学的代表作家，是美国“跨掉的一代”的始祖之一。他想通过游走的方式，证明生命的流动与存在的嫁接与转换。他的著作《在路上》，以语言与行为的极度嚣张给当时的美国文坛扔进了一块充满魔法和反动的石头。在凯鲁亚克看来，生命的流动就是生命的革命，“在路上”就是对生命本体的自我涨潮，不管这种生命流动将以怎样的方式完成。凯鲁亚克除了《在路上》以外，还有一本《达摩流浪者》，这本书是献给中国唐代两个著名的诗僧寒山和拾得的。他们的禅诗在 20 世纪被西方汉学家大量翻译，对当代美国诗歌影响甚巨，而且通过垮掉派的推广，他们的疏狂漫游、沉思顿悟的生活更成为了许多人的理想。凯鲁亚克在这近似于波希米亚的疯狂中，完成了自己的心理走向：孤独、纯粹，忠于自己的生活。

(二) 艾伦·金斯堡

艾伦·金斯堡 (1926—1997) 是美国诗人，“垮掉派”诗人的代表人物。他的代表作《嚎叫》共印了 36 万册，创当代诗集销量的纪录，并从它诞生之日开始就成为青年运动的圣经。金斯堡的长诗行洋洋洒洒，其中既可见惠特曼的遗风，又可见凯鲁亚克散文风格的影响，因而显得充满活力和新鲜感。后来艾伦·金斯堡出版了《美国的衰落》，这是他最后一部具有影响力的著作，1974 年获当年度美国“全国图书奖”。其著名的诗集还有《卡迪西及其他：1958—60 年的诗》和《行星消息》等。

十、黑色幽默

黑色幽默是 20 世纪60、70 年代流行于美国的文学流派。它深受存在主义的影响，对现实的荒诞有一种深沉的痛苦和恼怒，它以表面上的轻松语调叙述故事，从而产生滑稽可笑的喜剧效果。

约瑟夫·海勒 (1923—　) 是当代美国文坛上最重要的作家之一，黑色幽默派的代表。他以《18 条军规》为题在《新世界》杂志上发表了一篇小说，这就是后来的《第二十二条军规》。《第二十二条军规》是描写战争的，但是作品所展现是所谓第二十二条军规的荒唐和反战、厌战情绪。小说在结构、艺术表现、语言等方面都表现出黑色幽默文学的各种特征，成为黑色幽默文学的最好作品之一。

十一、魔幻现实主义

魔幻现实主义形成于拉丁美洲，它受到欧洲现代主义文学的影响，关心祖国和人民的命运。它的基本题材都来自现实生活，具有丰富的社会内容、深刻的寓意和非凡的艺术造诣。代表性作品是阿莱霍·卡彭特尔的《人间王国》和胡安·鲁尔弗的《佩德罗·帕拉莫》。

思考题：

一、填空

1. 罗曼·罗兰是19世纪末20世纪前期法国著名的现实主义作家，他的主要作品有戏剧、小说和名人传记等，代表作《____________》是20世纪初发表的一部“长河小说”，反映了世纪之交风云变幻的时代和具有重大意义的社会现象。

2.《____________》是布莱希特走向辉煌的作品，它是作家“叙事体戏剧”理论的生动表现，打破了传统的“三一律”形式，依靠中心人物和分散的场景取得了一种“间离效果”，即不再让观众陷入恐惧与怜悯，以便于更好地认清人物悲剧命运的社会根源。

3. ________是美国最著名的短篇小说家之一，他善于描写美国社会尤其是纽约百姓的生活。他的作品构思新颖，语言诙谐，结局常常出人意外，又因描写了众多的人物，富于生活情趣，被誉为“美国生活的幽默百科全书”。

4. 高尔基最优秀的代表作《____________》是一部划时代的巨著，真实地描写了19世纪末20世纪初，俄国马克思主义和俄国革命运动的结合过程、无产阶级革命运动的兴起发展以及人民群众的觉醒和行动。高尔基创作了自传体三部曲《______________》、《______________》和《______________》。

5. 卡夫卡是奥地利小说家，他的短篇小说《______________》通过小职员萨姆沙突然变成一只使家人都厌恶的大甲虫的荒诞情节，表现现代社会把人变成奴隶乃至“非人”的“异化”现象。

6. 美国小说家________被西方文学界视作“现代的经典作家”，他共写了19部长篇小说和七十多篇短篇小说，其最著名的作品是描写杰弗逊镇望族康普生家庭的没落及成员的精神状态和生活遭遇的《喧哗与骚动》。

7. 萨特是存在主义文学的创始人，他的成名作是长篇小说《____________》，这是一部带有自传性质的日记体小说，他通过中心人物罗康丹对世界和人生的看法，充分表达了作者的哲学观念——存在主义。

8. 贝克特是爱尔兰戏剧家，写了两幕剧《____________》，主要情节是两个瘪三在荒凉的乡间土路上无聊地等待戈多的情景，至于戈多是谁，为什么要等他，剧中都未作交待。

9. 海勒的黑色幽默作品《____________》是描写战争的，但是作品所展现是所谓第二十二条军规的荒唐和反战、厌战情绪，成为我们了解黑色幽默文学的最好作品之一。

二、解词

1.《约翰·克利斯朵夫》　2. 海明威　3.《母亲》　4. 泰戈尔　5. 川端康成　6. 未来主义文学

三、简答

1.表现主义文学的特点

2.意识流小说的特点

3.存在主义文学的特点

4.黑色幽默小说的特点

四、论述

1.20 世纪俄苏文学的主要成就

2.现代主义文学的各种流派风格

中外艺术史要略

第二编 戏剧

上卷 中国戏剧

第一章 先秦到六朝时期

第一节 原始到商周戏剧

中国戏曲的形成经历了一个漫长的历史过程，它萌芽于原始社会的歌舞，经过夏商周、秦汉及魏晋南北朝时期的孕育发展，在唐宋之际形成，到元代时达到了成熟。中国戏曲主要是由民间歌舞和说唱艺术等多种不同的艺术形式综合而成。

戏曲艺术是一种且歌且舞的装扮性的表演活动，因此，先秦到六朝的各种民间歌舞正是戏曲赖以孕育和发生的母体。

一、原始歌舞

中华民族尚处于文明社会初期的尧舜时代，一种以装扮为主要艺术手段的歌舞活动便已经出现了，如古书中记载的《百兽率舞》和《葛天氏乐舞》。从艺术发生学的角度去看，先民们创造的这些或宣泄情绪或寄托祝愿的歌舞，显示了以下几个特点：一、对生活的再现，这时对表现对象的模拟意识产生并开始表演了，属于原始的表演艺术；二、原始歌舞具有综合性，已是歌唱、舞蹈和器乐（"击石拊石"）的结合；三、这种原始歌舞既具有娱神的仪式性，也具有审美娱人的观赏性。因此这些象征性、拟态性的歌舞中，已包孕着中国戏曲诸多艺术因素的胚芽。

二、巫傩祭仪

歌舞在上古时期还是一种集体性活动，到夏商周时期，已发展成少数人的专利，即出现了以娱神为主要目的，又兼以娱人的歌舞表演者巫（女性）或觋（男性），他们是最早的艺术家。春秋战国时期，南方诸国的巫觋祀神活动尤为兴盛。从屈原的《九歌》中可以了解当时民间祀神活动的盛况。在这种盛大的活动中，巫觋是全场的主角，他们假托鬼神附体，带领着或接受着众人的祭祀。其歌舞乐队场面庞大，钟鼓琴瑟皆具，独舞群舞并举，独唱对唱交织……在这些没有完全走出巫祭仪式的拟人化歌舞中，可以看到宗教仪式向审美化戏剧表演的缓慢蜕变 。

盛行于商周时期，并一直在民间延续着的"傩祭"活动也直接影响了后世某些戏曲现象的发生。"傩"是古人每年在除夕时举行的逐鬼除疫的祭祀仪式。据《淮南子》记载，傩祭时，核心人物是"方相氏"，他戴着四只眼睛的面具，蒙着熊皮，手持武器，率众人到居室各处、坟墓的角落，驱打想象中的疫鬼。秦汉以后，傩祭的宗教色彩淡化，逐渐显示娱人的特点。在宋代的宫廷傩舞中，方相氏已被教坊伶人装扮的将军、门神、判官等角色替代，世俗、娱乐的特点进一步凸显，而且据人物关系推测，这些拟神表演中应该包含一定的故事化、情节化的内容。

第二节　春秋到南北朝戏剧

一、俳优

春秋战国时期，从巫觋中又分化出“优”。“优”是宫廷中专供帝王声色之娱的职业艺人，多能歌善舞，擅长模仿，也称“倡优”或“俳优”，一般由男子充任。他们以滑稽调笑为主，也有动作表演，说话少有禁忌，即使说错也不会受到惩罚。从汉代司马迁《史记·滑稽列传》中记载的著名的“优孟衣冠”的故事，可以看到先秦时俳优的状况。优孟扮演故去的楚相孙叔敖，不仅言谈举止可以乱真，更进而实现了神似，无疑显示出高妙过人的模仿能力。虽然它算不上是真正的戏剧，但完全是一段有扮演人物且有故事情节的表演，内中孕含的戏剧因素非常明显，而且诙谐幽默的语言，对后来的戏曲表演有着深远的影响。

二、角抵戏

汉代出现了“百戏”，百戏是汉代多种伎艺、歌舞、幻术、杂耍等娱乐活动的总称，其中角抵戏引人瞩目。角抵戏渊源于上古祭祀战神蚩尤的舞蹈“蚩尤戏”，最初指两个人徒手搏斗以角力之大小的武术表演。西汉以后逐渐演变成一种有固定内容和情节结构，由角力者装扮人物的故事表演。《东海黄公》便是当时角抵戏的典型，它表演的是秦朝末年一个能施法术的黄公到东海去降服白虎，可惜法术失灵而被白虎所杀的故事。表演中有人虎相斗、人被虎杀的固定情节，人物有与扮演对象相适应的装扮：黄公头裹红绸，身佩赤金刀，白虎是人装成虎形。这出剧目有角色扮演，有情节，有假定情境，娱乐性强，因此被不少学者认为是中国戏曲文化由萌芽到创生的一个重要里程碑。

三、歌舞戏

魏晋南北朝以来，虽然社会动乱不安，争战不断，但作为戏剧因素的诸多文艺表演样式的发展却并没有停滞不前。南北朝末年产生了明显呈现戏曲雏形的歌舞戏，其代表曲目为《拨头》、《大面》、《踏摇娘》。《拨头》又叫《钵头》，是西域传入内地的乐舞节目，写胡人为猛兽吞噬，其子披发素衣，上山寻兽，为父报仇，边行边泣边歌，一副临丧哀痛的形象。《大面》又称《代面》，表现了北齐时兰陵王作战异常勇猛，但因长相过于俊美，不足以威敌，乃刻木为假面以对敌。这种“著以假面”已是后世戏曲脸谱的雏形。《踏摇娘》描写了一个妇女遭夫欺凌的故事，从记载中可见，这时是由男演员来扮演女角色，音乐上已经出现了帮腔伴唱的形式，而且该剧已出现了两个戏剧人物。这些歌舞戏都或多或少地具备戏剧的某些基本要素：有人物化妆表演，有问答对话，有线索单纯的故事，有戏剧冲突的情节等等，都是“以歌舞演故事”，而这正是中国戏曲的典型特征。

思考题：

一、填空

1.据《淮南子》记载，傩祭时，核心人物是________。

2.《史记·滑稽列传》中记载的著名的________的故事，可以看到先秦俳优的状况。

3.汉代著名的角抵戏是《________》。

4.魏晋南北朝时的歌舞戏主要有《________》、《________》、《________》。

二、简答

1.先秦原始歌舞与巫傩祭仪

2.魏晋南北朝歌舞戏对戏曲形成的影响

第一节 隋唐戏剧

隋代虽然短命，但对戏剧的发展却起到了推波助澜的作用：其一，增设庞大的剧场，盛演百戏；其二，组织乐工子弟，搜集新曲旧曲，吸收外来曲调，成立乐曲机关，促进了隋代音乐的发展。隋代音乐可谓是集南北朝音乐之大成，这对戏剧的发展自有促进作用。

唐代是中国封建社会的鼎盛期，国力强盛，经济繁荣，文化发达，思想活跃，城市有所发展，这些都为戏剧的形成提供了物质基础。生活比较安定、富庶的市民，具备了欣赏戏剧艺术的客观条件，戏剧本身的各种因素有了长足的发展，因而开始形成戏剧。其标志有二：

其一，魏晋南北朝以来的歌舞戏《拨头》、《大面》、《踏摇娘》继续流行，并有所发展。如《踏摇娘》，据唐代崔令钦的《教坊记》和段安节的《乐府杂录》所载，这一时期的改进主要体现在五个方面，一、踏摇娘的扮演者由男角色改为女角色；二、增加了"典库"调弄，使歌舞表演者由二人增加到了三人；三、有了乐器伴奏；四、加"典库"调弄，必然另增添了一些科介；五、除了有伴唱外，还增加了说白。这五个方面的改进，显然既是歌舞本身的蘖变，又综合了其它的表演艺术，无疑已初具戏剧规模了。

其二，参军戏的普遍流行。"参军戏"这一名目虽然在唐代出现，但其发生可追溯到十六国时期。参军戏是俳优讽刺、笑谑传统的继承与发扬。初唐时的参军戏表演有两个基本角色：参军和苍鹘，即被戏弄者和戏弄者；而且其表演也有一定的基本格式：参军与苍鹘相互问答以为逗乐，其意旨在讽刺，最后总是参军言语不齐，受苍鹘的奚落和责打。盛唐以后，参军戏的表演形式不再为参军和苍鹘两类人物所局限，其故事内容也可随时随地地变化，但依旧保留了调笑滑稽的基本风貌。中唐时，以动作、言语为主要艺术手段的参军戏呈现出与歌舞表演相互结合的趋势，即"陆参军"。"陆参军"中一人主唱、其他人配合表演的体制，可谓开后世杂剧之先河。而且此时的参军戏，滑稽调笑已不再是演出的中心部分，而以主角的歌舞取胜，滑稽调笑成为一种陪衬。晚唐以后，参军戏逐渐发展成为多人演出，能够容纳更为复杂故事内容的艺术形式。唐代的参军戏虽然体制短小，但在戏曲史上却起着承前启后、继往开来的枢纽作用，它奠定了后世戏曲角色行当制最初的基石。

第二节　两宋戏剧

宋代，以汴梁为中心的城市经济的繁荣、市民阶层的活跃以及娱乐艺术的发展，孕育出了市民文艺的固定场所——瓦肆勾栏。这里是各种伎艺的聚集地，杂会了讲史、诸宫调、鼓子词、影戏、傀儡戏、杂技等等。各种表演艺术不断融合、提高，并出现了一种综合的趋势。这一时期有几种力量催生着戏曲艺术的成形：相对稳定的观众群和长期固定的演出场所，为戏剧表演的嬗进提供了审美刺激、物质保证和环境支持；瓦肆中各种戏剧性表演形式的融合，把戏剧艺术逐渐引向歌舞演故事的形式；而所谓的“书会先生”这样一批职业脚本创作者，则为戏剧文学的成熟提供了文化的资源。在各种因素的共同作用下，产生了作为“前戏剧”表演形态向“完形戏剧”过渡的中间形式：宋杂剧。

宋杂剧是在唐代参军戏的基础上，广泛吸收歌舞、多种表演伎艺而形成的一种综合性的表演艺术。杂剧兴起于北方，北宋时已很流行，南宋时发展成为当时最有影响的一种艺术形式，并且在演出程序、内容和风格上都有了严格的规定。完整的宋杂剧包括三部分：艳段、正杂剧和杂扮。在正式表演之前，往往要先演一小段歌舞、说白或杂技，即艳段；然后再演正杂剧，是一段歌舞戏或滑稽戏；有时最后还要加演时间不长的玩笑段子，大都表现没见过世面的乡下人所闹的笑话，俗称杂扮。由此可见，宋杂剧并非是单纯的故事性表演，而是相当“杂”。

宋杂剧的角色体制 一般为四人制或五人制：一为“末泥”，负责计划演出，乃一班之首；二为“引戏”，负责具体安排演出；三为“副净”，即原参军戏中的参军；四为“副末”，即原参军戏中的苍鹘；当四个角色不够时，再添一个角色“装孤”。

宋杂剧所表演的节目主要有两类：一是以对话为主的滑稽戏，但其嘲弄的对象已由参军戏中的官吏转向市井小民，如秀才、和尚、乞丐等等；另一类偏重于歌舞，通常是以大曲的曲调来说唱故事，演员且歌且舞。

可以看出，宋代杂剧的确丰富多彩，但又过于庞杂，太杂就容易散漫，缺乏整体性，它还在滑稽戏和说唱艺术之间左右摇摆，但已经很接近戏剧的完整形态了。

在北方杂剧发展的同时，北宋末年南宋初年在南方浙江温州（古称永嘉）一带产生了一种成熟的戏曲形式——南戏，也称“永嘉杂剧”。南戏是中国戏曲最早的表现形式，它滥觞于南方的民间歌舞小戏，在发展的过程中吸收了宋杂剧、诸宫调及其他民间伎艺的成份，形成一种“不叶宫调”的演唱形式，戏剧结构可长可短，故事题材大多与爱情有关。

南戏的形成自然与南方农村经济发达、传统伎艺深厚、商业活动繁盛、市民阶层的壮大有关，同时也离不开南方艺人在民间歌舞小戏形式的基础上，吸收北方和其他艺术元素，甚少顾忌地掺合进滑稽表演。他们不在宫调严谨性上斤斤计较，曲与曲的连缀不拘定则，演唱与科白相结合，故能随心所欲地去敷演短至数出、长至数十出的戏剧故事。

《张协状元》是现存惟一一部南宋戏文，也是我国目前发现最早的一部完整的戏曲剧本，它为我们提供了早期南戏表演形态、剧本体制等方面的大量信息。这一时期南戏已能够综合运用曲文、念白、科介来刻画人物性格，表现戏剧冲突；但是也显示出早期南戏的不足：情节拖沓冗长；在唱念方面，深入细腻表现内心意绪的抒情唱段较少，念白虽多但不少属于插科打诨性质，与剧情联系不够，吸收融合各种表演艺术形式的程度还很低。然而不论怎样，在12世纪，一种较为成熟的戏曲形式终于形成了，它是一个戏曲艺术黄金时代即将到来的前奏。

思考题：

一、填空

1.初唐时的参军戏表演有两个基本角色：________________，即被戏弄者和戏弄者。

2.宋代，城市经济的繁荣，市民阶层的活跃及其娱乐的要求，孕育出了市民文艺的固定场所。

3.南戏是中国戏曲最早的表现形式，它是在北宋末南宋初在南方______________一带产生的一种成熟的戏曲形式

4.《___________》是现存惟一一部南宋戏文，也是我国目前发现最早的一部完整的戏曲剧本。

二、简答

1.歌舞戏《踏摇娘》在唐代的改进

2.唐代参军戏的发展演变

三、论述

1.宋代杂剧的兴起原因及演出形式

2.宋代南戏的形成与拓展

第三章 金、元时期

第一节 金代戏剧

金是公元1115年女真族在中国北部建立的一个少数民族政权。金朝以惊人的速度崛起，并不断南下，占据了淮河以北的大半个中国，于1127年灭掉北宋。随着北宋政权的倾覆，北方杂剧的中心也转移到了金人统治的腹地，形成金院本。

金院本是金朝在燕山（今北京）建都时逐渐形成的北方杂剧。金院本与宋杂剧名异而实同，段数、角色、戏目等均大同小异。但由于地域、流变等原因，艺术形式上也呈现诸多新鲜的面目。金院本不同于宋杂剧的地方主要有以下几点：一是金院本中用大曲歌唱的节目很少，多数没有标明曲调，乐曲北方特色浓重，这对北曲声腔的形成产生了直接影响。二是在金院本中属于艳段的节目，在形式上更加丰富。三是金院本中还有一类称为"院幺"的节目，这是宋杂剧所没有的。这类节目是把以唱为主的正杂剧和以滑稽为主的正杂剧综合起来的新形式。如此，在叙事的演唱中加有代言体的演唱，体现出宋杂剧向元杂剧的过渡。总之，金院本的出现，为元杂剧的诞生提供了十分成熟的条件，它既是宋杂剧的发展，又是元杂剧的孕育。

第二节 元代戏剧

元代是蒙古族统治的时代，是游牧文化与农耕文化杂糅交汇的时代，是中国戏曲的黄金时代，元代杂剧与南戏先后取得了高度的成就，共同开创了中国戏曲的第一个繁盛期。

一、杂剧

所谓元杂剧亦称元曲，是公元前13世纪前半叶，即蒙古灭金（1234）前后，在宋杂剧、金院本基础上发展起来的以北方流行曲调进行演唱的戏曲艺术，亦称北曲、北杂剧。元杂剧最初以大都（今北京）为中心，流行于北方，元灭南宋后，发展成为全国性的剧种。元杂剧不仅是一种成熟的高级戏剧形态，还因其最富于时代特色，最具艺术独创性，而被视为一代艺术的主流。

元杂剧得以呈一代之盛，主要有以下几点原因：

其一，元杂剧的民间生态性富有原始生命力，它不同于诗词狭小的文化圈子而具有广阔的社会舞台，这恰恰与蒙元的文化趋向和审美需求相一致，故受到了统治者的喜好和重视。统治者对戏曲的爱好无疑推动了戏曲艺术的进步，促成了戏曲繁荣。其二，元杂剧的兴盛是与元代社会经济特别是城市经济的繁荣分不开的，充分的物质基础为元杂剧的创造提供了有利的社会环境。城市人口的增多使戏曲这一演出形式也得以兴盛，它在为人民大众提供文化娱乐的同时兼获经济效益与质量优化。其三，元杂剧的兴起也与知识分子社会地位的低下和科举制度长期的废止有关，未能踏上仕途的失意文人转而走向勾栏瓦肆与艺人合作，从而为充满市井杂趣的元杂剧灌注进一股文化精英之气。他们提高了戏曲的艺术技巧和思想品位，使戏曲更有观赏性，也更有深刻性。其四，元杂剧艺术的兴起与成功也不是凭空出现的，它是对传统戏曲艺术的继承发展和社会历史的产物。唐宋金时期各种文学艺术蓬勃兴盛，如唐传奇、宋话本等为戏曲提供了丰富的题材内容；宋杂剧、金院本和诸宫调等为元杂剧体制的形成打下了基础；大曲、鼓子词、诸宫调等各种音乐形式为元杂剧艺术提供了丰富的曲调来源；各种舞蹈、杂技等为杂剧表演提供了艺术榜样，因此元杂剧的兴盛是戏曲艺术发展的必然结果。最后，元代思想文化政策较为宽松、开放，各民族文化交流与融合加强，文化上的相互渗透，使元杂剧得到更为丰富的营养。

元杂剧作为新兴的文艺样式，由于诸多原因的促进迅速流行起来，并在创作主体的精深求索和大众的审美要求下，很快形成一股汹涌的潮流。自蒙古灭金至成宗大德年间，以大都为创作中心和演出中心可谓盛极一时。此时政治相对清平，经济趋向繁荣，礼教较少束缚，科举尚未实行，因而名家辈出，作品繁多。这一时期产生了伟大的剧作家关汉卿的《窦娥冤》、王实甫的《西厢记》、白朴的《墙头马上》、马致远的《汉宫秋》、康进之的《李逵负荆》、石君宝的《秋胡戏妻》、纪君祥的《赵氏孤儿》等等，其中《赵氏孤儿》18 世纪时传到了欧洲，在世界文坛曾引起强烈的反响。大德以后，杂剧中心南移至杭州，作家、作品的数量比前期减少，而且这时由于杂剧作家脱离现实的倾向日益严重，创作逐渐失去了前期作家那种鲜活气息，作品质量不如从前，但也出现了郑光祖的《倩女离魂》、宫天挺的《范张鸡黍》、秦简夫的《东堂老》等佳作。

元代在众多的戏剧家中，尤以关汉卿、王实甫、白朴、马致远、郑光祖的成就突出，其中关、白、马、郑四人被称为“元曲四大家”。由于他们社会地位不高，因此生卒年缺乏历史记录，经考只知大部分生活于元代前期。

关汉卿是中国戏剧史上一位伟大的剧作家。他一生写了六十多种杂剧，多揭露社会黑暗和统治者的残暴，鼓舞人们奋起抗争，代表作品有《窦娥冤》、《救风尘》、《单刀会》、《蝴蝶梦》等。当然，关汉卿之所以成为中国戏曲史上最伟大的戏曲家，不仅仅因为其作品数量多，更重要在于他杂剧创作上突出的艺术成就。主要表现在三个方面：戏剧结构精炼，情节起伏，富于戏剧性；戏剧语言本色当行，自然质朴，富于性格变化；创作思想积极，直面现实，富于斗争性。其代表作《窦娥冤》堪称元杂剧的典范。它在戏剧情节的安排上，矛盾高度集中，冲突迭起又环环相扣，各种矛盾冲突错综复杂，如窦天章、窦娥与蔡婆的矛盾，蔡婆与赛卢医的矛盾，张驴儿与赛卢医的冲突，窦娥与官府的冲突等等。全剧在人物角色的安排上也颇具匠心，赛卢医虽是剧中的次要人物，但他两次出场却带出了三件大事，关联着三个重大的戏剧情节，推动了剧情的发展。剧中人物的语言也因性格的不同而各具特点。如作品侧重于窦娥的冤情，使人听到窦娥的苦诉深感悲伤愤懑，因而窦娥的唱、白把她的善良、温驯、倔强表现出来；而赛卢医的诡诈，张驴儿的无赖，桃杌太守的昏暴也都通过语言揭露无遗。由于作者重点是批判统治者的昏庸黑暗和赞颂被统治者的坚决反抗，所以剧作家把矛盾集中在两条主线上：一是窦娥与以张驴儿为代表的社会恶势力的冲突，二是窦娥与贪官桃杌太守的冲突，两线又是以后者为主，其他矛盾冲突都服从于主线的安排，这就突出了社会现实的黑暗和弱小人物的不屈。

王实甫是一位杰出的元杂剧作家，其杂剧创作共有 14 种，保存全本到现在的只有《西厢记》、《破窑记》、《丽春堂》三种。其中《西厢记》是一部"一举夺魁"的杰作。《西厢记》通过描写张生与崔莺莺的爱情故事，展开以维护封建礼教的老妇人一方和以封建礼教的叛逆者张生、莺莺及红娘为一方的尖锐的矛盾冲突，猛烈地抨击了不合理的封建制度，热情歌颂了青年男女追求婚姻自主的斗争，表现了"愿普天下有情的都成了眷属"的进步思想，具有鲜明而强烈的反封建礼教的思想倾向。《西厢记》之所以广泛流传，历久不衰，除了它进步而深刻的思想内容外，还因为它具有强烈的艺术魅力。首先，它成功地塑造了一系列典型的人物形象，如热烈执著的张生、含蓄蕴藉的莺莺、伶俐俏皮的红娘等等。其次，它突破了元杂剧一本四折，一人主唱到底的体制，开创了以多本连演一个故事，多人主唱的新形式；唱的方式也不只是独唱，亦有合唱、对唱。又次，全剧结构严谨，五本二十一折，各本皆可独立，而本与本之间又环环相扣；每本一至四折或五折，紧密相连，形成一个有机整体。再次戏剧冲突的开展，波澜起伏，冷热相间，既对主要矛盾做了合理的安排，又能在戏剧情节的推进中刻画人物性格。最后，作品语言词藻华丽，文采斐然，善于发挥中国古典诗词创造意境艺术之长，描景状物，渲染舞台气氛，表现人物内心活动。总之，《西厢记》自问世以来，以其进步的思想性和高度的艺术性，在当时及后世都产生了广泛而深刻的影响。

白朴，字仁甫，号兰谷。他写有 15 种杂剧，今存《墙头马上》、《梧桐雨》和《东墙记》三种。其中《梧桐雨》写唐明皇与杨贵妃之间的爱情故事，全剧把李唐王朝盛极而衰的历史过程浓缩到了整个舞台艺术形象中，从而成就了一部不朽的历史悲剧。

马致远，号东篱，是元代著名的"元贞书会"的重要人物，一生创作杂剧 15 种，今存 6 种：《汉宫秋》、《青衫泪》、《陈抟高卧》、《岳阳楼》、《任风子》、《荐福碑》；此外他还和书会才人李时中等合写了《黄粱梦》。其中敷演王昭君出塞和亲故事的《汉宫秋》最能代表其艺术成就，全剧文辞清丽优雅，悲剧气氛浓烈，因而与《梧桐雨》一并成为元杂剧中历史悲剧的"双璧"。

郑光祖，字德辉，是元代后期杂剧的代表人物。一生创作杂剧18种，今存8种，有《倩女离魂》、《王粲登楼》、《周公摄政》等，其中《倩女离魂》影响最大。全剧词藻优美婉转，化用前人诗词名句如盐入水，了无痕迹，且人物心理刻画细腻真实，与关汉卿的《拜月亭》、王实甫的《西厢记》、白朴的《墙头马上》并称元代“四大爱情剧”。

元杂剧吸取了前代各种表现艺术的精华并将其有机地融铸为一体，从而成为一种体制严整、情节复杂、人物鲜明、语言丰富的戏剧形式，由此对戏剧艺术的研究也跨进了一个新的阶段，并为后世开辟了广阔的道路。

元杂剧的体制经过艺人们的探索、研究、总结，逐渐形成了一个由四折为一本的基本范式。折是音乐组织的单位，一折用同一宫调若干曲牌联组成套，折也是故事发展的一个较大的段落，一折相当于现代剧的一幕，折里还可以包括若干场，演员全退入后台出现空场谓一场，因此，折有音乐组曲的意义，也有戏剧情节的意义。在四折之外还可以加一个楔子，其作用是弥补四折的局限，使戏剧结构更加严密。楔子可以放在全剧之前类似序幕，也可以放在折与折之间类似过场戏；有的剧本则不用楔子。因此，元杂剧的体制既有一定的规范性，又有相对的灵活性，除四折为元杂剧的通例外，也有少数变例。每本戏都有一个“题目正名”概括中心大意，如《窦娥冤》的题目正名为“秉鉴持衡廉访法，感天动地窦娥冤”，简称《窦娥冤 》。

元杂剧的每一折均由唱、白 、科三部分组成。唱是元杂剧的主要部分，剧中包括宫调曲牌名称和曲词。元杂剧一般规定一本戏由一个角色唱到底，男主角唱的称末本，女主角唱的称旦本，但也有变例。如《西厢记》第四本中出现了莺莺、红娘、张生轮唱的形式，这说明元杂剧在发展中逐渐突破了它自身的局限而日渐完善。白又称宾白，即剧中人物道白的部分。因杂剧以唱为主，故称白为宾。元杂剧的宾白能够较直接地揭示戏剧冲突和人物性格，许多精彩的宾白能够很好地烘托戏剧舞台的气氛效果，因而是不可忽视的。宾白有很多形式，除一般的独白、对白外，还有定场白、冲场白、背白和带白。定场白是角色首次上场时的自我介绍，冲场白是角色再次上场时的说白，背白是角色背着同台演出的其他人物向观众的表白，带白是插在曲词中的道白，它们起着各种各样的作用，丰富了剧情内容也充实了演出形式。科又称科范，是元杂剧中做工的部分，在剧本中表现为关于动作、表情或其他方面的舞台提示，如“作行科”、“作哭科”等等。元杂剧中的唱、念、做已组合成一个有机的表演体系，它也为后世戏曲中唱、念、做的专门化发展奠定了基础。

元杂剧的角色比宋金戏曲的角色增多，且分类更细，大致分为末、旦、净、杂四类。末是男角，除正末外还有副末、冲末、大末、二末等。旦为女角，除正旦外还有贴旦、花旦、老旦、小旦等。净多扮演刚勇人物或喜剧角色，有净、副净、二净之别。杂是杂角，如孤、孛老、卜儿、徕儿、细酸等。元杂剧通过众多人物以唱、念、做的形式表演复杂的故事内容和高超的艺术才能，将我国的戏曲文化提高到一个崭新的高度。

二、南戏

元代后期，在北杂剧渐趋衰落、华光渐淡时，兴起于南方的南戏已然走过了它的不成熟期，在吸纳杂剧优长的同时，对自身作出新的规范和提高，于是南戏出现了由粗变精的飞跃。南戏的形式与北杂剧相比有所不同，主要体现在以下几点。

首先，杂剧体制的通例是四折一楔子，南戏不称折而称出，没有固定的出数，长短自由，一般有二三十出。其次，南戏没有楔子，开场便有“家门”，又叫“开场”或“开宗”。家门由末或副末介绍剧情概况或说明创作意图，它不是剧情的组成部分。开场之后，从第二出起才是正戏。开场用的是词牌而不是曲牌。第三，南戏和杂剧一样，有唱、科、白，但南戏不像杂剧通例由一个角色司唱到底，而是各种角色都可以唱，可独唱、对唱或者合唱。杂剧的科，南戏叫介或科介。南戏重要人物上场时先唱引子，继以一段定场白，每出戏例有下场诗。第四，在音乐方面，杂剧主要是在北曲诸宫调的基础上形成的，南戏则是在东南沿海一带民间歌曲的基础上吸收了一些词调歌曲形成的。杂剧每折限用一个宫调，一韵到底，南戏每出可用几种宫调，可以换韵。北曲激越昂扬，南曲婉转柔媚，风格各异。此外，南戏的角色行当与杂剧大同小异。南戏主要有七种角色：生、旦、净、末、外、贴、丑，全剧围绕生、旦展开故事；而杂剧的主角是末、旦。

总之，正是由于南戏的不断成熟，表现力的增强，从而在元末得以流行。据史籍记载，元代创作的南戏剧目大概有 180 个左右，但许多都湮没无闻，其中有五部作品长期流传，即有“四大传奇”之称的《荆钗记》、《白兔记》、《拜月亭》、《杀狗记》和高明的《琵琶记》。其中，“四大传奇”的作者，可考知的仅《荆钗记》的作者为柯丹邱，《拜月亭》的作者为施惠。

高明的《琵琶记》是宋元南戏中最成功的作品。高明(1305—1359)，字则诚，号菜根道人，温州瑞安人，后人称其为“东嘉先生”。《琵琶记》是高明根据民间长期流传的赵五娘与蔡伯喈的故事改编而成。《琵琶记》的思想内涵比较复杂，它通过蔡伯喈、赵五娘的家庭悲剧，抨击了封建社会科举制度的毒害和上层统治者的专横，但它宣扬封建伦理道德的意图也十分明显。它塑造了赵五娘这样一个善良温顺、诚挚朴实、坚韧不拔的孝妇贤妻的感人形象。《琵琶记》的艺术成就主要体现在三个方面：其一，结构严谨。此剧依照男女主人公身处两地的情形，分两条线交叉进行。一条线是蔡伯喈上京求取功名后的富贵生活，一条线是赵五娘在家乡的灾荒中苦心维持的艰难。两条线交错并进，在舞台场景中形成哀与乐、悲与喜、贱与贵的鲜明反差，从而使剧情跌宕起伏，又更加鲜明地突出了赵五娘的悲剧形象，加剧了悲剧气氛。这种双线并进的结构方式对后来明清传奇影响颇深。其次，《琵琶记》的语言本色、自然而又个性鲜明，既保持了民间创作的朴素无华，又富有文人创作“琢句修词”的精致，曲词自然澄澈，简洁洗练。如赵五娘的唱词朴实真挚，与其农妇身份相契合，而蔡伯喈、牛小姐有诗礼教养，因而其唱词则典雅华丽。其三，在格律方面，《琵琶记》一改南曲创作零乱、单调的面貌，调配曲牌，组织联套，裁定四声、句格，都表现出细致精到的特点。因而，明清很多曲谱均选择《琵琶记》作为例曲，以至它被尊为“南曲之祖”。

总之，《琵琶记》的出现，标志着南戏创作基本走出了以往鄙俚粗糙的阶段，从民间集体创作过渡到文人化和私人写作。它的问世是北曲日渐衰微、南戏走向复兴的界标。由此，舞台上的北曲逐渐让位给了南戏——传奇，从而揭开了中国戏曲史上新的一页。

思考题：

一、填空

1.纪君祥的《________》早在18世纪时便传到了欧洲，在世界文坛曾引起强烈的反响。

2.元杂剧中历史悲剧的“双璧”是马致远的《________》和________的《梧桐雨》。

3.________的《拜月亭》、王实甫的《________》、白朴的《墙头马上》、郑光祖的《________》并称元代“四大爱情剧”。

4.《琵琶记》是高明根据民间长期流传的________与________的故事改编而成。

二、名词解词

1.元杂剧　2.“元曲四大家”　3.楔子　4.“四大传奇”

三、简答

1.金院本与宋杂剧的异同

2.元杂剧兴盛的原因

3.关汉卿的艺术成就

4.《西厢记》的艺术成就

5.南戏与杂剧在形式上的不同

四、论述

1.元杂剧的体制构设与表演体系

2.《琵琶记》的思想内涵与艺术贡献

第四章 明、清、近代时期

第一节 明代戏剧

元末明初杂剧衰微，南戏勃兴，因此，有明一代的戏曲演出舞台上，由宋元南戏发展而来的明传奇，取得了戏曲霸主的地位。但杂剧也并没有消亡，只是在戏曲文学的天地里延续着它的生命。

一、传奇

如果说元代是杂剧的辉煌时段，那么明代则是传奇的璀璨时期。明代传奇是在宋元南戏的基础上，吸收元杂剧某些优点发展起来的。“传奇”之名，原本是唐人小说的称谓，因其内容多为后代说唱和戏曲所取材，故宋元戏文也有被称为“传奇”的。到了明代，以唱南曲为主的长篇戏曲，其取材多出自传奇故事，剧情又颇具传奇性，故专称为“传奇”。

明代传奇较之南戏，在戏曲艺术的诸多方面都更加完善。首先，表现为体制的整饬。这里的体制分为“文本体制”和“演出体制”两个相关联的方面。就文本体制而言，一般来说，传奇都分“出”，而且每“出”都统一有全为两字或四字的“出”名；各戏篇幅长短也大体相当，大多在四五十出左右，第一出戏统称“家门”、“家门大意”或“家门引子”等；南戏原标于剧前的四句“题目”，一般都改移至出末作为下场诗；剧中的各种提示用语，大都一一标明；各出唱曲，除所用宫调照例不标外，曲牌名称都无缺略，叠用的曲牌，或重复标明，或用“前腔”等用语标出，其他诸如“合(唱)”、“合(唱)同前”等一应俱全。整个文本体制相当精细完备、谨严和规范。就演出体制而言，明传奇的开场依旧保留着宋元南戏“副末开场”的陈规，但逐渐废除了那些与剧情的推进无多大关系的繁杂的演出仪式。一般多是由副末登场唱一支曲子，说明创作缘由，报告剧情大意后很快下场，从第二出起即由主要角色上场按规定情节开始演唱。主要角色上场，照例是先唱后白，说白又先是一段诗或词的韵白，然后是散白，自报家门，或自叙经历。每出戏演完时，都是由该出在场的角色独念或先分念后合念四句七言下场诗作束。全剧终场亦如此。如此，整个演出井然有序，缓急有别，松紧有致。其次，表现为音乐的日趋完善丰富和规范化。其三，多种声腔剧种竞彩辉映，递相称霸。演唱南戏的四大声腔，入明后各自都在不断地改进。如嘉靖、隆庆年间，海盐腔在文人士大夫中尤享盛名，而就在海盐腔雄霸曲坛时，魏良辅等人对昆山腔进行改革，之后昆山腔逐渐取代海盐腔的霸主地位，至万历年间达到极盛。传奇声腔的这种优胜劣汰，亦是传奇日渐成熟的表现。总之，传奇这种艺术样式不断完善，并在明代获得了巨大的生命力而迅速发展。据近人庄一拂统计，明代传奇作家包括兼写杂剧的在内，有395人之多，传奇作品共计868部，只是大部分作品现已散佚失传。

明初传奇曾一度消沉，主要原因是皇室迁都北京后，杂剧创作与演出的余波未息，在宫廷藩邸曾一时盛行。统治者为巩固统治也制定严酷的法令，对戏曲的创作和演出不断加以限制。因而在这一时期的南戏大都是宣扬封建伦理道德、说教忠孝仁义的教化戏，如苏复之的《金印记》、无名氏的《精忠记》、姚茂良的《双忠记》、邱濬的《五伦全备记》、邵灿的《香囊记》等，都是典型的旨在宣扬封建道德，寓教化于戏文的南戏标本。此外，王济的《连环记》写吕布与貂蝉的故事，徐霖的《绣襦记》写郑元与李亚仙的故事，中心已偏离了忠孝的说教，成为明初与明中叶之间戏剧创作的一个转折。

明世宗嘉靖年间至明神宗万历年间，传奇作家日渐增多，传奇作品日益丰富，佳作层出不穷。如郑若庸的《玉玦记》、陆采的《明珠记》、李日华的《南西厢》等。其中最有影响的是被称为明代“三大传奇”的《宝剑记》、《鸣凤记》、《浣纱记》。

李开先(1502—1568)所作《宝剑记》，主要演林冲被高俅父子陷害逼上梁山的故事，是明传奇中不多见的水浒剧。相传为诗人王世贞所作的《鸣凤记》，以明嘉靖时期权相严嵩父子的事入戏，及时反映了重大的政治事件，可谓当时的“时事剧”，在中国戏曲史上无疑是一部开风气之先的作品。梁辰鱼(1519—1591)所作《浣纱记》，是魏良辅等人对昆山腔进行改革后出现的第一部新昆腔剧本。全剧用昆山腔演唱，声调细腻舒徐，圆润柔美，对昆曲的传播和发展有极大的影响作用。该剧取材于中国有名的历史故事写越王勾践卧薪尝胆，以西施和范蠡的爱情纠葛贯穿全剧，但又跳出了才子佳人的俗套，借“男女离合之情”写“国家兴亡之感”，从而为传奇创作开辟了一条新路。

万历年间，明传奇创作形成了高潮。这是由于，一方面昆山腔创作形式完备，已经成熟并广泛传播；另一方面，随着经济的发展，东南沿海出现了资本主义萌芽。伴随着经济的发展变化，思想界也颇为活跃，出现了与“存天理，灭人欲”的理学相对抗的“新心学”，特别是李贽的“童心说”，形成了以“情”抗“理”的时代思潮。这一时期传奇题材广泛，尤以历史剧和爱情剧所占比重较大，形成了“十部传奇九相思”的时尚；作品数量之多也大大超过了从前。此时出现了杰出的戏曲家，被人称为“东方曲坛伟人”的汤显祖。

汤显祖(1550—1616)，江西临川人，自号其居为“玉茗堂”。他的传奇作品有《紫箫记》、《紫钗记》、《牡丹亭》、《南柯记》、《邯郸记》五种，其中后四种合称“临川四梦”或“玉茗堂四梦”，其中以《牡丹亭》影响最为深远。

《牡丹亭》是中国戏剧史上一部杰出的爱情悲喜剧，剧本通过写杜丽娘与柳梦梅生生死死的浪漫主义爱情故事，深刻地揭露了封建礼教的残酷，批判了程朱理学“去人欲，存天理”的虚伪和反动，反映了青年男女对自由爱情的渴望和个性解放的强烈要求，并歌颂了他们为实现自己的理想所作的不屈斗争。《牡丹亭》在艺术上也取得了较大的成功：其一，双线交错并进又夹以穿插的结构法的巧妙运用。丽娘、梦梅两人的戏同时交错发展，又以杜宝的戏穿插其间。其二，兼用南北曲以表现不同人物的身份、情趣和不同事件的特色。如生、旦诉情多用婉转清丽的南曲，而表现战争则用激昂遒劲的北曲。其三，曲词诗化，优美动人，说白精彩传神，富有个性化。

这一时期，除汤显祖外，比较有名的作家及作品还有：张凤翼的《红拂记》、沈璟的《义侠记》、汪廷讷的《狮吼记》、周朝俊的《红梅记》、高濂的《玉簪记》等等。

随着戏曲创作的繁兴，理论探讨也愈见深入，最具影响的是以汤显祖为代表的"临川派"和以沈璟（1553—1610）为代表的"吴江派"之争，即"汤沈之争"，亦称"沈汤之争"。沈璟主张"守律"，从曲乐的角度要求文词服从格律，因而剧作家必须严守格律以便于歌者当场作戏；语言要本色，多用民间俚语。汤显祖崇尚"才情"，从曲文的角度要求格律服从文词，认为剧作家为了主体情趣的自由抒发，有权突破外在声律的制约，强调"丽词俊音"。"沈汤之争"的结果促进了明代传奇理论的发展。其后，许多传奇评论家如吕天成、王骥德、孟称舜等人都提出了文采与格律并举的主张，并成为后世剧作家共同的追求。

明末的传奇作家，大都受沈璟和汤显祖的影响，其中属于临川派的作家孟称舜、吴炳等成就最高。孟称舜的爱情悲剧《娇红记》是继《牡丹亭》之后又一部重要的剧作。吴炳的《绿牡丹》是中国古代著名的喜剧。此外还有阮大铖，其作品虽然在思想上无可取之处，但在艺术上成就相当高，其代表作有《燕子笺》、《春灯谜》等。

二、杂剧

明代前期，杂剧依然是上流社会广泛推崇的一种娱乐样式。如明太祖朱元璋虽然崛起于长江流域却偏爱北曲艺术。与此同时由于统治者严格控制戏曲的内容，故这一时期的杂剧主要是歌功颂德、消遣享乐或道德说教。

明初的剧坛上最负盛名的杂剧作家是皇室作家朱有燉和朱权。朱有燉（1379—1439）号诚斋，共作杂剧 31 种，总名《诚斋乐府》。他的大多数作品不外点缀升平、歌功颂德、神仙道化等几个方面，只有两种水浒戏《黑旋风仗义疏财》和《豹子和尚自还俗》具有一定的积极意义。其最大的贡献在于杂剧体制上打破了元杂剧"一人司唱"和全用北曲的规则，创造了对唱、合唱及南北曲兼用的新体制，对传奇艺术的发展有一定的贡献。朱权（1378—1448），著有杂剧 12 种，今存 2 种，其中《卓文君私奔相如》对后世有一定影响。他的《太和正音谱》是一部戏曲史上重要的著作，对戏曲的体制、流派、作家作品、杂剧分科、制曲方法、脚色源流等，都进行了论述。此外《太和正音谱》还记录了戏曲曲谱，为填制北曲剧曲和散曲提供了规范，是现存最古老的北曲曲谱。

明初的杂剧作家，除了以上两人外，大多是由元入明的中、下层文人，所作较杂，如刘东生的

《金童玉女娇红记》、杨景贤的《西游记》、贾仲明的《萧淑兰情寄菩萨蛮》、王子一的《误入桃源》等等。

早在明初，杂剧已在悄悄地蜕变，明中叶以后，终于从整体上改变了元杂剧的基本体制：不再拘泥于四折一楔子的基本结构，短的只有一折，长者达十余折，但以短者居多；曲调不限于北曲，更多的是北、南曲相混用，甚至出现了完全使用南曲的"南杂剧"。而康海、王九思等人的创作又越来越明显地凸现了文人士大夫阶层的心态文化。这诸种变化都显示明杂剧变易的四化：文人化、南曲化、短剧化、案头化，从而使明杂剧渐渐脱离了舞台，而成为供文人置于案头阅读的戏曲文本。

明中叶以后，著名的杂剧作家有康海、王九思、李开先、徐渭、冯惟敏、梁辰鱼、王骥德、吕天成、凌濛初、孟称舜等人。与明初相比这一时期反映社会现实、具有一定思想意义的作品增多。如康海的《中山狼》、王九思的《杜子美沽酒游春记》、徐复祚的《一文钱》、王衡的《郁轮袍》、孟称舜的《桃花人面》、汪道昆的《高唐梦》、许潮的《赤壁游》、陈与郊的《昭君出塞》等。这一时期的杂剧以徐渭成就最高。徐渭(1521—1593)，字文长，别号青藤居士，被袁宏道称为"有明一人"的杰出文学家和艺术家。他早年所著的《南词叙录》是中国戏曲史上第一部研究南戏的专著。其杂剧代表作是《四声猿》和《歌代啸》。《四声猿》是四个短剧，即《狂鼓史》、《玉禅师》、《雌木兰》、《女状元》，它开创了合几个不同故事为一本的杂剧创作模式。《歌代啸》是一出闹剧，在嘻笑怒骂中包含着严肃的主题思想。

第二节 清代戏剧

清代是古代戏曲发展的新的繁荣期。清代初期，传奇依旧保持着明代万历以来的勃勃生机而不断发展；杂剧更加案头化但仍是夕照耀眼，因而这一时期仍涌现了一批优秀的戏曲作家及作品。清中叶以后，古典的戏曲形式杂剧与传奇都走过了其繁盛期而衰落了，此时，各种地方戏如雨后春笋般兴起，展现出群芳灿烂的一派曲坛新景象。京剧异军突起，更谱写了戏曲史新篇章之端绪。晚清剧坛顺应时事变迁的迅猛革进，尤给戏曲史增添了鲜活新彩。

一、传奇

清初，文人士大夫乃至社会各阶层继续持续着对昆腔的痴迷，因而，传奇依然保持着明代以来的良好势头。清初的传奇创作，因创作主体的差异，大致有三种不同的倾向：以李玉为代表的"苏州派"，擅长反映市民阶层和下层文人的审美旨趣、思想情绪；以李渔为代表的风流文人则偏好才子佳人、风流韵事的敷演，意为迎合达官贵人和市井民众的娱乐心理；以吴伟业、尤侗为代表的士大夫官僚，则往往借戏曲来抒发个人胸臆。

苏州派是明末清初在苏州出现的一个现实主义戏曲流派，其骨干成员约有20人左右，如李玉、朱佐朝、张大复等。他们地位相近，情趣相同，有着共同的创作倾向，作品具有共同点，所以被称为“苏州派”，李玉是苏州派的主要代表。李玉(1591？—1671？)一生创作传奇40多种，现存“一人永占”、《清忠谱》等。“一人永占”即《一捧雪》、《人兽关》、《永团圆》、《占花魁》，又称“一笠庵四种传奇”，作于明亡之前，集中体现了李玉传奇的讽世精神。《清忠谱》是李玉与毕万侯、叶时章、朱素臣共同创作，它根据明天启六年(1626)在苏州爆发的一起市民暴动的史实写成。《清忠谱》在艺术上突出的成就，是把轰轰烈烈的群众场面直接搬上舞台，填补了戏曲史的空白。苏州派还有朱素臣的《双熊梦》、朱佐朝的《渔家乐》、毕万侯的《三报恩》等等，都是流传极广的作品。总之，苏州派远承宋元通俗文艺特别是元人杂剧写作策略，自觉地以反映广大市民阶层的社会生活和思想情趣、价值倾向为己任，关注现实事象，勇于讥讽时弊，具有强烈的忧患意识和战斗精神。

李渔(1611—1680)，字笠翁，是中国古代杰出的戏曲理论家，也是极负盛名的戏剧作家。它是中国戏曲史上第一个专门从事戏剧创作的剧作家，他的传奇《奈何天》、《风筝误》、《比目鱼》、《凰求凤》等十种，合称“笠翁十种曲”。其中以《风筝误》最具代表性。李渔在戏曲理论上的贡献，即其晚年创作的集其实践经验结晶的《闲情偶寄》，是中国古代戏曲理论的集大成之作。李渔的戏曲理论较全面而系统。在编剧方面，他提出“结构第一”的观点，并提出了“立主脑”、“密针线”、“减头绪”的一系列观点。在语言方面，他认为要浅显而有机趣，切忌堆砌典故，要注意人物语言的个性化。在题材的选取、情节安排上，则强调“奇”与“新”，但又不能荒诞不经。此外，对于演员的训练和导演修养等方面亦有论述。总之，李渔的《闲情偶寄》是在我国戏曲土壤中生成的戏曲理论，它把剧本和舞台表演结合起来，不仅对当时甚至对于今天的剧作家、导演和演员仍具有重大的指导意义。

吴伟业、尤侗等人都是著名诗人，他们写戏纯粹是为了抒情。如吴伟业的《秣陵春》、尤侗的《钧天乐》均词曲典雅，宾白艰深，不宜演出。

真正使清代传奇创作达到高峰水平，同时使昆曲得以发出耀眼光彩的是康熙年间两部划时代作品《长生殿》和《桃花扇》。它们的出现，曾轰动当时的剧坛，被称为清代戏曲“双璧”，而它们的作者被称为“南洪北孔”。

“南洪”即洪昇(1645—1704)，浙江杭州人。《长生殿》的面世，使洪昇一夜成名。《长生殿》写唐明皇与杨贵妃的爱情故事，但又把爱情镶嵌在广阔的社会政治和国家兴衰的大背景中，真实地揭示了天宝年间李唐王朝深刻的社会矛盾，有力地揭示了安史之乱发生的根本原因，暴露了封建统治集团的反动本质。《长生殿》的艺术成就是多方面的。首先在创作方法上，现实主义与浪漫主义相结合。上部真实地描写了封建统治者的荒淫腐朽，统治集团内部的争夺倾轧，人民群众的不幸遭遇，基本上是用现实主义。下部则通过幻想的方式，表现李、杨天上人间、生死不渝的爱情，主要采用浪漫主义的方法。其次表现在人物性格塑造上。剧中出现了各种类型的人物形象，无论是主要的、次要的、正面的、反面的，都具有鲜明的性格特征。李隆基的帝王风范，郭子仪的忠正刚直，雷海青的威武不屈等等，各具特色，跃然纸上。其三，全剧结构严谨，语言精美，音律讲究。全剧由两条线索贯穿，一是李、杨的爱情，一是安史之乱，二者交替发展，前后衬托。在场次安排上，剧本注意冷热相济和演员的劳逸得当。如写帝妃情爱的《定情》、《春睡》两出之间，安排奸相专擅的《贿权》一出；在表现宫廷奢华的《偷曲》、《舞盘》两出间，插入生灵涂炭的《进果》一出；两相对比从而产生了强烈的艺术效果。全剧语言疏淡、朗峻，富有诗的境界。宫调的运用和曲词的审音协律方面亦十分讲究，真正做到了“句精字研，罔不谐叶”的地步。

“北孔”即孔尚任(1648—1718)，山东曲阜人。《桃花扇》是孔尚任经十余年不断努力，三易其稿而成的一部历史悲剧，它刚刚脱稿便引起洛阳纸贵般的轰动。《桃花扇》“借离合之情，写兴亡之感”，以复社文人侯方域与青楼歌姬李香君的爱情悲欢为线索，描写了南明弘光王朝从建立到覆灭的全过程，目的就在于探究明朝灭亡的原因。《桃花扇》的艺术成就体现在以下几个方面：其一，它成功地做到了历史真实与艺术真实的统一，即作者在创作时，将“确考时地”与“稍有点染”有机结合。其二，戏剧结构虽然宏大，但安排细密精巧，以一把“桃花扇”贯穿全剧始终。其三，其结局的处理打破了“生旦团圆”的旧套，安排了侯、李割断情恨、双双入道的悲剧结局；而且在作品的最后独出心裁地先后铺排了《入道》和《余韵》两出，以情节结局(了断剧情)和情感结局(总括兴亡)两个前后连贯、渐次深化的结局层面，把侯、李爱情的毁灭与南明一代覆亡的悲剧推向高潮，韵味无穷。其四，《桃花扇》的曲词和宾白都刻意求工，安排合度。

清代传奇戏曲在“南洪北孔”双子星座闪射耀眼的光芒之后，亦渐渐衰微下去，逐渐成为反映文人士大夫思想情趣的纯书面的文本创作，如清中叶蒋士铨的《空谷香》、《临川梦》等，都明显成为一种诗文化的案头文本。

二、杂剧

元代兴盛起来的杂剧，到清代已成为余响，但是创作杂剧的人仍然不少。据傅惜华《清代杂剧全目》统计，清代有姓名可考的杂剧作家有二百多人，作品一千三百多种，就数量而言是明代的两倍。但这一时期杂剧已基本退出戏曲舞台蜕变为一种书面文本，因而杂剧作品大多戏剧性不强，只是作家抒写个人心性、情感或表达政治理想的文字工具。

清初的剧作家有吴伟业、尤侗等。吴伟业撰有《通天台》、《临春阁》，他主要是借历史故事来抒发其亡国之哀。他的戏剧作品追求意境，不注重人物形象的塑造和戏剧情节的安排，故只能是供人案头欣赏。尤侗著有《读离骚》、《吊琵琶》、《桃花源》、《黑白卫》、《清平调》5种杂剧，其文笔质朴练达，气势慷慨激昂，多借古抒怀，表达对现实的不满和寄托自己的理想。

雍正、乾隆时期的重要杂剧作家有：桂馥、蒋士铨、杨潮观等。桂馥(1736—1805)仿照徐渭的《四声猿》体例创作了《后四声猿》，包括《放杨枝》、《题园壁》、《谒府帅》和《投溷中》四种，分别围绕白居易、陆游、苏轼、李贺四位诗人展开故事。杂剧虽然篇幅不长，但人物心理刻划细致入微，具有一定的戏剧性，这在清代杂剧中实在难得。蒋士铨(1725—1784)是乾隆年间的戏曲大家，兼工南北曲，杂剧以《一片石》、《第二碑》、《四弦秋》较为著名。其中《四弦秋》敷演白居易《琵琶行》之故事，曲词优美，寄托深隐，是蒋氏诸剧的压卷之作。杨潮观(1710—1788)，所作杂剧32种，结集为《吟风阁杂剧》。其中每剧均是一折，人物大多不过两三个，是场景简单、情节完整的短剧。

总之，杂剧发展到清代，虽然数量众多，但都已成为案头之作，杂剧已完成了它在戏曲史上的使命，并将随着时代潮流的推衍而成为历史的遗迹。

三、地方戏的崛起

清代中叶以后，昆曲逐渐衰微，被称为“乱弹”、“花部”的各种地方戏逐渐占据了戏曲舞台，中国戏曲进入了一个繁花似锦的时代。各种民间地方戏蓬勃发展，蔚为大观，结束了昆曲主导舞台雅尚的独尊地位，中国戏曲的发展进入了一个新的历史时期。

在中国戏曲史上，“花部”代替“雅部”而成为舞台的主角，大体经历了两个阶段。第一阶段，从康熙末年到乾隆中叶，是地方戏的兴起时期。这时除了昆山腔、弋阳腔仍在舞台上活跃外，还产生了梆子腔、秦腔、楚腔、二黄腔、弦索腔等等，它们开始是以地方戏的形式在农村流行，在形态上还不稳定，还不够成熟和完善。第二阶段从乾隆末年到道光末年，是地方戏的繁盛期。这一时期地方戏在同昆曲的激烈竞争中取得了绝对的优势，并在流行和竞争的过程中不断成熟，形成了几个主要的声腔系统和大型剧种。除高腔腔系、昆山腔腔系外，还有梆子腔系、皮黄腔系、弦索腔系和乱弹腔系，其中以梆子和皮黄腔系流布最广，成就最高。

地方戏的艺术形式最为突出的是曲乐结构上的变化，即将“曲牌联套体”变为“板式变化体”，并由此带来了戏曲文学、舞台艺术以及整个演出形式的一系列变革，形成为中国戏曲的新的艺术体制。地方戏各声腔大多采用板式变化体，即以一种曲调为基础，运用各种节拍形式(即板式)的变化，将这一基本曲调作诸种不同的变奏，也就是说以节奏变化作为调节音乐旋律的主要手段，以可长可短的唱段为基本的音乐结构单位，从而构成唱腔表现戏剧情绪的变化。这种全新的戏剧体制的特点和艺术优长反映在文辞上，即不再依照一定的曲牌按谱填词，唱词不再使用合乎曲律规范的长短句，而是采用以七字句或十字句为主的齐言排偶句；语言风格上亦不过分追求文采的华丽典雅，而是更加朴实、浅显、通俗。如此剧本创作便突破了过去传奇、杂剧按音乐套曲分出、分折的局限，主要依据冲突来安排场次，从而把戏曲艺术的综合性、戏剧化和表现力推向一个新的高度。因而地方戏一经产生，便以其清新的内容和新鲜活泼的形式深受广大群众的欢迎。

但是花部的发展并非是一帆风顺的，它一开始便受到鄙视民间艺术、维护正音昆曲的封建士大夫的反对，更为清政府所不容。因此在清代的戏曲舞台上曾出现了持续近百年、范围波及全国的“花雅之争”。从北京剧坛看，花雅之争经历了三次集中较量。第一次是乾隆初年的昆、弋之争。由弋阳腔演变的京腔控制了京师剧坛，当时出现了“六大名班，九门轮转”的盛况，大有压倒昆曲之势。但不久由于清政府的利用、规范，京腔很快从花部中分化出去，被引入宫廷，雅化为御用声腔。第二次是秦腔与京腔、昆腔之争。乾隆四十四年著名的秦腔艺人魏长生入京，引起了北京剧坛的轰动，不仅昆曲不能与敌，就连京腔都相形见绌，出现了“六大班几无人过问”的情况。竞争的结果是京腔效仿秦腔，以致“京秦不分”，促进了声腔剧种间的交流和融合。但这无疑对清政府扶持的昆曲造成很大的威胁，因此清政府对秦腔实行禁演，魏长生被迫离开京城。第三次较量起于徽班进京。乾隆五十五年(1790)，借为乾隆祝寿之机，高郎亭率三庆徽班进京，之后又有四喜、启秀等六个徽班进京，后来合并为三庆、四喜、春台、和春四大徽班。徽班主唱二黄，同时兼唱昆腔、吹腔等腔调，进京后又吸收了京腔和秦腔的优长，从而在京师的剧坛上大展才华，形成与雅部竞争的中坚力量。虽然清政府多次下令禁止，但收效不大。在这场为时近百年的花雅之争中，地方戏以其深厚的民众基础而取得了最终的胜利。

清代地方戏的剧目十分丰富，它们的作者都是下层文人和戏曲艺人。这些剧本主要靠梨园抄本或艺人口传心授而流传，刊刻付印的极少。乾隆年间刊行的《缀白裘》第六集和第十一集是现存最早的收录清代地方戏的选本，此外还有叶堂编选的《纳书堂曲谱》等等。

清代地方戏既有取材于日常生活的小戏，也有以历史故事、民间传说为题材的大戏；既有新创作的剧目，也有继承、移植前代古老剧种的旧戏；但不管哪种创作都包含了作者对特定时代和现实生活的真切感受，一些作品甚至相当深刻地反映了封建末世所存在的诸种社会矛盾。由于其题材的广泛性，贴近生活，又经无数艺人的精心琢磨和长期的舞台加工，许多戏都成为深受欢迎的流行剧目，如《打面缸》、《借靴》、《赛琵琶》、《清风亭》、《两狼山》等等。

第三节 近代戏剧

近代社会在中国社会发展中是一个特殊的时期，这一时期中国社会经历了空前深刻的变化。这一时期戏剧在继承传统的基础上继续发展，在戏剧界发生了三件对后世具有深远影响的大事：一是京剧的形成，二是戏曲改良运动，三是话剧的产生。

一、京剧

京剧是在清代地方戏高度繁荣的基础上，于19世纪中后期形成的新剧种，它的前身是皮黄戏。

1790年徽班进京，拉开了京剧形成的序幕。在京的徽班在二黄腔的基础上，又吸收了秦腔的腔调和剧目，“徽秦合流”使徽调初具皮黄戏的规模。道光年间，湖北楚调艺人进京，带来了西皮调。正处于繁盛期的徽调又将西皮调吸收进来，出现了“徽汉合流”。在这两次合流的过程中，徽调逐渐演变为“皮黄戏”。在这一演变的过程中，出现了名重一时的“老生三鼎甲”，即程长庚、张二奎、余三胜，他们在改革皮黄戏，在皮黄戏过渡到京剧的过程中起了重要的作用。

同治、光绪年间，统治者的爱好和京城社会的暂时稳定为皮黄戏的发展提供了条件。这一时期北京皮黄戏演剧活动异常兴盛，并且产生了培养演员的科班，产生了一批著名的演员。如号称“后老生三鼎甲”的谭鑫培、汪桂芬、孙菊仙，名旦王瑶卿、田际云，净脚何桂山，丑脚王长林，老旦龚云甫等。其中以谭鑫培、王瑶卿成就最高。

谭鑫培(1847—1917)，工老生，他在对前辈名家艺术博采众长、融会贯通的基础上，将老生唱腔惯常的圆宏庄重变为轻快流畅、委婉纤巧；他还统一了当时舞台上所使用的字音，采用以湖广夹京音读中州韵的方法，成为舞台字音的标准，从而为京剧的形成做了杰出的贡献。王瑶卿(1881—1954)工旦行，他是近代京剧旦行艺术的奠基人。他把青衣、花旦、刀马旦、闺门旦的各种艺术特长融为一体，不但大大丰富了旦行的表演艺术，而且改革了角色的扮演、唱腔乃至剧本内容；此外他还培养了大批演员，如梅兰芳、尚小云等等，对京剧艺术的发展做出了卓越的贡献。

总之，京剧在众多艺术家的努力之下，日臻完善；辛亥革命前后，流布全国成为一种全国性的剧种。京剧艺术表演的成熟，从某个角度看，反映在其角色行当的完备和唱、念、做、打的精致化。京剧角色行当总括起来分生、旦、净、丑四门，各门又有更细致的划分。生是扮演男性人物的行当，它又分为老生、武生、小生和娃娃生。旦行是最能体现京剧这一国剧艺术基本美学特征的行当，它包括青衣、花旦、武旦、老旦、刀马旦、彩旦，此外还有熔青衣、花旦为一炉的花衫。净行包括正净、副净和武净；丑行主要分文丑和武丑两类。京剧四大行当不但内部区分细致而且还有其不同的表演艺术规范，它们在唱念做打上均有不同的程式法度，化妆、服饰方面也有显著的区别。行当体系的稳定与完备，标志着京剧为适应舞台演出和刻画人物需要，在表演艺术上已达到了非常成熟的程度。

京剧的剧目亦十分丰富，它一方面继承了皮黄戏的剧目，另一方面又吸收和改编了大量传统剧目和其他地方剧目，如《长坂坡》、《群英会》、《打渔杀家》、《铡美案》、《空城计》等等，均是舞台上广泛流传，为群众所喜闻乐见的优秀剧目。

二、杂剧和传奇

清代中叶已衰落的杂剧、传奇，在近代仍有少数人在创作，并且具有明显的时代特色。

这一时期的杂剧、传奇作品依据其内容大体分为四类：一是反思南宋、南明国事，哀其衰亡的作品。剧中主要人物多是文天祥、史可法等民族英雄，如无名氏的杂剧《扬州梦》、吴梅的传奇

《风洞山》、筱波山人的传奇《爱国魂》等。二是直接反映鸦片战争、甲午战争、戊戌变法等晚清时事的作品,如梁启超的传奇《劫灰梦》,林纾的传奇《蜀鹃啼》等等。三是取材于异域兴亡痛史和革命故事以鼓吹民族民主革命的作品,如梁启超的传奇《新罗马》、《侠情记》,无名氏的传奇《亡国恨》等。四是歌颂民族民主革命志士,特别是秋瑾的作品,如吴梅的杂剧《轩亭秋》、蒋景缄的杂剧《侠女魂》等。

近代的传奇与杂剧创作虽然在内容和形式上都有所突破,但它们只是作家抒愤或鼓舞民众斗志的文字工具,而不是活在舞台上的艺术,因而其成就与影响都不大。

三、戏剧改良运动

戏剧改良运动是在维新变革的大潮流中产生的。它是资产阶级民主革命的一个组成部分,在一定程度上起到了唤醒民众、批判现实、宣传革命的作用。

戏剧改良的目的就是创作反映现实的新剧。其实早在19世纪后期产生的反映鸦片战争的传奇《居宫鉴》(黄燮清)、揭露鸦片之害的传奇《招隐居》(钟祖芬)及在1890年左右于上海出现的时事新戏《任顺福》,都是对戏剧革新的一种尝试。而把这种自发的尝试变为自觉行动,正式提出戏剧改革的是梁启超。梁启超于1902年创作了三部传奇《劫灰梦》、《新罗马》、《侠情记》,正式拉开了戏曲改革的序幕。他借其传奇人物之口,提出戏剧应当"把一国的人从睡梦中唤起来"的主张。1904年柳亚子、陈去病、汪笑侬等人在上海创办了中国第一个戏剧杂志《二十世纪大舞台》,提出戏剧应当"以改革恶俗,开通民智,提倡民族主义,唤起国家思想为惟一目的",对当时社会产生了巨大影响。之后一个戏剧改革运动很快在戏剧界开展起来。在很短的时间内便涌现出大批在内容上配合资产阶级改良运动或革命运动,揭露帝国主义者侵略罪行,抨击封建统治者的腐朽,歌颂民族英雄和烈士的戏剧。戏剧这样直接为政治斗争服务,直接反映现实斗争,在戏剧史上是空前的。此外,戏剧改良除在内容上进行了革新外,在艺术形式上也作了大胆的创新,如舞台上出现了幕布和新布景,演出的服装有时装和新装等等。

这一时期的戏剧改革主要是在京剧和地方戏中进行。京剧改革家首先要推满族剧作家和表演艺术家汪笑侬(1858——1918)。甲午中日战争后,他受改良主义思潮的影响,开始改革京剧。他以戏曲进行通俗教育为宗旨,编新剧、创新声,社会反响很大。他改创的京剧剧目有三十多种,大都借古讽今,配合现实政治斗争,富于时代气息。其代表作有《哭祖庙》、《博浪椎》、《骂安禄山》、《骂王朗》、《纪母骂殿》、《受禅台》等。

在京剧舞台和演出的改革方面,夏月珊、夏月润和潘月樵等贡献较大。1906年他们在上海创建新舞台。新舞台的性质是双重的,它既是一个新式剧场,将中国传统的"三面观"式舞台改成了西洋的镜框式舞台,使用了幕布、布景和转台;同时又是一个从事京剧改良活动的演出团体。在这里最先实行了买票制,废除了"案目"制度,废除了泡茶、递毛巾把儿等积弊,取消了唱堂会的习俗,演员一律使用真名,提高了其社会地位,这些改革可谓在全国首创。他们演出了《新茶花》、《黑籍冤魂》、《宦海潮》、《秋瑾》等进步思想的新戏。

在北京,京剧改革中成就最大的要数田际云、梅兰芳等。田际云是河北梆子兼皮黄演员,他自组玉成班排演新戏。光绪末年编演《黑籍冤魂》、《大战罂粟花》等,1904 年又编演了时事新戏《惠兴女士》。梅兰芳从 1914 年起演出过《孽海波澜》、《宦海潮》、《黛玉葬花》、《千金一笑》等时装新戏。此外,刘喜奎、谭鑫培、高庆奎、郝寿臣等也先后编演时装戏,对京剧的内容和表演程式、服装等都进行了大胆的革新。

在地方戏的改革方面,影响最大的有成都的戏曲改良公会和西安的易俗社。戏曲改良公会是在 1905 年左右,在成都随着川剧改良运动的兴起而成立的,以“改良戏曲,补助教育”为宗旨,并邀请名人修改剧本,如赵熙改编了《活捉王魁》、黄吉安改编了《江油关》等,都密切结合现实斗争,借题发挥,使观众耳目一新。此处他们还公开考核演员,奖优罚劣,以扫除舞台上任意遗漏、窜改词句等陋习。它在推动川剧的改革和发展方面起到了很大的作用。易俗社成立于 1911 年,是秦腔的演出班社和教育团体,发起人为李桐轩、孙仁玉等,其宗旨“补助社会教育,移风易俗”,目的在于改革秦腔,并确定了编选剧本的标准和演出规则。这个社共招收学生十几期,培养演员近 600 人,并编演《三滴血》、《吕四娘》、《柜中缘》等,旨在唤起民众的反抗意识。同时他们也开了用秦控表演时装戏的先河,利用其通俗易懂的形式与广大民众喜爱的特点来教育民众。总之,易俗社对秦腔的发展贡献巨大。

近代戏剧改良是不彻底的,戏剧改良运动在理论上和实践上都存在着严重的缺陷。许多剧目所宣扬的爱国主义往往表现狭隘,在移风易俗中有时又宣扬落后的封建道德。而且一些改良新戏和时装戏在艺术上还很粗糙,因此随着辛亥革命的失败,戏剧改良运动也就偃旗息鼓了。

四、话剧

19 世纪末,西方文化大量传入中国,话剧也开始在中国出现。虽然这时的话剧还只是雏形,但为“五四”以后新话剧的产生和发展创造了条件。

19 世纪末 20 世纪初,在戏剧改良运动中,京剧界产生了一种新旧杂陈的“时事新戏”。这种“新戏”对于上海学生界的业余演剧活动产生了很大的影响。

学生演剧活动的兴起,是资产阶级民主革命前奏思想解放运动的产物,同时又是受外国人在上海办教会学校演剧活动影响的结果。早在 1861 年,上海就有外国侨民组成的“ADC 剧团”演出西方话剧,这些话剧的演出向中国介绍了一种新的戏剧形式。以后,上海的教会学校每逢圣诞节常组织学生演出西洋戏,同时亦演出中国的时装戏。1900 年,汪优游以庆祝孔子诞辰为名,在上海育才学堂组织学生演出了三出新戏,内容是关于八国联军和江西教案的。同时朱双云也以同样的方式在南洋公学演出了《六君子》、《义和团》。这种演出起初规模不大,活动范围也只限于学校,后来演出活动越来越频繁，这种戏在当时被称为“学生戏”。“学生戏”突破了传统戏曲的格局，接受了西方话剧的影响，开始向话剧靠拢。“学生戏”可以说已具备了早期话剧的雏形。学生演剧活动，可以说是中国早期话剧运动的起点。

1906年，李叔同、曾孝谷等共同在日本东京发起一个中国留日学生的综合性文艺团体——春柳社，并在日本进行了演剧活动。春柳社是受日本新戏派影响而组织起来的，骨干分子除李叔同、曾孝谷外，还有欧阳予倩、陆镜若等。1906年12月他们在日本为江苏水灾赈灾而演出的《茶花女》，是由中国人用汉语演出的第一个话剧。1910年，春柳社主要成员大都回国，辛亥革命后，以新剧同志会、春柳剧场等名称在上海、无锡、长沙等地演出，1915年解散。中国的第一个话剧团体是春柳社，它活动时间最长，影响最大，对推动中国早期话剧活动做出了重要贡献。

1907年，王钟声在上海创办了春阳社，演出了《黑奴吁天录》、《加茵小传》等新戏，这是中国本土上最早的话剧活动。

1910年，任天知在上海成立了进化社，先后在南京、芜湖、汉口等大城市演出新剧，主要有《白蓑衣》、《东亚风云》、《共和万岁》、《黄金赤血》等。进化社于1912年解散，虽然只有两年多的时间，但其足迹遍于南方诸省，不仅起到了话剧启蒙作用，使人们耳目一新，并且在它的影响下产生了许多新剧团，促进了中国早期话剧的发展。

中国话剧从19世纪末的学生演剧活动发端，到1906年以后的春柳社、春阳社、进化社先后成立，标志着中国早期话剧已正式成立并日趋成熟。

思考题：

一、填空

1.明代“三大传奇”的是指__________的《宝剑记》、王世贞的《鸣凤记》、__________的《浣纱记》。

2.孟称舜的爱情悲剧《________________》是继《牡丹亭》之后又一部重要的剧作，吴炳的《__________________》是中国古代著名的喜剧。

3.__________的《太和正音谱》是一部戏曲史上重要的著作，它对戏曲的体制、流派、作家作品、杂剧分科、制曲方法、脚色源流等，都进行了论述。

4.明代的___________被人称为“东方曲坛伟人”。

5.洪昇的《_____________》和_____________的《桃花扇》被称为清代戏曲“双璧”。

6.《______________》是由中国人用汉语演出的第一个话剧。

7.1907年，__________在上海创办了春阳社，演出了《黑奴吁天录》、《加茵小传》等新戏，这是中国本土上最早的话剧活动。

8.1910年，________在上海成立了进化社，演出了《东亚风云》、《共和万岁》等新剧。

二、解词

1.“临川四梦” 2.沈汤之争 3.《四声猿》 4.苏州派 5.南洪北孔 6.《桃花扇》 7.谭鑫培 8.春柳社

三、简答

1.明传奇的体制特点

2.《牡丹亭》的艺术成就

3.明代杂剧发展概况

4.李渔的艺术贡献

5.《长生殿》的艺术成就

6.清代戏曲的“花雅之争”

四、论述

1.京剧的形成和成熟

2.近代的戏剧改良运动

第五章 现代时期

第一节 二十世纪话剧

话剧是源于欧洲的一种以语言和形体动作为主要艺术手段的剧种。它是19世纪末、20世纪初在上海被引进我国的，早期称新剧或文明戏，1928年由中国话剧奠基人之一的洪深倡议，定名为话剧。

一、“爱美剧”

1908年新剧家王钟声率“春阳社”来北京演出《宦海潮》等剧，是北京舞台上出现话剧之始。1916年戏剧家宋春舫在北京大学开设“欧洲戏剧”课，这是在中国高等学校开设话剧课程的开端。1918年《新青年》杂志先后出版了《易卜生专号》和《戏剧改良专号》，两个专号的主要作者胡适、陈独秀、傅斯年等大力倡导新剧，主张“创造新社会的戏剧”，创造写实的、科学的戏剧，并陆续介绍了西方现代戏剧的名家名作，为创建中国现代戏剧做了理论准备，推动了“爱美剧”的发展。20年代初，在汪优游、陈大悲的倡导下，北京兴起“爱美剧”的热潮。“爱美的”一词系英语音译，意为“业余的、非职业的”。汪优游针对文明戏商业化的弊端，首次提出组织独立剧团的设想。不久，陈大悲著《爱美的戏剧》(1921年4月20日至9月4日在北京《晨报》上连载，翌年出单行本)，遂在社会上引起热烈反响。这是他们针对文明戏的没落提出的新戏剧概念，主张学习西方的现实主义创作方法，表现真实的人生和人物性格，演剧要有导演、有正规的排练制度，布景要与戏的精神一致等等。在他们的倡导下，“爱美剧”成为这个时期中国话剧运动的主流。

在新思潮的影响下，“爱美剧”运动中演出的剧目大多是抨击封建礼教、争取民主进步的社会问题剧，成为新文化运动重要的一翼，这是“五四运动”时期创造现代话剧的重要实践。这个时期，北京大学、清华大学、燕京大学、燕京女校、交通大学、师范大学等十几个学校里都建立了学生剧社，演剧活动蓬勃发展。北京成了“爱美剧”的中心。1922年蒲伯英、陈大悲在鲁迅、周作人、梁启超等支持下，创办北京人艺戏剧专门学校，这是中国第一所较正规的话剧学校。该校举行公演的剧目《英雄与美人》，是全国第一出男女合演的话剧。国立北京艺术专门学校开设戏剧系，重视学生的艺术实践，先后举行过17次公演。演出剧目有熊佛西的《一片爱国心》、《救星》，丁西林的《压迫》、《一只马蜂》，田汉的《获虎之夜》，易卜生的《群鬼》等，使话剧在北平扩大了社会影响。1933

年曹禺写出了他的处女作《雷雨》,《雷雨》的问世,被公认为是"中国年轻的话剧艺术成熟的标志"。

二、社团

(一) 春柳社

春柳社成立于1906年，它是一个由戏剧爱好者组成的旨在研究各种文艺的留日学生团体。由李叔同、曾孝谷主持,主要成员有欧阳予倩、吴我尊、马降士、陆镜若等,春柳社开始时只设演艺部,推崇日本新剧,并以研究和仿效新剧为己任。他们在东京演出了《茶花女》,并且根据美国作家斯托夫人的小说《汤姆叔叔的小屋》改编了话剧《黑奴吁天录》。

(二) 南国社

南国社成立于1927年,领导人是田汉。南国社的戏剧活动,着眼于揭示生活内容和人物思想,在表现上摆脱了对外国戏剧的模仿,富有革新精神,在中国话剧史上,起着承前启后的作用。它的不少成员,以后成为中国戏剧、电影、音乐、美术等方面的骨干人才,如唐槐秋、陈凝秋、陈白尘、赵铭彝、金焰、郑君里、张曙、吴作人等。南国社主要上演田汉创作的剧本,反映了小资产阶级知识分子在革命低潮时思想上的矛盾和苦闷,演出在青年中引起强烈反响。南国社于1930年6月在上海演出田汉根据法国梅里美同名小说改编的《卡门》,对人民革命发出了热烈的呼唤,遭到反动当局禁演。南国社于当年9月被查封后,绝大部分成员在田汉率领下加入左翼戏剧运动。

三、剧作家

(一) 欧阳予倩

欧阳予倩(1889—1962)是著名的戏剧、戏曲、电影艺术家。他参与春柳戏剧社,演出话剧《黑奴吁天录》一举成功。他积极倡导话剧,并写作大量剧本;同时进行改良京剧的尝试,与梅兰芳齐名,有"南欧北梅"之誉。欧阳予倩一生创作改编话剧四十余部,导演话剧五十余出,创作、改编、修改戏曲剧本近50部,编、导影片13部。他的作品与时代脉搏相通,且话剧中含有戏曲精华,戏曲中蕴有话剧特色,为中国的民族演剧艺术体系做出了重要贡献。他坚持理论与实践相结合,采用科学的方法教授学生,为中国培养了大批戏剧艺术人才。中华人民共和国成立后,欧阳予倩任中国文联副主席等职,有《欧阳予倩剧作选》等传世。

(二) 郭沫若

郭沫若(1892—1978) 原名郭开贞。他出版的第一本诗集《女神》,是中国新诗的奠基之作。1919年秋开始,他尝试以中国古代神话传说和历史故事为题材写诗剧,先后创作了《女神三部曲》(《女神的再生》、《湘累》、《棠棣之花》) 和 《三个叛逆的女性》(《卓文君》、《王昭君》、《聂嫈》)。1921年他和成仿吾、郁达夫等人在日本组织创造社,编辑《创造季刊》,1923年回国后继续编辑

《创造周报》和《创造日》，并提出了“革命文学”的口号。抗战期间是郭沫若戏剧创作的高峰，相继写了《屈原》、《虎符》、《高渐离》、《孔雀胆》、《南冠草》等历史剧及大量诗文。新中国成立后，郭沫若担负着繁重的政治和文化领导工作，戏剧作品主要有《蔡文姬》、《武则天》等，郭沫若历史剧具有浪漫主义的艺术特色，他在遵守历史事实的基础上，充满了强烈的个人感情色彩。他的剧作是主客一体、高度融合的产物，是作家政治家、史学家、诗人三位一体的结合，因而形成鲜明的时代特点和个性特征。

(三) 洪深

洪深(1894—1955) 是我国话剧事业的开拓者，杰出的戏剧和电影艺术家、教育家。洪深 1916 年赴美国学习，1922 年春回到上海，是中国第一个专习戏剧的留学生。洪深与群众联系广泛，为人热情诚恳，待人平等。他学识渊博，熟悉中外文学和话剧，对中国古典戏曲和民间艺术也有精辟的见解，具有真正人民艺术家的气质与魄力。

他参与校园的戏剧活动，根据英国名剧《罗宾汉》剧情，创造性地将舞台设计在校园树林的空地间上演。西方近代民主思潮使他将目光投向了下层百姓的生活，写出了他反映平民生活的第一个剧本《卖梨人》。加盟“戏剧协社”后，洪深对文明戏进行了从形式到内容的彻底改革，提倡男女合演，完善了严格的排演制度，规范了演员的表演。他导演的《少奶奶的扇子》一剧获得巨大成功，标志着中国话剧史翻开了新的一页。1928 年，洪深正式将这种新的戏剧艺术形式命名为“话剧”。

洪深的主要作品有反映江南农村农民生活与斗争的农村三部曲 《五奎桥》、《香稻米》、《青龙潭》，以抗战为主题的独幕话剧《走私》、《鸨》、《咸鱼主义》等，推动抗日运动的剧作《飞将军》、《米》、《包得行》等，反对国民党破坏抗战的话剧《再会吧，香港》、《祖国在呼唤》、《草莽英雄》等。

(四) 田汉

田汉 (1898—1968) 是剧作家、诗人，是中国现代戏剧奠基人。他与郭沫若等组织创造社，后来与妻子创办《南国半月刊》，发表了独幕悲剧《获虎之夜》，在上海与唐槐秋等创办南国电影剧社，同欧阳予倩、周信芳等举行“鱼龙会”演出。与徐悲鸿、欧阳予倩组建南国艺术学院，同年秋成立南国社，以狂飙精神推进新戏剧运动，发表了《古潭的声音》、《南归》等剧本和一系列关于戏剧运动的文章。在从事文艺活动的同时，他还积极参加政治活动，参加了中国左翼作家联盟成立大会，接着参加了中国自由运动大同盟，“七七事变”后创作了五幕话剧《卢沟桥》。抗战开始后对京剧、汉剧、湘剧等戏曲进行了改革，写了大量以反侵略为内容的戏曲剧本，有《江汉渔歌》、《岳飞》等。

田汉毕生从事文艺事业，一生创作话剧、歌剧六十余部，电影剧本二十余部，戏曲剧本二十余部，歌词和新旧体诗歌近 2000 首。其中《义勇军进行曲》经聂耳谱曲被定为中华人民共和国国歌。话剧代表作有《获虎之夜》、《名优之死》、《乱钟》、《回春之曲》、《丽人行》等，改编 戏曲剧本有《武则天》、《江汉渔歌》、《金鳞记》、《西厢记》等。解放后创作了话剧《关汉卿》、《文成公主》、《十三陵水库畅想曲》及整理戏曲《白蛇传》、《谢瑶环》等，在历史剧的创作和改编方面达到了新的高度。

(五) 老舍

老舍(1899—1966)，满族，原名舒庆春，字舍予。老舍的第一部作品是长篇小说《老张的哲学》，以后陆续发表了长篇小说《赵子曰》和《二马》，从而奠定了他作为新文学开拓者之一的地位。他的代表作还有《猫城记》、《离婚》、《骆驼样子》等长篇小说，《月牙儿》、《我这一辈子》等中篇小说，《微神》等短篇小说，长篇巨著《四世同堂》。

《茶馆》不但是老舍戏剧创作的高峰，也是新中国戏剧创作中具有里程碑意义的杰作。全剧仅三万余字，却写了三个“朝代”，时间跨度50年，写活了70个人物。它以高度的艺术概括，浓郁的民族气派，厚重的历史含量和丰富的生活气息，谱写出一部史诗性的画卷，包含了众多的历史内容，处处闪烁着作家的睿智和幽默。

《茶馆》以北京一座茶馆为舞台，利用一个大茶馆就是一个小社会的特点，展开了清末“戊戌维新”失败以后、民国初年北洋军阀盘踞时期和国民党政府在大陆的统治崩溃前夕三个不同时代的生活场景和历史动向。它时代色彩强烈，多方面地再现了尖锐的矛盾冲突和丰富的社会生活，透过一个北京茶馆的历史变迁和茶馆掌柜王利发的命运，以及环绕着茶馆的形形色色的人物经历，来折射出时代的动荡和社会的黑暗，揭示出必须寻找别的出路的真理。

(六) 夏衍

夏衍(1900—1995)是中国著名的文学、电影、戏剧作家，文艺评论家，翻译家，社会活动家，中国左翼电影运动的开拓者、组织者和领导者之一。1929年他翻译出版了《母亲》，第一次把无产阶级文学奠基人高尔基的作品介绍给中国读者。《狂流》(1993)是他编写的第一部电影，此后陆续创作有《春蚕》、《脂粉市场》、《上海二十四小时》、《女儿经》、《压岁钱》、《祝福》等18部电影剧本。1937年，他写成的《上海屋檐下》是他最成功的剧作之一，在这部作品中，他注意了人物性格、内心活动的刻画，将当时的时代特征反映到剧中人物身上。此后他又创作多部话剧，如《一年间》、《心防》、《愁城记》、《水乡吟》、《法西斯细菌》、《芳草无涯》等。新中国成立后，他主要担任文化领导工作，出版有《夏衍选集》等著作。

(七) 焦菊隐

焦菊隐(1905—1975)，中国导演艺术家、戏剧理论家。1935年赴法国留学，广泛接触西方的文学艺术，1938年回国，积极参加抗日活动。抗战胜利后，导演《夜店》，获得成功；创办北平艺术馆，导演话剧《上海屋檐下》、京剧《桃花扇》；并写了一些戏剧论文。1950年，为北京人民艺术剧院导演老合的话剧《龙须沟》，以完美的舞台艺术形象、鲜明 的人物性格、浓郁的生活气息和地方色彩，展示出现实主义舞台艺术的魅力。1952年，曹禺任北京人艺院长，他任副院长强调以导演为核心的共同创造思想，主张演出必须在深入生活的基础上对剧本进行“二度创造”，表演创作中不能忽视“心象”孕育过程。此后导演了一系列名剧，把斯坦尼斯拉夫斯基体系的思想与中国戏曲艺术的美学原则融会于自己的导演创造之中，逐步形成了自己的导演学派。作为这一学派的代表性剧目是《茶馆》和《蔡文姬》。其戏剧论著有《焦菊隐戏剧论文集》、《焦菊隐戏剧散论》等。

(八) 曹禺

曹禺（1910—1996）是现、当代剧作家。曾任北京人民艺术剧院院长。原名万家宝。曹禺继承了先驱者们反帝反封建的民主精神，同时广泛借鉴和吸收了中国古典戏曲和欧洲近代戏剧的表现方法，把中国的话剧艺术提到了一个新的高度。曹禺的作品对导演、表演艺术和舞台美术也产生了深刻的影响，使话剧成为真正的综合性艺术，为话剧争取了更多的观众，从而发展提高了剧场艺术。

曹禺根据少年时代的生活积累，借鉴学习探索欧洲戏剧艺术掌握的技巧，写出处女作也是代表作《雷雨》，它是中国话剧艺术成熟的标志。接着几年，他又创作了《日出》、《原野》、《北京人》等名剧，从而奠定了他在中国现代戏剧史上的领袖地位。后来他将巴金的小说《家》改编成剧本，还译有《罗密欧与朱丽叶》等。

处女作四幕剧《雷雨》，暴露了具有浓厚封建性的资产阶级家庭的腐朽和罪恶，揭示了旧制度必将灭亡的历史趋势，以高度的艺术成就和现实主义的艺术力量震动了当时的戏剧界，标志着中国话剧艺术开始走向成熟，几十年来成为最受观众欢迎的话剧之一。剧本《日出》深刻解剖了20世纪30年代中国的都市生活，批判了那个“损不足以奉有余”的罪恶社会，它与《雷雨》前后辉映于剧坛，奠定了曹禺在中国话剧史上的地位。《北京人》为曹禺剧作的又一艺术高峰。他再一次回到自己所熟悉的旧家庭的题材，对封建主义做了抽筋剔骨的批判。假如说《雷雨》侧重于伦理道德关系的批判，《北京人》则企图对整个封建文化传统做清算。剧作家力图对传统文化进行反思，找到通往新生活的精神力量。

(九) 吴祖光

吴祖光（1917—2003）是中国著名剧作家。曾为中国戏剧家协会副主席。他自幼酷爱戏剧，1937年根据东北抗日义勇军事迹写成四幕话剧《凤凰城》，从此走上戏剧创作道路。此后又有《孩子军》、《正气歌》问世。20世纪40年代，先后创作《风雪夜归人》、《牛郎织女》、《林冲夜奔》、《少年游》、《凯歌归》、《画角春声》、《捉鬼传》、《嫦娥奔月》等，从不同角度揭露反动统治者的专横暴戾，蕴含着对人民群众的同情和赞美，具有鲜明的思想倾向。解放后亦有名作，如《闯江湖》。

(十) 胡可

胡可（1921—　）是中国著名剧作家。曾为中国戏剧家协会副主席。他积累了丰富的生活素材，在抗日战争和解放战争期间，先后创作了多幕儿童剧《清明节》、多幕话剧《戎冠秀》、独幕话剧《枪》及《喜相逢》等。中华人民共和国成立后，他又创作了《战斗里成长》、《英雄的阵地》、《战线南移》、《槐树庄》等反映部队和农村生活的剧本，成为部队中有影响的剧作家。

(十一) 苏叔阳

苏叔阳(1938—)是中国著名作家，同时在小说、戏剧、电影、报告文学、诗歌、散文及理论研究诸领域均有成就。他创作的话剧《丹心谱》，获庆祝中华人民共和国成立三十周年献礼演出创作一等奖，《左邻右舍》获全国话剧、戏曲、歌剧优秀剧本奖。发表或拍成电影、电视的文学剧本主要有《盛开的月季花》、《春雨潇潇》、《丹心谱》、《密林中的小木屋》、《一叶小舟》、《夕照街》、《苏禄国王与中国皇帝》、《消失的梦》、《聊斋系列剧》、《流星》等。

(十二) 沙叶新

沙叶新(1939—)是我国著名的剧作家，他的代表作《陈毅市长》获全国第一届优秀剧本奖和全国少数民族文学创作奖。时代性和现实性是沙叶新剧作最鲜明的特点，《假如我是真的》是时代性的代表，《陈毅市长》是现实性的代表。沙叶新真诚地探求人生的真谛，真诚地思考社会的问题，他把这种严肃的思考用幽默、讽喻的形式来表现，从而使他的剧作具有鲜明的喜剧色彩。他的代表作还有《寻找男子汉》、《约会》等。

第二节 二十世纪戏曲

20世纪以来，由于文化思想的不断更新和戏曲界自身的改良活动，促成了以城市为活动中心的京剧及地方剧种的不断变革。虽然剧种发展因社会条件与地域环境不同而呈现为不平衡状况，但总体来看又出现了兴盛繁荣的局面。

一、京剧名家

(一) 四大名旦

梅兰芳(1894—1961)与程砚秋、尚小云、荀慧生并称“四大名旦”，梅兰芳居“四大名旦”之首。他经过多方面的实践，创造了京剧旦行的表演艺术流派——“梅派”，与斯坦尼斯拉夫斯基、布莱希特并称为世界三大表演体系。欧阳予倩曾著文赞誉梅兰芳是“真正的演员，美的创造者”，苏联芭蕾舞大师乌兰诺娃推崇梅兰芳为“美的化身”。建国以后，先后当选为中国文学艺术界联合会副主席，中国戏剧家协会副主席，并历任中国戏曲研究院院长、中国戏曲学院院长、中国京剧院院长等职务。

1921年，他编演了《霸王别姬》，刻划了一个善良、有见识、富有情感而又坚贞不屈的虞姬形象，他的表演细腻深刻，成了梅派剧目中较为优秀的一个保留节目。抗日战争时期，梅兰芳在上海蓄须辍演，表现了崇高的民族气节。他完成了京剧旦角艺术的重大革新，从不同人物出发，把青衣、花旦、闺门旦以至刀马旦的表演技巧、风格融化运用。他还排演了一些歌舞成分较重的新剧目，并在其中创作了与剧情适应的舞蹈，如《霸王别姬》中的剑舞，这些舞蹈，或取材于武功，或取材于旦角舞蹈身段，或取材于其他剧种和姊妹艺术，或直接从生活提炼而成。他把唱、做、念、打、舞结合成有机的整体。梅兰芳创演的剧目很多，如《宇宙锋》、《贵妃醉酒》、《金山寺》、《断桥》、《打渔杀家》、《黛玉葬花》、《穆桂英挂帅》等，这些剧中塑造的性格鲜明的艺术形象，体现了中国妇女各种美好的品德与个性，这些个性又融化在美的形象中，给人留下强烈的印象。

程砚秋(1904—1958)是我国著名京戏演员，四大名旦之一。他探索革新京剧，并逐渐创立程派唱腔，主演的代表剧目有《荒山泪》、《青霜剑》、《锁麟囊》、《春闺梦》、《鸳鸯冢》和《三击掌》等。新中国成立后，历任中国文联委员、中国剧协常务理事、中国戏曲研究院副院长。

程砚秋在艺术创作上，勇于革新创造，舞台表演中，唱腔讲究音韵，注重四声，并根据自己独有的嗓音特点，创造出了一种幽咽婉转、若断若续的独有唱腔风格。他创作的角色，典雅娴静，恰如霜天白菊，有一种清峻之美。程砚秋在表演的眼神、身段、步法、指法、水袖、剑术等方面，也都有一系列的创造和与众不同的特点，作为一个完整的艺术流派，全面展现在京剧艺术舞台上。程砚秋注重借鉴兄弟姊妹艺术，融合于自己的艺术创作之中，是众多艺术大师中较为突出的一位，不仅对京剧旦角同时也对整个京剧、戏曲的发展都产生着深远、重大的影响。

尚小云(1900–1976)是京剧表演艺术家，戏曲教育家。曾任中国戏曲家协会常务理事、陕西省京剧院院长、中国戏曲学校艺术顾问等职。尚小云主要剧目有《汉明妃》、《双阳公主》、《武家坡》、《十三妹》、《打青龙》、《姑嫂英雄》等。他的演唱高亢圆亮，念白除韵白外兼擅京白。他的动作幅度夸张性强，节奏鲜明，刚烈中富于柔媚，柔情中蕴涵坚贞，反映了各个时期的妇女舞台形象。他把"杨派"武生的精湛表演，吸收融化，用在自己的旦角戏里，使其表演刚劲、挺拔，于旦角的妩媚多姿中又见阳刚之美，特别适于表演巾帼英雄人物。尚小云创办了荣春社科班，为京剧界培养出了许多人才。

荀慧生(1900—1968)是著名的旦角表演艺术家，建国以后曾任北京市戏曲研究所所长和河北省河北梆子剧院院长。荀慧生的表演熔青衣、花旦、闺门旦、刀马旦表演于一炉，吸收小生、武小生及其他行当的表演技巧，甚至将国外舞蹈步法融于其中。他根据自己的天赋条件，在唱腔、身段、服装、化妆等方面进行大胆的革新。他的唱腔委婉动听、声情并茂、轻盈谐趣，表演时注意刻划心理，重视角色动作，讲究眼神运用，把女性的妩媚闪现于言谈举止之中。他善于把程式化为生活，把生活又化为程式，使得程式化的表演和生活的动作能够融为一体。

(二)周信芳和马连良

周信芳(1895—1975)艺名麒麟童，工老生，是我国杰出的京剧表演艺术家和艺术革新家。建国后，他历任中国戏曲研究院副院长，华东戏曲研究院院长，上海京剧院院长，中国戏剧家协会副主席，上海市文学艺术界联合会副主席，中国戏剧家协会上海分会主席。他的代表剧目有《四进士》、《徐策跑城》、《萧何月下追韩信》、《清风亭》、《义责王魁》等。

他的念白韵味醇厚，饱满有力。或起伏跌宕，或平稳顺畅，或断断续续，或一气呵成，都能恰当而鲜明地表现出人物的语气和感情。他还善于在韵白中适当地运用口语，在对白中插进语助词，使人听来既铿锵悦耳，又亲切生动，富有浓厚的生活气息。周信芳在表演中，十分注意唱念与动作的有机结合，此外，他在打击乐的运用以及在服装、化妆等方面，都有革新和创造，以其鲜明的特色汇成"麒派"统一的艺术风格。周信芳在几十年的舞台生活中，运用精湛的表演技巧，塑造了众多生气勃勃、有血有肉、性格鲜明的人物形象，为京剧艺术的发展做出了贡献。"麒派"不仅是京剧老生的重要流派，而且对其他行当、其他戏曲剧种的表演艺术，也有较大影响。

马连良（1901-1966）是我国最有影响的京剧老生表演艺术家之一，他的演唱艺术世称"马派"。建国后，历任北京京剧团团长、北京市戏曲专科学校校长、中国戏剧家协会艺术委员会委员、北京市文学艺术界联合会常务理事等。马连良演唱的经典剧目有《四郎探母》、《群英会·借东风》、《临潼山》、《串龙珠》、《赵氏孤儿》、《海瑞罢官》、《甘露寺》、《清官册》、《梅龙镇》、《御碑亭》、《辕门斩子》等。

他嗓音圆润，善用鼻腔共鸣，唱腔从容舒展，清新流畅，对于小段唱腔或零散唱句同样推敲打磨，念白韵味十足，掺入了京音，节奏鲜明，流水板、垛板轻俏灵巧，层次清楚，气口巧妙，武功根底坚实，富于艺术的美感。他在师法众多前辈艺人的基础上，独出心裁，加以融会贯通，形成了具有鲜明个人特色的完整表演体系，"美"是它的核心。

（三）杨小楼和盖叫天

杨小楼（1878—1938）工武生，祖、父均为清末京剧演员。他在艺术上继承家学，更能博采众长，建立了新的表演体系，是为"杨派"。他的著名剧目主要有《骆马湖》、《连环套》、《长坂坡》、《战冀州》、《霸王别姬》、《挑滑车》等。杨小楼嗓音高亢宽亮，无论散板、摇板、流水板及曲牌、引子，均富特色，唱腔吸收张二奎的唱法，不使巧腔，而逢高必起，多顺字滑腔的唱法，铿锵爽朗。他很讲究音韵之美，演唱韵味极浓，念白尖团分明，感情真挚饱满，处处吻合剧情与人物的特定性格，侧重于英武脆爽，善于以似断实续的粘连念法加强舞台气氛。杨小楼对于前人武生艺术所做的发展主要在于刻画人物细腻，一切表现手段都严格服从于剧情和人物的需要，一腔一字、一招一式都带出人物的性格与感情。他善于用动与静、快与慢、含与露等对比、反衬来加强表演，如对眼神的运用就是如此。

盖叫天（1888-1970）继承了南派武生创始人李春来的艺术风格，又广泛汲取京剧、昆曲和地方戏中武生各流派的表演艺术之长，并借鉴武术，观察和摹拟自然界的物象姿态，以丰富武打技术和人物形体美的造型，形成了独具特色的"盖派"表演艺术。代表剧目除《武松》外，还有《三岔口》、《白水滩》、《一箭仇》、《洗浮山》、《鄚州庙》、《闹天宫》等。盖叫天的武戏表演，着重人物性格的刻划和精神境界的展现。他把武打动作与人物的思想性格有机地结合起来，十分讲究人物的造型美。在舞台上别开生面的武打，动作干净利落，一抬腿，一举手，一招架，一个把式，都极优美。

二、大型剧种

(一) 黄梅戏

黄梅戏原名黄梅调、采茶戏，是在皖、鄂、赣三省毗邻地区以黄梅采茶调为主的民间歌舞基础上发展而成。黄梅戏有二三百年的历史。在形成的过程中，它吸收了徽调、汉剧、楚剧、高腔、京剧等众多地方戏精华。经黄梅戏老一辈艺术家用心血和智慧，把它从草台搬上花台，从民间采茶调发展成为全国五大剧种之一。黄梅戏的代表剧目有《打猪草》、《夫妻观灯》、《推车赶会》、《天仙配》、《女驸马》、《罗帕记》、《赵桂英》、《三搜国舅府》等。

严凤英 (1930—1968) 是中国著名戏剧表演艺术家，曾任安徽省黄梅戏剧团副团长，中国文学艺术界联合会委员、中国戏剧家协会理事。她的著名剧目主要有《打猪草》、《夫妻观灯》、《天仙配》、《女驸马》、《牛郎织女》、《党的女儿》和《江姐》等。她的唱腔亮丽沙甜，委婉动听，韵味浓郁，吸收京剧、越剧、评剧、评弹、民歌等唱腔之长，将它们融会贯通，自成一家，誉为“严派”。她以诚实、热忱、执著、勤奋与严谨的艺术追求和创造，在舞台和银幕上极为成功地塑造了一个个令世人难忘的艺术形象，为黄梅戏艺术表演的发展升华和艺术品位的确立提高以及中国戏剧文化事业做出了卓越贡献，被公誉为“黄梅戏一代宗师”。

(二) 吕剧

吕剧是由说唱艺术山东琴书，曾名“化装扬琴”或“琴戏”发展而成的。据说最初常演《王小赶驴》而被戏称为“驴戏”，大约在 20 世纪初搬上舞台，1950 年定名为吕剧，上世纪 50 年代得到了发展壮大，至今流行于我国华东、华北、东北一带。唱腔悠扬缠绵，表演朴实敦厚，甚有山东地方风韵。

郎咸芬 (1936—) 是著名吕剧表演艺术家，国家一级演员，中国戏剧家协会常务理事、山东省文联副主席、山东省剧协主席、山东省吕剧团团长。在其半个世纪的艺术生涯中，成功塑造了各种不同性格、特点的人物形象，多次获得国家及省级大奖。主要的剧目有《李二嫂改嫁》、《蔡文姬》、《山高水长》、《梨花狱》、《苦菜花》、《穆桂英挂帅》、《丰收之后》、《沂河两岸》、《母与子》等。郎咸芬的表演风格，秉承了吕剧所特有的朴素自然，并有所拓展。她在艺术上最显要的特点，是不拘泥于技巧程式的羁绊，以人物的情感为依据，以扎实的生活体验为根基。郎咸芬在长期的艺术实践中，继承发扬了吕剧艺术鲜明的地方特色和浓郁的生活气息，表演质朴无华，以情感人，唱腔委婉悦耳，回味悠长，深受广大观众喜爱，是山东吕剧演唱艺术的典型代表，为弘扬我国的民族文化做出了显著的成绩。

(三) 评剧

评剧是在我国有较大影响的地方剧种之一。莲花落是一种长期流行在民间的说唱艺术，评剧就是在莲花落基础上发展起来的。东北民间歌舞“蹦蹦”传进关内，河北的莲花落艺人便迅速地吸收了这种艺术，成兆才是评剧这个新兴剧种产生的第一代剧作家。评剧以唱工见长，吐字清楚，唱词浅显易懂，演唱明白如话。评剧表演生活气息浓郁，具有亲切的民间风味，形式相当活泼、自由，擅长反映绚丽多彩的现实。评剧由于其编演的剧目紧密联系生活，反映出了当时人民的心声，又善于吸收兄弟剧种和姊妹艺术的营养以丰富自身，所以发展极快，演员辈出。

新凤霞 (1927—1998)，评剧女演员，曾任中国戏剧家协会理事。她幼年学过京剧，后又刻苦学习大鼓、梆子、坠子、琴书等，在评剧艺术中形成“新派唱腔”，尤以流利的花腔——“疙瘩腔”著称。著名剧目有《刘巧儿》、《祥林嫂》、《杨三姐告状》、《花为媒》、《牛郎织女》、《乾坤带》、《无双传》等。她的演唱清新甜润，玲珑婉转，富有华彩，将传统评剧女声悲腔化为喜腔，高唱解放了的中国妇女的生活和理想，塑造了新一代的妇女形象，她所创造的新的板式和唱腔为丰富和发展评剧女腔作出了贡献。

(四) 越剧

越剧发源于浙江省绍兴地区的嵊州市，曾称小歌班、的笃班、绍兴文戏、女子文戏等越剧的前身，是 19 世纪后半叶在浙江嵊县一带流行的“落地唱书”，这种曲艺活动了五十余年，是越剧的孕育时期。1938 年秋，已用“越剧”名称代替“女子文戏”，后经吸收其它艺术养料，不断得到发展。新中国成立后，著名越剧表演艺术家袁雪芬对 传统越剧进行了全面的改革，称为“新越剧”。越剧借鉴了昆曲、京剧中的舞蹈身段和程式动作，同时也吸收话剧、电影刻划人物性格、心理活动的表演方法，形成自我独特的写意与写实结合的风格。越剧从 20 世纪 50 年代起，便广泛地走向全国. 成为一个地方戏的大剧种，并对外作文化交流演出。同时在男女合演方面，做了有益的探索，取得了经验与成绩。越剧有许多经典的剧目，如《梁山伯与祝英台》、《祥林嫂》、《西厢记》、《红楼梦》、《追鱼》、《胭脂》等。后来，越剧还涌现了《五女拜寿》、《陆游与唐婉》、《寒情》、《藏书之家》等新剧目。

袁雪芬 (1922—) 先后担任华东越剧实验剧团团长、上海越剧院院长、中国戏剧家协会副主席。主要剧目有《香妃》、《祥林嫂》、《山河恋》、《西厢记》等。她在表演上，博采众长，将话剧、电影重视刻划人物性格和内心活动的写实主义表演特点与昆曲载歌载舞、重视形体动作美化的长处吸收到越剧中，加以融化、创新，形成了写意与写实相结合的表演形式。其唱腔旋律淳朴，节奏多变，感情真挚深沉，韵味醇厚，委婉缠绵，声情并茂，被称“袁派”。

(五) 豫剧

豫剧又称“河南梆子”，是河南省最重要的地方戏曲剧种。它流行于河南、河北、山东、山西、湖北、宁夏、青海、新疆等十几个省区，是我国最有影响的戏曲之一。其节奏鲜明，音调高亢活泼，低回婉转，语言纯正，感情丰富，乡土气息浓郁。在长达250年的发展过程中，流派纷呈，日趋完善。一些有成就的艺术家突破了地域局限，形成了以常香玉、陈素真、崔兰田、马金凤、阎立品等为代表的五大艺术流派，豫剧有祥符调、豫东调、沙河调、豫西调等多种地域流派。

常香玉(1923—2004)是豫剧表演艺术家，曾担任河南豫剧院院长，河南省戏剧家协会主席，中国戏剧家协会副主席等，是戏曲界公认的豫剧大师。在艺术上一直表现着炽热的追求，曾广泛吸收京剧、评剧、秦腔以及坠子、大鼓等艺术之长，丰富自己的唱腔和表演。“常派”唱腔字正腔圆，运气酣畅，韵味淳厚，格调新颖；以声绘情、以情带声，多彩多姿、雅俗共赏，表演刚健清新、细腻大方，内涵深邃、性格鲜明；在表达人物内在的思想感情上，细致入微，一人一貌，栩栩如生。代表作有《花木兰》、《拷红》、《白蛇传》、《战洪州》、《大祭桩》、《人欢马叫》、《红灯记》等。

思考题：

一、填空

1.话剧是19世纪末20世纪初在上海被引进我国的，早期称新剧或文明戏，1928年由中国话剧奠基人之一的__________倡议，定名为话剧。

2.__________成立于1906年，是一个由戏剧爱好者组成的旨在研究各种文艺的留日学生团体，以研究和仿效新剧为己任，由李叔同、曾孝谷主持。

3.在戏曲界被称为“南欧北梅”的是__________和__________。

4.《__________》是老舍戏剧创作的高峰，也是新中国戏剧创作中具有里程碑意义的杰作。全剧写了三个“朝代”，时间跨度50年，以高度的艺术概括，浓郁的民族气派，厚重的历史含量和 丰富的生活气息，谱写出一部史诗性的画卷。

5.曹禺的处女作《__________》的问世，被公认为是“中国年轻的话剧艺术成熟的标志”。

6.__________与程砚秋、尚小云、荀慧生并称“四大名旦”，居“四大名旦”之首。他创造的“梅派”与__________、__________并称为世界三大表演体系。

7.__________原名黄梅调、采茶戏，是在皖、鄂、赣三省毗邻地区以黄梅采茶调为主的民间歌舞基础上发展而成。

8.__________是由说唱艺术山东琴书，曾名“化装扬琴”或“琴戏”发展而成的。据说最初常演《王小赶驴》而被戏称为“驴戏”，大约在20世纪初搬上舞台，50年代得到了发展壮大。

9.__________发源于浙江省绍兴地区的嵊州市，它的前身是19世纪后半叶在浙江嵊县一带流行的“落地唱书”。

10.__________又称“河南梆子”，是河南省最重要的地方戏曲剧种。它流行于河南、河北、山东、山西、湖北、宁夏、青海、新疆等十几个省区，是我国最有影响的戏曲之一。

二、解词

1.春柳社　2.《雷雨》　3.四大名旦　4.黄梅戏　5.越剧　6.豫剧

三、简答

1.田汉的戏剧活动与主要成就

2.郭沫若的历史剧及艺术特色

3.周信芳京剧的艺术风格

4.评剧的发展及艺术魅力

四、论述

1.曹禺、焦菊隐的话剧创作

2.京剧四大名旦的艺术创作

下卷 外国戏剧

第一章　古希腊到中世纪

第一节　古希腊戏剧

戏剧艺术起源于原始初民的祭祀仪式和庆典活动，伴随人类文明的进步而发展，是流传最广、历史最为悠久的艺术类型之一。古希腊戏剧、印度梵剧、中国戏曲和日本能乐被称为世界四大古老戏剧。欧洲戏剧史是从古希腊戏剧开始的，古希腊戏剧时代是西方文明史上的第一个伟大的戏剧时代。古希腊戏剧的繁荣与当时政治的民主和经济的稳定密切相关。公元前5世纪，古希腊战胜了海上强国波斯，进入了政治民主、经济繁荣的伯里克利的"黄金时代"。当时古希腊的航海与贸易日益发展起来，为古希腊人带来了物质财富，日益形成发展的奴隶制，不仅创造了大量物质财富，而且解放了大量人力，这一切都为古希腊戏剧的发展提供了有力条件。

古希腊时期的悲剧与喜剧都创造了极高的艺术成就，甚至成为后世人们无法企及的艺术高峰。

一、古希腊悲剧

在古希腊这个人类的童年时期，由于科学技术相对落后，人们无法对于自然现象做出科学的解释，于是发挥自己丰富的想象力，来解释他们所生存其中的世界，因此这个时期是一个神话传说盛行的时期。古希腊人是泛神论者，他们创造了众神的谱系，相信自然界中每种现象的背后都存在着神的力量，有掌握着宇宙各种力量的神。他们认为神的世界同人的世界一样，以自己的人性揣度着天上众神的神性，认为神也像人一样各有自己的脾气禀性，古希腊人将众神写进了文艺作品当中。

希腊戏剧起源于酒神祭祀。酒神狄奥尼索斯是古希腊神话中掌管万物生机的神，为了祈祷酒神保佑收成和庆祝丰收，古希腊人每年在春天和秋天两次举行酒神祭祀活动。酒神祭祀活动中的人们组成合唱队，头戴羊角，身穿羊皮，扮演成传说中酒神的随从。这一时期的歌队一般由50个人组成，起初只是以歌舞的形式在中间进行表演，观众围成扇形观看。这还不是真正意义上的戏剧，真正意义上的戏剧形成于歌队长的产生。歌队长作为演员从歌队中分离出来，讲述有关于酒神的神话故事，这才是真正的戏剧。后来随着戏剧的发展，在演出中埃斯库罗斯加入了第二个演员，索福克勒斯加入了第三个演员，歌队中歌舞的成分逐渐减少，对话的成分逐渐增多，于是戏剧这种艺术形式渐趋完备。

在希腊语中，悲剧的意思是“山羊之歌”，喜剧的意思是“狂欢游行之歌”。亚里士多德在《诗学》中认为，悲剧起源于酒神赞美歌的序曲，肃穆庄重，一般要用韵文写成，所以在当时悲剧作家又被称为诗人。而起源于下等表演的序曲的喜剧则用日常语言写成，因此喜剧作家的地位不及悲剧作家，得不到诗人的尊称。在古希腊悲剧鼎盛的时期产生过很多悲剧作家，其中以埃斯库罗斯、索福克勒斯和欧里庇得斯最为著名，被称作古希腊三大悲剧家。

埃斯库罗斯（约前525－前456）被称为“悲剧之父”。其作品气势恢宏，庄严豪迈。埃斯库罗斯一生大约写过70部悲剧，但是被保存下来的只有7部，主要有《乞援人》、《波斯人》、《被俘的普罗米修斯》、《七将攻忒拜》和《俄瑞斯忒亚》等。其中最为重要的是《被俘的普罗米修斯》，这是一部三联剧，由《被俘的普罗米修斯》、《被释放的普罗米修斯》和《带火者普罗米修斯》三部分组成，但是只有《被俘的普罗米修斯》流传了下来。

《被俘的普罗米修斯》剧情非常感人，其中的普罗米修斯被塑造成为一个伟大的悲剧英雄形象，他同情人类没有火的悲惨生活，不惜违抗众神之王从天上盗来火种送到人间，被宙斯发现后遭到了残酷的惩罚，但是普罗米修斯却毫不后悔，与宙斯进行着不屈不挠的斗争。普罗米修斯意志坚定、不畏强权的英勇斗争精神，使他成为一个具有崇高悲壮色彩的不朽的艺术形象。

索福克勒斯（前496－前406）是继埃斯库罗斯之后的又一位伟大的悲剧作家。他一生共有九十多个剧本，但是流传下来的只有7部，主要是《埃阿斯》、《安提戈涅》、《俄狄浦斯王》、《厄勒克特拉》、《特剌克斯少女》等。其作品情节曲折丰富，人物形象生动、细腻，结构严整。其中的《俄狄浦斯王》是索福克勒斯的代表作品。

《俄狄浦斯王》采用锁闭式结构，讲述的是忒拜城里发生了瘟疫，俄狄浦斯王坚持追查给忒拜城带来灾难的罪人，追查到最后才知道那杀父娶母的罪人竟是自己，于是他自剜双眼，自我放逐。俄狄浦斯的悲剧是典型的命运悲剧，个人在命运面前显得极其渺小，越是逃避越是要陷入命运的陷阱。《俄狄浦斯王》通过俄狄浦斯个人的悲剧表现了整个人类共同的悲剧。但是俄狄浦斯勇于正视现实，有敢于承担一切后果的勇气，同时表现出古希腊人在命运面前的抗争与顽强精神。

欧里庇得斯（前480－前406）与索福克勒斯属于同时代的人，一生创作了92部剧作，保留下来的有18部，如《阿尔刻提斯》、《希波吕托斯》、《特洛亚妇女》、《美狄亚》等，其中《美狄亚》是其代表作品。

欧里庇得斯作品中的神话色彩相对较弱，悲剧人物接近日常生活中的普通人，人物性格和心理更为真实。欧里庇得斯特别擅长描写女性心理。《美狄亚》讲述的是公主美狄亚遭到丈夫伊阿宋的负心抛弃，决定实施报复，在杀死了两个儿子和自己的情敌之后，决绝而去。欧里庇得斯通过《美狄亚》表现了对妇女地位的关注与同情。

二、古希腊喜剧

古希腊喜剧又称“羊人剧”，羊人剧与悲剧有某种联系，将神话滑稽化，嘲弄悲剧主人公。古希腊人通过悲剧对命运、人生、人性和社会问题进行严肃思考之余，通过喜剧来缓和情绪，获得欢娱。阿里斯托芬是古希腊时期著名的喜剧作家。

阿里斯托芬（约前446－前385），古希腊早期喜剧代表作家，一生共创作44部喜剧，作品主要有《骑士》、《马蜂》、《云》、《蛙》和《阿卡奈人》等。内容大多是对某些政治和社会问题进行辛辣的讽刺。阿里斯托芬以敏锐清醒的头脑、智慧的语言、恢宏的气势、夸张的风格对当时的社会现实问题进行了深刻揭露与剖析。

三、亚里士多德的《诗学》

亚里士多德（前384－前332），古希腊时期著名哲学家、自然科学家和文艺理论家。《诗学》是亚里士多德著名的戏剧理论著作。

亚里士多德在《诗学》中对戏剧做出了比较全面系统的论述，他认为“悲剧是对一个严肃、完整、有一定长度的行动的模仿”，其“模仿方式是借人物的动作来表达，而不是采用叙述法”，悲剧的作用是引起观众的怜悯和恐惧，从而导致情感的净化。他将悲剧艺术分为形象、性格、情节、言词、歌曲和思想六个成分，在这六个成分当中，情节最为重要。情节要表现“一个完整的行动，里面的事情要有紧密的组织”，他同时提出情节的整一性问题，认为“情节既然是行动的模仿，它所模仿的就只限于一个完整的行动”。关于悲剧的长度问题，亚里士多德认为应“以太阳的一周为限”，太短不足以表达情感，太长则会令观众厌倦。

亚里士多德关于悲剧行动、情节以及长度等的理论，成为后世“三一律”戏剧法则形成的基础。“三一律”这一戏剧观念完成于17世纪古典主义时期，要求戏剧行动一致、时间一致和地点一致。

第二节　古罗马戏剧

古罗马在公元前146年征服了古希腊，结束了古希腊艺术的辉煌。骁勇善战的罗马人在战争中所向披靡，在艺术上却无法像希腊人那样有幸获得艺术女神的垂爱，因此，古罗马人在征服希腊的同时，也被古希腊的辉煌艺术成就所征服。在很长时期内，古罗马的艺术家在崇拜中模仿着古希腊艺术，其中包括古希腊的戏剧艺术。

一、古罗马喜剧与悲剧

古希腊的艺术成就令当时的罗马人惊叹不已，古罗马戏剧艺术在模仿古希腊戏剧艺术的过程中虽也产生一些剧作家，但至今值得提及的只有喜剧家普劳图斯、泰伦提乌斯以及悲剧家塞内加。

普劳图斯（约前254－前184）的戏剧具有新喜剧的风格，吸收了意大利民间喜剧特点。普劳图斯擅长爱情婚姻题材，留存在世的喜剧共21部，其中有《孪生兄弟》、《撒谎者》、《一坛黄金》、《俘虏》等。其中的许多作品内容启发了后世的剧作家。《孪生兄弟》写一对孪生兄弟出生在一个西西里的商人家中，其中一个孩子自幼被人窃走，另外一个长大后寻找自己的兄弟。他来到兄弟居住之所，被兄弟的妻子误认为自己的丈夫，从而闹出许多的笑话。后来莎士比亚以此剧情节为基础，写成了《错误的喜剧》。

《一坛黄金》说的是一个吝啬的老人害怕自己的金子被人窃去，终日疑神疑鬼，最后终于被人发现偷走的故事。普劳图斯对老人性格的刻画非常准确、传神。这个人物后来成为莫里哀的喜剧《悭吝人》中的原型。普劳图斯的作品诙谐机智，故事情节曲折生动，情境设置巧妙，显示了他的喜剧才华。

泰伦提乌斯（约前190－前159）留传后世的剧作共有6部，其中包括《安德罗斯的妇女》、《婆母》、《阉奴》和《两兄弟》。与普劳图斯作品中的平民气质不同，泰伦提乌斯的作品追求优雅，具有贵族气息。文体端庄优美，没有一般喜剧中那些为了追求喜剧效果而制造的粗俗内容。

二、贺拉斯的《诗艺》

《诗艺》是罗马帝国时期，贺拉斯（前65—前8）就戏剧问题给他的朋友皮索父子写的一封信。后来人们给这封信加上了题目，这就是今天我们看到的《诗艺》。

贺拉斯在《诗艺》中主张古罗马戏剧以古希腊戏剧为师，但是又要"敢于不落希腊人的窠臼，并且歌颂本国的事迹，以本国的题材写成悲剧或喜剧"，为古罗马戏剧的发展起到了指导作用。

贺拉斯在《诗艺》中强调戏剧艺术要寓教于乐，要求剧作家"到生活中到风俗习惯中去寻找模型"，然后进行创作。他又提到在舞台演出中，那些过于血腥刺激的情节不应被观众看到，只需要演员叙述交待给观众就可以了。贺拉斯强调塑造人物个性，区别不同身份、年龄、职业、生活环境和性格特征，强调运用不同的人物语言。贺拉斯的这些戏剧理论，对于后来文艺复兴时期以及17世纪古典主义的戏剧理论产生了深远的影响。

第三节　中世纪戏剧

西方社会的中世纪，从476年罗马帝国的衰亡开始，截止到15世纪末文艺复兴运动兴起，时间跨越1000年左右。中世纪被认为是欧洲历史上最为黑暗的时期。这一时期西方社会的奴隶制度随着罗马帝国的倾覆而消亡，代之而起的是封建制度。在封建制度逐渐确立、稳定的过程中，基督教在意识形态中的地位渐趋稳固。在教会统治下，僧侣们拥有接受教育的垄断地位，普通人则失掉了受教育的机会。在中世纪神权统治下，包括戏剧在内的各种艺术类型成为宣传基督教教义的工具，而失掉了其自身的自由发展。中世纪时期戏剧的主流是对基督教教义的图解与宣传。主流之外也存在着一些反映市民阶层欣赏趣味的喜剧，在当时的黑暗时期里显示着戏剧艺术的勃勃生机。

一、宗教剧

中世纪宗教剧是从复活节的庆典仪式中发展起来的，以戏剧的方式宣传宗教思想。中世纪宗教剧的内容几乎囊括了全部《圣经》的内容，代表作是《亚当》。

奇迹剧是宗教剧的变种，以宗教传奇故事为内容。比较著名的是法国作家博德尔所作的《圣尼古拉剧》。奇迹剧在发展过程中曾经一度反映社会问题，但是对于问题的解决往往又回到对宗教道德的幻想当中。

神秘剧的题材主要是耶稣的诞生、被钉十字架、死后复活及其圣徒的传奇故事。后来在题材上摆脱了《圣经》故事，反映历史上的重大事件。作品中呈现神秘色彩，结局一般有奇迹出现。神秘剧一般篇幅很长，有的甚至要连续上演几十天。舞台建筑规模庞大，把《圣经》故事中天上人间的场景都包容在内。

道德剧的剧中人物一般具有寓意性质，是种种抽象概念的具象拟人化，如“尘世”、“肉体”、“人类”、“仁慈”、“正义”。道德剧的主题往往是规劝人们不要犯罪。发展到后期，逐步由抽象的道德说教转向对社会黑暗现象的批判，增添了现实主义的内容。道德剧流行于15世纪到16世纪上半期，对后来文艺复兴时期的戏剧有直接影响。代表作品是英国的《忍耐的堡垒》。

二、世俗剧

宗教剧在中世纪成为主流，但是正统、严肃的宗教剧无法满足下层人民排遣个人世俗情感的审美需求，于是笑剧作为世俗剧在民间渐渐发展起来。

笑剧是在道德剧的基础上发展起来的，与道德剧相比较，笑剧对文艺复兴时期戏剧的影响更深。笑剧在15到16世纪上半期流行于西欧，在法国最为风行。笑剧内容取材于现实生活，富有各种民间戏剧的生机与活力，作品人物性格鲜明，采用丰富多彩的民间语言，对社会现实进行尖锐的嘲讽。中世纪笑剧的代表作品有《巴特林的笑剧》、《洗衣桶》等。《巴特林的笑剧》写穷律师巴特林利用自己的聪明才智愚弄布商的故事，情节生动有趣，引人发笑。这个戏在当时影响广泛，巴特林也成为当时足智多谋、巧言惑众的代名词，后来又陆续出现许多与巴特林有关的笑剧，如《新巴特林》、《巴特林的遗嘱》、《真正的巴特林的笑剧》等。

思考题：

一、填空

1.被称为世界四大古老戏剧的是：________、________、________和________。

2.古希腊三大悲剧家是________、________和________。其中________有“悲剧之父”之称。

3.亚里士多德是古希腊时期著名的哲学家、自然科学家和文艺理论家，他的戏剧理论著作是《________》。

4.欧洲中世纪是一段漫长的黑暗时期，这一时期的戏剧类型主要是宗教剧和________。

二、解词

1.古希腊悲剧　　2.《诗学》　　3.《诗艺》　　4.世俗剧

三、简答

1.古希腊著名的喜剧家及其创作

2.亚里士多德的文艺理论著作及其对悲剧的论述

3.贺拉斯的戏剧理论著作及其主要观点

4.宗教剧的主要内容及其发展

四、论述

古希腊与古罗马戏剧艺术的关系

第二章 文艺复兴时期

第一节 概说

经历了中世纪的漫漫长夜，欧洲终于进入了辉煌的文艺复兴时期。文艺复兴运动起源于意大利，后来蔓延至整个欧洲，这是一场涉及各个领域的思想文化运动，是古典艺术、建筑、文学和哲学的人文主义复兴。文艺复兴运动的主要特征是宣扬人文主义，人文主义者重新找到了人在这个世界的位置，提倡以人为本，充分肯定人的价值，提倡个性张扬；强调现世生活的幸福与享受，不把希望寄托于来世；强调科学和理性，反对宗教迷信。

在人文主义思想对人的才能、智慧与创造力的肯定下，文艺复兴时期产生了大批思想家和艺术家，创造出人类历史上灿烂辉煌的文化财富。戏剧领域当中，意大利、英国和西班牙都产生出各种类型的戏剧形式和戏剧家，其中包括伟大的戏剧天才莎士比亚。

第二节 意大利戏剧

意大利是文艺复兴运动的发源地。意大利人文主义戏剧家继承了古希腊、古罗马戏剧的传统，作为罗马人的后裔，他们更重视学习古罗马戏剧，根据古罗马戏剧的样式，意大利人创立了具有自身民族特色的喜剧、田园剧、悲剧以及即兴喜剧，出现了马基雅维里、特里西诺、塔索等著名剧作家，剧场方面产生了透视布景与镜框式舞台。

马基雅维里(1469—1527)，出生于佛罗伦萨贵族家庭。是16世纪意大利著名政治家和剧作家，文艺复兴时期意大利喜剧作家的代表。他创作的《曼陀罗花》是第一部用意大利语写成的喜剧。剧中写机敏的年轻人卡利马科爱上了年老、愚蠢、富有的尼奇亚的妻子卢克莱齐娅。卡利马科假冒医生，借给卢克莱齐娅看病之机得到了自己的爱情。《曼陀罗花》构思巧妙、新奇，情节曲折、生动，语言机智、幽默，摆脱了古代喜剧的束缚，真实反映了当时的社会生活。作者对平民出身的青年卡利马科追求爱情的行为抱有同情态度，从中可以看出当时盛行于意大利的喜剧所反映出来的个人主义和享乐主义的色彩。

特里西诺(1478—1515)出身于贵族家庭，代表作是悲剧《索福尼斯巴》。作品取材于古罗马历史，写美丽的迦太基女人索福尼斯巴为了维护自己的尊严和爱情毅然放弃生命的故事，表现了她对祖国和爱情的忠诚。

塔索(1544—1595),意大利文艺复兴时期的宫廷诗人、田园剧作家。田园剧从早期田园诗发展而成,盛行于16世纪宫廷社会,是当时贵族的消遣品。田园剧制作精致,以优美的诗句写成,配以优雅的音乐、华丽的服饰以及精美布景,但是内容脱离现实生活,缺乏生命力。塔索的田园剧代表作为《阿明塔》,写的是牧人阿明塔获得心上人爱情的故事。文艺复兴时期意大利的戏剧除了喜剧、悲剧和田园剧外,还有一种来源于民间受到当时民众广泛喜爱的即兴喜剧。即兴喜剧在演出过程中没有文字脚本,演员根据剧情大纲,临时编造台词,即兴表演。演出过程中除了表演青年恋人的演员外,其他演员都佩戴面具,因此即兴喜剧又叫做假面喜剧。即兴喜剧是意大利人民反抗教会统治的艺术武器。

第三节 英国戏剧

意大利文艺复兴的火焰渐渐熄灭的时候,人文主义的火种却在欧洲大地上燃成了燎原之势。15世纪末到16世纪初,英国开始进入文艺复兴时期,在这个时期中,英国的戏剧界出现了时代的灵魂人物莎士比亚,缔造了史无前例的戏剧艺术辉煌。当然,莎士比亚之外,还有"大学才子"等一大批不容忽视的英国戏剧家,只是由于莎士比亚的光辉过于耀眼,有时会遮挡住同时代其他戏剧家的光芒。

一、莎士比亚及其作品

威廉·莎士比亚(1564—1616)出生于英国瓦利克郡爱文河旁的斯特拉福。他的父亲是一位手套和羊毛批发商,莎士比亚幼时家境优裕,后来因为父亲破产家道败落。莎士比亚本人性格浪漫、热情、冲动,富有才华,传说中一生创作的剧本不计其数,流传于世的就有三十多部。这些剧本题材广泛,类型多样,包括悲剧、喜剧、历史剧、传奇剧和悲喜剧等,创造了后人无法企及的戏剧艺术高峰。

人们一般将莎士比亚一生的创作活动分为三个阶段:

第一阶段从1590年到1601年,这一阶段是莎士比亚的年轻时期,其作品中展现着一个年轻人文主义者的理想光辉。这一时期能够代表莎士比亚创作成就的主要是历史剧和喜剧。莎士比亚一生创作的历史剧除《亨利八世》外都是在这一阶段完成的,如《亨利六世》、《理查三世》、《理查二世》、《亨利四世》、《亨利五世》和《约翰王》。莎士比亚的历史剧主要概括了1377年到1485年间英国历史上的动乱,以英法战争和英国的封建内战为素材,塑造了一批反面和正面的君主形象。

这一时期的喜剧一共有10部作品:《错误的喜剧》、《驯悍记》、《维洛那二绅士》、《爱的徒劳》、《仲夏夜之梦》、《威尼斯商人》、《温莎的风流娘儿们》、《无事生非》、《皆大欢喜》和《第十二夜》。莎士比亚的喜剧作品主要以爱情、婚姻和友谊为题材，主题类似，但情境吸引观众，情节生动曲折，不落俗套。年轻的莎士比亚在他的喜剧作品中体现着他的理想主义、爱国热情与乐观精神。

著名的爱情悲剧《罗密欧与朱丽叶》也是创作于这一时期，作品虽然是悲剧，但在年轻而充满理想的剧作家笔下却具有了喜剧色彩，爱情的理想在剧终终于取得胜利，因此有评论家认为此剧"处处是青春与春天"。

第二阶段从1601年到1608年。莎士比亚这一时期的主要艺术成就是悲剧，其著名的四大悲剧《哈姆雷特》、《奥赛罗》、《李尔王》、《麦克白》都是产生于这一时期。另外还有著名的《雅典的泰门》、《安东尼与克里奥佩特拉》等悲剧作品。这一时期的作者已处于人生中年，年轻时的狂热梦想多被现实击破。当时的英国"圈地运动"四起，无数农民流离失所。政治上王权与资产阶级的长期联盟开始解体，人文主义者受到封建残余势力和资产阶级清教徒的双重威胁。莎士比亚痛苦于当时的社会现状，个人价值观念开始由年轻时的理想转为现实。这一时期虽有《特洛伊罗斯与克瑞西达》、《终成眷属》、《一报还一报》等喜剧作品出现，但是在第一阶段喜剧作品中的欢乐气氛与乐观情绪已经消失殆尽，代之而存在的是背信弃义、尔虞我诈的罪恶阴影，因此这些作品实质上应当被看作是悲喜剧。

莎士比亚"四大悲剧"中处处充斥着阴谋诡计、陷害、篡权、夺位与谋杀，第一阶段作品中豪华的场景、轻松的戏谑、热情的希望与青春的朝气在这里再也无处可寻。《哈姆雷特》(又名《王子复仇记》)是莎士比亚的代表作品，讲述的是丹麦王子哈姆雷特为父报仇的故事，作品主题深刻，情节动人，悲剧效果打动人心，成功塑造了一个富有理想但却性格犹豫、充满了人性光辉的人文主义者哈姆雷特形象。《哈姆雷特》成为"性格悲剧"的代表作品。

第三阶段从1609年到1613年，这一时期英国的社会现实更为严酷，资产阶级阵营中主张禁欲的清教徒势力日益增长，人文主义者改革现实的理想渐趋破灭。此时的莎士比亚已近人生暮年，对现实的态度更加清醒，对人生的观察也更为深刻。这一时期莎士比亚的作品主要是传奇剧。在这一时期的传奇剧《暴风雨》、《辛白林》、《冬天的故事》中，作者已经不再关注现实世界的矛盾冲突，而是将目光转向梦幻世界，以幻想解决理想与现实之间的矛盾，作品背景和人物都富于传奇色彩。写于1611年的《暴风雨》是传奇剧中的代表作。

只有伟大的时代才能产生伟大的作家，莎士比亚，这位文艺复兴时期的伟大剧作家，他的名字将永远伴随人类历史的前进步伐，他作品中的人文主义思想光辉，将照亮世界的每一寸黑暗角落。

二、英国的"大学才子"及其他作家

16世纪末期，英国出现了一批职业剧作家，这些剧作家大都接受过大学教育，作品中蕴含了深刻的人文主义思想，这些剧作家就是所谓的"大学才子"。英国当时的"大学才子"主要有马娄、基德、格林等人。“大学才子”在当时的出现使得英国戏剧呈现出繁荣局面，并对后来的莎士比亚产生了很深的影响，莎士比亚就是在他们成就的基础上，铸造了文艺复兴时期英国戏剧的高峰。

马娄（1564—1593），“大学才子”当中的佼佼者，曾就读于剑桥大学，获得过剑桥大学的硕士学位。主要作品有《帖木耳大帝》、《马耳他的犹太人》和《浮士德博士的悲剧史》。马娄塑造出了多个拥有“巨人性格”的“巨人”形象，在他的作品中，这些巨人占据中心地位，这也是文艺复兴时期人文主义者强调个人价值观念的具体体现。

“大学才子”之外，当时的英国剧坛，还有一人曾与莎士比亚在戏剧界分庭抗礼，名噪一时，他就是本·琼生（1572—1637）。本·琼生是英国风俗喜剧的先驱，他的主要成就是喜剧，如《人人高兴》、《辛西娅狂欢》和《福尔蓬奈》等。本·琼生主张气质论，认为戏剧人物应当有主导的气质，如贪婪、嫉妒、沉静等等，反映在他的作品中，体现为他追求人物性格的类型化。

英国的戏剧在本·琼生之后开始走向衰落。主要原因是封建教会培养的一批清教徒控制了议会，他们害怕戏剧中的民主成分会唤醒大众，因此十分敌视戏剧。1642 年议会决定封闭伦敦剧场，英国的文艺复兴运动也随之结束。

第四节 西班牙戏剧

16 世纪的西班牙，教会控制着戏剧的发展，只容许演出宗教剧，世俗剧遭到禁止。16 世纪之后，西班牙渐渐受到文艺复兴运动的影响，戏剧开始自由蓬勃发展，进入了西班牙戏剧的黄金时代，产生了鲁达、维加、卡尔德隆、塞万提斯等一大批优秀剧作家。

鲁达（1510—1565）是西班牙民族戏剧繁荣的奠基人，他既是剧团经理又是演员。鲁达非常注重观众欣赏趣味，把一些民间流传的有趣故事加以改编，用生动活泼的形式表现出来，创作出了清新、活泼、质朴、幽默的幕间剧。鲁达幕间剧的代表作是《橄榄》。情节简单质朴，人物性格特征鲜明，喜剧效果强烈。

维加（1562—1635）是西班牙最为多产的剧作家，他自称一生创作了一千多个剧本，至今尚存五百多部。维加 12 岁开始写出《真正的爱人》，后来有《国王，最伟大的法官》、《羊泉村》、《狗占马槽》、《马德里的矿泉水》等作品。《羊泉村》是其中的代表作，写羊泉村人为了正义勇于反抗封建统治的故事，表达了作者对开明君主的渴盼。《狗占马槽》是维加最有代表性的“斗篷与剑”的戏剧作品之一。“斗篷与剑”剧又名“袍剑剧”，因这一时期西班牙民族戏剧作品主人公（多为骑士或者绅士）身披斗篷、腰间佩剑而得名。

卡尔德隆（1600—1681），出生于马德里贵族家庭，维加之后西班牙最为著名的剧作家。作品主要有《爱情、荣誉和权力》、《精灵夫人》（又译《隐居夫人》）、《扎拉美亚的长老》、《人生如梦》等等。卡尔德隆的作品结构完整、情节紧凑，具有抒情性和传奇色彩。其作品对18世纪法国戏剧和德国浪漫主义文学产生过影响。

塞万提斯(1547—1619)不仅是著名小说《堂吉诃德》的作者，也是一位剧作家。代表剧作《奴曼西亚》以西班牙人民反抗罗马侵略者的历史为题材，歌颂了奴曼西亚人民为了独立、自由而不惜牺牲生命的高尚情操，表现了作者的爱国热情。这部悲剧以塑造了西班牙人民英雄的群像而具有独创性。

思考题：

一、填空

1.意大利文艺复兴时期的田园剧作家是________________。

2.文艺复兴时期意大利的戏剧除了喜剧、悲剧和田园剧外，还有一种来源于民间受到当时民众广泛喜爱的__________________。

3.莎士比亚的四大悲剧是《______________》、《______________》、《______________》和《______________》。

4.文艺复兴时期英国的“大学才子”主要有______________和______________。

二、解词

1.即兴喜剧　2.大学才子　3.《哈姆雷特》　4.剑袍剧

三、简答

1.文艺复兴时期意大利戏剧概况

2.西班牙民族戏剧的创立与发展

四、论述

莎士比亚剧作的思想内容与艺术成就

第三章 十七世纪到十八世纪

第一节 概说

15世纪到16世纪末，在欧洲其他国家相继进入文艺复兴时期，创造出无比灿烂的艺术文明之花时，法国却相继陷入了“百年战争”、对意大利的侵略战争和宗教内战的阴影当中，民族艺术的发展受到严重影响。

17世纪，亨利四世登基之后巩固了封建王权，保证了民族国家的统一。亨利四世的重商主义政策促进了工商业的发展，资产阶级在对王权的妥协下渐渐壮大，经济的繁荣为戏剧艺术的发展打下了良好基础，同时王权的代表人物并不放松对戏剧艺术的严格控制，在这种情形下，法兰西的土地上形成了古典主义戏剧。

古典主义，就是在创作与理论上推崇古希腊、古罗马为典范。文艺复兴时期也要求复兴古希腊、古罗马艺术的光荣，但那是为了反对当时的神权统治，当时的复古是为了创新。而古典主义则要求艺术为王权服务，对国王效忠。因此，古典主义戏剧崇尚理性，排斥情感，认为理性是最高真实和美的裁判。它要求艺术形式完全按照古代形式铺排情节，如必须按照“三一律”的要求创作剧本，悲剧、喜剧内容不能相混，采用有韵脚的诗的戏剧语言等等。古典主义理论家将这些法则说成是永恒的法则，这就限制了作家创作才能的发挥。有一些作家在这些成规当中发挥着自己的艺术才华，如高乃依和拉辛，也有莫里哀这样的反叛者，在实践中不断突破古典主义的各种规范与法则。

18世纪是欧洲的启蒙运动时期。启蒙运动是资产阶级反对封建统治的思想运动。资产阶级随着生产关系在这一时期的迅速发展逐渐强大起来，在政治上要求反对封建统治和教会的神权奴役，建立由本阶级统治的理想国家。一批先进的思想家认为，要想改变现存不合理的社会制度，就必须在群众中宣传变革和革命的主张，以启发群众觉悟，这就是启蒙运动。启蒙运动最早在英国发生，在法国的声势最为浩大，同时波及德国、意大利、俄国等国家。

启蒙运动实际上是文艺复兴运动在新的历史条件下的继续和发展。启蒙运动的思想家们反对封建专制统治和“君权神授”论，提出国家权力属于人民；反对封建等级制度，提出“天赋人权”、“人人生来平等”等理论；反对教会神权和宗教统治的愚民政策，哲学上认同培根等人的经验论，倾向于自然神论和无神论，提出建立“自由、平等、博爱”的理想国家，要求保护私有制。这样的思想实际上代表了新兴资产阶级的利益。启蒙运动的许多思想家同时是戏剧家，如狄德罗、伏尔泰等，他们的戏剧代表了启蒙运动时期戏剧的主要特点：作品主题一般是反对封建专制统治和宗教迷信，主张理性，并以理性作为衡量一切的标准，具有强烈的批判性和战斗性；作品的人物一反古典主义作品以王公贵族为主人公，而是将资产阶级和平民作为描写和歌颂的对象；在艺术形式上，突破古典主义的“三一律”等清规戒律，并创造了新的戏剧样式，如正剧等。

第二节 法国戏剧

法国古典主义戏剧创作取得了很高的成就，但在不断完善中也形成了很多的束缚，随之而后是与社会实践形势发展相适应的启蒙主义戏剧。启蒙运动虽然从英国开始，但是取得成就最大、影响最深远的国家却是法国。法国的启蒙运动中最有影响的四大启蒙思想家是孟德斯鸠、伏尔泰、狄德罗和卢梭，其中的伏尔泰和狄德罗在戏剧实践与理论方面都有很高建树。除此之外，法国启蒙运动时期的戏剧家还有著名的政治喜剧作家博马舍。

一、高乃依与拉辛

高乃依(1606—1684)是17世纪法国古典主义悲剧的创始人和代表作家。作品主要有《梅丽特》、《熙德》、《贺拉斯》、《西拿》、《波利厄克特》等。在这些作品当中除《梅丽特》以外都是悲剧，其中以《熙德》最为著名。

《熙德》是高乃依最优秀的作品，也是法国戏剧史上的第一部古典主义悲剧。通过古代西班牙骑士罗德里克在爱情与责任的矛盾处境中所做的最终选择，表现了作者对理性的尊重与推崇。高乃依对理性的态度贯穿于他其余的悲剧作品当中，使得他作品人物性格过于单薄，从而沦为理性的化身。

拉辛(1639—1699)，法国古典主义戏剧后期代表人物，一生共有11部悲剧和1部喜剧。拉辛擅长人物心理的描写，是心理悲剧大师。其作品主要有《安德罗玛克》、《菲德尔》、《布里塔尼居斯》、《爱斯苔尔》、《阿达莉》、《贝蕾尼斯》等。

拉辛的代表作《安德罗玛克》取材于古希腊悲剧，是标准的古典主义悲剧。拉辛在这部悲剧当中谴责丧失理智、情欲横流、置国家民族利益于不顾的贵族，歌颂了女主人公安德罗玛克感情与理智的统一，为了大义不惜牺牲自己的品质。拉辛的另外一部代表作是《菲德尔》，也是取材于古希腊悲剧，讲的是雅典皇后菲德尔爱上了国王的前妻之子希波吕托，由爱生恨，害死希波吕托后自己的理性恢复，随即自杀的故事。作者把女主人公菲德尔表现得性格特征鲜明，人物形象非常生动。

二、莫里哀

莫里哀(1622—1673)是法国古典主义时期最杰出的喜剧家,也是继古希腊时期阿里斯托芬之后最伟大的喜剧作家,法国的喜剧由于他的天才成就,在当时获得了与悲剧同等重要的地位。莫里哀出身于一个宫廷陈设供应商的家庭,从小喜爱戏剧。1643年与朋友一起组织了"盛名剧团",在巴黎进行戏剧演出。后来由于经营不善剧团倒闭,莫里哀因受到债主的控告遭到拘禁。后来莫里哀意识到创作的重要性,于是在做喜剧演员的同时进行喜剧创作。1655年,他的《冒失鬼》在里昂上演,莫里哀创作生涯由此开始。

莫里哀一生创作了大量喜剧作品,如《可笑的女才子》、《丈夫学堂》、《太太学堂》、《太太学堂的批评》、《凡尔赛即兴》、《伪君子》、《唐璜》、《恨世者》、《屈打成医》、《悭吝人》、《没病找病》 等等,这些作品情节曲折,语言生动,人物性格鲜明,作品中充满了智慧的光芒,嘲讽的矛头触及到贵族阶层甚至王室的利益。1673年莫里哀抱病演出自己创作的剧本《没病找病》,演出结束后倒在了舞台上,年仅51岁。

小市民高西的女儿玛德隆和侄女卡多丝,因不满自己的社会地位,极力想挤进贵族阶层的圈子当中,她们拒绝了两位平民出身的求婚者,想要与贵族青年结亲。后来这两位求婚者就假冒贵族青年,同她们谈起恋爱。骗局被揭穿后,两个"女才子"受到了高西的训斥。这就是莫里哀著名的喜剧《可笑的女才子》。

《伪君子》在西方喜剧中享有很高地位,代表着莫里哀的最高成就。《伪君子》中的主人公答尔丢夫本是外省的破落贵族,他流浪到巴黎后利用人们的宗教虔诚,投身教堂,以骗取人们的信任。答尔丢夫巧言令色,非常善于伪装,他贪食、纵欲,私底下调戏富商奥尔恭的妻子,却得到了奥尔恭的信任,奥尔恭毁掉了女儿的婚约,要求女儿嫁给答尔丢夫,并把自己的全部财产赠给这位"圣人"。答尔丢夫的丑陋嘴脸被当众揭穿后,欲利用自己手中的把柄置奥尔恭全家于死地。故事结尾时,借助于国王之"圣明"赦免了奥尔恭,取消了赠送给答尔丢夫家产的协约,并将骗子答尔丢夫送进了监狱。莫里哀在剧中塑造的答尔丢夫这个人物形象具有典型意义,他披着宗教的外衣,集伪善、贪欲等恶习于一身,借助于他,莫里哀将批判的矛头直指封建教会。《伪君子》演出后受到观众的热烈欢迎,在世界舞台上一直长演不衰。今天,答尔丢夫已经成为"伪善"、"伪君子"的同义语。

《悭吝人》是莫里哀的又一部著名性格喜剧作品。剧中的主人公阿巴公是个依靠放高利贷发财的资产者。阿巴公吝啬成性,守财如命。他不择手段从贷款人那里榨取利息,为了增加财富,逼儿子娶一个有钱的寡妇,又让女儿和一个年近50的富老头结婚。他不顾儿女的幸福,自己却一心要娶一个年轻美貌的后妻,经过一番挑选后,他将目标锁定在儿子的未婚妻玛丽亚娜身上。儿子为了娶到玛丽亚娜，设法偷走了阿巴公藏在花园里的钱箱。阿巴公发现自己的金币丢了，狂呼自己被人杀了。这个守财奴不仅怀疑全家人，还疑心观众偷了他的钱，跑到台下观众当中查问。最后他儿子表示可以找到钱箱，阿巴公欣然以不花钱为条件，答应让儿子与玛丽亚娜成婚。阿巴公是资产者在资本主义原始积累阶段贪婪自私、嗜财如命本质的真实写照。莫里哀运用自己的喜剧天才，成功地刻画了阿巴公这一人物的性格特征。随着《悭吝人》的上演，阿巴公已经成为"吝啬鬼"的代名词。

莫里哀作品结构严谨，戏剧冲突复杂多样，人物性格鲜明生动，这些特征使他的创作具有古典主义的优点，同时在创作题材上又突破了古典主义的框范，刻画出一些典型的小人物形象。这些小人物给人留下鲜明的印象，他们中的许多人如"答尔丢夫"、"阿巴公"等已成为戏剧史上众多人物形象当中独特的"这一个"。

三、伏尔泰与狄德罗

伏尔泰(1694—1778)出身于资产阶级家庭，接受过人文主义思想的影响，对封建统治极为愤恨。伏尔泰作为法国启蒙运动的旗帜性人物，集哲学家、政治家、诗人、小说家和戏剧家的称号于一身。他一生博学多才，在许多领域有所建树，对戏剧始终怀有浓厚兴趣。伏尔泰的悲剧作品主要有《俄狄浦斯》、《扎伊尔》、《穆罕默德》、《布鲁图斯》、《凯撒之死》等，喜剧作品主要有《浪子》、《拉宁娜》等。此外伏尔泰还特别赞赏我国元曲《赵氏孤儿》，认为《赵氏孤儿》是一部真正的悲剧，并将之改变成为《中国孤儿》。

《扎伊尔》是伏尔泰最著名的悲剧作品。美丽的女子扎伊尔在战争中被信奉伊斯兰教的国王奥斯罗曼俘获后，与奥斯罗曼相爱。后来扎伊尔久已失去音信的哥哥和父亲找到扎伊尔，告诉她全家都是基督教的信徒，逼她也接受基督教的洗礼。因为宗教信仰相异，扎伊尔不得不拒绝奥斯罗曼国王的求婚。奥斯罗曼误以为扎伊尔爱上了别人，把她的哥哥当成自己的情敌，一剑把扎伊尔杀死。从赶来的扎伊尔的哥哥和父亲那里得知真相的奥斯罗曼懊悔不已，自杀殉情。伏尔泰在剧中呼吁对待异教要宽容，宗教狂热会酿成大悲剧。伏尔泰的戏剧创作师承高乃依和拉辛，同时受到莎士比亚很大影响。《扎伊尔》在情节上就与莎士比亚的《奥赛罗》有相似之处。

狄德罗(1713—1784)，法国启蒙运动时期资产阶级现实主义美学的先驱者，一位百科全书式的人物。对数学、化学、哲学、艺术等众多学科广泛涉猎，在戏剧创作和戏剧理论上都有所建树。

古典主义戏剧在法国具有很强的影响力，以至于伏尔泰等剧作家在创作时都不得不恪守古典主义的形式，只是从内容上表现自己的启蒙思想，以古典主义的"旧瓶"，装启蒙思想的"新酒"。狄德罗主张打破古典主义戏剧原则束缚，突破悲剧和喜剧的严格界限，认为两者之间应有一种中间样式，也就是正剧。剧本不应只把王公贵族当作主人公，而是应当反映平民生活。戏剧语言应打破古典主义诗体韵文的限制，以散文为主。狄德罗的戏剧主张是启蒙运动时期现实主义戏剧理论的典范。

狄德罗以自己的创作实践着自身的戏剧理论主张，其代表性作品《私生子》和《家长》都是正剧。

青年陶尔法与朋友的未婚妻罗丽莎，两个年轻人久处生情。但两人都用理智克制住了自己的情感。剧本后来揭示陶尔法原来是罗丽莎父亲的私生子，两人幸好克制了自己的情感，否则会酿成一场可怕的悲剧。最后罗丽莎嫁给了陶尔法的朋友，陶尔法也与朋友的妹妹幸福结合。这就是狄德罗所写《私生子》。很明显，作者树立了两个理智的、恪守道德规范的青年，在他们两个人身上寄托了自己的理想和道德观念。

四、博马舍

博马舍(1732—1799)，启蒙运动时期法国著名喜剧家。博马舍拥护狄德罗戏剧理论中关于"正剧"的主张，并以创作实践着理论。博马舍以其著名正剧三部曲享誉后世，它们分别是《塞维勒的理发师》、《费加罗的婚礼》和《有罪的母亲》。三部曲的贯穿人物叫"费加罗"，这是一个出身寒微，但是头脑聪明的年轻人，他无论处于何等逆境都不轻言放弃，而是靠着自己的勇敢和智慧，为生活找到出路。他的身上寄托着作者对于"第三等级"的精神力量和处事原则的理想信念。"费加罗"这一人物形象，是欧洲人非常熟悉的喜剧中仆人形象的延续与发展。

三部曲中《塞维勒的理发师》和《费加罗的婚礼》是博马舍的代表作。这两部作品情节曲折，人物形象生动丰满，后来被罗西尼和莫扎特作为素材先后改编成为歌剧。

《塞维勒的理发师》是博马舍三部曲中的第一部，主人公费加罗原是阿勒玛维瓦伯爵的仆人，为了追求自由和人格上的独立，费加罗辞去了仆人的工作，来到了巴多洛大夫的医院当药剂师和理发师。巴多洛大夫的养女罗丝娜长成后出落得美丽动人，巴多洛对罗丝娜心怀不轨，想霸占自己的养女为妻。可是罗丝娜并不爱巴多洛，而是爱上了费加罗原来的主人——阿勒玛维瓦伯爵。巴多洛不甘心美丽的罗丝娜被伯爵抢走，就以监护人的身份百般阻扰罗丝娜与伯爵相爱。费加罗凭借自己的聪明才智周旋在两个主人之间，阿勒玛维瓦伯爵不得不听命于他。最后在费加罗的帮助下，伯爵与罗丝娜两个有情人终于喜结连理。

《费加罗的婚礼》的主人公依然是平民出身、足智多谋的费加罗。《费加罗的婚礼》是《塞维勒的理发师》在情节上的延续，写的是费加罗在促成伯爵与罗丝娜的婚事后又重新回到了伯爵家做仆人，并与罗丝娜美丽的女仆苏珊娜相爱。然而伯爵却在结婚后流露出轻浮本性，他对自己的妻子逐渐失掉了新鲜感，打起了苏珊娜的主意。伯爵在与罗丝娜结婚时曾宣布自己放弃贵族对女仆的"初夜权"，但是现在看到费加罗就要与苏珊娜结婚了，竟然出尔反尔，推翻了自己从前的宣言，并威逼、利诱苏珊娜满足自己的兽欲。费加罗眼见自己的婚礼就要遭到伯爵的破坏，就与未婚妻苏珊娜一起说服罗丝娜站在自己的一边，揭露伯爵的丑行。伯爵不甘失败，对费加罗实施报复，费加罗同伯爵展开了机智的斗争，最后争取到了大多数人的同情和支持，让伯爵在众目睽睽下出丑丢人，自己则与心爱的苏珊娜举行了婚礼。

《费加罗的婚礼》中流露着"第三等级"的笑声，揭露了贵族的丑陋嘴脸，对不合理的社会现实进行了尖锐的嘲讽，因此这部戏被看作是法国资产阶级革命的先声。

第三节 英国戏剧

17 世纪法国的古典主义戏剧运动也波及到了欧洲其他国家，尤其是它的近邻英国。17 世纪中期，英国查理二世执政后提倡戏剧，恢复了被清教徒封闭的剧院，随之出现了弥尔顿、德莱顿、威彻理、康格利夫等剧作家，他们多以爱情故事为题材创作古典主义戏剧。

古典主义之后，启蒙运动兴起。欧洲的启蒙运动虽然开始于英国，但是英国的启蒙思想者比较重视社会道德问题，对重大社会问题较少涉猎，因此没有建立起强有力的思想体系。王权复辟时期，英国戏剧主要在宫廷中演出，戏剧活动仅仅局限于贵族上层。后来资产阶级意识到戏剧的强大宣传作用，有利于维护阶级利益，于是便尝试在民间进行戏剧活动，从而奠定了英国启蒙主义戏剧的发展基础。英国启蒙主义运动时期的戏剧家主要有乔治·李洛、爱德华·摩尔、亨利·菲尔丁、哥尔德斯密斯和谢立丹。1731 年，乔治·李洛的作品《伦敦商人》上演，作品冲破了封建统治对戏剧的禁锢，将资产阶级平民生活搬上了戏剧舞台，因此被认为是第一部资产阶级戏剧；1743 年爱德华·摩尔的作品《赌徒》上演，被认为是第二部资产阶级戏剧。

一、弥尔顿

弥尔顿(1608—1674)在古希腊与文艺复兴时期文学的影响下创作了《力士参孙》。《力士参孙》取材于《旧约全书》，是一部宏伟的诗体剧。参孙是以色列民族英雄，被妻子出卖给敌人，双眼被挖，终日被罚推磨。当敌人继续威胁侮辱他时，参孙怒不可遏，借表演武艺之际撼倒大厦支柱，大厦倾覆，参孙与敌人同归于尽。《力士参孙》这部悲剧运用古希腊悲剧形式，塑造了一个具有崇高悲壮美的悲剧英雄。

二、亨利·菲尔丁

亨利·菲尔丁(1707—1754)，出身于破落贵族家庭，是英国启蒙运动时期激进的民主主义者。菲尔丁对英国社会具有深刻的洞察力和尖锐讽刺力，他的戏剧作品多属于政治讽刺喜剧，主要有《悲剧的悲剧或大伟人大拇指托姆的生平和死亡》、《堂吉诃德在英格兰》、《巴斯昆》、《1736 年的历史纪事》等。

《悲剧的悲剧或大伟人大拇指托姆的生平和死亡》是一部情节复杂、内容生动的戏剧。作品以当时有名的大盗魏尔德的事迹为原型，写魏尔德利用手下四处作案，抢到了很多财物。他不仅骗走了幼时好友的珠宝，还要霸占人家的妻子。被抓进监狱后，魏尔德又继续和另一个强盗头子争夺对其他犯人的控制权。菲尔丁在剧中透露了自己的讽刺目标，那就是那些官僚，他认为官僚与强盗一样恃强凌弱，盗取公众钱财。

《堂吉诃德在英格兰》写堂吉诃德漫游英国，偶然来到一个村子，这个村子正在进行议会选举，他被大家推举为候选人，于是许多人各怀私心向他大献殷勤。这些人只关心一己私利，至于谁来做议员似乎对他们来说并不重要。很明显，此剧实际上是在对英国议会进行嘲讽。

《1736年的历史纪事》是一部戏中戏：一个剧团正在排戏，其中有一场戏是几个演员扮演的政府首脑要员在商议如何弄钱。有人主张征税，另一个说该征的都征了，他在想还有什么没征的税。讨论的一致结果是，大家同意征收“无知税”，因为大多数人都是无知的。演员演到这里下台，剧作者告诉观众他们是去征税去了，并且说整个欧洲的历史不过就是如此而已。菲尔丁在这部剧中将讽刺的矛头指向了英国的腐败统治以及当时的社会混乱现象。

三、哥尔德斯密斯和谢立丹

由于政治讽刺喜剧受到英国统治者的扼制，因此在菲尔丁之后，英国的政治讽刺剧消失了，代之而起的是风俗喜剧。风俗喜剧题材一般不涉及重大社会问题，只是选取社会生活和风俗时尚中不和谐的成分，通过机智幽默的语言以愉快的方式加以轻松笑谈。英国较为著名的讽刺喜剧作家是哥尔德斯密斯和谢立丹。

哥尔德斯密斯(1730—1774)是英国风俗喜剧的代表作家，他的作品《委曲求全》被誉为英国戏剧史上最完美的喜剧之一。《委曲求全》讲述的是贵族青年马洛和他的朋友赫斯丁来到一个偏远乡村，住宿在其父亲的一位老友家中，误以为住进旅店，他们觉得在当地无人相识，于是对主人百般无理，还调戏房东的女儿和侄女，最后马洛和赫斯丁反被两个女孩子捉弄，在一番喜剧性冲突后，两对男女结成了百年之好。

谢立丹(1751—1816)一生创作过7部戏剧，其中有《情敌》、《造谣学校》等作品。《造谣学校》讲述的是在乡村居住的爵士提兹尔娶了一个出身贫寒的农家姑娘为妻，他想让新婚夫人到伦敦去长长见识，不料提兹尔夫人一到伦敦就进了“造谣学校”。贵族上层社会的奢华虚荣迷惑了提兹尔夫人的心，以斯尼维尔夫人为首的一批阔太太自私卑鄙、荒淫无耻、专靠造谣生事打发时日，提兹尔夫人终日与她们混迹一处，仿佛进入了一所造谣学校，很快沾染上各种恶习，她开始变得大肆挥霍，还学会了周旋情场，差一点背叛自己的丈夫，投入一个伪君子的怀抱。最后提兹尔夫人终于悔悟，方使家庭危机得以缓解。

谢立丹的喜剧人物形象丰满、生动，矛盾冲突紧张激烈，讽刺手法巧妙，具有很强的舞台魅力。

第四节 意大利戏剧

在意大利，启蒙主义被认为是文艺复兴时期人文主义思想的延续。意大利启蒙戏剧的创始人是哥尔多尼，他认为当时流行的即兴喜剧脱离社会现实，无法满足新兴资产阶级的欣赏要求，于是对即兴喜剧进行了改革。意大利启蒙主义时期另一位重要人物是哥齐。哥尔多尼和哥齐两人在艺术见解上针锋相对，势不两立，但两人都对意大利的戏剧做出了自己的贡献，留下了不朽的作品。

一、哥尔多尼

哥尔多尼(1707—1793)，意大利启蒙运动时期著名的喜剧家。由于自幼受到艺术熏陶，哥尔多尼9岁开始写剧本，一生著作丰厚，据说曾写过267个剧本，代表作有《女店主》、《一仆二主》、《老顽固》等。

《女店主》讲述的是年轻美貌的姑娘米兰多琳娜开有一家旅店，在她店里有三个客人，其中的两个贵族垂涎她的美貌，对她百般殷勤。侯爵是家财挥霍殆尽的破落贵族，但是仍保持所谓的贵族架子，企图以自己的爵位赢得姑娘的芳心。伯爵有钱，经常送给女店主昂贵的礼物，试图用金钱征服她。米兰多琳娜的店中还有一位骑士，骑士整日装出一副极端蔑视女性的样子，一再宣称自己从不爱女人。米兰多琳娜为了维护女性尊严，教训一下骑士，故意百般照料骑士的生活，骑士果然很快发狂般地迷上了她。米兰多琳娜利用三个男人同时追求自己的局面，让他们互相攻击、揭丑。在将这三个男人狠狠捉弄了一番后，米兰多琳娜宣布要与自己真心相爱的仆人法勃里修斯结婚。

《一仆二主》的故事发生在意大利的威尼斯城。威尼斯商人巴达龙纳曾经将自己的女儿克拉里切许配给青年费捷里柯，但是克拉里切喜欢的却是博士的儿子。后来听说费捷里柯在与人决斗时死去，巴达龙纳于是顺水推舟答应了女儿与博士儿子的婚事。然而就在两人举行婚礼之际，一名叫特鲁法儿金诺的仆人跑来说，他的主人费捷里柯来了。巴达龙纳听说后准备毁掉女儿与博士儿子的婚约。但是实际上，来者并非费捷里柯，而是他的妹妹彼阿特里切。其实，费捷里柯确实已死，他妹妹装扮成他的样子，是为了来寻找自己的恋人弗罗林多。仆人特鲁法儿金诺为了得到两份报酬，吃双份伙食，竟然违背当时意大利法律，充当了两个主人的仆人。他的这两个主人恰恰就是住在一家旅馆，仅一墙之隔的彼阿特里切和弗罗林多。特鲁法儿金诺在一仆侍奉两主的情形下，被搞得手忙脚乱，错误百出。一对恋人在经历了一番阴差阳错的波折后终于发现对方，走到了一起。他们又到商人巴达龙纳家说明情况，成全了克拉里切的爱情，并替特鲁法儿金诺向商人家的女仆求婚，最后三对有情人都如愿以偿，喜结良缘。

哥尔多尼的戏剧作品情节曲折生动，作者通过巧妙设置的误会与巧合制造矛盾冲突，产生了强烈的喜剧效果。哥尔多尼在自己的作品中嘲笑、揭露封建统治者的丑陋嘴脸，歌颂新兴资产阶级的上升力量和普通劳动者的聪明智慧，突出的表现了他作为一个启蒙主义者的进步思想 。

哥尔多尼对意大利戏剧的贡献不仅体现在剧本创作上，也体现在他对当时即兴喜剧的改革上。当时意大利的即兴喜剧演出没有剧本，演员戴着面具作即兴表演，剧中角色都是定型化的。哥尔多尼着意提升意大利即兴喜剧的艺术品格，他将意大利即兴喜剧变成了英国式的风俗喜剧，提出废除假面，提高剧本的演出地位，改变演员乱编台词的习惯，并使喜剧人物具有鲜明的性格特征。

二、哥齐

哥齐(1720—1806)虽然强烈反对哥尔多尼的戏剧改革，在创作风格上与哥尔多尼势不两立，但两人之间的矛盾并不能说明他们有创作思想上的先进与落后之分，哥尔多尼的作品与社会生活紧密相连，哥齐则想象力丰富、奇特，多描写情节曲折的传奇故事，其作品带有梦幻般的玄妙离奇之感。与哥尔多尼一样，哥齐也是意大利启蒙主义运动时期的重要代表作家。

哥齐的作品主要是童话剧与传奇剧，包括《三个橙子的爱情》、《图兰朵》、《鹿王》、《 乌鸦》等，这些作品远离社会生活，具有高超美妙的想象力和浪漫主义色彩的奇思妙想。

《图兰朵》是哥齐非常著名的作品，讲述的是中国公主图兰朵美貌绝伦然而性情怪僻，她为自己的求婚者设置了一条苛刻的法则，求婚者要猜中她谜底才能够娶到她，否则就要被处死。法则虽然苛刻，但许多人垂涎于公主的美貌，纷纷前来求婚，却都因未猜中谜底而被处死。图兰朵的谜底最终被鞑靼王子所猜中，按照规定图兰朵必须与鞑靼王子结婚，但是鞑靼国的一位被中国俘虏的公主早已爱上了鞑靼王子，而且王子也心系于她，于是鞑靼王子请求中国国王赐给被俘的公主自由，以报答她对自己的爱情。

《图兰多》的故事背景发生在古老的中国，今天许多人对此剧都有所了解。1998 年导演张艺谋执导的歌剧《图兰朵》，在北京故宫太和殿上演；同年有“巴蜀鬼才”之称的剧作家魏明伦将《图兰多》改编成为川剧《中国公主图兰朵》，并将此剧搬上舞台，改编后的《中国公主图兰多》更加具有中国式的人文内涵。

第五节 德国戏剧

德国的启蒙运动开始于 18 世纪中叶，此前德国在 17 世纪一直处于经济与文化相对落后、政治分裂的割据状态。启蒙运动的兴起源于资产阶级力量的日益壮大，在戏剧上表现为要求体现本阶级的意志，同模仿法国古典主义的传统彻底决裂。德国启蒙戏剧的代表人物是莱辛。莱辛之后德国的戏剧界掀起了“狂飙运动”，狂飙运动可被看作启蒙戏剧运动的深入发展。狂飙运动的参加者多是充满热情活力的青年人，他们沿着欧洲启蒙思想家开辟的道路，对封建贵族和代表封建统治者利益的古典主义进行了激烈的抨击与斗争，他们在戏剧创作上推崇莎士比亚，要求生活上和创作上的自由。狂飙运动成员很多，戏剧作品产量丰厚，其中以青年歌德和席勒最为杰出。

一、莱辛

莱辛（1729—1781）是德国启蒙运动代表人，同时也是德国民族主义戏剧的奠基者。莱辛反对古典主义的戏剧创作原则，倡导德国民族戏剧，他不仅有著名的《萨拉·萨姆逊小姐》、《爱米丽亚·迦洛蒂》、《智者纳坦》等戏剧作品，而且还有很多艺术理论著作，如《拉奥孔》、《汉堡剧评》等。

《爱米丽亚·迦洛蒂》被誉为德国最杰出的市民悲剧。瓜州小国的上校奥多雅多的独生女儿爱米丽亚·迦洛蒂美貌倾城，上校准备把迦洛蒂嫁给伯爵雅比尼，然而亲王赫托勒却早就垂涎于迦洛蒂的美貌。亲王得知迦洛蒂要结婚的消息，跑去向迦洛蒂表白自己的爱情，并请求她推迟婚礼。在请求遭到拒绝后，亲王颁发命令，任命雅比尼为全权大使，并即刻动身赴命，雅比尼拒绝亲王的任命后，传令官又命其推迟婚期。雅比尼识破了亲王的诡计，决定带上迦洛蒂，立即赶到乡下。然而在途中，他们的车队却被亲王买通的一伙人装成强盗劫持，雅比尼被他们杀死，迦洛蒂被抢走。这时亲王派出的仆人假装前来搭救，将迦洛蒂接入亲王宫中。亲王趁机对迦洛蒂百般献媚，假献殷勤，以博取迦洛蒂的好感，然而迦洛蒂仍不动心。此时被亲王抛弃的情妇来到宫中准备报复亲王，她遇到迦洛蒂的父亲，将亲王的毒计和盘托出。迦洛蒂的父亲为了能见到女儿，假装应允亲王与女儿成婚，父女终于相见。迦洛蒂在得知真相后，为免受侮辱坚决请求父亲赐她一死。在迦洛蒂的坚持下，父亲最终成全了女儿愿望。《爱米丽亚·迦洛蒂》体现了作者启蒙主义思想观，揭露了封建贵族的黑暗统治与无耻罪恶嘴脸。

莱辛注重作品的社会教育功能，强调作品应当表现中产阶级，而非从前古典主义倡导的亲王、英雄、贵族等人物。他主张戏剧应当表现具有一定性格特征的主人公在特定情境中的特定行为与反应，这为德国的现实主义戏剧发展指明了方向。

二、歌德和席勒

歌德（1749—1832）是一个有多方面才能与成就的学者、艺术家、哲学家和政治活动家。歌德一生著作丰盈，为后世留下了很多宝贵的精神财富。青年时代的歌德受狂飙运动的影响，充满了对现实的反抗精神。这一时期的作品有《葛兹》、《爱格蒙特》等。1773年后，歌德到魏玛公国担任枢密大臣，在艺术上与政治观念上都有所改变，渐渐放弃了对狂飙运动的追求。从1773年开始，直到他1832年去世，歌德以毕生精力创作了诗剧《浮士德》，《浮士德》是对欧洲启蒙运动的艺术总结，也是世界上最伟大的史诗之一。

《浮士德》共分上下两部，计12000余行。这部诗剧取材于16世纪关于浮士德博士的传说，但是歌德丰富了这个传说的哲学内涵，升华了它的艺术品格。年过半百的浮士德博士厌倦了中世纪的经院哲学和书斋生活，与魔鬼靡菲斯特定下契约，要到新的世界中去享受生活。浮士德与魔鬼订立的契约是，魔鬼可以满足浮士德的一切欲望，但是只要浮士德感到满足，说出“真美呀，请停留一下！”他就得死去，灵魂就要归魔鬼所有。

诗剧《浮士德》主要写了浮士德的五个悲剧阶段。第一阶段是学者悲剧。浮士德痛苦地感到自己所学知识对社会毫无用处，却又找不到出路，准备自杀。同魔鬼定下契约后浮士德走出书斋，走向社会；第二阶段是生活悲剧。魔鬼把浮士德领到女巫那里喝下魔汤，使他变得年轻力壮。年轻的浮士德爱上了平民姑娘玛甘泪，为了与玛甘泪约会，浮士德劝玛甘泪给她母亲灌下昏睡之药，玛甘泪因用药过量导致母亲死亡，这让她内疚得发狂，以至于亲手溺死了自己与浮士德所生的孩子，被判处死刑。玛甘泪的悲剧使浮士德备受打击，他觉得生活和爱情的享受并非人生理想，应当进行新的探索；第三阶段是政治悲剧。魔鬼将浮士德带到一个皇帝的宫廷，让他为这个小朝廷效劳。这个朝廷摇摇欲坠，皇帝却昏庸无道，整日贪图淫乐，举办舞会。浮士德解决了这个国度的财政困难，但是昏庸的皇帝却要浮士德为他变出古希腊的美女海伦。当海伦的幻影出现时，浮士德被海伦的美所震撼，以至于昏厥过去。第四阶段是美的悲剧。魔鬼将昏厥的浮士德带回他的书斋，他从前的一个学生正在制造有智慧却没有血肉之躯的小人。小人带领浮士德去寻找海伦，在魔鬼的帮助下，海伦从地狱中复活 ，与浮士德生活在了一起。他们生下了自己的儿子欧福良，欧福良是浪漫主义精神的化身，他不受约束，不断向天空求索，因为受不了现实的诸多约束，浪漫的欧福良很快夭折，海伦随着儿子的死亡而消逝，浮士德对美的追求也幻灭了。海伦象征着古典艺术的美，海伦的消逝象征着古典主义的美也不能实现人生理想的最高追求；第五阶段是事业悲剧。浮士德站在高山之巅看到曾经效力的国家发生内乱，民不聊生，就在魔鬼的帮助下平息了内乱，在海边获得一块封地。他率领民众改造自然，创造美好的生活，然而此时的他生命已经渐渐衰竭，他误将魔鬼率魂灵们为他掘墓的声音当作众人在筑坝挖沟，心满意足的浮士德感到了前所未有的欢乐，他情不自禁地喊出：“真美呀，请停留一下。”说完就倒地身亡。魔鬼正要将他的灵魂收走，天使们从天上下来拯救了他，他们将浮士德的灵魂背负上天，歌唱：“凡是自强不息者，到头我辈均能救。”

诗剧《浮士德》以其内容之广泛和思想之深刻，被看作是欧洲自文艺复兴之后300年间资产阶级精神生活发展的历史。歌德通过浮士德这一人物形象，表现了资产阶级知识分子不满黑暗现实、努力追求真理的探索进取精神。《浮士德》代表了欧洲启蒙运动艺术的最高成就，对后世影响巨大。

席勒(1759—1805),德国18世纪著名的剧作家和诗人。席勒深受康德唯心主义哲学的影响,他非常重视戏剧的审美教育作用,认为通过美育可以实现社会改造。席勒的作品主要有《强盗》、《阴谋与爱情》、《唐·卡洛斯》、《华伦斯坦》三部曲、《奥尔良的姑娘》、《威廉·退尔》等。

《强盗》的主人公是充满理想的青年卡尔,由于对腐朽黑暗的社会现实非常不满,他幻想率领一队人马,将德意志改造成为一个强大的共和国。为了得到父亲的专宠,并得到哥哥的未婚妻爱玛丽亚,卡尔的弟弟弗朗兹在父亲面前恶毒陷害卡尔,致使父亲与卡尔反目,将卡尔逐出家门,断绝了关系。卡尔在痛苦中受到蛊惑,率众占山为王,落草成寇。弗朗兹将哥哥逼走后又欲害死父亲,夺走爱玛丽亚。但是被指使去杀害他父亲的人却不忍下手,将老人藏了起来。已变为强盗的卡尔乔装改扮回到家中,了解了家庭变故,也知道了爱玛丽亚对自己的真心。他率众强盗来捉拿弗朗兹,弗朗兹自觉罪责难逃,自杀身亡。父亲也因悔痛交加而死。爱玛丽亚终于与卡尔相见,然而物是人非,现在的卡尔已经是一个血债累累的江洋大盗。现在的他没别的退路,只能继续做强盗,爱玛丽亚决心随他而去,却遭到了其他强盗的反对。心灰意冷的爱玛丽亚决定以死殉情,卡尔忍痛开枪将她打死。

《阴谋与爱情》被恩格斯誉为德国"第一部有政治倾向的戏剧"。剧中宰相瓦尔特的儿子费迪南,与穷乐师的女儿路易斯真诚相爱。费迪南不顾与路易斯的阶级差别,准备与路易斯结婚。然而瓦尔特却想利用儿子的婚姻巩固自己的政治地位,因此他坚决反对费迪南与路易斯结合。瓦尔特百般刁难、侮辱路易斯,将路易斯的父亲关起来,利用路易斯对父亲的感情逼她给别人写了一封情书。在瓦尔特的安排下,费迪南看到了路易斯写给别人的情书,悲愤之下,他逼路易斯喝下了毒药。临终前,路易斯对费迪南说出了真相,痛悔交加的费迪南也饮下毒药,追随路易斯的魂魄而去。席勒在《阴谋与爱情》中痛斥封建等级制度,揭露了封建统治阶级的道德虚伪,歌颂了青年一代勇于追求理想与爱情的可贵精神。

思考题:

一、填空

1.高乃依是17世纪法国古典主义悲剧的创始人和代表作家,《__________》是他最优秀的悲剧作品,《__________》是他惟一一部喜剧作品。

2.__________是法国古典主义时期最杰出的喜剧家,也是继古希腊时期的阿里斯托芬之后最伟大的喜剧作家。

3.法国启蒙运动时期著名的喜剧家博马舍的正剧三部曲是《__________》、《__________》和《__________》。这三部作品有一个贯穿的主人公,他的名字是__________。

4.英国古典主义作家弥尔顿的《______》取材于《旧约全书》，是一部宏伟的诗体剧。

5. 亨利·菲尔丁是英国启蒙运动时期激进的民主主义者，他的戏剧作品主要有《______》、《______》、《______》和《______》。

6.哥尔德斯密斯是英国风俗喜剧的代表作家，他的作品《______》被誉为英国戏剧史上最完美的喜剧之一。

7.歌德以毕生精力创作的伟大诗剧是《______》。

二、解词

1.古典主义戏剧　2.《伪君子》　3.《菲德尔》　4.风俗喜剧　5.《造谣学校》　6.《图兰朵》　7.《爱米丽亚·迦洛蒂》

三、简答

1.启蒙运动时期戏剧的主要特点

2.法国古典主义戏剧的代表人物及其主要作品

3.狄德罗现实主义戏剧的理论主张

4.英国古典主义戏剧的兴起与创作

5.哥尔多尼对意大利戏剧的贡献

6.席勒的戏剧观及其作品内容

四、论述：

1.莫里哀喜剧作品的人物塑造与风格特点

2.歌德诗剧《浮士德》的主要内容与艺术成就

第四章　十九世纪

第一节　概说

18世纪末至19世纪30年代是欧洲浪漫主义文艺思潮的鼎盛时期。浪漫主义思潮是随着欧洲资本主义广泛发展而兴起的，在法国大革命的影响下，欧洲一些国家的民主革命与民族解放运动蓬勃发展，风起云涌的革命斗争，为浪漫主义文学（包括戏剧）提供了广阔的社会背景与题材内容，同时，浪漫主义文学又对欧洲的民主、民族革命运动起到了推波助澜的作用。

浪漫主义分为积极浪漫主义和消极浪漫主义。积极浪漫主义正视社会现实，与当时西欧各国工人运动、民主、民族解放运动紧密相连，积极浪漫主义歌颂自由和解放，寄希望于未来；消极浪漫主义则代表了没落贵族阶级的思想情感，对现实抱有逃避态度，怀恋过去，美化中世纪宗法社会。它们的共同特征是注重作者的主观感受，描写作者的理想与情感。情节离奇，手法夸张，作品多具有异域色彩，充满对大自然的热爱。浪漫主义戏剧是继启蒙文学之后，对古典主义戏剧进行斗争的产物，浪漫主义戏剧最终战胜并取代了古典主义戏剧。19世纪前期，浪漫主义戏剧在英国、法国和德国得到了充分的发展，但是从整体上来看，浪漫主义戏剧潮流发展的时间并不长，到19世纪中后期，很快被汹涌而至的现实主义戏剧潮流所取代。

现实主义戏剧在很多方面与浪漫主义戏剧相对立，与浪漫主义重视主观情感表现相比，现实主义更加注重对客观现实的再现；与浪漫主义使用夸张的表现手法相比，现实主义更加注重细节表现的真实性；现实主义重视人物性格特征的描写，强调真实再现典型环境中的典型人物。自19世纪30到40年代起，欧洲资本主义战胜封建主义之后，自身的矛盾日渐显露。这一时期形成并发展起来的现实主义戏剧，具有冷静洞察社会生活和明显的社会批判性质，因而也被称为批判现实主义。

第二节　法国戏剧

法国的浪漫主义戏剧是随着法国大革命的巨大影响而繁盛起来的。雨果、大仲马、小仲马、维尼等文学家、戏剧家对统治法国舞台两个多世纪的古典主义戏剧进行了彻底清算，他们从戏剧理论上坚决批判古典主义的陈词滥调，提出了关于浪漫主义戏剧的系统理论。与此同时，他们以自己的创作实践实现了浪漫主义的戏剧主张。

一、雨果

雨果（1802—1885），法国伟大的文学家、戏剧家，浪漫主义的旗帜人物。雨果的戏剧理论主要体现在他五幕韵文剧《克伦威尔》的序言当中，在《克伦威尔序》中，雨果肯定了古典主义在初创时期的进步性，但同时，他又尖锐地指出，古典主义充满了矫揉造作的虚伪内容，它只代表贵族利益，它的种种如“三一律”、悲剧喜剧体裁的严格区分、只能使用贵族沙龙语言等陈规，违反了真实和自然，严重束缚了作者的创作力。同时，古典主义过分强调理性，也会导致作品缺乏感性，从而降低对观众的感染力。雨果强调戏剧作品应当反映时代精神和民族特征，作者应当有丰富的想象力和强烈的情感，作品的形式应当自由而不受拘束。

雨果的浪漫主义戏剧作品除《克伦威尔》外，还有《欧那尼》、《逍遥王》、《吕依·布拉斯》等。

《欧那尼》是雨果的代表作，《欧那尼》的上演代表着古典主义戏剧在法国的彻底失败。作品取材于16世纪西班牙的故事。欧那尼的父亲被国王杀死，全家被取消贵族封号，并被剥夺财产。欧那尼为报仇作了强盗。他与贵族小姐素儿相爱，但是国王和公爵也同时对素儿小姐觊觎已久。国王在追捕欧那尼时，公爵曾救过他，因此欧那尼交出自己的号子，并向公爵允诺说，无论何时何地，只要公爵要取欧那尼的命，就可以吹响号子，听到号声，他决不会苟活片刻。欧那尼与公爵组织一帮叛党准备刺杀国王，却不幸被国王抓获，国王为了收买欧那尼，答应他与素儿小姐结婚。两个年轻人正沉浸在幸福之中时，妒嫉的公爵吹响了欧那尼的号子，信守诺言的欧那尼与素儿一起相拥死去。

《欧那尼》中作者运用了“突转与激变”的编剧技巧，情节曲折生动，意境优美，充满了作者的政治热情。作品时空自由转换，悲剧、喜剧因素并存，这些手法打破了古典主义的法则，充分实现了作者浪漫主义的创作主张。

二、小仲马

小仲马（1824—1895），浪漫主义戏剧的代表作家，其作品《茶花女》堪称法国浪漫主义戏剧的杰作。

《茶花女》描写的是青年绅士阿尔芒与巴黎名妓玛格丽特的爱情悲剧。玛格丽特原来是一名商店职员，后来沦落风尘，过着花天酒地、纸醉金迷的奢侈生活，因为喜欢茶花，而被人称为“茶花女”。玛格丽特身陷风尘，内心十分痛苦。一次偶然的机会她与阿尔芒相识，得知阿尔芒已经暗恋自己四年。玛格丽特重病复发，原先的追求者都远远躲开，只有阿尔芒真诚对待她，帮她治好病。茶花女深受感动，接受了阿尔芒的爱情。带上全部积蓄与阿尔芒到乡间去过新生活。阿尔芒的父亲得知儿子的消息后怒气冲冲地赶来，玛格丽特向老人倾诉了自己的真情，老人虽然有所感动，但还是劝玛格丽特同儿子断绝来往。玛格丽特为了阿尔芒的前程，忍痛答应了老人的要求，给阿尔芒留下一封信，假称自己返回巴黎去做别人的情妇。受到爱情打击的阿尔芒悲愤难当，他赶到玛格丽特的住处，当众羞辱了她，受此打击的玛格丽特病情加剧，当场昏倒。就在玛格丽特弥留之际，阿尔芒的父亲赶来，告诉了儿子真相。阿尔芒怀着歉疚重新回到了玛格丽特身边，但是玛格丽特已经奄奄一息，最后带着一腔遗恨离开了人间。

三、左拉

自然主义文学包括戏剧出现在 19 世纪后半叶，因为受到实证主义哲学和实验心理学的影响，自然主义戏剧强调用实验的方法去研究和表现人的精神生活，强调从生理与病理角度去发掘人的本能，这一流派因为强调客观、真实再现现实生活而与现实主义有相似之处，因此有人将自然主义视为现实主义的分支。自然主义戏剧的代表人物是法国的左拉。

左拉 (1840—1902) 本人是小说家，但是他因为倡导自然主义戏剧而在戏剧史上具有重要地位。左拉的戏剧作品主要有《黛莱丝·拉甘》、《玛德莱纳》、《拉布尔登的继承人》、《玫瑰花蕾》和《拉娜》等。

《黛莱丝·拉甘》讲述的是女主人公拉甘希望与情人天长地久，于是与情人一起杀死了自己的丈夫。两人原以为从此可以心安理得地快乐生活，可是在举行婚礼的晚上，两人却被罪恶感和恐惧感所笼罩，最后自杀以获得解脱。在《黛莱丝·拉甘》中，左拉着力实践自己自然主义的戏剧主张，他不着重展现故事情节，只倾心于平淡的日常生活描写。作者从生理学和病理学观点去解释他剧中的这两个人物，对他们的犯罪心理做了极其精细的分析描绘。

第三节 英国戏剧

18 世纪英国政府对戏剧实行了严厉的审查制度，这种审查制度扼杀了很多戏剧天才。浪漫主义的潮流影响到英国后，英国涌现出一批富有才华的浪漫主义诗人，如雪莱、拜伦等，这些诗人创作了一些具有浪漫主义色彩的戏剧作品。

一、拜伦

拜伦 (1788—1824)，英国浪漫主义诗人，反对封建专制统治的斗士，一生写下许多反对封建统治、追求自由解放的诗篇。拜伦的戏剧作品主要有政治悲剧《马里诺·法利埃洛》和哲学戏剧《该隐》。

《马里诺·法利埃洛》的故事背景发生在 14 世纪的威尼斯共和国，该国处于贵族集团的黑暗统治下，人民生活在水深火热之中。政治领袖贝图术和卡连达罗关心人民命运，准备以武装起义反抗贵族统治。原总督法利埃洛因为妻子受到贵族的侮辱，得不到公正的判决，也参加到起义队伍的行列当中。参加起义队伍之后，他从只关心自己的荣辱发展到愿意为人民利益而牺牲，在思想上发生了重大的转变。最后因为起义的消息被泄漏，政治领袖与法利埃洛都被处死。拜伦通过该剧表达了对反抗者们的崇高敬意，作者以此剧影射了当时在意大利的烧炭党人的革命斗争及其失败的现实。

二、雪莱

雪莱（1792—1822）具有反叛的性格，是一个天生的浪漫主义者。他短暂的一生留给了世人大量优秀的浪漫主义诗篇。其戏剧作品也充满激情，情感热烈真挚。雪莱的戏剧作品主要有《解放了的普罗米修斯》、《钦契一家》和《希腊》。

诗剧《钦契一家》取材于16世纪末意大利发生的真实事件。罪恶的伯爵钦契杀害自己的儿子，蹂躏他的妻子，并侮辱他的女儿贝雅特丽。钦契的金钱掩盖了他的罪恶，正义无法伸张。在此情形下，贝雅特丽不得不雇用刺客杀死钦契。然而当时的教皇法院不追究钦契的罪恶，反而对复仇的贝雅特丽进行了严酷的审讯，并将她处以极刑。雪莱在剧中昭示人们暴君的残暴，以及现行法律的虚伪，要反抗暴君统治，必须以暴抗暴，不惜流血牺牲。贝雅特丽虽然死了，但是她的正义行为和反抗精神将长存于世。

第四节　德国戏剧

19世纪20年代之前，在德国舞台占主要地位的是消极浪漫主义，他们代表了没落贵族的利益，反对资产阶级革命和启蒙运动。19世纪20年代之后，积极浪漫主义在德国才开始有所发展。

克莱斯特（1777—1811），德国浪漫主义戏剧家，克莱斯特具有很高的创作才能，其作品具有极其浓厚的宿命论色彩，但是也有作品具有社会现实意义。

克莱斯特的作品《破罐》是一部很好的现实主义讽刺喜剧。审判官亚当对农村少女夏娃心怀不轨，趁夜色偷偷溜进夏娃家诱骗她。此时夏娃的未婚夫来到她家，亚当只好跳窗逃走。亚当在逃走时打破了夏娃母亲的一只心爱的罐子，夏娃母亲疑心是未婚女婿打破的，而夏娃的未婚夫则怀疑夏娃对自己不忠，要解除婚约。一家人闹上法庭，判官亚当竭力掩盖事实真相，结果却漏洞百出。在事实面前，他暴露了自己的嘴脸，成为被告。《破罐》的喜剧性很强，克莱斯特在剧中无情揭露了普鲁士官吏的胡作非为和司法界的黑暗腐败。

第五节 俄罗斯戏剧

俄罗斯戏剧是基于严峻的现实生活上的创作，反映了19世纪俄国黑暗昏庸的沙皇统治和沉闷混乱的社会世道，更多地充满了讽刺与批判的意义，具有独特的民族文化和艺术风格。

一、果戈理

果戈理（1809—1852），俄国批判现实主义文学的奠基人，其作品以“极度忠于生活”的现实主义精神，鲜明生动的典型形象和笑中含泪的讽刺手法，奠定了俄国文学批判现实主义的基石。他的戏剧作品主要有《钦差大臣》、《婚事》等。

果戈理的讽刺喜剧《钦差大臣》是俄国戏剧发展史上的里程碑。彼得堡的十四等文官赫列斯达可夫生性虚荣，爱吹牛撒谎，他编织的谎言有时甚至会令自己迷惑其中。在一次从彼得堡回外省家乡的路上，赫列斯达可夫与人赌牌输得精光，以至于三个星期付不出饭费和旅馆房租，旅馆老板威胁说要到市长那里控告他，他虽然焦急万分，却也无可奈何。

此时，市长收到彼得堡亲戚的来信，说沙皇的钦差大臣即将去他所在的城市视察，也许已经微服私访到了市里，要市长格外小心。这个城市的市长和他的亲信下属平日为非作歹，很害怕钦差大臣的到来，他们专门组织会议布置任务掩盖自己的劣迹。会后有人来汇报说住在旅馆的赫列斯达可夫形貌不俗，穿着讲究，举止奇怪，而且来自彼得堡，他们分析可能就是钦差大臣。市长赶忙去拜访赫列斯达可夫，认定他就是钦差大臣，赫列斯达可夫也顺水推舟，在市长面前大肆吹牛，让市长和官吏们觉得他神秘无比。成为“钦差大臣”的赫列斯达可夫在这所城市四处逢源，威风八面，商人们纷纷送他礼物，市长的夫人和女儿争相对他卖弄风情。因为怕泄露自己的底细，他在接受了市长女儿的求婚后，以暂时离别去看望叔父为由逃离了这所城市，临行前他给彼得堡的朋友写了封信，翔实地将在这里的奇遇告诉了对方。走后，赫列斯达可夫的信被邮政局长当作钦差大臣的密报扣留下来。当市长送走假钦差，庆幸自己逃过难关又攀上显贵时，他们发现了这封信的内容，一时狼狈不堪。这时，一个宪兵前来报告，奉旨从彼得堡来的钦差大臣要市长等人立即前去参见，这个消息像一声闷雷，令在场的贪官污吏们呆若木鸡。《钦差大臣》深刻揭露了沙俄时代官场腐败、黑暗的社会现实，表现了作者对于那个时代的无情批判。作品构思巧妙，结构紧凑，具有强烈的艺术感染力，成为喜剧作品中的杰出代表。

二、奥斯特洛夫斯基

奥斯特洛夫斯基（1823—1886），著名的现实主义戏剧作家，其作品《大雷雨》在俄国戏剧史上产生了重大影响。

《大雷雨》是一出生活悲剧，故事发生在伏尔加河边的一个小城，青年鲍里斯来到小城投奔自己的富商叔父，却遭到叔父的冷遇。苦闷中的鲍里斯结识了美丽善良的卡捷琳娜。卡捷琳娜是一个富户家的年轻儿媳，在家中受到婆婆的百般虐待，无能的丈夫整日外出。她有苦无处诉说，甚至厌倦了生活。鲍里斯与卡捷琳娜的相识，使得两个苦闷的灵魂找到了伴侣，两人很快相爱。然而好景不长，卡捷琳娜的丈夫从外地回来了，这天的天气沉闷，阴云密布，眼看就要有一场大雷雨。卡捷琳娜无法承担自己的心理重负，就向丈夫和婆母坦白了自己与鲍里斯的感情，结果遭到丈夫的打骂。鲍里斯的叔父闻知此事后，为了挽回声誉，逼鲍里斯到西伯利亚去谋生，鲍里斯含恨上路。卡捷琳娜追到伏尔加河边，希望鲍里斯能带自己一起走，但是鲍里斯却告诉她自己没有能力做到。绝望的卡捷琳娜纵身跳入滚滚的伏尔加河。卡捷琳娜代表了俄国人民对自由和生活权利的追求，她的死，是对俄国封建统治势力的反抗。

三、契诃夫

契诃夫(1860—1904)，俄罗斯伟大的小说家和戏剧家，他的戏剧作品具有诗意现实主义的风格，主要有《伊万诺夫》、《海鸥》、《万尼亚舅舅》、《三姊妹》、《樱桃园》等。契诃夫的作品擅长从生活现象中挖掘事物本质，表现“生活琐事的悲剧”，这些作品具有“三无”的特点，即无主题、无主要人物、无激烈的矛盾冲突。作者注重对生活的内在感受，从现实生活出发，写出生活本身流程。《伊万诺夫》等作品多描绘知识分子生活，表现俄国特定时期知识分子找不到生活出路的悲剧命运。

《海鸥》的主人公特里波列夫是一位青年作家，他富有朝气和才华，因为不满戏剧界的现状和文艺界的保守，要求革新以创造新型艺术。但是他脱离现实生活，只求形式上的花样翻新，思想内容却悲观、空洞。实际上他的斗争是以形式主义反对形式主义，最后他不得不向心上人妮娜承认了自己的失败。妮娜看清了他，因为对他失去了信心而离开了他。特里波列夫遭到了艺术和爱情上的双重失败。

《万尼亚舅舅》中的万尼亚舅舅沃伊尼茨基是一个忠厚勤劳的知识分子，他有才干，热爱生活，对生活抱有美好憧憬，但却胸无大志，没有崇高的生活目标。他一生经营庄园，辛勤劳动，最终却发现是一种无谓牺牲。万尼亚舅舅的悲剧是一个时代的悲剧，作者对于这个人物抱有很大同情。

《三姊妹》中的奥尔加、玛莎和伊里娜同她们的哥哥一样都是有教养、受过良好教育的人。她们聪明伶俐、热爱生活，对生活也抱有美好憧憬，但是现实生活中却处处充满无聊和虚伪，她们在这样的现实中无法施展自己的才能和抱负，无法实现自己的理想，因而饱尝了生活的艰辛和失望。就精神实质而言，三姊妹同伊万诺夫、特里波列夫一样，都是俄国世纪末的“多余人”。

《樱桃园》被认为是契诃夫最具代表性的作品。《樱桃园》充满了抒情意味，“亲爱的、甜蜜的、美丽的樱桃园”的被毁灭是一个象征，象征着一个旧时代的告别。

第六节 挪威戏剧

挪威戏剧以易卜生为代表，反映了北欧的社会现实，通过对诸多问题的思考，深刻地表现出作者的认识，在艺术上也取得了不凡的成就，为20世纪的戏剧发展提供了新的因素。

易卜生

易卜生(1828—1906)，挪威戏剧作家，现代戏剧之父，杰出的现实主义戏剧大师。易卜生的现实主义戏剧在我国话剧舞台上占有极其重要的地位，对我国戏剧的发展影响深远。易卜生一生的戏剧创作可以分为三个阶段。

1848年到1868年是第一阶段，这一时期主要有《凯蒂琳》、《厄斯特罗的英格夫人》、《苏尔豪格的宴会》、《恋爱喜剧》、《觊觎王位的人》、《布朗德》、《培尔·金特》等作品。这些作品多取材于挪威古代神话传说、英雄传奇、童话故事以及民间歌谣等，富有民族色彩。

1868年到1883年是第二阶段，这一时期的作品除《青年同盟》和《皇帝与盖利利恩人》外，大部分是社会问题剧，如《玩偶之家》、《群鬼》、《人民公敌》等。《玩偶之家》是易卜生社会问题剧的代表作，这部戏在许多国家上演引起了轰动。20世纪20年代，随着话剧传入中国，《玩偶之家》也在我国上演，对当时的妇女解放运动起到了推动作用。

《玩偶之家》的主人公娜拉出生于中产阶级家庭，美丽善良，天真活泼，从小被父亲视为好玩的玩偶，她也处处顺从父亲，讨父亲欢心。结婚后，娜拉嫁给了在银行工作的海尔茂，又成为丈夫手中的“玩偶”。作品开始时，海尔茂当上了银行经理，他准备辞退员工柯洛克斯泰，将柯洛克斯泰的职位给娜拉的好友。然而海尔茂不知道柯洛克斯泰手中有要挟自己的证据，原来几年前海尔茂曾经染上重病，娜拉为救丈夫性命从柯洛克斯泰那里借了1200元钱，娜拉瞒着丈夫假借父亲的名义签字借债，挽救了丈夫的性命。现在柯洛克斯泰要挟娜拉为自己说情留住职位，否则就把娜拉的假借据揭露出来。娜拉本以为口口声声说爱自己的丈夫会帮助自己度过难关，谁知道海尔茂收到柯洛克斯泰的揭发信后对娜拉翻脸无情，他觉得娜拉断送了自己的幸福和前程，骂她是“下贱的女人”、“伪君子”。然而此时的柯洛克斯泰又受到娜拉女友的感化，他改变了主意，退回了假字据，收回了自己的要求。随着事情的转机，海尔茂也改变了对娜拉的态度，他“宽宏大量”地饶恕了娜拉，称她是自己永远保护的“小松鼠”，然而娜拉却在这场风波当中看清了自己的家庭地位，她发现自己不过是丈夫手中的一件“玩偶”，于是毅然离家出走。《玩偶之家》提出了妇女在资产阶级家庭中地位的社会问题，透露出作者对资产阶级法律和伦理道德的深刻怀疑。

易卜生的社会问题剧，关注社会问题，展现社会现实生活矛盾，注重细节的描写和对典型环境下典型人物的表现，台词生活化同时富有人物个性特征，平白、生动而有意味，结构严谨、集中。《玩偶之家》采用的是锁闭式结构。锁闭式结构是戏剧传统结构之一，它从事件接近高潮处写起，"前史"则通过人物回顾交待补充，所以又称"回顾式"或者"内省式"结构。易卜生是锁闭式结构的代表作家。锁闭式结构的戏剧作品因为开场距离高潮处较近，因此易于展现紧张激烈的矛盾冲突。古希腊悲剧《俄狄浦斯王》和我国著名剧作家曹禺先生的《雷雨》都是锁闭式结构的杰出典范。

1884年到1899年是第三阶段，这一时期的作品从社会批判转向精神分析，作者从注重表现外部世界的矛盾斗争，转向关注人物内部心理世界，作者尤其关注现代人的病态心理，思考人生理想与现实背离所产生的悲剧。这一时期易卜生在创作方法上更加具有现代主义的特征，尤其是"象征"手法在他的剧作中大量运用，因此有人又将他的后期剧作称为"象征主义时期"的作品。主要有《野鸭》、《罗斯莫庄》、《海上夫人》、《海达·高布乐》、《建筑师》、《小艾友夫》、《当我们死而复醒时》。

《野鸭》中的青年摄影师雅尔马受到商人威利的伤害，如同栖息在他家虚构的树林里的一支被击伤的野鸭。雅尔马长时间呆在屋子里，忘记了海阔天空的飞翔。完全沉浸在庸俗虚伪生活中的他，满足于渺小的物质要求，屈从于卑贱的现实环境。他的朋友格瑞格斯为了追求精神解放和人生理想，同富有的父亲断绝了来往。格瑞格斯劝告受到伤害的"野鸭"雅尔马重新振作起来，但是雅尔马却不愿意改变现状。在发现自己不名誉的婚事后，他也曾一时激动，然而那点小小激动很快过去，雅尔马不久又重新回到自我安慰的平静生活当中去了。易卜生在作品中用受伤的"野鸭"象征在现实中再也无法展翅高飞的雅尔马，表现了晚年作者对黑暗庸俗生活的无奈心态。

思考题：

一、填空

1.历史上的浪漫主义流派分为两种，分别是____________和____________。

2.《____________》是雨果的浪漫主义戏剧代表作，它的上演代表着古典主义戏剧在法国的彻底失败。

3.小仲马的浪漫主义戏剧代表作是《____________》。

4.________________的自然主义戏剧代表作是《黛莱丝·拉甘》。

5. 杰出的现实主义戏剧大师易卜生的社会问题剧主要有__________和__________。

6.果戈理的讽刺喜剧《________________》是俄国戏剧发展史上的里程碑，该剧主人公是____________。

二、解词

1.《茶花女》 2.现实主义戏剧 3.自然主义戏剧 4.《钦契一家》 5.《破罐》 6.《玩偶之家》 7.锁闭式结构

三、简答

1、浪漫主义戏剧的产生与特征

2.英国浪漫主义戏剧的代表作家及主要作品

3.果戈理的喜剧作品及艺术

4.易卜生的戏剧创作各阶段有何特色

四、论述

1.浪漫主义戏剧与古典主义戏剧的不同风格特色

2.契诃夫戏剧作品的风格特点

第五章 二十世纪

第一节 现实主义戏剧

一、肖伯纳

肖伯纳(1856—1950),英国著名剧作家。肖伯纳的戏剧创作受易卜生影响,是一位现实主义戏剧大师。肖伯纳一生著作丰盈,共写过51个剧本。主要有《鳏夫的房产》、《好逑者》、《华伦夫人的职业》、《武器与人》、《康蒂妲》、《风云人物》、《一言难尽》、《魔鬼的门徒》、《凯撒与克莉奥佩特拉》、《巴巴拉少校》、《圣女贞德》、《苹果车》等。肖伯纳在他的戏剧作品中尖锐、辛辣地讽刺伪善的英国资产阶级,反对帝国主义侵略和掠夺殖民地的罪恶行为,戏剧语言机智、幽默,充满了智慧的光辉,被公认为英国口语和对白大师。1925年,肖伯纳凭借《圣女贞德》获诺贝尔文学奖。

《华伦夫人的职业》具有深刻的批判性。华伦夫人出身微寒,年轻时的她做过很多低微的工作,整日劳累却要受冻挨饿,直到被生活所迫做起卖笑生涯才有所好转,后来华伦夫人与人合伙开了一所妓院,慢慢变成体面又有钱的上层人。她的女儿薇薇——性格清高、孤傲的剑桥大学高材生,对自己母亲的发家史一无所知。薇薇休假期间在乡间结识了很多母亲的朋友,谈话间发觉母亲生活有问题,夜深人散时,薇薇一再追问自己的母亲——华伦夫人的职业,华伦夫人不得已告诉了她自己的发家史。得知真相的薇薇受到了震惊,她离开家回到伦敦,决定从此不再接受母亲的钱,做一个独立的女人。

北京人民艺术剧院曾于20世纪90年代上演过《巴巴拉少校》。此剧表现了巴巴拉社会理想的破灭。巴巴拉是军火商安德谢夫的女儿,她参加了救世军并在其中担任少校,本以为自己从事的崇高的慈善事业可以消除社会罪祸,然而最后才发现原来救世军竟是她父亲一类的军火商、资本家出钱资助的。

《圣女贞德》被认为是肖伯纳最杰出的作品之一。故事取材于15世纪上半期法国民族女英雄贞德率众抗击英军入侵的事迹。圣女贞德英勇善战,战功卓著,却因被出卖而落入英军手中,英军将她作为女巫加以审判,最后贞德英勇地死于火刑之中。圣女贞德的故事广为流传,很多作家写过这位女英雄,但是肖伯纳却独辟蹊径,以自己雄辩的风格和敏锐深刻的思想,不仅将圣女贞德塑造成一位女英雄,而且刻画为一个民族智慧的体现者。肖伯纳借贞德之口——对权力、宗教、英雄、战争等展开精彩讨论,表现了自己的深刻思想与独特见解。

二、阿瑟·米勒

阿瑟·米勒(1915—2005)美国著名现实主义剧作家。他的主要作品有《全是我的儿子》、《推销员之死》、《两个星期一的回忆》、《桥头眺望》、《萨勒姆女巫》、《堕落之后》、《美国时钟》等。阿瑟·米勒反对商业化、纯粹娱乐性质的庸俗戏剧,他认为戏剧是一项严肃的事业,并一贯于通过自己的戏剧反映社会现实。

《全是我的儿子》是一部易卜生式的社会问题剧,表现的是一家二厂老板在二战期间向军队交付不合格的飞机引擎的气缸,导致21名飞行员坠机身亡,死者当中还包括他的儿子。他虽然嫁祸于人,逃脱了法律的制裁,却受到良心的谴责,最后意识到那些死去的飞行员"全是我的儿子",遂饮弹自尽。

《推销员之死》的主人公推销员威利·洛曼为公司辛苦工作了三十四年,最后年老力衰,他提出留在办公室工作,却被老板辞退。最后,为了使家庭获得一笔人寿保险费而在深夜驾车外出撞毁身亡。威利的妻子不明白为什么他会在刚刚付清最后一笔住房贷款,终于可以舒一口气时却死去了。《推销员之死》在某种程度上批判了美国的商业制度。1983年,阿瑟·米勒在他第二次来到中国时,亲自导演了他的这部作品。

第二节 现代主义戏剧

一、表现主义戏剧与斯特林堡

表现主义戏剧开始于第一次世界大战之前，盛行于20世纪20年代。表现主义戏剧不追求如实再现生活过程，反对自然主义戏剧以冷静客观的态度仅仅着眼于对事物外部现象的观察视角,而是借助于人物形象和戏剧事件宣泄作者主观感受。表现派强调作者的主观性和创作手法的抽象性,着重表现人类的共性,因此表现主义作品中大多是类型化或者抽象化人物,通过表现人的直觉、潜意识、梦幻抵达人物内部心理,呈现人物内心活动。

表现主义的代表作家有瑞典的斯特林堡、德国的托勒、凯泽、佐尔格,以及美国的赖斯、欧文·肖等人。

斯特林堡(1849—1912),瑞典著名戏剧家,一生共创作了62部戏剧作品。斯特林堡的创作是从自然主义走向表现主义的,一般将他作为表现主义戏剧奠基人。其作品主要有《父亲》、《朱丽小姐》、《通往大马士革之路》、《死亡的舞蹈》、《一出梦的戏剧》、《鬼魂奏鸣曲》等。

《父亲》表现了现代人之间的隔膜与残酷无情。上尉亚道夫和妻子鲁雅结婚二十年来一直在争夺家庭统治权，亚道夫要把女儿送到寄宿学校就读，鲁雅不同意，为了阻止亚道夫，鲁雅竟然编造谎言说女儿不是亚道夫与自己所生的，并宣扬亚道夫精神不正常，让大家都以为他是个疯子。亚道夫最后被鲁雅折磨死去。

《朱丽小姐》中的朱丽小姐是伯爵的女儿，本已与人有婚约，但是未婚夫突然毁约，这令她备受打击，此时家中的仆人看准了她性格上的弱点，趁虚而入占有了朱丽，最后朱丽小姐无法面对残酷现实不得不自杀。

《通往大马士革之路》表现出明显的表现主义倾向。剧中人物没有具体的名字，只是作为一个类型符号出现，如“无名氏”、“阔太太”、“乞丐”、“医生”、“长者”等。主人公“无名氏”是一个抛弃了家庭和孩子的作家。一天，在去邮局领取一笔稿费的路上，遇到了“阔太太”，并对她产生了爱慕之情。在“阔太太”家里，“无名氏”见到了她的丈夫，发现她丈夫正是自己在学校时替自己受过的人。“无名氏”还认识了一个疯子，疯子被人叫做“凯撒”，而“凯撒”正是“无名氏”童年时的绰号。不久，“阔太太”与“无名氏”私奔，但是身无分文的他们无路可走，只好来到山间一处“阔太太”的母亲和外祖父居住的小屋。老人很不情愿地收留了他们。在“阔太太”母亲的怂恿下，“阔太太”毁了自己许下的诺言，读了“无名氏”正在写的一部小说，结果导致两人关系的决裂。他离开她后从悬崖上摔了下去，被送进疗养院。在那里，他遇到了很多跟他以前生活中很相似的人和事。最后，无名氏回到了邮局，收到了他的稿费。假如早些收到这笔稿费，就不会遭到这么多的坎坷和痛苦。

《鬼魂奏鸣曲》是典型的表现主义作品，也是斯特林堡的杰出代表作。此剧以种种非理性的、象征的、表现的、荒诞的戏剧手法，表现了作者对这个世界的绝望与悲观态度。

二、象征主义戏剧与梅特林克

与现实主义戏剧表现公众、社会题材不同，象征主义戏剧多表现个人题材，如果说现实主义作家关注种种社会问题，那么象征主义作家着力表现的则是个人的精神追求以及个人与命运的抗争。因此现实主义比较具体，而象征主义则比较抽象，比较超脱且远离现实。象征主义作品中的“象征”不能简单理解为比喻，不是以此事物比喻彼事物的简单类比，而是要用具体的事物来暗示某种抽象意念。如用大海象征无常命运，以玫瑰象征爱情等。

象征主义的代表作家有爱尔兰的叶芝（《凯瑟琳伯爵小姐》）、辛厄（《圣井》、《蹈海骑手》）、法国的克洛岱尔（《城市》）、德国的霍普特曼（《沉钟》）、比利时的梅特林克等等，另外现实主义戏剧大师易卜生也有象征主义作品《当我们死而复醒时》。

梅特林克（1862—1949）戏剧的出现，将象征主义推向了一个新的高潮，标志着象征主义戏剧流派进入了成熟阶段。其作品主要有《马兰娜公主》、《群盲》、《佩列阿斯与梅丽桑德》、《丁泰琪之死》、《青鸟》等。

《青鸟》讲述了两个孩子蒂蒂尔和米蒂尔不怕艰险去寻找象征着幸福的青鸟，他们经历了千辛万苦，几度得而复失，最后将找到的青鸟送给了邻居生病的孩子，等孩子的病好了要将青鸟取回时，青鸟却突然飞走了。《青鸟》一剧充满了各种象征，如“蒂蒂尔”和“米蒂尔”象征着人类，象征着人类的智慧和理性；“青鸟”象征着真理；“夜之宫殿”和“森林”象征着恐怖。《青鸟》告诉人们幸福是存在的，是可以找到的，幸福就在我们身边，只有当我们把幸福给予别人时自己才会接近它。1911 年，梅特林克以《青鸟》获诺贝尔文学奖。

三、唯美主义与王尔德

王尔德(1854—1900)，英国唯美主义思想家和剧作家，主张为艺术而艺术。其戏剧作品主要有《莎乐美》、《温德米尔夫人的扇子》、《一个无足轻重的妇女》、《理想的丈夫》、《认真是最要紧的》等。

《温德米尔夫人的扇子》是王尔德最为著名的作品。温德米尔夫人是伦敦上流社会的一位少夫人。在她 21 岁生日舞会上，有人告诉她，她的丈夫与埃林太太关系暧昧。她误以为丈夫有外遇，一气之下离家出走，跑到曾对自己献殷勤的达林顿的寓所，想与之一起私奔出国。埃林夫人见到她离家时留下的字条后焦急万分，其实埃林夫人是温德米尔夫人的母亲。20 年前，她因一时糊涂，抛下丈夫与周岁女儿与情人私奔，从此遭到伦敦上流社会的唾弃。她这次回来找到温德米尔先生，是想借参加女儿生日舞会之机，重返上流社会的社交圈。为了防止女儿重蹈自己覆辙，埃林夫人赶到达林顿家，她想劝回女儿，但是为了女儿的名声，她又不能说出自己的真实身份。两人正在争执之际，达林顿与温德米尔先生一起来到房中，母女两个急忙躲避。匆忙中温德米尔夫人将扇子落在了客厅，扇子被人发现，眼见温德米尔夫人要在众人面前出丑，埃林夫人在关键时候挺身而出，承认扇子是自己错拿后带来的。最后埃林夫人蒙受众人的耻笑离开了社交界，温德米尔夫人认为她在关键时候能够为别人挺身而出，所以不再憎恨她，但却一直不知埃林夫人就是自己的母亲。《温德米尔夫人的扇子》中的扇子作为一个重要道具贯穿全剧始终，全剧构思精巧，技巧圆熟，但是作品内容缺乏深刻的社会意义。

四、奥尼尔及其作品

尤金·奥尼尔(1888—1953)被认为是美国戏剧的奠基人，他一生共获得三次美国戏剧最高奖——普利策奖，并获得诺贝尔文学奖。由于奥尼尔的出现，美国才真正有了自己的严肃戏剧，美国戏剧才逐渐赶上世界水平，因此奥尼尔被誉为 20 世纪最杰出的戏剧家之一。

奥尼尔早期创作的主要是独幕剧，包括《东航卡迪夫》、《加勒比的月亮》、《漫长的归途》等。1920 年奥尼尔的第一个多幕剧《天边外》为他赢得普利策文学奖，之后他的作品主要有《安娜·克里斯蒂》、《琼斯皇帝》、《毛猿》、《上帝的儿女都有翅膀》、《榆树下的欲望》、《大神布朗》、《奇异的插曲》、《悲悼》、《啊，荒野》、《无穷的岁月》、《送冰的人来了》、《进入黑暗的漫长旅程》、《私生子的月亮》等。奥尼尔的作品题材广泛，表现手法丰富，几乎包含了现代戏剧的一切风格和流派。如《天边外》、《榆树下的欲望》和《安娜·克里斯蒂》是现实主义作品，作者表现了人的现实与理想之间无法调和的矛盾；《琼斯皇帝》和《毛猿》是表现主义作品，作者深入到人物内心，表现人心灵深处的真实思想情感；《大神布朗》是象征主义作品，剧中人物代表着一种类型和概念。奥尼尔创作的几乎都是悲剧，只有《啊，荒野！》是惟一的喜剧作品。

《天边外》是一出三幕悲剧，主人公罗伯特是个充满诗人气质的理想主义者。开场时，从小就向往"天边外"世界的他得到机会要被舅舅带去出海，临行前激动的罗伯特向哥哥安朱的心上人露斯吐露了自己的爱慕之情，不料露斯接受了他的感情，并告诉他自己爱的人就是他而不是安朱。安朱知道后痛苦万分，觉得自己无法再在这里生活下去，于是他代替罗伯特出海了。留下来的罗伯特与露斯结了婚，然而婚后两人的生活并不幸福，天性浪漫的罗伯特不善于经营农场，两人的感情在无情的现实中很快破裂。随着农场的荒芜罗伯特也病入膏肓，最后怀着对"天边外"的向往死去。

奥尼尔一生经历坎坷，婚姻生活非常不幸，他在自己的作品中经常流露出对于婚姻家庭的悲观态度。《进入黑夜的漫长旅程》是奥尼尔以自己家庭为素材的一部自传体戏剧。主人公玛丽出身富足，受过良好教育，并且非常有音乐天赋，纯洁美丽的玛丽在婚前一直过着衣食无忧的幸福生活。玛丽原本打算做修女或者成为一名钢琴家，但是因与红级一时的演员蒂龙一见钟情而放弃了理想，很快与蒂龙结婚。蒂龙本来是一个非常有表演天赋的演员，但因为出身低微，自幼受穷，形成了爱财如命的性格特征。蒂龙一生希望靠聚敛钱财来增加人生的安全感，这不仅毁掉了自己的演艺事业，使得自己成为一个只能局限于一种角色的类型化演员，而且也毁掉了自己的家庭——蒂龙舍不得在玛丽生孩子时为她花大价钱请来好医生，结果庸医误诊，使得玛丽染上毒瘾；小儿子埃德蒙得上了在当时致命的肺结核，他也舍不得花钱把儿子送进医疗条件好一些的疗养院，即使当时的他已经是家财万贯。玛丽为自己选择了这样一个丈夫，这决定了她进入自己的家庭生活后不可能得到幸福。更何况蒂龙带给她的是常年在外居无定所，"坐肮脏的火车，住下等旅馆"的飘泊生活，这样的生活使得玛丽丝毫感受不到家庭的温暖，也没有任何亲戚朋友来往，加上蒂龙或者呆在剧团或者留恋于酒吧，根本无法给予玛丽任何的温暖与关怀，于是玛丽便整日沉醉在毒品带来的梦幻世界中逃避现实。

染上毒瘾的玛丽成为全家人关注的焦点，蒂龙与两个儿子最担心的就是玛丽毒瘾复发，然而事与愿违，玛丽最终不能戒掉吗啡，再加上埃德蒙身患重症，绝望与焦虑、怨恨的情绪弥漫在整个家庭之中。他们之间相互憎恨，认为正是对方造成了自己的痛苦，他们之间由于血缘的关系又有着深厚的感情，于是争吵之后又互相道歉，全剧就在这几个既爱又恨的家庭成员之间的相互折磨中回环往复地展开。《进入黑夜的漫长旅程》代表了奥尼尔最高的悲剧成就，作者在拉开了自己家庭隐秘的帷幕之后，让人看到的是每个人自己的生活。

五、皮兰德娄及其作品

皮兰德娄(1867—1936)，意大利著名戏剧家，现代主义戏剧的先驱者，其作品打破了现实主义的规范，具有超现实主义风格。

皮兰德娄的婚姻生活非常不幸，但是痛苦的生活也给了他创作的启迪，与妻子之间情感上的难以沟通，令他发觉世界在每个人心中的主观色彩，以及人与人之间的隔膜。皮兰德娄的作品主要有《别人的权利》、《西西里柠檬》、《六个寻找作者的剧中人》、《亨利四世》、《各行其是》、《正如你希望的那样》、《寻找自我》、《当你成名的时候》、《被偷换的儿子》等。皮兰德娄在自己的作品中表现了对现代人生存困境的思考。

《六个寻找作者的剧中人》是皮兰德娄的代表作，此剧采用的是“戏中戏”的套层结构。导演正在排戏期间，剧场闯进六个人来，他们声称是被剧作家废弃的某一剧本中的人物，要求导演把他们的戏记录下来，以再登舞台重获生命。经过一番周折，导演和演员们答应把正在排的戏暂时停下来，听他们叙述自己的故事。这六个角色分别是一对离异的父母和四个同父异母的兄弟姐妹。母亲在与父亲的秘书私通后生下了一个儿子和两个女儿，并抛弃了自己与前夫所生的儿子，不久秘书死去。母亲带着三个孩子艰难度日，大女儿被骗做妓女。被抛弃的父亲经常到妓院鬼混，恰巧遇到在这里的大女儿，幸亏母亲的到来，才避免了乱伦悲剧的发生。于是一家人又聚集到了一起，可是他们之间却无法安然相处。大女儿无法原谅父亲的行为，对他极不恭敬。大儿子在家也不把任何人放在眼里。终于，悲剧发生了，无人照料抚慰的小妹妹掉进水中被淹死，孤独的小儿子眼看着妹妹被溺死，自己也开枪自杀。随着一声枪响，六个人在舞台上也消失了，他们演完了自己的故事。导演发现他再也没有时间排自己的戏，只好让演员们回家，他非常后悔自己耽误了自己的排演，白白浪费了时间。《六个寻找作者的剧中人》表现了人们之间相互隔膜而又不能交流和认同所产生的悲剧。

六、叙事戏剧

叙事戏剧又称史诗戏剧，最先是由欧文·皮斯卡托提出的。德国的著名戏剧家、导演布莱希特(1898—1956)是叙事戏剧的集大成者。布莱希特把戏剧分为“戏剧式戏剧”即亚里士多德式戏剧和“非亚里士多德式”戏剧，也就是史诗戏剧。亚里士多德在《诗学》中把古希腊文学分为史诗、抒情诗和戏剧。其中戏剧是通过人物动作来反映生活，而叙事戏剧则把叙述与动作相结合，史诗同戏剧相结合。

作为一个导演，布莱希特在创作上反对“三一律”以及现实主义制造舞台幻觉的艺术手法，主张消除舞台幻觉，反映现实生活的真实性和复杂性，以“间离效果”打断观众情感的投入，旨在唤起观众对社会与生活中诸多问题的思考；作为一个剧作家，布莱希特主张创作者以特有的洞察力观察生活，着力将平凡生活中蕴藏的不平常挖掘、表现出来，以产生“陌生化”的效果，制造“陌生化”效应同样是为了唤起观众的思考。

布莱希特的剧作主要有《三毛钱歌剧》、《大胆妈妈和他的孩子们》、《伽利略传》、《四川好人》、《高加索灰阑记》等。布莱希特对中国戏曲很感兴趣，受中国戏曲的影响很深，他作品中的《四川好人》和《高加索灰阑记》都是根据中国题材改编而成的。

我国的元杂剧《包待制智勘灰阑记》讲述的是包拯智慧断案，将孩子判给亲生母亲的事，《 高加索灰阑记》讲述的也是两个女人争夺一个孩子的故事，但剧情与我国的故事有很大不同。古老的高加索突然发生了叛乱，总督被杀，总督夫人在慌乱中带上金银财宝，竟顾不上自己的孩子米歇尔独自一人逃跑了。几经周折，米歇尔被善良的厨娘格鲁雪收养，格鲁雪冒着生命危险带着米歇尔一路逃跑，最后来到哥哥家，受尽了嫂子的侮辱和别人的非议，最后却被两个铁甲兵带回了城里，原来从灾难中逃脱的总督夫人又想起了自己的儿子，她要求法官还给她的米歇尔。法庭上，众人争执不下，总督夫人和格鲁雪都声称孩子是自己的。于是法官让人在地上用粉笔划了一个圆圈，让孩子站在中间。法官命令总督夫人和格鲁雪一人抓住孩子的一只手，谁把孩子拉到自己一边，谁就是真正的母亲。格鲁雪在关键时候不忍心，松开了手，结果孩子被总督夫人拉过去了。最后法官判决，孩子归格鲁雪所有，并将总督的财产收归城市，给孩子们修一座公园。在《高加索灰阑记》中，布莱希特将众人熟知的故事加以改编，以产生“陌生化”效应，引起人们的思考。其实，法官在断案过程中已经知道了谁是孩子的亲生母亲，之所以要把孩子判给格鲁雪，是因为格鲁雪真心疼爱他。这样的结局表达了作者要“一切归善于对待者”的思想。

迪伦马特（1921—1990），瑞士著名剧作家，被认为是布莱希特叙事戏剧的重要追随者，当代欧洲最重要的剧作家之一。迪伦马特的作品机智幽默，充满智慧的光辉。他的作品多属于悲喜剧，其中的悲剧因素来源于人类无法摆脱的生存困境，喜剧因素则来源于人类对于无望生活的徒劳无益、枉费心机的挣扎。迪伦马特的作品中具有一种浓厚的怪诞色彩，这种怪诞感根源于作者对于世界荒诞性的体察与认同。

迪伦马特的戏剧作品主要有《罗慕路斯大帝》、《老妇还乡》、《天使来到巴比伦》、《密西西比先生的婚姻》、《物理学家》等。

作者称《罗慕路斯大帝》是一部“非历史的四幕历史喜剧”，作者借助于具体的历史背景和历史事件，表述了自己的哲理思考。西罗马帝国的末代皇帝罗慕路斯·奥古斯都荒于朝务，在一座乡村别墅中饱食终日，专心致志饲养一群以历代罗马先帝的名字命名的母鸡。开场时，专差不断向他报告前线失守、日耳曼人正向罗马进军的坏消息，他却无动于衷。东罗马皇帝向他要求联合抗击入侵，他不予理会。大臣们和他的妻女以及从敌人监狱逃回来的未婚驸马爱弥良心急如焚，一致要求退到西西里岛去组织抵抗，他也不答应。“实业家”鲁普夫趁火打动，表示愿意替皇帝出一千万金币换回被敌人占领的意大利领土，条件是公主必须嫁给他。皇后和爱弥良为挽救国家忍辱负重答应下来，但罗慕路斯却坚决拒绝了这个建议，他认为自己女儿的幸福远比拯救国家更为重要。当罗马已经变成罪恶深重的帝国，自己当一个只知吃喝的无为皇帝，正是为了充当“罗马的法官”来宣判这个帝国死刑的……最后，罗马帝国在罗慕路斯的“努力”下终于灭亡了。

七、存在主义戏剧

存在主义哲学兴起于第二次世界大战之后，是在战争的灾难中产生的，表现了现代人对于世界的悲观失望与苦闷彷徨。存在主义者认为人存在于一个荒诞、丑恶、冷酷的现实世界里，为了获取存在和自由而陷入了焦急不安、彷徨和痛苦当中。存在主义哲学家往往借助于戏剧来宣扬自己的存在主义哲学思想，如法国的萨特和加缪。

萨特(1905—1980)，法国著名存在主义哲学家。在他所创作的小说和戏剧作品中，表现了存在主义哲学思想。萨特的戏剧作品主要有《苍蝇》、《禁闭》、《死无葬身之地》、《恭顺的妓女》、《肮脏的手》、《魔鬼与上帝》、《特洛亚妇女》等11部剧作。

《禁闭》(又译《密室》)讲述的是三个鬼魂的故事，伊内丝、艾丝黛尔和加尔散是先后来到地狱的三个鬼魂，他们三人必须永远共处一室。作品内容是通过对话展现出来的，表现的是他们三人的三角关系以及互相折磨的行为。每一个人都为了得到快乐与其他人想过办法，但是没有使三个人都快乐的方法。相反，每个人从别人那里得到的只是无尽的痛苦，因为要永远呆在一起，因此这种痛苦还要无休无止地延续下去。地狱中的这种折磨，要比但丁《神曲》中充满了硫磺与火的刑罚更可怕，正如结尾处加尔散所言：“提起地狱，你们便会想到硫磺、火刑、烤架……啊，真是莫大的玩笑！何必用烤架呢，他人就是地狱。”很明显，作者是借助于这个作品表现自己“他人即地狱”的哲学思想。

存在主义思想强调人对自己的生活有“自由选择”的权利，因此萨特往往将他剧中人物置于极端的情境当中，表现人物在极端情境下的“自由反应”。《死无葬身之地》就是这样的作品。故事发生在二战期间，法国地下抵抗运动在同卖国的维希政府的一次激战中失败，游击队员落到了民团分子的手中。垂死挣扎的敌人对被俘的游击队员进行疯狂的审讯，游击队员们没有任何选择的余地，面临着必死的命运。队长若望的出现将每一个人带入了自由选择的情境，他们可以供出队长的身份以换取自己的苟存，也可以誓死保守秘密直到英勇牺牲。在这样的“极端情境”中，每一个人内心的激烈冲突可想而知。对自己承受皮肉之苦没有把握的索比埃，以跳楼自杀的方式完成了保持自尊的选择；女游击队员吕茜知道自己年仅十五岁的弟弟必定会投降，她最后痛苦地让其他游击队员扼死了他；至于吕茜，作为一个女人，她经受的痛苦更是超乎寻常。她在爱情与亲情当中经受着折磨，在被敌人强暴后，她以自己的行动向敌人证明，自己的尊严永远无法被剥夺……

1997 年，我国著名导演查明哲将《死无葬身之地》搬上了小剧场舞台，该剧的演出在当时引起了戏剧界、新闻界和学术界的强烈反响。

加缪 (1913—1960) 也是法国存在主义哲学家，其存在主义哲学的核心命题是“荒诞”。加缪的小说和戏剧所反映的就是这一哲学思想。《卡利古拉》、《误会》和《正义者》是加缪著名的三部戏剧作品。

《误会》中的让是一个多年离家的游子，作品开始时，让带着他的妻子回到家乡，准备接母亲和妹妹玛尔塔到富裕的海边生活。而“到海边过富足的生活”正是玛尔塔的人生理想，为了能够实现自己的愿望，玛尔塔和母亲开了一家旅馆，她们选择有钱的客人谋财害命。让只身来到了母亲和妹妹的旅店，为了给亲人以惊喜，他没有说出自己的身份。因为离家太久，亲人也没有认出他来。于是，悲剧发生了，母亲和妹妹杀死了来带给她们幸福的哥哥。加缪通过《误会》表现的是现实生活的荒诞，现实世界不是人的祖国，被剥夺了希望的人在这个世界上不过是一个陌生人而已。玛尔塔母女与让之间的误会，其根源不在于没有以简单的语言互相沟通思想，而是生活本身的残酷与荒诞。作品想要表现的是在这个荒诞的世界上，人与人之间存在的普遍而深沉的荒诞感、隔离感和陌生感，以及人与人之间的难以沟通。

八、荒诞派戏剧

20 世纪50 年代，荒诞派戏剧在欧美的戏剧舞台出现，代表剧作家主要有贝克特、尤内斯库、品特等。这些剧作家认同存在主义哲学家加缪关于“荒诞”的哲学理念，但是他们同时认为，存在主义哲学家如萨特、加缪等人在艺术作品中，以理性的方式反映非理性的内容本身存在一定的矛盾。荒诞派戏剧家是要将作品的内容与形式达到一致，也就是以非理性、反戏剧传统的方式去表现“世界是荒诞的”这一思想内容。因此，荒诞派戏剧不具备所有传统戏剧的特点，不重视故事情节、不重视塑造人物性格、人物缺乏动作性、人物台词没有逻辑，有时让人不知所云……荒诞派戏剧崛起于 20 世纪 50 年代，兴盛于 60 年代，衰落于 70 年代。“荒诞派戏剧”的名称在一开始时并不存在，为荒诞派戏剧命名的是英国戏剧理论家马丁·艾斯林。

贝克特 (1906—1989)，爱尔兰小说家、戏剧家，长期居住在法国，主要作品有《等待戈多》、《没有的日子》、《剧本》、《最后一局》、《克拉普的最后录音带》等。其中《等待戈多》是贝克特最具代表性的作品。

《等待戈多》的两个流浪汉弗拉季米尔和爱斯特拉冈一直在等待一个叫戈多的人，他们在等待中非常无聊，于是就东拉西扯，没话找话。等待过程中奴隶主波卓牵着他的奴隶幸运儿路过，一个自称是戈多使者的小孩上场，告诉他们戈多今天不能赴约，明天准来。第二天，两个流浪汉继续在荒野中等待戈多，小孩又通知他们说“戈多明天准来”，路过的奴隶主和奴隶的境况与从前相比有了很大变化，两个流浪汉很失望，他们不知道是该离开还是继续等下去，其实，他们连戈多是谁都不知道。光秃秃的树上长出了叶子，大自然有了点点生机，但是人却更加没有希望。贝克特在作品中表现了对人类生存境遇的反思，有人认为戈多代表的是人类的希望，也有人认为代表的是“上帝”。总之，人类等不到“戈多”的到来，只能在等待的过程中无聊地耗尽自己的生命。

贝克特在1969年凭借《等待戈多》获得诺贝尔文学奖，其重要原因是他的剧本和小说一样，用完全荒诞的手法表现了世界和人生的荒诞，在内容与形式上达到了完美的统一，因此引起了观众的震撼，如同古希腊悲剧那样冲击或洗刷了人们的心灵。

尤内斯库(1912—1994)，法国著名荒诞派剧作家。其作品主要有独幕剧《秃头歌女》、《上课》、《椅子》等；多幕剧《不为钱的杀人者》、《犀牛》、《空中行人》、《国王死去》等。

《秃头歌女》被认为是第一部上演的荒诞派戏剧。剧中既无秃头也无歌女，所表现的只是夫妻间的对话与争吵。同姓马丁的一男一女到史密斯夫妇家中做客，起先两人互不相识。后来在交谈中发现，两人原来同坐一辆火车来到伦敦，现在住在同一条街，同一幢楼，同一间房，同一张床。他们这时才发现，原来两人是夫妻。两人都说自己有一个男孩，这男孩一只眼睛是红的。可是，一个女仆进来说，男人孩子的左眼是红的，而女人孩子的右眼是红的。于是，好容易被证明的夫妻关系又在瞬间被推翻了。《秃头歌女》表现的是现代人与人之间的隔膜与难以沟通，就连夫妻之间都是陌生、互不相识的。

品特(1930—)英国荒诞派剧作家，主要作品有《一间屋子》、《生日晚会》、《升降机》、《侏儒》、《情人》、《背叛》、《搜集证据》、《归家》、《地下室》、《房间》等。后期作品更加注意深入人物的心理描写，表现了人与人之间的互不理解以及人的孤独。

《归家》是品特最重要的一部戏剧作品。全剧分两幕，共有六个人物：马克斯、他的弟弟山姆，他的三个儿子特迪、南尼、约伊以及特迪的妻子露丝。故事发生在伦敦，马克斯的家中。全剧从一个傍晚开始，马克斯、山姆、南尼和约伊坐在一起交谈之后各自散去，这时特迪夫妇从美国回来了，特迪见到南尼，未等露丝进来就上楼睡觉去了。露丝进来见到南尼后一见如故，两人开怀畅饮，谈个没完，直到马克斯下楼干预。第二天一早，特迪预感不妙，于是建议露丝同自己一起回美国，但是露丝却不理不睬。果然，南尼和约伊都在疯狂追求露丝。后来，以拉皮条为职业的南尼建议露丝留在伦敦，他可以让她去做妓女，结果这个建议反被露丝接受了。最后，特迪无奈地回美国去了，露丝则留在这个家里充当起妓女、厨娘、母亲和女管家。

品特的作品中现实生活与人物幻想往往结合在一起，令人难分真假。人物语言有极大的不确定性。他认为人们经常处于不可知的边缘，语言是极为含混的，说出来的词语，常常包含着未被表达出来的内容。这增加了观众对作品接受的难度，但同时又使他的作品充满了无限的韵味。

思考题：

一、填空

1.比利时象征主义代表剧作家是________,其最重要的戏剧作品是《________》。

2.美国著名戏剧家尤金·奥尼尔的成名作是《________》,《________》是奥尼尔以自己的家庭为素材的一部自传体戏剧,而《________》是奥尼尔惟一的一部喜剧作品。

3.意大利著名戏剧家________的代表作是《六个寻找作者的剧中人》。

4.存在主义作家加缪的戏剧作品主要有《________》、《________》和《________》。

5.英国荒诞派剧作家________最重要的戏剧作品是《归家》。

二、解词

1.《华伦夫人的职业》 2.表现主义戏剧 3.象征主义戏剧 4.叙事戏剧 5.存在主义戏剧 6.荒诞派戏剧

三、简答

1.表现主义戏剧风格

2.斯特林堡的戏剧创作及主要特点

3.存在主义戏剧与荒诞派戏剧之间的关系

四、论述

1.尤金·奥尼尔戏剧作品的艺术成就

2.叙事戏剧的代表作品及艺术特征

3.现实主义与象征主义戏剧的不同

中外艺术史要略

第三编 美术

上卷 中国美术

第一章　先秦、秦汉时期

第一节　先秦美术

中国是世界上最早的文明古国之一，为人类社会的发展做出过重要贡献。就中国美术的整个进程而言，渊源可以上溯到原始社会。

从远古时代开始，我们的祖先就在劳动和生活的过程中，不断改变着自然，改进着生产工具，从而逐渐发展着自身的思维能力和创造能力。虽然在史前还没有形成成熟的文字，但是史前的石器、陶器，雕塑、绘画以及建筑和工艺等等，都给后世留下了印记，虽然历经沧桑却仍然蕴涵着无限的生机。

从公元前 21 世纪建立的夏代开始，后又经历了商、周和春秋战国时期，统称先秦时代。在这一时期，随着社会生产力的不断发展，铜器和铁器相继出现，青铜器更是占据着突出的地位。除了青铜器的发达，玉石雕刻以及绘画作品都给后世留下了珍贵的财富，先秦时期的造型艺术成为我国美术史上的第一个高潮。

一、史前美术

石器时代的美术是我国美术的起源和萌芽时期。艺术起源于劳动.在漫长的原始社会，人类在生产过程中创造了劳动工具。旧石器时代首先制造出来的是粗陋的石器工具，这时的工具只能用于简单的劳动生产。到了新石器时代，人类对造型和色彩都已经有了初步的认识，审美意识开始逐渐清晰，因此，新石期时代美术的发展明显地表现于器用，制作技术也得到了长足的进步。除了石器反映出的审美概念外，以陶器的出现和使用为主要的标志，史前的绘画与雕塑艺术得到大大的发展。

(一) *石器*

在中国，已发现的旧石器时代最早的艺术品出土于山西南部的西侯度和云南北部的元谋，距今已有一百七八十万年。这些石器主要是砍斫器和刮削器，用锤砸方法打制而成，由此可见，“形”的概念已经产生。约五六十万年之前的北京猿人所使用的打制石器，艺术上有了缓慢的进步。他们所使用的石器，集中了当时人类的劳动经验与智慧，虽然制作十分粗糙，在很大程度上仍保留了自然形态，但“人”的意识与“美”的质量有了明显提高，如单刃与多边的砍砸器、各种用途的刮削器。

再晚一些，距今约八万年前的山西丁村人，他们打制石器的技术比起北京猿人又进了一步。丁村人的石器长且薄，类型和形式也多种多样，主要包括三棱大尖壮器、舌形手斧等。到了山顶洞人时期(距今约一万八千年)，人的劳动经验更加丰富，生产技能也大大地提高。这一时期的特点是石器数量增加，类型丰富，形状更为对称，加工更为精致。

至新石器时代，人类在旧石器时代漫长的与自然抗争的过程中，已逐渐从渔猎、采集生活转向了谷物的种植、家畜的驯养等定居生活，生产方式的变化导致了生活方式的变化。原始人所使用的石器更加精细，磨制石器的大量出现表明了人类文化进入新阶段。并且他们逐渐学会了借助火的威力来改变泥土的性质，发明了陶器。新石器时代的文化遗址在全国有普遍的发现，如早期的代表磁山文化、河姆渡文化，中期的代表仰韶文化、大汶口文化、红山文化，晚期的代表马家窑文化、龙山文化、齐家文化等。

总的来说，石器在实用的功利前提下已经具有了一定的形式美感，而人的审美意识也不断丰富，装饰品和刻画艺术品的出现就是最好的说明。如灵武水洞沟遗址发现的以鸵鸟蛋壳磨成的穿孔串珠，安阳小南海遗址发现的一颗钻孔石珠，北京周口店山顶洞遗址发现的百余件装饰品，如鸡心形钻孔石坠、钻孔兽牙和一枚精致的骨针等。这些事实表明，在我国的石器时代，人类已经有多种审美创作活动，对形式美的若干规律的认识，也随着劳动的逐渐发展深化而变得清晰与自觉。

(二) 陶器

新石器时代美术的主要成就集中体现在陶器上，陶器的发明是新石器时代的最大标志之一。

陶器按照用途可以分为饮食器、炊煮器和储藏器，常见的器形有碗、钵、罐、盆、壶、瓶、鼎等十多种；按照陶质来分，有红陶、灰陶、白陶和黑陶；按照陶器表面的装饰情况来分，则有素陶、彩陶、印纹陶和拟形陶器等。

彩陶是指在打磨光滑的橙红色陶坯上，用天然的矿物质颜料进行描绘，用赭石和氧化锰作呈色元素，然后进窑烧制，烧成后在橙红色的陶胎上呈现出赭红、黑、白多种颜色的图案，这样的陶器统称彩陶。彩陶达到了纹样与器物造型的高度统一，造型简洁凝重，气魄浑厚，体现出朴素、单纯的艺术风格。彩陶的纹饰大体可以归纳为几何纹、植物纹、动物纹和人物纹样四类，其中几何纹样应用最多，人物纹样最少。典型的几何纹样如点线型、网格型、三角纹、漩涡纹、花瓣纹等，给人以自由流畅、开放流动的审美享受。

黑陶则是在烧制即将结束时，从窑顶慢慢向内加水，木炭熄灭后产生浓烟，陶器此时吸入炭质因而表面漆黑光亮，称为黑陶。黑陶的型制与彩陶相比要丰富一些，造型别致秀美，纹饰也极为简洁，主要以阴纹、阳纹和环型印花纹为主。

(三) 绘画

新石器时代的绘画艺术主要是体现在陶器的绘画装饰上，陶器上图案的绘饰充分地说明原始人类已经具有了相当的思维水平和艺术能力。

仰韶文化半坡类型中临潼出土的“人面鱼纹盆”，人物尖顶圆脸，形象概括简要，线条运用熟练，手法虚实相间，具有很强的趣味。青海大通县出土的马家窑类型“舞蹈纹彩陶盆”，在接近盆口的内壁上绘有三组舞蹈纹饰，人物携手并肩，欢快起舞，制作者将这种原始人类舞蹈的情景进行有序的布置，表现出了非常强烈的构图意识。

新石器时代的绘画艺术还包括地画和岩画。20世纪80年代，在陕西甘肃秦安大地湾遗址发现了仰韶文化晚期的一幅居址地画，画面中上部画有三人，其中一人形态较小，另外两人皆长发飘逸，呈握棒起舞状，画面下部画有两只动物，似被驱赶，整幅画面生动有趣，对人体的比例掌握得较好，体现出原始社会朴实简练的绘画风格。

岩画是用矿物质颜料涂绘或用石器磨刻乃至用金属工具刻划在山崖石面上的图画。我国发现的岩画广泛分布在各地，这与当时人类已经充分掌握了镌刻技术，以及对色彩和矿物质颜料有了一定的运用是分不开的。我国较为重要的岩画有内蒙古阴山岩画、宁夏贺兰山岩画、甘肃黑山岩画、江苏连云港将军崖岩画、云南沧源岩画等。岩画的主要内容涉及到当时社会生活的各个层面，如狩猎、祭祀、性交等画面，可以说是古代先民记录在岩石上的形象的史书。其中北方的岩画风格比较写实，追求的是形象的逼真，画风较为粗犷质朴，生活气息浓郁；南方则倾向于抓人物的瞬间细节，且人物形象比较简约概括，风格以单纯浪漫为主。

(四) 工艺与雕塑

新石器时代的工艺除了典型的陶器之外，还包括磨制石器和玉器、骨牙及编织等多方面内容。

磨制石器器形规整，表面光滑，这种石器既可以提高劳动效率，同时也更好地培养了人们的造型审美意识。发达的石器打磨技术推动了玉器工艺的发展，使玉器从工艺装饰品中脱颖而出，具有越来越丰富的精神含义，如我国史前的玉雕作品，出土于内蒙古自治区的红山文化碧玉龙。而浙江余姚河姆渡出土的双凤朝阳纹象牙雕刻品和山东泰安大汶口出土的象牙雕花筒，都是史前骨牙工艺的佳作。新石器时代的编织工艺品代表主要体现于河姆渡遗址发现的大片苇席印痕，浙江良渚文化的绢、布、绳、带等丝麻织品。我国的髹漆工艺也源于新石器时代，河姆渡遗址曾经出土木胎圈足漆碗，江苏常州圩墩也发现马家浜文化的原始漆器。

新石器时代的陶器产生之后，不久出现了陶塑。在我国大量出土的陶塑中，可见丰富的审美创造。如与真人等大的泥塑女神像五官清晰，造型逼真，是泥塑中人物作品的典型代表。在动物形象的塑造方面，陕西华县太平庄出土仰韶文化庙底沟类型晚期的鹗形陶鼎形象生动，概括凝练，沉稳厚重，是实用与美观紧密结合的典范。

二、夏商周美术

(一) 青铜艺术

青铜器的产生与发展应当归功于铜的冶炼技术的发明创造。青铜是红铜加锡的合金，硬度高，熔化的青铜在冷凝时体积略有胀大，因此填充性较好，气孔少，器物具有细腻且坚固耐用的特点。

按照青铜器的功能和用途，可以将其划分为生产工具、日用器皿、乐器、兵器和车马器几类。生产工具中，常见的有镬、铲、犁、铧等；日用器主要是指日常生活中所能用到的器物，包括炊煮器、食器、酒器以及盥洗器等，如炊煮器鼎、食器豆、酒器爵等；乐器如铙、钟、铎等；斧、钺、戈、矛等是常见的兵器。

夏代是奴隶社会的形成期，也是青铜器时代的初期。夏代青铜器的总体特点是种类少、器形小、质地薄、纹饰落后。可以印证夏代青铜器成就的是河南偃师二里头遗址出土的作品，被发掘出来的器物主要有素爵等酒器，铜刀、铜锛等工具及武器，以及镶嵌有绿松石的装饰物。

商代是青铜器发展的繁荣期，青铜器的主要特点为造型丰富，器形完备，装饰纹样繁缛华丽，风格由匀称古朴发展到典雅庄重。司母戊方鼎和四羊方尊是商代青铜器的代表作品，司母戊方鼎尤为突出，它高达 133 厘米，重 875 公斤，造型浑厚奇伟，神气十足，是我国青铜器的典范。

周代在沿袭商代青铜器总体风格的前提下，只在一些造型和装饰以及纹样上有微妙的变化。周代青铜器的典型特征，也是与商代最大的不同之处，是这一时期青铜器的铭文丰富详实，与商代的简之又简形成鲜明对比。周代青铜器铭文的涉及面很广，包括战争、祭祀、分封等许多重要的历史事件，具有很高的历史价值。毛公鼎、大克鼎、禹鼎都是周代典型的青铜器代表。

春秋初期的青铜器，基本上延续了西周的风格，但到了春秋中期之后，青铜器的风格开始向新的繁缛富丽风格转变，莲鹤方壶是这一时期的代表。春秋晚期开始在青铜器的制作上使用镶嵌和错金技术。青铜器发展到战国时期，确立了富丽堂皇的风格，金、银、水晶、玛瑙等金属与宝石被用来填充或镶嵌在青铜器的花纹或空隙处，既华丽又色彩斑斓。曾侯墓出土的编钟虽然风格要略为简洁一些，但仍不失绚丽，是战国青铜器的代表。

(二) 绘画

帛画是先秦绘画的一种主要形式，长沙楚墓出土的两幅战国帛画是先秦绘画中的珍贵作品。其一称为《人物龙凤帛画》，画中有一女子侧身面左而立，两手前伸，合掌祈祷，在她上方有一凤，凤左有一龙，含有祈求死者亡灵安然升天的意味。画中人物面目清晰，衣袖、发饰均有细节描绘，线条比较挺拔，基本使用平涂手法。其二为《人物御龙帛画》，画面正中有一贵族中年男子，神情潇洒，侧挎长剑，描绘的是他驾御舟形巨龙向天国飞升的情景。作品以白描勾勒画面形象，疏密有致，线条飘逸。

春秋战国时期出现了情节性的漆画作品，如山东临淄郎家庄东周墓出土的漆盘，描绘的是贵族的居家宴乐生活，作品构图优美讲究，人物形象生动，富有动感。

壁画也在先秦绘画中占有一定位置，西周就曾创作过重大历史题材的庙堂壁画，到春秋战国时代，壁画创作更为繁盛，贵族的府邸和祠堂都以壁画来作装饰。

(三) 雕塑

商代晚期青铜雕塑十分引人注目，在四川广汉三星堆遗址中出土的一件特大神面像是典型代表作品，这一雕塑着意夸大人的面部器官，作凸目、大耳、巨口状，具有浪漫主义的强烈特点，是商代青铜雕塑的瑰宝。商代雕塑的总体特点可以概括为题材多样，造型简洁，讲究对称，结构紧凑，体积感强，圆雕、浮雕通常与线刻紧密结合，装饰花纹体现时代特点。

西周主要的雕塑作品是玉石雕刻，风格基本延续商代，只是圆雕作品减少而平雕作品增多，著名作品如洛阳出土的戴枷玉人。

春秋战国时期的玉石雕刻朝着精致方向发展，另外在当时以俑葬逐步取代人殉的潮流影响下，战国开始出现木俑。

(四) 工艺美术

商代的白陶和周代的青釉器皿是这一时期陶瓷工艺的两个主要成就。白陶以瓷土为原料烧成，质地非常精致，具有一定的审美价值；青釉在西周时期获得了很大的发展，分布区域也明显扩大。二者虽说已经具有了瓷器的基本条件，但是与后来的瓷器相比，质量相对较差，因此被称为原始瓷器。

商周时代的丝织工艺进一步发展，商代已经出现绮、纨、罗等多种丝织品，周代有了两色以上的提花技术，出现了锦。到战国时期，丝织工艺已经相当发达，纹饰从几何纹发展为动物纹，色彩更加丰富，制作工艺也更为复杂。

第二节　秦汉美术

公元前221年，秦始皇统一中国，建立了我国历史上第一个中央集权制的封建大国。公元前206年，汉朝建立。汉承秦制，无论是在社会制度，还是在审美意识和具体创作上，秦汉都存在着密不可分的关系，秦汉总体的美术特征可以概括为质朴雄浑，深厚博大。

秦汉的美术主要被官方控制。秦汉两朝国力强盛，因而社会活动众多，中外交流也十分频繁，这就使得两朝的建筑、雕刻和日用工艺品非常繁盛，壁画、帛画、画像砖和画像石题材广泛，内容以宣扬王朝气派、儒家思想、宗教观念和神话传说为主，艺术上则气势恢弘，精神饱满，写实灵动。

陶瓷、漆器、丝织品的制作工艺也都有了新的提高。

一、绘画

(一)宫殿壁画

壁画是古代绘画的一种重要形式,属于建筑的重要组成部分之一,但同时又具有相对的独立性,既可以美化建筑,自身又有一定的教育意义及独立的审美价值。

秦汉时期的宫殿,普遍都绘有壁画,题材涉及广泛,如宣扬封建统治,标榜吏治清明,借鉴、历史成败等。

秦咸阳三号宫遗址发现了《车马图》、《仪仗图》、《建筑图》和《麦穗图》。在这些壁画上,描绘的是当时贵族生活的场面,画中人物形象简洁,线条流畅,虽然形象稍有粗稚,但总体风格仍然颇为煊赫壮观。

两汉统治者提倡美术要为政治服务,因此宫殿壁画也十分兴盛。汉代的壁画与同时期建筑壮丽的风格是相适应的,充分地发挥了重威与教化的功能。汉代的宫殿壁画以鲁灵光殿的壁画最为典型,内容也最为丰富。

(二)墓室壁画

留存于现在的墓室壁画多为汉代的,迄今还未发现汉代之前的墓室壁画。从现存墓室情况来看,汉代的墓室壁画不仅包括道德教化方面的内容,还有反映宴饮、乐舞、农耕等丰富世俗生活的内容,题材非常广泛。这些壁画体现了汉代艺术的风貌,真实地反映了汉代的一些生活形态。

比较重要的汉代墓室壁画遗迹有洛阳西汉卜千秋墓、洛阳八里台西汉墓、东汉辽宁金县营城子墓、河南密县打虎亭2号墓等,其中以洛阳西汉卜千秋墓最为典型。

洛阳西汉卜千秋墓壁画绘于墓室顶部,以长卷式方式展开,描绘了墓主人夫妇在仙翁、仙女的陪同下升入天界的情景。整幅作品描绘了各种神奇怪诞的形象在空中遨游,充满了活跃与自由的气氛,用线精练流畅,形象地刻画了各种物象的神态,总体风格是雄健奔放,非常符合汉代绘画的时代特点。

汉代墓室壁画大多以描绘人物活动为中心,整体洋溢的是轻快而热烈的气息,不管是梦想升天的幻境还是世俗的人间生活,都集中表现了汉代人们的理想愿望与现实的生活面貌。

(三)帛画

汉代帛画因为得到皇室的提倡而创作极多,据史籍记载有很多画迹。20世纪70年代,湖南长沙马王堆一号、三号汉墓出土的木棺上都覆盖有"T"字型的帛画,全长2米余,构图基本相同,分别描绘了天上、人间、地下的情境,展示了一个五彩缤纷、琳琅满目的世界,表达了墓主人祈求人生和幸福能够永恒延续的强烈愿望,蕴涵着对现实生活的留恋。

这两幅帛画的主题思想是引魂升天,在艺术处理手法上有鲜明的特点。墓主人的形象被放在画面中间以显示其尊贵的身份，帛画的三部分之间有着和谐的联系，既生动又富有变化。所用线条均匀流畅，质朴有力，设色以平涂为主，厚重沉稳，色彩丰富艳丽，是汉代帛画中最有代表意义的作品。

二、画像石与画像砖

(一) 画像石、画像砖的艺术特征

画像石是雕刻着不同的画面，用于构筑墓室、石棺、享祠或石阙的建筑石材，萌芽于西汉武帝时期。画像砖也是秦汉时代的一种建筑装饰构件，与画像石类似，不同之处在于它是以泥模印或捺印烧制而成。秦代至西汉初期，画像砖多用于装饰宫殿府邸的阶基，西汉中期之后，画像砖主要用于装饰墓室壁画。画像砖始于战国，到东汉时期达到鼎盛。

画像石与画像砖所涉及到的题材十分广泛，大大地超过了汉代的帛画和壁画。其一，以宣扬儒家思想和礼教纲常为目的，描绘关于古代仁人志士、圣哲贤能或孝子贤妇的故事。其二，描绘王公贵族的政治生活和日常生活内容，展示其政治业绩以及豪华的享受，如车骑图、宴饮图、狩猎图等，均是汉代真实生活的反映。其三，表现神仙不死思想，主要是表现神仙以及青龙、白虎、朱雀、玄武等天地四方的代表，内容神秘诡异而富有质朴的诗意，是典型的浪漫主义表现。

画像石、画像砖中的绘画多是戏剧性的场面，加之是以刀代笔来镌刻线条，因此善于抓住人物的动势来加以形象地概括，画面构图充满强烈的动感，酣畅淋漓地表现富有生气的世界。

(二) 画像石、画像砖的具体分布

画像石和画像砖在全国各地多有发现，如山东、河南、四川、江苏、安徽、河北等地，其中以山东南部和河南南阳等地的画像石、画像砖最多也最有代表性。

山东画像石主要分布在长清孝堂山、嘉祥武氏祠和沂南北寨村等处，武氏祠的画像石最为集中和丰富，内容以描绘历史故事和历史人物，宣扬道德教义为主。画面的处理颇具匠心，善于抓住整个故事的高潮部分来表现，技法上多采用“薄肉雕”，以阴线表示面部和衣纹，人物形象正侧面居多，只见大略外形，具有浑厚古朴的特点。代表作品如《荆轲刺秦王》、《泗水取鼎》等。

河南南阳是汉朝的发迹之地，经济发达，是河南省出土画像石最多的地区。南阳画像石、画像砖的表现内容十分丰富，包括历史故事、神话传说、贵族生活、奇禽异兽等。画像石石面虽较为粗糙，但往往以简练的阴线条刻画形象的细部，从而使整个人物造型简洁，神态生动，非常富有力量感。在构图上也十分大胆，疏朗奇特，再配以粗犷有力、泼辣豪放的刀法，共同形成了南阳画像石粗放浑厚的风格。代表作品如河南密县打虎亭一号墓的《庖厨图》、《收租图》等。

画像砖的艺术成就以四川地区最有代表性，四川画像砖多属于东汉晚期，主要集中在成都、广汉、德阳等地。画像砖的题材主要表现现实生活，如车马出行、讲学、拜谒等日常活动，以及采莲、播种、狩猎等劳动生活，浓郁的生活气息和抒情意味赋予四川画像砖清新、爽快的风格，这成

为四川画像砖的特别之处。四川画像砖的表现技法灵活多变，尤其在画面的空间处理以及人物和车马的动态上具有别开生面的效果。代表作品如成都扬子山汉墓的《弋射收割图》等。

三、雕塑

(一) 秦代陶塑

被誉为“世界八大奇观”的秦始皇兵马俑是秦代陶塑艺术最辉煌的成就。秦始皇兵马俑发现于陕西省临潼县，实际是秦始皇陵埋藏有大型陶塑兵马俑的从葬坑，共有三个，面积达两万多平方米，其中最大的是呈长方形的一号坑，东西长230米，宽62米，面积为1.3万平方米。

秦始皇兵马俑坑内是土棱与巷道栉比相间的格局，其间整齐有序地埋藏着与真人真马等高的陶塑兵马俑。从各坑结构情况来看，一号坑象征以战车和步兵混合的主体部队，二号坑为弩兵、战车和骑兵的混合部队，三号坑是统领一、二号坑的指挥部，构成完整的军队编列体系 。

兵马俑中人物以及马匹的造型都极其传神，个性鲜明，几乎没有重复，无论是军官还是士兵都展示出发自内心的自信，马匹也是体态强健，姿态神骏，显示出创作者对结构、比例以及解剖等高超技巧的把握。

秦始皇兵马俑崇尚写实，手法严谨，塑造的人物性格突出，形象生动，在总体布局上，排列成面向东方的整齐队列，利用众多直立静止体的重复给人以排山倒海之势，以宏伟浩大的气魄歌颂了秦军威震四海的雄壮阵容，形成了鲜明的艺术特点。

(二) 两汉陶俑

《晋书》中曾提到汉承秦制，在两汉的墓葬中也发现了大量的陶塑兵马俑，墓主人以此来炫耀其生前的权力与地位。但两汉陶俑的规模不像秦代那样巨大，世俗化倾向越来越强，最富有魅力的作品也是那些表现世俗日常生活和普通人民形象的陶俑。

山东济南无影山西汉墓出土的一组“乐舞杂技俑”，其中的舞蹈、杂耍者姿态含蓄而生动，作者通过动静对比的手法来烘托出演出时的活动状态，塑造出了欢乐热烈的气氛，取得了良好的艺术效果。

陶塑发展到东汉，造像技巧有了大幅度的提高，其中最有代表性的是成都天回山出土的“说唱俑”。这一作品形神兼备地表现了一位优人说唱的情形，人物翘足举臂，眉飞色舞，将民间说唱艺人兴高采烈、自我陶醉的神态刻画得惟妙惟肖，是一件具有永恒艺术魅力的陶塑作品。

(三) 汉代石刻

代表汉代雕塑艺术新成就的是汉代的石刻，主要表现在陵墓装饰雕刻、大型纪念性石刻以及园林雕刻上。汉代石刻的总体特点是循石造型，因材施艺，即在无数的石料中选择，因石得形，顺势雕琢，较多地保留原石的形状和表面质感，只做稍稍加工，不做细致刻画，在顽石中挖掘生命的活力。刀法大都简洁洗练，造型朴拙粗放，给人以浑朴的感受，体现出汉代特有的古拙雄壮之美。

汉代石刻最有代表性的作品是西汉霍去病墓石刻。现存的霍去病墓石刻共有十余件石刻作品，作者巧妙地将圆雕、浮雕和线雕等技法融合在一起，刻画形象遵循"循石造型"的标准，不做过多的雕琢，展现作品的整体感与力度感，符合霍去病墓的总体风格。

置于墓冢前面的马踏匈奴石刻，是霍去病墓石刻的主体作品，整件作品高168厘米，反映的是战马将匈奴踏于足下的情节，作者以一匹骠悍的战马来象征骠骑将军，赞颂霍去病在抗击匈奴的战争中所建立的功绩。马踏匈奴石刻是西汉石刻具有典范意义的里程碑，是汉代雄放艺术风格的典型代表。

(四)青铜雕塑

秦汉时代，青铜雕塑出现了辉煌的创作，作品的雄伟形体、巧妙设计和精良工艺都超过了先秦时期。

在秦陵兵马俑坑，已发掘出精妙绝伦的鎏金铜车马，其型大而体重，结构复杂，零件众多，是迄今发现的最大的青铜材质铸造的车马出土文物。

甘肃武威擂台东汉墓出土的青铜车马仪仗队，共有38匹铜马、14辆铜车以及其他铜俑，是东汉时期车马仪仗队的缩影表现，其中最为著名的是"马踏飞燕"。这件作品反映了作者的匠心独运，一匹矫健奔驰的骏马，三足腾空，一足踩在展翅疾飞的燕隼背上，飞燕成为整个雕塑的重心所在。整件作品充满了速度感，暗示马的速度已经超过了飞燕，运动感极强，体现了内容与形式、技术与思想的完美统一。

河北满城中山王墓出土的长信宫灯是汉代青铜雕塑艺术的另一件典范作品。该作品构造精美，形作一宫女捧灯跪地侍奉状，眉宇间充满娴静却又忧郁的神情，性格鲜明。作品不仅在人物形象上塑造成功，在整体设计上也别具匠心，整个雕塑中空，可以盛纳烟垢，手臂作通烟道，且灯台、灯罩均可活动，能够调节光线的明暗及方向，是一件实用性与艺术性高度结合的雕塑作品。

四、工艺美术

汉代陶瓷工艺的成就，主要以青瓷、铅釉陶和彩绘陶最有特色。青瓷自商周就已出现，到东汉中期完全烧制成功。汉代的青瓷胎质灰白，器物大体包含罐、盂、碗、钵、壶等，出土青瓷遍及大江南北，主要分布在浙江、江苏、广东、河南等地。

汉代的铅釉陶和彩绘陶主要是作为明器，其中铅釉陶胎质较硬，主要做成奁、盒等日用器具以供随葬；彩绘陶则多强调装饰纹样的流动感，十分绚丽。

自秦代起，漆器就代替青铜成为日常生活的主要器具，汉代时期的漆器的木胎制作工艺已经相当纯熟，器形丰富多彩，且漆器上多绘有图案，题材包含历史故事、神话传说及社会生活等。汉代漆器的装饰纹样主要有人物纹、动物纹和云气纹，装饰手法多以彩绘为主，设色鲜明亮丽，风格庄重典雅。

中国的丝绸工艺有着悠久的历史，到汉代，丝织已经是比较重要的工艺门类，其纺织的工艺成就，通过大量出土的实物可见一斑。汉代丝织品品种有纱、罗、绮、锦、绦等，工艺技术有平纹、提花、绞经等，如马王堆出土的一件素纱单衣，长128厘米，袖长190厘米，但重量却仅有49克，不能不说是汉代丝织工艺的典范。

思考题：

一、填空

1.青海大通县出土的马家窑类型________，在接近盆口的内壁上绘有三组舞蹈纹饰，人物携手并肩，欢快起舞，制作者将这种原始人类 舞蹈的情景进行有序的布置，表现出了非常强烈的构图意识。

2.帛画是先秦绘画的一种主要形式，长沙楚墓出土的两幅战国帛画是先秦绘画中的珍贵作品，分别是《________________》和《________________》。

二、解词

1.彩陶　　2.黑陶　　3.画像石　　4.“马踏飞燕”

三、简答

1. 商代青铜雕塑的总体特征

2. 秦汉画像石、画像砖的主要艺术特点

3. 秦始皇兵马俑的艺术成就

4. 汉代霍去病墓石刻的艺术风格

四、论述

先秦时期的青铜器发展概况

第二章 魏晋南北朝、隋唐时期

第一节 魏晋南北朝美术

中国美术在魏晋南北朝时期进入了一个新的发展阶段。佛教在传入中国之后，得益于统治者的提倡，发展十分迅速，佛教的传播对魏晋南北朝时期的美术带来了很大的影响。大量寺院开始兴造，佛像开始盛行，这就极大地丰富了建筑艺术和绘画、雕塑的创作。

魏晋南北朝时期对形、神、骨、气、韵等范畴都做了深入的探讨，形成了这一时期的美术创作审美价值取向，此时期一改秦汉画风的质朴，转为精致飘逸。古代美术理论在这一时期也形成了雏形，出现了一批美术史上划时代的理论家和美术理论。

一、绘画

(一) 著名画家

1. 三国、两晋时期

曹不兴是三国时期吴国的著名画家，擅长佛教人物画像。曹不兴追求绘画的形似与逼真，传说他曾为孙权作屏风，利用笔误的墨迹，巧妙地补救为一只苍蝇，竟让孙权信以为真，传为美谈。

顾恺之是东晋绘画的杰出代表，其绘画注重表现人物的精神面貌，尤其重视眼神的描绘，他认为绘画中人物形体的美丑对绘画的意义是无关紧要的，传神的关键是描绘眼睛。顾恺之还善于在绘画时着意描绘对象的心理特征和精神面貌，在绘画过程中用细节描绘来实现这一目的。

顾恺之流传至今的绘画摹本主要有《女史箴图》、《洛神赋图》和《列女传·仁智图》。《女史箴图》主要是对当时一些贵族妇女生活的描写，意在展露她们的风采.画中人物着重用线来塑造，线条流畅而富有节奏感，人物纤细优美，秀雅娴静。《洛神赋图》是根据诗人曹植的《洛神赋》而画的，画作将文学作品形象化，将从欢快到惆怅的思绪表达在画面上，使用的方法不是单纯地表现人物面部表情，而是对整幅画面布局地巧妙安排以及各个人物之间所产生的微妙联系。

顾恺之对后世人物绘画的影响很大，对山水画的成熟也起着十分重要的推动作用。

2. 南朝时期

南朝画家中较为著名的有两位：陆探微和张僧繇，二者成就较高且均有典型的风格样式，为后人称赞。

陆探微是南朝刘宋时期的杰出画家，主要擅长创作人物肖像。在笔法上他根据草书的体势创造了“一笔画”的画法，此外他创作的“秀骨清像”的人物形象清秀灵动，对魏晋南北朝时期崇尚玄学的美学观念做出了最好的阐释。

张僧繇是萧梁时期著名画家，主要创作是佛寺壁画。与陆探微笔迹周密的“密体”不同的是，张僧繇以“疏体”见长，他所创立的独特绘画风格被称为“张家样”，是当时寺庙中影响最大的样式之一。

3.北朝时期

杨子华与曹仲达在北朝的绘画历史上占据很高的地位。

杨子华为北齐宫廷画家，极受齐武帝重视，其作品多数描绘当代的题材，以北齐贵族生活为主。他的画风对唐代影响很大，传世作品是《北齐校书图》。

曹仲达也为北齐画家，他以擅画佛像著称，尤其擅长于梵像。宋代理论家郭若虚曾评价曹仲达“曹之笔，其体稠叠而衣服紧窄”，也即所谓“曹衣出水”，后世将他与吴道子的“吴带当风”相并论。

(二) 壁画

1.石窟壁画

中国的石窟艺术也就是佛教艺术，石窟壁画是石窟艺术不可分割的一部分。我国新疆地区的石窟艺术兴起较早，人们开凿洞窟，以壁画和雕塑来表现佛、菩萨、罗汉等佛教形象，以传扬佛教故事。

克孜尔千佛洞是石窟壁画的典型代表之一，其石窟壁画多表现佛本生故事，壁画人物用粗线勾勒外轮廓，人物多以色平涂，造型优美且带有舞蹈化倾向。

莫高窟位于甘肃省敦煌县，始建于前秦建元二年(366年)，后来历经南北朝，至唐代达到高潮。壁画是莫高窟艺术的主要部分，莫高窟的壁画可以分为佛像画、民间传统神话、装饰图案和故事画等，从现存完好的壁画中可以鲜明地看出莫高窟壁画的艺术风格。早期的壁画大多采用单幅构图来讲述佛本生故事和佛传故事，画面在这时虽不能表达故事的全部，但已经具有了情节性。后期随着绘画的不断发展，壁画形象的安排具有了很强的故事性，主要形象一般做夸大处理，以形成与其他形象的鲜明对比。

2.墓室壁画

魏晋时期墓室壁画的代表作品，是甘肃嘉峪关一带发掘出的晋墓中所出现的壁画。在这些墓室中，多为一砖一画，内容包括出行、放牧、狩猎、农耕等多种生活场景，色泽鲜明，风格清新，富有生活气息。

甘肃酒泉丁家闸墓室壁画可以作为十六国时期墓室壁画的典型代表。其内容丰富，构思完整而巧妙,绘制方法多样,用线精细并讲究疏密变化,非常富有灵气。

北朝的墓室壁画中,具有代表意义的有河北的东魏茹茹公主墓、北齐高润墓、山西太原北齐娄叡墓等。

东魏茹茹公主墓的壁画内容较为丰富,人物造型相当严谨,刻画逼真,神情生动,水平非常高。山西太原北齐娄叡墓的壁画规模宏大,大约有二百余平方米。作者使用丰富的艺术语言和高超的表现手法来凸显墓主人生前的显赫地位与豪华的生活,大多以线描造型,用笔纯熟,造型准确,构图也精巧到位,手法丰富,是当时墓室壁画高水平的代表。

(三) 画论

魏晋南北朝时期玄学兴盛,为社会生活带来新的风气,创造了理论探讨的氛围。顾恺之的《论画》和谢赫的《画品》,是这一时期理论专著的代表。这一时期出现的以它们为代表的理论著作,也是绘画史上最早的理论著作。

顾恺之在《论画》中明确提出了对绘画的要求,他注重人物画的写神,在重视绘画技巧的同时,更为强调的是要传达人物的性情和气质,他认为只有对绘画对象有了深入的了解之后,才可以自然地将其再现出来。

谢赫是南齐前后的画家、理论家,他的著作《画品》是以"六法论"为核心的,所谓"六法"即气韵生动、骨法用笔、应物象形、随类赋彩、经营位置和传移模写。气韵生动是指绘画作品应有生命的生气流转和风韵的生动传神,反映人物的性格状态及精神面貌;骨法用笔是指对形象准确把握,采用不同笔法刻划;应物象形、随类赋彩和经营位置是指绘画艺术的造型基础,也即形、色和构图;传移模写则是指绘画的临摹和复制。谢赫的这一理论是对古代绘画长期以来实践的经验总结,具有里程碑式的意义。

山水画的萌生推动了山水画论的产生,分别有南朝时期宗炳的《画山水序》和王微的《叙画》。

二、雕塑

魏晋南北朝时期出现了一批历史上知名的雕塑家,他们在艺术中努力钻研探索,展示出这一时期绚烂多姿的雕塑技艺,以戴逵为代表。

戴逵是东晋著名的雕塑家和画家,他以擅长佛教雕塑而著称。他在雕刻和铸造技法方面潜心钻研,做出了极大的贡献,并且改善国外传入的佛教塑像而创作出适合当时民众审美口味的雕像,深获当时人民喜爱。

陵墓雕塑在魏晋南北朝时期的雕塑艺术中也占有十分重要的地位。自秦汉厚葬之风过后,魏晋时期丧葬以节俭为主。到南北朝时期,陵墓的雕塑才又重新开始恢复。其中北朝的陵墓雕塑大多保持汉代的雄健之风,而南朝陵墓雕刻一般形体巨大,造型厚重雄健却又不失俊秀劲朗,蕴含着勇猛的精神和劲拔的力量,常见的陵墓雕塑有天禄、辟邪等。

三、建筑与工艺美术

洛阳是魏晋南北朝时期建筑的典型代表,洛阳的明显特点是按照地域不同的功用进行设计,皇城集中居北,将商业区、居住区等划分清楚,如此区划较为明显,以突出皇权崇高的精神理念。

魏晋南北朝的工艺美术多承袭前代,陶瓷、漆器、染织等工艺都得到了进一步的发展,并出现了称名一时的工艺品。

青瓷自东汉晚期烧制成功之后,迅速进入日常生活。到魏晋南北朝时期,青瓷由于施釉均匀,所以成品的色泽更加细腻纯净,类型也有了一些新的变化,如鸡首壶、莲花尊等的出现。到北朝晚期,北方出现了以细腻白润为特色的白瓷,开始与青瓷相并列发展。

魏晋南北朝时期的漆器工艺也具有自身的特点, 髹漆工艺这一时期出现了极具特色的绿沉漆和斑漆等。安徽马鞍山朱然墓出土的漆器不但髹漆工艺繁复,而且种类较多,其中包括有填补了历史空白的人物类漆器精品。

魏晋时期丝织工艺中的织锦发展到后期,风格渐渐粗放简朴,色彩也较为单纯。刺绣也有一定的发展,敦煌遗物中有一幅刺绣作品,色彩丰富,立体感强,是魏晋南北朝工艺中的精品。

第二节 隋唐美术

中国历史发展到隋唐,进入了一个新的高峰期。南北地域的的统一,中外艺术的交流,都给隋唐美术带来了新的思想和新的形式。

由于隋代较短,而唐代繁盛,故这一时期的美术唐代占据着主导地位。中国传统绘画中的各个门类,在唐代都以独立的姿态出现,并且在技法上日益成熟。由于寺观和石窟盛极一时,宗教在唐代仍然对美术起着重要作用。随着手工业和商业的发展,唐代在染织、瓷器、金银器、漆器等工艺制造上,与前代相比也有了很大提高。此外,唐代陵墓建筑和雕塑也取得了很大成就。

一、绘画

(一)人物画

隋唐人物画继承和发扬了南北朝的传统,出现了一大批著名的画家,整个人物画坛呈现出一派繁荣景象。

初唐时期的人物画家阎立本(? —673),擅长写真和故事画,绘画题材主要是宫廷和贵族生活以及历史事件,代表作品有《步辇图》等。《步辇图》真实地反映了当时的历史状况,在画面的安排上也很有特点,阎立本将唐太宗的形体画得大于其他人,以此来突出皇帝的至高无上,同时人物形象和性格特征的塑造也表现出了高超的技巧。尉迟乙僧是初唐时期另一位重要的画家,他是新疆贵族,在当时与阎立本齐名。尉迟乙僧的绘画明显地保留着本民族的特色,擅长于画佛像与外国人物。

盛唐时期著名画家中尤以吴道子(约685—758)最为有代表性,他因绘画声名太盛而被唐玄宗召入宫廷,受到礼遇。吴道子的创作涉及到很多方面,作品具有强烈的感情和力量,他绘画时所用的线条被称为“莼菜描”。吴道子十分注重整个画面气氛的统一和各种因素的动感表现,因此在他的画中经常出现天衣飞扬的场景,故此有“吴带当风”之称,他也被尊为“画圣”,代表作品有《送子天王图》。

盛唐时期人物画中的仕女画有了更新的发展,出现了两位杰出的仕女画画家——张萱与周昉。张萱仕女画的主要题材是宫廷妇女,并且着重于表现盛唐时期贵族人物游乐中的煊赫声势与张扬华丽,他的传世作品有《虢国夫人游春图》和《捣练图》。前者反映的是贵族妇女游春的情景,以描绘马的轻快步伐与人的亮丽衣饰来衬托春游的愉悦主题,后者则反映了几个贵族妇女从事制练劳动的过程,生动地反映了贵族妇女的日常生活。周昉的绘画题材也同样是贵族的生活,代表作品是《挥扇仕女图》、《明皇骑从图》和《游春仕女图》等。其中《挥扇仕女图》被认为是他最有代表意义的作品,全图将人物安排在秋日凄凉的环境中,十分自然地展现了仕女们幽怨的心境,情景交融非常贴切。

(二)山水画

山水画在南北朝时期就已经呈现出独立趋势,到隋朝逐渐明朗,至初唐时期已经从人物绘画中分离出来,成为独立的画科。隋唐时期青绿山水的代表画家主要是展子虔和李思训、李昭道父子。

隋朝画家展子虔传世的作品有《游春图》。在这幅作品中,作者描绘了阳光明媚、春色宜人的郊外原野,以及在郊外游玩的人们的情景。《游春图》以青绿勾填法措绘山川和人物,体现出作者真切反映自然景色的能力。虽然这些技法与之后唐宋相比还不完备,但是已经为青绿山水打开了序幕。

唐代的李思训、李昭道父子直接继承了展子虔的山水画艺术并且进一步发展,形成了自己鲜明的特色。李思训(651—718)的山水画在内容和风格上都带有明显的贵族色彩,他发展了青绿山水精妙繁丽的画风,自成一家,在描绘山水形象时打破了单纯的勾描填色,以遒劲带有变化的勾勒来表现山石的结构,设色富丽堂皇,显示了唐代美术在盛期时的辉煌气象,代表作品是《江帆楼阁图》。李昭道在继承家学的基础上又稍做发展与变化,被张彦远评价为“变父之势,妙又过之”,代表作品是《明皇幸蜀图》。

山水画发展到盛唐时期有了很大的变化,出现了与李家父子富丽非凡的风格相差较大的水墨山水,具有代表意义的两位著名画家是王维和张璪。

著名诗人王维(701—761)在书画上也同样具有极高的造诣,王维善于以诗入画,创造的山水画意境通常恬淡抒情,并且首先采用"破墨"山水技法,大大地发展了山水画的笔法,为山水画的变革与发展做出了很大的贡献。王维向来以雪景山水而著称,但迄今尚未发现他的可靠真迹。

张璪是水墨山水中另一位极有成就的画家,他所提出的"外师造化,中得心源"至今仍是画学的名言。张璪的山水画形象生动且富有感染力,绘画以墨为主,不贵五彩,常常以秃笔抹写,这些画法在当时的水墨画中都是很大的进步。

(三)花鸟画

随着山水画、人物画的发展,花鸟画也开始独立发展起来,花鸟画在广泛意义上还包含有鞍马画,唐代著名的花鸟、鞍马画家主要出现在盛唐时期。

薛稷(649—713)以擅长画鹤而著称,他在官署、寺庙和宅第中画了许多花鸟壁画,其中在秘书省画的鹤被称为"四绝"之一。边鸾善于描绘禽鸟与花卉,绘画对象大多是宫廷林苑中富丽的名贵花鸟,画面设色鲜明,栩栩如生。

唐代国势昌盛,有尚武之风,对鞍马十分重视,出现了一批擅长于鞍马的画家,以曹霸和韩滉尤为著名。

曹霸出身世族,因其官至左武卫大将军,在画史中又有曹将军的美称,其作品笔墨生动,设色沉着,极富神采。韩滉在绘画中遵循的是写实主义的原则,他主张以自然存在为师而不因循前人旧法,注重观察事物和写生,因此他所画的马生机勃勃,精神饱满,代表作品是《牧马图》。此外,韩滉还有《五牛图》著称于世。

(四)画论

绘画论著发展到隋唐时期体裁更为丰富,数量也大大增加,体现出了隋唐时期绘画发展的繁盛。

裴孝源的《贞观公私画录》是一部记录有画家姓名、作品名、题识、印记的绘画著录,它为后来的画目著录开辟了一个粗略的体式,初步形成一定体制,开创了绘画史料学的先例。

朱景玄的《唐朝名画录》是中国现存最早的一部绘画断代史。作者在书中对所提到的画家,不仅记录其生平事迹和画作,而且对画家的艺术特点及成就进行评述,书中的内容较为客观地反映了唐代的绘画创作及理论特色。

张彦远的《历代名画记》是中国第一部体例完备、史论结合的绘画通史著作。这部作品包含广泛,征引丰富,保存了大量的史论资料。全书大体可以分为三部分,即绘画的有关资料、著录和鉴赏,绘画史的发展评述,画家的传记及作品。《历代名画记》继承和发展了前代理论创作的传统,并在此基础上尽可能多地搜集资料,详细论述,集中阐述了绘画实践所能达到的水平及绘画历史规律的发展,是中国绘画史学上一部承前启后的作品。

二、雕塑

(一) 宗教雕塑

隋唐时期是中国古代雕塑艺术成就更为发达的时期,这一时期的雕塑以豪迈雄强、蓬勃向上的时代气魄和成熟完美的艺术风格著称。宗教雕塑随着石窟的大规模开掘和寺庙的大批量修建,变得内容更加丰富,技巧也更加高超。

隋代虽然时间不长,但宗教雕塑在统治阶级提倡佛教的基础上一直一分活跃。现存有隋代造像的石窟共有二十余处,尤以莫高窟、云门山等地的造像最有代表性。隋代莫高窟中的雕塑造像数目与北朝相比有所增加,而且造像表情更趋自然,预示着雕塑成熟期即将到来。

社会生产力的发展,统治者对佛教的提倡,都使唐代成为宗教雕塑的极盛时期,足以代表这一时期宗教雕塑成就的是洛阳龙门石窟、山西天龙山石窟和敦煌莫高窟。

洛阳龙门石窟中的宗教雕塑,其主要成就在于能够按照塑像的各式要求,塑造出他们各自的体态、身份以及性格,这种成就是将外表形象与内在精神完美结合之后才可以达到的。山西天龙山的宗教雕塑虽然没有龙门雕塑的富丽堂皇,但具有细致的面容、轻薄的衣物、玲珑的身躯和逼真自然的神态,被称为唐代雕塑的精品当之无愧。敦煌莫高窟中的唐代洞窟所占将近一半,规模庞大,气势雄伟,内容丰富,为后世之冠。莫高窟中宗教雕塑的人物形象与性格更为丰富多样,作品具有很强的张力和艺术感染力,体现了唐代雕塑师们高超的技艺水平。

(二) 陵墓雕刻

唐代的陵墓雕刻中,以唐太宗的昭陵和唐高宗、武则天的乾陵最有代表性。

昭陵为唐太宗李世民的陵墓,其规模之大,雕刻数量之多,都少有陵墓可以企及。昭陵中著名的雕刻"六骏"是最有代表意义的作品。"昭陵六骏"即唐太宗在开国战争时所骑过的六匹骏马,分别是飒露紫、拳毛騧、白蹄乌、特勒骠、青骓和什伐赤。六匹马均为高浮雕,表现了战马站立、行走和奔驰的各种状态,六匹马虽各有各的神态,但作者却赋予了它们共有的雄健俊美外形和坚强刚毅的精神气势,是唐代雕塑史上极其重要的作品。

乾陵是唐高宗和武则天的陵墓,乾陵的石雕作品是唐代陵墓中数量最多,也是保存最完整的,主要作品是外族人雕像、石狮和翼马。其中的外族人石雕利用石头的质感将石像雕刻出体积感和重量感,充分展现了人的力量的强大。乾陵的石狮气魄雄健,神韵生动活泼,庄严而伟岸,是石兽雕塑中的精品。陵墓前的翼马形象独特,昂首挺胸,既具有一般骏马的矫健身姿,又具有非凡的气质,非常有代表性。

(三) 著名雕塑家

唐代初年出现了一批雕塑家,以韩伯通、宋法智、窦弘果为主要代表,这一时期的雕塑家普遍注重写实和传神的能力,为后世的雕塑创作留下了良好的借鉴经验。

杨惠之是盛唐之后出现的著名雕塑家，也是唐代雕塑家中最为著名的一位。杨惠之创作了大量的作品，如洛阳广爱寺山门内的五百罗汉像、临潼福岩寺的塑像等，他的雕塑作品合于相法，相传从他所雕塑的人物背影就可以判断出他所雕刻的人物，可见其雕塑水平之高。

三、建筑与工艺美术

隋唐的建筑继承了前代的经验，都城建筑艺术以壮丽恢弘为主要特色。隋代都城名为大兴城，唐代在隋朝都城的基础上加以扩建，建立了都城长安。长安规模宏大，划分十分整齐，依旧按照各个区域的功能进行划分，城市布局严谨，采取中轴线设计，使得整个都城方整对称，体现了当时高度发达的社会经济与精神风貌。

建造于隋朝的河北赵县安济石桥，也称赵州桥，也是隋唐时期建筑最高成就的代表之一。赵州桥所使用的大、小石券不仅节省石材，减轻桥身负担，并且可以起到排洪的作用，桥身线条柔和流畅，构造空灵雄伟，栏杆与望柱上还刻有花纹装饰，是桥梁建筑中不可多得的珍品。

隋唐在众多工艺品门类中都有所发展，大多呈现出华丽与精巧的风格。

隋唐的铜镜是这一时期中比较有特色的工艺，是所有工艺中比较突出的一种类型。隋唐铜镜题材多样，纹样发达，造型丰富，并配以各种材质的装饰，达到了精巧华贵的效果。

唐代的陶瓷工艺以唐三彩最为著名，唐三彩的种类主要有俑和生活器具，塑造主要特点是色彩变化丰富，形象生动，富有感染力，是唐代陶瓷艺术发展的顶峰。青瓷在唐代继续发展，白瓷也获得了明显的改进，器形增多，质地改良，深受时人的青睐。

隋唐丝织业遍布全国，各种绫、绢、锦的工艺进一步得到提高，政府还设立了专门的织染署加以管理。织锦大多色彩明快，纹样包括兽纹、鸟纹，以及以狩猎等为主题的纹饰。

金银器皿在唐代更是得到了广泛的应用，制作工艺也日渐精良，镀金、浇铸、焊接、刻画等技术的运用，使这一时期的金银器皿不论从造型上还是在制作上都达到了很高的水平，几近完美的境地。

思考题：

一、填空

1.《女史箴图》和《洛神赋图》是东晋著名画家____________的作品。

2.______________创作的“秀骨清像”，人物形象清秀灵动，对魏晋南北朝时期崇尚玄学的美学观念做出了最好的阐释。

3.__________是南齐前后的画家、理论家，他的著作《画品》是以“六法论”为核心的。

4.__________是初唐时期的人物画家，擅长写真和故事画，绘画题材主要是宫廷和贵族生活以及历史事件，代表作品有《步辇图》等。

5.吴道子的画中经常出现天衣飞扬的场景，有__________之称，被尊为“画圣”，代表作品有《送子天王图》。

6.张萱的传世作品《__________》反映的是贵族妇女游春的情景。

7.张彦远的《__________》是中国第一部体例完备、史论结合的绘画通史著作。

二、解词

1.顾恺之　2.曹衣出水　3.展子虔　4.《唐朝名画录》　5.昭陵六骏　6.乾陵

三、简答

1.“六法”的具体内容和要求

2.北魏都城洛阳与唐代都城长安的建筑特点

四、论述

1.魏晋南北朝时期的著名画家及创作

2.隋唐时期的山水画发展变化

第三章 宋、辽、金、元时期

第一节 五代两宋美术

五代两宋美术是中国美术历史上继唐代之后的又一个鼎盛时期，这一时期的绘画领域出现了许多变化，五代绘画由于社会的动荡、割据，风格由唐代的豪放大气趋向朝野、南北的多元。到了宋代，随着皇室对绘画的重视、文人社会地位的提升以及市民阶层的扩大，绘画领域出现了重大的转折，如皇家画院的成立、文人士大夫绘画的兴起以及市井绘画题材的增多等等。在这些因素的共同促使下，绘画在宋代又出现了崭新的面貌并取得了高度的成就。

一、绘画

(一) 五代绘画

五代时期的绘画虽然没有了唐代的隆盛局面，但在绘画领域中还是出现了一批著名画家，做出了相当的贡献。尤其是南唐和西蜀，优越的自然条件，两地统治者对绘画的喜爱，都促进了绘画的发展。而在中原和江南的部分地区，一些画家直面现实和山水，把自己的思考和自然的形态结合起来，创造出更加丰富的技法和崇高悠远的意境，使绘画呈现出繁荣活跃的局面。

1. 人物画

五代时期的人物画题材主要是描绘贵族阶层的日常生活，通常善于把握生动并且富有表现力的情节，注重对在特定环境和情节中的人物心理与情感的表现，增强感染力。这一时期著名的人物画家有顾闳中与周文矩。

顾闳中为南唐时的画院待诏，长于人物描写，其传世作品为《韩熙载夜宴图》。韩熙载是南唐大臣，《韩熙载夜宴图》以长卷的形式记录了他居家夜宴的五个场面，分别是夜宴、观舞、休息、演乐与宾客酬应。顾闳中采取传统的构图方式，把不同时间中进行的活动放在同一个画面内，使全图组织流畅连贯。这幅作品用笔细致缜密，线条圆润，设色沉着浓丽，画面虽然人物众多，但却并无相似之处，每一个都生动传神，表现出了画家传神写真的高度水平。

周文矩与顾闳中同为南唐画院待诏，他的作品题材多为现实人物，着重于情感的表现，通常给人以简率自然之感，用笔以细劲和略带顿挫的线条而形成自己的特色，代表作品为《重屏会棋图》与《宫中图》等。其中《宫中图》卷描绘的是宫廷妇女的悠闲生活，全图人物活动复杂多样，画家在安排画面时既注意了情节的相异又体现出了画面之间的协调一致，着重刻画了画面中不同人物的不同表情，如嫔妃的庄重、宫女的端肃等，以此来反映她们的不同心理。

2.山水画

五代时期的山水画坛出现了荆浩、关仝、董源、巨然四位大家，他们在继承前代山水画的基础上，从各自生活的地区进一步进行观察，体会山水各自不同的特点，由此山水画风格分为南北两派，使南北山川再现出自身的典型风貌。

荆浩一生隐居于太行山中，在长期与北方雄伟山川接触的过程中，形成了很深的认识与感受。笔下的山水大多是崇山峻岭，气势雄伟壮观。荆浩既吸收了传统的一些技法，又注意对自然的表现，表现手法既庄重丰富也具有灵活变化，著名作品有《匡庐图》等。

关仝师法荆浩，他在荆浩的基础上又有了新的发展，自成一家。关仝喜爱描绘关陕一带的山水景色，手法通常概括提炼，构图仍然以巍峨雄奇见长。他尤其喜爱描绘寒山秋林、村居野渡等景色，用笔简练，却意味深长，使人有如临其境之感，代表作品如《关山行旅图》等。

荆浩与关仝所代表的是五代时期北方山水画风，与他们相对应的是代表南方山水画风的董源与巨然。

董源作品中所体现出来的温润秀雅之气，与他长期生活的区域有不可分割的联系，南方大多地势起伏平缓，气候湿润且平和，因此，在董源的画中很少见到高山险峰，而是以连绵的山峦居多。画面风格清淡天真，给人以气候滋润、草木繁盛的感觉，代表作品为《潇湘图》等。

巨然师法董源，他的山水画同样给人以笔墨秀润之感。但与董源相比，巨然的风格更多地充满田园自然情致。他的作品点线并用，画面据此形成内在的节奏与韵律，充满天然的意趣。巨然的代表作品有《万壑松风图》、《秋山问道图》等。

3.花鸟画

中国传统花鸟画自唐代兴起，至五代，花鸟画的主要成就集中体现在黄筌与徐熙两位大师的艺术上。黄筌与徐熙分别属于西蜀与南唐，这也是五代花鸟画发展最快的两个地区。两地在花鸟画的发展上具有不同的意趣和风尚，形成了不同的艺术风格，这种区别体现在两位著名画家身上，黄筌与徐熙的花鸟画画风被称为“黄家富贵，徐熙野逸”。

黄筌擅长花鸟翎毛，是一位技艺全面的画家。他早年便成名，后来成为西蜀宫廷画家，因此他的绘画题材与手法大多反映的是宫廷贵族的要求，作品也以富丽工巧而著称。黄筌的绘画通常以极细的线条勾勒，然后配以柔丽的赋色，线色相融，绘画对象形态逼真生动，是院体花鸟的典范，作品有《写生珍禽图》。

徐熙虽出身名门却终身不仕，在他的绘画作品中也不带有任何的贵族气息。徐熙的艺术主张是摆脱正统作风约束，追求以质朴的手法展现大自然中花鸟的各种情趣。他作画用笔不拘泥于精勾细描，而是侧重信笔抒写，创立了野逸风格，反映了他闲散的气度和不事雕琢的清新意趣。

(二) 宋代绘画

宋朝的建立结束了五代十国的纷争局面，有利于经济与文化的发展，绘画在这种前提下出现了繁荣，主要有以下表现：

首先是宫廷绘画的兴盛。宋朝在建立之初就成立了画院，聚集著名画家，后几代皇帝又都不同程度地喜爱绘画，因此宋代宫廷画院的规模不断扩大，体制也逐渐地健全，成为古代宫廷绘画最为繁盛的时期。

其次是文人士大夫绘画潮流的兴起。宋代的文人士大夫都将绘画作为风雅生活的一个重要组成部分，著名的米芾、李公麟等文人都具有极高的文化修养和绘画造诣，他们的绘画题材多为梅兰竹菊，在艺术追求上也主张平淡天真，为后来的文人画奠定了发展基础。

职业画家的活跃也是此时期绘画繁荣的表现。城市的发展和市民阶层壮大都对职业画家的出现提出了要求，而这些职业画家的创作也明显地带有了商业性质。绘画由此开始作为一种固定行业发展，与社会的联系更加紧密，无论从题材还是从影响上都有了很大程度的开拓。

1.人物画

宋代的宗教虽已没有了唐代的狂热，但仍具有一定的影响，因此寺观建筑依然具有相当的规模，道释人物画就成为这一时期主要的人物画创作方向，代表画家主要是高益与武宗元。

高益为宋初的著名宗教题材画家，他的作品戏剧情节较多，世俗化倾向明显，他曾经主持过开封大相国寺壁画的创作。

武宗元为北宋重要的宗教画家，画法上师法吴道子，传世作品《朝元仙仗图》是一卷壁画粉本小样。作品中人物众多，通过各自的衣着服饰以及身姿高低可以看出身份的尊卑，衣纹浑圆磊落，衣袂飘飘，显示出吴带当风的特色，在变化中具有统一的美感。

李公麟是著名的文人士大夫画家，他创造了著名的“白描”画法。白描是指不着彩色而完全用墨笔线描塑造形象的画法，这种技法既紧密严谨，又注重格法技巧，包含着文人士大夫的审美情趣。李公麟的代表作品有《五马图》、《维摩诘图》等，其中《五马图》根据写生而创作，画中人与马的形象皆神态生动、个性鲜明，充分展示了作者高超的白描技法。

梁楷的“减笔”人物画是宋代人物画的另一大鲜明特色，他的减笔人物洗练放逸，具有飘逸洒脱的气质，塑造人物虽寥寥几笔却是神韵十足，《泼墨仙人图》《太白行吟图》是典型的代表作。

2.山水画

山水画发展到宋代更为成熟。北宋初期较为著名的山水画家是李成和范宽，主要沿袭五代时期以荆浩、关仝为代表的北方画派的风格。到中期之后，出现了富有诗意的小景山水以及颇具特色的“米氏云山”。南宋时期，山水画画风由北宋的雄壮转为空灵雅秀，出现了著名的南宋四家——李唐、刘松年、马远和夏圭。

李成（919—967）在师法荆、关的基础上又独出心裁，艺术个性主要表现在烟林平远的景色之中，善于用淡墨表现丰富的层次和疏旷的空间，作品有《寒林平野图》。

范宽（约950—1027）长期居住在终南山及其他山峰中，这种与自然的心神相通赋予他的作品以迥然不同的壮美景色，有“得山之骨”、“与山传神”的美誉。他的作品构图严谨完整，崇山雄厚，林木繁盛，遍布于画中，气势逼人，代表作有《谿山行旅图》。

郭熙（1020—1109）是收集各家技法并集大成的北宋山水画家，他的作品主题明确，清旷悠远，重视取景布置，用墨明洁滋润，细致秀美又不失雄犷沉厚，代表作品如《早春图》、《山庄高逸图》等。郭熙不仅是一位画家，还是一位美术理论家，他的山水画理论由他的儿子整理成集，名为《林泉高致集》。在这部著作中体现出郭熙的山水画主张精要，他认为作山水画要明确地表现出不同地理、气候、时间条件下的山水的特殊面貌，画家作画时还应注意大自然给予人们的主观感受和联想，画家须以虚静的心胸去理解自然，与自然接触，才能创造出好的作品。

北宋的山水画除了有雄阔风格之外，还出现了富有诗意情趣的米氏云山与小景山水。

米氏云山是米芾与米友仁父子所创作的山水画作的统称，米氏父子的作品主要特点是用墨点来表现江南烟雨的山水景色，不求修饰，崇尚天真，充分发挥了水墨融合、墨色晕染所形成的效果，形成含蓄空濛的神韵，充分表现出文人情怀的飘逸与淡雅。米芾的真迹现已不存，米友仁的代表作品为《潇湘奇观图》、《云山得意图》等。

小景山水主要以别开生面、引人入胜的水边沙滩、溪头茅舍等小型景色为题材，作品大多清丽可人，擅长创作此类画作的有赵令穰等人。

以南宋四家为代表的南宋山水画创作，已经没有了北宋时期的细密繁复的构图以及笔墨，而是创建了以简笔化、单纯化为主的形式，画面出现的常是选取的某一个局部或空间，表达出的意境较为明确，也更为精巧细致。

李唐是由北宋风格向南宋风格过渡的画家，他的作品还没有完全脱离北宋的山水画风。作品通常气势雄伟，畅快淋漓，代表作品有《万壑松风图》。

刘松年的山水则善于运用工巧细致的笔法来抒写明秀的山水景色，笔力细劲，墨色清新温润，形成闲散、宁静和安逸的境界，代表作品有《四景山水图》。

马远继承和发展了李唐的画风，画面通常较为简略，全景出现得不多，笔势锋利严整，劲透有力，具有玩味不尽的意趣。又因其作画构图通常不让天地呈现出原貌，而是采取近景一角，因此有“马一角”之称，代表作有《踏歌图》。

夏圭同为师法李唐的画家之一，但他的作品气势多抑扬顿挫，富有变化，且好用秃笔，墨线交融之后给人以韵味深厚、耐人寻味之感。他的山水作品也突破了全景式构图，常选取局部强调，被称为“夏半边”，代表作品有《溪山清远图》。

3.花鸟画

宋代是花鸟画空前发展并取得重大成就的时期，以创作花鸟画而著称的宋代画家多达百余人，其中较为重要的是崔白和宋徽宗。

花鸟画的最高标准在崔白没有突破之前，一直是“黄家富贵”的细腻与艳丽，崔白将这种富丽风格变为疏朗清澹。他的花鸟画形象自然且没有雕琢痕迹，善于表现在不同的季节中花鸟的不同变化以及与环境间的相互关联，这种新的变化将花鸟画的发展推向了新的高度，代表作品有《双喜图》、《寒鹊图》等。

北宋末年的宋徽宗赵佶(1082—1135)是绘画的爱好者与积极倡导者，他在绘画尤其是花鸟画方面有着很高的造诣。其传世作品主要有《芙蓉锦鸡图》、《瑞鹤图》等，画中禽鸟形象皆生动逼真，刻画准确精细，设色鲜艳，画面统一秀雅，是北宋花鸟画高水平的代表。

4.风俗画与历史故事画

宋代的城市经济大大发展，以反映城乡生活为题材的风俗画开始大量涌现，张择端就是著名代表之一。

《清明上河图》是张择端的代表作品，整幅画卷高 24.8 厘米，长 528.7 厘米，是一幅非常有价值的长卷。作品通过描绘清明时节北宋都城汴梁的情景，从一个侧面反映了这一时期的生活。全卷构图宏大，内容极其丰富，细致地描绘了各个场景中的人物与情节。画家采用散点透视，让长卷构图中充满了动态叙事和细节描写。全图具有巧妙的开端、高潮和收尾，显得井然奏有序，活泼舒展。这幅作品以其内容的丰富性和历史的真实性，成为我国绘画史上的不朽名作。

风俗画的代表还包括李嵩、苏汉臣等。李嵩的作品通过丰富多彩的内容，反映了民间生活的乐趣，现存李嵩的作品《货郎图》是宋代风俗画的优秀代表作品。苏汉臣的风俗画则主要以儿童为表现题材，他的传世作品有《秋庭戏婴图》。

宋代的特定历史发展，使得许多画家经常借助某些历史典故和人物入画来表达气节的不失，这就出现了历史故事画，代表画家主要是南宋四家之一——李唐。李唐的代表作品《采薇图》表现的是《史记》中记载的伯夷与叔齐为了不归依周武王，不食周粟而采薇于首阳山直至饿死的故事，作者对画中的人物形象予以细致的表现，使他们具有鲜明的个性，真实而感人，是一幅借古喻今的优秀作品。

二、雕塑

(一) 宗教雕塑

在五代两宋的雕塑艺术中，宗教雕塑仍然占据着主导地位。由于唐代以来宗教教义内容的世俗化，宗教生活也就不可避免地走向世俗的一端。五代两宋的佛教较多地受到民间崇拜的影响，观音和罗汉像在雕塑中频繁出现。宋代寺观雕塑中最具有代表意义的，主要有苏州保圣寺罗汉、山东长清灵岩寺罗汉和太原晋祠侍女像彩塑。

苏州保圣寺共有罗汉像九尊，雕塑在写实中含有夸张的成分，并且带有一定的装饰性，颇具特色。山东长清灵岩寺千佛殿中，有彩塑罗汉 40 躯，高及真人，塑像注重塑造实体感，身体解剖关系非常准确，细节上的刻画也非常细腻，能够准确地传达出各尊罗汉的性情和神态，代表了宋代塑像的较高成就。山西太原晋祠的圣母殿中，塑有圣母像与 42 个侍从塑像，其中的 33 尊侍女塑像体型优美，无论是从细微的容貌刻画上，还是从表情与动作的丰富上，都可以体现出宋代雕塑的风采与创造。

(二) 陵墓雕刻

五代两宋的陵墓雕刻规模，远不及隋唐时期那样宏大，失去了隋唐时期雕刻的雄阔奔放的精神力量。布局显然紧凑了许多，于是显得雅致起来。陵墓雕刻作品中具有代表意义的如宋太祖的永昌陵，基本奠定了宋代陵墓雕刻的象制。宋太宗的永熙陵是宋陵中规模最大的，雕刻的形制也更加秀美，并且逐渐开始走向精致写实的风格。

三、工艺美术

陶瓷工艺在五代时期得到进一步发展，但是整体风格已经不再是唐代的雍容大度，而变为精巧细致。瓷器发展到宋代，正式进入高度繁荣和发展阶段，除了为供应宫廷贵族烧制的高级陶瓷之外，民间的瓷器也丰富多彩，陶瓷生产遍布全国，各地都出现了名窑。宋代陶瓷仍以青瓷和白瓷为主，其中以出产青瓷而闻名的有越窑、汝窑，以出产白瓷而闻名的是定窑和景德镇窑。

宋代的丝织工艺发达，织物品种多样，包括锦、绮、纱、罗、绸等，花色繁多，仅锦一种就有八答晕锦、六答晕锦、盘球锦、簇四金雕锦、翠地狮子锦、青绿云雁、真红锦等众多名目。

宋代的刺绣工艺也以其细密精致而获得后人称誉，宋代刺绣水平的提高主要得益于针法，除了平绣之外，又有锁绣、抢针、衬金、补绒、盘金等手法，极大丰富了刺绣的层次。

宋代漆器工艺中最具特色的是雕漆，品种如“剔红”，是指在素胎上反复罩红漆数十层，形成厚重的漆层，再在其上雕刻纹样，形成浮雕状。宋代漆器，北方以定州为最，南方则以温州著名。

第二节　辽、金、元美术

我国东北、西北地区在宋代建立有辽、金、西夏王朝，形成与宋代政权相对峙的局面，一些少数民族的画家所做的贡献，也是中国绘画历史上不可分割的一部分。

元朝从建国到灭亡只有不到百年的时间，在这段时间中所产生的美术却是具有独特之处的。

各个民族之间的交流与融合，元代文人的独特境遇，以及元代统治者对待美术的态度，都使得这一时期的美术在前代基础上获得了全面的发展，出现了技巧成熟和创作繁荣的景象。

一、绘画

(一) 辽金绘画

辽代曾设置翰林院，大致相似于宋代画院，当时较为著名的画家有耶律倍等。耶律倍是精通汉字、多才多艺的画家，其表现题材多为游牧射猎生活，传世作品有《射猎图》等。辽代的墓室壁画，内容既有山水，也有对墓主人生前活动的描写，风格倾向于写实，技法纯熟。

金朝国家机构中也设有书画局，吸收了包括本族以及北宋的众多画家。金代绘画是继承唐宋绘画风貌而发展的，如岩上寺西壁存有的《酒楼市肆图》，描绘的就是一派充满浓郁生活气息的街市景象，颇似张择端的《清明上河图》。

(二) 元代绘画

1.元初绘画

元代前期的绘画成就，突出地反映在文人士大夫的创作上，著名代表画家有赵孟頫、钱选等。

赵孟頫才华横溢，山水、人物、花鸟题材皆有所长，他提倡托古改制，主张推陈出新，在绘画上功力深厚。他从文人的审美情趣出发，重视神韵，强调书法与绘画的关系，倡导清新朴素的画风，代表作品有《秋郊饮马图》、《鹊华秋色图》、《秀石疏林图》等。

钱选也是人物、山水、花鸟的绘制能手，他的绘画多描绘古代的高人隐士，用质朴脱俗的意境来表现隐居的情趣，绘画风格由早期的工丽细致转向晚期的清淡，传世作品如《柴桑翁像》、《浮玉山居图》等。

2.山水画

山水画发展到元代又出现了新的变化，这种变化不仅是风格技法的变化，创作者也几乎变成了清一色的文人士大夫，绘画的功能也彻底改变为了纯粹的抒情言志。元代山水画有许多杰出的代表画家，其中以“元四家”最有代表意义，“元四家”是指黄公望、倪瓒、吴镇、王蒙四人。

黄公望(1269—1354)在绘画上主要取法荆浩、董源等人的山水画法，加以融合吸收，他对笔墨技法也有着独特的认识，他认为在绘画中应当干处见墨，湿处见笔，碰触到了创作实践的精深之处，代表作品是《富春山居图》。

倪瓒(1301—1374)的山水主要表现太湖一带的风光，他的画看似简单却意境深远，带有孤独寂寞的感情色彩。他在绘画实践上力求简略而非具体实在，认为追求形似就是俗气，会远离文人的清高飘逸，他的审美观念达到了文人画追求的最高境界，代表作品有《渔庄秋霁图》、《虞山林壑图》等。

吴镇(1280—1354)绘画吸收董源、巨然的画法，笔墨沉厚苍郁，气象雄伟挺秀，画风清新，格调清雅，形成独特的风格，代表作品有《渔父图》、《松泉图》等。

王蒙（？—1385）所作的山水多是表现隐居生活，他的山水画风貌在元四家中最为丰富多变，画法在董源、巨然的基础上加以发展，形成了自己独具特色的牛毛皴画法。王蒙的画虽然看似繁密，但他善于处理空白之处，使得画面又具有了很好的疏密关系，节奏感很强，代表作品有《青卞隐居图》、《夏日山居图》等。

3.花鸟画

元代的花鸟画，已经失去了鲜艳浓丽的风格，主要是向文人意趣发展。因为在元代，画家基本上均为隐士，在这样的境况下，清新淡雅的花鸟画勃然兴起，成为主流。

王渊与张中是这一时期花鸟画的代表画家。元代的工笔花鸟已经将宋代的工笔重彩画风加以变革，形成自身的面貌。王渊的花鸟画虽说在一定程度上保持了宋代院体的华丽风格，但是他有一部分作品纯以水墨设色，以水墨晕染，用笔严谨，墨法精妙，工写结合，粗细皆备，是对院体的一种改革，代表作品有《花竹锦鸡图》、《竹石集禽图》等。张中也是擅长水墨设色的画家，他的风格与王渊相比更为放逸，自然且清新，代表作品如《桃花幽鸟图》、《 枯荷鸳鸯图》等。

元代的王冕，是这一时期墨梅画家中最有代表性的一位。他画梅花笔法富于变化，一气呵成，在构图上采用密体形式，形成笔墨清新、高雅明洁的整体风格，代表作品是《墨梅图》。

4.壁画

元代对宗教采取的保护政策使得寺观和石窟壁画有着相当的规模，其中比较重要的代表作品是山西永乐宫壁画。

永乐宫的壁画主要集中在三清殿、纯阳殿和重阳殿，其中又以前两者的壁画最为精美壮观。

三清殿是永乐宫的主殿，是供奉道教最高神的地方。壁画《朝元图》绘制的是气势磅礴的神仙队列，所绘制的人物形象富有变化，层次十分清楚，神态刻画细腻而传神，整个画面色彩流动，极尽豪华与壮丽。

纯阳殿为供奉吕洞宾的殿堂，四周绘有《纯阳帝君神游显化之图》，讲述了吕洞宾从降生直到成道与游戏红尘的故事，神态刻画得栩栩如生，显示出创作者深厚的功力。

二、雕塑

元代的雕塑主要包括佛教雕塑和道教雕塑两类。

佛教雕塑以杭州飞来峰的龛窟造像和北京昌平县居庸关过街塔基座浮雕最具有代表性。飞来峰的龛窟中，保存着造像近300座，其中大部分是元代作品。飞来峰雕塑作品中题材以佛、菩萨为主，刀法洗练，衣纹流畅，神态优美，造型写实，是佛教造像中比较少见的精品。北京昌平县居庸关过街塔基座浮雕手法细腻，情节的处理手法深受绘画的影响，十分生动。

由于元代的道教势力十分强大，因此在元代出现了较为完整的道教龛窟造像，其中以龙山石窟和山西晋城县玉皇庙的雕塑最为有代表性。龙山石窟的雕塑主要是道教供奉的三清、虚皇以及张天师的塑像，这些雕塑虽说吸收了一定的佛教造像因素，但是也表现出了作者的创作与民间的智慧，造型较为生动，具有民族特色。山西晋城县玉皇庙保存有大量元代道教的雕像，有玉皇大帝、三元、四圣等，其中的二十八星宿雕塑造型写实生动，神态各异，是我国道教雕塑最高水平的代表。

三、工艺美术

元代的陶瓷工艺有了很大的突破，景德镇窑成功地烧制出青花等新的陶瓷品种，打破了青瓷和白瓷一统天下的局面。通常情况下，元代陶瓷的器形都是比较讲究实用的，扁壶、高足杯、僧帽壶等都是带有民族特点且实用性非常强的用具。这一时期瓷器的装饰题材非常广泛，不仅描绘精细，而且造型生动，其装饰纹样与装饰手法都对明清两代的瓷器有着重大的影响。

元代的织锦业非常发达，这一时期除了前代的工艺继续发展之外，金锦从元代的丝织工艺中脱颖而出。元人喜爱金色，金锦就是在织造的过程中加入片金，或是直接用金线和丝线交互织成，广受喜爱。

元代的漆器与前代相比品种相差无几，也是以雕漆与戗金最为著名，只是在前代的基础上更加讲究制作工艺，制作工序也比较复杂。

思考题：

一、填空

1. ＿＿＿＿＿为南唐时的画院待诏，长于人物描写，其传世作品为《韩熙载夜宴图》。

2. 荆浩与＿＿＿＿＿所代表的是五代时期北方山水画风，与他们相对应的是代表南方山水画风的＿＿＿＿＿与巨然。

3. 五代时期，＿＿＿＿＿与徐熙的花鸟画画风被称为"黄家富贵，徐熙野逸"。

4. 李公麟创造了著名的＿＿＿＿＿画法，他的代表作品有《五马图》等。

5. 《清明上河图》是宋代画家＿＿＿＿＿的代表作品。

6. ＿＿＿＿＿是元代墨梅画家中最有代表性的一位，他画梅花笔法富于变化，一气呵成，代表作品是《墨梅图》。

二、解词

1. 白描　2. 米氏云山　3. "南宋四家"　4. "元四家"

三、简答

1. "黄家富贵，徐熙野逸"的风格特征

2.宋代绘画繁盛的表现

3.宋代的风俗画创作

4."元四家"山水画的特色

四、论述

1.五代时期山水画坛的发展风貌

2.宋代山水画的艺术成就

第四章　明、清、近代时期

第一节　明代美术

明代是中国历史上近古绘画发展的重要时期，它的发展与当时社会的各种因素有重要关系。明初的宫廷绘画发达，适应着明朝政权的稳固，经济的繁荣。之后浙派崛起，引领了画坛的潮流，取得了很大声势。但稍后，苏州吴门画派逐渐振兴，并取代了宫廷绘画和浙派的发展势头。绘画受明代通俗文学以及各种学术思想的影响，随着当时城市的繁荣和市民对绘画的需求不断演变，技术有很大改进。明末民间绘画画派纷呈，为广大市民所欢迎。明代山水较为突出，有浙派、吴门画派、松江派等等，产生了新的面貌。花鸟画方面也有明显进步，林良、吕纪为大家，陈淳和徐渭的创作也别具一格。人物画方面，以仇英、陈洪绶等人为代表，同时由于欧洲油画的传入，产生了一些新的表现形式。明代的版画成就辉煌，在创作题材上和绘制技艺上都有开拓、进展。董其昌等人则在画论画学方面，对中国绘画的发展产生了巨大影响。

一、明代绘画

(一) 宫廷绘画

明代虽没有正式的画院，但是却从浙、闽两地收录了大批著名的画家为宫廷服务。浙江和福建两地从元初以来即有宋代院体传统一脉相传，随着两地画家的入宫供职，明代院画呈现了取法南宋院画兼师北宋名家的面貌，人们亦称之为“院体”。但是历代的宫廷绘画作为“御用美术”，都带有明显的政教功能，并要适应帝王的好恶，明代宫廷绘画也不例外。再加上明初画家地位低下，受迫害之事时有发生，使得在明初画坛出现了一味模仿、不敢创造的风气，这无形中造成了一种束缚。

明初宫廷人物画，主要是借助古代历史故事，宣扬武功文德，为政治服务。另外，为皇室服务的帝王肖像画和宫中行乐图也颇为盛行。同时还有一些如道释神仙、文人轶事、风俗世情等传统题材。这个时期的宫廷人物画，偏重以写实的手法，精确地表现物象的外在体貌，追求情节的趣味性和画面的装饰性，但是缺乏针砭现实的思想深度。代表画家有商喜、刘俊、倪端等。

宫廷山水画在明初，受到北宋李成、郭熙山水派系的影响，也接受南宋马远、夏圭的画风，自成一格，重要画家有李在、王谔、朱端等人。后来以戴进、吴伟为代表的一批浙派画家，提倡学习马远、夏圭简笔水墨淡彩写意画风，同进又能变南宋之趣成清爽明快一体，使院画多了一些生气。

宫廷花鸟画的艺术成就最大，不仅形成了多种风格样式，还对后世产生较大影响，代表画家有边景昭、孙隆、林良、吕纪。其中边景昭、吕纪的工笔重彩妍丽沉稳，林良的写意花鸟则意境淡远，他们不仅承袭了中国花鸟画“写生”、“寓意”的优秀传统，而且在花鸟画的发展中起到了开拓创新的作用。

(二) 山水画

山水画自宋元以来地位渐隆，蔚为大观。明代山水画较为发达，画家众多，其表现手法大都以传统为基础，然后加以创造、变化。因此画派纷呈，技艺精进，一些有才有志之士，为中国山水画的发展做出了重要贡献。

1.戴进与“浙派”

戴进(1388—1462)，字文进，号静庵、玉泉山人，其创作代表了明代中前期山水画的最高成就，代表作有《春山积翠图》、《渔乐图》等。他的山水画取景丰富，具有生活的实感；笔法简劲、纵逸，极具力感和强度，水墨雄阔淋漓；大多构图剪裁精当而境象恢宏，造型明快 而富于质感，作品富有动荡感和阳刚气。他善于在山水的实境中安排略有情节的人物活动，是一种以山水为主的山水人物画，兼具气势与生活的情趣。他巧妙地将诸家之长融为一体，作品中既有运用多种笔墨表现物象之真的精致，也有通过寓意象征阐发主题、意境的文人构思，是一位在绘画艺术上全面发展的画家。

戴进开创了中国绘画史上第一个以地别为派的画派——浙派。浙派画家指活动在杭州一带的画家群体，他们受南宋院体画传统影响，在明代画坛曾一度占据主导地位，直至中期以后吴门画派的崛起。

吴伟(1459—1508)，字士英，是继戴进之后的“浙派”的又一大家，擅长人物、山水。他的一些山水画取景真实，构图多变化，讲究远近虚实关系，在写实中兼具气势和意趣，笔墨也能够根据对象灵活运用，形成了精细、豪放兼能，以酣畅为主，富有力度、动感和气势的独特风格。《长江万里图》、《灞桥风雪图》等，以纵横挥洒、淋漓尽致的笔墨成为他水墨写意的代表作。

吴伟是江夏人(今湖北武昌)，后人把学习吴伟的一派画家称作“江夏派”，也有人将吴伟单列为江夏派。但从师承关系和艺术风格来看，吴伟是浙派的忠实继承者，并没有开辟新的艺术门径。江夏派与浙派画风也大同小异，其实是浙派的一个支流。

2.吴门画派

明代中期，随着“院体”、“浙派”的衰微，“吴门画派”崛起。吴门画派是指活动在苏州一带的画家，它以沈周、文徵明为首，以重神韵、重意境、讲格调、讲含蓄为创作特点，与明代“院体”、“浙派”相对峙。这些画家承继了宋元文人画的传统，树起一代新风，使文人画占据画坛主流。后来的明代晚期以董其昌为首的松江派承其画风又有新创，影响所及数百年。

沈周（1427—1509），人称石田先生，他擅长山水，花鸟、书法亦佳。他的山水画师承董、巨和"元四家"诸人，面貌多变。40岁前多盈尺小幅，构图严谨，笔法工细，风格精谨缜密；40岁后，作品拓为大幅，构图疏密相间、刚柔相济，笔法逐渐由细变粗，景致由繁变简，呈现多种技法融合。其作品中体貌谨细的被称为"细沈"，以《庐山高图》为代表；体貌 粗简的被称为"粗沈"，以《古木寒泉图》为代表。

沈周的艺术成就一方面表现在他对山水画题材的拓展上。他的山水画题材可以分为写实、抒情、仿古三类，写实山水的内容，又可以分为访胜记游、雅集文会、寻访送别等几种类型。这些类型的生发和成熟，对吴门诸家的创作起到了重要的开启作用。另一方面他是吴门画派的创立者，他在继承宋元文人画传统的基础上，又创立了新的体格，并在艺术上直接指导吴门诸家，著名画家文徵明、唐寅都是他的学生。在他的带动下，吴门绘画一跃成为当时画坛的主流。

文徵明（1470—1559），与祝允明、唐寅、徐祯卿并称"吴中四才子"。他以山水画成就最高，也有"粗细"两种突出的风格，有"粗文"、"细文"之说，其中以"细文"最具特色。如《真赏斋图》，描绘修竹丛生，用笔严谨沉稳，设色典雅沉静，带有浓重的书卷气，是"细文"的代表作。他的兰竹也颇有名气，潇洒秀逸，有"文兰"之称。

唐寅（1470—1523），字伯虎，与仇英的山水画分别代表"吴门画派"中的另外两种类型。他的山水画早期具有平和宁静的意境；中期转为刚健劲峭，作品《风木图》卷，用笔沉郁有力，水墨勾染浓重，具有粗笔的风貌；晚期逐步形成了本色的细笔山水，作品景色简约清朗，用笔刚柔相济，墨色淋漓，又富有变化，满布全幅却不显迫促，总体风格平淡清远，以《落霞孤鹜图》为代表。

仇英初为漆工，文化修养不高，后从师学画，临摹甚多。其山水分水墨和青绿两种画法。水墨山水具有雅逸之致，以《溪山楼阁图》为代表，作品构图左右对称，用线细劲含蓄，墨色清淡融合，色调明快。他的青绿山水为其本色，形成了工整清丽的独特面貌，以《玉洞山源图》和《桃溪草堂图》为代表。

3.松江派

明末在松江地区有了以宋旭为代表的"华亭派"，以赵左为代表的"苏松派"，以沈士充为代表的"云间派"三个画派，它们所在地属松江府治，所以三派合称"松江派"，其中以董其昌名气最大。后来松江派代替了吴门画派成为主导画坛的画派。

董其昌（1555—1636），遍学前代名家，包括马、夏之画，汲取了董、巨、米的风神，以黄公望为基础，强调一种极端静穆、文儒含蓄的艺术效果。他将宋元诸家绘画中来自大自然的山石树木形象加以简化，将书法的用笔引入绘画，采取了一种最凝练、最具有丰富表现力的笔法，来取代描摹物象的画笔，以此来表现文人的淡泊胸襟和画面平淡天真的意境。以《洞庭空阔图》、《仿米云山图》、《关山雪霁图》等为代表。他还提出"以拙体现生",即取其貌似生涩的、不熟练的形态,实则表现为一种能外之能,大大地提高了笔墨的表现力。他还把中国传统文人所追求的"静美"和"柔美"的意趣发展到最高,讲究笔墨韵致,画风清润明秀。

董其昌的南北宗说,是中国画史上最重要的理论之一,带有明显的扬南贬北的观点。南北宗说建立在对唐代王维、李思训以后山水画史的清理、评判的基础上,提出了包括绘画历史的研究、创作理论及作品评论标准等综合内容的理论学说,对当时以至整个清代的绘画创作及理论发展产生了深刻的影响。他认为山水画领域也存在着南北两个不同的派别,以李思训、李昭道父子以至马远、夏圭等为代表的精工刻画的画风属北宗,以王维、张璪、董源、米家父子等为代表的率真、富有士气的画风属南宗。

(三)花鸟画

明代花鸟画在建国之初,工整艳丽的花鸟画比较盛行。后以水墨写意为主,崇尚秀雅,追求"士气",属于文人画体系,以沈周、陈淳和徐渭为代表。

1.宫廷派

边景昭,明初著名的宫廷画家,代表作有《三友百禽图》等。他尤其注意观察花鸟的形神特征,作品造型简易,笔法工致,用墨稳重。他是宋之后花鸟画方面的第一人,也是明代宫廷院体花鸟画的鼻祖,其画风成了明初院体工笔花鸟的一种普遍的风格。

吕纪,以《桂菊山禽图》、《残荷鹰鹭图》等为代表。他将传统的工整艳丽与马、夏一派的水墨苍劲结合起来,使水墨与重彩、工笔与写意有机结合,造成雄伟壮阔的场面,大大地丰富了花鸟画的表现形式与笔墨技巧。

林良(1416—1480),作品风格多样,有的豪放矫劲、有的精致艳丽,代表作有《灌木集禽图》等。

2.文人派

沈周是明代文人派花鸟画的开创者和奠基者,他的作品摆脱了以前水墨工笔的勾填方式,特别强调笔情墨韵的抒发,认为作品贵在写意。代表作有《写生册》、《枯树八哥图》等。他以洗练的用笔,素雅的淡色,画出规整、简逸、略带拙感的花鸟,发展了文人水墨写意花鸟画传统,对后世的陈淳、徐渭有很大的启迪。同时他们三人也被后人视为明代写意的代表画家。唐寅的花鸟画也以水墨见长,以《枯槎鸜鹆图》、《墨梅图》为代表。

陈淳(1483—1544),字道复,号白阳山人,代表作有《瓶莲图》、《墨花图》、《牡丹图》等。他的写意花卉早年笔法拘谨,中年以后转为奔放,突出个性。所描写的对象多为庭园中所见的花草以及瓜果蔬菜,画家赋予它们以人格理想,在造型上严于剪裁,笔墨简洁凝练、收放自如,形成一种清新淡泊、富有文人雅趣的风格。

徐渭(1521—1593),字文长,号青藤道士,是开大写意一派的杰出花鸟画家。他的水墨大写意花卉,奔放淋漓,追求个性解放。他的作品笔简有力,势如疾风,追求大气磅礴的效果。他笔墨放纵、随手挥写,充分发挥笔墨的表现力,完善了水墨大写意花鸟画技法,成为中国花鸟画发展中的里程碑。对清代"八大"、石涛、"扬州八怪"、吴昌硕以至齐白石、潘天寿、刘海粟等人都有很大影响。代表作有《杂花卷》、《墨葡萄图》、《牡丹蕉石图》等。

自宋元时起,就有一部分画家喜画竹、梅、兰、水仙之类,将松、竹、梅并称"岁寒三友",后来又将梅、兰、竹、菊,合称"四君子"。明代一批文人画家承袭此传统,以此为雅事,因此水墨花竹画便成为当时深受画家喜爱的题材。宋克、杨维翰、王绂和夏昶合称为明代的"墨竹四大家"。

(四)人物画

明代人物画基本上承袭前代传统,题材较为狭窄,以表现历史人物故事、士大夫和仕女为主,较少反映现实生活和风俗,但却十分注意环境的描绘。

明前期的人物画家主要以戴进和吴伟为代表。戴进的人物画在表现神像的威严、鬼怪的勇猛以及画面色彩、服装纹理方面都取得很大成就,以《钟馗夜游图》为代表。吴伟的人物画用线细劲,注重才情的发挥,作品奇逸动人,以《铁笛图》为代表。

吴门画派中唐寅的人物画,多画美人。他以《王蜀宫妓图》为代表的线条细劲、设色妍丽的人物画,笔秀色匀,形象清隽凄艳;以《秋风纨扇图》为代表的水墨仕女画,用笔遒劲飞动,形象简练传神,极富写意之韵。仇英以潇洒俊美的身姿、细致入微的笔致,弘扬了工笔重彩的传统,创立了以工笔仕女画著称的"仇派"。代表作有《人物故事图》、《修竹仕女图》等。他的粗笔水墨人物,线条洗练,形象简洁,具有文雅飘逸之气,以《蕉荫结夏图》为代表。

明末的人物画在丁云鹏、陈洪绶、崔子忠等画家的推动下,出现了小"中兴"。

丁云鹏(1547—1621),以道释人物见长。他早年用笔细腻,作品淡雅而华贵,以《五像观音图》为代表。晚年作品粗厚苍劲,以《母婴图》为代表。

陈洪绶(1598—1652),号老莲,与崔子忠并称"南陈北崔"。他擅画人物,作品具有鲜明的个性特点。尤其是其晚年作品中的人物,高古变异,面部被拉长,造型夸张,线条细劲,设色清淡,人物凝练沉着,少作背景,深刻地体现了他对作品中人物形象内心世界的挖掘,表现出一种追求怪诞的倾向与个性。陈洪绶给不少书籍画过插图,如《西厢记》、《楚辞·九歌》等。他以丰富的想象,非凡的构图能力,灵活多变的线描来刻画人物性格,极具特色。

崔子忠(约1594—1644),明亡后"走入土室而死",作品题材多表现古代高人逸士,传达一种"移家避世"的思想。作品描绘精细,笔墨清丽,气息古朴,其白描人物自出新意,代表作有《伏生授经图》、《云中玉女图》等。

明代画家中受到欧洲油画影响的应首推曾鲸,他是明代肖像画的代表,是一位富有创造性的开宗立派的人物。曾鲸在传统凹凸法的基础上，吸取了西方明暗法之长，使人物面部结构更具立体感；在吸收了民间画师的技法、技巧的基础上，加强了肖像画面部神情的创作，善于观察和捕捉人物的行为、语言；再加上作品中空间留白的巧妙处理，将传统肖像画创作推向一个新的水平。代表作有《王时敏像》、《张卿子像》等。

(五) 壁画与版画

1. 壁画

明代壁画中寺庙壁画比墓室壁画发达，而且遗存尚多，分布于河北、山西、四川、云南、西藏、青海等地。这些壁画的作者有宫廷画家也有民间工匠。京郊法海寺大雄宝殿中的壁画是宫廷画家作品中比较著名的，它以《帝释梵天图》为题材，画面结构紧凑，比例完整. 在人物性格的描绘上颇具匠心，线条流畅，使用"描金"、"沥粉贴金"等方法，形成精密繁丽的风格，反映了宫廷画家的画风。

其他各处壁画均为民间工匠所作，如山西稷山青龙寺腰殿壁画，以"水陆画"为题材，描写各色各样的市俗人物，集中反映了民间工匠对生活的透彻观察与丰富的想象力。山西新绛稷益后王殿壁画，以歌颂故事传说中的英雄业绩为主要内容，人物造型饱满，笔力雄健，色彩浑厚，对于耕获的描写尤为生动真实。位于云南和青海等多民族聚居地区的寺庙壁画，画法上则融合了汉、藏等多族的艺术风格，具有浓郁的民族风格和地方色彩。

明代的宫殿壁画具有鲜明的宣教功能，除了具有其最基本的美化作用外，维护封建统治，宣扬伦理纲常，成为宫廷壁画的重要内容，如《唐太宗纳魏征十思图》等。

2. 版画

明初的版画以宗教题材为主，其后为版画插图艺术的发展提供真正基础的，是市民文学特别是戏曲、小说的兴起。明中叶以后，版画达到了空前的繁荣，这一时期徽派版画异军突起，其中以黄(黄公麟)、汪(汪忠信)两大家族最为突出。徽派版画风格多样，作品以柔细的线条、精丽的细节来刻画修长的人物形象，具有健美、婉丽的风格。

明代金陵是全国刻书业的中心，汇聚了诸多名匠，作品多为戏曲、传奇插图，尤以花谱、画笺名世。其中最负盛名的是富春堂，它刻版的作品注重突出人物的活动，线条粗朗结实，刀法劲健，黑白对比鲜明，代表作有《刘知远白兔记》、《岳飞破虏东窗记》等。同时，金陵版画创作中发明的一些水印木刻技法，也对国内外的版刻业产生了深远的影响。

除了徽州、金陵以外，其他各地版画也很繁荣。如以杭州为中心的武林版画，内容丰富，以戏曲、山水名胜以及画谱最负盛名，作品强调景物描写，关注画面的优美。苏州版画则以小说插图为主，以精巧秀美见长。

二、雕塑与工艺

(一)雕塑

明代的雕塑,由于宋明理学的盛行和市井文学的流传,表现出一种敬神意识的衰落和世俗审美趣味的增长。因此总体上讲,这一时期的雕塑艺术缺乏生气和力量。

明代寺庙中的佛像造像很多,主要是泥胎彩塑。现存的寺庙遗物中,以山西太原崇善寺的千手千眼观音、智化寺如来殿佛像、隆福寺大殿佛像等最为著名,但是这些华丽的雕饰的作品,却显得刻板,毫无生机和活力。相比较而言,世俗化和个性化的罗汉像和侍女像则发挥了作者的艺术想象力,成为这些造像中颇具特色的一种。

明代建筑装饰雕刻比前代有了新的发展。在宫廷建筑中往往以吉祥图案为主题,在世俗性建筑中则多以戏文、历史故事为主题。在技法上,善于将圆雕、透雕、浮雕等多种手法相融合,注重写实性与装饰性的结合。

明代的小型雕塑则独具风韵,它们取材广泛,有宗教题材、历史题材以及当时的社会生活的方方面面,富有生气。创作者们通过这些小型雕塑创造性地体现了人们的生活理想,而且不同的地域也呈现出不同的风格面貌,促进了小型雕塑的繁荣。

(二)工艺

明代工艺美术方面所取得的成就是相当突出的,明王朝对手工业者的人身控制有所减弱,使匠人的社会地位也有了一定的提高,更主要的是这时他们有了自己的时间能够自主地制造工艺美术产品,可以自主经营。这个措施,对于当时的工艺美术的发展具有巨大的促进作用。

1.陶瓷

明代,景德镇赢得了"瓷都"的桂冠。官营手工业在这时居于重要地位,生产的产品主要是为了满足皇室及官僚生活上的奢侈浮华,而不是为了商品生产的需要。

青花瓷器在元代的出现,结束了我国瓷器的单色为主的局面,从此,青花瓷器便成为明清两代瓷器生产的主流。明代早期青花瓷器色泽沉厚浓艳而带有黑色结晶斑。中期成化年间青花风格由浓艳变为淡雅,典型的成化青花呈清亮爽目的淡蓝色,色调明快雅致,纹饰上也趋于工细、规整,看起来非常细腻、柔和。明代后期青花的生产以嘉靖青花为代表,色泽上呈现出一种蓝中泛紫的浓重鲜艳色调,纹饰上也趋于繁缛,艺术水平大为降低。除此之外,明代的民窑青花画风以大胆泼辣、活泼自然的天趣在中国陶瓷发展史上享有声誉。

"斗彩"是由青花加彩繁衍出来的一种优美的综合加彩艺术,在艺术效果上比青花富丽,装饰花纹多为花果、人物等。"斗彩"孕育了"五彩"的萌芽和成熟,其色彩多以红、绿、黄、紫等将相交配,对比鲜明,绚烂多彩。

明代陶瓷的造型丰富多彩,品种齐全,在以往传统的基础上又对一些器体的局部进行了改造和加工，使它们更为实用。明瓷也有一些创新的样式，紫砂器形便是其中精彩的一种。总体上讲，明代瓷器造型综合多家之长，基本形体在饱满与挺秀之间，线条单纯凝练，具有整体感，简单大方。在装饰手法上多用彩绘，创造了“内外夹花”的方法，使内外所绘的纹饰重叠，以纯国画的方法表现山水、人物和花卉。

2.染织

明代丝织业主要集中在四个地区：一是江南，这是当时全国丝织生产的中心，产量巨大，质量精美；二是四川；三是山西；四是闽广。明代的棉织工艺也在棉纺织技术得到广泛传播的基础上迅速发展起来，其中最著名的江南一带尤其是江苏松江，出现了多种棉布种类。由于棉布的流行，在广大农村和少数民族地区，手工印染工艺也有很大发展，创造了大量质朴而富有装饰趣味的印染方法和纹饰。

3.金属

明代的金属工艺也有长足的发展，其中最为著名的要数“景泰蓝”。它的学名为铜胎掐丝珐琅，元代由波斯传入云南。明代工匠师将中国传统金属镶嵌艺术、陶瓷艺术融汇其中，发展成为一种完全中国化的民族工艺美术产品。它在景泰年间发展最为繁荣，故称“景泰蓝”。它的特点在于形、饰、色的结合，制做流程繁复，花纹丰富多样，工艺细致，风格逐渐趋向于华丽。

4.家具

明代家具的总体风格为结构合理，技术精湛，注重实用与审美的和谐统一，强调选用质地优良的硬木。家具的艺术性主要通过点、线、面三者的结合形成，富有稳定性和变化性。

明代的硬木家具都强调致密坚硬的质地、典雅稳重的色调、变幻莫测的天然纹理以及简洁优美的艺术造型。它们很少使用额外的装饰，强调以光来突出材质的天然美，即使个别的装饰，也仅是在扶手、靠背等突出部位加上简练的雕刻，繁简适宜。明代晚期的硬木家具开始出现镶嵌的装饰手法，图案多为花卉和几何图纹。

第二节 清代美术

清代初期的绘画格局奠定了清代绘画发展的基本走向。清代绘画以山水、花鸟为盛，人物次之。山水方面，以“四王”为首的摹古派代表了传统的笔墨程式；还有一些在野的遗民画家，如“四僧”等，重在发扬个性，代表了笔墨程式新的发展方向。花鸟画方面，名家辈出，以扬州八怪、吴昌硕等人为代表，开拓了花鸟画的新天地。

清代的版画、民间刻书仍以江苏、浙江、安徽等地为中心。木版年画到乾隆时期达到了高峰，以苏州桃花坞、天津杨柳青、山东潍县的最为著名。

清代雕塑仍然以小型雕塑与工艺装饰雕刻为主，成就突出。其他的工艺美术，如陶瓷、漆艺等也都呈现出清代的特色与风范。

一、绘画

(一) 宫廷绘画

清代统治者十分重视绘画的宣教功能，清代的宫廷设有画院处、如意馆，是专门供画家活动的场所。清朝的宫廷画家创作了一大批大型的反映政治事件的绘画作品，如《康熙南巡图》、《雍正平准战图》、《万树园观马图》、《紫光阁赐宴图》等，这些作品记载的历史事实为后人研究、了解清代朝廷统治提供了宝贵的信息。

清代的宫廷画家中，还有来自欧洲的传教士，他们在“康乾盛世”期间先后来到中国，供奉内廷，并为皇室留下了大量的作品，为中西美术交流做出了杰出贡献。如郎世宁，意大利米兰人，他将中西绘画技法融合，作品中注重透视关系、明暗对比，刻画细致入微，具有立体感与空间感，代表作有《百骏图》、《乾隆帝阅马技图》等。

(二) 山水画

清代山水画主要分两大流派：一是以“四王”为代表的正统派，一是以“四僧”为代表的革新派。

1.“四王”

“四王”是指王时敏、王鉴、王翚、王原祈四人，以正统派的姿态统摄当时的官方画坛。他们主要活动于苏南一带，深受明代董其昌摹古观念的影响，提倡“文人画”，大量地临摹古人的笔墨。在笔墨技巧上，善用干笔淡墨表现山川之秀润，笔力虽然深厚但缺乏创造性与生气，“四王”虽然一脉相通，但在绘画风格上略有不同。他们还与吴历、恽寿平合称“清初六家”。

王时敏(1592—1680)，号西庐老人，作品讲求法度，深沉浑穆、圆润醇厚，具有平和淡远的风格。代表作有《落木寒泉图》、《虞山惜别图》等。

王鉴(1598—1677)，尤其擅长青绿山水，以色皴积点染，具有清润明洁的风格，以《长松仙馆图》等为代表。

王翚(1632—1717)，自称“青晖老人”，虽然也大仿古人山水，但是在一定程度上糅进了自己对自然山水的感受，将临古与写景相结合，具有一定的生活气息。代表作有《山窗读书图》、《庐山枫林图》，《康熙南巡图》等。

王原祈(1642—1715)，其山水画笔法繁密、沉厚，以《富春山图》等为代表。他还有画论传世，如《雨窗漫笔》，表达了“四王”崇古的审美观念。

2.“四僧”

“四僧”是指弘仁、髡残、八大山人、石涛四人，他们的创作极具个性与生命力，作品直抒胸臆，形成了独特的艺术风格。

弘仁(1610—1664),俗姓江,名韬,法名弘仁。他的绘画始终以黄山上的松、泉、石为题材,以枯笔淡墨、简洁的构图、刚劲的线条,表现清朗雅洁的意趣,代表作有《黄海松石图》、《西岩松雪图》等。

髡残(1612—1692?),作品构图繁密,笔墨苍劲、秀润、沉着痛快,以《苍翠凌天图》、《层岩叠壑图》等为代表。

八大山人(1626—1705),即朱耷,原为明皇室后裔。他的山水别具一格,不拘成法,苍劲秀润,逸气横生,总体来看带有一种残山剩水之意,是他心境的直接表现,以《秋林亭子图》、《松谷山村图》等为代表。

石涛(1640—1718?),俗姓朱,名若极,法名原济,原为明皇室后裔。他在"四僧"中对后世影响最大,在艺术上也极富反叛精神。他的绘画作品充满了亢奋昂扬的精神与热爱大自然的情感,变古法为我法,想像力丰富,笔墨纵横恣肆,意境生气奕奕,作品面貌千变万化,传世作品有《搜尽奇峰打草稿图》、《泼墨山水卷》等。黄山是他描绘最多的景致,以《黄山图》、《山水清音图》为代表。他以自由挥洒的笔墨,充满激情的山石线条,展示了自己不平静的内心世界,抗逆现实,具有创新意识。他的绘画理论也充满了变革精神和哲学高度,以《画语录》为代表。作品中以"一画"命题,不仅是他关于山水画创作的理论,还有他的绘画美学思想。他认为塑造艺术形象要达到主观精神与客观世界在艺术上的同一,这一理论对后世的画家产生了重大的影响。

3.其他流派与画家

姑熟(今安徽芜湖)在清初聚集了大批文人画家,他们在此创作了一批雅俗共赏的墨笔和青绿山水,被称为"姑熟派"。"姑熟派"以萧云从为代表,其作品有《疏林曳杖图》、《云台疏树图》等。

金陵(今江苏南京)在清初也活动着一些画家,"金陵八家"是指龚贤、樊圻、高岑、邹喆、吴宏、叶欣、胡慥、谢荪,他们注重生活和传统,善画实景山水,追求意境宁静、意气清新的风格。龚贤的《溪山无尽图》,高岑的《谷口幽居图》,邹喆的《雪景山水图》轴等作品都是传世名作。

(三)花鸟画

清代的花鸟画,各种风格流派都取得很大发展,工笔、写意和内容、题材等方面都得到空前繁荣。其中影响最大最为深远的便是"扬州八怪"。

清代中期的扬州画派,崛起于扬州地区,是18世纪中国画坛上的一个著名的群体,集中反映了清代中叶审美趣味的变异。它并不是一个有组织、有纲领的画派,却历来以"八怪"著称。所谓的"扬州八怪"一般是指金农、黄慎、郑燮、李鱓、李方膺、汪士慎、高翔、罗聘八人,他们不全是扬州人,但却以扬州为活动中心,在艺术上重视个性的张扬、力求创新,绘画中都善于运用水墨写意技法,融入强烈的主观感情色彩,并将诗、书、画相结合,形成标新立异、清新狂放的艺术格调,作品中都表现出深刻的思想境界，是代表绘画新风尚的画家群。

金农（1687—1763），精于梅竹，他的梅多以淡墨枯笔、奇特的造型，表现勃发的生机，风格古雅朴拙。他的代表作《冰雪之交梅花图》，浓淡墨色交融，布局繁而不乱，每幅画都各具神态。他的山水以意境取胜，景色简略，笔墨朴拙，具有画外之趣，如《山水人物》册。

黄慎（1687—1770），以人物画最为突出，题材多为神仙宗教和历史人物，多有现实生活中的形象。代表作有《伏生援经图》，人物比例准确，线条苍劲流畅。他的花鸟画挥洒自如，画面充满生机，虽然篇幅不大，却能够从小物小景中映现出自然界的生命动态，笔墨简练奔放，表现了他狂放的个性。代表作有《花鸟草虫图》、《菊蟹图》等。

郑燮（1693—1765），字克柔，号板桥，是八家之中最受人们称道的画家。他最精于画墨竹，擅长水墨写意，在继承传统的基础上，主张表现个性，代表作有《竹石图》、《七贤图》、《梅竹石图》等。他的墨竹笔法瘦劲挺拔，枝叶简而少，具有一种孤傲、刚正不阿之气，往往就是自己思想和人格的化身。他还将诗、书、画三者相结合，将书法用笔融于绘画之中，进一步发展了文人画的特点。

李鱓（1686—1762），善作花卉，以《花卉图》册为代表，作品放笔写意，不拘法度，随意点染，具有整体感和层次感。

李方膺（1695—1755），精于画梅，以《墨梅图》为代表。他的梅花以瘦硬见称，老干新枝，苍劲矫健。他作品中的风竹也颇具特色，喜用风雨为背景，虚实相间，营造出特殊的效果，借以讴歌一种倔强不屈的人格。

汪士慎（1686—1763?），尤善画梅，有“铁骨冰心”之号。他作品中的梅，落笔端重，以瘦硬的笔调描绘出秀雅之姿，以《风雪梅花图》为代表。

高翔以恣肆的笔触，别有意趣地刻画山水。罗聘（1733—1799）绘画题材广泛，是“八怪”中的多面手画家。他不拘成法，自创风格，笔调新奇，面貌各异。他的梅往往以浓墨渲染、笔力厚重，以《梅竹双清图》轴为代表，作品运线简朴、形象奇古，具有清秀雅逸的风格。

（四）人物画

清代的人物画，成就虽不及山水、花鸟画，但在题材上却更加丰富，除了仕女画、神仙画以外，还有写实、风俗的人物画，亦有一些以鬼为题材的作品，可谓是丰富多彩。

改琦和费丹旭均以仕女画而闻名，前者代表作品有《玄机诗意图》，版画《红楼梦图咏》等；后者尤善肖像画，能够很好地传达对象的内心世界，代表作品有《纨扇倚秋图》、《果园感旧图》等。他们的作品形象柔弱，笔墨清雅，受到了当时流行的关于女性美的观念的影响。

（五）年画

清代前期版画比较繁盛，但在鸦片战争之后，随着先进印刷技术的传入，中国传统的木刻版画也逐渐衰落下去。

年画是我国民间在年节时张贴的一种绘画，它寄托着劳动人民对幸福生活的向往，因此，年画具有“欢乐吉庆”的功用。年画作为一种独立的艺术形式始于明朝，明代的木版年画比较普及。发展到清代，木版年画具有了更为丰富的表现力，在品种、色彩、题材、流传地域等各个方面都有了不同程度的扩展。其中以苏州桃花坞、天津杨柳青以及山东潍县的年画最为著名。

苏州桃花坞年画制作工细精丽，色彩明快雅致，还吸取了西方绘画的透视法和铜版画技法，表现了一些时事性的作品，如《姑苏万年桥》、《弄乐》等。

天津杨柳青年画将明清宫廷艺术与华北的农耕文明融合在一起，题材十分广泛，有历史故事、社会风俗、时事新闻、儿童游戏、花鸟虫鱼等等。它在技法上受到北方版画、明清宫廷绘画、京城刻印技术的影响。清代杨柳青年画由于文人画家的参与，讲求线条的韵味，具有清雅的风格。这些文人画家将对生活的希望和寄托融入清丽的年画中，生动有致地描绘了人们生活的情趣，代表了这个时期的审美风尚。还有一部分朴实粗犷、简劲明快的年画深受农村百姓的喜爱。尤其到了清代中、后期，杨柳青年画的地方风格日渐鲜明，以豪放苍劲的线条和生动夸张的动物以及丰满的人物形象闻名。

山东潍县年画受到桃花坞和杨柳青年画的影响，结合本地人们的审美喜好，自成一系。杨家埠是潍县年画的发祥地和发展中心。潍县年画大多反映山东农民的生产劳动和当地的民间传说，兼具北方的质朴和南方的雅致，充满了山东的乡土气息，具有浓郁的地方特色和节日气氛，如《男十忙》、《女十忙》、《春牛图》、《蟠桃大会》、《灶君》等。

二、雕塑与工艺

(一) 雕塑

清代的雕塑主要有帝陵雕塑、宗教雕塑、装饰雕塑等几种形式。在清代的帝陵雕塑中，石雕数量是比较多的，以昭陵神道两侧的立马最为著名。雕刻风格写实洗练，劲健有力，充分展现了神马的风采。清陵的雕刻虽然精致细腻，但是在整体上缺少气魄。

清代的宗教雕塑虽然在衣纹处理上吸收了绘画的描法，但是却缺少内在精神。除了一些因较少拘于宗教仪规而建立在观察现实基础上的罗汉形象外，其他罕有出色的作品。较好的可以北京西山碧云寺罗汉堂的五百木雕罗汉为代表。

(二) 工艺

1.陶瓷

清代的瓷器特别是景德镇的红釉是首屈一指的，其中又以郎窑红最为名贵。青花瓷则以康熙时期的最为出色，它们鲜蓝青翠、明艳清朗，其鲜艳的色彩表现出良好的装饰效果，成为后世摹仿的标准。“素三彩”中，以往是以黄、绿、紫三色为主，这时也增加了一种特殊的蓝彩。

紫砂器是清代受到统治者高度重视的器种，它们较多地追求精巧、奇特，因此在艺术性上远不及明代。

清代的陶瓷造型最突出的特点就是精细、严格、规矩，瓷器的口、底交待得非常清楚，底部带有一种柔软、圆润的感觉。还有一些“福字壶”、“寿字壶”等作品，虽然需要很高的制作技巧，但却给人一种造作的印象。

清代瓷器的装饰，人物画题材的比重很大，主要取材于史书、小说、戏曲故事，同时一些现实生活也成为精心选择的题材，被描绘在瓷器上。山水题材则主要表现在康熙时期的青花瓷器上，它们往往配以长篇的文字作装饰，如《出师表》、《兰亭集序》、《赤壁赋》等等，为陶瓷装饰开辟了新的创作途径。

清代瓷器上的装饰，还有一部分具有“图必有意，意必吉祥”的装饰内容，这些作品多采用谐音、象征的手法构成会意的图案，如三阳开泰、安居乐业、白头偕老等等。

2.染织

清代的染织主要分官营和民营两大类。官营生产集中在南京、苏州、杭州以及北京等地，多以“上用”；民营则散布于各地，多以自用或作为商品出卖。

清代苏州丝织业发达，装饰花纹主要有动物类、植物类。宋锦是其中的一个传统品种，秀丽典雅，多以几何纹作骨架，配以团花，工整规矩，色彩温和。江宁(南京)自元明以来就是丝织重地，《红楼梦》的作者曹雪芹家族，三代任江宁织造。云锦是江宁生产的一种华贵的高级丝织品，以云纹作装饰纹，色彩变化丰富，多用金线，具有富丽堂皇之感，反映了高超的技术水平。

印染工艺在此时也有飞跃的发展，品种更为丰富，并且在不同的地方形成了各自的特长染色。如江宁的天青，苏州的天蓝，杭州的湖色，成都的大红，镇江的朱红酱紫等等。

第三节　近代美术

清代末年的画坛，以“三任”、吴昌硕为代表的“海派”和以“二高一陈”为代表的“岭南画派”成为中坚力量，他们为晚清的绘画带来了新的气息。太平天国壁画反映了壁画在清代取得的成就。装饰性工艺雕塑也具有不同程度的进步。“五四运动”带来了文艺界的全方位变化，美术上，为提倡西学所采取的一系列措施，为我国的美术发展带来了明显的革新。

一、近代绘画

(一)海派

清代末年，上海逐步取代扬州在清代中期的地位，成为当时的艺术中心。上海的众多画家的作品，题材通俗易懂，笔调潇洒活泼，色泽清新雅致，被人们统称为“海上画派”或“海派”，以任熊、任薰、任颐以及吴昌硕等人为代表。

任熊(1823—1857),其画作题材十分广泛,代表作有《花卉》四条屏.《自画像》轴等。前者画四季花卉,色泽清新脱俗;后者人物深情严峻,以方硬和细腻相对比的笔触,表现人物倔强的性格。

任薰(1835—1893),其花鸟画以刚健遒劲的线条,鲜明的色泽著名,保持了较高的品位,代表作有《花鸟四屏》等。

任颐(1840—1895)的作品造型准确,形象生动,笔触活泼,线条流畅,色彩清新。其花鸟画以《孔雀图》、《紫藤鸳鸯图》为代表。他的人物画多采用民间、历史故事中的人物为题,将对现实人生的观察融进作品中,具有生活气息,以《风尘三侠图》为代表。他的肖像画可以说是代表了当时海派的最高水平,借鉴了欧洲水彩画的长处,并且相融了同时期其他画家的技巧,形成了自己的风格,具有时代意义。代表作有为好友吴昌硕所作的《 酸寒尉像》、《蕉荫纳凉图》以及《三友图》等。

吴昌硕(1844—1927)的绘画题材以花卉为主,善以大篆及草书的笔法作梅花,水墨淋漓酣畅,富有情趣。此外他笔下刚劲有力的兰花、浓淡相间的菊花也颇具特色,极富生活气息。他的作品色墨并用,浑厚苍劲,再配上诗句及古朴的印章,使诗、书、画、印融为一体,形成了雄浑刚健、气势磅礴的画风,对于近世的花鸟画有极大的影响。

(二)岭南画派

岭南画派是指20世纪初,由高剑父、高奇峰、陈树人为首所创立的画派,其成员都是广东籍,在艺术上主张"折中东西方",技法上,在继承前人传统的基础上,又有时代的风尚,形成独特的风格,他们强调现代精神,不受传统观念的束缚,在画坛的影响逐渐扩大。

居巢(1811—1865)与居廉(1828—1904)兄弟,强调作画以自然为师,作品设色妍丽,笔致工整。他们擅长"撞粉"和"撞水"画法,出现特殊的效果,大大发展了绘画表现技巧,被人们称为"二居"。

高剑父(1879—1951),在学习国画、西洋素描画法的基础上,又对东洋绘画有所研究,萌发了改革中国画的思想。他主张应该接受中国古代的绘画传统,同时吸收西洋的绘画技法,创革新派绘画。他曾与其弟创办《真相画报》、《审美书馆》,宣传革命,改革中国画,培养了一批新人。

高奇峰(1889—1933)画风奇崛,雄健有力。陈树人(1884—1948)在从政之余致力于笔墨,并与何香凝等人共组"寒之友社",以岁寒三友互勉。他的画作,重视写生,清新而富有诗意,代表作有《岭南春色》,人物以劳苦大众为主。

岭南画派除了"二高一陈"以外,还有何香凝、方人定等人,也都在不同程度上继承和发扬了岭南画派的传统和主张。

(三)壁画

清代壁画成就最突出的就是太平天国壁画。现已发现的太平天国壁画中,以南京的壁画最为著名。它们题材广泛，内容丰富，有战争题材，有历史神话题材，这些作品中不仅反映了当时的实际情景，也反映了普通老百姓对美好生活的向往。因此，不仅具有艺术价值，还具有历史意义。《防江望楼图》是具有代表性的歌颂太平军的作品，画面以坚固的布防和严阵以待的气氛，使人感到农民起义军的威严和迎战的充分准备。作品虽然没有细致地描写人物的活动，但却在静寂中凸现了征战的活力。

二、雕塑与工艺

鸦片战争以来，在两千年封建文明中居于重要地位的宫殿、陵墓雕塑逐渐失去了往日的威严，同时由于近代科学文明的发展，装饰性工艺雕塑却具有特殊的生命力。

装饰性工艺雕塑在近代占有十分重要的地位，如泥塑、玉雕、木雕等形式都较之以前有所发展。清代泥塑以天津成就最高，影响最大。最负盛名的泥塑人张长林(1826—1906)，人们称他为“泥人张”。他所塑造的形象透出一股书卷气，题材多取自中国古典文学名著，惟妙惟肖，生动传神，如《蒋门神》、《木兰从军》等。

同时，以擅长创作大型玉器的扬州和以擅长精巧玉器的苏州为代表的玉雕艺术也有所发展。以《青玉大禹治水山子》、《青玉会昌九老山子》等传世名作为代表。木雕艺术方面以潮州木雕最为著名。它主要取材于当地生产的樟木，或是从南洋进口的酸枝木，以在家具、器皿等上的雕刻为主，采用浮雕、沉雕等多种雕法。作品题材内容广泛，包括历史故事、文学名著、地方戏曲以及现实人生等等，寄托了南方人民的美好的生活理想，具有地方特色。

三、新学的影响

新学是清代末期维新思潮与外来文化相结合的资产阶级新文化与封建旧文化进行斗争的产物，在这种思潮的影响下，美术也逐渐发生了变化。主要体现在近代的美术出版物，提倡西方美术，以及一系列美术教育改革上。

(一) 美术出版物

欧洲石印术传到上海，1877年8月，中国出版了第一本画报《瀛寰画报》，内容多为世界各国的风土人情。1884年创刊的《点石斋画报》是画报与时事新闻相结合的产物。而近代商业广告和图画相结合的最成功的方式是一种特殊的美术形式——月份牌画。

月份牌画是指19世纪末到20世纪初在上海发源的一种商品广告画，用擦笔画和水彩画两种技法融合而成。最早被聘请绘制月份牌画的作者周暮桥，在技法上以单线平涂来描述故事。郑曼陀的画更加细腻，善于处理人物的眼神，更重要的是他奠定了擦笔水彩画法，并且大胆地用时装美女作月份牌画的主要描绘对象，以水彩风景作为衬景，使整个画面效果更富有生气。他的作画格局对后世很多画家都产生了重要影响。

近代新闻报纸的出现,使自古就有的讽刺绘画有了传播媒介,一些具有民主思想的革命者,在一些革命报纸上用讽刺绘画来抨击时弊、揭露清王朝的腐败政治,他们的强烈的爱国思想、革命情绪,都在这些讽刺绘画中有所体现。当时的讽刺绘画也被称为"寓意画"、"滑稽画"等等,著名的画家有张聿光、何剑士等人,他们都善于运用毛笔勾勒,用单线造型。张聿光的讽刺画反清的政治倾向非常鲜明,以《饭桶》、《袁世凯骑木马》等作品为代表。何剑士的风刺画则主要以"醒世"为目的,以《内阁总理》为代表。这种增加了讽刺、幽默内容的新闻图画,到了1925年丰子恺在《文学周报》上发表作品时被定名为"漫画"。于是"漫画"就成了具有讽刺、幽默意味的绘画作品的总称。

(二)蔡元培的美育观

蔡元培(1868—1940),是我国近代史上伟大的教育家、思想家和爱国主义者。他曾经发表过《以美育代宗教说》、《文化运动不要忘了美育》等论文,提出"文化进步的国民,既要实施科学教育,尤要普及美术教育"的观点,他希望通过美育能够从精神上改变当时国人的一些思想状况。蔡元培的美育观,冲破了封建礼教与军阀统治的裹束,为开创新的美术事业起了先锋作用,为"为艺术而艺术"的思想提供了理论基础。但是它也有局限性,由于过于强调美的普遍性、超越性,而脱离于社会现实,使其实现的可能微乎其微。

(三)美术教育

新学与旧学之争,反映了中国资产阶级新文化与封建旧文化之争,而随着维新思想的活跃,政治上的新措施同样促进了教育体制的改革。晚清政府采取的"废八股、兴学堂"的措施,使当时对美术师资的要求越来越迫切。因此,在师范学堂里开始设置图画手工误,也就是早期的美术课,它是"新式"艺术教育体制下出现的新鲜事物。在我国最早设立图画手工课的是南京两江师范学堂和保定北洋师范学堂。

除了政府创办的学校外,当时在中国的一些大城市,建立了一种脱胎于旧式师徒制的私立美术学校。我国第一所私立美术学校是1911年由周湘在上海创办的中西美术学校,后改名为中华美术学校。此后,刘海粟、汪亚尘等人于1912年创办了上海图画美术院,后改名为上海美专,成为当时发展最快的私立美术学校。

在社会美育思潮的带动下,国家开始正式建立专门的美术学校。1918年建立了北京美术专科学校,第一任校长是郑锦;1928年在杭州建立了国立艺术院,第一任院长是林风眠。

除了在国内兴办美术教育、培养人才以外,当时的中国政府还派遣大批留学生到世界各个先进国家留学。这批留学生以去日本和法国的居多,学成之后大部分成为中国美术教育的主要师资力量和职业画家,为中国美术发展、也为东西方美术的交流起到了重要的促进作用。

李叔同(1880—1942),曾留学日本,其绘画受印象派影响,后与柳亚子创办"文美会",并主编《文美杂志》,培养了一批优秀的美术人才,丰子恺、刘质平等都是他的得意门生。他也从事音乐、戏剧事业，造诣甚深，他与曾孝谷等人创建的春柳社，出演的《茶花女》、《黑奴吁天录》等作品，都在当时产生了巨大影响。1918 年，出家为僧，号弘一，此后不再从事艺术创作。

思考题：

一、填空

1.______开创了中国绘画史上第一个以地别为派的画派——______。他的代表作有《春山积翠图》、《渔乐图》等。

2.______作品中体貌谨细的被称为“细沈”，以《庐山高图》为代表；体貌粗简的被称为“粗沈”，以《古木寒泉图》为代表。

3.______、______、______、______并称“吴中四才子”。

4.______代表作品《风木图》卷，用笔沉郁有力，水墨勾染浓重，具有粗笔的风貌；晚期则以《落霞孤鹜图》为代表。

5.______以《溪山楼阁图》为代表，作品构图左右对称，用线细劲含蓄，墨色清淡融合，色调明快。他的青绿山水以《玉洞山源图》和《桃溪草堂图》为代表。

6.清代山水画方面，以______、______、______、______为首的摹古派代表了传统的笔墨程式；还有一些在野的遗民画家______、______、______、______代表了笔墨程式新的发展方向。

7.清代的瓷器特别是景德镇的红釉是首屈一指的，其中又以______最为名贵。______则以康熙时期的最为出色，它们鲜蓝青翠、明艳清朗，其鲜艳的色彩表现出良好的装饰效果，成为后世模仿的标准。“______”中，以往是以黄、绿、紫三色为主，这时也增加了一种特殊的蓝彩。

8.清代的染织主要分官营和民营两大类。______生产集中在南京、苏州、杭州以及北京等地，多以“上用”；______则散布于各地，多以自用或作为商品出卖。

9.1877 年 8 月，中国出版了第一本画报《______》，内容多为世界各国的风土人情。1884 年创刊的《______》是画报与时事新闻相结合的产物。而近代商业广告和图画相结合的最成功的方式是一种特殊的美术形式——______。

二、解词

1.吴门画派 2.松江派 3.徐渭 4.“四僧” 5.“扬州八怪” 6.海派 7.岭南画派 8.景泰蓝 9.太平天国壁画

三、简答

1.董其昌的南北宗说

2.明代人物画的创作

3.明代的雕塑发展

4.岭南画派的艺术风格

5.蔡元培的美育观

四、论述

1.明代花鸟画的发展历程

2.清代山水画的创作

3.清代年画的发展状况

4.海派绘画的创作内容与风格

第一节　建国前的美术

一、建国前的绘画

(一) 中国画

陈师曾 (1876—1923)，其画具有文人画的新意，他的梅花、菊花、葫芦等作品，往往顶天立地，在当时中国画里的布局是相当别致的。他还对中国绘画传统做了深入的研究，著有《中国人物画之变迁》、《清代山水画之派别》、《清代花卉画之派别》等著作或文章，对中国绘画理论事业做出了巨大贡献。

齐白石 (1864—1957)，原名齐纯芝，号白石、白石翁等。他 40 岁之前的艺术作品带有强烈的民间艺人的气息。之后的作品中，画风则发生了明显的变化，淡化了民间气息，增强了文人趣味。他在作品中保留了民间艺术的一些优秀传统，同时也吸收了前代杰出画家的艺术成就，贯通名家，将民间技法与大家风范融为一炉。他的绘画是具有齐白石自己个性的文人画，他通过对物象"形"的描绘，达到"传神"的效果，具有健康爽朗、生机盎然的情调。他擅长花鸟画，山水和人物画亦佳。他的花鸟画充满了生活气息，具有很强的艺术感染力。他的山水画简约雄健，在传统写意山水与民间艺术的基础上进行了进一步探索；其人物画则凝练粗犷，内容深邃，发人深省。代表作品有《虾》、《不肯伤廉图》等等。齐白石还擅长诗、印、书法，其书法在前代大家的基础上形成了自己雄健苍劲的"齐白石体"；其印也具有独特的风格，自称"三百石印富翁"。

黄宾虹 (1864—1955)，又名质，字朴存。他的山水画尤为著名，以"黑、密、厚、重"的独特风格著称。以《拟孙雪居笔意》、《西湖栖霞岭》为代表。他 50 至 70 岁主要致力于对古画的临摹上，几乎笔笔有来历，点点有出处，这是他"白宾虹"时期；80岁直至去世，他的画作越来越厚，越来越密，越来越黑，被称为"黑宾虹"时期。"黑宾虹"是黄宾虹成熟的山水画特色。他针对中国画笔墨技法曾经提出过"五笔七墨"的说法。所谓"五笔"即平、圆、留、重、变；所谓"七墨"即浓、淡、破、泼、积、焦、宿。中国传统墨法在他的笔下达到了出神入化的境界，与齐白石并称"北齐南黄"。

张大千 (1899—1983)，既善山水、人物也善花鸟，既善工笔也善写意，是绘画全才。以《长江万里图》、《庐山全景图》为代表。他从临摹古人入手，在传统绘画精髓的基础上，形成自己独特的艺术风格。他的山水以大泼墨、大泼彩、大泼水来表现精神，形成了独特的泼墨、泼彩风格。他的人物画、花鸟画也多来自古人，又高于古人，作品中神态出众，给人以飘飘欲仙的感觉。

潘天寿（1898—1971），擅长写意花鸟，也善山水，对于书法、绘画理论等也都有深入的研究。以《雨霁图》、《松鹰图》、《小龙湫下一角》为代表。他的绘画具有雄浑苍劲的风格，以深厚的传统笔墨功力，加上以线为主的造型方法，表达了老辣、凝练、生涩、雄健的意蕴。他的作品喜欢从高处、大处、远处和最新奇处立意，在苍劲、雄浑中透露出一种清新俊逸的诗意。他笔下的老松、雄鹰、山花、野草都具有一种纯朴倔强的性格和顽强的生命力，作者正直豁达的情怀就在这宁静自然的氛围中表露无遗。除了绘画，他的书法作品功力同样深厚，以豪劲质朴的笔触，独树一帜。

傅抱石（1904—1965），是一位才气过人的画家，以《中山陵》、《声喧乱石中》、《不辨泉声抑雨声》为代表。他酒后作画，挥洒泼墨，风格奇特。他早年师法古人，崇尚石涛，故名抱石。在抗战期间，主攻山水和人物，显示了他艺术上的新创造。他在美术理论方面也颇有建树，著有《中国画变迁史纲》等作品。

李苦禅（1898—1983），原名李英，在大写意花鸟画方面取得非凡成就。代表作有《双鹰图》、《荷塘西翠图》等。他的作品具有磅礴的气势，风格沉郁雄浑，笔墨潇洒放纵，在豪迈之中可见精细。

赵望云（1906—1977），原名赵新国，他主要以劳动人民的生活为题材，创作了大量反映他们呐喊的作品。如《疲劳》、《风雨下的民众》、《鲁西水灾忆写》、《驴抬不起头》等作品，都反映了他代表"大众时代"的艺术成就。

（二）西画

西画主要是指西方传入我国的油画，也包括伴随油画到来的素描、水彩、水粉画等。早在明代，意大利天主教传教士来到中国，带来了"圣像"，从那以后，西方的绘画、雕刻作品不断传入，对中国传统绘画和雕刻艺术产生了重要影响。到了20世纪，油画在中国得到了迅猛发展，并逐渐形成了具有中国民族特色的中国油画。中国传统绘画与油画的结合，为中国绘画的发展开辟了新的途径。

李铁夫（1869—1952），原名玉田，他的油画遵循19世纪欧洲学院派的艺术风格，在创作上注重人物性格特征的刻画，并富有东方情调。他不仅擅长油画，对于水彩画、钢笔画、粉笔画、雕塑等方面也有所涉及。他是我国近代美术史上最先出国留学的画家，代表作有《音乐家》、《老教师》、《少女》等。

徐悲鸿（1895—1953），他是一位写实主义大师，非常重视绘画中造型的准确，他的素描与油画是非常出色的。他的作品大多是对现实生活的有感而发，即使是历史题材的作品也具有鲜明的现实意义，以《田横五百壮士》、《奚我后》、《愚公移山》、《群马图》、《泰戈尔像》等为代表。他对中国画进行中西融合的大胆革新，他将中国传统绘画的程式抛开，以素描为基础，用中国画的工具材料和极少的传统技法来塑造形象，即用西洋技法来改造中国画，虽然这种尝试在当时还不成熟，但是毕竟在精神气质和审美趣味上都兼具西方风格与中国民族特色。徐悲鸿同样是一位美术教育家，他的素描教学一度是全国最有权威的，对后世产生重要影响。

刘海粟(1896—1994)，是中国近代美术教育事业的奠基人之一。在艺术上，他寻求"贯通中外"，许多作品中显示出两种形式的相互影响。他的油画受到西方革新画派塞尚、梵高、马蒂斯的直接影响，同时又具有他自己的独特风格。国画方面，他在前代画家的基础上，用老练的笔触，丰富高超的绘画技巧，在作品中寄托了自己的情感。他九上黄山，创作了大量黄山风景。

林风眠(1900—1990)，初名棠，在绘画创作中和美术教育中做出了杰出的贡献。他试图探索一条"中西调和"的道路。他在固有的传统文化的基础上，把中西绘画各自的长处加以调合，融入了自己的独特风格，形成了与众不同的风貌。他的西洋画和中国画都使人感觉是一种中西的和谐统一，其人物画多以"中"为主，着重墨线上的变化，幽雅之至；其山水画，则以"西"为主，注重透视或明暗变化。他成功地将陶瓷等民间工艺的艺术表现融入到绘画中，简洁有力的线性表现，大笔铺陈的水墨渲染，都成为他常用的画法。代表作有《鱼鹰小舟》等。同时林风眠也是现代美术史上的一位教育家，他与徐悲鸿、刘海粟同列为现代美术教育的"三重臣"。

吴作人(1908—1997)，代表作有《播种者》、《纤夫》等。他具有扎实的西画基础，同时又对中国的传统绘画进行了深入的研究，因此其艺术透露着强烈的中西文化结合的风采。在他的作品中始终保持着清新、凝练、柔和、秀美的风格，色彩变化微妙，具有高雅的格调以及耐人寻味的特点。

(三) 版画

20 世纪初，中国传统版画不再具有以往的生机和活力，逐渐走向衰落。欧洲人在中国古代复制版画的基础上，将画与刻分开进行，使画家和刻印家都成了独立的艺术创作者，形成了新型的创作版画。20 世纪 30 年代，这种新型的创作版画又重新传入我国，发展成为现在的中国现代版画。当时中国文艺界受到左翼文艺思潮的影响，因此，现代版画自诞生之日起就受到了为人民、为社会的创作理念的影响，也被人们称为"新兴版画"。

1.新兴的版画社团

1929 年，杭州国立艺专的一些进步学生组织成立了"一八艺社"，后来在上海建立分社，主要成员有李可染、王肇民、汪占非等人。"一八艺社"受到鲁迅先生的指导和帮助，并陆续出现了一批重要的作品。如胡一川的《饥民》、《囚》，汪占非的《五死者》，陈铁耕的《母与子》等作品，都表现了他们强烈的斗争倾向，受到了社会的好评。

当时还有春地美术研究所、平津木刻研究会、广州现代版画会等多个新型组织，为当时中国新兴版画创作的繁荣发展做出了重要贡献。胡一川的《到前线去》，江丰的《码头工人》，黄山顶的《穷人之家》，李桦的《春郊小景图》、《黎明》等都是这一时期著名的版画作品。

2.著名的版画家

李桦(1907—1994),创作了大量以反饥饿、反内战为题材的木刻作品,代表作品有《怒潮》组画,《饥饿线上》、《里外同心》、《向炮口要饭吃》等,战斗性强,画风坚实有力,质朴清新。

黄新波(1916—1980),的木刻作品多反映当时社会现实的黑暗,对劳动人民寄予深切的同情,具有鲜明的现实主义色彩。代表画集《心曲》中,作者以象征的手法表现当时的生活主题,以背景环境的营造来衬托人物的内心世界。

胡一川(1910—2000),原名胡以撰。在抗日战争时期,他以自己的亲眼所见为题材,创作了一批反映日军暴行的作品,以《闸北"风景"》为代表。后来到延安,创作了《胜利归来》、《攻城》等作品,作者以粗犷苍劲的刀法,强烈的色彩,表达了内心那种狂热的情感。

江丰(1910—1982),原名周熙。他的作品中具有质朴刚劲的风格,以《冰雪中的东北义勇军》、《战士》为代表。在延安,他将新年画与木刻相结合,创作了一些新的木刻版画作品,以《保卫家乡》、《念书好》为代表。

二、雕塑

在古代中国,雕塑集中表现为宫殿、陵墓、庙宇等建筑前的大型仪卫性雕刻,以及一些宗教神像的雕塑。在"五四运动"以后,随着西方的人文主义精神的影响,一批高度写实的人物雕塑与肖像雕塑悄然兴起。一批出国留学的艺术青年,他们在西方雕塑方面的学习和实践,为我国的现代雕塑开辟了新的篇章。

李金发(1900—1976)是我国最先一批到国外留学的雕塑家之一。他在艺术上主张写实,提倡用科学的方法表现作品,重视基本功的训练,认为作品应该具有准确的结构表现,熟练的雕塑语言。代表作有《伍廷芳》像,《孙中山》像,《邓仲元》铜像等。

刘开渠(1904—1993),原名刘大田。他的作品主要以社会的重大历史事件以及英雄人物为主,是在中国雕塑史上一位具有重要意义的人物。他创作的《淞沪抗日阵亡战士纪念碑》是当时中国第一件大型纪念碑,他的《王铭章骑马铜像》、《无名英雄像》、《天安门人民英雄纪念碑渡江浮雕》等作品都是很有影响的优秀作品。建国前后亦有一些反映普通劳动人民的优秀作品,以《工农之家》为代表,作品以浮雕的形式生动地再现了工农的生活。

王朝闻(1909—2004),其浮雕作品《鲁迅》,由于成功地表现了鲁迅先生的精神气质,而成为其最成功的作品之一。他善于刻划人物,通过熟练的刀法,以及对人物精神的深刻把握,来通过神态、眼神等细节表现人物的思想精神。不仅在雕塑方面,他在美术理论方面同样具有很高的造诣。

第二节 建国十七年美术

1949年新中国建立以后，毛泽东的文艺思想便成为美术领域的主要指导思想。这一思想既吸收了西方启蒙运动以来对普通大众的关注，又在这一基础上更进了一步，将"把艺术还给人民大众"的主张更加明确化。毛泽东所指的"人民大众"是指工农兵大众，具有鲜明的阶级意识。因此，从1949年到1966年的美术，几乎都受到这一思想的影响。如绘画上的新年画运动、中国画和油画的改革、版画的艰难发展，在雕塑领域，也不约而同地体现了"为政治服务，为工农兵服务"的社会现实，较之以前，具有了新的风格特征。

一、绘画

(一) 年画

年画作为一种独特的艺术形式，最能体现毛泽东提出的"二为"方向。因此20世纪50、60年代的新年画运动，自然也就成为新中国最令人注目的艺术现象之一。1950－1953年的新年画广泛吸收各个画种的艺术特色，形成了一种主体性绘画的创作模式；1956年至20世纪60年代中期，年画出现了重回民间的趋势，形成了"红、光、亮"的特点。反过来又对中国传统的山水、人物、花鸟画以至油画都产生了重要影响。

1950年是新年画创作的丰收年，不论是年画的种类，还是发行数量，都有突飞猛进的增长。当时的年画主要表现了新中国成立以后，农民当家作主的喜悦，是为新的政权和政府，以及他们的政治主张服务的。因此1950年的新年画又被称为"解放年画"。以李琦的《农民和拖拉机》、古一舟的《劳动换来光荣》、安林的《毛主席大阅兵》等作品为代表。

此后的年画创作从题材上讲，更加广阔，内容上也逐渐趋于丰满，关于保卫和平的斗争，爱国主义的生产建设，以及人民对幸福生活的向往等等，成为年画创作的普遍主题。如林岗的《群英会上的赵桂兰》，就是当时非常优秀的作品之一，它不仅具有真实生动的人物描写，而且在表现手法上也兼具有中国古典绘画的严谨、精致的特色，大大提高了年画的艺术水平。除此之外，古元的《毛主席和农民谈话》、刘政德的《唱着山歌送代表》、石鲁的《幸福婚姻》等也是当时非常优秀的年画作品。

在这一时期的年画发展过程中，山东年画也逐渐突出自己的特色，形成了较有影响的一种地域风格。山东年画主要表现革命题材，在艺术形式上在原来山东年画艺术经验的基础上加以创造和革新，人物造型生动，色彩鲜明，构图饱满匀称，表现了新时代的思想内容，同时适应了劳动人民的欣赏口味。吕学芹的《三代民兵》、施邦华的《征服自然的人》、白逸如的《书记开会回来了》等作品都有一个主题，但是同时注意其装饰性。山东年画以其独特的艺术探索，在新中国的年画史上占有重要地位。

从中国年画的发展史上来看，年画在宋代开始出现，在明清时期得到了巨大的发展，可以说在中国围绕春节形成了一种特定的视觉艺术形式。在中国的广大农村，也包括城市这种人员集中的地方，都接受、利用这种形式来表达人们对新的一年的美好愿望。因此，新年画不仅是最早宣传新中国形象的艺术形式，而且它还以一种潜移默化的形式渗透到中国写意人物画、油画等艺术种类之中，对它们的改革产生了重要影响。新年画作为一种为政治服务、为工农兵服务的艺术形态，表现了毛泽东的政治和社会理想，在建国十七年的美术中具有重要价值。

（二）中国画

新中国建立以后的中国画与传统中国画的主要区别在于，是否反映劳动人民的生活，反映农业生产，是否将现实生活纳入到国画的创作中来。因此，这一时期中国画的最主要的特点或是改革的重点，便是要反映现实中劳动人民的生产和生活。它们朝着越来越革命、越来越具有社会主义性质的逻辑向前推进。建国前已有成就的中国画家们要适应这种转变，而中青年画家则是更自觉地投入这种创作。

1.水墨人物画

这一时期的水墨人物画家，主要是通过各大美术院校培养出来的。以杨之光、方增先、周昌谷、刘文西、黄胄等人为代表。杨之光的《一辈子第一回》、《雪夜送饭》、《说什么我也要入社》，以及方增先的《粒粒皆辛苦》，周昌谷的《两个羊羔》等作品，都是当时中国水墨人物画方面的优秀作品。它们多表现对现实生活的赞美，对广大劳动人民的歌颂，对社会主义新中国形象进行肯定性的描绘。

《一辈子第一回》是一幅以水墨、线条和染色来表现富有立体感的人物的水墨人物画，在当时产生了巨大影响。《粒粒皆辛苦》则侧重湿笔的运用，强调了水墨的晕染效果，受到一致好评。刘文西的《祖孙四代》为西北人物画找到了一种典型的表现图式，黄胄也由于《洪荒风雪》而成为继周昌谷之后，又一个获得“世界青年联欢节”金质奖的艺术家。此外卢沉的《机车大夫》，汤文选的《婆媳上冬学》，王玉珏的《山村医生》，王盛烈的《八女投江》等作品也具有很大的影响力。

2.水墨山水和花鸟画

这一时期的山水和花鸟画也逐渐转变成一种与社会主义新中国、与毛泽东时代的理想相关的艺术形式。从20世纪50年代起，山水、花鸟画画家们就被组织起来，到乡下写生，去感受真山水。而这个真山水已经与新的生活联系在一起，它代表了一种反映我们真正生活在其中的山水的要求，要将以往文人山水画变成一种“入世”的山水画。其中最成功的便是李可染和钱松嵒，他们通过写生的方式建构了自己的山水画图式和独特的形式语言。钱松嵒的代表作《常熟田》，表达了社会主义新农村的山水，作品中虽然没有描绘过多的人物，但却能感觉到一个生机勃勃的新世界，这种山水画在上世纪60年代具有非常重要的意义。

以傅抱石和关山月合作的《江山如此多娇》为代表的这一时期的诗意山水，开启了一种新型山水画，表达了毛主席所提倡的革命现实主义和革命浪漫主义相结合的艺术创作方法，它不仅对新中国以来的山水画有重大影响，而且也影响了当时的花鸟画的创作。

李可染(1907—1989)，抗战时期以简笔粗墨的山水和简笔写意人物画而闻名。新中国成立以后，开始探索中国画的改革，他的山水画适应了中国画由私人空间欣赏到公众空间展示的时代变化。他把毛泽东的诗意山水画推向了高峰，使其山水画达到了一个新的境界，作品中充分反映了作者希望用山水的方式表现新中国形象的理想。他在传统的和真实的山水之间重新建立了一种联系，将碑派书法的用笔与西方绘画明暗处理和谐统一，画面严整，色调统一中黑白灰分明，层次丰富，笔墨凝重，创造出了他的“李家山水”的独特风貌。其代表作《六盘山》中表现了毛泽东诗意所表达的革命气魄，而这种风格同样表现在他的《万山红遍，层林尽染》等作品中。他的这类“红色山水”，以红色为主来歌颂新中国的形象，具有特定的时代性。也正是由于这种时代性，使他的作品在新中国的美术史上占有极其重要的地位，对后世的许多山水画家产生了重要影响。

这一时期的其他画家也以自己的满腔热情创作了大量的优秀作品，如潘天寿的《灵岩涧一角》，黎雄才的《韶山朝晖——毛泽东同志故居》、《武汉防汛图卷》，石鲁的《转战陕北》等等。

艺术家们去那些革命圣地体验生活，在这一过程中，他们“行万里路”去感受相应的革命内容。在这种历史条件下，以革命圣地作为山水画题材的“革命圣地山水”，也就自然而然地诞生了。它们也因为题材上的优势很快成为新中国艺术体制中被认可、被推崇的艺术题材。在这一类山水画中，以赵望云的《重林耸翠》、《风雨归牧》，钱松嵒的《红岩》、《延安颂》等作品为代表，除此之外，还有傅抱石、黎雄才、李可染等著名画家也创作了大量这类题材的作品。

(三)油画

在新中国美术史上，发展最大的大概就要数油画了。新中国成立之前的油画，只有现代形态和写实形态两种，主要作品还是学院式的风景、静物、人体、肖像，而像徐悲鸿那种具有古典主义倾向的历史题材的作品都很少，反映当时现实生活的作品虽然也有一些，但是远不及版画那样具有力量。新中国成立以后，需要创作一批历史画，歌颂和再现中国共产党在不同历史时期为中国革命所做出的贡献；为新中国的成立所经历的各种不同历史时期的事件树立丰碑；歌颂为新中国的成立而流血牺牲的英雄。油画由于具有便于保存、能挂在户外、尺寸范围大、形象写实等优势，便承担了这方面的重任。

这一时期重要的历史革命画有徐悲鸿的《人民慰问红军》、艾中信的《东渡黄河》、冯法祀的《越过甲金山》、吴作人的《过雪山》、夏同光的《南昌起义》等等作品。詹建俊的《狼牙山五壮士》是这类作品的杰出代表,作者塑造的五壮士是确有其事,他以纪念碑式的英雄主义群像,来激发人们对于英雄的崇敬和怀念。这种历史题材在油画中的发展具有十分重要的意义,它使人物画创作得到了重视,当然更为重要的是使历史和现实得到了新的形象的解释。用油画的写实主义手法作为一种叙事方式,再现和重建历史与现实,从某种意义上说,这种历史题材的油画,既是新中国形象的创作过程,也是新的历史的创作过程。

1963年前后,以往历史油画中所强调的悲剧性、牺牲精神、英雄主义和战争的苦难逐渐被弱化,画面的基调逐渐开始明朗化和乐观化,极富抒情性,题材上也由以历史为主转向以现实生活为主。其中钟涵的《延河边上》意境宁静而亲切,柳青的《三千里江山》也淡化了战争的残酷与血腥,温葆的《四个姑娘》,孙滋溪的《天安门前》等作品也都不约而同地体现了这一转变。

自油画传入中国以后,油画民族化的探索就没有间断过,这一时期也有许多艺术家在这条道路上进行了勇敢的探求。董希文就是这类艺术家的杰出代表,他的作品具有浓厚的中国传统文化特点,同时又紧紧地把它与油画厚重的颜色和趣味结合起来。《开国大典》作为油画民族化的典范,更是吸收了年画鲜艳的色彩和平涂的方法来表现立体的形象。

另一个在这方面取得重要成就的画家是罗工柳,他采取一种特定的艺术构图方式和表达方式,在不影响题材的崇高性和严肃性的同时加大了中国传统文化因素,比如将人物安排在一个相对简化的空间里,以此来突出人物的精神世界,强调平面性,具有写意、抒情的特点。吴作人的《齐白石像》也具有强烈的民族性,作品采用平光,不强调阴暗对比,减弱阴影,是对以往传统黑白设计的变化运用。同时他的风景画也把对象的明暗对比尽量减弱,使整个画面呈现出一种块面堆积的效果,同时在作品意境的表达上注意中国传统与西方语言的融合。

(四)版画

版画艺术本身具有很多的局限,它无法像中国画和油画那样表现重大题材,所以新中国成立以后,它在以往的中心地位逐渐被中国画和油画代替。这种大的趋势也导致了版画艺术本身的变化,如风格上逐渐的抒情化,风景题材的兴起,人物画的淡化等等。

这时的风景版画主要分两种类型,一类是主题性风景画,一类是欣赏性风景画。梁永泰的《从前没有人到过的地方》,以细腻的刀法和清晰的调子刻出了中国南方大山中的繁茂的森林,构图虽然颇有中国传统山水画的味道,但是风景的情调却是崭新的,它壮丽而深远,生动而具有诱惑力。

这一时期各种地域版画也形成了自己的风格。四川版画以黑白木刻为主要表现形式,以人物画的创造为主,具有浓厚的主题色彩,以此来表达社会主义新人的形象。一些四川版画家们深入到藏民的生活当中去,创作了很多歌颂西藏奴隶得到解放的木刻版画作品,如牛文的《欢乐藏族儿童》、李焕民的《情满草原》等,都是这类作品的杰出代表。

北大荒版画则以边疆风景、劳动场面为主要题材，以营造抒情和诗意的境界为艺术特色。以张作亮、张路、杜鸿年等人为代表的一批画家，是第一代北大荒版画的创造者，为北大荒版画派贡献了力量。在他们的作品中，可以感受到一种崭新的自然和对生活的憧憬，这种风景加人物的模式也成为北大荒画给人们留下的最深刻的印象。如张路的《雨后》、《找缝插针》，张新予的《山中气象站》，吴俊发的《一片新绿》等作品。

二、雕塑

新中国需要用雕塑来歌颂其形象，宣扬其政治主张和思想观念，人民英雄纪念碑就是最好的例证。它主要是为了纪念历代英雄，特别是从1840年到1949年反帝反封建，争取民族独立而牺牲的革命英雄。曾竹韶、傅天仇、滑田友、刘开渠等著名雕塑家都参与其中，纪念碑上的十个题材内容的浮雕作品既有相对统一的艺术风格，又发挥了各位雕塑家的长处，形成了和谐统一的整体风格。

除了浮雕以外，圆雕也被用来表现革命历史题材，其中最为著名的便是潘鹤的《艰苦岁月》。作者以同情而赞颂的方式去理解革命历史中的人物，特别是普通人物洋溢着战胜困难的乐观精神，无论是从形式还是内容，从人物的塑造到手法的运用，从题材的选取到人物的表情，都达到了非常高的水平。

《收租院》是20世纪60年代具有代表性的雕塑作品，它反映了雕塑家在那一特定历史时期的想象力和创造力，反映了他们对于时代精神所特有的敏感，以及对毛泽东"坚持阶级斗争"、"为工农兵服务"的文艺思想的理解。作品利用地主庄园原有的场地，塑造了114个人物，有正面的也有反面的。对于情节性的重视以及现实生活道具的使用成为这部作品的特色，它成功地将戏曲艺术的一些艺术元素融入到作品中去，扩大了"雕塑"的概念。

中国美术家协会，初名为中华全国美术工作者协会，1949年7月23日在北平成立，1953年改名为中国美术家协会。中国美术家协会是中国文学艺术界联合会（简称"中国文联"）的组成团体之一，是中国惟一的全国性美术团体，通过举办展览、出版刊物、组织成员进行创作、理论探讨和研究以及开展国际美术交流等活动，努力发展具有时代精神和民族特色的美术。由于中国美术家协会的官方性质，又是中国共产党领导下惟一的美术家组织，在全国各省市都设有分会，所以在"文革"前是美术界的权威机构。

第三节　社会转型期的美术

1976年粉碎"四人帮"后，中国又经历了一系列的历史事件，随着社会的变化，美术创作也进入了一个对"文革"及中国文化和历史进行全面反思的时期。反思的结果就是在美术界出现了在当时引起了极大反响的"伤痕美术"。尽管它的出现受到了文学的启发和影响,但是它仍然在新中国美术发展史上具有重要的位置。其后的人道主义美术先后表现在现实主义和现代主义创作中,并展示出不同的面貌。

一、伤痕美术

在美术界,"伤痕" 题材的作品主要表现为两类, 一类是关于知识分子和老干部受迫害的题材,一类是与知识青年在文革中的特殊人生经历密切相关。以高小华的《为什么》为代表,作品表达了其自身的经历和长期积抑在心里的困惑,画面紧凑,以铅灰色调和厚重的笔触在视觉上造成一种压迫感,人物的姿态、表情、服饰以及周围的环境等,都表现了作者用心营造的一种悲剧性气氛。

"伤痕美术"在新中国美术史上的价值在于,这些美术家第一次敢于通过艺术创造的方式,直接质疑自身内部的错误和失误, 更为重要的意义在于艺术家们能在政治家们还没有对文化大革命做出彻底否定之前,对"文革"提出疑问、反思和揭露,这就说明,新时代艺术家们开始有了批判现实的意识和需求。张红年的《那是我们正年轻》,王川的《再见吧,小路》,何多苓等的《我们曾经唱过这支歌》等作品,都是"伤痕美术"的代表作。

二、写实主义绘画

继"伤痕美术"之后,真正回归到现实主义艺术道路上的,无疑是 20 世纪 70 年代末到 80 年代初的一批描绘乡村和农民题材的"乡土写实主义"美术。写实主义美术以罗中立的《父亲》,陈丹青的《西藏组画》等作品的问世为标志。这些艺术家属于知青一辈,他们的作品所选取的题材,是他们作为上山下乡"知青"一代对农村的体验,对农民的感受,与对中国当时社会的各种现实状况的了解紧密相关。这些艺术家能够直接对当时中国社会面临的普遍问题提出疑问,是他们在美术史上的价值和意义所在。

罗中立的《父亲》,以一种新的人道主义的意识形态,来再现中国农民支撑了一个偌大的民族却仍然贫穷落后、艰难生存的现实。罗中立借鉴了西方照相写实主义的手法,画出老人满脸的皱纹、干裂的嘴唇、粗糙的大手以及一个旧瓷碗,以苦涩的视觉效果和情感力量打动了中国人的心,冲击着观众的视觉,震撼着人们的心灵。

陈丹青的《西藏组画》则用西藏藏民的那种真实自然的形象、纯朴的生活来展示人性的自然之美。作品中有对现实的直观描述,具有一种震撼人心的力量,那粗犷沉默的汉子,那贫穷木讷的妇女,那些虔诚的人们朝圣的场面……都是作者对纯朴自然的人性的赞美。作者充分发挥油画本身的艺术表现力,以严谨的创作,将以往绘画甚至是摄影作品中也感受不到的真实的藏民形象和精神状态呈现在观者面前。

何多苓也是这一时期著名的写实主义艺术家，《春风已经苏醒》是他的代表作。他总是通过描写弱势群体中的小孩、少女，来表达生命在成长、沉思、孤独、死亡过程中的复杂性和丰富性。其后的孙为民、王沂东等人也成为重要的写实主义的代表艺术家。孙为民的《歇晌》、《腊月》，以日常化的生活场景，表达了中国乡村的纯朴与自然。王沂东的《古老的山村》等作品，擅长描绘人物形象的独特个性和丰富的情感。

以他们为代表的艺术家们在自己的作品中表现出来了不同的艺术观念，使写实主义艺术展示了人道主义精神的不同方面，对当时中国美术界描绘农民和农村题材的作品产生了重大影响。

写实主义作为一股美术潮流，在油画、中国画、版画等各个美术门类都产生了重要影响，都有一些优秀的作品问世。油画方面龙力游的《草原的云》，韦尔申的《吉祥蒙古》；中国画方面，何家英的《十九秋》，陈白一的《三月三》，郑小娟的《山雀》；版画上吴长江的《藏区组画》，是以石版画的形式表达乡村，表达他对藏民那种醇厚的风土人情的关注。都为写实主义的繁荣做出了重要贡献。

三、现代主义艺术

按照西方艺术史家的说法，现代主义主要有两个特征，其一是形式主义，承认艺术的自律性，即艺术就在于形式自身的价值；其二是以表现主义为代表的，强调人的独立性、人的不可把握的非理性特点。而中国的"现代主义"或"现代艺术"，主要是指形式上的断裂和革新，也伴随着对人的思考，是针对传统绘画而言的。20 世纪 80 年中期的青年艺术家已经不关心"伤痕美术"和"乡土写实"对一个具体身份的人，如知识分子、农民、工人等的描绘和表达，他们关心的是人的本质是什么？永远支配人命运、生命的东西是什么？或者生命本身是什么？用什么方式、如何来表现？中国现代艺术对人的关注也就成为它的主要特征之一，还有一个重要特征就是对"文化"的关注。

1984 年在北京举办的"国际和平青年美展"上提出不迎合政治口号，摆脱文学描述，打破自然时空强调主体思考创作具有象征意义和手法多样化的作品。在以后的日子里，这些青年艺术家们在各地举办了不同类型的艺术展览与学术研讨，一时间形成了波澜壮阔的现代美术浪潮。他们以新生的锐气和巨大的活力冲击着旧传统、旧格局、旧方法，比较著名的有"北方艺术群体"、"厦门达达"、"江苏红色旅"等。伴随着这些活动，一些具有前卫意识的美术报刊也在发行，如《美术思潮》、《美术报》、《画家》等。

第四节　全球化语境中的美术

20 世纪 90 年代以来，国家和地方上对艺术的态度都更加宽容，在各种展览中都可以见到主流艺术与非主流艺术的并存。20 世纪 90 年代的中国当代艺术是一个多元化的发展格局，并没有因为倡导主旋律,就使前卫艺术或非主旋律艺术彻底消失。

新写实主义,是相对于革命现实主义等概念而言的,是指采取写实主义的手法描绘生活,但是摒弃概念化的社会观念,范围广泛,几乎包括所有不同于过去的写实主义风格。以喻红、刘晓东、方力钧、王劲松为代表。前两者的作品充满了逆反心理,试图摆脱政治和社会观念的干扰,进入到个人生活甚至是非常私人的视觉空间中去;后两者的作品则具有明显的观念的隐喻,似乎是表现的与现实生活有极大差异的生活场景,好玩、有趣,又有着调侃、嘲讽,显示了作者的机智与才华。代表作有喻红的《少先队员》,刘晓东的《阳光普照》,方力钧的"光头泼皮"系列作品与王劲松的《大合唱》等。

超写实主义,类似照相写实主义,接近刻画细微的自然主义。它的作品更具有非政治化、非社会化、非英雄化的特征,以描绘平凡生活瞬间的细节为主。以李天元、赵半狄等为代表,他们着意描写平凡甚至是非常隐私的生活瞬间。

超现实主义,不同于西方的"超现实主义",它可以像是荒诞离奇的梦境,也可以是作者有意识或潜意识地主观扭曲的具象,没有排除社会观念性。

中国波普艺术,西方波普艺术通常是用流行的公众形象再造视觉经验,有意摆脱任何社会含意,尤其是政治含意。中国艺术家则借用波普的艺术手法,重新组合中国的公众形象,如毛泽东、宣传画等等,由于这些形象的政治含意,因此也常常被称为"政治波普"。以王广义为代表,代表作有《大批判——万宝路》等。

荒诞表现主义,是在中国20世纪80年代,改革开放以后形成的一种艺术潮流。它表现人物的丑俗,表现物欲横流,表现艺术的调侃与无奈。代表作有刘炜的《看电视的父亲》,作品中将以往有威严感、被美化的英雄人物,改变为真实可信的活人,具有滑稽感。还有张晓刚的《全家福》,模仿民间流行的擦炭像风格,四个人的脸都是一模一样的,其中的红墨水笔迹又增加了作品的反讽意味,让人回想起社会改造的成果。

女性艺术,20世纪90年代的女性艺术开始具有一种"女性意识",在这类作品中可以感觉到一种"女性特质"和"女性视角"。这一时期艺术中的"女性主义",基本上是由研究、创作和批评三大块构成的,它们之间形成一种互动的关系,使"女性主义"成为一个备受关注的艺术现象。代表作有众多女性所绘的花与梦系列以及现实日常生活即景。这些女性艺术家以女性特殊的生命体验,以及她们对于情感的关注,对于她们相关的生活环境的描绘,表现出某种独特的视角和立场。

思考题:

一、填空

1. 黄宾虹的山水画尤为著名,以"______________"的独特风格著称。以《拟孙雪居笔意》、

《西湖栖霞岭》为代表。

2.__________是绘画全才,以《长江万里图》、《庐山全景图》为代表。__________擅长山水、花鸟画,以《雨霁图》、《松鹰图》为代表,对于书法、绘画理论等也都有深入的研究。

3.__________是一位写实主义大师,非常重视绘画中造型的准确,他的素描与油画是非常出色的。他的作品大多是对现实生活的有感而发,即使是历史题材的作品也具有鲜明的现实意义,以《田横五百壮士》、《奚我后》、《愚公移山》、《群马图》、《泰戈尔像》等为代表。

4.1929年,杭州国立艺专的一些进步学生组织成立了__________,后来在上海建立分社,主要成员有李可染、王肇民、汪占非等人。他们作品中表现了强烈的斗争倾向,受到了社会的好评。

二、解词

1.中国美术家协会　2.新年画运动　3.《收租院》　4.伤痕美术　5.《西藏组画》
6.新写实主义　7.超写实主义　8.超现实主义　9.中国波普　10.荒诞表现主义

三、简答

1."北齐南黄"的艺术风格

2.现代美术教育"三重臣"的成就

3.建国十七年的水墨人物画

4.建国十七年版画发展

5.中国"现代主义艺术"的特点

6.20世纪90年代以后女性艺术发展

四、论述

1.建国十七年水墨山水和花鸟画的演变

2.新中国成立以后的油画发展

下卷 外国美术

第一章 古希腊到中世纪

第一节 古希腊美术

古希腊艺术被马克思称之为最具儿童天真的艺术。这种气质,18世纪的艺术史家温克尔曼将之赞为"高贵的单纯、静穆的伟大"。希腊艺术的形成与其社会历史、民族特点及宗教信仰等有密切的关系:城邦国家的奴隶主民主制要求希腊"自由民"有健全的身心,体现在希腊艺术的理想形象上,便是既有宁静、典雅的气质,又具有运动员的体魄;希腊地理位置优越,贸易航海业发达,"海上民族"所特有的勇敢、机智和浪漫,也使希腊艺术善于吸取其它文化并有创造;温润的地中海气候,一年一度的奥林匹克裸体竞技,也使体育和美育结合在一起;希腊哲学中的"人本主义"精神,作为希腊艺术取之不尽用之不竭的源泉的希腊神话,使人与神的关系也十分亲密……这些都为希腊艺术的形成提供了有利条件。

作为支配希腊文化的基本观念的人文主义、理想主义、理性主义,对希腊艺术的形成和发展有着重要的影响。在理想主义支配下,希腊艺术呈现出永恒感、稳固感。古希腊的建筑的严整性反映了比例和谐的希腊宇宙形象,并在"自由"与"秩序"中取得了平衡。同样,希腊人也在数学关系中获得了人体比例。人本主义精神作为希腊文明的基本价值取向,人始终是美术创作的出发点和主要表现对象,理性主义使建筑呈现出明朗合理的艺术品质,雕塑家追求完美肉体与高尚灵魂的统一。希腊艺术强调共性和民族精神,具有浪漫主义色彩和幻想成分,在表现上,古希腊艺术家注重典型的或普遍性的特征,所描绘的对象总是超然于瞬息的感觉,而去捕捉持久的、本质的、完整的东西。

一、爱琴美术

在希腊美术萌芽之前,约公元前2600—公元前1100年的地中海东北部,爱琴海地区的基克拉基斯群岛、克里特岛和迈锡尼岛就存在过较为发达的美术形式,美术史上将之称为"爱琴美术"或"克里特—迈锡尼美术",它被看作是希腊美术的前源。

爱琴美术主要包括:基克拉基斯美术、克里特美术、迈锡尼美术。基克拉基斯美术又被称为"几何纹样时代"的美术。克里特美术遗存主要集中于米诺斯宫,即有名的"迷宫",其结构复杂,依山而建,层次多变。宫内遗存的壁画如《巴黎女郎》、《戴白合花的王子》,风格明朗艳丽。迈锡尼美术主要的遗存为迈锡尼卫城的“狮子之门”，这是西方最早的纪念碑装饰雕刻。

二、古希腊美术

古希腊美术大致可以分为：荷马时期（公元前1200年—公元前750年）；古风时期（公元前750年——公元前500年）；古典时期（公元前5世纪—公元前4世纪）；希腊化时期（公元前4世纪末—公元1世纪）四个时期。

（一）荷马时期

荷马时期是根据盲诗人荷马所生活的年代来命名的。这一时期是希腊文化的形成期，也是希腊美术的萌芽期。这一时期的美术尚不发达，主要为一些几何化风格的陶器和雕塑，故荷马时期又被称为“几何纹样时期”。

（二）古风时期

古风时期是古希腊造型艺术的形成和发展期，此时的美术成就主要体现在绘画和建筑上，雕塑尚处于形成时期。

古风时期的绘画成就主要体现在瓶画上。瓶画是绘制在陶瓶上的情节性绘画，主要流行于古风后半期和古典前半期。它以神话和日常生活题材为主，用流畅秀丽的线条表现各种人物、戏剧性的场面，注重情感的细腻表达。

瓶画先后经历了四种风格：东方风格、黑绘风格、红绘风格和白底彩绘风格。其中以红绘和黑绘风格最为重要。东方风格产生于公元前7世纪时，主要是受埃及、两河地区的影响所呈现出的一种风格样式。黑绘风格出现于公元前6世纪初，它是将绘画主体涂成黑色，背景保留陶土的赭色，细部再稍用线勾勒，使得画面的形象突出，犹如剪影。这一风格的作品尤以《阿喀琉斯与埃阿斯玩骰子》最为精彩。红绘风格出现于公元前6世纪末，主要流行于古典时期，与黑绘风格恰好相反，它将背景涂以黑色，主体部分留下陶瓶的赭色，细部用线描绘。相比较黑绘风格，它更利于细部刻划，增强了瓶画的艺术表现力，人物形象也更加丰满、生动。白底彩绘风格于公元前5世纪以后形成，主要用于祭祀和丧葬。

希腊建筑形式主要是神庙。神庙是希腊人为自己城市保护神所建，同时也是该城市的政治、经济、文化中心。古风时期，希腊神庙就已经形成了它的典型形制——围柱式，即建筑周围用柱廊环绕。并形成了两种基本的建筑柱式——多利亚式、爱奥尼亚式。多利亚式坚韧、挺拔，柱头由方形柱冠和圆盘组成，没有柱基，上粗下细，中间略微突出。爱奥尼亚式优雅、纤巧，柱头为涡旋形卷，有柱基，柱身细长变化不大。古罗马人将这两种柱式体现出的不同风格比作男人与女人不同气质的体现。科林斯式在公元前4世纪时创立，它由爱奥尼亚式演变而来，但更为华丽，柱头为叶形，似花篮。多利亚式、爱奥尼亚式、科林斯式并称为“古希腊三柱式”。柱式不仅是承重的建筑结构，同时也是建筑的一个基本尺度和风格语言。

古风时期的雕刻作品没有达到完美的程度，尚未摆脱埃及正面律的影响，人物雕像显得拘谨、呆板，具有明显的程式化倾向。而千篇一律的"古风式的微笑"已经表明在古风后期，希腊雕刻试图摆脱东方风格的影响，为古典时期雕塑艺术的繁盛奠定了基础。

(三) 古典时期

这一时期正是希腊文化达到顶峰的辉煌的伯利克里时代，也是希腊艺术的鼎盛时期。艺术的各个门类均取得了巨大成就，尤以建筑和雕刻成就最大，对后世影响也最为深远。

古典时期的围柱式建筑的各部分开始形成固定的格式和比例，总的趋向是简练合理。其突出的代表是为纪念希波战争而建的雅典卫城建筑群，主要建筑是奉献给雅典娜女神的巴底农神庙。这座结构匀称、比例合理、具有丰富的韵律感和节奏感的建筑，堪称是世界上最完美的建筑典范之一。

古典时期的雕塑已经摆脱了古风时期的拘束，产生了写实而理想化的人体，达到了希腊雕刻艺术的鼎盛时期。这一时期的雕塑成就主要体现在古典完美的面部程式、"S"型三段式的体态样式、对立统一的艺术原则、团块式雕塑语言及第一批雕塑大师及其杰出的雕塑作品。

米隆是古典初期的雕刻家，他的雕塑作品《掷铁饼者》(现存为罗马复制品)改变了雕塑中的直立程式，并解决了重心落在一只脚上的问题，生动地展现了竞技者掷出铁饼前的一瞬间。古典盛期最伟大的雕塑家是菲迪亚斯，他代表了古典雕刻的理想美的典范。他为巴底农神庙所做的《黄金象牙雅典娜女神像》典雅肃穆、深沉动人；现存的雕塑《命运三女神》虽已残缺，但从那薄衣贴体的雕塑中仿佛仍能令人感受到生命的呼吸。

波留克列特斯既是雕刻家又是艺术理论家，他在其理论著作《法则》一书中，提出了 1:7 的人体比例规范，大理石雕像《持矛者》是该理论的具体而完美的体现。

古典后期的雕塑，理想风格有所削弱，而更趋于个性化，多样化，更注重对人物内在情感的表达。普拉克西特列斯的作品以柔美、抒情见长，他的作品具有一种朦胧诗意的美，《赫尔墨斯与小酒神》中赫尔墨斯的眼窝中仿佛弥漫着一层梦幻色彩。史珂珀斯的作品《尼娥柏群像》，则充满着疾风骤雨式的躁动与不安。古典后期最后一位重要的雕刻家是留西帕斯，提出了 1:8 的新的人体比例规范。

(四) 希腊化时期

亚历山大大帝东征，建立了一个横跨亚、欧、非的大帝国，并将之所推崇的希腊文化传播到东方。希腊文化向东方的传播以及与东方文化的融合，产生了具有明显的希腊风格，但又具有不同地方特色的艺术风格，这一时期的美术又称为"希腊化"或"泛希腊"美术。

这一时期进一步发扬古典后期的风格，但风格更为多样，写实成分有所增加，同时也更注重戏剧性的情感和冲突的表达。希腊本土出土的《萨莫色雷斯的胜利女神》，充满了乘风破浪的动感和生命力。《米洛斯的阿弗罗底德》(《断臂的维纳斯》)优美、崇高,时间仿佛凝聚在她恬静的面容和优雅的曲线中。埃及地区,雕刻倾向于世俗化,日常题材的《小孩与鹅》充满了情趣。罗德岛的《拉奥孔》扭曲的形体,则有着戏剧性的悲壮。

第二节 古罗马美术

罗马城始建于公元前8—前7世纪之间,到公元前6世纪已经成为一个政治上统一的城邦国家。罗马的历史大致可以分为三个时期:"王政时期"(前573—前509年);共和时期(前509年—前30年);帝国时期(前27年—476年)。罗马人热衷于扩张,公元前1世纪左右吞并了希腊,其后几百年间逐渐建立了一个跨越亚、欧、非的庞大帝国。罗马文化与异域的文化也不断地交流融合。罗马美术正是在这种不同文化的交流碰撞中迅速发展起来。

罗马美术渊源复杂,既受到意大利半岛的伊达拉利亚美术的影响,同时又受到埃及、两河地区,尤其是希腊艺术的影响,因此在罗马的美术中呈现出风格的多样化的特色;此外,罗马人有作为"内陆民族"的典型的特征:实用主义和功利主义。因此在他们的艺术中,不见了希腊艺术的理想化的风采,更多了一些写实的成分和实用的目的;在不断的政体变换和政权更迭的过程中,罗马艺术的重心始终围绕着政治,艺术更多的是为帝王歌功颂德,满足贵族的奢侈生活而作。在建筑中,罗马人在建筑技术和建筑样式上取得了巨大的成就,尤其表现在一些世俗的公共建筑中;在肖像雕刻领域,与希腊的强调共性特征不同,罗马人更注重人物个性特色的表达和内心世界的展示,追求在个性基础上的美化。

在罗马美术形成之前,在亚平宁半岛上就存在更早的文化,其中对罗马美术影响最大的是古代意大利的伊达拉利亚美术。

一、伊达拉利亚美术

公元前6世纪是其文化繁荣期,与希腊古风时期并行,其艺术中也明显地受到希腊艺术的影响。公元前1世纪左右,伊达拉利亚所取得的艺术成就为罗马人所继承,成为罗马美术的母体。其成就主要体现在建筑和雕塑艺术上。

伊达拉利亚建筑主要吸收和发展了希腊神庙式结构特点和柱式体系,并在建筑中最早运用了拱券结构(半圆弧或弧形上沿),这些都为后世建筑艺术的发展打下了基础。雕刻中古希腊艺术的痕迹明显,多为墓葬用品;同时也有生动写实的风格,如一直被视为罗马城象征的《母狼像》,筋骨清晰,严谨写实。这一时期遗存的绘画主要是墓室壁画,埃及与希腊风格的影响明显,色彩华丽,气氛热烈,充满欢乐的现世情怀。

二、罗马美术

罗马美术的成就主要体现在建筑上，在肖像雕刻和绘画上也有突出的成就。

罗马建筑规模宏大，设计精确，注重实用性，内部装饰豪华，种类繁多。其成就主要体现在公共建筑、神庙建筑、纪念性建筑上，其中占主要地位的是大型公共建筑。罗马人修筑了规模浩大的道路、水道、桥梁、广场、公共浴池等；拱券结构和三合土的运用是其在建筑技术和材料上的重大贡献。这一时期建筑理论成熟，维特鲁威的《建筑十书》提出了建筑的基本原则：坚固、适用、美观。

科洛西姆竞技场代表了罗马公共建筑的最高成就。它是古罗马最大的椭圆形竞技场。从外形看，共有希腊柱式装饰的四层拱门；对观众的座席则运用了环形拱和放射拱的设计。万神殿是拱券结构的杰出代表，是一座罗马与希腊神庙的综合式的建筑，以其宏大的规模和精巧的建筑著称，尤其是神庙的圆形大厅上方直径达 43.5 米的大穹顶蔚为壮观。纪念性建筑的主要形式是凯旋门和纪功柱。为纪念战争的胜利而建的凯旋门是古罗马的重要建筑，君士坦丁凯旋门是罗马城现在尚存的凯旋门。图拉真纪功柱是用大理石分段砌成的大柱子，由底座、柱身、柱顶三部分组成。柱面完全被刻成浅浮雕的螺旋形扁带覆盖，从左向右展现了图拉真皇帝征服达基亚人的战争经历。

在人体雕塑领域，古希腊人已达到了无法企及的高度，古罗马人却在肖像雕刻上取得了瞩目的成就。古罗马的肖像雕刻，大致经历了一个自然主义——突出个性基础上的美化——写实主义——程式化的过程。古罗马的肖像雕刻最初是从死者面部翻模下来的面具，具有自然主义的逼真。罗马人征服希腊之后，希腊雕刻对罗马艺术产生了不可忽视的影响。罗马的肖像雕刻始终存在着写实和美化的双重性。此时的肖像雕刻出现了较重视理想化，歌颂统治阶级的肖像雕刻，如《奥古斯都》像。矮小跛脚的奥古斯都被雕刻得如同阿波罗般完美，但从面部上仍具个性特征。古罗马帝国后期，肖像雕刻进入写实主义时期，探索并展现人物的内心世界和内在品质，如暴君《尼禄像》、《卡拉卡拉像》。公元 170 年的《马尔克·奥利略骑马像》注重人物内心微妙的情感的刻画，这种“情绪性肖像”对欧洲雕塑艺术影响很大，它也是欧洲现存的最早的青铜骑马像。古罗马帝国后期，雕刻具有程式化的倾向，从《亚历山大大帝像》那圆睁的双目中可以看到此时的雕刻艺术已经开始表现某种抽象的精神，为中世纪雕刻艺术的象征性埋下了伏笔。

罗马绘画主要体现在镶嵌画和壁画中。镶嵌画多为宫廷需要所绘制，风格华丽，制作精美，罗马壁画保存下来的较少，庞贝壁画是现存罗马壁画中保存最完整最全面的一处遗迹。公元 79 年，维苏威火山爆发，埋没了意大利小城庞贝，18 世纪时，庞贝城被发掘，一些艺术珍品得以重见天日。庞贝壁画通常被划分为庞贝第一、二、三、四风格。第一风格为镶嵌风格，即在墙上先用灰泥塑好建筑物的细部，再涂绘色彩，造成彩色大理石板镶嵌的效果；第二风格为建筑式，即在墙面上用色彩画出建筑物的细部，并在墙面中央安排场面较大的情节性绘画，造成一定的空间幻觉。《密祭》是建筑风格的典型代表；第三风格为华丽风格，或称埃及风格，它强调平面感和细腻典雅的装饰趣味，多绘制小幅的静物和神话场面。第四风格为复合式或称为庞贝的巴罗克式，它是前几种风格的糅合，风格上与17世纪欧洲流行的巴罗克风格近似，造型逼真，追求动感和空间感，繁复而华丽。

第三节　中世纪美术

“中世纪”美术指的是从476年西罗马帝国灭亡到文艺复兴之前这一段时期的美术。这一时期基督教在政治、经济、文化和人们的社会生活中占绝对统治地位，艺术也不可避免地沦为“神学的婢女”，因此这一时期的美术也被称为“基督教美术”。

中世纪的艺术带有浓厚的宗教色彩，美术服务于宗教，在建筑、雕塑、绘画中表现抽象的精神和理念，带上宗教和禁欲主义的含义。中世纪基督教排斥异教文化，在西欧古希腊、罗马艺术遭到一定程度的破坏，而野蛮民族的入侵和东方文化的传入为美术带来了新的活力。中世纪各个地区、国家的民族艺术开始萌芽，东西方的文化交流随着十字军的东征加强了。可见，中世纪的美术虽然以基督教为主流，但也是多种文化源流的综合和分解，并为欧洲近代艺术的发展打下了基础。

基督教最早产生于公元1世纪的巴勒斯坦地区，最初遭到罗马帝国的残酷镇压，公元313年，罗马皇帝君士坦丁为维护其统治，颁布“米兰赦令”，承认基督教的合法地位。395年罗马帝国正式分裂为东西罗马帝国两部分。东罗马帝国定都君士坦丁堡（东方希腊旧城拜占庭），史称拜占庭帝国，拜占庭一直存在到1453年为奥斯曼土耳其人所灭。在西罗马，随着蛮族的入侵，帝国的覆亡，封建割据，诸侯林立，社会动荡。因此在美术史上，东欧艺术主要是早期基督教美术（2—5世纪）、拜占庭美术（330年—1453年）；西欧主要是蛮族国家美术（5—11世纪）、罗马式美术（10—12世纪）、哥特式美术（12—15世纪）。

一、早期基督教美术

早期基督教美术主要体现在“地下墓窟”的壁画和“巴西利卡”式的教堂中。基督教最初受到罗马帝国的迫害，“地下墓窟”成为其秘密活动场所。其中保存的基督教壁画还保留有古典传统，多采用隐喻和象征的手法。基督教获得合法地位后转入地上，在原有的罗马长方形会堂——巴西利卡的基础上兴建教堂。这种巴西利卡式的教堂后来成为基督教堂的主要形制。

二、拜占庭美术

公元330年，君士坦丁大帝迁都拜占庭，改称君士坦丁堡，史称拜占庭帝国。同西欧相比，拜占庭的政治、文化保持相对的稳定，对欧洲美术的延续和发展做出了重要贡献。拜占庭帝国的国土主要是在原来的古希腊罗马的领地上，古希腊罗马传统在其艺术中有着根深蒂固的影响。拜占庭皇帝集皇权与教权于一身，在艺术上追求威严富丽的效果，并形成了严格的程式化的表现手法，追求超凡永恒精神的表现。同时由于拜占庭"黄金桥梁"的地理位置，东方艺术对拜占庭艺术也有重要影响。表现在美术上，其总体特征是威严庄重又豪华富丽，形式上高度提炼和简化，具有程式化的手法，赋予形象以稳固永恒的精神。

拜占庭美术主要盛行于5—15世纪的东南欧地区，拜占庭美术的繁荣时期主要是在查士丁尼时代（公元5—6世纪）和马其顿王朝时期（公元9—11世纪）。拜占庭美术成就主要体现在建筑、绘画和雕塑上。

建筑的最大成就主要体现在基督教堂的建设上。早期的集中式和中后期的希腊十字式成为拜占庭建筑的主要形制。集中式的特点是利用圆屋顶来覆盖建筑物的中部，圣索菲亚大教堂是集中式的典范。马其顿王朝时期形成了新的拜占庭教堂类型，即希腊十字式。希腊十字式教堂的平面是两臂相等的十字形，在十字交叉处的顶部覆盖穹顶。穹顶成为控制内部空间和外部形象的主要因素。

拜占庭的绘画成就主要体现在镶嵌画、壁画和圣像画上。镶嵌画是以小彩色玻璃和石子镶嵌而成的建筑装饰画，成为拜占庭教堂内部装饰的主要形式。意大利拉文纳的圣维他尔教堂的《查士丁尼皇帝及其廷臣》和《皇后提奥多拉与女官》是镶嵌画的代表作品。画上的人物是平面的，身体被拉长变形，以人物的非物质化，表现一种抽象的精神，轮廓线粗放、明快，富有装饰趣味，查士丁尼和皇后提奥多拉的形象有意与基督和圣母的形象同化，用以象征上帝在人间的代理人的身份。

三、蛮族国家的美术

4世纪的蛮族入侵，使欧洲进入一个政局动荡、宗教蔓延的"黑暗时代"，但尚处于原始公社时期的蛮族人也为欧洲的艺术创造输入了新鲜的血液。公元8世纪法兰克国王查理曼建立加洛林王朝，以首都亚琛为中心领导了复兴罗马文化传统的"加洛林文艺复兴"。之后，奥托帝国继承加洛林传统，在建筑、雕塑及插图艺术方面取得了一定成就。加洛林和奥托王朝的美术成为后来罗马式美术兴起之前的一个过渡。

四、罗马式美术

罗马式美术主要是指流行于10—12世纪的一种风格样式。10世纪之后，教堂建筑普遍采用类似古罗马的拱顶和梁柱结合的体系，大型的雕刻复兴并用来装饰教堂，这种教堂更接近罗马建筑，"罗马式"一词即源于此。罗马式美术的成就主要体现在建筑和雕塑的复兴上，绘画上的壁画和细密画也有一定成就。

罗马式建筑主要分布在天主教盛行的地区。教堂的主要形制是“拉丁十字式”。它是在丁字形巴西利卡式的基础上，在两侧添置耳堂，以容纳更多的教众，这样教堂的平面呈现拉丁十字形状。罗马式教堂采用砖石拱券架构空间，外观类似封建城堡，墙厚窗小，在教堂正门两侧配置塔楼。绘画、雕塑、镶嵌画则附属于主体建筑。法国南部图卢兹的圣塞尔南大教堂、英国的杜勒姆教堂（最早采用肋拱结构）、意大利的比萨大教堂是罗马式教堂的典型代表。

罗马式美术时期也是西欧雕塑的复兴时期，此时的雕塑仍然作为建筑的附属物，并大量采用古希腊、罗马时代的“纪念碑”雕刻来装饰教堂。其手法较为粗糙，风格粗犷，沉重，人物夸张变形，形体结实，具三度空间感，充满一种宗教的神秘和恐怖气息，极具表现力。

五、哥特式美术

哥特式美术最初是源于法国的地方风格，主要流行于12—15世纪，并对欧洲其他地区也有广泛影响。这一时期随着封建制度的巩固，城市的兴起，市民地位的提高，宗教艺术也呈现世俗化的倾向；神学的理性化倾向使得哥特式美术更注重艺术的象征性意味。这种时代特征体现在教堂建筑及雕塑装饰、彩色玻璃画方面。到13世纪时各种地方风格不断融合，逐渐形成一种统一的哥特式风格，称为国际哥特式。这种统一的风格很快又被出现在佛罗伦萨的新的风格打破，即我们通常所谓的文艺复兴风格。

这一时期教堂成为城市的主要标志，建筑技术上的进步和创新使得哥特教堂普遍采用肋拱框架结构，使得教堂的内部空间、外部造型、门窗拱券都具有高、尖、直的特点，浓重的宗教色彩使得哥特式艺术强调高度、光线和数学上的比例秩序，在内部装饰上普遍采用雕塑。与罗马式建筑相比，哥特式建筑主要采用肋拱的框架结构承重，并利用飞扶壁和扶垛传递拱顶所承受的重量，墙壁的承重作用失去，内部多柱子，而罗马式建筑内部有着结实厚重的墙壁；在罗马式建筑中，窗户很小，哥特式教堂的窗户尺寸大大增加了。最著名的哥特式建筑就是法国的巴黎圣母院。

哥特式雕塑已经脱离建筑而获得独立，成为教堂的外部主要装饰物。哥特式雕塑大多用在教堂外墙的装饰上，雕像呆板直立，展现出垂直向上的感觉，加强了建筑物的飞升感。技法上趋向于写实，注重情感的表现，题材广泛，趋于世俗化。前期人物拉长变形，后期渐趋写实。最能反映哥特式雕刻成就的是法国兰斯大教堂的《圣母访问伊丽莎白》。

绘画成就主要体现在彩色玻璃画和手抄本插图上。彩色玻璃画是用铅条将切割成一小块一小块的彩色玻璃板按画师事先描绘好的图案箍在一起组成的绘画。彩色玻璃画富有装饰性，构图繁复细腻，轮廓清晰，色彩鲜明，多用蓝红紫等色彩，题材大多为圣经故事。哥特式教堂利用彩色玻璃画来营造一种梦幻般的感觉，促进了彩色玻璃画工艺的迅速发展。

思考题

一、填空

1.________被看作是希腊美术的前源。

2.爱琴美术主要包括基克拉基斯美术、________、迈锡尼美术。

3.迈锡尼的美术遗存中“________”被认为是西方最早的纪念碑装饰。

4.古希腊瓶画主要包括东方风格、________、红绘风格和白底彩绘风格。

5.集中式和________为拜占庭建筑的主要形制。

6.________是拜占庭教堂内部装饰的主要形式。

7.巴黎圣母院为________式建筑的典型代表。

二、解词

1.爱琴美术　2.瓶画　3.庞贝壁画　4.拜占庭美术　5.哥特式美术

6.彩色玻璃画

三、简答

1.古希腊雕塑的艺术风格

2.古罗马肖像雕刻的艺术特征

四、论述

中世纪美术发展概况

第二章 文艺复兴时期

第一节 概说

14世纪末，随着城市手工业和贸易的日益兴盛，资本主义在欧洲各地逐渐发展起来，新兴的资产阶级开始以人为中心观察问题，以人性代替神性，提倡人的自身价值，要求个人的财富和世俗生活的享受，发起了一场资产阶级的思想文化运动——文艺复兴。"文艺复兴"的原意是"在古典规范的影响下，艺术和文学的复兴"。它发端于14世纪的意大利，接着蔓延至整个欧洲，直至16世纪结束。资本主义生产方式的出现，不仅动摇了中世纪社会的基础，也确立了个人的价值，肯定了现实生活的积极意义，促进了世俗文化的发展，确立了新的思想体系——人文主义。在这一思想的指导下，人文主义者高举复兴古希腊罗马文化传统的旗帜，提倡以人性反对神性，以人权反对神权，崇尚自由民主和科学理性，揭开了中世纪蒙昧的面纱，人们开始脱离中世纪的藩篱，迎来资本主义的全面繁荣。

文艺复兴所倡导的理性与科学精神在艺术家的美术创作中得到了充分体现。艺术家以人文主义为指导思想，肯定人的价值，肯定现实生活的意义，反对宗教神权文化；以现实主义为艺术原则，冲破宗教禁锢，在美术中以人为中心，赞美人生、赞美身体、赞美自然，即使在宗教题材的作品中也贯穿现实的世俗精神；在美术中复兴古代希腊、罗马的艺术风格，并与科学的理论相结合，把解剖学、透视学、明暗造型法、构图法则和色彩理论等应用到美术中，为西方近代美术的发展开辟了广阔的道路。这一时期各个艺术门类均获得大的独立发展，艺术家的地位也获得普遍的提升。

由文艺复兴所确立的古典美术的基本原则，奠定了美术的现实主义基础，从意大利波及到欧洲其它地区。这些地区既受到意大利美术的影响，又保持着自己的民族特色，在尼德兰、德国、西班牙、法国取得了突出的成就。

第二节 意大利文艺复兴

文艺复兴首先在意大利产生的几个原因是，其一，资本主义的萌芽最早产生于意大利的佛罗伦萨、威尼斯等地，社会生产力大幅度提高为文艺复兴的到来奠定了经济基础；其二，新兴资产阶级兴起，在古典文化中发现了对自然和人的重视，提出了与封建贵族相对抗的口号“人文主义”，肯定现世人生的意义，提倡个性自由和解放，相信人的力量和人性的崇高，主张用知识造福于人类；其三，意大利站立在古希腊罗马的废墟上，以古希腊罗马为典范，人文主义者试图通过复兴古代艺术对抗中世纪宗教艺术。

一、文艺复兴美术的开端

13 世纪后期开始，在造型艺术领域就出现了一种新的倾向——表现出对古典艺术的兴趣。尤其是在 13 世纪的雕塑家皮萨诺、画家齐马布埃、杜乔的作品中，已出现了某些现实主义的因素，具有宗教与世俗的二重性。在早期意大利文艺复兴中，已出现了不同的地方画派，佛罗伦萨画派和锡耶纳画派最具代表性。而真正成为文艺复兴的拓荒者的当推乔托。

乔托（约 1267—1337）是佛罗伦萨画派的创始人，被称为“近代绘画之父”，也是意大利文艺复兴的伟大先驱之一，他的艺术被认为是中世纪与文艺复兴的分水岭。他不仅表现出卓越的绘画技巧，也奠定了文艺复兴艺术的现实主义基础。其主要的创作形式是壁画。在他的绘画中，突破基督教艺术的束缚，以现实的人物来表现宗教故事，将环境、人物采取现实主义的态度描绘；开始探索写实技巧，采用明暗造型法和透视短缩法，力图在绘画的二维平面内塑造三度空间；其手法朴实、构图整一，注重画面主题和个性化的人物内心情感的展现，力图显示戏剧性。这种全新的不同于哥特艺术的艺术观念对文艺复兴产生了巨大的影响。取自《圣经》题材的《犹大之吻》，在人物众多的画面中，乔托选取了犹大去吻耶稣这一戏剧性的情景作为全画的中心，并把重点放在两个人物的精神状态的刻画上，通过犹大的贪婪、虚伪与耶稣的沉着、镇静形成对比，体现了生活中的光明与黑暗、正义与邪恶的尖锐冲突。

二、文艺复兴早期美术

在 1434 年以后的六七十年间，佛罗伦萨实际上一直处于美第奇家族的统治之下。这时期经济繁荣，文化开明，美第奇家族的继任者也一直积极支持和赞助艺术；同时古希腊罗马遗产的被重新发掘也推进了意大利文艺复兴的到来。1420 年左右，三位艺术大师的出现标志着早期文艺复兴的来临，他们是建筑师布鲁涅列斯基、雕塑家多纳太罗、画家马萨乔。

布鲁涅列斯基（约 1377—1446），对古典主义建筑体系进行深入研究，继承古典建筑的开朗和谐的风格，复兴了集中式建筑，并充分运用古典柱式，同时也注重将建筑置于数学原理中，设计了一批代表文艺复兴成就的建筑作品。他主持建造的佛罗伦萨大教堂，完成了当时欧洲最大的穹顶，教堂采用集中形制，被称为佛罗伦萨共和政体的纪念碑。

雕塑家多纳太罗（1386—1466）使得雕塑彻底摆脱了哥特式雕塑风格的痕迹，人物富有世俗精神，注重人物性格、表情的传达，具有自然主义的倾向，代表作有《先知像》、《加塔梅拉塔骑马像》。与多纳太罗同时代的另一位伟大的建筑师、雕塑家基贝尔蒂为佛罗伦萨洗礼堂作的青铜大门，被米开朗基罗称为“天堂之门”。

画家马萨乔（1401—1428）是佛罗伦萨画派的创始人，他以科学的探究精神将解剖学、透视学知识运用于绘画，摆脱了中世纪哥特艺术的优雅和装饰趣味，确立了文艺复兴的现实主义原则。在其《圣经》题材的绘画作品《出乐园》中，以集中光源采用明暗造型法，实现造型的体积感和空间感，人物结构准确，表情生动。在《纳税钱》中将福音故事三个不同情节安排在同一个场景中，借助光线的投射角度和强弱变化，将人物塑造的极富真实感和体积感，背景中经过概括处理的风景，使人物置于真实的三度空间感中。马萨乔所遵从的艺术原则对欧洲现实主义画家产生了深远的影响，他的艺术成就标志着意大利文艺复兴绘画繁荣期的到来。

在早期文艺复兴美术中，以佛罗伦萨画派成就最为突出。“佛罗伦萨画派”是对意大利早期文艺复兴佛罗伦萨美术家和美术风格的总称。该画派继承了乔托的传统，将人文主义精神、自然科学与艺术相结合，发展了透视学、解剖学、构图法则、明暗造型法等，把现实主义美术发展到了一个新的阶段，为意大利文艺复兴盛期的到来做了重要准备。重要代表除马萨乔，还有安吉利科、委罗吉奥、菲利波·利皮，波提切利等。

波提切利（1445—1510）是15世纪下半期佛罗伦萨最主要的绘画代表。他的绘画作品题材多为文学和神话，强调用线造型，富有典雅的节奏和富丽鲜艳的色彩，装饰性强。《维纳斯的诞生》中维纳斯的美丽形象象征了永恒的绝对美的理念，展示着“再生”这一典型的文艺复兴观念。《春》是波提切利最有代表性的作品，这是一幅富有诗意、形象优美的寓言性作品，位居中央的是仪态端庄的爱神维纳斯，正静待春的到来，在她右手边的美惠三女神翩翩起舞，左边西风神鼓起腮帮吹起西风将春神送到人间。在此画中，波提切利淡化了三度空间，而着意于典雅精致的平面装饰造型，具有生动而富有节奏的线条和典雅而富丽的色彩。

佛罗伦萨画派对意大利的文艺复兴有着举足轻重的作用，与此同时，意大利北部、中部、西部、南部的一些城市也涌现出了一批杰出的画家，如翁布里亚画派的佩鲁吉诺、帕都亚画派的弗兰切斯卡等。

三、文艺复兴盛期美术

15世纪末到16世纪中叶是意大利文艺复兴的全盛时期。随着意大利政治、经济、文化中心的转移，文艺复兴艺术中心也由佛罗伦萨转移到了罗马，到了16世纪上半叶出现了一系列堪称艺术巨匠和时代巨人的画家、雕塑家、建筑师。他们在15世纪前辈大师创作经验的基础上，进一步发展了现实主义创作方法，艺术家的创作个性在此时也得到了前所未有的肯定。这一时期的艺术创作所描绘的仍是宗教和神话题材，但充满人文主义思想和现世情怀，对古典传统的继承和发展，艺术与解剖、透视等科学的结合，创作实践与理论的提高等，都促成了现实主义创作方法的成熟。其中尤以“文艺复兴美术三杰”成就最为突出。他们发展了15世纪意大利美术的创造,彻底摆脱了哥特式艺术的影响,把科学写实技巧推进到近乎完美的程度,在绘画、雕塑、建筑领域功绩卓著,共同将文艺复兴领上了巅峰。

达·芬奇(1452—1519)是整个文艺复兴最卓越的代表人物之一,在数学、机械工程、医学、地质等方面均有天才的表现。在绘画中首先使用了空气透视法表现绘画的空间感,对透视学、解剖学、光影学、构图法则也有深入的研究。在其代表作《岩间圣母》中使用明确的几何形安排构图,为当时盛行的金字塔构图奠定了基础。《最后的晚餐》以基督为中心展开构图,坐在基督两侧的四组门徒形成一个既具有内在联系又有变化的整体,以人物的表情和动势来展现这一戏剧性的一刻。为世人所熟知的《蒙娜丽莎》,通过对这位女性的出色描绘,创造了理想的完美女性的典型。在此画中,他出色地运用了“明暗转移法”,即通过光影的独特变化,并采用逐渐过渡法,使人物肌肤产生出丰富的层次,给人以圆润柔和之感,那互为交叠的双手蕴含着丰富的表情和生命力,进一步加强了人物的性格表现。人物衣饰上的褶皱,反衬了其圆润光滑的肌肤,那一丝淡淡含蓄的微笑,留给人无限的遐思,画面背景中的山峦起伏,湖溪遍布,优美宁静的风景更烘托了人物的心境和情感。

米开朗基罗(1475—1564)不像达·芬奇那样充满科学精神和哲理思考,而是在艺术品中倾注了自己满腔悲剧性的激情。米开朗基罗艺术中的悲剧性是以宏伟壮丽的形式出现的,他所塑造的英雄既是理想的象征,也有现实的反映。正是在他的艺术里,人文主义理想得到了全面而鲜明的表达:人的主动性、积极性及创造能力。米开朗基罗成为西方美术史上一座难以逾越的高峰。雕像《大卫》将这位以色列王塑造得健美有力,展现了对人的赞美和信心,成为文艺复兴人的理想典范。1508年,米开朗基罗应邀为西斯廷礼拜堂绘制天顶画《创世纪》,独自一人历时四年最终完成。虽以《旧约》为题,但肯定了人的创造力、坚强的意志、完美的体魄,成为文艺复兴思想的高度体现。《创世纪》的主体部分是由9幅《圣经》题材的壁画组成,表现的是从创造天地、大洪水到诺亚重新建立家庭开始人类生活的主要情节,其间穿插先知、预言家、《圣经》故事、装饰性人体等。整个天顶画构图气魄宏伟,人物形象具有强烈的体量感,给人以雄浑刚毅的生命力量。《创造亚当》被认为是其中最为精彩的作品,它表现的是上帝耶和华创造人类始祖亚当的故事。作者避开了宗教的神秘色彩,将亚当塑造为斜倚着山坡的体魄健美的裸体青年,耶和华则是一位慈祥又威严的长者,他将饱含筋力的手伸向亚当,在两手即将接触的瞬间为亚当注入了生命与力量。米开朗基罗力图通过男人体表现完美、力量、激情和英雄气魄,即使是女性形象在其画中也是集健壮与优美于一身。

拉斐尔(1483—1520)性格温和,聪颖勤奋,颇受宫廷和教皇的青睐,使得他短暂的一生荣耀不凡。在他的画作中始终洋溢着明净的色彩、柔和的光线、宁静优雅的节奏感,无丝毫的禁欲主义和神秘色彩。他的作品构图均衡、富丽典雅、理想化而又富于现实感，“仿佛年轻的希腊精神在他身上复活了”。他所塑造的圣母形象纯真优美，在追求理想化的同时又无损形象的生动性和真实性，成为理想的楷模，《西斯廷圣母》、《椅中圣母》是其代表作。《椅中圣母》是其众多的圣母像中的巅峰之作，圣母被描绘成一位普通的罗马美丽少妇，她亲昵地抱着儿子，骄傲而自信，又具有一种女性的娇媚。这幅作品为圆形构图，玛丽亚抱紧儿子，右侧是圣约翰双手合十的形象，人物安排完美紧凑。圣母的红色上衣，蓝色斗篷，耶稣身上的黄色衣服，构成了绚烂的三原色对比，华美而艳丽。在《雅典学院》中，以亚里士多德和柏拉图为中心，运用透视学描绘和处理宏大的场面，它标志着古希腊罗马和人文主义在文艺复兴时期的最终胜利。拉斐尔优美典雅的绘画语言为后来古典主义树立了典范，“成为所有后代画家的样板”。

四、威尼斯画派

威尼斯画派为意大利文艺复兴演奏了一曲华丽的终曲。威尼斯是东西方贸易中心，商业繁荣，共和政体所营造的相对宽松的政治环境，使人们宗教观念相对淡薄。人们生活富足、追求欢娱，社会生活中洋溢着浓重的世俗色彩和享乐情调。威尼斯美丽的自然风光，也为艺术家展现才华提供了环境。这使得威尼斯画派呈现出不同于佛罗伦萨、罗马的独特的艺术魅力。

威尼斯画派一般是对 15—16 世纪威尼斯美术家和美术风格的总称。该画派更多地摆脱了封建的、宗教的束缚，美术题材转向了世俗，着重表现欢乐的现世风情，赞美世俗生活，讴歌人体美、描绘自然风光，具有明显的世俗享乐情调和田园牧歌情调。画家们追求明丽的色彩和细腻写实的风格，并发展了油画技巧。威尼斯画派的重要代表是乔万尼·贝里尼、乔尔乔内、提香和丁托列托等。

乔万尼·贝利尼 (1430—1516) 是威尼斯画派的创始人，其画风宁静淡雅，注重人体的表现和对风景、外光的描绘。他的绘画风格促进了威尼斯画派的形成和发展。他画了许多圣母像，如《草地上的圣母》、《湖上圣母》、《有小树的圣母》等。

乔尔乔内 (1477—1510) 是从贝利尼过渡到威尼斯画派全盛时期的人物，他的绘画抒情与理性相结合，将风景提高到了与人物相等重要的位置，在其绘画中表达了更为丰富的人文主义内涵和现世情怀。他的作品具有柔和的轮廓，微妙细腻的描绘，梦幻般的氛围，在《暴风雨》中就弥漫着朦胧的、谜样的魅力。《沉睡的维纳斯》是他的代表作，以宁静的大自然为背景，维纳斯的整个形体宛转成优美的弧线，她的左手枕入脑后，右腿弯入左膝，与丘岗的线条起伏相呼应，这幅作品将高度的人文主义精神和希腊古典风格相结合，实现了精神美和形体美的统一。

提香 (约 1487—1576) 是威尼斯画派最杰出的人物，其艺术成就可与“三杰”相媲美。他的作品壮丽、激情、富于想象，色彩强烈，用笔奔放，人物粗犷，意气风发，追求光与色的波澜壮阔的交织。他对色彩的研究对威尼斯画派和后世艺术影响深远，因擅用金色，又被称为“金色的提香”。提香的创作大多为宫廷和教皇服务，在他的作品中享乐成分居多，这也使得他的宗教题材的绘画消除了禁欲主义的束缚，具有了浓厚的人文主义情怀。在《乌尔宾诺的维纳斯》中，他用一个放荡的少妇形象真实地反映了威尼斯人生活的一个侧面，形象逼真生动，情节的风俗化处理反映了提香的现实主义艺术观。提香肖像作品成就突出，他几乎为当时所有的王宫贵族画过肖像，尤其善于刻画人物性格和心理，对色彩的绝妙运用使得他的肖像画具有丰富多彩、热烈活泼的气氛。《阿雷蒂诺像》是为他的好友所作的画像，刻画了一位头脑清醒、豪放洒脱的人文主义者的形象。

丁托列托（1518—1594），威尼斯画派的最后一位大师。他的绘画目标是“提香的色彩、米开朗基罗的线条”。其作品追求宏大的构图、戏剧性的场面和艳丽明朗的色调，强调运动感、激情感、世俗性以及强烈的透视效果，具有浓郁的民主性和生活气息。

五、样式主义

拉斐尔的去世意味着意大利文艺复兴美术黄金时代的结束，随之兴起了模仿“三杰”绘画形式的样式主义。样式主义又被称为风格主义、矫饰主义。样式主义作品中通常运用寓意手法，主题隐晦，人物夸张变形，构图拥塞，色彩强烈，追求独特的视觉效果，形式感很强，带有冷漠、精致的味道，具主观和幻想色彩。主要流行于文艺复兴盛期之后和巴罗克时代之前。

第三节　尼德兰文艺复兴

中世纪的尼德兰包括现在的荷兰、比利时、卢森堡以及法国东北部地区。15—16 世纪中期，由于优越的地理条件，发达的经济状况，美术也取得了辉煌的成就。

尼德兰较早发明了油画材料和油画技巧，到 15 世纪时已较为完善，因此尼德兰又有“欧洲油画故乡”之称。但尼德兰的绘画人文主义思想基础薄弱，缺少哲学和科学的配合，主要体现了市民阶层的利益和要求。尼德兰绘画脱胎于哥特艺术，保留有严谨肃穆的风格。绘画主要以小型的细密画和祭坛画为基础，人物写实，注重细节刻画，并注重画面的叙事性和寓意性，虽多表现宗教故事，但具有明显的现实主义倾向。16 世纪初，风俗画和风景画已发展成独立的绘画体裁。尼德兰文艺复兴美术的重要代表是扬·凡·埃克和老勃鲁盖尔。

扬·凡·埃克（约 1390—1441），15 世纪尼德兰画派的主要奠基人。他改进了油画技法，提高了油画的表现力，对解剖、透视、光与色做了较为深入的研究。其作品反映了市民阶层的审美趣味，展示了现实世界和现世人生，突破了中世纪禁欲主义，体现了人文主义精神，为尼德兰文艺复兴开辟了道路。他的《根特祭坛画》突破宗教画的传统技法，重视对人物性格和心理的刻画，注意写实，研究光和色的表现。他的重要作品还有《阿尔诺芬尼夫妇像》。

老勃鲁盖尔(1525—1569),16世纪伟大的现实主义艺术家,最早真实描绘农民生活的画家之一,擅长风俗画和风景画。他的作品多为《圣经》故事、寓言和民间传说、农民题材,或暗喻当时的社会现实,或直接描绘现实生活,反映时代,具有鲜明的民族性、人民性、斗争性和现实性。他的风景画选取全景式构图,意境开阔,将风景和人物紧密结合。在艺术上,他既保持了民族艺术的传统,又善于吸收意大利艺术的经验,推动了尼德兰美术的发展。

第四节 德国文艺复兴

德国文艺复兴发端于15世纪,在德国美术史上,一般将1420年左右至1540年这段时间称为文艺复兴。15—16世纪德国经济显著发展,资本主义开始萌芽,政治经济的发展导致了宗教改革和农民战争,在对教权和皇权的社会风暴的冲击下,德国文艺复兴达到盛期。到16世纪时肖像画、风景画作为独立画科出现,版画达到了当时欧洲的最高水平,有"欧洲版画故乡"之称,并产生了一批杰出的艺术家。

德国文艺复兴吸收了意大利和尼德兰文艺复兴的因素,又具有自己的民族特色。德国文艺复兴时代的美术作品深刻而严肃,具有肯定现世生活、歌颂大自然的人文主义倾向;艺术与科学相结合,发展了解剖学、透视学,强调作品的真实性,风格写实质朴,尤其注重刻画人物的个性和内在的精神力量。

丢勒(1471—1528)是德国文艺复兴时期最伟大的艺术家,他多才多艺,广泛吸取了南北欧先进的文化艺术,同时也继承了德国民族美术中的丰富遗产,尤其是在肖像画和版画领域取得了突出成就。他的作品完美而富有哲理,强调精确的素描、流畅的线条,画风严谨而又富有节奏感。他的作品虽多为宗教题材,却塑造了真实动人的人物形象,反映了当时的社会生活和时代精神。文艺复兴时期人的价值和自我意识的提高表现在对自我的审视中,这种精神在丢勒的自画像里得到充分的展现。1505—1507年,丢勒访问威尼斯,在此期间创作了《亚当和夏娃》,显示出了他无可匹敌的艺术技巧。在该作品中,他的人物吸取了意大利绘画经验的精华,反映了人体的理想比例,在色调的明暗处理上,又有别具一格的北欧特色。他的《一大块草皮》也是欧洲当时最早的一幅水彩画。德国的版画具有悠久的传统,丢勒艺术的第二大类即是木刻与铜版画,它的三幅铜版画杰作分别是《骑士、死神和魔鬼》、《书斋中的圣哲罗姆》、《忧郁》。

小荷尔拜因(约1497—1543)则是16世纪北欧最伟大的肖像画家。其作品表现了描绘对象的高贵、静穆与专注,人物端庄深沉,充满人文主义精神,画面精细。代表作品有《伊拉斯莫像》、《二使图》。

第五节　西班牙文艺复兴

15 世纪时意大利和尼德兰的文艺复兴影响到了欧洲西南的西班牙。14—15 世纪是西班牙文艺复兴的早期,艺术成就主要体现在沿地中海的经济发达地区。15—16 世纪西班牙绘画得到了很大程度的发展,逐渐摆脱了中世纪艺术的影响。这一时期,地方画派兴起,样式主义和现实主义也开始发展,到 16 世纪下半期,地方画派中出现了著名的画家格列柯。

格列柯 (1514—1614) 的作品反映出一种苦闷、沉思、怀疑、骚动不安的情绪,在他的绘画中仍有拜占庭特色,色彩纯粹又具有不协调的刺激感。尤其是他晚期的作品,宗教和神秘色彩突出,人物拉长变形, 以强烈扭曲的人物形象和强烈的色彩,营造动荡不安的气氛,这种不安和质疑的气质在《奥尔加斯伯爵的下葬》、《托列多的风景》及《拉奥孔》中可见一斑。

第六节　法国文艺复兴

16 世纪初法国绘画有了较大的发展,这一时期的法兰西君主积极提倡文艺,在邻国西班牙、意大利、尼德兰的文艺复兴浪潮影响下,法国文艺复兴美术也产生了自己的艺术杰作。作为哥特艺术的故乡,在融会其他国家文艺复兴美术风格的基础上,又保有哥特式的严谨与精致。到 16 世纪中后期,受意大利影响形成了“枫丹白露画派”。这是一个法国与意大利风格相结合的具有样式主义的画派。该派创作题材多为宗教和神话,具有建立在解剖学、透视学基础上的严谨细致,很多作品采用象征手法,并将雕塑、建筑、绘画因素融为一体,主要代表有古赞父子和克鲁埃父子。

思考题:

一、填空

1.早期文艺复兴美术的____________被称为“近代绘画之父”。

2.1420 年左右,三位艺术大师的出现标志着早期文艺复兴的来临,他们分别是建筑师布鲁涅列斯基、雕塑家____________、画家马萨乔。

3．____________是 15 世纪尼德兰画派的主要奠基人,其代表作为《阿尔诺芬尼夫妇像》。

4.德国文艺复兴最伟大的艺术家丢勒的《____________》是欧洲最早的一幅水彩画。

二、解词

1.佛罗伦萨画派　　2.《蒙娜丽莎》　　3.威尼斯画派　　4.样式主义

三、简答

1.文艺复兴美术的主要特征

2.尼德兰文艺复兴美术的代表人物及艺术风格

四、论述

1."文艺复兴三杰"的艺术成就

2.德国文艺复兴美术的发展及特色

第三章 十七到十八世纪

第一节 概说

17到18世纪的欧洲是一个“列强的时代”，封建贵族与新兴资产阶级在文艺复兴所开辟的现世天地中尽情追求现世的舒适和满足。此时也是一个新旧交替的时代，一方面是欧洲封建社会的后期，封建制度日趋没落；一方面是资本主义迅速发展，社会结构按资产阶级的意志在变化；一些国家的国内矛盾极其尖锐，但资本主义在欧洲各国的发展是很不平衡的。

在天主教势力占统治地位的国家如意大利、西班牙等，罗马教会发动反宗教改革运动，企图恢复基督教的统治地位，将人们重新拉回教堂，受宗教势力支持的巴罗克风格占了上风。巴罗克艺术产生于16世纪后半期，17世纪是它的全盛时期，至18世纪时逐渐衰落，在佛兰德斯、法国、英国等地均有重要影响。君主专制、王权至上的法国，古典主义盛行。古典主义始于16世纪末17世纪初的意大利学院派，17世纪在法国与颂扬王权、服务宫廷的需要相适应，获得了高度发展。而在资本主义比较发达的荷兰地区，流行现实主义。17、18世纪的现实主义大体可以分为两类：平民写实艺术和市民写实艺术。平民写实也称“卡拉瓦乔主义”，它源于意大利的卡拉瓦乔及其追随者，在17世纪的欧洲影响颇大，广泛地影响了西班牙、法国、荷兰等国。市民写实的典型代表是17世纪的“荷兰画派” 和18世纪以夏尔丹为代表的法国市民写实。18世纪随着意大利、西班牙的衰落，法国因路易十四的专制盛极一时，此时的宫廷艺术——罗可可艺术成为当时的时尚。

17到18世纪的欧洲美术在西方美术史上是一个承前启后的时期，意大利、佛兰德斯、荷兰、西班牙、法国、英国美术均取得了巨大的成就，形成了一个流派纷呈、民族绘画繁荣的局面。画家地位分化，导致艺术观的分化，进而造成不同风格流派的对立并存。美术家的专业化和画科分类的不断细化，使美术的题材和体裁大大地丰富和扩大了，艺术的技巧也不断地发展和成熟。这一时期的艺术中心，也由意大利转向了法国。

第二节 17到18世纪的意大利美术

17到18世纪的意大利美术有着承前启后的作用，它继承了文艺复兴的某些传统，在新的历史条件下又开辟了新的艺术风格。从16世纪末，意大利进入了一个混杂的时期，样式主义、学院派、以卡拉瓦乔为代表的现实主义、前巴罗克艺术相继产生，对立发展，结果样式主义退出历史舞台，到17世纪初，意大利学院派、巴罗克艺术和卡拉瓦乔主义三个流派在相互联系和相互斗争中并行发展。这三个艺术流派对欧洲美术的发展有着深刻的影响。学院派影响了17到19世纪古典主义艺术的发展，巴罗克艺术影响了18世纪的罗可可和19世纪的浪漫主义，卡拉瓦乔主义不仅影响了当时欧洲的现实主义，对18世纪的平民写实主义，19世纪的批判现实主义也有重要影响。

一、意大利学院派艺术

欧洲最早的美术学院，是1582年由著名画家卡拉奇兄弟在意大利创办的波伦亚学院。美术学院的建立，使得艺术教育走上了系统的教授理论和技能的道路。卡拉奇兄弟主张用调和、折衷的方法学习文艺复兴盛期遗产，所定的一些艺术规范如继承文艺复兴传统，强调法则，限定题材、重视素描等都为古典主义美术的发展奠定了基础。这一时期的风景画在17世纪学院派画家的绘画艺术中占有重要地位，画家们发展了一种“英雄式风景”，具有崇高、庄严、典雅的特色，这种绘画形式为以后的法国古典主义画家普桑和洛兰完善和成熟。

18世纪末意大利最著名的古典主义雕刻家是卡诺瓦（1757—1822），他用古典的样式修改自然，形式优美典雅，以神话题材为主的《丘比特与普叙喀》是其代表作。

二、卡拉瓦乔主义

在16世纪末17世纪初，与样式主义和学院派艺术相对立的是以卡拉瓦乔为代表的现实主义，又被称为“卡拉瓦乔主义”。卡拉瓦乔主义继承了16世纪文艺复兴的人文主义传统，同时与17世纪意大利的民族、民主运动及下层的现实生活和民间艺术传统有着不可分割的联系。卡拉瓦乔主义具有鲜明的时代气息和民主思想，敢于真实地反映自己的时代，不加粉饰地描绘生活，多直接选取下层人物的生活作为题材，作品一般具有朴素写实、严峻深沉、多使用明暗对比等特点，影响了当时的整个欧洲，把现实主义艺术推向了高峰。同时也推动了欧洲美术题材门类的进一步分化，对后世西方美术的发展有深刻的影响。

卡拉瓦乔（1573—1610）是17世纪现实主义的开创者，他的艺术具有明显的民主倾向，他将目光对准下层，对自己所处的社会抱有批判和怀疑的态度，从生活到艺术，他都是一个叛逆者。卡拉瓦乔的艺术有着鲜明的时代特点，16世纪末17世纪初的动荡的意大利真实地反映在了卡拉瓦乔的艺术作品和他的多舛的命运中。他的作品充满激情，刚劲有力，多采用开放式的构图，人物多处于前景，追求运动感。卡拉瓦乔在技巧上也有重要的革新，如对光的研究与运用，以强烈光线强调明暗对比以加深空间感。他的作品不加粉饰地表现社会现实，即使宗教题材也具有明显的世俗化倾向,如在其宗教题材的作品《使徒马太》中将马太塑造成粗野无文的农民。《女卜者》是画家的一幅代表作,这是一个纯粹的风俗场面,描绘了一个民间女占卜师正在给一个青年预卜未来,作品采用他常用的半身构图,使人物的面部神情更为突出,同时又显得干净利索,这幅画的意义还在于在卡拉瓦乔之前,意大利画家的作品中几乎没有见过表现下层人民的风俗画。画家在意大利的影响主要表现在地方画派上,当时的欧洲各国艺术也不同程度地受到了卡拉瓦乔的现实主义风格的影响,如鲁本斯、伦勃朗、委拉斯贵支等。

三、巴罗克艺术

巴罗克艺术,16 到 17 世纪时诞生并流行于意大利,在佛兰德斯、德国、西班牙等地也有广泛影响。“巴罗克”一词有奇形怪状、矫揉造作或畸形的珍珠的意思,是 18 世纪古典主义艺术理论家用以讽刺这种奇特风格的称呼。罗马是天主教会势力的中心,巴罗克艺术的产生与意大利天主教会掀起的反宗教改革有关。面临着日益增长的科学唯物主义,基督教要重新确认其精神和道德价值,通过艺术使基督教的神秘主义世界观重新得到肯定,在艺术中势必强调以感官体验来激发宗教情感。这使得巴罗克艺术具有如下特征:带有浓厚的宗教色彩,它为教会服务,为宗教所利用,宗教题材在巴罗克艺术中占主导地位;强调豪华感、激情感、运动感,同时也强调作品的空间感和立体感;强调综合性,强调建筑、雕刻、绘画因素的结合;具有远离生活和时代的倾向。

巴罗克艺术在意大利的成就主要体现在雕塑和建筑领域,在绘画上取得辉煌成就的是佛兰德斯的鲁本斯。

巴罗克大师贝尼尼(1598—1680)是意大利巴罗克艺术风格中最著名的雕刻家、建筑家、画家。其雕刻作品强调人物的运动感和激情,善于表现戏剧性的题材,通过瞬息万变的运动揭示人物内心复杂的情感。以希腊神话为题材的《阿波罗与达芙妮》强调运动中人体的轻盈、优美。标志其雕刻顶峰的是《圣德列萨祭坛》。贝尼尼的建筑强调庄严宏伟、华丽稳定。与贝尼尼齐名的建筑师是波罗米尼。

18 世纪的意大利美术虽仍是流派繁杂,但亦有衰落的迹象,这一时期只有威尼斯画派保持了一定程度的繁荣,在大型壁画上取得了突出的成就,同时在画科分类方面,风景画最有成就,风俗画也有一定程度的发展,并出现了不少享誉世界的知名画家。提埃波罗是威尼斯画派中最具知名度的画家,把巴罗克风格运用到更为广阔的境地,画面轻快活泼,场面宏大。他擅长宗教题材的大型壁画,色彩明朗艳丽,用笔流畅,并善于将构图与室内建筑相结合,扩大了视觉空间。威尼斯画派还发展了一种专门描绘城市的建筑物和乡土人情的城市风光的风景画,称为“维都塔风景”。

第三节　17 世纪的佛兰德斯美术

16 世纪的尼德兰资产阶级革命，北方联省的荷兰共和国宣告独立。而南方的佛兰德斯仍处在封建专制与天主教会的控制下，它包括今比利时、卢森堡及德法边界。17 世纪的佛兰德斯艺术一方面受意大利艺术的影响，一方面适应教会及上层统治者的需求，以宗教题材、享乐成分居多，具有明显的巴罗克艺术传统，同时也表现出较强的世俗精神，发展了一种辉煌壮丽的装饰风格。佛兰德斯画派在绘画方面的代表是鲁本斯，充满激情和享乐主义的鲁本斯将巴罗克艺术推向一个新的高峰。

鲁本斯(1577—1640)曾游历意大利 8 年，在此期间，他吸收了意大利佛罗伦萨画派的素描和对人体的强有力的表现方法，以及运动感和富丽堂皇的色彩，同时也受到当时正流行的巴罗克艺术的影响。他以此与尼德兰民族艺术传统融为一体，形成了具有浪漫主义倾向的独特风格，成为佛兰德斯巴罗克风格的代表画家，对欧洲近代绘画产生了深远的影响。他的作品色彩绚烂，具有激情澎湃的动势，题材广泛，将神话题材与现实或历史结合，充满了人文精神和异教色彩。其作品想象力丰富，色彩华丽，追求剧烈的动态和宏大的构图，人物丰腴健美，丰富了巴罗克艺术的表现力。《劫夺留西帕斯的女儿》是一幅描写古代传统“抢婚”的场面，画上人和马的交错动势，给人以强烈的动感，马的突然跃起又增加了这一场面的冲突性，两匹马和两个年青男子却又构成了在冲突中平衡的动态，丰满的女裸体与男子甲胄的光亮质感及马的嘶鸣构成了戏剧性的强烈对比，加强了画面的运动节奏，这是典型的鲁本斯风格。

第四节　17 世纪的荷兰美术

荷兰共和国的独立，使得荷兰人能够充分认识到自身的价值，在他们的艺术中，将现实生活作为艺术创作的源泉。反映人的生存，情感与愿望，使得艺术在反映现实方面的深度和广度扩大了。适应新兴资产阶级和市民趣味和需求，肖像画、风俗画、风景画、静物画流行并成为主要的绘画题材。荷兰美术中更多地保持了尼德兰写实纯朴的特色，巴罗克、古典主义的影响较小。资本主义的发展和市民阶层的崛起，促使油画成为商品，美术家的分工也更加细化和专业化，风景画、静物画独立成科，肖像画、风俗画也获得了大的发展。17 世纪的荷兰绘画对后来的欧洲绘画，特别是 18 世纪法国的市民艺术、英国风景画和 19 世纪的巴比松画派，都产生过积极的影响。

一、17世纪的荷兰画派

17世纪杰出的肖像画家哈尔斯(1580—1666)是荷兰现实主义画派的奠基人。他的作品流畅奔放，人物栩栩如生，具有一种乐观向上的情绪，善于捕捉瞬间表情，色彩简朴明亮，利用黑色创造丰富的画面层次，《吉普赛女郎》、《弹曼陀铃的小丑》是其代表作。

现实主义大师伦勃朗(1606—1669)使荷兰画派的艺术达到了一个新的顶峰。他的作品充满社会生活气息和鲜明的时代特色，借宗教题材来宣扬人性的善良和对美好生活的向往，作品具有一定的社会批判色彩。他因《杜普教授的解剖课》而声名鹊起，订单不断。在创作《夜巡》时他打破了当时流行的团体肖像画的传统，将其处理成一幅主题性绘画，充分显示了荷兰资产阶级取得胜利的喜悦，保持着战争年代的精神和市民的荣誉感，而这幅画却为伦勃朗带来了厄运。《夜巡》的订货者不满每个人付出了相同的定金，在画面上却得到了不同的待遇，画面也缺乏崇高感，更像是普通民兵连的紧急集合，因此伦勃朗被告上法庭并败诉，从此伦勃朗开始了他的艰苦的艺术生涯。他在肖像画上成就突出，在后期创作了大量的亲友肖像画和自画像，专注于人物心理的刻画和精神气质的捕捉。

二、荷兰小画派

该画派的作品适合于室内悬挂，画幅较小，且题材较小，多是对生活细节的描绘，故被称为“荷兰小画派”。维米尔(1632—1675)是荷兰小画派优秀的风俗画家，他的作品具有一种清新、恬静的诗意，优美的色调，匀净的光线，和谐静态的构图，给人一种抒情性的美的享受。题材多为家居妇女形象，人物较少，动作安和，画面简洁，多使用蓝色和柠檬黄，对光线的微妙变化赋予画面以静谧优雅的气氛。《戴珍珠耳环的少女》、《读信少女》是其代表作。

三、荷兰风景画

17世纪是荷兰风景画发展进程的一个关键时期，这一时期形成了完全独立的风景画科。荷兰画派的艺术家表现典型的荷兰风光，忠实地表现自然的本来面貌，流露出对祖国山河的热爱，荷兰风景画得到蓬勃发展，创作了欧洲最早的一批纯粹的风景画，对以后欧洲的风景画的发展影响深远。荷兰风景画全盛时期的代表人物首推雷斯达尔、霍贝玛。雷斯达尔(约1628—1682)的风景画气势雄伟，激情澎湃，充满英雄史诗般的悲壮感。作品画面开阔，风格强健，多采用低透视构图，代表作为《埃克河边的磨坊》。霍贝玛(1638—1709)作为雷斯达尔的学生，其风格却强调宁静优美的田园抒情诗的风格，代表作为《林间乡道》。

第五节 17到18世纪的西班牙美术

16世纪西班牙开始衰落，但在艺术领域，到17世纪却出现了一个“黄金时代”，文学、戏剧大繁荣。美术受到西班牙其它艺术和意大利卡拉瓦乔主义及西班牙地方画派的现实主义的影响，人才辈出。西班牙“黄金时期”尤以委拉斯贵支成就最为突出。

委拉斯贵支(1599—1660)，西班牙17世纪最著名的现实主义大师，其艺术创作受意大利卡拉瓦乔主义的影响，不加粉饰和美化，具有民主、民族及稍许的社会批判色彩。他的艺术创作在进入宫廷之前主要是“伯德格涅斯风格，”即西班牙的卡拉瓦乔主义，如《煮鸡蛋的老妇人》。后昌身为宫廷画家，却仍忠于内心，真实地表现现实生活，被称为真理的画家。委拉斯贵支是一位严肃的现实主义画家，他用客观的态度表现对象，采用面向生活、面向人民的现实主义原则，作品具有深刻的思想性。肖像画成就突出，作品多为宫廷肖像和下层人民的肖像.人物沉着含蓄，心理刻画深刻复杂。下层人物的肖像不仅真实、生动，还带有较强的民主色彩和民族气质，有时还包含有社会批判的意味。《宫娥》、《教皇英诺森十世》是其代表作。他的艺术和技法对后来戈雅和印象主义有直接影响。他所取得的艺术成就，标志着西班牙画派的完全成熟，已达到了当时欧洲的较高水平。

18世纪西班牙产生了另一位伟大的现实主义画家戈雅(1746—1828)。他的作品受委拉斯贵支的影响颇深，具有高度的爱国主义热情和正义感。在他的作品中展示了极强的写实技巧，又善于使用幽默、夸张的手法，体现出深刻的思想性及浪漫主义与现实主义并存的特征，被看作是浪漫主义的伟大先驱。戈雅早期的作品色彩鲜艳明朗，如《穿衣的玛哈》；后期创作深沉、浑厚，重视人物性格的刻画，代表作品为《1808年5月3日夜枪杀起义者》。其铜版组画《加普里乔斯》，以隐喻手法讽喻社会现实并反映了当时的时代特征。

第六节 17到18世纪法国美术

从17世纪开始，随着意大利的衰落，欧洲艺术的中心也开始由意大利转向法国。法国的17世纪被称为路易十四时代，这位“太阳王”将艺术作为歌颂王权，服务宫廷的工具。这一时期法国艺术的主导是古典主义，其最初产生于意大利的学院派，在法国发展壮大。17世纪上半期为法国古典主义的初步形成期，17世纪中后期的路易十四时代是古典主义的繁盛期，到17世纪末18世纪初，古典主义发生转变，由与巴罗克艺术相结合转变为与罗可可艺术相结合。

一、古典主义

法国古典主义的主要艺术家也以古希腊罗马为典范，并广泛吸收同时期的意大利艺术因素。唯理主义是古典主义美术的哲学基础，因此古典主义主张理性至上，追求“绝对美”，歌颂大自然的美和人类的纯真理想。其主要的艺术特征有：遵循古代希腊罗马和文艺复兴盛期的艺术传统，一般具有形象高贵典雅、构图稳定和谐、造型严谨明确、色彩纯净明丽等特征，作品强调庄严、宏大的气魄，规范、准确的素描，题材多为神话、《圣经》、历史故事，并赋予寓意象征的内涵。古典主义在法国又分为宫内的古典主义和宫外的古典主义。宫内的古典主义与巴罗克艺术结合，多为神话和寓意画，被称为“伟大风格”，主要以乌埃、勒布仑等宫廷画家为代表；宫外的古典主义又被称为纯粹古典主义，以古典理想与现实相结合，画风朴实自然，追求具有历史感的风格，着重表现大自然和人本身的美感，典型代表是普桑和洛兰。

普桑(1594—1665)被称为“法国绘画之父”，“哲理型画家”。他的作品庄严生动又不乏激情，题材多为宗教、神话、历史故事，画风严谨，精细，色彩明亮，充满热情和生命力，追求内在深沉、稳定庄严的古典美和理想美。他认为画家应该表现人类的尊严，表现逻辑性和哲理性，应画事物应有的体貌，合乎理性而又高于现实，《阿尔卡迪牧人》、《四季》鲜明地体现了他的这种创作观念。

二、罗可可艺术

18 世纪初路易十五上台后，法国宫廷内的国王和贵族过着奢侈的生活，蓬巴杜和杜巴瑞夫人左右着当时的文艺风尚，在这样一个奢靡和女性风尚的影响下产生了罗可可艺术。

罗可可艺术泛指这一时期室内装饰、建筑、绘画、雕塑以至家具、服装等各方面的流行风，是一种为王室、贵族等上流社会享乐服务的艺术。罗可可艺术受东方艺术的影响，讲求曲线趣味，非对称性法则，色彩柔和艳丽，具有纤巧、柔媚、华丽精致等特点。美术题材上多选取神话故事、情爱韵事、女裸体形象，追求轻松愉悦和感官享受，甚至艳情风尚。罗可可艺术虽不免浮华做作，缺乏神圣力量，但在题材内容上摆脱了宗教的束缚，使艺术向现实主义方向迈进了一大步，在美术形式、手法和表现技巧、色彩等方面对后世艺术也有重要贡献。罗可可艺术的重要代表画家有华托、布歇、弗拉戈纳尔。

华托(1684—1721)的绘画题材十分广泛，才华主要体现在上流社会的“雅宴”这一题材上。他的作品具有将舞台的幻觉和日常的现实融合在一起的效果，充满了优雅、欢乐、缠绵的情调，有时流露出忧郁、沉思、孤独之感。华托以他独有的敏感气质、精湛的技法、绝妙的构思和想象力，以及蕴含其中的深层次的讽刺特质，来表现这些浮华的场面。他最负盛名的作品《舟发西苔岛》，描绘了一群情侣依依不舍地离开传说中的爱之岛的情景。作者将每个人的姿态都赋予了同爱情有关的象征意义，画家那腾烁奇妙的色彩，薄雾笼罩的景致，使得画面富有诗意又充满生气。

布歇(1703—1770)是一位典型的罗可可艺术家,他的技巧纯熟,作品中充满着肉欲逸乐的情调。他的作品通常将场景设在女人的闺房，运用明亮的色彩和新颖的笔法使得人物形象极尽艳丽。《沐浴的狄安娜》、《维纳斯的梳妆》是其代表作。弗拉戈纳尔(1732—1806)继承了布歇的画风,画风更趋浮艳,《秋千》一画展现了他细腻轻快的笔触、明朗柔和的色彩以及高超的构图能力。

三、市民写实

18 世纪中叶法国资产阶级日益强大,代表第三等级的市民艺术应运而生。这一时期与罗可可风相对立的是描写市民生活的画家夏尔丹(1699—1779),他的作品反映了第三等级的理想和审美趣味,受到启蒙主义者的极力推崇。夏尔丹的作品,主要为描写日常生活题材和生活用具的风俗画和静物画,如《集市归来》、《家庭女教师》、《铜水罐》等作品,赞美了普通人闲暇安静的生活和日常生活中极其平常的东西。他的作品构图完整概括,明晰的几何形及色彩的丰富统一具有一种优雅肃穆的美,成为后辈们的作画楷模。

第七节　17 到 18 世纪的英国绘画

从总的艺术发展史的进程来看,英国美术的发展是较为缓慢的,文艺复兴时期的荷兰肖像画家小荷尔拜因造访英国,促进了英国肖像画的发展。到 17 世纪时大批外国画家相继来到英国,对英国绘画的发展起了积极作用,如佛兰德斯的凡·代克。正是在这个基础上,从 18 世纪起,英国的民族画派才开始真正繁荣起来。在荷加斯之前,英国美术还处于启蒙阶段,本土的艺术家大多摹仿欧洲的艺术家。到 18 世纪的上半叶,荷加斯是第一个取得世界声誉的英国本土画家。其后古典主义艺术家雷诺兹和巴罗克艺术家庚斯博罗,共同奠定了英国民族画派的基础。

威廉·荷加斯(1697—1764)用铜版画和油画反映了英国各阶层的生活,对当时的社会弊病进行了深刻的揭露和辛辣的讽刺，作品强调文学性和教化作用,《时髦婚姻》、《浪子生涯》、《妓女生涯》为其代表作。其美术理论著作有《美的分析》。

雷诺兹的绘画成就主要是在肖像画方面，受巴罗克风格的影响，多为上流社会人物画像。庚斯博罗是与雷诺兹齐名的肖像画家,共同创造了英国肖像画的民族形式,色彩精致富丽,用色流畅,喜用蓝色。

思考题：

一、填空

1.欧洲最早的美术学院是 1582 年由著名画家卡拉奇兄弟在意大利创办的______________。

2.意大利著名画家＿＿＿＿＿＿＿是17世纪现实主义的开创者。

3.＿＿＿＿＿＿＿是意大利巴罗克艺术风格中最著名的雕刻家、建筑家、画家。标志其雕刻顶峰的是《圣德列萨祭坛》。

4.佛兰德斯画派巴罗克艺术在绘画方面的代表是＿＿＿＿＿＿＿。

5.17世纪西班牙最著名的现实主义大师是＿＿＿＿＿＿＿。

6.18世纪西班牙伟大的现实主义画家＿＿＿＿＿＿＿又被视为浪漫主义的伟大先驱。

7.17世纪古典主义画家＿＿＿＿＿＿＿又被称为“法国绘画之父”。

8.18世纪的上半叶＿＿＿＿＿＿＿是第一个取得世界声誉的英国本土画家。

二、解词

1.卡拉瓦乔主义　2.巴罗克艺术　3.荷兰画派　4.罗可可艺术

三、简答

1.17世纪西班牙现实主义风格

2.17世纪法国古典主义艺术特征

四、论述

1.17、18世纪欧洲美术的主要特征

2.17、18世纪欧洲风景画的艺术成就

第四章 十九世纪

第一节 概说

19世纪欧洲绘画的中心仍在法国。自1789年的资产阶级大革命后，法国社会动荡不安。这为美术思潮的迭起，各绘画流派的兴发，提供了大的社会舞台。新古典主义、浪漫主义、现实主义、印象主义、新印象主义、后印象主义以及象征主义思潮相继产生于法国，又影响着世界的各个角落。在全欧洲风起云涌的形势下，俄国人也在为推翻沙皇统治取得民主制度而斗争，美术中的现实主义兴起，尤其是巡回展览画派所取得的成就，使得俄国美术的成就享誉世界。

19世纪的西方美术以法国为中心，开始了一个美术史上的高峰时代。这一时期，一方面传统美术在被深化、学院化，另一方面反传统观念的艺术也在兴起；一方面各国的民族画派、地方特色在发展，另一方面又追随法国的艺术思潮和流派不断变化；一方面艺术以反映社会、反映生活为主线并进一步深入，另一方面艺术表现人的内心和情绪及“为艺术而艺术”也在发展。

第二节 新古典主义

新古典主义的兴起是在18世纪末19世纪初，法国大革命的到来成为其催化剂，因其与现实革命斗争的紧密结合，又被称为“革命的古典主义”。它以古希腊罗马美术为美的典范，以和谐单纯为美的最高形式，同时又追求具有时代感的理想化美，注重表现社会生活和时代精神，一般采用借古喻今的方式，通过表现历史题材和神话题材来宣扬共和思想和英雄主义，或直接以现实题材表现革命的思想热情。正是这种不同于古典主义的现实性和时代性使之成为新古典主义。在画面形式上，新古典主义注重突出英雄式人物，景深变化较小，注重平稳的构图、精确的素描和宏伟庄严的气势。法国新古典主义的杰出代表是大卫和安格尔。雕塑领域的重要代表是乌东和他的《伏尔泰坐像》。

大卫（1748—1825），法国新古典主义创始人，同时也是一位积极的社会革命者，利用艺术的形式积极宣传革命。在《贺拉斯兄弟之誓》中，采用“借古喻今”的创作手法，以古罗马英雄题材表现法国人民的革命激情，宣扬个人情感要服从国家利益。《马拉之死》表现的是雅各宾派领导人马拉被刺杀在浴缸中的情景，大卫运用古典的绘画技巧和毫不夸张的戏剧性，将马拉之死表现得深刻而感人，具有了纪念碑的意义。既体现了大卫的古典主义的美学思想，又具有了强烈的现实意义。作为雅各宾派的领导人，法国大革命的积极参与者和支持者，大卫以自己的艺术为革命服务，成为革命最有力的宣传者。根据革命形势的不断变化，大卫的艺术在革命前，主要是采用借古喻今的方式，反映革命形势宣传共和思想；在法国大革命中，则直接表现当时的社会现实，如《网球馆的宣誓》；拿破仑称帝时期，成为帝国的御用画家，开始转向学院派。这一时期的巨作《加冕式》构图宏大、场面壮观、刻画精准，古典主义绘画的理性严谨在大卫手里达到无以复加的程度。在大卫的学生和追随者中，成就最大的是学院派古典主义的最后一位大师——安格尔。

安格尔(1780—1867)作为皇家美术学院的院长，十分推崇拉斐尔，甚至为了取得古典美和理想美的效果而脱离现实。安格尔的肖像画成就突出，尤其是妇女的形象，他强调用纯净的线条构思形体，形体与动态充满优雅的节奏感，色彩清新淡雅，力求线条形体色彩的和谐。安格尔重素描、轻色彩，重形式、轻内容，重理性、轻情感的古典学院派规范，在当时艺术思潮新旧交替的时代已渐趋保守，与浪漫主义主将德拉克罗瓦的"素描与色彩之争"，即是两个艺术流派在美学原则和创作形式上的对立。安格尔晚年的代表作《泉》，体现了安格尔对"永恒美"这一抽象概念的努力追求；《土耳其浴室》也是他晚年的杰作，表达了画家对青春美丽的无限留恋，同时也可以看到艺术家在创作上对形式的注重。

第三节　浪漫主义

浪漫主义是在与学院派古典主义的斗争中发展起来的。王政的复辟使得法国人民对资产阶级失去了信心，知识分子的苦闷情绪使得他们不满于学院派的保守僵化，而寻求新的表现方式。浪漫主义更注重表达个人情感，而非抽象的理性，追求浪漫和想象，在题材上多选取文学题材、宗教和神话题材以及异国情调题材，多采用象征、寓意和对比的手法，形式上追求夸张、想象和强烈色彩的表现力，并追求运动感和激情感。浪漫主义又分为积极的浪漫主义和消极的浪漫主义。在法国，浪漫主义与现实相结合，具有积极的现实意义，最具代表性的是席里科和德拉克罗瓦，英国的浪漫主义的代表是布莱克和他的《圣经》画以及透纳和康斯太勃尔为代表的风景画。

一、法国浪漫主义

席里科(1791—1824)，法国浪漫主义的先驱，在艺术上崇尚鲁本斯和格罗的画风；并以画马著称。他的代表作《梅杜萨之筏》被看作是浪漫主义的伟大宣言，它展示了一幕真实的悲剧性场面，作品采用金字塔构图，以浪漫主义的写实手法来处理画面，它所呈现的张力、光影以及生动激烈的形象遭到法国当局的攻击。

欧仁·德拉克罗瓦(1798—1863)是法国浪漫主义最杰出的代表,有“浪漫主义狮子”之称,他的作品多取材于文学著作和东方题材,激情洋溢,笔法奔放,色彩鲜艳,对比强烈,具有丰富的想象力,强调构图气势和人物动态、情感的表达。《希阿岛的屠杀》是德拉克罗瓦展现现实事件的一幅著名油画,它标志着浪漫主义盛期的到来。因激情狂放的笔触、色彩以及强烈的揭露现实的创作意图被称为“绘画的屠杀”。《自由引导人民》是德拉克罗瓦最著名的代表作,它标志着法国的浪漫主义达到了顶峰。画家以浪漫主义的手法展示了法国的七月革命,在画中德拉克罗瓦运用象征主义的手法,将自由女神安排在画面中心,她半裸着上身,高举代表着自由的三色旗,指引着民众为争取自由而战,这种想象与现实的大胆结合使得作品具有普遍的意义。在德拉克罗瓦的创作后期,题材转向东方的异国情调,作品更注重剧烈的动势,豪放的笔触,光影交错的色彩,复杂的构图。雕塑领域的浪漫主义代表是吕德,他的浮雕《马赛曲》被视为是《自由引导人民》的姊妹之作。

二、英国浪漫主义

布莱克(1757—1827)是18世纪末19世纪初欧洲浪漫主义的伟大先驱,也是著名的诗人和思想家。他的作品充满豪迈奔放的热情,瑰丽、雄奇的想象以及深邃玄妙的哲理,显示出积极进取的革命精神和宽广博大的民主思想。他的作品大多取材于宗教和神话题材,注重情感抒发,表达个性及想象,具有平面化的特色。布莱克曾创作了一批以《圣经》为题材的水彩画,《创造亚当》就是其中的代表作。

透纳(1775—1851)是19世纪英国伟大的浪漫主义风景画家。在他的作品中,充满了崇高雄壮的色彩,透纳企图通过这种具有悲剧色彩的毁灭性主题来表达更为复杂的隐喻与哲理。他将令人动荡不安的戏剧性的场面以及光影,现实与幻想融为一体,丰富了油画的表现力,被称为“色彩的魔术师”。他面对自然中光色、空气的微妙变化的研究,对后来的印象主义有极大的影响。《战舰归航》、《雨、蒸汽和速度》、《暴风雪——汉尼拔翻越阿尔卑斯山》都是他的代表作。

康斯太勃尔(1776—1837)是19世纪伟大的浪漫主义画家,也是他促成了英国民族风景画派的形成。他的作品饱含情感地描绘田园美景,细节刻画精致细腻,画面气氛安谧、恬静,光线明亮清澈,色彩浓郁滋润,构图平稳,《干草车》、《弗拉弗特磨坊》等作品被描绘得犹如优美的田园牧歌。

第四节　现实主义

现实主义作为一种创作方法在文学艺术创作中始终存在，19 世纪 30 年代法国兴起的现实主义，不仅指一种创作方法，而且更具体地指由某些文学艺术家发起和组成的一个群体和流派。此时一些艺术作品对资本主义的黑暗面采取了揭露和批判的态度，具有社会批判和民主倾向，故又称为批判现实主义。批判现实主义产生于法国，首先是由于当时法国尖锐的阶级矛盾，1830 年革命后，工人阶级与资产阶级的矛盾成为法国国内的主要矛盾，此后的 1848 年革命和 1871 年的巴黎公社，工人阶级登上历史舞台，也影响着文学艺术的发展；19 世纪现实主义的兴起也与当时的哲学、社会科学、自然科学的发展有很大关系，实证主义哲学、空想社会主义都主张研究社会，达尔文的进化论对现实主义的兴起也起到了重要作用。

批判现实主义也是在与僵化的学院派和消极浪漫主义的斗争中发展起来的。它既反对古典主义的因袭保守，也反对浪漫主义的虚构和脱离生活，批判现实主义主张"为生活"、"为民众"的艺术，以忠实地描绘生活真实为创作的最高原则，以揭露当时社会的本质为主要任务，强调艺术的社会功能和教育功能。具有真实性、思想性、批判性、民主性等特征，表现手法一般以质朴、深沉、简明为特点。

法国的现实主义在 40、50 年代时达到鼎盛，在文学艺术的各个领域均涌现出了一批巨人般的作家和画家。法国画坛的现实主义主要包括以卢梭为首的巴比松画派、风俗画大师柯罗、米勒、库尔贝和杜米埃为首的批判现实主义以及雕塑领域的巨人罗丹。在俄国，以"巡回展览画派"为典型代表的批判现实主义也取得了举世瞩目的成就。

一、法国现实主义

巴比松画派是 19 世纪 30 年代法国兴起的一个民族风景画派。30 年代起，以卢梭为首的一批画家就经常到位于巴黎以南的枫丹白露森林的小镇巴比松作画，在那里既可以观察到大自然的美丽风光，又可以跟巴黎保持接触，关注当时的美术动态，到 40 年代时，卢梭与他的一批追随者定居巴比松，他们描绘普通人的生存环境和生活，从大自然和日常生活中发现审美价值。他们在那里以写生为基础，在技法上也进行了共同的探讨，逐渐形成了独特的风格，被称为"巴比松画派"。

巴比松画派主要活跃于 30—70 年代，它吸取了 17 世纪荷兰风景画及 18 世纪英国风景画在表现题材及创作技法上的经验，打破了古典主义风景画的惯例，提出"面向自然、对景写生"的口号，真实地描绘和讴歌大自然，从大自然本身寻找并获得真实的情感和诗意，并赋予风景画以肖像画的特质，建立了具有民族特色的法国风景画派。而巴比松画家对于光、色彩、大气、天空的探索和表现，直接影响了后来的印象主义。

巴比松画派的主要成员除卢梭外，还有杜比尼、杜普雷、迪亚兹、特罗容，一般人们通常将在枫丹白露一带作画的柯罗和米勒包括在内，共同称为“巴比松七星”。

卢梭（1812—1867）是巴比松画派的领袖人物，他的作品早期受荷兰风景画和康斯太勃尔的影响，成熟期的风格沉郁肃穆，更加富有哲理、人格的思想和力量，既庄严朴实又沉雄伟大。他的作品建立在对自然的深刻观察的基础上，尤其善于描绘树木的性格和森林沼泽的深邃。《枫丹白露森林的入口》、《大橡树》是其成熟期的代表作品。前者抒情和谐，前景的树木仿佛构成了一座拱门，后面广阔的平原、枯树、密叶以及牧人和牛群，空间深度层层拉开，使观众有如置身于茂密的森林之中，细腻的笔触赋予自然形象的丰富感情也令人叹为观止。在《大橡树》中则展现了卢梭深沉庄严的画风，几棵橡树以英雄般的姿态俯瞰大地上的生灵，在这里，卢梭赋予风景以人的性格特质。卢梭作为一位艺术革新者，还在于他强调了光的重要性，认为“一切都应该服从于光”，他在实地写生的基础上，探索在同一时刻不同光线氛围的变化，为后来的印象主义开辟了道路。

杜比尼（1817—1878）是巴比松画派中对印象主义影响最大的画家，也是一位外光派大师。其画风色彩丰富，通常运用色彩分割及流畅的大笔触抒写大自然的美丽景色。《瓦茨河上的落日》、《奥博特沃思的水闸》等作品中对水及水波变化的出色描绘，为他赢得了“水上贝多芬”的美誉。

柯罗（1796—1875）虽不属于巴比松画派，但与巴比松画派有着密切的联系。他的风景画代表了法国传统的历史风景画向现实主义的过渡。他的作品具有丰富的想象力和抒情的诗意，笔下的风景既是真实的景色，又是一种理想的境界。简练、纯朴、轻柔而具有幻境似的风景中，常配以生动和姿态优美的人物，这使他的风景画具有浓厚的文学意味。《蒙特之桥》和《孟特芳丹的回忆》是其代表作。在《孟特芳丹的回忆》中，婀娜多姿的巨树舒展树冠伸向天空，在浓雾笼罩下的湖泊、草地迎着光的微妙变化仿佛一首梦幻曲。柯罗在肖像画方面也取得了不容忽视的成就，《蓝衣女人》、《戴珍珠的少女》等都是他的肖像杰作。

米勒（1814—1875）是一位农民画家，他终其一生都用质朴简明的手法表现在土地上辛勤的劳动者和他们的生活。米勒的作品一般采用横带式构图，笔下的人物较少，造型通常具有一种雕塑般的厚重感，不注重琐碎细节的刻画，而强调整体的画面结构和人物形体，具有质朴无华的力量感。《播种者》、《拾穗者》和《晚钟》是他的表现农民题材的三幅杰作。在这些画中对农民真实生活状况的描绘使得他的绘画具有了重要的社会批判意义。《晚钟》表现的是在暮色中随远方钟声垂首祈祷的农民夫妇，大面积的耕地，昏黄日光下的身影，这种人与自然的和谐统一使这幅画具有了一种纪念碑式的庄严感。

库尔贝（1819—1877）是高举批判现实主义大旗的旗手，现实主义美术的发起人。他的画路宽广，技法娴熟。库尔贝的早期创作受到了浪漫主义的影响，但他本人强烈的个性和民主主义思想使得他的绘画在40年代时就已经显露出现实主义倾向。1855年，库尔贝携他的《画室》和《奥尔南伯爵的下葬》参加世界美展被拒绝后，他自办画展，并明确提出了现实主义的口号。他主张"创造活的艺术"，"如实地表现我所生活的时代风俗和精神面貌"。如果说米勒的作品无意于一种社会批判色彩，那么库尔贝的作品开始有意识地通过对平凡景色的描绘，甚至是社会阴暗面的展现，表现出一种自觉的叛逆和揭示。《奥尔南伯爵的下葬》虽取自《圣经》题材，但库尔贝却力图展现一种活生生的生活场景。画中送葬的村民满不在乎，掘墓人悠闲地等候着下葬的时刻，无人流露出对这位死去的圣者的悲哀，它标志着一种密切关注和深刻思考社会问题的真正的现实主义的诞生。

杜米埃（1808—1879）是一位在批判现实主义道路上比库尔贝走得更远的杰出人物。他在版画和油画等方面都取得突出成就。他的创作以1848年为界，在1848年之前主要为政治讽刺画和风俗漫画，这些作品深刻地揭露了当时的社会现实，以形象生动、比喻犀利著称；1848年之后创作转向风俗画，抨击当时腐败的社会伦理道德。杜米埃采用漫画的表现形式，对形象的高度提炼和夸张使其版画作品具有强烈的吸引力和艺术感染力，同时又具有极为深刻的社会批判和揭露意义。《高康大》是一幅杰出的政治讽刺漫画，画家以拉伯雷小说中的巨人高康大暗喻当时的法国国王侵吞民脂民膏，画中以夸张的手法创造了有着梨形头和臃肿身体的高康大。杜米埃的油画同样概括简练，省去了多余的细节描写，具有"写意"性的风格，对后世艺术有重要影响。《三等车厢》、《堂·吉诃德》是他的油画代表作。

罗丹（1840—1917）作为对近代雕塑发展起划时代意义的一位大师，不仅丰富和扩大了现实主义的表现方法，同时也为雕塑领域开启了一个新的时代，他以杰出的雕塑才能创造了一批具有普遍意义和典型性的艺术形象。首先，它采用了一种彻底的现实主义态度。他的作品不是现实生活的美化或理想化的表现，在《塌鼻子男人》中就忠实地塑造了一个鼻梁塌陷、面容衰老丑陋的形象，甚至因《青铜时代》的人体太过逼真而被认为是人体的翻模。其次，他将西方雕塑由写实转向写意的表现手法。在他的作品中，有意让石料留有"未完成"状态，留有无限的遐想空间，这种写意性的手法在《巴尔扎克像》那里得到淋漓尽致的表现。在这个具有表现主义倾向的作品中，罗丹以无比的创造力将巴尔扎克塑造为全身裹在睡袍里，只露出硕大的头颅和蓬乱的头发的形象。他摒弃了纪念碑雕刻的庄严均衡，而以简率、豪放的创作手法和外部造型，表现了这位伟大作家的性格特质和创作灵感到来时的激情勃发。再次，他将题材特性和雕塑语言完美地结合在一起。在他的雕塑中，充分利用材料本身的独有特质加强艺术表现力。他有时让铜像表面保持粗糙，以捕捉空间和阴影的微妙变化，在《吻》这件大理石雕像中，他把石头表面雕造得不露任何痕迹，增强了线条的流畅和动感。最后，在罗丹的艺术中赋予了"丑"以美学意义。他认为，在艺术中，只要是真实的、有个性的就是美的，只有“性格”的力量才能造成艺术的美。《欧米埃尔》中那个衰老丑陋的年老妓女的绝望与悲哀，正是因其真实的、富有生命力的独特个性转化成为艺术美。罗丹的《地狱之门》、《思想者》、《加莱义民》等作品无不以典型化的外形透露出内在的真实，这使他的作品具有一种深沉动人的气质。

二、俄国现实主义

(一) 巡回展览画派

彼得大帝在18世纪初实行改革，俄国资本主义因素增长，国家经济实力走在了欧洲前列。到19世纪俄国沙皇专制与资本主义的快速推进产生矛盾，同时资产阶级实力增强，农民运动高涨，社会政治风云变幻。在19世纪上半期，俄国发生拿破仑入侵和“十二月党人”事件，这两件事促使俄罗斯民族的觉醒和民主思想的形成；与此同时，以民主主义者别林斯基、赫尔岑为代表的新一代俄国思想家，主张艺术应该以现实生活为创作素材，对黑暗的社会进行揭露，为19世纪后半期的批判现实主义奠定了基础。19世纪也是俄罗斯民族文化大发展的阶段，在哲学、文学、音乐、美术等各个领域，涌现出一大批足以与欧洲各国争雄并列的杰出人物。19世纪初俄国民族美术真正进入了发展的新时期，在美术上也出现了享誉世界的杰出画家，为我罗斯民族美术的发展做出了巨大贡献。俄国的巡回展览画派便是在这种形势下产生的。

1870年成立的“巡回艺术展览协会”，因在俄国各大城市巡回展出而被称为巡回展览画派。巡回展览画派反对美术过分集中于彼得堡与莫斯科，主张通过巡回展览的办法向全国各地流动，达到传播自己艺术主张的目的。巡回展览画派是个倡导传播俄罗斯民族艺术的进步团体，是与学院派对抗，走艺术与生活相结合之路的画派。它反对“为艺术而艺术”，主张为生活、为社会而艺术，为群众、民族而艺术，重视作品的民族性、思想性、教育性和艺术性的结合。70、80年代是巡回展览画派的最繁荣时期，画派阵营不断扩大，俄罗斯19世纪后期的主要画家都是巡回展览画派的成员，他们的创作有鲜明的批判现实主义的精神。

巡回展览画派是19世纪俄国特定历史条件下的产物，是批判现实主义文艺思潮在美术中的反映。画家们暴露社会的黑暗，同情劳动人民，他们的艺术对沙皇专制制度起了破坏作用。同时造就了一大批杰出的画家，把俄罗斯美术推向了发展的新阶段，其艺术成果是俄罗斯民族美术的最高体现。在历史画、肖像画、风俗画、风景画等各个领域均取得了突出成就，使俄国美术发展到了一个新的时代。

菲多托夫(1815—1852)是俄国批判现实主义的先驱，最早从事独幅讽刺漫画的作者之一。它的早期作品针对生活中的庸俗现象，予以尖刻、辛辣的讽刺，画中有微妙的幽默，有描写的真实，揭示了社会生活中人与人之间的畸形关系。菲多托夫对社会各阶层生活深刻的观察力和揭露社会陋习的艺术才能，集中地表现在《少校求婚》一画中。

克拉姆斯柯依(1837—1887)是“巡回展览协会”的直接发起人和精神领袖,他的最高成就主要体现在肖像画方面;彼洛夫的作品以抒情见长,有《无名女郎像》。

列宾(1844—1930)1878年参加巡回展览画派,80年代为其创作的黄金时期。列宾在俄国美术史上的地位是最突出的,他把巡回展览画派的批判现实主义引向深入,使民族美术的面貌更加鲜明和成熟,带来了俄罗斯美术的黄金时代。1873年的《伏尔加河上的纤夫》,描绘在宽广的伏尔加河上,一群拉着货船的纤夫在沙滩上艰难地前进,由于长期的艰辛劳作,他们疲惫积弱,又坚忍不拔,列宾巧妙地运用河床的微微隆起的曲折走向,形成一座底座,使得画中的人物犹如一群雕刻的群像。由于列宾布局上的匠心,这幅尺寸不大的作品却具有宏大雄伟的效果。著名评论家斯塔索夫指出,列宾所描绘的这些纤夫形象,不只是为了可怜叹惜他们,而是为了进一步表现不为人知的俄国人民的生活。《扎波罗什人给土耳其苏丹写信》以英雄的群像和革命乐观主义描绘了17世纪的扎波罗什人,他们勇敢、豪迈、热爱自由,在首领的号召下,围坐在桌边给土耳其苏丹复信,他们用讽刺、嘲弄、尖刻的语言回击土耳其人对他们的诱降。《库尔斯克省的宗教行列》借助宗教礼拜游行这一宗教题材,将当时俄国各阶层的人加以真实的描绘,为了表现人群的众多,队伍的绵延流动,画家采取对角线构图,让队伍消失在远处的尘烟里,列宾精湛的油画技巧,将阳光、尘土、大气等表现得十分出色,和谐的色彩使画面连成一体。在列宾笔下,俄罗斯农民有着复杂的性格,他们既胆怯又有仇恨;而代表宗教势力的神职人员却无知粗野、妄自尊大。

苏里科夫(1848—1916)是巡回展览画派活动盛期,即俄国批判现实主义艺术日趋成熟阶段成长起来的画家,俄国美术中与列宾成就相近的一位伟大画家,在历史画领域做出了有价值的革新。1881年苏里科夫所画《近卫军临行前的早晨》,根据1698年彼得大帝镇压近卫军谋反的历史事件而作。在这幅构图宏大的画面上,以红场的伯拉仁诺教堂为背景,从农民中招募来的近卫军及其家属占据了画面前景的大部分,彼得大帝画在远景,坐在大车上的手持蜡烛的红发近卫军怒目远视,与彼得大帝形成了对峙。整幅画气氛悲壮,细节真实。它与1884年的《女贵族莫洛佐娃》及1883年的作品《缅希科夫在贝列夫》被称为苏里科夫的历史三部曲,苏里科夫用历史观点真实客观地表现彼得大帝及他的改革引起的一场前后连贯的悲剧。苏里科夫写实技巧高超,强调心灵的深层次刻画与挖掘,上述三幅画充分表现了历史时代的巨大空间和震撼人心的悲剧力量。巡回展览画派注重对社会现实的揭露批判,风俗画与历史画是他们最主要的创作形式。这些画家的创作从题材的广度,内容的深度,形象的刻画,形式的多样,技巧的成熟等各方面,构成了俄罗斯民族美术的特有风格。

谢洛夫(1865—1911),巡回展览画派末期的画家,列宾的学生,出色的肖像画家。他的作品构图单纯,体现出一种音乐感,如早期作品《少女与桃》、《阳光下的少女》。谢洛夫为许多文艺界人士画过肖像,如普希金、高尔基、列维坦、女演员叶尔玛洛娃,画家从不同角度,用不同方法表现人物

的丰富心灵，给人以崇敬和爱戴之感。其他重要的巡回展览画派的画家，还有卡萨特金、阿尔希波夫、克罗文、弗鲁贝尔等

（二）俄罗斯风景画

19世纪下半叶，由于民主主义美学思想的影响，以巡回展览画派为核心，产生了一大批优秀的风俗画家。他们面向大自然，在实地写生的基础上，将客观景物典型化，创造出富有生活气息和不同风格的风景画。

列维坦（1860—1900），19世纪后期风景画中的最后一位大师，他的创作使俄罗斯风景画派进入了一个更高的美学层次。他的作品将个人与民族命运结合起来，以抒情见长，画中充满了对大自然诗意的描写，力图以大自然的人格化揭示时代的思想，开创了俄国的"情绪风景"画，被称为"俄国的历史风景画"的《弗拉基米尔之路》便是其代表作。他前期的创作富于批判意味，主题深刻，如《深渊》、《弗拉基米尔之路》、《墓地上空》。后期创作一扫前期沉闷忧郁的情调，表露出画家真诚欢悦的心情。作品有《三月》、《金色的秋天》、《伏尔加河上的清风》等。

第五节　印象主义

19世纪下半期，印象主义、新印象主义、后印象主义、象征主义相继兴起，开始了欧洲艺术从传统形态向现代形态的过渡。从这一时期起，美术从内容到形式的变革，幅度越来越大，革新的锋芒也越来越鲜明，从而孕育了20世纪初对传统艺术的全面突破。

19世纪后期，资本主义国家经济增长与经济危机并存。实证主义、功利主义与尼采、叔本华的"超人"、"唯意志理论"同时兴起，马克思主义哲学与达尔文的进化论的传播，在知识界也引起了深刻的思想动荡。在这样的背景下产生的文化艺术不可避免地具有双重性：与传统风格相联系的一面和突破传统、追求创新的一面。印象主义、新印象主义、后印象主义、象征主义等就是这样一些具有双重性的艺术思潮和艺术流派。它们从不同的方面以新的视角表现客观世界，描绘艺术家眼见之实；另一方面它们的绘画又开辟了新的绘画语言，用新的技巧展示了客观世界和人们的主观精神世界，拓展了审美表现领域，为发挥艺术家的个性提供了新的可能。这一时期美术更多地摆脱了历史、宗教、文学等非绘画性因素的束缚，追求艺术自律性的探索，在艺术观念和艺术表现形式上为20世纪更为激烈的艺术变革奠定了基础。

印象主义是19世纪70—80年代兴起于法国的美术流派，同时也是一种美术思潮和美术风格。印象主义的产生与这一时期光学科学的发展、照相术的发明有密切的关系，日本浮世绘的传入及前辈和当代艺术大师在色彩上的实践和探索，都为印象主义的绘画变革做了铺垫。

印象主义反对艺术的因袭，突破文艺复兴以来色彩服从于形体的传统，提倡室外写生，尤其注重对于光线和色彩的表现，开辟了绘画表现的新领域。他们反对绘画作为文学的附庸，强调表现直接感受和总体印象，并追求绘画自身语言的表现价值，如色彩、笔触等方面，从而使绘画变革向着现代主义方向迈出了重要的一步。题材上侧重描绘日常生活题材，不关注题材的主题意义，技法上为捕捉不断变化的光和色，提高画面亮度，多采用直接画法，构图上则追求偶然和率真效果，捕捉稍纵即逝的生活场景和自然景象。

在 1874 年的“无名画家、雕塑家和版画家展览”中，莫奈的《日出·印象》被批评家讽刺为“印象主义”，印象主义因此得名。印象主义是一个松散的团体，从 1874—1886 年，印象主义共举办了 8 次展览，主要的代表人物包括马奈、莫奈、雷诺阿、德加、毕沙罗、西斯莱等。在英国，受法国印象主义影响产生了“伦敦印象派”，美国画家卡萨特、萨金特、惠斯勒也受到印象派的影响。

马奈（1832—1883）虽没有参加过任何一届印象派画展，印象主义者却一直将他视为印象主义的奠基人和精神领袖。马奈从学院派、委拉斯贵支、戈雅的艺术中吸取营养，同时又大胆地突破传统。在他的绘画中，大胆舍弃传统的中间色调，强化明暗和光影，采用直接写生画法，瞬间效果突出，色彩精练而丰富，尤其注重黑色的作用。他的画建立在大片明暗关系和色面统一基础上，具有一种强烈的单纯感和整体感，以至于连库尔贝都称马奈的作品为“扑克牌”。对于线条，马奈主要不是作为轮廓而是作为色面的边缘来处理，将明暗关系简略到最低限度，淡化深度空间。

他的题材大部分是从日常生活信手拈来的。《草地上的午餐》和《奥林匹亚》用传统写实的方法展现出世俗的精神。《奥林匹亚》大胆地发挥了艺术观察方法的自由性，从而为印象主义画家的绘画探索以及现代绘画的发展开拓了道路。这幅画以浮雕式的造型突出人物轮廓，设色也更加精炼：大面积的深棕、深紫色的背景，黑奴以及黑猫布满画面的大片阴面，而床单、枕头、鲜花及裸女、黑奴衣服又形成大片的亮部，黑白对比单纯而又强烈。70 年代后，马奈的画风沿着印象主义的风格发展。其作品笔触活泼跳跃，色彩灿烂夺目，并放弃黑色的使用，画法也更为自由，《莫奈在船上作画》、《威尼斯大运河》便是这一时期的代表作。

莫奈（1840—1926）被称为“印象派之父”，是早期印象主义的创始人之一。他的风景画突破传统题材和构图的束缚，以对母题的视觉经验为主要出发点，排除一切社会和文学等外在因素。根据当时的科学理论，人们是看不到空间向量的，所看到的只是一块块颜色的混合，莫奈也认为是人们对所见事物的认知欺骗了人们的视觉镜像。因此他不断地追求“临场经验”，《草垛》、《卢昂教堂》组画，即在于透过一系列相同主题探求同一场景在不同光线氛围下变幻无穷的外观，它们的轮廓模糊，主要用光线和色彩来表现瞬间印象，追求绘画色彩关系独立的美。《日出·印象》中画家以单纯而简炼的色彩对比取代对光影的直接描绘，物象轮廓线模糊，风景画传统意义上的“内容”或题材让位于光和大气氛围的展现。

第一、二届印象派画展时期，莫奈和他的印象派朋友们进入创作盛期。他在塞纳河上的“水上画室”描绘美丽的塞纳河，无论什么时候什么季节他都未感到厌倦，因为塞纳河任何时候都是不同的。《圣拉扎尔火车站》以火车站弥漫的烟雾、机车放出的蒸汽同随时而异的天光色调的对比作为研究对象，成功捕捉了大气和散射的光线。莫奈晚年创作的《睡莲》组画，是在视力日渐衰退的情况下完成的，华美而热烈的色彩，对水的清翠的出色展现，具有了一种神秘色彩和宏大的装饰效果。

雷诺阿(1841—1919)被称为“印象派中的罗可可派”。他主要画妇女和裸体肖像，以其毕生坚持不懈的努力和充沛的热情，创造了一个丰富多彩、欢乐幸福的艺术世界。第一届印象派画展展出雷诺阿的《包厢》，标志着他的创作已进入印象主义时期。《包厢》以极其简练的画面安排，在近景画出一个特写式的女子，淡黄色、褐色、红褐色的丝绸使得画面具有了一种天鹅绒般的质感.拿望远镜的男子形象模糊，与女子的脸部塑造形成鲜明对比。《红磨坊街的舞会》这幅描绘巴黎郊区公园舞会的作品，是雷诺阿把得自风景写生经验的印象主义原理运用于人物画和现实生活场景的范例。从1883年起雷诺阿的画风发生了新的变化，开始重新关注素描造型，轮廓转向具体肯定，色彩平滑而细致，被称作雷诺阿的“古典作风”时期。

德加(1834—1917)在绘画生涯中，一直将芭蕾、剧院和音乐的世界及其中的人物形象作为他艺术的主题。他的绘画题材专注于肖像画和风俗画，尤以女工、沐浴的模特及芭蕾舞演员出众。安格尔告诉他要“多画线条”，这使他获益良多。他的作品用线条和扎实的素描塑造真实的形象，专注于人物的动态和炫目的舞台灯光照耀下的美丽的织物上的光泽。德加在技法上也做了各种试验和探索，尤其是他的色粉笔画，使得他的艺术观念得到更充分的实现。

西斯莱(1839—1899)是一位纯粹的风景画家。他善于安排细节和处理画面，完美地体现了印象派自然质朴而别具诗意的一面。在他的作品中主体突出，构图单纯，并没有因为描绘光和色而破坏物体的形体结构。毕沙罗(1830—1903)受柯罗风景画的影响，以表现农村风景为主，他通过色调的变化和对形式美的追求，去表现大自然的朴素美和田园般的诗意，曾一度转向“新印象主义”画风，《坐着的村姑》、《蓬图瓦修道院》为其代表作。

第六节　新印象主义

到19世纪80年代，印象主义陷入了危机，雷诺阿声称印象主义已走到了尽头。印象主义的自我限制主要是过分依赖大自然，流于视觉记录和偶然效果，缺乏内在深刻含义和永恒持久性。到1886年印象主义最后一次画展时，印象派主力已撤出展示，而新一代艺术家修拉、西涅克的风格备受好评，批评家认为他们“展示了一种全新的艺术”，为了与老一辈印象主义区分，将之称为“新印象主义”。

新印象主义的产生与当时关于色彩的对比法则、色彩混合等科学理论的发现有关。西涅克对新印象主义所下的定义是：以色调和色彩的视觉调合作为表现方式来建立起“分割”技巧，但最终目的仍是光和色。新印象主义主张以光学科学的原理和理性分析来指导实践，运用科学的计算和审慎的构思，将线条、色彩的表现性与情感特质相结合，“制造有秩序的合理的美”；作画技巧上采用色彩分割理论和点彩的笔触，即采用光学原理将纯粹的色彩以小点块的方式，彼此相邻近地排列在画布上，用视觉调合的办法获得更高的明度感，因此新印象主义又被称为“分割主义”和“点彩派”。

1884 年，修拉、西涅克等人举办“独立美术家协会”，这标志着新印象主义的诞生，毕沙罗也参加到新印象主义的创作队伍中来，新印象主义的结束一般以 1891 年修拉的去世为标志。新印象主义是对印象主义的修正和科学化，也是印象主义向古典主义的重法则、重理论、重秩序的转化，它所创造的有秩序的几何结构开创了 20 世纪抽象艺术的先河。

修拉（1859—1891）是新印象主义的奠基者和主要代表人物。《阿尔尼尔的浴场》是他的第一件新印象主义作品。《大碗岛星期天的下午》是他最负盛名的作品，描绘的是人们在大碗岛上度假游玩的情景。它运用了大量的垂直线和水平线，同几处的弧线构成独特、有韵律的整体。人物取正面或侧面，具有雕塑般的静止和庄严感。用色大胆，不受客观真实的约束，“点彩”的小笔触耗费了修拉近两年的时间来创作这幅画。

西涅克（1863—1935），新印象主义的重要人物，既是一个理论家又是一个实践家，他常用一种细腻的擦染法来绘制“点彩”作品。他将分色法体系加以理论化，写出了新印象主义的经典著作《从德拉克罗瓦到新印象主义》。

第七节　后印象主义

后印象主义是指印象主义之后法国产生的一种新的艺术思潮，它代表了印象主义之后的一种新的倾向，即主观化和个性化倾向。后印象主义的产生与 19 世纪以来哲学和文学等方面的反理性思潮的涌现有关，而在绘画上也对印象主义和新印象主义的绘画感到不满。

他们不满足于印象主义仅仅专注于客观的外光与色彩的瞬息变化而忽视持久与永恒，而是强调抒发自我感受，表现主观感情、情绪或主观精神。他们强调艺术有别于生活物象，力图对自然作一种精神解释，表现不因时间而改变其特质的“永恒”或寄寓某种精神性。较之印象主义，他们重视形和构成形的线条、色块和体面，但具有明显的个性化处理。强烈的主观化和个性化是他们创作的特色。后印象主义既不是一个社团，也不是一个派别，画家主要有塞尚、凡·高和高更、劳特累克等，后印象主义画家各自进行着不同的探索，并对20世纪现代艺术有直接影响。塞尚重视理念，注重画面结构美，他的绘画给予立体主义、几何抽象主义很大的启发；凡·高作品中的强烈色彩，对主观情感的表现，高更艺术中的象征因素，对野兽主义、表现主义以及象征主义，都有很大影响。

保罗·塞尚(1839—1906)不仅是后印象主义的主将，对20世纪的现代艺术也有重要影响，被称为"现代绘画之父"。

塞尚早期曾参加印象派画展。在他的绘画中，既不舍弃光和色彩的变化，同时也更专注于物体的具体性、稳定性和内在结构的表现，他将对象看作永恒和普遍的东西，赋予物质世界以稳固和综合性的感觉，"要把印象派风格造就的如同博物馆艺术那样坚固"。对塞尚来说，作画不应只是视觉行为，而也应是一种理性的综合，是一种思维的行为，他将艺术看作是与自然平行的和谐体，试图寻求和表现诸种事物的关谐。他在对物象体面结构作了深入研究之后得出：表现自然要用球体、圆锥体、圆柱体，将物体概括为明晰的几何形，利用结构分析的方法来表现自然，注重使用竖直、水平线及平面的组合，加强物体结构。塞尚采用色的团块表现方法来描绘物象的体积、深度，用色彩的冷暖关系来造型，色彩成为表现块与体积以及画面内容相互联系的手段。塞尚的绘画主要以肖像画、静物画、风景画为主，对于日常的事物，塞尚的绘画却赋予它们以庄严、深沉的力量。塞尚绘画中的另一大特点是多视点的构图方式。他的艺术探索对后来的立体主义、几何抽象产生了巨大影响。

《圣维克多山》是塞尚反复作画的主题。塞尚采用色彩构成图案，月色彩的交叉和重迭来取得透视效果。在他后期创作的圣维克多山中，风景物象仅保留了圆锥体、立方体、倾斜的表面等外形的轮廓。塞尚在静物画中注入了更多的个人情感，在《果盘》一画中，他将平衡和稳定的标准重新带入了视觉领域，圆柱体是水平排列的饼干，球体是苹果，圆锥体是垂直向上的瓶子，向前倾斜的果篮和台布的褶纹吸引人们的注意力，起着均衡画面的效果。《玩纸牌者》是塞尚人物的顶峰之作。在乡下酒馆里安静而专注的玩纸牌的两个人有着塞尚其他肖像画共有的亲切感和人性的温暖。他利用色彩的各个色域的有节奏变换加强形象的塑造，温暖的色调组合使得人物更具有亲切感。

凡·高(1853—1890)，荷兰人，年青时做传教士不成，便将这全部的宗教热情倾注到对艺术的狂热上，他情感充沛，敏感而细腻，用强烈的色彩来表现其精神和情感。凡·高的绘画受印象主义、新印象主义以及日本浮世绘的影响，注意提高色彩的明度、强度和张力，尤其是柠檬黄和天蓝色的运用，追求单纯感和强烈的表现力。他的作品大多表现他对生命的爱和渴望，倾诉了他内心强烈的感情。《星月夜》显示了凡·高如何运用色彩和颤动的笔触获得了强烈的表现效果，深紫色的苍穹，黄色的星光，向上缠绕的绿色柏树，伴随着扭曲的、火焰般的骚动不安的笔触，表达出他饱受折磨的情感。《夜间咖啡屋》使用了红、绿、黄等相当不协调的色彩，试图传达的是一个可能使人堕落和犯罪的地方。凡·高画了许多幅《向日葵》来布置他在阿尔的房间，向日葵的黄色极为刺目，每朵怒放的向日葵像一团团的火，凡·高将之称为"爱的最强光"。对《阿尔的小屋》凡·高在给弟弟提奥的信中自述：在上面起主要作用的是色彩，它以简化的处理手法赋予室内陈设以一种高雅的风格，并造成一种宁静和睡眠的气氛 。

保罗·高更（1848—1903）曾先后在布列塔尼和阿旺桥村进行艺术创作，在此期间，结识塞律西埃、波纳尔，他所提出的"综合主义"的观念为后来的"纳比派"的成立奠定了基础。1891年到南太平洋的塔希提岛居住，原始的土著风情和自然环境成为他重要的表现题材和灵感源泉。他的许多作品表现了土著人的神秘、庄严和痛苦，表现了他回归原始、追求生命本源的创作倾向。他的绘画也吸收了东方绘画、黑人雕刻、中世纪宗教艺术的一些手法，注重线条的纯粹和颜色的自主性，以简化和装饰性手段来表现自己的幻象。他反对自然主义，追求想象、梦幻、无意识和原始自然，强调诗意和韵律的效果。他的艺术直接影响了象征主义的产生，被人们称为象征主义的领袖。

他的作品很多，如《布道后的幻象》（《雅各与天使搏斗》）、《两个塔希提妇女》、《幽灵》、《我们从哪里来？我们是什么？我们往哪里去？》。在《布道后的幻象》中，画家以象征手法，同时呈现内在及外在的经验——牧师和农妇们以及他们听到布道内容时所产生的想象（雅各与天使的搏斗），画中红、蓝、黑、白组成的纯粹色块及弯曲起伏的线条具有明显的装饰效果，而那个"幻象"使主题显得神秘化了。

图鲁兹·劳特累克（1864—1901）像其他后印象主义者一样，也受到印象主义的影响，却又远远背离了它。他的画风简炼、鲜明，强调用自由精炼的线条刻画形体。他的作品大都没有明暗表现，色彩也极为单纯，用不完整的构图和曲线运动所产生出的抽象效果来表现形象和动感。他的富有张力的线条和色彩对20世纪野兽主义和表现主义有一定的启发。《红磨坊的舞蹈》、《红磨坊一角》等作品记录下他在巴黎的酒吧间、咖啡馆、妓院所看到的情景。他后期从事招贴画的创作，他的招贴画借鉴日本艺术的表现方法，以线条为主，辅以平涂的色彩，这使他成为19世纪新艺术运动风格的代表。

第八节　象征主义

象征主义是19世纪末期产生于法国的艺术思潮和艺术运动，对欧洲各国有重大影响，在法国、英国、德国和北欧一些国家有重要成就。

象征主义美术思潮主要流行于19世纪80、90年代，与19世纪80年代中叶法国文学特别是诗坛的象征主义有密切关系。在美术中，象征主义从英国的拉斐尔前派、后印象主义的高更那里获得启发。象征主义是强调主观化倾向的美术，象征主义诗人卡恩在1886年的一篇文章中阐述了象征主义的特性：我们艺术的根本目的是使主观事物客观化(理念的外化)，而不是客观事物主观化。在美术中采用写实、象征的手法表达这种个性化的理念，具有想象的、神秘主义的面貌和综合性、装饰性的特征。象征主义的出现标志着欧洲艺术从传统向现代的过渡，它产生了一种新的更接近于现代的艺术哲学。象征主义在西方许多国家以不同的形式出现，在法国的主要代表画家有夏凡纳、莫罗、雷东。英国除拉斐尔前派外，还有伯恩·琼斯、比亚莱兹。德国的勃克林、奥地利的克里姆特、挪威的蒙克等，都不同程度地具备象征主义因素。

一、法国象征主义

高更将他的偏重主观想象，富于装饰趣味，经过单纯化和概括化的造型方法称为综合主义，高更的崇拜者受高更的启发组成了“纳比派”。“纳比”在希伯来语中意为“先知”，德尼谈到纳比派的宗旨时说道：艺术作品是艺术家把自然综合为个人的美学隐喻和符号，从而获得的最终产物和视觉表达。纳比派的创作遵循德尼提出的双重调整原则，将美学和装饰原则放在第一位，并强调作者本人的直觉。这使得他们的作品色彩强烈、线条扭曲富有装饰美感。纳比派成员中影响比较大的人物是波纳尔、维亚尔和德尼。波纳尔和维亚尔都喜欢以室内生活为题材。波纳尔的作品笔触细碎，具有对比强烈的色彩，同时作品也具有东方装饰风格和整体性。维亚尔的作品则喜欢在沉着、和谐的灰色调中寻找变化。

夏凡纳(1824—1898)的艺术融汇了新古典主义、写实主义和象征主义的因素，画面富于生活气息和形式感。善于在严谨的造型和构图中表现抒情的诗意，并喜欢用大的色彩平面和中间调子。《圣女俯瞰巴黎》、《贫穷的渔夫》、《希望》是他的重要的代表作。《圣女俯瞰巴黎》强调了线条的单纯美，大块、平淡、柔和的色块与人物古典式的收敛使他的作品具有文学化的倾向。

莫罗(1826—1898)的作品兼有写实的技巧和象征性的理念，这使他成为现代艺术发展史中的过渡人物。他的作品精致、神秘、复杂，注重对细节的描绘。他的创作多以宗教和神话为题材，笔下那些衣着华美、面容妖艳的女性内心充满矛盾冲突，成为神秘、罪恶和死亡的象征。《俄狄浦斯与斯芬克斯》、《俄尔浦斯》、《莎乐美》等宗教神话题材，莫罗通常将其表现得神秘晦涩，在这些充满异国情调的世界里，又暗示出在宗教神圣外衣下隐藏的腐败的道德情感。

雷东(1840—1916)的作品以各种植物、动物、人或风景，作为他表达幻想世界和内心秘密的独特的艺术语言，《独眼巨人库克罗普斯》是其代表。

二、英国象征主义

19 世纪中叶，一批皇家美术学院的学生因不满当时英国学院派的成规陋习，推崇拉斐尔以前的绘画，以乔托和波提切利为榜样，提出面向现实寻求自己的探索，并发起组织了"拉斐尔前派兄弟会"。在他们的作品中，具有早期文艺复兴和尼德兰文艺复兴的某些传统，不强调光影变化，多采用色彩平涂和清晰的轮廓线，注重细节的描绘，具有一定的教化意义和精神寓言，有一定的感伤情调。他们的作品别开生面，开创了一代新画风。拉斐尔前派所包含的象征主义和唯美主义，对欧洲 19 世纪末的象征主义产生了很大影响。其主要的代表有布朗、亨特、罗塞蒂和米莱斯，1848—1854 年拉斐尔前派作为团体存在，在拉斐尔前派的活动终止后不久，又有一批以伯恩·琼斯为代表的年轻画家追随拉斐尔前派，掀起了第二个高潮，被称为"新拉斐尔前派"或"后拉斐尔前派"。这批画家更趋装饰性和神秘主义，企图复兴拉斐尔前派的理想主义精神。

罗塞蒂(1828—1882)是拉斐尔前派的灵魂人物。他早期的创作手法写实又具有浪漫气息和神秘色彩。后期的创作倾向于情调抑郁和伤感，装饰性强，充满梦幻色彩。代表作有《白日梦》、《牧场聚会》等。

三、其他象征主义艺术家

奥地利的克里姆特(1862—1918)的作品强调平面装饰效果，色彩具有镶嵌画风格。包裹在拜占庭式的金色背景下的人物拉长、变形，传达出一种沉迷于恐惧、生命与死亡之间的对立和相通。沉睡、死亡和希望通常是他表现的主题，使得他的作品具有神秘感和抽象性。《吻》、《生命与死亡》是他的代表性作品。

挪威的蒙克(1863—1944)是一位对象征主义和表现主义均有重要影响的画家。童年的不幸一直萦绕在他的心头，这使得死亡、性爱、焦虑成为蒙克艺术作品的主题。代表作有《呐喊》、《青春期》、《生命之舞》等。

第九节 新艺术运动

新艺术运动的直接源头是插图画家比亚莱兹的唯美主义及威廉·莫里斯倡导的工艺美术运动。工艺美术运动是一场社会和艺术运动，它发端于 19 世纪后半期的英国，面对不断增强的工业化过程，旨在重申所有艺术中设计和手工艺的重要性，试图将实用工艺提高到与纯艺术等同的位置上，打破两者之间的界限，工艺美术运动直接引发了新艺术运动。

新艺术运动是一场从 19 世纪 80 年代一直延续到第一次世界大战后，波及整个欧洲和美国的国际性艺术运动。它希望创造出一种迎合现代工业技术的现代艺术，反对任何形式的复古思潮，取消纯艺术与实用艺术的区别。新艺术运动的另一个特点是它创造出了一种综合艺术，包含了绘画、雕刻、建筑及各种装饰艺术的因素。新艺术运动从巴罗克艺术、罗可可艺术和东方艺术中汲取营养，象征主义对线条的表现力和平面感的追求对新艺术运动也有重要影响，其典型的特征是对曲线和非对称性线条的使用，这些线条大多取自植物、动物等自然界中优美的有波状曲线的形体，同时新艺术运动也使用平涂的色彩和简洁的轮廓，表现出对传统的叛逆和现代的明快。主要成就集中在实用艺术领域，在绘画、建筑、室内设计、服装设计、平面设计、首饰设计等方面也发生了重要影响。

威廉·莫里斯(1834—1896)最早提出新艺术美学主张。莫里斯对现代艺术的贡献，一是将工艺美术、手工技艺提高到与其它艺术同等的地位；一是对工艺美术和技术美学的开发，使抽象图案得到广泛应用。这为绘画中抽象派的诞生提供了前提。

比亚莱兹(1872—1898)为《莎乐美》、《亚瑟王之死》两部作品作的几百幅插图，是他短短一生的两大创作。比亚莱兹的作品在形式上极其富有装饰性和平面感，并讲究点线面的结合、抽象符号的象征意义，在内容上具有一定的颓废色情成分。

思考题：

一、填空

1.新古典主义雕塑领域的重要代表是____________，他的代表作是《伏尔泰坐像》。

2.德拉克罗瓦的《希阿岛的屠杀》标志着浪漫主义盛期的到来，《____________》标志着法国的浪漫主义达到了顶峰。

3.浪漫主义的雕塑家代表是吕德，他的雕刻《____________》被视为是《自由引导人民》的姊妹之作。

4.____________是19世纪英国浪漫主义风景画的杰出代表，他的《暴风雪——汉尼拔翻越阿尔卑斯山》展现了大自然的壮美。

5.____________在历史画领域做出了有价值的革新，他的代表作有历史画《近卫军临行前的早晨》。

6.____________又被称为“印象派之父”，是早期印象主义的创始人之一。

7.____________又被称为“印象派中的罗可可派”，代表作有《包厢》。

8.____________是新印象主义奠基者和主要代表人物，《大碗岛星期天的下午》是他最负盛名的作品。

二、解词

1.新古典主义　2.浪漫主义　3.巴比松画派　4.巡回展览画派　5.《伏尔加河上

的纤夫》　6.印象主义　7.新印象主义　8.纳比派　9.拉斐尔前派　10.新艺术运动

三、简答

1.罗丹塑造的艺术形象之美

2.俄国现实主义绘画的批判精神

3.印象主义的代表画家及艺术风格

4.后印象主义的艺术特点与艺术贡献

四、论述

1.法国现实主义绘画的艺术成就

2.象征主义美术的产生与发展

第五章 二十世纪

第一节 概说

20 世纪前半期社会动荡,战争、革命不断,世界格局发展变换;后半期相对稳定,两大阵营处于冷战状态,但也不时调整保持相对均衡。一战、二战带来了资本主义国家实力的此消彼长,英、法、德、意等欧洲国家的优势被崛起的美国取代;俄国社会主义革命的胜利带动了社会主义阵营的崛起,形成美苏争霸的冷战局面。20 世纪又是一个“信息的时代”,工业和科技的进步,使人们对自然和社会的认识在深度和广度上都有了很大的拓展,同时也改变了人们的生活方式以及观察和思维方式。实用主义哲学、马克思主义哲学、尼采的“唯意志论”、弗洛伊德的精神分析学说、萨特的存在主义哲学、法兰克福学派、结构主义、解构主义、新历史主义、女权主义等观念不断产生强大的社会影响。20 世纪无论是科学、哲学和美学,没有一个普遍认同的概念来帮助人们认识和判断激烈变化的世界。自由与权利、民主与独裁、进步与传统、个人与集体、理想与现实,这些在 19 世纪末潜在的矛盾到 20 世纪已成为公开的冲突。现代艺术作为对这个迅速发展的社会的表现,它不可避免地反映了这个时代政治、经济、文化领域的重要变革,也反映了这个时代人们极其复杂、丰富的思想情感和深刻的哲学思考,呈现出更为多样化的探索。

20 世纪西方现代美术大致可以分为两个阶段,以 1945 年为界.第一个阶段是 20 世纪初至 1945 年二战结束,这一时期的艺术现代主义占有主流地位,兼有其他流派与思潮;第二阶段是 1945 年至今,这一时期出现了一些与现代主义既有联系又有区别的艺术思潮和流派,称之为“后现代”。

第二节 现代主义美术

“现代主义”美术是对 20 世纪以来具有前卫和先锋特色,与传统美术分道扬镳的各种美术思潮和流派的统称。

19 世纪末期,以高更为代表的象征主义及塞尚和凡·高分别对理性和情感的重视,已经为 20 世纪初的各种艺术思潮和流派打下了基础。19 世纪时即已流行的“绘画不做自然的奴仆”、“绘画摆脱对历史文学的依赖”、“为艺术而艺术”等观念成为现代主义美术体系的理论基础。从后印象主义开始，现代美术已明显地追求语言的抽象性、表现性和象征性；20 世纪的西方强调个性和内省反思，艺术创作更多地卷入艺术家个人世界中，更强烈地表现他们的个性和主体的创造力，表现他们对世界的认识及方式，因此在艺术探索上更具多样性、主观性。这一时期流派纷呈，野兽主义、立体主义、表现主义、未来主义、抽象主义、达达主义、超现实主义等相继涌现。现代艺术从艺术观、风格样式、主题等方面突破学院传统，纷纷从民间艺术、中世纪艺术、东方艺术以及非洲艺术、史前艺术中吸收养料，欧洲各国对艺术的借鉴已突破了时空的界限。这一时期美术与各艺术门类之间的相互影响更趋密切，如美术创作借鉴电影和摄影手法、文学中意识流的创作方式等。在美术内部，各种形式也相互借鉴、融合，一些传统的分类和观念已失去了存在的价值。

一、野兽主义

始于 1905 年的野兽主义是现代主义的第一个艺术流派，属于泛表现主义范畴。1905 年，法国巴黎的秋季沙龙展，以马蒂斯为首的一群年轻艺术家展出了自己的艺术作品，由于他们的画作一反常规，色彩浓烈而不和谐，形象畸变，被一位评论家称为“野兽派”，野兽派由此得名。主要代表画家有马尔凯、卢奥、弗拉芒克、德安、杜菲等。

野兽主义是一个松散的团体，无明确的纲领，他们的共同特征是强调表现主观感受，希望自由地运用色彩和造型，从自然主义中解放出来。他们追求强烈色彩的表现力，尤其注重发挥纯色的作用，以达到主观感受的和谐；将造型从客观物质的真实中解放出来，使之更具形式美。形式上追求笔触的突出有力，注重画面的形式结构，画面大多具有装饰性。他们许多画家并未一直坚持野兽派画风，转而追求其他的风格。野兽主义发展了后印象主义，题材虽仍属于传统题材，但从视觉形式上已摆脱了传统，拉开了现代主义的序幕。野兽主义对后来的表现主义、立体主义都产生了重要的影响。

亨利·马蒂斯(1869—1954)是野兽主义的主将，画风受后印象主义及新印象主义，尤其是非洲雕刻和阿拉伯艺术的影响。在其早期的创作中，画风追求原始格调，富有幻想意味，运用平涂的色块和奔放有力的轮廓线造型，画面简练明快而富于律动感。后期艺术转向追求宁静和谐，他将绘画比作“安乐椅”，“梦寐以求的是一种和谐、纯粹而又宁静的艺术”，作品中特有的阿拉伯纹饰，色彩绚烂，富有装饰性，在马蒂斯的艺术中，色彩和图案既是内容又是形式。马蒂斯早期的代表作《带绿色条纹的肖像》、《奢华、宁静和愉悦》、《舞蹈》、《音乐》、《红色的和谐》等，都显示了其早期“综合的单纯化”风格；他晚年创作了大量的剪纸画，如《老国王的悲哀》等等。

除马蒂斯以外，其他几位重要代表，卢奥、弗拉芒克、德安等并未一直坚持野兽主义的画风，后来转向了表现主义风格。

二、表现主义

表现主义作为社团，它的主要活动地在德国。表现主义艺术家反对艺术机械地摹仿客观现实，而强调自我表现和主观精神，强调艺术语言的表现力和形式的重要性，对客观物象作一种怪诞、夸张、恐怖的处理。桥社、青骑士社是德国表现主义的两个重要社团。

桥社是德国表现主义的第一个团体，于1905年在德累斯顿成立。桥社不仅吸收了后印象主义的某些特质，还从蒙克那里吸收了养料，结合中古以来德国艺术独有的民族特色，将单纯性、原始性和自由性融合起来，重感情色彩和主观表现。所以桥社主张每个人表现驱使他们创作的东西，强调绘画是隐喻式的，要通过心灵才能创作出来。他们的创作与社会生活紧密联系，表现人与自然的原始性，反抗资产阶级的虚伪道德观，在形式上追求平面感、线条的表现力以及节奏感和雄壮的气魄。1907—1908年为桥社最活跃的时期，这一时期的创作形象扭曲，色彩刺目，表现畸形的现实和心灵的异动。

桥社的主要代表是基西纳和诺尔德。基西纳(1880—1976)为桥社的核心人物之一，他的作品直接表现自己对德国丑恶社会现实的感受，代表作有《柏林街头》、《街上的妓女》。诺尔德亦是桥社最具代表性的画家，其绘画题材来自《圣经》，画风粗率而不加修饰，丑化意味也更为强烈，代表作有《两个舞女》、《最后的晚餐》等。

青骑士社是德国表现主义的第二个社团，于1911年在慕尼黑成立。青骑士社与桥社的艺术家不同，他们追求艺术中的精神，对表现宇宙精神比可见的外部世界更感兴趣，希望用抽象的抒情语言给这种精神以可见的形和色，将艺术和深刻的精神内容融为一体。青骑士社的艺术家注重线条、几何形体等抽象因素的运用，因而几位重要青骑士社成员后来均倾向于抽象主义和立体主义。青骑士社由康定斯基、马尔克等人发起，法国的德劳内、布拉克、弗拉芒克，瑞士的克利，我国的马列维奇也相继加入。

康定斯基(1866—1944)于1911年与马尔克等人组成青骑士社，将德国表现主义推向高潮。他在青骑士社时期的作品仍涉及自然、人物和动物形象。他强调绘画的自律性，色彩、线条、形体的独立表现价值，主张通过非具象的形式传达“内在需要”，探求绘画的音乐性及各种艺术共同的精神基础，希望实现一种既有生理又有心理作用的联觉形式。一战后，康定斯基回到俄国，这时他的画风已转向完全抽象，省略自然物象，并根据自己的情绪作画，康定斯基对艺术绘画的探索已经到了抽象艺术的边缘，其《论艺术中的精神》、《点、线、面》等成为重要的抽象主义理论著作。康定斯基的艺术探索对20世纪艺术具有深远的影响，他的抽象艺术实践开辟了西方抽象艺术的先河。

弗朗茨·马尔克(1880—1916)曾热衷于野兽主义，在艺术中也显露出立体主义的影响，对动物怀有强烈的情感。其艺术试图以动物生命的自然之美体现宇宙和自然的节奏，作品通过线条、色块的有机结合表现情感，具有跳动的节奏感和富于抒情性的运动以及曲线的图案，代表作《蓝马》。

保罗·克利(1879—1940)，1920—1931 年为其主要创作期，其艺术具有立体主义、表现主义、抽象主义相结合的风格特征。其作品对形式有独特的研究，善于用色块、线条来表现物象轮廓，表现某种抽象精神，或用色块、线条的有机结合来表现音乐的旋律，带有抽象特点，作品富有装饰性。在他的创作中，经常表达梦境和潜意识，他后来参加了超现实主义社团，《R 别墅》为他的代表作。

德国表现主义另外比较重要的社团还有柏林的狂飙社以及 1923 年的新客观社，科柯施卡和贝克曼分别为其主要代表。

三、立体主义

立体主义是 1907 到 1914 年出现于法国画坛的现代艺术流派，是一次形式和技巧的革命，它的出现标志着现代派艺术进入一个新的阶段。

立体主义的出现受到现代哲学、科学和机械工程学的刺激，也受到塞尚绘画中抽象视觉分析的影响，并受到非洲面具的启发。立体主义主要追求一种几何形体的美，追求形式的排列组合所产生的美感。它从不同的视点观察事物和表现事物，先将物体分成基本的几何形和一系列平面，然后依靠理性观念和思维，加以重新组合成相互连结、贯穿和重叠的新的完整的图案，注重画面结构的整一性。立体主义对于空间处理的新观念不仅影响了 20 世纪抽象与非抽象绘画的发展，还有力地推动了雕塑建筑和设计艺术的革新，被人们看作是传统美术与现代美术的分水岭。

立体主义的发展在很大程度上基于毕加索和布拉克的共同探索。1908 年，布拉克和毕加索开始以风景画探索自然外貌几何形式，布拉克的《埃斯塔克的树林》被评论家称为"立方体"，立体主义由此得名。立体主义在 1912 年之前被称作分析的立体主义，主要特征是以自然物体为出发点，将物体形体分解再按照艺术家的构思重新组合。1912—1914 为综合的立体主义时期，它采用实物拼贴手法，加入一种实物作为提示符号，运用多种素材的组合创造新的母题，它突破绘画和雕塑的界限，对达达主义、未来主义有深刻的影响。

1911 年之后，先后参加立体派独立沙龙展的有格莱兹、梅景琪、莱热、德劳内、维雍、杜尚、皮卡比亚等人。1912 年立体派部分画家成立"黄金分割"派，自称为正统的原发的立体主义，而同时立体主义也形成了其他的派别，如奥斯弗立体主义和机械立体主义。到 1925 年，毕加索画风发生变化，转而参展超现实主义，立体主义大体结束。

立体主义最先从绘画开始，直接影响了雕塑和建筑领域，立体主义雕塑也被看作是现代雕塑的起点。1909 年毕加索的《妇女头像》开启了立体主义雕塑的新纪元，其后重要的立体主义雕塑家有俄国的阿契本科。他在雕塑的形态语言中运用"假空间"的手法，包括空洞和"凹陷"，代表作

《掠发的少女》。此外，立体主义的雕塑家还有利普希茨、杜尚、维雍等。

毕加索（1881—1973），画风多变，涉猎广泛，一生从事于艺术的新探索。毕加索早期艺术保留有严格的学院派教育的痕迹。在1900—1904的西班牙"蓝色时期"和1903—1905年的巴黎"粉色时期"，他先后用蓝色和粉色来描绘下层劳动人民。1907年，在非洲黑人木雕和塞尚艺术的影响下，推出了第一件被认为是立体主义倾向的作品《亚威农少女》。《弹曼陀铃的少女》、《卡恩弗勒像》是他的分析立体主义的代表作。1912—1914年，从事综合立体主义的创作，《藤椅上的静物》是其代表作。1915年，画风转向新古典主义。20世纪20年代，受超现实主义思潮影响创作《三个舞蹈的人》、《格尔尼卡》等。《格尔尼卡》是以德国法西斯轰炸西班牙重镇格尔尼卡为题材绘制的大型壁画。这幅画用立体主义的变形和超现实主义的象征手法画成，画面中间一批受伤的马代表受难的西班牙，左端的牛象征残暴与黑暗，这幅用半写实的象征性手法和单纯的黑白灰三色组成的画面，表现了战争带给人民的灾难，给人以深沉的艺术震撼力。50年代，他以鸽子为题材，创作了象征世界和平的"和平鸽"形象。毕加索92岁高龄时，仍在艺术领域不断探索和创造，其所涉领域的广泛性使之成为这一时期美术运动的中心人物。

布拉克（1882—1963）在一生的创作中，对立体主义画风的探索保持了相当大的稳定性。《小提琴和调色板》是其早期分析立体主义的代表作。在支离破碎、紧密排列的色彩小平面上，破除了视觉经验而产生出象征的、记忆的、思维的新概念。

四、未来主义

1909年2月20日，意大利诗人马里内蒂在巴黎的《费加罗报》上发表了"未来主义宣言"。这一宣言一方面讴歌现代工业文明、科技力量及其所带来的"速力美"；另一方面也诅咒了一切传统文化，提出"摧毁一切博物馆、图书馆和科学院"。未来主义一亮相，作为一种社会思潮，它立即在绘画、音乐、戏剧、电影等方面引起了强烈的响应，马里内蒂革命的狂热激情点燃了意大利年青艺术家要求创新的强烈愿望。

1910年，由波菊尼、巴拉等五位艺术家共同发表了《未来主义画家宣言》，从他们的声明中可以看到，他们反对一切传统形式的模仿，提倡一种极端的、不为任何舆论所迁就的艺术独创性。他们从现代科技中捕捉灵感，捕捉现代生活中的速度、力量之美，主张艺术家表现万物运动，以运动的观点去表现客观事物，在同一画面上表现瞬间的连续性。在他们的作品中，多利用立体主义分解物体的方式，采取重叠、重复的形体或新印象主义的点彩手法，表现在疾速运动中的物象；或在作品中运用色彩、线条，描绘一系列重叠的形和连续的层次的交错与组合，并且用一系列的波浪线和直线表现光与声音。

巴拉（1871—1958）将新印象主义的绘画技巧用于未来主义。其代表作《链子上的一条狗的动态》，描绘了一只奔跑的狗和女人的长裙底，这幅画类似照相机快门对着跑动的东西，摄影胶片上留下的轮廓模糊的行动的痕迹。

波菊尼(1882—1916)是未来派的核心人物,最有才能的画家和雕塑家。《城市的崛起》是波菊尼最典型的未来主义手法的作品。画面中呈现出来的是一个错综复杂的城市印象,及其连带而产生的悸动。画面上占主要位置的是前景中奔鸣的马,人物似乎在滚动中倾倒下去,这就是在骚动中兴起的城市面貌。

未来主义在雕塑领域也取得了突出成就。波菊尼对传统雕塑的改造是将雕塑完整的体积面进行分割,目的在于创造一种运动的效果,表现一种自我连续运动之美。《空间中连续的形》塑造的是一个昂首阔步的人物,由青铜铸成的不同的四面组成,这种运动的线量块呈现出一种运动中错综复杂的印象和连续的动感。未来主义主要在意大利境内活动,到1918年,未来主义运动已基本停止了。

五、抽象主义与包豪斯

抽象主义并不是某一个流派的名称,而是泛指20世纪脱离"模仿自然"的绘画风格的"非具象艺术"。抽象主义美术把艺术活动看作是纯粹精神领域的事情,将美术语言与形式因素看作是独立的价值实体,反对描摹自然和客观物象,主张以基本的绘画语言(点线面、色块等)和形式法则(如构图法则、形式美法则等)构成抽象的作品形象或纯粹的精神意象,借以表达某种意念、情感或美感倾向。一般来说,抽象艺术分为两大类,一类是理性的抽象,或称为"冷抽象",以蒙德里安为代表;另一类是抒情抽象,或称"热抽象",以康定斯基为代表。

1910—1917年为抽象主义初步探索期、酝酿期。这一时期主要有以康定斯基为代表的青骑士社、莱热的"机械立体主义"的探索,以及俄国的构成主义、至上主义。1917年之后为抽象主义的自觉探索期及大发展时期,这一时期主要有俄国的构成主义、荷兰风格派及包豪斯学院等。

(一)康定斯基与保罗·克利

康定斯基被看作是抽象艺术的始祖。在"青骑士社"期间他所发表的《论艺术中的精神》已表明了他对抽象艺术探索的开始。1922年任教包豪斯,《点、线、面》中论述了对于抽象元素的精辟分析。他将绘画的全部内容归结为"形式"和"色彩"两大范畴,而对艺术作品起决定作用的是"内在需要",他认为绘画如同音乐一样,不是通过事物的表象,而是以各种基本的色彩,通过形式的规定,来反映某种"内在精神"。

抽象主义的另一位大师是任教于包豪斯学院的保罗·克利。在他的绘画中通常运用各种各样的符号,尤其是通过色彩的变化来获得一种音乐的旋律感。他的作品常带有一定的象征性,常常借用一些圆圈、箭头、数字、拉丁字母等抽象符号,他认为艺术在于"把不可见的东西创造出来"。

(二)俄国至上主义、构成主义

1915年—1920年左右出现于俄国画坛的至上主义是带有俄国玄学特色的几何抽象主义。它的创始人是马列维奇(1878—1935)。至上主义是一种摒弃描绘具体客观物象和反映视觉经验的艺术思潮。在马列维奇的绘画中,采用一些方形、三角形、圆形作为“新的象征符号”来创作绘画。马列维奇将之称为是剥去具象的外壳之后最纯粹、最高尚、最终极的形态,故又称“绝对主义”。

构成主义是在1916年提出,1918年真正发展起来的一个广及建筑、雕刻、绘画、工艺的文化思潮。它主张用纯粹的机械结构及几何形态来结构作品,主要成就体现在雕塑及建筑领域。代表人物有塔特林(1895—1956),其代表作品为第三国际纪念塔模型,这个中央部分呈逆时针方向旋转的铁塔,代表了建筑观念的革新。

(三)荷兰风格派

风格派是指以1917年荷兰出版的《风格》杂志为中心的几何抽象主义画派,其创始人为蒙德里安和杜斯伯格。他们自称为“新造型主义”或“元素主义”。风格派认为绘画的本质是宇宙精神的和谐,因此在绘画中拒绝使用任何具象元素,提倡数学精神,主张用纯粹的几何形的抽象来表现这种纯粹的精神。在作品中,主要运用水平、垂直线交叉,红、黄、蓝三原色以及黑、白、灰无色系构成色块,追求纯粹平面构成形式。

蒙德里安(1872—1944)将绘画语言限制在最基本的造型要素上,以数学造型原理创作,其作品《红、黄、蓝的构成》最鲜明地体现了他的艺术风格。整幅作品在平面上以水平、垂直线交叉构成方形,在其中平涂以三原色和灰黑色,和谐而单纯,极富抽象的形式美感。1940年,他移居美国后画风发生变化,如其作品《百老汇爵士乐》,在这幅画中即已舍弃线条而以大小不同的纯色方格组成,具有活泼而又跃动的节奏感。

(四)包豪斯学院

于1919年在德国魏玛成立的包豪斯学院,被称为“现代设计的摇篮”,它的创始人是现代著名建筑设计师格罗皮乌斯。包豪斯集中了当时一些著名的设计师和艺术家,如格罗皮乌斯、康定斯基、克利、杜斯伯格、纳吉、伊顿、费宁格等人,它集设计实践和设计教育为一体,是现代设计发展到高潮的集中体现。1937年,包豪斯的一些大师来到美国,将统一的设计理念和设计风格在欧美乃至世界发展起来,因此又被称为“国际风格”。

包豪斯的设计思想具体可以归纳为以下几点。一、艺术与技术的统一。在工艺产品制造中体现出批量化、机械化、标准化生产的优越性。强调几何构成,实现了机器批量生产基础上的实用与审美、技术与艺术的统一。二、设计的目的是功能而不是产品。追求产品的结构和功能优化,形式服从功能,尊重结构自身的逻辑,形式简洁;这种造型语言的功能主义的美学思想,也是包豪斯的设计风格。三、设计必须遵循自然与客观法则进行。

包豪斯的出现在艺术史上具有重大的意义。包豪斯经过曲折的实践和发展,逐渐形成了重功能、技术和经济因素的设计实践、创作方法和教学体系的现代派设计思想,为后来工业设计科学体系的建立、发展奠定了基础，包豪斯的设计思想也真正实现了艺术与技术的统一，开创了面向现代工业的设计方法。

包豪斯的代表人物有被称为20世纪前半期最重要的四位建筑师：格罗皮乌斯、赖特、柯布西埃和米斯·凡·德·罗。格罗皮乌斯设计的狄索的包豪斯学校建筑群，以实用功能为设计出发点的方盒子的形象，成为现代设计史上的一个重要里程碑。赖特的"草原式"风格在落水山庄中得到尽情的体现，他的重要作品还有纽约的古根海姆博物馆。柯布西埃的代表作为"朗香教堂"。米斯·凡·德·罗提出了"少即是多"的建筑设计原则。

(五) 布朗库西与亨利·摩尔

布朗库西(1876—1957)是罗马尼亚雕塑家，抽象主义在雕塑领域的重要代表，他在表现雕塑内在运动和力量方面有突出贡献。他将传统的雕塑技巧和处理材料的能力用现代意识加以融合和改造，着眼于造型的纯粹性提炼，将单纯性与表现事物的本质联系起来加以认识，他的抽象化就是最简单最基本的有机形。例如蛋形和鱼形等，利用材料本身的美感价值与作品本身相结合，形成一种简洁、优美的形态抽象。其代表作有《沉睡的缪斯》、《波嘉尼小姐》、《无尽柱》、《鸟》等。

亨利·摩尔(1898—1986)的作品受古埃及、伊达拉利亚和印第安、非洲原始雕刻的影响。他的作品以人体为母题，追求一种自然形态的有机抽象，并注意与自然环境的融合，这一点在《国王与王后》有绝好的体现。他不追求作品愉悦人的感官，而是表现一种感人的精神力量，力图表现一种雄健、强大的生命力和现代感的原始性和野性。他对在现代环境中解决雕像与周围空间关系的课题上做了很多探索，在雕塑形体上采用线、洞孔来探索新的空间表现，从空间、薄壳、套叠、穿插等手法中把人物的因素大胆而自由地异化为有韵律、有节奏的空间形态，1951年的《内部和外部斜倚的人体》采用圆孔处理颈、胸、腹部的体积，流畅自然，韵味无穷。

六、达达主义

达达主义的观念和行为集中体现了20世纪初欧洲各国现代主义思潮中，批判传统道德观念和现存美学观念的因素。达达主义是第一次世界大战中西方精神危机的产物，1915年由瑞士兴起，具有虚无主义、无政府主义情绪，他们提倡否定一切，提倡无目的、无理想的生活和文艺，信奉"破坏即创作"，以嘲讽、戏谑的手段和玩世不恭的态度反抗社会现实和现存价值，是一股反传统、反理性、反美学的艺术思潮。这些艺术家将从法语字典中信手拈来的词语——达达，作为他们运动的名称。

达达派于1916年成立后，1917年3月开办了一个"达达画廊"，同年7月发行了第1期《达达》杂志。在美术中达达主义提倡自动性和偶然性，达达主义的目的不在于创造，而在于破坏和挑战，所以广泛采用拼贴和现成物。1917年起，欧洲各国的前卫派美术家相继加入达达主义，如杨科、阿尔普、恩斯特、皮卡比亚、埃格林、格罗兹等，达达主义在纽约则以马塞尔·杜尚为领袖人物。

到 1920 年，达达主义内部分裂，一部分艺术家转向超现实主义。二战后西方一些艺术家利用大众文化传播媒介，以生活用品和工业废品组成美术品，掀起了称为"新现实主义"或"新达达主义"的浪潮。

杜尚(1887—1968)，法国艺术家。早期从事立体主义和未来主义风格的创作，1912 年的《下楼梯的裸女》即属于立体—未来主义风格，后采用"现成品"创作，选取日常生活品或废旧物品制成艺术品，如《自行车轮》、《泉》、《带胡须的蒙娜丽莎》等，表现了对传统文明的大胆挑战。以混合材料制成的大型玻璃制品《新娘甚至被单身汉们剥光了衣服》是在偶然的搬运过程中玻璃碰碎，杜尚宣布作品完成。达达主义所提倡的无目的性、偶然性及对传统艺术的反叛、嘲弄可见一斑。

七、超现实主义

超现实主义运动是一次波及散文、戏剧、诗歌、绘画的现代艺术运动，也是一场国际性艺术运动，它的产生与达达主义和意大利的形而上画派有着密切的关系。超现实主义受弗洛伊德潜意识理论的影响，探讨潜在于客观世界下面的一个更为广阔的非逻辑、潜意识世界，它超然于逻辑的、有意识的物质世界，试图突破逻辑与实际现实的观念，把现实观念与本能、潜意识和梦境相结合，以达到一种绝对的和超现实的情景。

在美术上，超现实主义强调潜意识物象的自由结合，梦境的真实再现，偶然因素的发生，无意识的流露，在创作手法上则自由地使用写实、象征和抽象。超现实主义在创作方法上有两大体系：偏执狂批判，它用偏执的方式将不合逻辑的事物组合在一起，又称为"逼真的超现实主义"；另一类为"心理自动化"，又称为"纯粹的超现实主义"，"绝对的超现实主义"，追求潜意识的自然流露。超现实主义迈入了前人所未涉及的精神王国，拓宽了美术表现领域，丰富了艺术创作技法，增强了艺术家的创作自主性。

1924 年，达达主义作为统一的团体已趋于涣散，此时超现实主义的发起人布雷东联系达达派艺术家阿尔普、恩斯特等人发表了"第一号超现实主义宣言"，宣言中对超现实主义作如下定义：超现实主义，纯粹的精神自动主义，它是思想的笔录，不受理性的任何控制，不依赖于任何美学或道德偏见。1924 年到 30 年代末是超现实主义的活跃期，阿尔普、基里柯、恩斯特、克里、马松、杜尚、皮卡比亚、马格利特、达利等相继加入超现实主义运动中，到 30 年代后，超现实主义逐渐沉寂。

(一)形而上画派

1916 年产生于意大利的"形而上画派"，被看作是超现实主义的先驱。它的重要代表人物有基里柯和卡拉。形而上画派受尼采学说的影响，用真实的面貌来营造神秘的现象。超现实主义一词，即由法国评论家阿波里奈尔用于描绘他们绘画作品中的梦境、忆象、视觉上的自相矛盾及各种不协调之处。

基里柯(1888—1978)的作品充满着不祥的宁静和空寂，他画中经常有意大利静静的广场、长长的投影以及奇异的雕像等，带有弗洛伊德心理学的色彩。如在《一条街道的忧郁》中，画家采用远透视使作品显得神秘莫测。

形而上画派中存在明显的非理性因素，对超现实主义有重要的启发作用，成为通向超现实主义的一座桥梁。

(二) 逼真的超现实主义

逼真的超现实主义代表人物是马格利特、恩斯特、达利等，艺术家们用逼真的形象来表现荒诞的梦境、潜意识。

德裔法国画家恩斯特(1891—1976)描绘潜意识世界，在技法上有许多创造性，如使用拓印法、粘揭法、转印法等，代表作《沉默的眼睛》。马格利特(1898—1967)用极端写实的手法将梦境般的事物组合在一起，造成一种奇特的"幻觉景象"。

达利(1904—1989)是超现实主义中最活跃、最积极的一员，运用写实手法似乎不合逻辑地将事物并置，并饰以表现各种恐惧、妄想、夸大的情绪反应及其他心理学、病理学的变形要素，常用分解综合、重叠和交错的方式来反映潜意识的过程。达利将自己的作品称为"手画的梦境照片"。其作品《记忆的永恒》展现了梦幻、进化、地质以及考古等意境。

(三) 绝对的超现实主义

绝对的超现实主义，又被称为"心理自动化"，主要的代表人物有米罗、克里等。

米罗(1893—1983)，西班牙人，布雷东称其为"最超现实的画家"。米罗独创了一系列潜意识象征符号，他的造型带有儿童般的或是原始的单纯。他以儿童般的纯真眼光来看待万物，利用优美的线条、稚拙的造型、鲜明的色彩和梦幻般的构图，试图创造一种存在于理性或逻辑之外的纯想象艺术。如《星上的扮演者》中，他采用了无意识作画的技法，作画时仿佛处于昏睡状态，展现了无意识形态下的自由绘画。

(四) 魔幻现实主义

魔幻现实主义于二战后流行，一般由超现实主义发展而来，代表人物有德尔沃、巴尔蒂斯、培根等。

(五) 超现实主义雕塑

超现实主义美术运动在绘画领域取得了突出成就，在雕塑方面也成就斐然。超现实主义的大部分画家都从事过雕塑创作，如米罗、恩斯特。超现实主义在雕塑领域最重要的代表首推贾克梅蒂，其他还有阿尔普、考尔德等。

贾克梅蒂(1901—1966)，瑞士著名的雕塑家、画家。30—40年代，他的雕塑创作进入超现实主义时期。这一时期重要的作品有《凌晨4点钟》、《令人不愉快的物体》、《他的被肢解的喉》等。这一时期的作品多采用现成品制作，直接表现梦境和想象中的东西，如《凌晨4点钟》采用了几何形的鸟笼状框架，内有鬼怪和骨骼形状，在相互贯穿的敞开和闭合的空间中展现一种不安和孤独。二战后的贾克梅蒂以“火柴杆式”的人像雕塑而最负盛名，此时的作品受萨特的存在主义的影响，以线作为人体的基本造型元素，塑造出瘦长、憔悴、幽灵似的人体，展现了人的孤独无援和“空无”的忧伤，力图反映人及人的生存氛围，作品神秘地透露出现代人特有的孤独感。这一时期的代表作有《九个直立的男人》、《工作的男人》等。

八、巴黎画派

巴黎画派是指20世纪初聚集在巴黎的一批未参加现代主义流派的艺术家。他们基本采用写实的手法，与20世纪前卫艺术保持一定的联系，或多或少地受到野兽主义和立体主义的影响，造型夸张、变形，在作品中流露出浓郁的感情色彩，具有神秘和感伤情调。他们当中的人大多境遇不佳，作品具有较强烈的现实意识。被归入巴黎画派的画家主要有莫迪里阿尼、夏加尔、苏丁、郁特里罗等。

莫迪里阿尼(1884—1920)的绘画受到了塞尚和东方绘画的影响，既有传统又有现代感。他用优美、精练的线条，勾画了人物轮廓，将形象特意拉长变形，色彩夸张、提炼又具有丰富的变化，具有一种优雅感伤的趣味，代表作品有《仰卧的女人体》、《带宽沿帽的女士》等。

夏加尔(1887—1985)是一位俄国画家，其画风受到立体主义和俄罗斯民间艺术的影响，善于将立体构成因素融化于富于幽默和抒情意味的语言中，画风自由浪漫，情调优美，具有梦幻特色。他的题材多以犹太教为主，表现自己对故乡的回忆和对幸福生活的憧憬，《我的村庄》、《生日》等作品都表现出超现实主义的特色。

第三节　后现代艺术

“后现代”是50年代以来欧美各国及现代主义艺术之后前卫艺术的总称。对于后现代艺术的界定，大体存在三种方式：一种是以1943年美国兴起的抽象表现主义作为第一个后现代艺术流派；另一种界定方式则认为波普艺术是第一个具有后现代艺术特征的流派；对后现代主义的明确界定，是1973年詹克斯针对当时建筑上的“文脉主义”所提出的。关于后现代的艺术特征，艺术史家路西·史密斯将之概括为以下几个方面：1、突破传统审美范畴，打破艺术与生活的界限；2、从国际风格转向反权威和多元化；3、从精英艺术转向对个性和风格的漠视；4、艺术平民化，大量运用大众传播媒介；5、从艺术形态学转向方法论，表达多种思维方式；6、从强调主观自我转向客观世界；7、从对工业机械文明的反感转向与之结合；8、从作品本身转向创作过程、观念的重视。后现代主义美术日趋活跃，它的主体大体上可分为：抽象表现艺术、波普艺术、照相写实主义、行为艺术、概念艺术以及光效应艺术、环境艺术等。

一、抽象表现主义

抽象表现主义是二战后美国产生的第一个现代艺术流派，是二战后一批以美国画家为核心的美术运动。该派从立体主义对形式的抽象概括和超现实主义的心理自动化的表现方式中获益良多。该派艺术家大多反对艺术的社会性和功利性，提倡任意的、自发的、直观的个人愿望的自由表现。他们认为绘画有自身的生命，作品是创作过程的自然形成物，强调绘画的纯粹性，抛弃各种与艺术无关的非绘画性因素；将创作行为本身提高到重要位置，画作是画家行动的纪录，画布成为画家行动的场所。抽象表现主义在美国主要包括表现式的激情狂放的"行动绘画"，偏重于理智抽象的"色域绘画"等。在欧洲，抽象表现主义主要有眼镜蛇集团和塔希主义。

（一）行动绘画

行动绘画认为行为是艺术表现的媒介，主张任意、自发地通过非描绘的行为动作如滴洒、抛掷、流淌等构成画面。霍夫曼和戈尔基为行动画派的拓荒者，波洛克和德库宁是行动画派中最著名的代表人物。

波洛克（1912—1956）的艺术思想受表现主义、立体主义、抽象主义及超现实主义的影响。波洛克通常根据意识创作，作品是其任意行动或主观情绪的发展。他的作画方式通常是将画布铺在地板上，在画布上或画布周围来回走动着，将混合着玻璃、沙石等物质的颜料滴洒在画布上。这样形成的绘画通常只是颜料的层层交错，没有中心，却展现了一种"内在能量"的行动过程。这样作画的过程实际上是一个知觉呈现的过程，形成一种直接而具体的绘画感觉，强调观者意识的参与性。《魔鬼》、《秋韵》、《战争》等为其代表作。

德库宁（1904—1997）的作品风格一直介于抽象与具象之间，女人形象多为其作品的母题。他把绘画过程作为一个生活过程，作画的过程也被他当作一个因素留在画面里，因此他经常将未干的画放到展览会上。他的作品中，色彩和笔触显示出了一种激烈的动势和不可遏制的激情，充满了一种非凡的动势和力量。从《女人与自行车》、《女人·衰败的港口》等画面中，都可以看到一种抽打的形式、肢解的物象和断断续续的线条和色彩。

（二）色域绘画

色域绘画主要流行于20世纪40年代中期至70年代。色域绘画又被称为"色彩抽象派"。主要是用几种色彩的色面、色带或色斑以及色彩的交融等手法组织画面，画面中没有运动感和笔触的痕迹，而强调纯粹色彩的抽象造型，用大片统一的色形与色块表达抽象的符号或形象，具"总体的意味"。主要代表人物有罗斯科、纽曼、马瑟韦尔等。

罗斯科（1902—1970），40年代开始色域绘画创作，被认为是色域绘画的第一人。他的绘画具有一种宗教色彩，试图通过色彩和单纯的结构方式表达某种基本的人类情感，给人一种纯净、思辨的味道。他的作品画幅巨大，没有什么视觉焦点，具有一种无限绵延的柔软、巨大量感，模糊不清的形式带着被磨损的边缘充满画面。代表作有《蓝色中的白色》、《洗礼场面》等。

纽曼(1905—1970)的绘画色彩轮廓更为明确，在单一的画面中留出细细的空白线，甚至趋向于一种色彩符号。他的作品中还试图以色彩表达时代的感觉，如《英雄的崇高》就是一幅画布上覆盖着均匀分布的红色，被四根细长的色条从上到下分割为大小不同的面积。这种绘画已经将绘画语言减小到最基本的元素，对后来的极少主义有重要影响。

(三) 抽象印象主义和后绘画性抽象

抽象印象主义又称为抒情色彩绘画，注重画面色彩关系，随意性较强，通常采用简便的排列方式。以左斯顿为代表，他的《白色组画》系列就是在白色画布上用色彩柔和的小方块，从中央到边缘做渐变排列，产生色彩交替和晕染效果。

后绘画性抽象是针对后期色域绘画的几何化抽象出现的一种绘画性抽象，它强调有设计的留白或清晰的线型，主要代表为弗兰西斯和路易斯。

(四) 欧洲抽象表现主义

塔希主义和眼镜蛇集团为抽象表现主义在欧洲的表现形式。

"塔希主义"是用涂、染、点、滴等手法作画，产生出丰富的纹理和笔路，呈现出斑点浮雕状的块面，又被称为"斑点派"，它属于抒情抽象，代表人物主要有哈同、马休、赵无极等人。

眼镜蛇集团，又称为"哥布阿集团"，是战后欧洲重要的表现主义艺术团体，他们的作品注重直接表达内在激情，造型特征多取自民间艺术、原始艺术和儿童艺术，通常具有简练、抽象甚至变形的形象，强调强烈的色彩笔触，最重要的代表人物为生涩艺术的发起人杜布菲。杜布菲(1901—1985)善于创造新的语言符号，从儿童画、精神病患者及原始艺术中受到启发，注意创作中发挥想象力，注意各种材料手段的艺术表现的可能性。

二、波普艺术

波普艺术产生于20世纪50年代末，主要活跃于英国和美国，在60年代形成了一种国际性的文化潮流。"波普"即"popular"，是大众的、流行的意思，故波普艺术又被称为"大众艺术"或"流行艺术"。它对现代文明抱肯定和调侃的态度，将人们最常用的物品或日常生活现象作为表现对象，以使人明白易懂的形式，既颂扬也嘲讽了一个到处充斥着超级市场、大众传播媒介中的广告、招贴和连载漫画的消费社会，艺术本身也成为大众化的消费商品。波普艺术家认为任何生活现实均为艺术，主张艺术家从作品中消失，这使得艺术与生活的界线趋于模糊。

就处理题材的方式而言，波普艺术可以分为集合艺术、复制艺术和欧洲的新现实主义(波普艺术在欧洲的表现，亦称"新达达主义")。集合艺术(装饰艺术)主要包括拼贴绘画、装置艺术和废品雕塑。拼贴绘画主要将现成的图片、连环画等拼贴在一起，以汉密尔顿、劳森伯格、大卫·霍克尼为代表；装置艺术主要将实物拼在一起，具有三度空间，可被看作是雕塑，主要以汉密尔顿、劳森伯格为代表；第三类是以劳森伯格为代表的废品雕塑。复制艺术主要包括以安迪·沃霍尔、利希滕斯坦、维塞尔曼为代表的复制绘画，以塞内卡等人为代表的复制雕塑；新现实主义则是强化达达艺术中的行为性，以伊夫·克莱因和鲍伊斯为代表。

(一) 原始波普

50—60年代是波普艺术初创期。"波普艺术"概念的提出，来自于英国艺术家汉密尔顿的《是什么使我们今天的家庭如此不同，如此吸引人？》画中，那个男人手上拿着的网球拍上印的"pop"字样。

汉密尔顿(1922—)1955年展出的《是什么使我们今天的家庭如此不同，如此吸引人？》也因此成为第一件波普艺术作品，这标志着英国波普艺术的诞生。汉密尔顿为杜尚的学生，可以说杜尚的艺术思想影响了波普艺术的产生。在拼贴画《是什么使我们今天的家庭如此不同，如此吸引人？》中，汉密尔顿表现了一个"现代"的公寓，从报纸上剪下来的电视、带式录音机、明星招贴画、吸尘器广告画、健美运动员的图片，拼贴在一起构成了所能见到的50年代的流行文化，充满都市意味和商品意味。

这一时期的美国波普艺术主要以劳森伯格和约翰斯为代表。劳森伯格(1925—)是美国波普艺术语言的建立者，从50年代中期开始，它把布片、报刊杂志和其他垃圾放进自己的画中，再用油漆涂抹一遍，这些作品被称为"结合绘画"，成为美国日常用品拼贴艺术的开端。60年代开始利用丝网技术制作。他认为"绘画与艺术生活相连"，任何现代事物都可被选择来表达一种观念，他的艺术创作对后来的观念艺术和环境艺术有重大影响。

(二) 盛期波普

60年代以后，波普艺术盛行，人们已普遍感受到了波普艺术的全面冲击。这一时期的波普艺术已经摆脱了抽象表现主义的影响，多采用广告、商品式的表现形式和复制手法，将艺术与商品紧密结合，进一步拉近了艺术与生活的距离。这一时期有影响的波普艺术家有利希滕斯坦、安迪·沃霍尔和维塞尔曼、劳森奎斯特，以及雕塑波普的重要代表奥登伯格。

利希滕斯坦(1923—1997)的作品主要采用连环画中的形象作为母题进行创作，将这些漫画放大到壁画的规模，甚至报纸的网点也一颗颗按比例放大。其作品通常采用漫画中的通俗爱情、时髦女郎、空战场面等，这类题材格调不高，无美学价值，利希滕斯坦对他的作品中的这些现象也保持着一贯平淡、冷漠。利希滕斯坦解释他的这种做法时说："我接受它只因为他存在于这个世界上。"

安迪·沃霍尔(1928—1987)是美国波普艺术的一位重要成员，他的绘画作品多是用制版印刷的方法将摄影形象直接移植到画布上。他采用纯客观的态度复制名人和影星的形象，将这些形象用绢网复制在画布上，这些离开了其环境、条件的事物经过无数次的复制变得冷漠、呆板、乏味、空虚。《绿色的可口可乐罐子》、《玛丽莲·梦露》等是这一方面的代表作。60年代以后沃霍尔创作发生变化，开始描绘一些恐怖的形象，也放弃了重复印刷手法等，并开始利用电影制作波普艺术品。

(三) 新现实主义

1960年在法国出现的新现实主义，又被称为"新达达主义"，它展示了一种欧洲风格的波普艺术。新现实主义反对将艺术带进极端主观而与生活环境毫不相关的境地里，提倡艺术必须回归到普通的生活现象，表现现代文明中的生活环境。阿尔玛、伊夫·克莱因为主要代表。

伊夫·克莱因 (1928—1962) 的艺术旨在追求艺术家的整个体验而非具体有形的艺术作品，他的一系列艺术实践使他成为新现实主义的杰出先驱，在整个西方文化界起了重要影响。1958年的"虚无展览会"吸引了成千上万的人去观看空无一物的展厅；1960年，他将裸体模特涂满蓝色颜料在画布上打滚，留下的印痕成为一幅作品；为了体验飞翔的感觉，亲自从二楼俯身而下，开创了表演艺术的先河。

波普艺术所展示出的后现代艺术特质对后来的欧普艺术，环境艺术，偶发艺术，表演艺术及照相写实主义等均有重要影响。

三、硬边抽象与极少主义

硬边抽象于50年代后期产生，主要是以明晰的几何图形、光滑纯净的色面及坚硬的形体边缘 (以区别于色域绘画的毛边) 进行艺术创作，所用色彩也限制在两三种之内，整个画面成为一个单元，其形体具有一种扩大到画外的感觉。主要的代表有阿尔伯斯和斯特拉、凯利等人。斯特拉的作品色彩强烈，用鲜明的半圆形、菱形等几何形相互交错，构于"成形画布"上。在他的作品中，已将每个部分简化至最基本的直线、严谨的几何形和强烈的色彩。

硬边抽象在绘画上将主题形象彻底剔除，向着最少化发展。受硬边抽象的影响，60年代末在雕塑领域产生了极少主义 (或称ABC艺术)。极少主义力求把雕塑简化到不能再简化的程度，只有一个形式、一个轮廓或一个形状。他们的创作倾向于非人格性，注重提高作品的质量以及与周围环境的融合。

四、欧普艺术

欧普艺术于60年代兴起，又称为"光效应艺术"或"视幻艺术"，它的出现很好地体现了科学与艺术的"亲近"。欧普艺术在绘画中主要采用色彩渐变处理，或用色彩对比排列、色线幅射或立体排列效果等结构画面，利用观众的视错觉、幻觉等产生闪烁、流动、旋转放射或空间变形等运动的感觉。这是一种结合了科学知识的对视觉体验做的一次尝试，力图让艺术在和观者的相互作用中体现，同时也使艺术沦为一种纯粹的视觉游戏。主要的代表有布里吉特、赖利、瓦萨列里等。

五、环境艺术

环境艺术在60—70年代最为兴盛，主要受波普艺术的影响发展而来。它以艺术的手法利用现成物来创造环境，并利用它来影响观众。环境艺术可以分为以奈维尔逊为代表的室内装置景观，在雕塑领域以苏维罗、塞拉为代表的场景艺术，以及以R·史密斯、奥本海姆、克里斯托等人为代表的大地艺术。

大地艺术最早出现于1960年，它主要是将地理景观作为一种艺术表达的媒介，对自然稍作加工，作品则直接导致自然实体世界的变形。大地艺术家R·史密斯的《螺旋状防波堤》是在犹他州的大盐湖以泥浆和岩石围绕成的螺旋形的大地艺术。克里斯托（1935— ）则主要采用“捆包艺术”，他的作品《包裹海岸》将澳洲100万平方英尺的海岸用幕布包裹起来。他著名的大地艺术还有1976年的《奔跑的围栏》。

六、照相写实主义

照相写实主义以逼真的手法描摹对象，获得与现实事物一般无二的视觉效果。在雕塑中则用特殊塑料加真实的毛衣、衣物制作人像，达到与真人无法区分的程度。照相写实主义的这种描写过程是非人性化的，画家用照相机式的方式观察描绘对象。照相写实主义的主要画家有艾斯蒂斯、莫利等，雕塑家有汉森和安德烈。

在艾斯蒂斯（1936— ）的城市风景画中，一切被刻画得清清楚楚，《市中心》、《巴士车窗》显示出艾斯蒂斯精练的构图和对空间层次的分明展现。汉森（1925— ）开创了超级写实主义的雕塑，他选择平凡的、日常的、生活无味的人们作为创作主题，塑造的是在社交场合的关系网中捕捉到的，与环境相融合的真人形象，他的作品看起来自然逼真，似乎除不会走路和呼吸外，其他什么都能做。

七、表演艺术

表演艺术是艺术家们利用自己的身体及覆盖其上的装饰物作为媒介，并以行动或事件作为艺术的展现。行为艺术、偶发艺术、激浪派艺术均可归入表演艺术。

偶发艺术作为一种艺术生活，是波普艺术的最极端形式。它是由即兴表演、偶然事件和随意的动作组成，是多种艺术形式的综合，其中包括观众的即兴和自发的投入。偶发艺术将波普艺术的“物品”即艺术的概念，转变为“行为”和“事件”即艺术的概念，将艺术与日常生活彻底混合起来。

凯普罗（1927— ）作为偶发艺术的创始人，提出“抛弃艺术技巧和艺术永久性”的思想，将艺术变为一个事件、一次表演。与戏剧不同的是，偶发艺术没有情节，没有角色，没有前后冲突和关系，只是一段时间内事件展现的一系列形象，环境、声音、气味、动作、时间等都是偶发艺术所要传达的内涵。

行为艺术或称身体艺术，其表演以人的身体或行为为特征，有的将自己装扮成雕塑，有的对自己的身体自残。如诺曼的《把自己画成喷泉的自画像》，波登以艺术的名义将自己的头浸入水盆以致被水呛的死去活来。

激浪派艺术产生于1963年的德国，起始于一次用脚踩，用榔头砸碎一架钢琴的艺术活动。对于激浪派艺术家来说，艺术和生活是融为一体的，生活的各个方面都应该在艺术形式中见到。不久，鲍伊斯也加入到激浪派中。鲍伊斯(1921—1986)的"行为"名作为《如何对一只死兔子解释绘画》，他头上涂满蜂蜜，脸上覆盖着金色的叶子，对怀里抱着的一只死兔子低声喃喃讲了三个小时的绘画。

八、观念艺术

观念艺术，亦称"概念艺术"，盛行于60年代末70年代初。观念艺术将观念提高到至高的地位，提出观念等同于艺术。艺术的创作过程及记录这一过程的手段和方法就在于将艺术家的观念传达出来。观念艺术将观念看作艺术，认为艺术并不需要物化的"物品"."表达"就成为实现观念的一种常用手段，因此观念艺术家大都借助于语言、文字来解释自己的概念或"作品"，并利用报纸、杂志、广告、书籍、照片拷贝等现代传媒手段进行艺术表现。观念艺术家的重要代表有科苏斯、巴里、许布勒等，其中科苏斯是最主要代表。

科苏斯(1945—)的一件著名作品是《一把和三把椅子》，将一把真实的椅子和一把椅子的放大照片以及从字典上拷贝下来的放大的有关椅子的定义放在一起展出，从实物到照片再到概念组成了全部作品。巴里则将单个的词用幻灯投射到美术馆的墙上作为他的艺术作品 。

观念艺术家将观念作为艺术时，艺术也就无处不在了。

思考题：

一、填空

1.现代主义的第一个艺术流派是1905年以马蒂斯为代表的________________。

2.德国表现主义的两个重要社团是成立于1905年的________________和1911年的青骑士社。

3.毕加索的《________________》被认为是第一件立体主义作品。

二、解词

1.马蒂斯　2.康定斯基　3.克利　4.未来主义　5.抽象主义　6.荷兰风格派

7.包豪斯　8.达达主义　9.巴黎画派　10.大地艺术

三、简答

1.立体主义艺术及其代表风格

2.超现实主义的艺术主张和成就

3.抽象表现主义的艺术主张与创作

4.波普艺术的兴起与发展

四、论述

1.西方现代主义美术的总体特征

2.西方后现代艺术的发展及主要特征

中外艺术史要略

第四编 音乐

上卷 中国音乐

第一章 先秦、秦汉时期

第一节 原始音乐

远古的原始社会是人类的童年时代，原始音乐是先民们在漫长的原始社会中创造的。原始音乐除了产生于先民们的劳动实践外，还较多地带有原始宗教色彩，其中包括自然崇拜的媚神歌舞和祖先崇拜的敬祖歌舞。当然，庆祝农牧丰收、欢颂战争胜利及用于对异性的诱惑，也是原始音乐创作的动因和主要内容。总之，原始音乐的产生与原始生命意识相关，即求得生存和发展。先民们在丰富多彩的劳动与生活中，创作了诗歌、音乐、舞蹈“三位一体”的原始音乐，它具有群众性，表现为原始先民的一种集体创作，并为集体的利益和理想服务。

一、原始乐舞

据文献记载，原始社会比较典型的乐舞有《云门》、《咸池》、《大韶》。

《云门》、《咸池》、《大韶》分别是原始社会时期黄帝、尧帝和舜帝三个部落比较有名的乐舞，且影响和流传较为深远。《云门》是黄帝氏族部落崇拜云图腾和表现氏族领袖黄帝的丰功伟绩的乐舞。《咸池》又作《大咸》，是尧帝部落的乐舞，表现的是先民祭奠祖先亡灵、祈求五谷丰收的内容，它是远古时期一部优秀的乐舞。《大韶》是一部反映原始社会最高水平的乐舞，出现于舜帝时期，舞蹈有九个段落，九次歌唱，九次变化，以编管乐器箫为主要伴奏乐器，因而又称《箫韶》、《九韶》、《九歌》、《九辨》等。据传孔子在齐国听到《韶》乐演出后竟“三月不知肉味”，并给予了“尽善尽美”的高度评价，由此可见其所达到的艺术高度。

通过有关远古音乐的记载可窥原始音乐之一斑，而且有些内容已被音乐考古和科学研究所证实。迄今为止所见远古乐舞的实物遗存有：距今约七八千年的骨笛、骨哨，以及打击乐器陶钟、陶铙等；1973 年出土于青海省大通县上孙家寨遗址的乐舞彩陶盆，距今约 5000 年，它向人们展示了大约 5000 年前舞蹈艺术的直观形象，并与史籍所载的有关乐舞材料相印证。由此可见，我国乐舞艺术原始社会就已出现，它是伴随着生产力的发展和人的精神生活不断丰富而进步的。

二、原始乐器

相对于音乐图像而言，远古音乐实物遗存更具有音乐学价值。就乐器实物看。原始社会时期的乐器主要分为吹管类和打击类两种。

吹管类乐器较有代表性的有：

1.骨笛：目前我国考古发现最早的骨笛，是1986—1987年先后在河南舞阳县贾湖出土的七音孔和八音孔的骨笛18支，距今约8000年，是留存最早的竖吹类管乐器。由此我国音乐文化可考历史，可上溯到新石器时代。经科学的测音数据说明，约8000年前人已有认知六声、七声音阶的可能。

2.骨哨：1973年考古学家在浙江余姚河姆渡遗址中发现160余件骨哨，其时代距今约7000年，是目前发现最早的横吹类管乐器。骨哨一般长7厘米左右，其中部分骨哨，至今仍能吹出各种音调，形成简单的旋律。其音调与鸟鸣声极为相似，当为一种助猎工具，可谓吹管乐器的原始雏形。

3.陶埙：是一种用泥土烧成的吹奏乐器。目前埙在陕西西安半坡遗址、山西万荣县荆村、浙江余姚河姆渡都有出土，多为一音孔和二音孔，可以吹奏出合乎乐律的不同音高。这些埙，距今约7000年。

除以上几种吹管类乐器外，现出土的原始社会打击乐器有：陶钟、磬、陶铙、鼍鼓等等，它们都成为研究原始音乐的重要实证。

第二节 夏、商、周音乐

一、乐舞

原始社会的乐舞一般是部落的集体活动，不存在专职的乐工，而到大约公元前21世纪夏代建立以后，生产力的发展及统治阶级的需要产生了专职的乐舞人员和供统治阶级享乐的大规模的乐舞，乐舞真正作为艺术从社会中独立出来。从夏到周，乐舞逐渐成为统治阶级加强和巩固统治的工具，特别是到周代，建立了中国第一个完整的礼乐制度及宫廷雅乐体系，将音乐用于祭祀、礼仪、军事等各个方面。总之，从夏到周，随着生产力的不断进步，各代的乐舞亦在前代乐舞的基础上不断地发展和完善。

(一) 夏代

夏代的代表性乐舞《夏》，也称《大夏》、《夏籥》。据《吕氏春秋·仲夏纪·古乐篇》载，“禹立，……于是命皋陶为《夏籥》九成，以昭其功”。这部乐舞歌颂的是治水英雄——夏代的开国领袖禹。乐舞分九段，用一种叫籥的排箫类的乐器演奏。

(二) 商代

商代的代表性乐舞即《大濩》，是以歌颂商汤伐纣为内容的祭祀性乐舞，场面壮观、气势宏大，集殷商乐舞之大成。

(三) 西周

周代在积累前代音乐发展经验的基础上,为巩固自己的统治开始"制礼作乐",周代建立的礼乐制度是中国历史上第一个比较明确的"雅乐"体系和比较完备的音乐教育制度。礼乐制度是周初由周公制定的,即以"乐"(伴随"礼"进行的乐舞) 从属于"礼"(各种祭祀、朝会、交往等仪式)的思想和制度。礼乐制把上层社会的人分成许多等级,再依照等级地位的不同规定实施礼乐,这些礼乐都是礼仪与雅乐的结合。礼乐的结合不仅能维护奴隶主贵族内部的等级制度,更能有效地统治人民。周王朝为了实施礼乐制度,设置了我国历史上第一个礼乐机构——春官。春官中有大司乐、乐师、乐工等 1400 多人,他们都是经过严格专业训练的音乐家,有着明确的分工,各司其职。大司乐,又名"大司成",是周代宫廷中负责音乐的最高长官,其职责是对周王朝的乐舞进行管理和教育工作,因而春官也是我国最早的音乐管理及教育机构,并且由中央到地方形成了比较完备的制度体系。总之,周代的音乐文化得到了系统的发展,特别是在西周,可以说"礼制""雅乐"达到了兴盛。周代的乐舞主要有以下几类:

第一类为"六代乐舞",简称"六舞",包括由先代流传下来的古乐舞,黄帝时的《云门》、尧帝时的《大咸》、舜帝时的《大韶》、夏代的《大夏》、商代的《大濩》及周初创作的《大武》,这些乐舞在西周时期分别用来祭祀天神、地神、四望、山川、先妣和祖先,被后世儒家视为雅乐的典范。六舞最受统治者的重视,由最高乐官大司乐亲自掌教。其中的《大武》是为庆祝伐纣胜利而作,保存也最完整,是"雅乐"的最高典范,不仅在周代音乐教育中起着主导作用,同时也对后世乐府的乐舞创作产生了一定的影响。

第二类是小舞,即规模较小的舞,有帗舞(手执彩绸而舞)、羽舞(手执羽毛而舞)、旄舞(手执牛尾而舞)、干舞(手执盾牌而舞)、人舞(手挥长袖而舞)五种,它们由乐师掌教。

第三类是宗教性乐舞,如旱天时求雨用的《舞雩》和每年秋季驱除瘟疫时用的《傩舞》。

第四类是"散乐",主要包括俳优和民间歌舞。

第五类是"四夷之乐",即当时在周王朝四周各部族所制的乐舞、歌曲。

(四) 春秋战国

春秋战国时期是中国历史上一个"百家争鸣"的时代,这一时期周王室衰微,各地诸侯蜂起,开始出现"礼崩乐坏"的局面,"无物而不在礼"的一元文化被生动活泼的多元文化所取代,音乐亦逐渐突破礼的束缚而发展。此时娱乐性较强、不受礼制约束的新乐(俗乐)逐渐替代古乐(雅乐)而在社会生活中占有重要的地位。"古乐"的衰微和"新乐"的兴起,成为春秋末期到战国音乐发展的主要特征。这一时期雅乐已退居到仪式音乐的地位,民间俗乐占据了当时音乐生活的主要地位。

民间音乐自西周以来就发展迅速,其中民间歌唱活动发展较为突出,影响较为深远,有《诗经》、《楚辞》等等,并产生了一批较为著名的民间音乐家。

《诗经》是我国第一部入乐诗歌总集，收录了自西周初年至春秋中叶约500年的入乐诗歌305篇，根据音乐的不同分为“风”、“雅”、“颂”三部分。风即“国风”，它收录了西周初年到春秋中叶，现今陕西、山西、河南、山东、湖北广大地区，约十五个诸侯国和地区的民间歌曲160篇，因此又称为“十五国风”。十五国风大部分都是北方民歌，题材广泛，内容丰富，有情歌、劳动歌、生活风俗歌及讽刺歌，亦有童话，生活气息浓烈；表演形式上有独唱、对唱、领唱和帮腔等，词曲结构上有分节歌、主副歌、换头、连曲等，清新、活泼、生动地反映了当时的社会现实和人民心声。“雅”分“大雅”和“小雅”，共105篇，是贵族文人所创作的乐章，多用于朝会宴飨和文人聚会中，用笙、管、瑟等乐器伴奏。“颂”分鲁颂、周颂、商颂三部分，共40篇，是周代统治者祭祀宗庙祖先的乐舞，其舞的部分更多表现的是舞容、舞姿，内容上则主要歌颂统治者的“文德”、“武功”。

《楚辞》是中原文化和楚地文化相融合的产物，它的产生和成熟经历了长时间的发展过程。它有独特的地方色彩，采用楚国方言，运用楚乐音调，歌咏楚物，表现楚俗，具有特殊的魅力。战国时期楚国诗人屈原依据楚国民间歌调填词创作，诗人不仅用富于楚地风韵的方言描写山川风物、生活习俗，而且还运用了南音中的一种传统方法——乱，极具楚国风情。其中使楚国民歌得以大量保存而又能体现楚歌特色的是《九歌》。《九歌》是屈原依据湘水、沅水一带民间祭神越歌，沿袭古代越歌旧名修辞、加工而成。《九歌》共11首，依据所祭的不同神鬼，有着不同的标题，其中大部分是恋歌，形式上有歌有舞，亦有故事叙述。除《九歌》以外，屈原还依照楚歌的形式从楚声音乐中汲取养料，写下了《天问》、《九章》等伟大乐章。

随着音乐在民间的发展和普及，春秋战国时期民间出现了一批出色的民间音乐家，如“声振林木，响遏行云”的声乐教师秦青；“余音绕梁，三日不绝”的歌手韩娥；“悲歌击筑”的高渐离及创作琴曲《高山流水》的民间琴师俞伯牙等等，这些都可看出这一时期音乐所达到的高度。

二、乐器

夏代的乐器以山西襄汾陶寺遗址中出土的乐器较具代表性，陶寺类型文化距今约4000年，被认为是夏文化的源头。这类遗址出土的乐器以鼓、磬、陶埙、铜铃为主。夏商时期肯定有竹木类材料制成的乐器，如籥，但由于难以保存而迄今未见。

商代的乐器比夏代更为发展，但仍以鼓、磬、埙、钟等乐器为主，较为重要的出土实物有：1977年在湖北崇阳出土的“崇阳铜鼓”；1976年在河南安阳小屯殷墟妇好墓首次出土的一套五枚不同音高的铜铙组成的编铙；1950年在河南安阳武官村出土的“虎纹石磬”，制作精美、声音宏亮；河南辉县琉璃阁150号殷墓出土的三个陶埙，其中两个小埙应用32种指法，均可吹出11个音，既包含七声音阶的全部音级，还包含了许多半音，由此可以肯定此时已存在五声、七声音阶，甚至半音关系。

周代乐器发展可谓是奴隶制社会最辉煌的时期，最引人注目的就是弦乐器琴和瑟的出现。据统计，周代乐器见于记载的有70余种，仅《诗经》中引用的乐器名称就有29种之多，其中打击乐器钟、磬、鼓等21种，吹管乐器笙、箫等6种，弹拨类乐器琴和瑟2种。由于乐器的增多，便顺理成章地出现了中国音乐史上最早的乐器分类法“八音”。所谓“八音”是指将所有的乐器依据其制作材料分为八类：金（钟、铙、铃等）；石（磬、鸣球等）；丝（琴、瑟）；竹（箫、管等）；匏（笙、竽等）；土（缶、埙等）；革（鼓等）、木（柷等）。这种乐器分类法在整个封建社会一直沿用，是中国也是世界上第一种乐器分类法。这一时期的乐器，不但品种繁多，音量、音色都十分可观，制作精细，音准和音质都很高。这一时期最具代表性的出土乐器实物为1978年在湖北随县出土的战国初曾侯乙墓编钟、编磬等共9类，125件，其中的琴、瑟、均钟、篪、排箫、建鼓均是目前发现年代最早的实物乐器。其中出土的编钟是我国已发现的规模最大、器形最完美、音响效果最佳的一套编钟，这套编钟总音域达五个八度，可奏出完整的五声、七声音阶，其间中部音区可演奏十二个半音，采用了纯律和三分损益法的复合生律法，而且在许多钟上铸有钟律铭文，为研究古代音乐提供了实证资料。

三、音乐理论

（一）乐律

音乐理论孕育于音乐实践，从前述出土的先秦乐器的测音结果，可以看出自远古至战国末期为止，这些乐器已能奏出二音、三音……十二音的序列，这些音列经过漫长的发展，直到周末各种乐理、乐律学观念才初步定型。

半音关系在商代已出现，到周代形成完整的半音结构的十二律，并在实践中应用，通用乐律名为：黄钟、大吕、太簇、夹钟、姑洗、仲吕、蕤宾、林钟、夷则、南吕、无射、应钟。十二律又分六律六吕，黄钟、太簇、姑洗、蕤宾、夷则、无射为六律，是阳律，余者则是六吕，为阴律。

西周时期已形成调、调式、转调、固定音高、节奏速度等古代乐理观念，并在礼乐中严格使用。当时流行的音阶已有通用名，如五声调式音阶为：宫、商、角、徵、羽。

春秋时期产生了我国最早计算乐理的理律——三分损益律，即以振动弦分的长度代替音的高低关系的律制，战国初年曾侯乙编钟的钟律设计就应用了三分损益律的成果。

（二）音乐思想

从原始社会到春秋战国时期较有影响力的音乐思想可以归纳出儒、墨、道三家。

儒家学派创始人孔子积极提倡礼乐，把音乐作为修身治国之道，认为好的音乐是内容美和形式美的统一，即“尽善尽美”，并且要“中正平和”。荀子继承和发展了孔子的音乐思想，他充分肯定了音乐对于人和社会的巨大作用，与墨家学派的“非乐”思想进行了针锋相对的论战，他的《乐论》是中国音乐史上第一篇完整的音乐专论。

与儒家的音乐观相对立的是墨子，他主张“非乐”，他站在劳动者的立场上反对统治者奢侈享乐是正确的，但由此偏激地反对一切音乐，则是错误的。

道家的代表人物老子主张“大音希声”，庄子则主张“至乐无乐”，他们这种清静无为、超乎功利的音乐思想有利于反对当时统治阶级的“侈乐”风气，但它又是“去人欲”的世界观的反映，不利于音乐的发展。

第三节　秦汉音乐

公元前221年秦灭六国，建立起中国历史上第一个中央集权制国家，在文化上推行大一统，他们将“六国之乐”集于咸阳宫中，并大力提倡巫乐与百戏，设立专门的“乐府”机构，为音乐的兴盛奠定了基础。汉代建立政权后，实行休养生息，经济繁荣，政治稳定，亦在文化上构筑统一的文化格局。汉代统治者对礼乐也非常重视，在对先秦音乐文化的吸收中，构筑着宏大通达的新的音乐风格。

一、乐舞

(一) 乐府

乐府是以采集改编民间音乐为主的音乐机构，它始于秦代，汉代兴盛。“乐府”一词的含义后来扩大为三种：其一是作为音乐机构的乐府；其二是乐府机构采用过的诗歌以及后人拟作的、类似的民间诗歌或文人诗作；其三是大凡入乐不入乐的，曾和音乐有关的各种题材的音乐、文学作品。乐府在汉武帝时达到全盛，发展成为我国历史上自周代设春官以掌礼以后第二个规模较大的音乐机构。汉代乐府中著名的音乐家有李延年等，李延年“性知音，善歌舞，武帝爱之”(《汉书·外戚传》)。乐府的设置，对我国统一的多民族音乐文化发展起到积极的作用。

(二) 鼓吹乐

鼓吹乐秦汉时得名并发展起来，是一种以吹管乐器和打击乐器为主兼有歌唱的器乐合奏形式，源于北方的游牧民族。汉代的鼓吹乐依据其乐器配置和用乐场合不同分为：黄门鼓吹、骑吹、短箫铙歌、横吹等。

黄门鼓吹是宫内朝会和天子宴请百官时，列于殿房中演奏的礼仪音乐。骑吹是王公贵族出行时，鼓员乐工车驾从行演奏的仪仗音乐。短箫铙歌是军中重大郊庙集会和祭祀所奏唱的仪式音乐。横吹是军中马上演奏之乐。汉代的鼓吹乐充满了沉雄威武的气势，而这种气势正是汉代精神的反映。

(三) 相和歌

相和歌作为一种北方民间歌曲，最早见于汉代，最初产生于民间没有伴奏的歌谣“徒歌”，后又发展成为“一人唱，三人和”的唱和形式“但歌”，“但歌”又发展成为“丝竹更相和，执节者歌”的更为复杂的形式，就成为相和歌。相和歌在汉代进一步发展，形成歌唱、器乐、舞蹈三者有机结合的大型的歌舞套曲，称相和大曲。

(四) 百戏

百戏源于周代的“散乐”和秦代的“角抵”，是一种配乐表演的杂耍技艺，在汉代发展成为一种集歌舞、杂技、幻术、武艺、象人等因素的综合性艺术样式。其节目内容与形式丰富多样，异彩纷呈，若加上人物和故事表演便成为歌舞戏。百戏在汉代的长安、洛阳等地曾风靡一时，汉武帝曾以此招待来自异域各国的使者，这种综合性的艺术样式对传统艺术产生了久远的影响。

汉代百戏表演中所包含的节目，大体分为三类。其一为乐舞类型：其中较有代表性的乐舞有盘鼓舞、建鼓舞、巾舞等。盘鼓舞：舞者在盘鼓上或鼓旁来回歌舞，在汉画像石中常见盘鼓舞表演之场面，如一位男伎挥舞长袖，在地上七个盘鼓之间边唱边舞。建鼓舞：即舞者击建鼓而舞，建鼓以一长木树立，舞者一人或多人转绕建鼓左右盘旋，随舞姿而击鼓。巾舞：系汉代著名的杂舞之一，由战国时期流行的《长袖舞》而来，汉代不少画像石上巾舞图可见，舞者双手各持一巾，一巾向上飘扬，一巾向下飘飞，舞姿生动豪放。其二为角抵戏类型：所谓“角抵戏”即头戴牛、羊头面具，以角相抵斗的一种民间游戏和表演形式，汉代较有代表性的角抵戏有《蚩尤戏》、《东海黄公》等。其三为“鱼龙漫衍”类型：即杂耍、灯戏一类的魔术、幻术、耍龙、耍狮等等，表演者或化妆或戴面具，装扮成各种动物来进行表演。

(五) 古琴艺术

汉代是中国古琴艺术发展的一个重要阶段，这一时期古琴艺术发展主要表现在：其一，琴的形制逐步趋于成熟，从长沙马王堆汉墓出土的古琴实物看，汉琴已定型为七弦十三徽的形制。其二，这一时期的古琴除了是相和歌乐队重要的伴奏乐器，还产生了没有歌唱的纯器乐曲“但曲”，而且琴曲已具有了情节性。其三，出现了一批知名的琴家和琴曲，如司马相如、桓谭、蔡邕等及民间琴曲《广陵散》。

蔡邕 (132—192) 汉末琴家，创作琴曲《游春》、《绿水》、《坐愁》、《秋思》、《幽居》，被称为“蔡氏五弄”。此外，蔡邕还编著了解说琴曲标题的《琴操》，这是我国现存最早的一部记述古代琴曲内容的著作。

《广陵散》又名《广陵止息》，流行于东汉末年，作者不详，因产生在广陵地区而得名，现存琴曲《广陵散》曲谱来自《神奇秘谱》，其内容是描写战国时代聂政为父报仇，刺死韩王的故事。共有45段，分开指、小序、大序、正声、乱声、后序六大部分，是迄今为止见到的篇幅最长的一首琴曲。

二、乐器与音乐理论

(一) 乐器

随着鼓吹、相和歌等俗乐的发展，秦汉以来的乐器亦发生了明显的变化，原先占主要地位的青铜敲击乐器逐渐被粗犷、富有生机的吹奏乐器和精致幽微的丝弦乐器所取代。

在吹管乐器方面，随着鼓吹乐传入中原并在民间广泛应用，笳、角、笛、羌笛等更为常见。在丝弦乐器方面，主要有箜篌、琵琶、古琴等，其中箜篌、琵琶是这一时期出现的乐器新品种。这一时期的箜篌主要有卧箜篌、竖箜篌两种形制，这一时期的琵琶皆是直柄连接扁圆体共鸣箱的形制。

(二) 乐律

在乐律方面，做出重大贡献的是汉代京房(前77—前37)。首先，他提出了六十律的理论，即在三分损益法的基础上，利用第一律与第十二律之间存在的音差，继续损益推算，将一个八度分出六十律。在他的六十律理论中已出现了五十三平均律的计算结果，从理论上解决了旋宫的问题，这是在乐律学史上前所未有的。其次，他还最先指出了以管定律的缺点，并提出了“竹声不能度调”，创制了一种新的调律器——“准”。京房的见解对后世进一步探索管律和研究标准律产生了巨大影响。

(三) 音乐思想

汉代产生了儒家音乐理论的经典之作《乐记》，该书由西汉刘向“校先秦古籍”编纂而成。它完善、发展了孔子为代表的先秦儒家音乐思想，使之更加理论化和系统化。

《乐记》的主要的观点为，一、音乐是“物动心感”的结果，即音乐要表达人的思想感情，而这种感情又是外部事物影响所发；二、“乐与政通”，将音乐与政治联系起来，制礼作乐的目的就是教化百姓驯服于统治，因而大力提倡“德育”、“和乐”，反对“溺音”、“淫乐”等靡靡之音。这种思想不仅成为儒家思想的主干，还深刻地影响了整个封建社会。

思考题：

一、填空

1.1986—1987年我国先后在河南舞阳县__________出土七音孔和八音孔骨笛18支，距今约__________年，是留存最早的竖吹类管乐器。

2.1973年出土于青海省大通县上孙家寨遗址的__________，距今约__________年，是目前发现年代最早的舞乐文物。

3.《__________》是我国第一部入乐诗歌总集。

4.汉代产生了儒家音乐理论的经典之作《__________》，由西汉刘向“校先秦古籍”编纂而成。

二、解词

1.六代乐舞　2.《诗经》　3.《楚辞》　4.八音　5.十二律　6.乐府　7.鼓吹乐　8.相和歌

三、简答

1.原始社会的主要乐舞

2.周代乐舞的主要内容

3.曾侯乙墓编钟的出土及其历史意义

4.儒、道、墨三家的主要音乐思想

5.汉代百戏的大体内容

6.京房在音乐史上的贡献

第二章 魏晋南北朝、隋唐时期

第一节 魏晋南北朝音乐

在中国音乐史上,魏晋南北朝时期是一个“上承秦汉,下启隋唐”的重要时期。这一时期虽然社会动荡,战争频仍,但在客观上却促进了南北文化的广泛交融,因而这一时期的音乐文化发展首先体现了民族音乐大融合的特点。汉代的相和歌演变为清商乐辗转南北,中原音乐和外来音乐的融合形成了隋唐七部乐、九部乐的雏型,汉代的世俗音乐潮流孕育了歌舞戏的产生,古琴艺术承袭前代达到全盛。乐律学方面则出现了荀勖的笛律、何承天的新律,纯律和平均律亦在古琴等乐器上得到运用。这一时期的音乐思想亦突破了儒家音乐思想的束缚,产生了一部划时代的音乐美学论著《声无哀乐论》。

一、乐舞

(一)清商乐

简称清乐,是秦汉传统音乐的余脉,由相和歌发展而来,吸取民间音乐因素,是汉魏六朝新兴俗乐的总称。

这一时期的清商乐包括两部分。一是“中原旧曲”,更多地保留了秦汉、魏晋等北方各代民间“俗乐”,故隋文帝称其为“华夏正声”。二是晋室南迁后,将中原文化与南方的吴声、西曲相结合而产生的新的吴声、西曲。

清商乐所用调式与相和诸曲相同称为“清商三调”,即平调、清调、瑟调。清商乐南传后形成的吴声、西曲,其内容多以爱情为题材,风格纤柔绮丽,曲式结构为“和——歌曲——乱”三部分,其所用的乐器有琵琶、箜篌、笙、笛、琴、瑟、节鼓、箫、埙、钟等。

吴声在东晋南朝时颇为流行,流传于以建康为中心的地区,其中多为民歌,如《子夜歌》、《上声歌》等。西曲则产生于南朝宋、齐、梁时期,流传于以今江陵为中心的地区,其中既有民歌亦有文人之作,如《莫愁乐》、《乌夜啼》等。

(二)歌舞戏

歌舞戏是在南北朝末年兴起的一种有故事情节、有角色化妆表演、载歌载舞,或同时兼有伴唱和管弦伴奏的戏曲雏型。

歌舞戏的产生，直接渊源可追溯到汉代百戏中情节性的歌舞和角抵。这一时期较为重要的歌舞戏有《代面》、《拨头》、《踏摇娘》等。

(三) 琴乐

魏晋南北朝时期古琴艺术在汉代的基础上发展到了一个鼎盛时期，这一时期产生了一批著名的文人琴家和琴曲。如蔡琰的《胡笳十八拍》，嵇康的"嵇氏四弄"即《长清》、《短清》、《长侧》、《短侧》，阮籍的《酒狂》等等。现存的琴曲《酒狂》、《猗兰操》、《碣石调·幽兰》、《梅花三弄》等成为研究这一时期琴曲的重要音响资料。

《酒狂》相传为阮籍（210—263）所作。这首琴曲在节奏上采用古琴曲中少见的三拍子体系，以沉重的持续低音及音程的连续上下大跳的方式，成功地塑造了阮籍醉酒后那种步履颠踬、迷离恍惚的情态。乐曲在发展中始终表现了一种环绕内心、压抑而不得舒解的郁闷情绪，名为醉酒，实为怀忧。

《碣石调·幽兰》又名《幽兰》，相传为孔子所作，由南朝梁代的丘明（493—590）传谱。现存谱式原件是唐人的手写卷子谱，这是我国现存最古老的琴谱，而且是目前仅见的一首文字谱，即其弦名、徽位、左右手弹奏方法用 4900 多个文字记述而成的琴谱。

《梅花三弄》传为东晋桓伊所作之"笛曲"，后改编为琴曲，曲谱最早见于《神奇秘谱》。琴曲的主要音乐特点是以泛音演奏主调，并以同样的泛音曲调在琴徽的"上准"、"中准"、"下准"三个徽位上演奏，所以称为"三弄"。这种泛音主调主要表现梅花高洁优雅而又傲风雪、御严寒的恬静安详的形态。

二、乐器与音乐理论

(一) 乐器

魏晋南北朝时期乐器又有发展，出现了以下几类新乐器：

1.打击乐器类：出现了方响、锣、钹等，方响是由 16 块定音铁片分上下两层，悬于木架之上。锣在后魏开始出现。钹随着"天竺乐"由印度传入。鼓类乐器则出现了多种形制，如腰鼓、羌鼓等。这些乐器在北朝民间流行。

2.丝弦乐器类：出现了与秦汉琵琶迥异的曲项琵琶，它随天竺乐传入我国北方。这种琵琶的共鸣箱呈梨形，因其头部向后弯曲，以区别于当时直柄圆形的汉琵琶，故名曲项琵琶。

3.吹管乐器类：出现了筚篥，它为木质管，有九个按指孔，管上口插一芦哨，随西域《龟兹乐》传入内地。

(二) 乐律

这一时期，在乐律学方面较有影响的成就有：

1.荀勖的"笛律"：西晋的荀勖（？—289）针对当时笛不符合三分损益的问题，应用管口校正法，重新为十二律分别制定了十二支每支一律的笛。这是中国乐律学史上第一次成功地在侧面连续开孔的律管制作与计算中，运用了管口校正法。

2.何承天的“新律”：南朝宋乐律学家何承天（370—447）针对传统的三分损益法仲吕不能生黄钟的问题，在十二律自身内部调整各律高度，他根据三分损益法计算出来的各律长度的比数，依照计算次序，将高低八度之间的总的差值平均分配于各律之间，从而创制出“新律”，解决了“旋相为宫”的问题。何承天的新律已十分接近十二平均律，是世界律学史上十分重要的成就。

3.纯律音阶：我国律学史上纯律的实践始自琴的弹奏。琴曲《幽兰》中已提到古琴的13个徽位均已用到泛音的问题。这说明6世纪以前，古琴上已应用了纯律。

（三）音乐思想

魏晋时期，随着玄学的兴盛，一批“越名教而任自然”的清谈家应运而生。他们带着任性冲动而生活的“风流”，带着放达的浪漫资质，构成与传统儒学相抗衡的思想流派。这种思想反映在音乐思想上，尤以嵇康的《声无哀乐论》最为代表。

《声无哀乐论》是魏末琴家、音乐理论家嵇康（223—263）的重要音乐美学著作，它集中阐释了嵇康的音乐思想。其主要的观点即：音乐是客观存在的音响，哀乐是情感的表现，是主观存在的，二者并无直接联系，从而否定了音乐能够表现人的哀乐。也即音声无哀乐，人心中的哀乐是在社会生活中产生的，音乐起诱导和媒介的作用，把哀乐表现出来。

嵇康的音乐理论显然是受到道家音乐思想的影响，力图摆脱神秘主义的音乐思想和束缚人性的等级礼乐观。他不以某种功利实用为目的，而注重个人体验在音乐中的自然流露。《声无哀乐论》反映出的音声是客观本体存在而主张音乐脱离封建政治功利的音乐思想，与主张“礼乐刑政”并举的官方思想，构成了封建社会中音乐思想两大潮流的源头。

第二节 隋唐音乐

隋唐时期国家强盛，民族和睦，经济繁荣，东西南北文化交流频繁，达到了中国封建社会的全盛期。音乐在秦汉以来形成的风格各异、形式多样的音乐歌舞的基础上，兼收并蓄，博采众长，经过不断地融合创新，最终形成了中国音乐史上一个极其辉煌的阶段。这一时期，由于统治者对音乐的重视及爱好，设立了专门的宫廷音乐机构，使宫廷燕乐得到迅速发展。与此同时，由于城市商业的繁荣，促进了市民阶层的成长，他们对音乐的需求又促进了民间俗乐的兴盛。此时乐器种类繁多，制作精良，同时由于传播乐曲的需要，记谱法得以改进。在音乐理论方面则出现了雅乐八十四调、俗乐二十八调，并涌现出了大量音乐著述如《乐书要录》、《乐府杂录》等等。总之，隋唐时期无论是在音乐创作还是音乐理论以及乐器发展上等诸多方面都发展到了一个前所未有的高度。

一、宫廷燕乐

"燕乐"一词源自周代,又称宴乐,即宴饮之乐,是指天子及诸侯宴饮宾客时所用的音乐。隋唐时期的燕乐是以汉族传统音乐清商乐为主体,兼容并包了魏晋以来传入的龟兹乐等而形成的,是一种融胡音汉乐为一体的全新音乐,集中反映了这一时期音乐文化的最高成就。

隋唐燕乐按照音乐的来源及乐队编制,分为"七部乐"、"九部乐"、"十部乐"。隋文帝开皇初,在宫中设"七部乐",即:国伎、清商乐、高丽伎、天竺伎、安国伎(中亚古国的乐舞)、龟兹乐、文康伎(汉代一种面具舞)。隋炀帝时,将国伎和文康伎改名为西凉伎和礼毕伎,又增加康国、疏勒两个乐部,合为"九部乐"。唐太宗时,废除礼毕伎,增加"燕乐",并将其列为首部,形成唐代的"九部乐",后又增加高昌乐,称为"十部乐"。

唐代燕乐根据其演奏形式还可划分为"坐部伎"和"立部伎",这种划分方法在唐玄宗时确立并取代了原来九部乐、十部乐的划分法。坐部伎,即在堂上坐着演奏的音乐和乐伎,人数较少,主要演奏丝竹类乐器,轻歌曼舞,音乐抒情雅丽。立部伎,即在堂下站着演奏,人数较多,主要演奏打击类乐器,音乐粗犷热烈,多属百戏杂技节目。

燕乐在形式结构上的最高发展,即唐代"大曲"。大曲是一种器乐与声乐、舞蹈三种形式连续表演的综合性的大型歌舞艺术,是中国古代宫廷歌舞音乐的典范。唐代大曲的结构较为复杂,但基本上可分为"散序"、"中序"、"破"三部分。"散序"无拍无歌,节奏自由,由乐器演奏,相当于引子。"中序"又叫"歌",是歌唱或歌唱加乐演奏形式,节拍规范,速度较慢。"破"又称"舞遍",是进入高潮的结束部分,以舞蹈或加歌唱为主。

与宗教内容和形式相关联的大曲,又叫法曲。如唐代最著名的歌舞大曲《霓裳羽衣曲》就是法曲,它是由享有"音乐皇帝"美誉的唐玄宗李隆基根据印度的《婆罗门曲》改编而成。

唐大曲中的舞蹈主要是健舞和软舞。健舞风格刚劲,音乐多用急管繁弦,代表作有《胡旋》、《柘枝》、《大渭州》等。软舞风格柔婉轻盈,音乐优美抒情,代表作有《绿腰》(或《六幺》)、《兰陵王》等等。

隋唐燕乐的高度发展亦产生了与之相适应的音乐机构:教坊、梨园,从而使隋唐宫廷拥有了自身隶属的音乐机构,它们与政府管理的音乐机构平行存在,相互补充,为隋唐燕乐的发展培养了大批的优秀人才。

教坊是宫廷负责乐工培训与组织艺人演奏的机构。隋炀帝时在关中设立教坊,归太常寺管理。唐玄宗时设立5处教坊,由宫廷直接管辖,派中官任教坊使,专门训练和表演俳优、杂技、歌舞、百戏等来自民间的俗乐。梨园是唐玄宗时设立的一个专门学习法曲的机构,地位较高,其艺人常在皇帝面前表演。

唐代的音乐机构除了归宫廷管辖的教坊、梨园外,还有隶属政府机构太常寺管辖的鼓吹署和大乐署，太常寺是我国封建社会中掌管礼乐的最高机构。

隋唐不同性质的音乐机构的设立，既促进了音乐的发展，亦培养了一批音乐人才。这一时期较为著名的音乐家有隋代的万宝常、郑译，唐代善弹琵琶的段善本、康昆仑、曹妙达，善吹笛的李谟，舞蹈家公孙大娘，歌手永新、念奴及乐府中著名的乐工李龟年等等。

二、民间俗乐

隋唐时期的民间俗乐主要有：曲子、俗讲、散乐等等。

曲子是隋唐时期一种新兴的民间歌曲。北魏、北周以来，中原地区由于西域音乐的传入及长期积累的汉族音乐传统，在社会中遗留了大量极为流行的曲调。民间歌手、乐工甚至文人利用、加工这些现成的曲调，填词歌唱，就产生了“曲子”。

唐代的曲子，主要见于敦煌石室的卷子，共有500多首，曲调名有80余支，多为民间歌曲。开元、天宝之后文人亦大量填写曲子词，如白居易的《忆江南》、刘禹锡的《竹枝词》等等 。

现存的唐曲有《阳关三叠》等。《阳关三叠》，其歌词原是王维的七言律诗《送元二使安西》，因诗中有“阳关”与“渭城”两个地名，所以得名《阳关曲》或《渭城曲》，又因其曲式有“三叠”结构，所以又称《阳关三叠》，它曾在唐代被广泛传唱。

俗讲是唐代佛教寺院里的一种通俗讲唱，即将深奥的佛理以通俗的方式加以传达，其讲唱所用的文字脚本叫“变文”，由散文(说白)和韵文(歌唱)相间而成。

早期的变文都与佛教故事有关，如《目连变文》、《地狱变文》等，后来人们利用变文形式创造以民间和历史的故事、传说为题材的世俗性变文，如《王昭君变文》，因而讲唱者也就不只限于僧人，从而使变文发展成为社会生活中一种重要的说唱形式。

散乐是隋唐时期重要的艺术表演形式，它承袭汉魏以来的角抵、百戏和南北朝的歌舞戏，成为与歌舞大曲并行发展的“俳优歌舞杂奏”。

隋唐时期的散乐中，尤以歌舞戏和参军戏对后世影响深远。这一时期产生于魏晋南北朝时期的歌舞戏和参军戏得以不断的完善和发展，已具备了早期戏剧的雏形。如歌舞戏《踏摇娘》在唐代初年已发展成为歌舞合一，曲白兼备，旦、净、丑合演的完整的戏剧形式。参军戏亦是以歌舞演故事，但滑稽戏谑的成分较多。隋唐时期的参军戏已有弦管鼓乐的伴奏和女子角色，并且在唐末民间已有男女混合组成的流动戏班。随着歌舞戏和参军戏的发展，早期戏曲已在形成之中。

三、记谱法与音乐理论

(一) 记谱法

隋唐音乐的记谱法，据目前保存的资料，主要有古琴减字谱和燕乐半字谱两大系统。

琴曲《碣石调·幽兰》提供了目前所知我国最早的记谱法——文字谱，文字谱是古琴的一种专用记谱法，即用写文章的方法记叙弹琴时左右手指和所弹的弦及徽位的一种记谱法。文字谱的进一步发展便是减字谱，这是古琴记谱法的一个极为重要的革新，这一变革是由唐代的曹柔完成的，减字谱是我国琴谱系统沿用千年而未被取代的一种古老的记谱法。20世纪初发现的敦煌卷子谱是唐代乐谱，谱字由笔画简易的半字符号组成，故称燕乐半字谱，唐代的燕乐半字谱是我国工尺谱的一种早期形式。

总之，隋唐时期的文字谱、减字谱和燕乐半字谱对于推动这一时期音乐的进一步发展和保存古音乐方面都做出了历史性贡献。

(二) 音乐理论

隋唐时期音乐理论领域取得的两大突出成就是：专门性的音乐著作的空前增多和乐律宫调理论的系统性总结。

1.音乐著作

这一时期的音乐著作，具有内容包罗万象、分类精细周密的特点。主要有《北堂书钞》，隋代虞世南编，是我国现存最早的类书；《乐书要录》，唐武则天时元万顷编，是一部通俗性的乐律理论专著，对于唐代乐律宫调有重要的记载；《教坊记》，唐开元年间崔令钦编，是一部关于唐代教坊制度和轶闻的著作；《羯鼓记》，唐羯鼓手南卓编，是一部关于羯鼓的专门性著作；《乐府杂录》，唐段安节著，是一部有关唐代音乐的见闻录。

2.乐律

隋唐时期的宫调理论成果体现在隋代的八十四调和唐代的二十八调体系的建立，它们的特点在于按七声音阶旋宫。

“八十四调”理论是由隋代万宝常、郑译在龟兹音乐家苏祗婆的“五旦七调”理论基础上发展而来，它是以“七声”与“十二律”旋相为宫，构成十二均，每均都可构成七种调式，得八十四调。八十四调理论虽然在隋唐没有得到完全实践，但却极大地促进了这一时期律制的改革。

“二十八调”是唐代宫廷燕乐的宫调体系，亦称“燕乐二十八调”，同时又对宋元以后民间俗乐如说唱、戏曲、词调、器乐等产生重大影响，因而又称为“俗乐二十八调”。唐代的“二十八调”是按照七宫、七商、七角、七羽分类。

唐代的音乐美学思想有新的发展，虽然未有专门性的著作，但还是出现了不少创造性的见解。如唐太宗否定“亡国之音”的说法，就反对将音乐与政治完全等同，强调音乐自身的艺术性；白居易则认为音乐要讲求一种“意”，而这种“意”是从深刻的思想和深厚的艺术修养中产生的，音乐要做到“无声胜有声”。这些音乐思想都冲破了儒家正统思想的束缚，强调音乐自身的艺术性，对唐代音乐的发展起到了理论指导作用。

思考题：

一、填空

1.《________________》是我国现存最古老的琴谱，由南朝梁代的丘明传谱。

2.魏晋南北朝时期较为重要的歌舞戏有__________、__________、__________。

3.唐代最著名的歌舞大曲是《__________》，它是由享有“音乐皇帝”美誉的__________根据印度的《婆罗门曲》改编而成。

4.唐大曲中的舞蹈主要是______________和______________。

二、解词

1.清商乐　2.歌舞戏　3.《声无哀乐论》　4.大曲　5.曲子　6.俗讲　7.文字谱　8.八十四调　9. 二十八调

三、简答

1.魏晋南北朝时期乐律学的主要成就

2.隋唐时期主要的音乐论著

第三章 宋、辽、金、元时期

第一节 概说

如果说隋唐时期是宫廷燕乐的时代，那么宋元时期则是市民音乐的时代。北宋的统一结束了五代十国的割据局面，这一时期虽然边疆战事不断，但国内相对稳定，而且统治者为了巩固政权采取了一系列有利于农业生产的措施，使宋代农业生产迅速恢复发展。与此同时，商业和手工业亦随农业的繁荣而有空前的发展，工商业的发展带来了城镇经济的繁荣和市民阶层的壮大。为了适应市民阶层文化生活的需求，大量民间艺人滞留市镇，以班社、团体的形式聚于市镇商品集散地演出，从而逐步形成了固定的演出场所——瓦肆勾栏，并形成了一个以艺谋生的民间艺人阶层，民间音乐迅速发展壮大。

正是由于市民音乐的发展繁荣，使宋元音乐文化出现了巨大的转折。就音乐的性质而言，音乐的主流由宫廷转向民间；就音乐的形式而言，音乐最具代表性的形式由歌舞转向戏曲。音乐由贵族化转向平民化，民间音乐逐步加入到商品经济的行列。戏曲艺术的确立和发展，标志着我国民族传统音乐进入一个新的阶段。

宋元时期的民间音乐形式繁多，内容丰富，如具有时代标志性的音乐形式宋词、元曲，说唱艺术唱赚、诸宫调、货郎儿等。这一时期民间乐器和器乐得到了很大的发展，大量的音乐艺人和音乐著作出现，都代表了音乐文化所达到的高度。

第二节 宋代的词调歌曲和元代散曲

隋唐五代曲子的进一步发展，到宋代演变为“词调歌曲”，在元代则发展为“散曲”。

一、词调歌曲

词调歌曲又称词曲、词牌曲、词调音乐等等，它是由隋唐五代的曲子演变而来，到宋代达到兴盛。词调歌曲是古代文学和音乐高度结合的一种歌唱形式，是在民间歌曲的基础上发展而来的一种艺术歌曲，是中国典型的声乐体裁之一。

词调歌曲的音乐部分称“曲子”，歌词部分称“曲子词”，简称“词”。词调歌曲是一种新颖的形式，其歌词长短句相杂，接近口语，节奏活泼多样，雅俗共赏，所以成为宋代风靡整个社会的一种音乐形式。

词调歌曲的音乐大致包括传统古曲、外来乐曲、民间曲调和自度曲四个方面，故宋人所作的词调歌曲主要有两类：一是“新词旧曲”，即词人选定某道原有旧曲，然后依曲配上所写的新词而成，此称“填词”。二是“新词新曲”，即词人先写好词，然后再根据词格结构、词韵和内容，谱上新曲而成一词曲，故又称为“自度曲”或“自制曲”。

词调歌曲的创作方法主要是倚声填词，但为了适应不同情感的表达，亦采用减字、偷声、摊破、犯调等技法，使同一词牌出现几种艺术形式上的变化。“减字”即减少原词的字数；“偷声”则是增加原词的字数。“摊破”是在原曲牌的基础上增加乐句；“犯调”的一般意义是把不同曲牌的乐句联结综合而成一个新的曲牌，即“集曲”，此外它还有转调或转调式的意义。宋代由于词调歌曲的兴盛产生了大量优秀的曲牌，据清人王奕清所编《词谱》统计，不同的曲牌有826个。这些丰富的曲牌成为多种音乐形式的主要构成要素，为唱赚、诸宫调、戏曲等较高艺术形式的形成奠定了基础。

词调歌曲的体裁形式主要有令、慢、引、近、序、歌头等。“令”是指较为短小的曲牌，“慢”是指较为长大且抒情委婉的曲牌。引、近、序、歌头等都是大曲中的一个部分，这类曲牌是由大曲发展而来。

宋代的词调歌曲根据其表演形式和音乐风格、体裁不同各自有其名称，主要有小唱、吟叫和嘌唱。手执拍板而演唱慢曲，引、近类型的曲牌，称为小唱。专门演唱根据民间各种歌吟和卖物之声创作的曲子称为“吟叫”。击鼓演唱令曲且加变奏的形式称为“嘌唱”。

在两宋词坛上，以词曲相兼而著称的有柳永、周邦彦、姜夔、张炎等等。但附有曲谱词集流传至今的惟有姜夔一人。姜夔（1155—1221），字尧章，号白石道人，不但工于诗词，亦精通音律。他的词调歌曲以清雅著称，注重音律，追求艺术形式美，善于运用典型音乐语汇展现鲜明的音乐风格和演唱特色，在内容上或陶醉于自然景物或抒发个人离愁别恨、伤感情绪。其所作《白石道人歌曲》是现存最早的宋词歌谱，卷中用旁谱形式记录“自度曲”和旧曲十七首，其中《扬州慢》、《杏花天影》为其自度曲的代表作。

二、元散曲

散曲是金元时期在我国北方地区兴起的一种合乐歌唱的新的音乐形式，主要在民间俚曲小调的基础上发展而来。

元散曲根据其篇幅结构可分为“小令”和“套数”。“小令”又叫“叶儿”，是独立的单曲体，可重复使用，每首用韵不同，如马致远的《天净沙·秋思》。“套数”又称“散套”，一般是指同一宫调中若干曲牌联缀而成，一韵到底的组歌。

散曲的演唱不用锣鼓，只用琵琶、笙、笛、箫、拍板等乐器伴奏。

元代著名的散曲家有马致远、关汉卿、白朴、张养浩、睢景臣等。元散曲的流行，对明清时期的小曲有着重要的影响。

第三节 说唱音乐

北宋时期，伴随着艺术商品化的出现，说唱音乐得到突飞猛进的发展，唐代主要集中于寺院表演的说唱艺术，宋元时期广泛活动于城镇、乡村乃至官僚贵族的府邸和宫廷之中，受到上至王公贵族下至平民百姓的普遍喜爱。为了适应各阶层的需要，大型长篇说唱以其丰富的形式呈现出来，标志着宋元说唱艺术走向成熟。宋元时期的说唱艺术形式多样，技艺纯熟，其中有以说为主，亦有以歌唱为主，说唱艺术的繁荣无疑推动了说唱音乐的发展，宋元时期主要的说唱音乐形式有唱赚、鼓子词、诸宫调、货郎儿、陶真等等。

一、唱赚

唱赚是宋朝民间流行的一种歌唱表演形式，兴起于北宋，盛行于南宋。

北宋时期唱赚的曲式结构已经确立，主要应用缠令和缠达两种曲式，以鼓、拍板和笛为主奏乐器。缠令由若干个曲调联结而成，前有引子，后有尾声，中间由若干曲牌联缀。缠达，又叫转踏或传踏，是前有引子，后由两个不同曲牌反复交替出现，无尾声的形式。无论是缠令还是缠达，都只能联结同一宫调内的曲牌，不能转调。

南宋初年，民间艺人张五牛根据民间歌唱艺术“鼓板”中具有四片结构的《太平令》音乐，创造了一种叫“赚”的歌曲形式，缠令又吸收了这种形式，而获得新的发展。

唱赚是宋代艺术歌曲的最高形式，其所用音乐丰富，几乎综合囊括了当时民俗音乐生活中所有被广泛传唱的各类曲调，并且与缠令或缠达合为一体，组合成一种套曲性质的演唱方式，其表演难度较大，但由于其效果引人入胜而在民间迅速发展。南宋时在民间艺人中已经出现了以唱赚著名的专业社会团体——遏云社。

南宋末年，在唱赚的基础上，又产生了“覆赚”，用于歌唱爱情和英雄故事，其曲式是多套唱赚的联结运用。

二、鼓子词

鼓子词是宋代流行的一种说唱相间、以唱为主的表演形式，由于用鼓伴奏而得名。鼓子词的音乐特点是在一个节目中无论有多少段，只能重复使用一个曲牌。

鼓子词有两种形式，一种是有说有唱，说唱相间，音乐部分重复使用同一曲牌。如北宋赵德璘所作《元微之崔莺莺商调蝶恋花》，该曲共十章，另有序和尾，共有十二段说唱，每段均为先说白，后唱《蝶恋花》曲牌。另一种是只唱不说，用同一曲牌以分节歌的形式歌唱多段曲词，如欧阳修的《十二月鼓子词渔家傲》，共十二首，用《渔家傲》曲牌分述十二个月的景色。

三、诸宫调

诸宫调是由北宋时期的民间艺人孔三传创立的一种大型说唱形式，因其运用多种宫调的曲子联递歌唱而得名。它是一种以唱为主，说唱相间，体制宏大，曲调丰富，适于表演情节复杂的长篇故事的说唱音乐形式。

诸宫调的音乐来自唐宋以来的大曲、曲子及当时北方流行的民间乐曲。其伴奏乐器宋代时主要用鼓、拍板、笛，金元时用锣、界方、拍板、笛，有时还用琵琶等弦乐器。

宋金元时期流行的诸宫调作品大多已佚失，现今所见的只有金人所作的《刘知远诸宫调》、《西厢记诸宫调》和元人的《天宝遗事诸宫调》。其中《西厢记诸宫调》是目前所见保存最完整的诸宫调作品，是由金人董解元所作，故又称《董解元西厢记》，简称《董西厢》。这是一部结构庞大、音乐丰富的作品，全本运用了 14 个宫调，151 个基本曲牌，连变体在内共计 444 个曲牌，这种长篇说唱音乐的出现，标志着我国说唱音乐的高度成熟。

四、货郎儿

货郎儿最初是流行于民间的一种歌曲形式，后来演变为一种说唱艺术。

货郎儿原是宋元时期城乡间流动叫卖杂物的小商贩，摇串鼓招徕顾客的叫卖声调，后逐渐发展成为一个民间曲牌，称“货郎儿”或“货郎太平歌”。

到元代，货郎儿这一民间乐曲又与散文体的讲述配合起来，形成了用于说唱故事的转调货郎儿，其结构形式是将 [货郎儿] 曲牌的乐句，前后分成两部分，在中间夹用别的曲牌。转调货郎儿根据故事表演需要可以联套使用。货郎儿的表演非常简单，演唱者一手摇动串鼓，一手打板演唱。由于货郎儿特殊的音乐风格，受到元代下层人民的广泛欢迎。

五、陶真

陶真是一种用琵琶或鼓伴奏的说唱艺术。它大约起于北宋，盛行于金元。陶真的歌词多为七字句，通俗易懂。在宋代，唱陶真者多是“路歧人”（流浪艺人）。

第四节 戏曲音乐

宋元时期由于市民文艺的蓬勃发展，孕育了千余年的戏曲艺术终于脱颖而出。戏曲艺术不仅广泛地深入到宋元各阶层的文化生活中，并且压倒了音乐中一向占统治地位的歌舞艺术，占据了这一时期音乐生活的主导地位。

宋元时期的戏曲音乐包括杂剧和南戏两大体系。

一、杂剧

(一) 宋金杂剧

宋代时，中国的戏曲艺术趋于成熟。宋代的杂剧既是各种技艺如滑稽戏、傀儡戏、皮影、说唱、杂技、歌舞等的统称，又是一种戏曲艺术形式。

杂剧兴起于北方，北宋时已广泛流行。南宋时期，杂剧已超过了歌舞艺术，成为当时最有影响的一种艺术形式。

宋代的杂剧分为以对白为主的滑稽戏和以歌舞为主的歌舞戏。杂剧音乐的来源广泛，主要是吸收了唐宋大曲、法曲、唱赚、诸宫调以及当时流行的各种词曲曲调。宋杂剧的表演结构通常由三部分组成。一、艳段，即表演寻常生活中所熟悉的故事。二、正杂剧，表演较为复杂的故事情节，是杂剧的主要段。三、散段，又称“杂拌”，是一种滑稽表演，可独立演出。

宋代杂剧已形成固定的角色行当，其中主要的角色有付净、付末、孤、旦等。付净表演有散说、道念、筋斗、科范，是宋杂剧中占突出地位的角色。

金代的杂剧与宋代杂剧相同，只是在金后期杂剧有一个别名叫“院本”。

(二) 元杂剧

进入元代，由于特殊的社会环境，杂剧达到了高度成熟的阶段。

元代杂剧是在宋杂剧、金院本的基础上，融合民间流行的诸宫调等音乐发展而来，是音乐、歌舞、道白、做工等结合起来表演故事的一种综合性的舞台艺术。元杂剧无论是在剧本、表演、音乐等方面都有着非常严格的规定，元杂剧的成就标志着中国戏曲艺术的完全成熟。

首先，元杂剧结构严谨，一般是四折一本，有时在四折中间加一“楔子”。其次，元杂剧的表演由“曲”、“宾白”、“科”三部分组成。元杂剧表演中最大的特点是：每本杂剧只有一种主要角色一唱到底，其它角色只有宾白和科，偶尔唱楔子。凡是由正旦主唱的叫“旦本”，由正末主唱的叫“末本”。其三，就音乐而言，元杂剧所用音乐具有明显的北方地域特点，故又称“北曲”，曲调用七声音阶，以鼓、笛、拍板、锣等为主要伴奏乐器，风格苍秀高亢，沉雄遒劲。杂剧的音乐结构有着严密的逻辑关系，每折只能用同一宫调的若干曲牌组成，称一个套数，一个剧本一般有四个套数，四个不同的宫调布局。

元代杂剧创作达到一个历史高峰，作家、作品繁多，其中最具代表性的剧作家有关汉卿、马致远、郑光祖、白朴，被誉为“元曲四大家”。此外，还有王实甫、乔吉甫通常与四家并称“元曲六大家”。

二、南戏

南戏是从北宋末年到元末明初，流行于中国南方，以唱南曲为主的一种戏曲形式，是在浙江温州一带的民间小曲基础上发展而来的小戏，故又称“温州杂剧”或“永嘉杂剧”，以区别于北方杂剧。

宋代南戏产生于北宋末年，宋室南迁后风行于苏杭一带，产生了《赵贞女蔡二郎》、《王魁负桂英》等作品。

元代南戏在元中期杂剧衰落后得到重新发展的机会，元末明初大为兴盛，流行于江苏、安徽、浙江、江西等地，出现了一批著名的剧作。其中影响较大的是南戏“四大传奇”：《荆钗记》、《白兔记》、《拜月亭》、《杀狗记》，简称“荆、刘、拜、杀”。此外还有高明的《琵琶记》与“荆、刘、拜、杀”并称“五大传奇”。

南戏在南方民间音乐和北方杂剧的影响下，形成了自己独特的艺术特点。南戏的音乐曲调采用五声音阶，节奏舒缓，演唱以板点拍，伴奏以笛为主，唱词用韵以南方江浙语言为标准，风格柔婉流畅。南戏的曲式结构是曲牌联套体，但不受一折一宫调的限制，即可联缀几个不同的宫调曲牌，组成一支新的曲牌。南戏受北方杂剧的影响，产生了“南北合套”的音乐体式，即在一个套曲里兼用南曲、北曲，在同一宫调内可以选取若干音律相互和谐的南曲和北曲曲牌交错使用连成套曲。此外，南戏的演唱形式亦打破了杂剧一个角色主唱到底的局限，演唱形式自由，有独唱、齐唱、对唱、后台合唱等多种形式。总之，南戏的音乐自然朴素、生动又富有创造性，为戏曲音乐创作提供了更加广泛的途径。

第五节 乐器与器乐

宋元时期，我国的乐器和器乐都得到较大的发展。

宋元时期的乐器发展主要体现在对旧有乐器的改进和新品乐器的开发上。继承和改进的前代乐器主要有琵琶、筝、方响、大鼓、杖鼓、筚篥、笛、笙、拍板、古琴、嵇琴等。琵琶在宋元时期已出现很多“品”，音域宽广。杖鼓唐已有之，宋代的杖鼓是指腰鼓类乐器，既可用于合奏，亦可独奏。宋代的笙均为 19 簧。嵇琴又称奚琴，属弹拨乐器，北宋时已广泛流行于民间，此时著名的嵇琴家有徐衍等。

宋元时期的乐器亦出现了一大批新的汉族及少数民族乐器，如弓弦乐器胡琴，弹拨乐器三弦、双韵、十四弦、渤海琴、火不思，吹奏乐器夏笛、小孤笛、七星，打击乐器云璈等等。其中胡琴产生于元代，由弹拨乐器嵇琴发展而来，是以马尾作弓拉奏的弓弦乐器。三弦之名始于元代，属弹拨乐器，后来成为杂剧的主要伴奏乐器。云璈即今之“云锣”，元代云璈所用的小锣，数目由十面到十四面不等。火不思，是由西域传入的一种弹拨乐器，四弦、长颈、无品、梨形音箱，也称浑不似、胡不思等，宋代时已传入中原，元代盛行。

总之，宋元乐器的发展及新乐器的产生推动了器乐艺术的发展，这一时期器乐独奏和器乐合奏均大为流行。宋元时期的琵琶、笛、笙、方响、古琴等均具独奏形式，较为著名的独奏器乐有古琴曲《潇湘水云》和琵琶曲《海青拿天鹅》。

琴曲《潇湘水云》是南宋浙派琴家郭沔（1190—1260）的代表作。这首琴曲表面是表现自然境界中的山水，实际是借吟咏水光云影，表达作者对元兵南侵、民族危亡的忧思之情。该曲演奏多以左手按音作较大幅度的往来荡吟，而与右手的散弹迭相呼应，造成水云掩映、烟波浩渺的势态。由子也多用扫拂的弹奏法，取得云水激涌的动势，尾声的泛音演奏，则将全曲引向忧思深远的意境。

《海青拿天鹅》流行于元代，是目前所知流传年代最早的琵琶曲。此曲运用了多种琵琶弹奏技巧，生动地描述了海东青捕捉天鹅时激烈的搏斗情景，表现了北方人民的狩猎生活。全曲共18段，主题鲜明，结构完整，以合尾的形式贯穿全曲，具有强烈的艺术效果。

除器乐独奏外，器乐合奏亦在宫廷和民间广泛流行。宫廷中的器乐合奏主要有教坊大乐、随军番部大乐和马后乐等。教坊大乐是宫廷燕乐中规模最大的合奏形式。据《东京梦华录》卷九所载，北宋时教坊大乐所用乐器有筚篥、龙笛、笙、箫、埙、篪、琵琶、箜篌、方响、杖鼓、拍板、大鼓、羯鼓，计13种。其中拍板用10串，琵琶50面，杖鼓200面，由此可见其规模之大。南宋教坊大乐的规模远比北宋小，所用乐器比北宋少了埙、篪、箜篌和羯鼓，而增用了筝和嵇琴，共计11种。规模较大时奏拍板者才7人，琵琶8人，杖鼓35人。随军番部大乐和马后乐均属鼓吹乐，前者用于宫廷礼仪，后者是随在皇帝驾后骑在马上演奏的一种合奏形式。

南宋时，民间的勾栏中广泛流行的器乐合奏形式，主要有细乐、清乐、小乐器、鼓板等。用箫管、笙、嵇琴、方响等乐器合奏称"细乐"。用笙、笛、筚篥、方响、小提鼓、拍板、札子等乐器合奏者称为"清乐"。由一二人合奏或独弹十四弦，称为"小乐器"。主要用拍板和鼓、笛，有时也用札子、水盏、锣等乐器合奏者称"鼓板"。

第六节 音乐理论

宋元时期的音乐理论主要表现在两个方面：一是乐律学方面出现了十八律的理论，二是大量音乐论著的出现。

一、十八律

十八律是由南宋乐律学家蔡元定（1135—1198）在其著作《律吕新书》中提出的，是宋代律学研究的新成果。蔡元定的十八律，是将按照传统三分损益法算出的一二律作为正律，再继续算出六律作为变律而构成的一种律制。十二正律皆可为宫,但六个变律不能为宫。

十八律在理论上合理地解决了三分损益律各音阶转调后音程不统一的问题，具有一定的科学价值,但由于乐器制作的困难,难以付诸实践。

二、音乐论著

宋元时期,由于众多文人参与音乐领域,编撰了丰富的音乐论著。这些音乐论著既有对古籍经典中音乐论述的诠释,研究历代歌曲的发展,亦有总结宋元戏曲表演艺术和歌唱方法,或专论表演艺术的琴史、唱论等等。较为重要的有：

《琴史》,北宋朱长文撰,是我国最早的一部琴史专著,也是现存最早的琴论专著。《琴史》共六卷,前五卷记述了“上自唐虞,下迄皇宋”的162位琴人及与琴人有关的人物事迹,后一卷收11篇论著,论述了琴的形制、弦徽、各部位名称、音调、琴歌,有关琴方面的美学理论等问题。

《乐书》,世称《陈旸乐书》,北宋陈旸撰。全书共200卷,前95卷对《礼记》、《周礼》、《仪礼》、《诗经》、《尚书》、《春秋》、《周易》 等古代经典中有关音乐的文字进行了注释。后105卷论述十二律、五声、历代乐章、乐舞、杂技、百戏及雅乐、俗乐等乐律学理论及乐器图说,内容广泛,资料丰富,是我国最早的一部音乐百科全书式的著作。

《梦溪笔谈》,北宋沈括撰,又有《补笔谈》、《续笔谈》,虽为科学著作,但其中有多篇论述音乐的札记,亦保留了丰富而重要的音乐历史资料。

《碧鸡漫志》,南宋王灼撰,是一部研究歌曲的专著。该书记述了自上古到唐歌曲的发展,评论北宋词人的风格和流派,考证唐代28首乐曲的源流及其与宋词的关系,并介绍了北宋民间艺人孔三传等人,具有很高的史料价值。

《词源》,南宋张炎撰。上卷论述音律及唱曲方法,下卷论述作词原则,是研究古代乐律及宋词音乐的重要参考书。

《唱论》,元代燕南芝庵撰,是一部论述宋元戏曲歌唱方法,兼及歌唱格调和节奏、宫调声情等内容的著作。《唱论》首先论述了歌唱者咬字与唱腔的问题,强调“字真、句笃、依腔、贴调”,“声要圆熟,腔要彻满”。在具体唱法上,则强调用气,提出“偷气、取气、换气、歇气、就气、爱者有一口气”等方法。此外还论及歌唱者不同音色与演唱风格的问题,认为歌唱的风格和音色尽可以多样,但不能过火。由此可见,《唱论》是我国古代关于歌唱艺术的一部较为全面的理论著述。

思考题：

一、填空

1.就音乐而言,元杂剧是以唱__________为主,而南戏以唱__________为主。

2.北宋朱长文编撰的《__________》,是我国最早的一部琴史专著,也是现存最早的琴论专著。

3.北宋______________编撰的《乐书》，是我国最早的一部音乐百科全书式的著作。

二、解词

1.唱赚　2.鼓子词　3.诸宫调　4.货郎儿　5.陶真　6.南戏　7.琴曲《潇湘水云》　8.琵琶曲《海青拿天鹅》　9.十八律

三、简答

1.宋代的词调歌曲与著名的词曲作家

2.宋代主要的器乐合奏及演出形式

3.宋元时期的主要音乐论著及内容

第四章 明、清、近代时期

第一节 概说

明清时期是中国封建社会继续发展的时期。这一时期,农业生产进一步发展,城乡经济交流频繁,城镇商品经济愈加繁荣,资本主义生产关系已开始萌芽。在这种活跃的城乡经济形势的推动下,文化也出现了新的面貌,中国传统音乐的发展更加社团化、职业化和商品化。无论是在乡村还是在城镇,各种艺术形式繁多,内容丰富广泛,各种民间歌曲、说唱和戏曲广泛传播。与此同时,由于国家对边疆地区的统治及民族融合的加强,对于保存各民族传统音乐文化和促进各民族音乐进一步融合起到了积极的推动作用,因而明清时期边疆各民族地区的音乐活动非常活跃,五彩缤纷的少数民族音乐亦为中华民族传统音乐文化增添了奇光异彩。

城乡世俗化的戏曲、说唱、歌舞等音乐形式的勃兴,推动了乐器和器乐的发展,在传统乐器不断改进和完善的基础上,亦产生了新的器乐合奏形式和不同的器乐流派。同时记谱法也得到很大的发展,出现了不同的音乐曲谱,如琵琶谱、琴谱等。在乐律学方面,明代朱载堉的"新法密率"是音乐文化史上最早出现的十二平均律的律学理论,标志着中国音乐科学在乐律学研究方面,已开始进入世界先进行列。

1840 年的鸦片战争使中国进入一个转折期,西方的枪炮打开了中国的大门。随着各帝国主义的入侵,亦将其文化输入中国。到 20 世纪初期,西洋音乐的传入产生了学堂乐歌这一中国音乐史上的新事物。它是中西文化碰撞、交流的产物,对我国音乐的发展具有启蒙意义,为反映近现代的社会现实和宣传资产阶级民主思想,提供了西洋音乐技术和新的音乐形式、体裁。

第二节 戏曲音乐

一、四大声腔

明代,随着杂剧的衰落,南戏逐渐发展变化,成为"传奇"。传奇原指唐代小说,宋、元时期一些敷演故事的说唱或戏曲,也沿袭这个名称。宋元南戏、元杂剧也曾被称作传奇。到了明代,传奇是指不限出数、各类角色都可以唱、篇幅较长的南曲戏曲剧本。其所以称之为传奇，主要是故事情节奇特而传之，是以得名。传奇流传于南方各地，在融合各地民间音调和结合各地语言的基础上，形成了不同的声腔体系十余种之多，其中流传较广、影响较大的声腔剧种主要是海盐腔、余姚腔、弋阳腔和昆山腔，号称“四大声腔”。

1.海盐腔：形成于元末，是南戏中较早形成的声腔，因形成于浙江海盐而得名。海盐腔的音乐为曲牌联套体，演唱时以锣、鼓、板等打击乐器击节伴奏，不用管弦，演唱多用官话语音，腔调清婉，词曲文雅。海盐腔以江西海盐腔最为兴盛。明万历年间，昆山腔兴起后，海盐腔开始衰落。

2.余姚腔：形成于元末明初浙江余姚一带，明嘉靖年间流传到江苏、安徽一带，成为当时遍及南北的剧种，明末衰落。余姚腔的音乐为曲牌联套体，演唱时以锣、鼓、板伴奏，词曲通俗易懂、生动活泼。

3.弋阳腔：形成于元后期的江西弋阳，它更多地继承了民间演唱的传统，形式灵活自由，风格激越粗犷。其基本的歌唱形式是一唱众和，即以一人清唱为主，众人帮控辅之。清唱时以锣鼓击节相伴，帮腔则是用假声翻高八度的帮衬。因此，弋阳腔后来又称为“高腔”。

弋阳腔以其很强的适应性和浓郁的乡土气息，根据民间城镇戏曲生活的需要，不断地吸收民间音乐和方言土语而翻新花样，从而在剧坛上经久不衰，与昆山腔并存。

4.昆山腔：又称昆腔，形成于元末明初江苏昆山一带，后发展成为明至清代中期最有影响、最成熟的戏曲声腔剧种。

昆山腔原是昆山地区的一种土戏，它在众多的地方剧种中脱颖而出，主要得益于明代魏良辅的改革。明嘉靖年间，以魏良辅为首的一批唱曲家和乐工在原来的昆山腔的基础上，总结和吸收北曲的艺术成就，以及海盐、弋阳南曲诸腔的优点，总结出一系列唱曲理论，建立了委婉细腻、流丽悠远的“水磨调”昆腔体系。

昆山腔改革后上演的第一个剧目，是梁辰鱼(1521—1594)的《浣纱记》。该剧演出获得巨大的成功，促进了改革后的昆山腔的流行，奠定了昆山腔的地位。昆山腔自明中叶至清乾隆年间，长盛不衰达200年之久。其间名家辈出，佳作如云，其中又以明代汤显祖的《牡丹亭》、清代洪昇的《长生殿》和孔尚任的《桃花扇》尤为著名。

昆曲以其巨大的艺术成就和风度魅力，带动并促进了大批地方声腔的形成和发展，它对几乎所有的中国戏曲剧种都产生过深远的影响，因而被世人尊为“百戏之祖”。

二、“乱弹”声腔

清代自康熙末年至道光末年百余年间，各种民间地方戏曲蓬勃兴起，呈现出遍地开花、竞相争胜的局面，人们称之为“乱弹”时期。“乱弹”泛指当时各类新兴的地方剧种，至此，明代戏曲界的“昆弋之争”已转化为“花雅之争”。

雅部即当时居有主流地位的昆山腔，花部即京腔、秦腔、弋阳腔、梆子腔、二黄腔等。18世纪中叶，雅部和花部对立的结果是昆曲趋于衰落，乱弹诸腔称胜一时。花部在音乐上突破了联曲体传奇形式，创造了以板式变化为主的乱弹形式。其后梆子腔、皮黄腔两大声腔剧种取代了昆曲，在戏曲舞台上占据了主导地位。

1.梆子腔：源自西北秦地陕甘一带的西秦腔或秦腔，因其以枣木梆子为板作击节伴奏，故称为梆子腔。历史最早的梆子腔剧种，是陕西的同州梆子和山西的蒲州梆子。

梆子腔流传广泛，它与各地语言及民间曲调相结合而产生各地不同的梆子腔剧种，如山西梆子、河南梆子、山东梆子等等。

梆子腔总的音乐风格为粗犷、激越、高昂、悲壮。它以梆胡、梆笛、梆子为主奏乐器，再配以月琴、锣鼓等，唱腔以"苦音"（又称"哭音"，用来表达悲哀的情感）和"花音"（又称"欢音"，用来表达欢乐的情感）这两种色彩音分成两种不同调式色彩的腔调。

梆子腔首创板腔体戏曲音乐，它以一个基本曲调为基础，作各种节奏、速度、板式的变化，以表现不同角色的性格和戏曲中的矛盾冲突。一般梆子剧种中的板式有8种，其中正板5种：原板、慢板、流水、快流水、紧打慢唱；辅板3种：倒板、散板、滚板。梆子腔的唱词采用整齐的五字、七字或十字句，词意通俗，乡土气息浓重，故深受各地群众的喜爱而在全国迅速流行。

2.皮黄腔：由西皮、二黄两种腔调组成，是清代以来对全国戏曲有着深刻影响的声腔体系。

西皮起源于秦腔，清初经湖北襄阳传入武汉一带，与当地的汉调或楚调结合演变而成。

二黄产生于江西宜黄，是在弋阳腔传统的影响下逐渐形成的。

早在徽班进京之前，徽班艺人已将皮、黄二腔结合而流行于江南诸省。1790年，以演唱二黄为主的徽班进京，促成了徽调与秦腔的合流。道光年间，汉调进京后又促成了徽、汉合流。在徽秦、徽汉合流的基础上，一个新的完整的声腔体系——皮黄腔逐渐形成。皮黄腔的代表剧种——京剧也渐具雏形。后来经民间艺人程长庚、张二奎、余三胜等人鼎力革新，吸收梆子诸剧种的精华，变革剧目、音乐、身段、服饰、道具等，并与北京方言、习俗巧妙结合，遂使京剧于清末逐步完善，并且成为全国最有影响、流传最广的一种新型剧种。

皮黄腔亦属板腔体，其音乐风格是西皮、二黄这两个性格相反的声腔，在相互映衬、对比和补充之中形成的。西皮高亢刚劲，活泼流畅，旋律起伏变化大，节奏紧凑。二黄则和缓稳健，浑厚凝重，旋律婉转，跳动小，节奏平稳。另外，两者都有反调，即反西皮和反二黄，是将西皮和二黄的基本曲调向下移低四度而成，这样形成所谓"高弦低唱"之后，悲剧性的音乐效果油然而生。尽管两者的情调、色彩完全不同，但正因其对立互补扩大了声域和含量。

皮黄腔的板式以原板为基本板式，创造了导板、散板、摇板、快三眼、流水板、快板等一系列不同节奏和速度的板式。皮黄腔的伴奏乐器，按其性能分为武场和文场。武场是指鼓板、大锣、小锣、铙钹、文钹、堂鼓等打击乐器；文场是指胡琴、二胡、三弦、月琴、笛、唢呐等管弦乐器。

第三节 民间歌舞

一、民歌小曲

明清时期，产生于民间的民歌、小曲，由于其新鲜多样、形式活泼，而且较为深刻地反映了当时的社会生活和人民的思想感情，因而取代了死气沉沉的散曲，在城乡间广泛流行，成为当时人民群众喜爱的一种艺术形式。

民歌是劳动人民表达自己的思想情感、意志愿望的一种艺术形式。明中叶以后，民歌的发展进入了一个异常繁盛的时期。明清时期各族人民创造了各种不同形式的民歌，如四川山歌及邛州秧歌，江南吴地的小山歌、棹歌，湖南的采茶歌，广西僮族的浪花歌，侗族的琵琶歌等等。

从现存的民歌歌词中可以看出，明清民歌中词字的安排既不受格律诗的束缚，又突破了词牌的框架，往往根据内容的需要灵活运用，纯真、自然、率直，音乐较为自由，常用的民歌结构有重复、对比、问答，演唱形式有独唱、对唱等等。民歌的内容十分广泛，其中以反映劳动人民纯朴的爱情生活者居多，如冯梦龙《山歌》中的《月上》；也有反映人民苦难生活的，如陕西民歌《长工苦》、《揽工歌》，四川民歌《苦麻叶儿苦茵茵》，安徽歌谣《凤阳歌》等等，其中都渗透着强烈的反抗意识。

近代社会，中国人民在帝国主义和封建主义的重压之下，苦难深重。民歌作为最贴近人民生活的音乐形式之一，成为人民寄托或抒发情感的载体。因而这一时期产生了大量反帝反封建倾向的革命歌曲，这是与历代民歌最大的不同。如流行于河北地区的民歌《种大烟》，真实反映了鸦片战争之后，英美等国向中国倾销鸦片，大量官僚士绅吸食鸦片，而清政府却将吸食鸦片的巨额费用转嫁到人民头上，并迫使农民种植鸦片，人民苦不堪言的社会现实。

这一时期农民革命运动和资产阶级革命运动不断，各地民间随之产生了一批歌颂革命运动的民歌。如歌颂太平天国农民运动的有广西桂平民歌《四四方方一盘棋》，江苏民歌《愁你一去不回头》，山东民歌《长毛来到曹州府》、《洪秀全起义》、《四月榴花火样红》等等。歌颂义和团起义的有山东民歌《义和团》，武昌起义后流行于湖北地区的有《行军歌》等，都反映出了广大人民不屈的斗争精神。

这一时期反映广大人民群众在帝国主义和封建主义压迫下的苦难与贫困生活的民歌也很多，如山东民歌《下关东》、山西河曲地区的民歌《光景迫下跑口外》，都反映了农民在家乡破败后，不得不背井离乡出外谋生的情景。这一时期亦出现了早期的工人歌曲，如流行于青岛地区的《做工五更》，便反映了纺纱女工的悲惨处境，河北民歌《矿工苦》，反映了唐山开滦煤矿工人的劳苦生活。这些民歌均感情真挚，震撼人心。

“小曲”又称俗曲、小调、时调等等，盛行于明清两代，是在各地民歌的基础上，经过艺术加工，形成的一种曲体均衡、节奏规整、曲调婉转的城镇市民歌唱形式。小曲最初见于元末明初，称其为“小曲”并非因为其形式短小，而是“别于《昆》、《弋》大曲也”。明清时期的小曲一般由三弦、琵琶、月琴、四胡、坠琴以及板、鼓等组成的小型乐队伴奏，有时也只用一种乐器。小曲的雏形是一种颇似金元散曲小令中的单个“只曲”形式，如明代的小曲《耍孩儿》、《豆叶黄》、《苏州歌》等等。后来在传唱的过程中，随着表现内容的日趋丰富，小曲的体裁也日益复杂，大约在清代乾隆年间，小曲的结构有了新的发展，出现了套曲的结构，如《五瓣梅》、《山门六喜》等，即是几个曲牌联缀而成的套曲，结构复杂。在此基础上逐渐形成了扬州小曲、湖北小曲等诸多地方小曲。这样，小曲就逐步演变为说唱音乐的体裁样式。

明清时期民歌、小曲在民间广泛流行的同时，也受到了不少文人雅士的关注，他们或从事收集、整理、刊印民歌，或模仿民歌形式和风格作词谱曲，或发表言论表示赞赏等等。如明代戏曲学家冯梦龙首开文人私家出版民歌、小曲专集之先河，搜集编选了《挂枝儿》和《山歌》两部明代最重要的民歌集。此外还有清代王廷绍编订的《霓裳续谱》、李调元的《粤风》等等。清代文学家蒲松龄编著的《聊斋俚曲》，配用俗曲 50 多首，其中部分曲目仍在今山东淄博一带流传。

总之，明清、近代民歌、小曲的流行，对当时和其后的说唱音乐曲种和地方戏曲唱腔都产生了广泛而深刻的影响。

二、歌舞音乐

明清时期的歌舞音乐亦是形式多样、种类繁多，无论是在汉族地区还是在少数民族地区均得到很好的发展。

在汉族地区每到时令佳节，都会举行不同形式的民俗活动，自然就少不了各种歌舞，如花灯、花鼓灯、秧歌等。较有代表性的有安徽花鼓及花鼓灯，东北二人转，山东秧歌，甘肃社火等等。在少数民族地区，歌舞体裁更是多样，主要有新疆的木卡姆，藏族的果谐、囊玛，彝族的阿细跳月，苗族的芦笙舞，纳西族的白沙细乐等等。

1.花鼓：花鼓是一种以演唱为主，带有表演的汉族民间歌舞形式。常见的形式是男女两人对舞，一人打小锣，一人敲小鼓，边歌边舞。在各类花鼓中，最为人熟悉、传播最广泛的是安徽的“凤阳花鼓”。它的曲调常由《凤阳歌》、《鲜花调》、《银纽丝》等组成。

2.采茶：是一种流行于南方及西南地区的民间歌舞，最初是从采茶所唱的歌调中产生的，加上舞蹈表演而成为歌舞。清李调元在《粤东笔记》中记录了当时的采茶表演，“粤俗岁之正月，饰儿童为彩女，每队十二女，人持花篮，篮中燃一灯，罩以绛纱，以绳为大圈，缘之踏歌，歌《十二采茶》”。

3.木卡姆:是新疆维吾尔族传统的集器乐、歌舞、说唱为一体的歌舞音乐。

据调查,目前各维吾尔族居住区流行的木卡姆主要有四种:南疆的《十二木卡姆》、刀朗地区的《刀朗木卡姆》、东疆哈密地区的《哈密木卡姆》及东疆吐鲁番的《吐鲁番木卡姆》。其中,《十二木卡姆》被誉为集维吾尔族传统音乐之大成。

木卡姆使用的音阶、调式、节奏、曲式结构丰富多采,节拍运用一般是少见的5/8、7/8、9/8拍,使用的乐器主要有萨它尔、弹布尔、独它尔、热瓦甫、艾捷克、手鼓等,个别地区亦使用古老的乐器卡农和皮皮。演唱时大多席地而坐,有独唱、对唱和齐唱等形式。

木卡姆的歌词句式一般为四行体,内容多描写维吾尔族人民的爱情生活,语言朴素,感情真挚。

4.囊玛:是藏族的一种娱乐性的古典歌舞,以歌为主,以舞为辅。音乐由引子、歌曲和舞曲三部分组成。歌唱时曲调典雅,节奏舒展,舞蹈则急速欢快,情绪热情奔放,歌、舞两部分形成鲜明的对比。一般的囊玛伴奏乐器有竹笛、扬琴、扎木聂琴、根恰、胡琴等。

5.白沙细乐:云南丽江纳西族的一种以器乐演奏为主的歌舞音乐。白沙细乐的音乐缠绵悱恻,十分动人,演出时有歌有舞,但以器乐演奏为主。所用的乐器主要有竖笛、横笛、芦管等吹奏乐器和胡拨、二簧、胡琴等弦乐器。

第四节 说唱音乐

明清时期的说唱艺术在宋元的基础上继续发展,种类之多,影响之大,都是空前的。后世的说唱音乐有很大一部分是在明清两代的基础上发展而来的。明清的说唱音乐中,影响较大的主要有以下几类。

一、弹词

弹词是明清时期流行于南方的一种说唱音乐,种类甚多,如苏州弹词、扬州弹词、绍兴“平湖调”等等,其中尤以苏州弹词影响最大。

弹词的唱词以七字句为主,伴奏用琵琶或小三弦,演唱内容多为人物故事和历史演义。著名的长篇唱本有近人郑振铎所藏的明末抄本《白蛇传》和清代的《再生缘》、《玉蜻蜓》、《珍珠塔》等。清代弹词发展,产生了许多著名的弹词艺人,如乾隆年间的苏州弹词艺人王周士和嘉庆、道光年间的陈遇乾、毛菖佩、俞秀山、陆瑞廷四大家。陈遇乾是“陈调”的创始人,陈调苍凉、粗犷,适合老生、老旦的角色;俞秀山是“俞调”的创始人,俞调回环曲折,婉转动人,适合花旦、青衣的角色。弹词在近代继续发展,出现了马如飞、姚士璋、赵湘舟、王石泉,被称为新四大家。其中马如飞创立了

“马调”唱腔，用直嗓唱，曲调流畅、爽朗、质朴、豪放，颇受农民的喜爱。马如飞的代表作是《珍珠塔》，人称《马调珍珠塔》。这一时期，陈调、俞调都有新的发展，此外清末的弹词艺人还有被人称为“响彻云霄”的夏荷生，创立“糯米腔”的徐云志等等。

二、鼓词

鼓词是明清时期流行于我国北方的说唱形式，其前身是宋代的鼓子词及元明的词话。

明中叶以后，鼓词开始在北方流行，与弹词形成南北对峙、并驾齐驱的局面。鼓词的演出形式是表演者边演唱边击鼓，以大三弦伴奏，唱词以七字句为主，辅以十字句，念白用诗词格式，说唱都注重吐字行腔，常表演篇幅较大的历史故事，如现存最早的鼓词传本是明后期刊印的《大唐秦王词话》、《杨家将》等等。

清乾隆、嘉庆年间，在清闲的八旗子弟中盛行一种短篇鼓词，称“子弟书”。这种说唱音乐，文词纤丽清雅，音乐沉迂和缓，缺乏广大群众所需要的开朗、明亮、活泼的情趣，故流传不到百年便消亡了。

明清时期流行的“鼓词”到近代，吸收各地民歌、小曲等音乐曲调，形成了一种称为“大鼓”的说唱艺术。发展到清末，大鼓说唱艺术在全国各地已拥有十余种地方形式，著名的有西河大鼓、安徽大鼓、梨花大鼓、京韵大鼓等。

西河大鼓：是由木板大鼓与弦子书发展而来，以业余消遣为主的说唱形式，道光、咸丰年间流行于河北一带。清末民间艺人马三峰对大鼓进行改革，以冀中语言的自然声韵为基础，把民歌、戏曲中的腔调和板式融进大鼓唱腔，以铁犁铧片代替木板，以大三弦代替小三弦，在唱法、唱腔上亦作了创新和改进，从而使西河大鼓日趋完善，并对其他鼓书产生了很大影响。

梨花大鼓：又叫山东大鼓，演唱者的伴奏乐器除鼓外，另用两枚犁铧的碎片击拍，古称犁铧大鼓。明末时流行于山东农村，19世纪下半叶进入城市。清代著名的梨花大鼓有两派，一派是“北口”，其创始人是郝老凤，其曲调浑厚、质朴，富有乡土气息；另一派是“南口”，创始人为王小玉，其曲调刚健明快，唱腔婉转、华丽，长于抒情。

京韵大鼓：又称京音大鼓，主要流行于北京、天津一带，是在木板大鼓的基础上，与子弟书相结合，汲取京剧、梆子腔等发展而成。因其在演唱上以京音代替方言，又借鉴、吸收京剧及其他剧种的唱腔而得名。较为著名的京韵大鼓艺人有被称为“鼓界大王”的刘宝全、“白派大鼓”的白云鹏等。

明清时期的说唱音乐除以上几种外，还有牌子曲、道情等等。

第五节 乐器与器乐

明清时期，随着城乡世俗化的戏曲、说唱及民间歌舞等音乐表演艺术的勃兴和传播，促进了民间乐器和器乐艺术的发展。

一、乐器

由于宋元拉弦乐器的出现，形成了"吹、拉、弹、打"四大格局。明清时期的乐器在此基础上，进一步地发展、丰富，出现了一批新形式的乐器。如中原地区四类乐器中，常见的吹管类乐器有笛、笙、箫、管、唢呐等，拉弦乐器有二胡、京胡、板胡、粤胡、四胡等，弹弦乐器有琴、筝、琵琶、阮、月琴、三弦等，打击乐器有鼓、锣、钹、铃、梆、板等等，形式多样。其中，唢呐在此时脱颖而出，有关唢呐的最早记载，可见于徐渭的《南词叙录》，明代以后在民间广泛使用。琵琶自宋代以后，其梨形音箱、四弦十四柱的形制基本确定以后，清代又有了四相十品、十二品的形制等等。总之，这一时期，各种形式的音乐艺术的拓兴，促进了乐器的改进和不断完善。同样，乐器的繁荣又促进了器乐艺术的异军突起。

二、器乐

(一) 器乐独奏

明清时期的器乐独奏艺术，成就最高的属最具历史传统的古琴艺术和琵琶艺术。

1. 古琴艺术

明清时期由于琴学的发展及古琴演奏技艺的提高，各地琴人受民间音乐、地方语言等诸多因素的影响，形成了不同风格的众多流派，并演奏出一批著名的琴曲。

明代初期，"浙操徐门"在琴界产生了重要影响，其代表琴家是浙江四明(宁波)徐门的第四代传人徐诜。徐诜其曾祖为南宋琴家、书法家徐天民，从徐天民起，得徐家传授琴艺的称"徐门正传"，后称"浙操徐门"。该派传人有肖鸾和黄献，两人分别编辑了《杏庄太音补遗》和《琴谱正传》，这两部琴曲集被琴界称为"浙谱"。

明清时期琴坛上最有影响的琴学流派，是以江苏严澂、徐上瀛为代表的虞山派。虞山派的创始人为严澂，他在常熟虞山组织琴家结成"琴川社"，虞山派因地处虞山而得名。严澂提倡"清微淡远"的演奏风格，主持编印了《松弦馆琴谱》，为虞山派的代表琴谱。徐上瀛更有建树，总结琴曲演奏的美学观点，著有《谿山琴况》。

清代较有影响的琴派还有以庄臻凤为代表的金陵派，徐常遇为代表的广陵派，张孔山为代表的泛川派，王心源、王鲁宾为代表的诸城派，黄勉之、杨时百为代表的九嶷派。

明清时期较为著名的琴曲有《平沙落雁》、《渔樵问答》等。其中《平沙落雁》是300多年来流传最广的一首琴曲。《平沙落雁》的最早曲谱见于明崇祯七年藩王朱常芳刊印的《古音正宗》琴谱，此后有 50 余种琴谱集刊载有不同传派的同名琴曲，可见其流传之广。此曲意境高远，“借鸿鹄之远志，写逸士之心胸也”。乐曲“初弹”为序幕，写鸿雁来宾；主体分“欲落”、“将落”和“既落”三个层次，通过悠扬婉转的音调形象地表现了雁群栖息沙洲、欲落未落之时的情境。

2.琵琶艺术

琵琶的演奏技艺在中唐时由横抱或斜抱改为竖抱，由拨弹改为指弹后，得到很大的发展，明清时期达到了高峰，这一时期琵琶名家辈出，流派纷呈，曲目繁多。

明代著名的琵琶演奏家有张雄、李近楼、汤应曾、钟秀之等等。如万历年间的汤应曾人称“汤琵琶”，尤为擅长弹奏《楚汉》一曲。清代，琵琶演奏形成北南两派，北派代表人物为王君锡，南派代表人物是陈牧夫。清代中叶开始有琵琶曲谱集问世，这对保存及传授琵琶古曲具有重要的意义。这一时期较有影响的琵琶曲有 《海青拿鹤》、《满将军令》、《十面埋伏》、《霸王卸甲》、《月儿高》等等。其中《十面埋伏》和《霸王卸甲》都是描写楚汉战争的，只不过《十面埋伏》属北派，内容上倾向于歌颂汉军，侧重于表现激烈的战斗场面，音调振奋激昂；《霸王卸甲》为南派，表现的重点在“楚歌”、“别姬”上，侧重于表现楚霸王项羽悲歌壮别的场面，音调凄切悲凉。

(二) 器乐合奏

明清时期的器乐合奏，在各地民间音乐的基础上，形成了不同的形式和风格，鼓吹乐、丝竹乐、吹打乐均在民间普遍流行。

1.鼓吹乐：即用锣鼓等打击乐器与吹奏乐器组合演奏的乐种类型。鼓吹乐是明清时期最为流行的民间乐器合奏形式，较有影响的有西安鼓乐、辽南鼓吹、山西八大套及北京智化寺音乐等等。

西安鼓乐是流行于陕西西安地区的民间器乐乐种，其中以长安县、周至县、蓝田县等处最为著名。鼓乐的曲调主要源于宋代词调、元杂剧曲牌、南北曲及民歌小曲，演奏形式分坐乐和行乐两种。“坐乐”在室内演奏，有严格而固定的曲式结构，演奏风格热烈，气势浑厚，曲调生动活泼。“行乐”是在街上行进或在庙会等群众场合演奏，其曲调多为单牌子的散曲，节奏规整，风格典雅。

辽南鼓吹是流行于辽宁海城、牛庄、南台、鞍山和沈阳等地区的民间鼓吹乐种，明清时期已开始流行。辽南鼓吹分“汉吹”、“大牌子曲”、“小牌子曲”、“水曲”四类，演奏风格多数热烈、高亢。

山西八大套俗称八大套，是主要流行于山西五台山、定襄两县的民间器乐乐种。所谓八大套是指该乐种保存的八整套传统器乐合奏，如推辘轴、青天歌、鹅郎套等，其中每套乐曲又由多首曲牌按固定顺序连缀演奏。八大套乐队的主奏乐器为管子，辅以其他管乐器笛、笙、海笛等；打击乐器主要是堂鼓、小镲、云锣，辅以板鼓、大小锣、钹、梆子等，演奏风格古朴典雅。

智化寺音乐又称智化寺京音乐，是北京以明正统年间修建的智化寺为中心的几处寺院中僧人递代相传而保存下来的管乐。目前存见的最早乐谱抄本为清康熙三十三年由智化寺僧人所抄的《音乐腔谱》。

2.丝竹乐:即主要用竹乐器和弦乐器合奏的乐种类型,亦称“清乐”、“细乐”、“清音”。这一时期的丝竹乐中有两个值得注意的乐种,即以弦乐器为主的弦索十三套和以管乐器为主的福建南管。

“弦索”一词在明代为所有弦乐器的统称,如琵琶、三弦、筝、胡琴之类都泛称弦索,弦索乐即以使用弦乐器为主的合奏乐种类型。迄今所见流传下来的唯一一本也是最早的弦索乐曲谱,是清容斋的《弦索十三套》,其中用工尺谱抄录了传统弦乐合奏曲《合欢令》、《将军令》、《十六板》等13套乐曲,其所用乐器以胡琴、琵琶、三弦等为主,有时也用箫、筝、笛、笙等乐器。

福建南管是明清及其后盛行于闽南、港澳台及南洋华侨聚居区的一个古老的丝竹乐种,又称南音、南管、弦管等。它使用乐器以管乐器为主,分上四管和下四管两种乐队编制,上四管类似室内说唱,古朴、淡雅、幽婉;下四管类似户外戏曲,活泼、清新、流畅。南管的乐曲分指、谱、曲三类。“指”即有说唱、乐谱和琵琶演奏的大型套曲,每套有一个故事情节,“谱”是指有标题的器乐套曲,“曲”是指结构简短、词曲活泼的散曲。

3.吹打乐:即用吹奏乐器、弦乐器和锣鼓等打击乐器组合演奏的乐种类型。明清时期的吹打乐已成为各地各种民俗活动的重要组成部分,广泛应用于诸如民俗节庆、社火庙会、婚丧嫁娶等活动,并有民间乐工或寺庙乐僧等职业或业余乐手组成乐班,集会吹奏,热闹非凡。这一时期较有代表性的吹打乐是明代兴起于江苏南部地区的“十番鼓”和“十番锣鼓”。“十”不是定数,是“多数”的意思,“番”即翻新花样,故“十番”就是“多次不断地变换翻新”。

十番鼓,民间称“吹打”或“苏南吹打”,约16世纪时在江南流行。十番鼓一般由十人演奏,所用乐器有笛、笙、管、箫、三弦、板胡、点鼓、云锣、木鱼、檀板等十种,后来也用琵琶、小唢呐、二胡等。其著名的曲目有被称为“梵音正套”、由十个段落组成的大型套曲《 满庭芳》。

十番锣鼓,明代在江南地区流行,又称“十样锦”、鼓吹等。十番锣鼓的演奏以锣鼓段落与旋律段落的交替、重叠进行为特点。其曲牌多为元、明南北曲曲牌、民间小曲.乐器配置亦多种多样,其中兼用管弦乐器的称“丝竹锣鼓”;只用打击乐器的称“清锣鼓”。另外,以笛为主奏乐器的丝竹锣鼓,称“笛吹锣鼓”;以笙为主奏乐器的丝竹锣鼓,称“笙吹锣鼓”。

第六节 乐谱与音乐理论

一、乐谱

明清时期,随着音乐艺术的繁荣和刊印曲谱的盛行,有许多重要的曲谱被保留下来,主要有以下几种。

《神奇秘谱》:明太祖朱元璋第十七子朱权编，于明洪熙元年(1425)出版，是我国最早刊印的琴曲集。它保留了明代之前一些名曲早期传谱的面貌，并附有详尽的题解，介绍了各个琴曲的渊源演变、表现内容，段落、指法、音位等也标写得十分清楚，是研究古琴音乐的重要谱集，具有很高的使用价值和史料价值。

《琵琶谱》:全称《南北二派秘本琵琶真传》，又称《华秋苹琵琶谱》，是我国第一部正式出版的琵琶谱集，刊行于清嘉庆二十三年(1818)，由华秋苹等人编。此曲谱收有《十面埋伏》、《霸王卸甲》、《海青拿鹤》、《月儿高》等名曲。本书参照古琴减字谱，创造性地编订了较为完整的琵琶指法符号，对后世收集、整理、演奏琵琶曲谱产生了深远的影响。

《南北派十三套大曲琵琶新谱》:刊行于清光绪二十一年(1895)，由李芳园所编，又称《李芳园琵琶谱》，共收录了流行于江浙一带的琵琶大曲 13 套，小曲 8 套，很多曲谱是华秋苹琵琶谱未收录的。此谱的刊行推动了近代琵琶艺术的发展。

《九宫大成南北词宫谱》:成书于清乾隆十一年(1746)，由庄亲王允禄奉旨编撰。允禄组织了大批乐工和民间艺人参编，共收集南北曲牌 2094 个，连同变体 4466 个，包括唐宋词、宋元诸宫调、元明散曲、南戏、杂剧、明清昆腔等曲调，是一部研究南北曲音乐较为丰富的曲谱。

《纳书楹曲谱》:由清代叶堂编，成书于清乾隆五十七年(1792)。书中收有昆曲单折戏和散曲诸宫调以及时剧 360 出，是一本重要的戏曲谱集。

二、音乐理论

这一时期的音乐理论主要有，一是明代朱载堉的新法密率，二是一批音乐美学著作。

(一) 朱载堉及“新法密率”

朱载堉是明太祖朱元璋的九世孙，他用毕生精力潜心研究律学，并著有大量乐律学专著，共写了《乐律全书》、《嘉量算经》、《吕律正论》、《琴谱》等 20 多部著作。他的《乐律全书》是一部划时代的巨著，在此书中的《律学新说》、《律吕精义》等文中，详细阐述了他关于十二平均律理论的计算过程，即“新法密率”，也就是运用等比数列的方式，将一个八度的振动体长度均匀地分为十二份比值相等的“十二平均律”的原则。

“新法密率”的计算成果最早见于其著作《律吕精义》序言中，各律的数字一直写到第 25 位，计算之精确程度令人惊叹。“新法密率”科学地解决了三分损益法“黄钟不能还原”的难题，这是音乐史上最早出现的“十二平均律”的律学理论。

朱载堉律学理论另一成就是“异径管律”的理论。他从吹管乐器的内径找到了管乐器的管口校正法，从而在律管上确保十二平均律运用的正确性。

总之，朱载堉是近代科学和音乐理论的先驱，第一个提出精确合理的十二平均律的理论原理，不仅在我国乐律学甚至在世界乐律学研究上都具有划时代的意义。

(二) 音乐美学著作

明清时期最具影响力的音乐美学著作有《谿山琴况》、《乐府传声》、《闲情偶寄》等。

《谿山琴况》：由明末清初著名的虞山派琴家徐上瀛所作，成书于明崇祯十六年(1643)以前，是一部全面而系统地论述古琴表演艺术理论的美学著作。所谓“琴况”即琴乐审美之况味，在此书中，共总结出了“和、静、清、远、古、淡……”二十四况，并对每一况都有详尽的阐述。《谿山琴况》是我国古琴美学思想之集大成者，因而被琴家视为必读的琴书之一 。

《乐府传声》：由清代徐大椿所作，是一部重要的戏曲声乐论著。该书出现于乾隆十三年(1748)以前，它继承了明魏良辅等名家对昆曲演唱经验的论述，根据当时昆曲演唱成就的研究而写成。在此书中提出，唱曲应“声”、“情”兼备，以“情”为主的主张，强调唱由应讲究声乐技巧，并细致探讨了歌唱中的技巧表现，音乐形式美与刻划音乐形象、表现乐曲内容的关系等诸多内容。总之，《乐府传声》不仅是对中国历代声乐演唱理论的总结，也是明清戏曲艺术兴盛与说唱艺术繁荣取得的前所未有的声乐成就的理论体现，是中国古代音乐史上一部重要的论著。

《闲情偶寄》：清代李渔编著，是我国第一部全面系统研究戏曲基本规律的专著，内容主要分为编剧理论和演剧理论两部分。

第七节 学堂乐歌

清代末期，随着西方音乐的传入，产生了新音乐。新音乐是指晚清以来随着西洋音乐的传入，而逐步发展起来的不同于此前中国传统的音乐。20 世纪新音乐发展的第一个阶段是以学堂乐歌为中心的新音乐的启蒙阶段。

学堂乐歌是随着新式学堂的建立而兴起的歌唱文化，一般是指学堂开设的音乐课或为学堂歌唱而编创的歌曲。

学堂乐歌的发端，可以追溯到 1898 年的“维新变法”运动，康有为主张废除科举、兴建新式学堂。戊戌变法失败后，梁启超等改良派人士积极提倡在学校中设立乐歌课，发展学校音乐教育，并在国内的一些刊物上发表文章，强调学校设乐课在思想启蒙中的作用。一些留日的知识分子亦组织音乐团体，并举办讲授西乐的“音乐讲习会”(沈心工、曾志忞)，并开始采用日本及欧美流行的曲调填词以成新歌来推广新乐。1904 年，清政府对在学堂中设置乐歌课予以认可，与此同时，各种译配、编印介绍西洋音乐和新歌曲的书刊陆续发行，促进了新音乐的发展，学堂乐歌成为当时的一种社会新时尚。

学堂乐歌的创作主要是根据现有的曲调填新词，其曲调大多来自日本及欧美的流行歌曲，亦有少量的自作曲。学堂乐歌的内容主要是反映富国强兵、抵御外侮的爱国思想，宣传男女平等、资产阶级民主及科学文明等。

沈心工、曾志忞、李叔同是20世纪学堂乐歌运动的著名音乐家。沈心工是最早开始编写乐歌教科书的作者之一，作有《学校唱歌集》、《民国唱歌集》等。他的乐歌创作除依曲配词外，亦谱写了《黄河》、《采莲曲》、《革命必先格人心》等等。其中《黄河》(杨度词)一曲，沉雄慷慨，是其音乐创作领域的突出成就之一。

曾志忞亦是中国最早从事学堂乐歌编写的重要人物，早在1903年出版的《江苏》杂志上，他发表的五线谱与简谱对照的《练兵》、《扬子江》、《海战》等6首乐歌作品，是迄今为止发现最早的部分乐歌。1904年由他编印的《乐典教科书》，是20世纪中国出版的第一部系统介绍西方音乐理论体系的乐理教科书。

李叔同于1905年在日本出版了我国最早的音乐刊物《音乐小杂志》。他创作的乐歌有《祖国歌》、《隋堤柳》、《春游》、《送别》、《西湖》等等，广为流传。其中，李叔同作词作曲的三声部合唱曲《春游》，是当时艺术水平较高的合唱歌曲。

学堂乐歌是20世纪初期中国音乐艺术领域的一个新生事物，是第一次大规模地引进西方音乐以及日本大众流行文化的成果。音乐家以此来改造当时的中国现实社会音乐教育体系和音乐创作体系，从而使20世纪中国的新型学校普及音乐的观念和措施全面建立，对于中国音乐的现代性发展及中西音乐文化交流起到了积极作用。

思考题：

一、填空

1.清代，琵琶演奏形成北南两派，北派代表人物为________，南派代表人物是________。

2.明代朱载堉的《____________》提出的十二平均律的律学理论，标志着中国音乐科学在乐律学研究方面具有世界领先水平。

3.__________于1905年在日本出版了我国最早的音乐刊物《音乐小杂志》。

二、解词

1.海盐腔　2.余姚腔　3.弋阳腔　4.昆山腔　5.鼓词　6.弹词　7.京韵大鼓　8.十番锣鼓

三、简答

1.“乱弹”声腔的发展

2.近代大鼓艺术

3.明清时期的歌舞音乐

4.朱载堉在音乐史上的贡献

四、论述

1.明清时期的古琴艺术和琵琶艺术

2.明清时期的器乐合奏及地方特色

3.明清时期主要的乐谱及音乐美学著作

4.清末学堂乐歌的状况及成就

第五章 现代时期

第一节 建国前的音乐

从 1919 年五四新文化运动到 1949 年新中国成立,这 30 年的时间里,中国音乐与中国社会文化的发展趋势大体一致,而且形成了其独有的特色。这一时期,一方面是中国传统音乐在新的社会形势下继续发展,另一方面是新音乐以其迅猛之势发展成为这一时期音乐的一大潮流。

一、传统音乐

传统音乐一般是指世代相传、具有民族特色的本土音乐,中国传统音乐主要包括戏曲音乐、说唱音乐、歌舞音乐、器乐及根据这些艺术传统新创作的音乐。

这一时期传统音乐发展有两种不同的类型:一是吸收新文化、新音乐的成分,对传统音乐形式、构成等做较多的改进、创新,如越剧、评剧等;二是保持传统音乐原貌而基本没有变革者。代表这一时期传统音乐水平与地位的应是拥有较多职业团体和艺术家的戏曲音乐,其次是说唱音乐。传统器乐则以半职业或业余活动居多,民间歌舞则大多属于业余活动。

(一) 戏曲音乐

戏曲是这一时期传统音乐中对社会艺术生活影响较大的部类, 也是受到城市文化和市民意识影响最突出的。这一时期地方小戏蓬勃发展,京剧却经历了由盛转衰。

辛亥革命到 20 年代可以说是京剧的黄金时代,尤其是在北方地区,当时出现了一批著名的京剧表演艺术家,如四大名旦梅兰芳、程砚秋、尚小云、荀慧生;四大须生余叔岩、言菊朋、高庆奎、马连良;花脸郝寿臣;武生俞菊笙、杨小楼、尚和玉等等。当然这一时期京剧的发展不仅仅局限在北京,天津、上海等地先后有了京剧的戏班和剧社。南方地区主要有上海的汪笑侬别创新腔自成一格,以周信芳为代表的“麒派”和欧阳予倩领导的“南通伶工学社”等等。

30 年代以后,京剧每况愈下,由于城市商业化的影响,为了适应市民的欣赏趣味,在表演艺术上出现了拼凑杂耍、唱低级流行小曲等,使京剧艺术体系大受破坏。虽然亦有不少艺术家仍坚持京剧艺术的优秀成果,但毕竟京剧艺术的高峰已经过去了。

在京剧衰落的同时,由于近现代工商业的发展,城镇市民经济的繁兴,广大农村艺人纷纷流向城市,将自己所长与在各地流行的民间歌舞、说唱曲艺、民歌小曲等相融合,形成了不同的具有地方特色的小戏,如河北评剧、山东柳腔戏、吕剧、东北二人转、内蒙古二人台、上海越剧、沪剧等等,以及少数民族的傣戏、壮戏等,出现了地方小戏蓬勃发展的良好势头,并颖脱出一批著名的民间艺人,特别是女艺人。

二人转又名"蹦蹦",流行于东北农村中。它又分为"双玩意"和"拉场玩意"两种。前者是一般的歌舞表演,后者则是歌舞小戏。双玩意只有两个演员表演,一小旦,一小丑,表演时手持花扇和手帕的旦角是主角,丑角则拿霸王鞭与之配合。这种歌舞有对唱,有齐唱,气氛热烈活泼,风趣横生。伴奏的乐器主要以板胡为主,佐以二胡、唢呐、括拉板等。

(二) 说唱音乐

这一时期,近代发展起来的各种说唱艺术不断地成熟、发展、壮大。

大鼓在近代就已传遍南北方。20 世纪 30 年代前后,山东大鼓进入了谢小玉等"四大玉"著名艺术家的黄金时期;东北大鼓则有了以沈阳为活动中心的"奉调",以锦州为中心的"西城调",以吉林为中心的"东城调"等等多个颇有影响的流派;京韵大鼓亦在前代的基础上继续发展,白凤鸣创造了以悲壮苍凉见长的"少白派",骆玉笙创造了抒情宽阔的"骆调",等等。这些创造都对大鼓艺术的发展产生了较大的影响。

弹词亦在 20 世纪 30 年代进入了鼎盛期,许多艺人对老唱腔予以改造和创新,形成流派纷呈、风格各异的繁荣局面。如祁莲芳在"俞调"的基础上创立了纤柔、悠缓的"祁调",此外还有蒋月泉的"蒋调"、杨振雄的"杨调"、徐丽仙的"丽调"、朱雪琴的"琴调"等等。

这一时期不少产生于农村的说唱艺术进入城市,在城市化的进程中,艺术上日益精致化,并日渐成熟。如河南坠子,是由河南的道情与"颖歌柳"、"三弦书"等合流而成。民国初年传入北京,继而流传到天津、上海等城市,在 20 世纪 30 年代进入全盛期,遍及全国的各大城市,成为当时流传最广的曲种之一。在天津形成了以乔清秀为代表的唱腔悠扬婉转、节奏流畅、吐字清脆的"乔派"和以董桂芝为代表的唱腔含蓄深沉、板眼规整的"董派"。

总之,这一时期说唱音乐在艺术上日臻成熟,在内容上贴近人民生活,适应了社会中广大农民或市民的审美趣味而广泛流行,并且不少曲种在国内革命战争、抗日战争和解放战争中还产生了诸多的进步曲目,被广泛传唱。

(三) 民歌与民间歌舞

这一时期代表民歌主要风貌的应是反映时代进步方向的新民歌。这些新民歌多依旧曲调填词或以旧曲略加改编而成,如反对军阀政府的《坚持到底》、《五更调》,反映爱国思想、要求个性解放的《满江红》、《储金赎路》、《寡妇歌》,反映工农革命斗争的《北伐曲》、《五一劳动节》、《沙基惨案》等,这些作品由于具有较为鲜明的时代特征而表现出与传统民歌不同的新特质。在中国共产党领导的区域,由于民主政府对大众文化的高度重视和民众新生活的出现,编唱新民歌成为农民热衷的时尚。如出现了歌颂人民军队的《韭菜花开》、《盼红军》等，此外歌唱新生活、领袖及英雄人物的民歌也很多。

这一时期民间歌舞也有其特点，秧歌、花鼓、花灯、采茶等等都是较有影响的种类，其中以陕北秧歌最具代表性。秧歌原是广泛流行于汉族地区的群众性歌舞，一般在节庆时演出。它综合了民间的鼓舞和化妆表演等艺术，表演内容与形式丰富多样，是民间颇有影响的广场歌舞。延安是秧歌活动兴盛的地区，40年代这里的新文艺工作者对秧歌进行了改革。1943年春节，延安鲁迅艺术学院首先组织了大秧歌队，采用新鲜、明快的舞步和形式，受到了广大老百姓的欢迎。到1944年，仅陕甘宁边区就有秧歌队近千个，后来这种群众性的新民间歌舞又在华北山东得到发展，同时随抗日战争和解放战争的胜利，新秧歌传入京、津、沪、宁等大城市，成为最普及的一种民间歌舞。

(四) 传统器乐

这一时期传统器乐的发展主要体现在民间器乐社团、地方性乐种，以及一些流浪艺人的创作、演奏等方面。

我国民族器乐发展到现代，出现了一个明显的特征，即在各大城市中出现了专门从事民族器乐演奏的社团，如江苏无锡的"天韵社"(1911年)，上海的"大同乐会"(1920年)、"国乐研究社"(1941年)，苏州的"今虞琴社"(1934年)等等。这些社团成员以城市中的知识分子为主，他们主要对传统乐曲进行整理、研究和改编，并改革和制作民族乐器，组织各种演出活动，为传播传统器乐作出了重要贡献。如"大同乐会"的柳尧章根据琵琶曲《夕阳箫鼓》改编成的合奏曲《春江花月夜》(1925年)，成为中国乐器合奏的珍品，获得了很高的国际声誉。

这一时期传统的器乐江南丝竹、广东音乐、汉乐等均获得了很大的发展。

江南丝竹是中国传统器乐中丝竹类的重要乐种，这种器乐合奏形式以丝弦和竹管乐器相结合进行演奏，所用乐器有二胡、三弦、琵琶、扬琴、笛、笙、鼓、板、木鱼等等，主要流行于江苏南部、上海、浙江西部一带。江南丝竹在上述地区的城市和农村都很受喜爱，但城市中的优雅华丽，加花较多；而农村中的则风格简练朴实，气氛热烈。这个乐种有结社合乐的传统，著名的社团有辛亥革命后成立的"钧天集"、"清平集"、"雅歌集"等，为传播丝竹乐曲、培养演奏人才、发展乐种艺术做了有益的工作。

江南丝竹的乐曲，有的来自民间婚丧嫁娶和庙会活动中演奏的风俗音乐，有的是长期流传在民间的古典曲牌。著名的乐曲有所谓的"八大曲"之称的《老三六》、《慢三六》、《中花六》、《慢六板》、《欢乐歌》、《云庆》、《四合如意》、《行街》。江南丝竹的乐曲在曲式结构上，大体分为三类：第一类为一个基本曲调的变奏，如《中花六》；第二类是类似西洋音乐回旋曲式的循环结构，如《老三六》；第三类是多曲牌联奏的套曲，如《行街》。

广东音乐是20世纪以来在广东珠江三角洲一带产生和流行的民间器乐曲。它在初期以演奏南音、粤曲等民歌和戏曲曲牌为主，流行于广州民间的“七音”、“座堂乐”以及茶座卖艺活动，后来受江南丝竹的影响，逐渐成为一种独立的器乐小合奏形式。广东音乐在1919年前后，由于多在乡村或城市广场表演，要求音响大声，多音色坚硬粗响，故称之为“硬弓”阶段，这一时期使用乐器有二弦、提琴（中国乐器，形制与板胡相近，约明代出现）、三弦、月琴、横箫，俗称“五架头”，著名的乐曲有《旱天雷》、《连环扣》等，是由民间艺人严老烈将民间小曲器乐化而成。20世纪20年代，吕文成开创了以高胡（粤胡）代替二弦为主奏，辅以扬琴、秦琴的“三件头”为主的形式，改革后器乐音色深厚柔和，故称为“软弓”阶段，广东音乐也进入了鼎盛时期，代表人物有吕文成、丘鹤俦、何泽民、易剑泉等等。吕文成创作了《平湖秋月》、《步步高》等曲目；丘鹤俦是我国较早编写广东音乐书刊的人，他还编创了《双龙戏珠》、《声声慢》、《相见欢》、《狮子滚绣球》等曲目。此外易剑泉的《鸟投林》也是广东音乐的著名曲目。

汉乐是20年代由“外江弦”改名而来，主要在客家人中流传。汉乐由“和弦索”、“清乐”、“锣鼓吹”三类构成，具有丝竹乐、弦索乐和吹打乐的性质。30年代，唱片公司录制了《寒鸦戏水》、《出水莲》等，使其影响逐步扩大。

对20年代传统器乐做出较大贡献的还有一些民间艺人，其中成就最突出的是江苏艺人阿炳。阿炳（1893—1950）原名华彦钧，江苏无锡人，擅长演奏二胡、琵琶等，其代表作有二胡曲《二泉映月》、《听松》、《寒风春曲》，琵琶曲《大浪淘沙》、《昭君出塞》、《龙船》等，其中尤以《二泉映月》最具代表性。

《二泉映月》采用江苏民间音乐材料写成，突破了江南平稳流畅的旋律风格及传统二胡演奏音区上的局限和技法的单一，运用多种二胡弓法和不同力度的变化，细致地表现了饱尝艰辛的社会底层人民悲怆的心情和倔强的性格。此曲采用两个基本曲调多次变化重复的结构，具有古代唱赚和近代双主题变奏的特色，在当时新生的民间器乐曲中极富创造性，此曲后来成为流传国内外最著名的中国二胡曲。

此外，还有河北民间艺人杨元亨，他擅长演奏管子，享有“管子盖京南”的美誉。他管子演奏技艺精湛，曲目达200多首，且编有《放驴》、《拿天鹅》、《小二番》等管子曲。他抄写的曲谱，已成为研究河北民间吹奏音乐的珍贵资料。

二、新音乐

“五四”新文化运动的到来，把中国近现代音乐创作推向了一个新的阶段。这一时期出现了大批用西方技法作曲的音乐家，当然亦有不少中西结合的音乐家。这一时期中国音乐创作主体是声乐作品，声乐基本上贯穿了整个社会发展的线索，在器乐、歌舞剧的创作方面，则体现了新音乐文化的启蒙思想，并通过创作反映了中国作曲家对西方音乐中古典与浪漫主义的思想与形式初步的借鉴和运用。

(一) 声乐

中国近现代创作的声乐作品是近现代新音乐文化的主体，近现代声乐创作的发展和声乐作品的广泛传播，是新音乐文化逐渐成为这一时期音乐主流的重要原因。

近现代声乐在发展的历程中，主要经历了两个音乐潮流的洗礼，即学校音乐和抗日救亡歌咏。

中国新式学校的建立和乐歌课的设立，使集体歌唱成为社会时尚，学校歌曲需求量大增。因而以学校生活和少年儿童生活为主要题材的学校歌曲、少年儿童歌曲、集体歌曲的迅速增多，以黎锦晖创作为代表的歌舞表演曲及儿童歌舞剧的广泛流传，以及有关学校音乐教育书籍的大量出版等，形成了近现代音乐的一大潮流。

“九一八”事变后，抗日救亡歌咏又成为音乐的另一潮流，这一时期抗日歌曲数量之多，题材之集中，创作速度之快，作品流传之广，超过了历史上任何一个时期。同时，由于20世纪30、40年代这一特殊的历史时期，涌现出一批作曲家积极投身音乐创作，不仅产生了具有进步意义的群众歌曲，还对艺术歌曲和大型声乐作品创作进行了有意义的探索。

1.群众歌曲

群众歌曲是为大众歌唱而创作的歌曲，在内容上一般都及时反映现实生活中群众所关注的重大主题，意在唤醒公众的民族意识、爱国意识和民主意识，重在教化，具有鲜明的政治倾向性、时代性和社会性。群众歌曲的音乐结构以简单、小型为多，音域不太宽，多采用齐唱或简易合唱的形式。

20世纪20年代是群众歌曲的初创期，30年代是其发展与成熟期。群众歌曲的创作主要有三种形式，一是填词的群众歌曲，二是改编的群众歌曲，三是创作的群众歌曲。

(1)、填词的群众歌曲

旧曲填词，是早期群众歌曲最常用的一种创作方式，通常是根据现成的曲调配以选择或创作的歌词，有时亦对原曲调进行调整。

20年代，在工农运动和军队中出现了许多填词配曲的反帝爱国歌曲。如用《孟姜女》调填配的《五卅运动》，用《苏武牧羊》调填配的《救国歌》等。在红军及革命根据地流行的歌曲中，多选用苏联或欧洲革命歌曲曲调，如《共产儿童团歌》是根据苏联少先队歌曲《在篝火旁》的部分曲调填配而成。

30－40年代，在国统区流传的《团结就是力量》是根据美国歌曲《约翰·布朗的遗体》填词而成。40年代解放区出现了许多用民歌填配而成的歌曲，如安波根据陕北民歌填词的《怎么办》、《拥军花鼓》，张寒晖用陇东民歌填词的《军民大生产》等等。

(2) 改编的群众歌曲

改编歌曲在30–40年代有不少作品问世并广为流传，如田汉词、张曙曲的《芦沟问答》，张鲁根据陕北民歌《闪扁担》调改编的《有吃有穿》，阮章竞用山西秧歌《苦伶仃》、《交城山》、《卖烧土》和《大挑菜》改编而成的《妇女自由歌》，刘炽根据陕北道情音乐改编的《翻身道情》等等。

(3) 创作的群众歌曲

20世纪20年代，萧友梅、赵元任、黎锦晖等人都写出了较有影响的群众歌曲。萧友梅创作的群众歌曲多与反帝爱国有关，如《卿云歌》、《五四纪念爱国歌》、《国耻》、《国民革命歌》，"九一八"以后又写了《从军歌》等。赵元任创作的群众歌曲有《尽力中华》、《劳动歌》、《西洋镜歌》、《呜呼！三月一十八》等。

30年代是群众歌曲创作最活跃、数量空前、佳作迭出的时代，也是中国近现代群众歌曲形成自己特色而走向成熟的时代。这一时期产生了一批优秀的作家及作品，其中聂耳最具代表性。聂耳的群众歌曲，大多采用左翼文化工作者充满激情和战斗号召的革命诗篇作歌词，并成功地创造了一种适于这种新诗的歌曲形式，其主要特征即：非方整性的曲体结构，丰富多变的句式，突出地使用短句，巧用休止，从而真切地表现了抗战时期呼唤、呐喊、冲锋、拼搏的时代气质。其代表作有《毕业歌》、《义勇军进行曲》(均为田汉词)，《大路歌》(孙瑜词)，《开路先锋》(孙师毅词)，《码头工人》(百灵词)等等，都产生了广泛而深刻的社会影响。

30年代，除聂耳外，较有影响的还有冼星海、张曙、麦新、贺绿汀等一批左翼音乐家，如冼星海的《在太行山上》(桂涛声词)，张曙的《渔光曲》、《打回老家去》(均为安娥词)，麦新词曲的《大刀进行曲》，贺绿汀词曲的《游击队歌》等等。这一时期，除了左翼音乐家外，当时各个音乐院校的师生也创作了不少群众歌曲，如黄自在"九一八"之后创作的《抗敌歌》(黄自、韦瀚章词)、《旗正飘飘》(韦瀚章词)等等。

40年代前后的优秀群众歌曲以抗日民主根据地和解放区的作品居多，这一时期描写对敌斗争和人民军队的战斗性进行曲有：吕骥的《抗日军政大学校歌》(凯丰词)，冼星海的《游击军》(先珂词)，郑律成的《八路军军歌》、《八路军进行曲》(均为公木词)，何士德的《新四军军歌》(陈毅词)等等。这一时期，表现人民新生活和解放区人们对建设民主新中国的向往的群众歌曲也不少，如马可词曲的《咱们工人有力量》、《我们是民主青年》，曹火星词曲的《没有共产党就没有新中国》，李焕之的《民主建国进行曲》(贺敬之词)等等。

30—40年代，还产生了一批儿童歌曲，堪称是群众歌曲中纯真动人的一类，如聂耳的《卖报歌》(安娥词)，黄自的《西风的话》(廖辅叔词)，麦新词曲的《马儿真正好》，冼星海的《只怕不抵抗》(麦新词)，李劫夫的《歌唱二小放牛郎》(方冰词)，贺绿汀的《谁说我们年纪小》(应恺词)等等，使儿童歌曲在多种题材和风格、体裁上有了新的发展。

2.独唱歌曲

独唱歌曲是代表近现代歌曲创作艺术水平的主要部类。

"五四"前后是独唱歌曲的初创阶段,这一时期的主要代表人物是萧友梅、赵元任等。萧友梅(1884—1940)曾留学日本、德国,是中国近现代历史上最早掌握西方作曲法进行创作的作曲家之一。他有目的地进行依词配曲的艺术性歌曲的创作,出版了《今乐初集》、《新歌初集》,开近现代中国艺术歌曲之先河。他的独唱歌曲中以《问》、《南飞之雁语》(均为易韦斋词)最具代表性。赵元任(1892—1982)曾留学美国,游历欧洲,学识渊博,艺术造诣很深。他对现代独唱歌曲创作及理论都有重要建树,在创作中努力实践中国音乐要有自己"国性"的观点。他注意"中国派"曲调的特色,根据中国语言声韵特点处理曲词关系,探索"中国化"和声。其独唱歌曲的代表作有《买布谣》(刘大白词)、《教我如何不想他》(刘半农词)等,是中国现代音乐史上具有较高水准的艺术歌曲。

30年代在独唱歌曲创作方面有着更大的成绩,并出现了一些独唱曲创作上颇有成就的音乐家,如青主、黄自、陈田鹤等等。青主(1893—1959)早在1920年根据苏轼的名作《念奴娇·赤壁怀古》谱写的男中音独唱《大江东去》是我国第一首艺术歌曲。30年代,青主为宋词谱曲的《我住长江头》亦是现代古典诗词歌曲的佳作。黄自(1904—1938)是一位创作独唱歌曲较多的作曲家,他的歌曲主要包括为中国古诗词谱曲的独唱曲和为现代诗词创作的歌曲,前者有《点绛唇》(宋·王灼词)、《南乡子》(宋·辛弃疾词)、《花非花》(唐·白居易词)等,后者有《春思曲》(韦瀚章词)、《玫瑰三愿》(龙七词)等等。这些作品都较好地发挥了独唱艺术的技巧,对于旋律、钢琴伴奏及和声处理都经过精雕细琢,具有独特的艺术风格。此外较好的歌曲还有陈田鹤的《山中》、《秋天的梦》、《采莲谣》等,应尚能的《吊吴淞》、《国殇》,周淑安的《纺纱歌》、《安眠歌》等等。

30年代独唱歌曲的成熟,还表现于大批具有艺术性、为音乐界接受,又在社会上广泛流传、受人民群众欢迎的歌曲。如聂耳的《铁蹄下的歌女》(许幸之词),吕骥的《新编"九一八"小调》(崔嵬词),张寒晖词曲的《在松花江上》,刘雪庵的《长城谣》,陆华柏的《故乡》(张帆词),张曙的《日落西山》、《赶豺狼》(均为田汉词),冼星海的《做棉衣》(桂涛声词),贺绿汀的《嘉陵江上》(端木蕻良词)等等,它们除了保存了艺术歌曲的特点外,还更好地同时事政治结合起来,并且顾及到群众的欣赏能力和审美接受能力,从而在社会上广泛传唱。此外。30年代,颂歌体裁的独唱歌曲在根据地和解放区也得到很大的发展,如郑律成的《延安颂》、冼星海的《黄河颂》等,均采用抒情性音调创作歌曲,在音乐风格和时代精神的创造方面极富特色,是现代颂歌的代表作。

40年代,随着解放区新民歌的大量生产及音乐工作者向民间音乐学习的不断深入,歌曲创作在体裁形式上得以开拓。其一是具有民间风格的叙事歌曲更加成熟,如赵元任的根据明末民谣创作的《老天爷》,徐曙的《晋察冀小姑娘》,费克的《茶馆小调》、《五块钱》,张鲁的《平汉路小唱》,罗正等人的《王二嫂过年》等都各有特色。其二,解放区的独唱歌曲以其与民间音乐的紧密联系,与歌舞表演结合，形成一种特有的风貌。如刘西林记谱编词的《解放区的天》，马可的《南泥湾》（贺敬之词）等都采用了民间歌舞的手法。

40年代的抒情歌曲优秀之作有刘雪庵的《红豆词》（清·曹雪芹词）和自作词曲的《飘零的落花》，汪秋逸的《淡淡江南月》等，均具有浓郁的民族风格，旋律优美，深情易唱，曾在知识分子中风行一时。

3.合唱歌曲

中国的多声部合唱歌曲创作约从清末民初开始，李叔同的《春游》便是代表。20年代萧友梅是较早致力于合唱音乐创作的作曲家，他创作了《柏树林回旋歌》、合唱套曲《春江花月夜》等近20首合唱歌曲。代表20年代合唱歌曲创作水平的，是赵元任作曲的《海韵》（徐志摩词）。

合唱音乐在30年代以后获得了日益显著的发展。黄自在“九一八”以后创作的《抗敌歌》、《旗正飘飘》，陈洪的《上前线》等等都是最早的抗日救亡合唱佳作。

抗日救亡和全面抗战爆发后的几年间，初步形成了以小型合唱体裁、易于被群众歌唱和接受的作品为主，以反映民族解放战争为中心题材的创作倾向。代表作有：冼星海的《救国军歌》（塞克词）、《到敌人后方去》（赵启海词）、《在太行山上》（桂涛声词）、《保卫黄河》（光未然词），贺绿汀的《垦春泥》（田汉词），夏之秋的《最后的胜利是属于我们的》（光未然词），沙梅词曲的《打回东北去》，舒模词曲的《军民合作》等等。其中贺绿汀的《垦春泥》是近代无伴奏合唱的代表作。

近现代合唱音乐的成熟，除了体现在形成了小型合唱为主流的合唱格局和多种合唱形式外，还表现在30—40年代大型声乐创作的发展，延安等地是抗战中有较多大型合唱作品诞生的地方。代表作有冼星海的四部大合唱《黄河》、《生产》、《九一八》、《牺盟》，郑律成的《八路军大合唱》，马可的《吕梁山大合唱》，吕骥的《凤凰涅槃》，金紫光的《青年大合唱》等等。作为套曲式的大型作品，较有影响的是安波、马可、张鲁、关鹤童的《七月里在边区》，这是40年代第一部具有民歌风、联唱式的优秀作品，在地方音乐的基础上辅以多种歌唱形式来表现新的生产和斗争生活。

1942年延安文艺整风后合唱曾一度沉寂，在解放战争时期又形成高潮，先后产生了刘炽的《工人大合唱》，程云的《受苦人翻身联唱》，陈紫与念云的《人民英雄刘胡兰》，沈亚威等人集体创作的《淮海战役组歌》，时乐濛的《千里跃进大别山》及陈大荧等集体创作的《进军大西南》等。这些大合唱都沿用了冼星海《黄河大合唱》的套曲形式。

冼星海的《黄河大合唱》（光未然词）是近现代大型合唱音乐取得较高艺术成就、享誉中外里程碑式的杰作。该曲有九个乐章组成，即《序曲》、《黄河船夫曲》、《黄河颂》、《黄河之水天上来》、《黄水谣》、《河边对口曲》、《黄河怨》、《保卫黄河》、《怒吼吧，黄河》，乐章之间由朗诵和乐队音乐加以贯穿。整部大合唱围绕“抗日、爱国”的基本主题思想，音乐具有紧密的内在统一性，通俗易懂、简洁明快，既有中国民间音乐风格，也有群众歌曲的特点，同时又是史诗性和交响性兼具的作品。

总之，冼星海的《黄河大合唱》中创造的具有民族风格、中国气派和时代特征的新的合唱形式，对其后中国大型歌唱音乐产生了巨大而深远的影响，不仅是中国人最喜爱的大合唱，也是世界上最有影响的中国大合唱作品。由于冼星海音乐创作涉及众多题材及其在音乐教育、活动中的巨大成就，而被誉为“人民音乐家”。

国统区的大型声乐作品创作，较早者有黄自的清唱剧《长恨歌》、陈田鹤的《河梁话别》、陆华柏的《汨罗江上》等等。其中黄自的《长恨歌》是我国的第一部清唱剧。抗战后期有舒模、孙慎、费克等为瞿白音的长篇诵唱诗所作的合唱组曲《岁寒曲》，林苗的《歌谣组曲》，李凌的《南洋伯返唐山》，马思聪的《抛锚》、《民主》、《祖国》、《春天》四部合唱曲等等。

4. 电影、戏剧歌曲

话剧自“五四”以来，电影从30年代开始，在中国文艺生活中占据重要地位，话剧加唱、电影配乐的形式，也随着这些艺术的发展日益为人们所重视。

戏剧歌曲自30年代大量涌现，比较著名的有冼星海为田汉话剧《复活》写的《茫茫的西伯利亚》，聂耳为田汉话剧《回春之曲》写的《梅娘曲》、《告别南洋》、《春回来了》，为舞台剧《饥饿线》写的《饥寒交迫之歌》等。

30－40年代是中国有声电影初创并产生巨大社会影响的时代，电影歌曲迅速流传。这一时期，对电影歌曲做出重要贡献的有聂耳、任光、冼星海、贺绿汀、沙梅、吕骥、黎锦光、陈歌辛等等。如任光的《渔光曲》、《月光光歌》、《王老五》，冼星海的《夜半歌声》，贺绿汀的《神女》、《新中国》、《天涯歌女》等等。近现代电影歌曲的发展不仅丰富了电影艺术的表现力，促进了电影艺术的发展，同时也是近现代中国新音乐走向成熟的标志。

(二) 器乐

这一时期新型器乐的发展比传统器乐更为精彩，新型器乐又可分为中国器乐和西洋器乐两类 。

1. 中国器乐

这一时期中国器乐创作以二胡独奏音乐的进展尤为显著，刘天华的“十大二胡曲”的面世，在中国拉弦乐器音乐创造史上写下了光彩的篇章。

刘天华(1895—1932)是我国近现代音乐史上一位杰出的民族器乐作曲家、改革家和音乐教育家。他主张音乐“要顾及一般民众”，并将其毕生精力贯注于“国乐改进”的宏业。他既重视对传统民族民间音乐遗产的继承，又重视对外国音乐的科学理论和经验的借鉴，以“兼收并蓄”的方针，从中西音乐文化的交融中去推进我国民族音乐事业的新发展。他对中国器乐有着多方面的贡献，而尤以二胡音乐最为突出。他的代表作有二胡曲《病中吟》、《良宵》、《空山鸟语》、《光明行》等十首，琵琶曲《歌舞引》、《改进操》、《虚籁》，丝竹合奏曲《变体新水令》等。

这一时期，二胡独奏还有陆修棠的《怀乡行》、《孤雁》，刘北茂的《汉江潮》，谭小麟的《湖上》等。琵琶独奏曲有王君仅的《红叶》、《长相思》，朱英的《"五三"惨案》，《淞沪之战》，杨大钧的《血染芦沟桥》等。

合奏器乐方面，有谭小麟的《子夜吟》、《前锋》，朱英的《枫桥夜泊》，朱践耳的《南泥湾变奏曲》等，其中以聂耳的《金蛇狂舞》和任光的《彩云追月》最为著名。《金蛇狂舞》吸收民间《倒儿板》及锣鼓节奏序列创造出热烈红火的气氛。《彩云追月》则以西方探戈舞蹈节奏贯穿，清新、优雅。

2.西洋器乐

⑴、钢琴音乐

中国钢琴音乐创作发端于清末民初之际，1915 年，赵元任的钢琴曲《和平进行曲》是迄今所见中国人写的最早的钢琴音乐作品。

30 年代，贺绿汀的《牧童短笛》的问世标志着中国钢琴音乐创作已进入一个新的历史阶段。1934 年，齐尔品在中国举行"征求中国风味钢琴曲"活动，这次活动获奖的作品有：贺绿汀的《牧童短笛》(头奖)和《摇篮曲》(名誉二奖)，俞便民的《c 小调变奏曲》，老志诚的《牧童之乐》，陈田鹤的《序曲》，江定仙的《摇篮曲》(均获二等奖)，这是中国钢琴音乐创作的一次集中展示，反映了 30 年代中国钢琴音乐创作的实力和水平。

这一时期，除独立的钢琴曲外，亦有不少的钢琴伴奏音乐，尤其是歌曲的伴奏音乐。

⑵、小提琴、音乐

这一时期小提琴音乐创作以马思聪的贡献最大。马思聪(1912—1987)是中国第一代小提琴家，他的《摇篮曲》、《第一回旋曲》、《绥远组曲》、《西藏音诗》、《牧歌》、《小提琴协奏曲》等均是中国近代小提琴音乐的重要财富。作为中国小提琴音乐创作初期成就卓著的作曲家，他的小提琴创作具有鲜明的艺术特色：其一，他的小提琴音乐大多采用民歌音乐写成，有着浓郁的中国风格，充满中国民间风味的旋律，富有歌唱性。其二，他努力从小提琴音乐的艺术规律出发进行创作，并注重发挥小提琴的演奏技巧。其三，他的小提琴音乐是与钢琴伴奏音乐一起构思、创作的。

⑶、室内乐

近现代，中国音乐家在室内乐方面作了诸多的尝试，有冼星海、马思聪等，其中以谭小麟最具代表性。谭小麟(1911—1948)的《弦乐三重奏》获约翰·杰克森奖，这是中国所写的西洋乐器重奏音乐在国外获奖的第一部作品。

⑷、合奏音乐

这一时期，萧友梅、黄自、马思聪、冼星海、江文也等都对西方乐器合奏做出了不同的贡献。

萧友梅的《新霓裳羽衣舞》是国内最早演奏的中国人所作的管弦组曲。黄自的《怀旧》是最早在国外演奏的中国管弦乐曲。在交响乐方面，有马思聪的《第一交响曲》；冼星海的《民族解放交响曲》,《神圣之战交响曲》,四部交响组曲《后方》、《牧马词》、《敕勒歌》、《满江红》,管弦乐《中国狂想曲》。其中《民族解放交响曲》是中国第一部以"民族解放运动"为题材的大型西洋乐器合奏音乐。此外在国际上影响较大的还有江文也,他的作品多次在国外获奖。如他1934年在日本写作的《台湾舞曲》于1936年获柏林第十一届奥林匹克国际音乐比赛银奖,《白鹭的幻想》、《赋格序曲》等在日本全国音乐竞赛中连获作曲奖,1938年从日本回国后至40年代初,他又创作了管弦乐《孔庙大晟乐章》、《第一交响曲》、《第二交响曲——北京》,歌舞剧音乐《大地之歌》、《香妃传》等管弦乐作品。

(三)歌剧音乐

中国的新歌剧是随着西方音乐的传入逐渐发展起来的。20世纪20年代黎锦晖创作了12部儿童歌舞剧,产生了相当大的社会影响。可以说20年代是中国歌剧的萌芽期,其后的15年是歌剧的探索期,这一时期,聂耳与田汉合作的歌剧《扬子江暴风雨》、张昊作曲的《上海之歌》、钱仁康作曲的《大地之歌》、任光作曲的《洪波曲》、冼星海作曲的《军民进行曲》、刘炽作曲的《塞北黄昏》等,都为新歌剧的诞生积累了经验。1943年在延安地区蓬勃开展的秧歌运动为民族新歌剧的诞生起到了积极的促进作用。1945年歌剧《白毛女》的诞生,标志着中国歌剧进入了发展期。

1.黎锦晖与儿童歌舞剧

黎锦晖(1891—1967)是一位受"五四"新文化运动影响成长起来的音乐家,他一生热衷于儿童歌舞音乐事业,共创作了24部儿童歌舞表演曲和12部儿童歌舞剧。其歌舞曲代表作有《可怜的秋香》、《寒衣曲》等,歌舞剧有《麻雀与小孩》、《葡萄仙子》、《小小画家》等等。其中《麻雀与小孩》是黎锦晖的第一部儿童歌舞剧,在近现代音乐史上也被视为中国早期歌剧的萌芽。

2.秧歌剧

秧歌剧是指延安文艺工作者在毛泽东的《在延安文艺座谈会上的讲话》精神感召下,贯彻共产党的文艺方针,服务当时的革命需要,以刻画新人物、讲述新生活、反映新思想,在传统民歌的基础上发展起来的小型歌剧创作和表演。

1943年春节,延安上演了第一部新秧歌剧《兄妹开荒》(路由等编剧,安波曲),揭开了"秧歌运动"的序幕。此后又产生了马可编剧、作曲的《夫妻识字》,鲁艺文工团集体创作的《刘顺清》、《减租会》等一批具有不同内容和规模的新型秧歌剧作品。秧歌剧在发展的过程中,在与工农相结合、表现革命斗争与现实生活方面做了有益的探索,为《白毛女》的创作提供了直接的经验。

3.《白毛女》

1945年,延安召开中国共产党第七次代表大会期间,上演了歌剧《白毛女》,歌剧剧本由延安鲁迅文艺学院集体创作,由丁毅、贺敬之执笔,音乐由马可、张鲁、瞿维、陈紫、刘炽等集体创作。

《白毛女》是中国歌剧创作史上一座闪光的里程碑,它的诞生标志着符合中国人民群众审美情趣的民族歌剧风格的形成。在它的启迪下，《刘胡兰》、《赤叶河》等歌剧相继问世，在全国范围内出现了一个创作演出新歌剧的局面，被称为中国近现代音乐史上“第一次歌剧高潮”。

《白毛女》所取得的艺术成就主要有以下几点：首先，作品成功地在民间音调基础上吸收西方歌剧音乐性格化和戏剧创作经验，运用人物主调贯穿发展的手法，使音乐形象塑造鲜明、生动。如喜儿的音乐主题，基本上以河北民歌《小白菜》、《青阳传》的音调加以变化发展而成。其二，将中国古典戏曲的创作方法运用到歌剧的艺术表现中，以增强戏剧性。如以歌唱来叙述某一事件的发生情景，用歌唱来介绍剧中的主要人物，用独白来叙述某一事件，用歌唱结合道白的方式深入地刻画人物性格和心理等。其三，作品以独唱、重唱、合唱等多种演唱形式，塑造人物形象、渲染气氛，推动情节的发展。

第二节　新中国的音乐

新中国音乐发展随时期不同而呈现不同的特点。建国后十七年，是音乐蓬勃发展的时期；“文革十年”音乐尤其是声乐处于一种近乎停滞甚至倒退的状态；改革开放八九十年代音乐再度进入发展与繁荣期。

一、建国十七年音乐

建国初期，国家独立，政治昌明，经济发展，全国人民沉浸在当家作主的欢乐气氛中，广大音乐家“为新中国放声歌唱“的热情高涨，因而这一时期无论是在声乐、器乐、歌舞剧等不同音乐门类里都创作了大量优秀的作品。

(一) 声乐

建国初期，歌曲创作取得了重要成果，以王莘的《歌唱祖国》为这一时期的代表音调，涌现出了一批优秀的作曲家及作品。老一辈的作曲家以马思聪的《中国少年先锋队队歌》、李劫夫的《革命人永远是年轻》、郑律成的《采伐歌》、周巍峙的《中国人民志愿军战歌》为代表，新一代作曲家如李群的《快乐的节日》、通福的《敖包相会》、美丽其格的《草原上升起不落的太阳》等为代表，共同构筑了建国初期明朗、热烈、丰富多彩的群众歌曲。

瞿希贤、刘炽、时乐濛等都是这一时期较有影响的作曲家。瞿希贤 (1919—) 创作的《全世界人民心一条》、《听妈妈讲那过去的事情》、《全世界无产者联合起来》、《一条大道在眼前》等，均具有强烈的时代特色而影响深远。刘炽 (1921—1998) 建国后创作的较有影响的作品有《新疆好》及与词作家乔羽合作的《让我们荡起双桨》、《我的祖国》、《祖国颂》，均旋律优美，民族风格浓郁，具有很高的艺术性。时乐濛 (1915—) 的代表作品有《歌唱二郎山》、《英雄们战胜了大渡河》、《长征大合唱》、《祖国万岁》，并参与了舞蹈史诗《东方红》的音乐创作。

在电影音乐方面，以王云阶、雷振邦、吕其明等成绩显著。王云阶（1911—1996）先后为《护士日记》、《林则徐》等22部电影配乐。其中《护士日记》中的插曲《小燕子》等歌曲在社会上广泛传唱；《林则徐》的配乐采用民族乐器为主的"中西合璧"的混合乐队形式，取得了较好的艺术成果。雷振邦（1916—1997）先后为《董存瑞》、《刘三姐》等多部电影配乐，其在《五朵金花》中的插曲《蝴蝶泉边》长期在群众中传唱，在电影《冰山上的来客》中的插曲《高原之歌》、《花儿为什么这样红》、《冰山上的雪莲》、《怀念战友》等均具有浓郁的新疆风格，深受人民喜爱。吕其明（1926—）先后创作了《铁道游击队》、《红日》等多部电影音乐，其中的插曲《弹起我心爱的土琵琶》、《谁不说俺家乡好》等都产生了很大的影响。

这一时期还产生了由肖华作词，晨耕、唐诃等作曲的大型声乐套曲《红军不怕远征难》（简称《长征组歌》），成为我国音乐史上继《黄河大合唱》之后又一部里程碑式的大型音乐作品。

（二）器乐

建国初期，民族器乐发展优于以往各历史时期，民族器乐创作呈现出焕然一新的局面。

首先，在民族器乐独奏领域，较有代表性的有：笛曲《喜相逢》（冯子存）、《鹧鸪飞》（陆春龄），笙曲《草原骑兵》（原野等人），唢呐曲《百鸟朝凤》（任同祥），双管《江河水》（朱广庆），琵琶曲《彝族舞曲》（王惠然）、《狼牙山五壮士》（吕绍恩），筝曲《庆丰收》（赵玉斋）、《闹元宵》（曹东扶）等等。

其次，在民族器乐合奏领域，彭修文等人为民族管弦乐建设做出重要贡献。彭修文（1931—1996）被誉为"国乐大师"，他在新中国成立后任中国广播民族乐团指挥、作曲，并对乐队进行了一系列的改革。他在与乐队队员的共同努力下，一方面充分发掘我国民族乐器的表现力，并大胆改革其不足的一面，另一方面大胆借鉴西方管弦乐队的编制，使之在系统化和科学化上日臻完善，最后逐渐确立了包括拉弦组、弹拨组、吹管组和打击乐器组的乐队编制。这种改革为全国各大民族乐团所采用，发挥了典范作用。他改编整理了古曲，如《月儿高》、《将军令》等。这一时期民族乐队作品，多为中小合奏，重要作品有朱践耳的《翻身的日子》、刘明源的《喜洋洋》、朱广庆的《风雪爬犁》等。大型的民族乐队作品有《东海渔歌》（马圣龙、顾冠仁曲）、《渔家组曲》（王石路曲）、中胡协奏曲《苏武》（刘洙曲）等，探索了大型民族管弦乐的"戏剧性"和"交响性"的问题。

建国初期，西洋器乐的创作亦在民族化的努力中取得了丰硕的成果，其中以钢琴和小提琴发展最快。钢琴曲有丁善德的《春之旅》、《新中国交响曲》，江文也的《乡土节令诗曲》，汪立三的《蓝花花》等等。小提琴方面以何占豪、陈钢创作的协奏曲《梁山伯与祝英台》最为突出。《梁祝》小提琴协奏曲产生于20世纪50年代末期，它用小提琴、交响乐队、协奏曲、奏鸣曲式、和声及复调等音乐形式和多声技法，融合中国的戏曲音调、板腔、节奏，小提琴借鉴了二胡、古筝、琵琶等乐器的特性演奏技巧，生动地演绎了梁祝这一民间传奇，它的出现标志着我国管弦乐创作在民族化方面取得的新发展。

(三) 歌舞剧创作

建国初期，涌现出一批优秀的歌舞音乐，如《瑶族长鼓舞》(刘铁山曲)、《红绸舞》(程云曲)、《荷花舞》(乔谷、刘炽曲)、《花儿与少年》(吕冰编曲)、《洗衣歌》(罗念一曲)等等。

这一时期的歌剧有《王贵与李香香》(梁寒光曲)、《小二黑结婚》(马可曲)、《洪湖赤卫队》(张敬安、欧阳谦叔曲)、《江姐》(羊鸣等曲)、《阿依古丽》(石夫、乌斯满江曲)等等。

建国初期中国舞剧作品开始诞生并逐渐走向成熟。1950年诞生了由章彦、张定河作曲的芭蕾舞剧《和平鸽》，虽然作品有生硬模仿欧洲模式的痕迹，但它的诞生标志着新中国舞剧创作正式启动。1957年产生了艺术上比较成功的古典舞剧《宝莲灯》(张肖虎曲)，此外还有《五朵红云》，通过这些舞剧作品的探索，中国舞剧开始走向成熟，产生了民族舞剧《小刀会》(商易曲)和芭蕾舞剧《鱼美人》(吴祖强曲)等等。此外这一时期还产生了较有影响的歌舞剧《刘三姐》。

二、"文革"时期音乐

"文化大革命"时期是新中国历史上一个特殊的时期，这一时期产生了"造反歌"、"语录歌"及"革命样板戏"，构成了"文革"初期中国乐坛的基本格局。只有到"文革"中后期，音乐创作与发展才开始有所恢复。

(一)"样板戏"音乐

1967年5月31日，《人民日报》社论提到了"革命文艺的优秀样板戏"八部作品，即五部现代京剧《智取威虎山》、《海港》、《红灯记》、《沙家浜》、《奇袭白虎团》，两部芭蕾舞剧《红色娘子军》和《白毛女》，一部交响音乐《沙家浜》。

1968年以后，在上述"八部样板戏"之外，又出现了一批新的"样板戏"作品，其中较为优秀的有现代京剧《龙江颂》、《杜鹃山》和钢琴协奏曲《黄河》。《黄河》是1970年由中央乐团集体根据冼星海的《黄河大合唱》改编、创作的，它是"文革"时期艺术性、思想性比较完整的当代管弦乐经典性作品。

(二) 民族器乐

"文革"时期民族器乐几乎处于停滞状态，但仍有一些音乐家在这一领域艰苦耕耘，10年间产生的重要作品有笛子独奏《牧民新歌》(简广易、王志伟曲)、《帕米尔的春天》(刘富荣曲)，二胡独奏《怀乡曲》(王国潼曲)，柳琴独奏《春到沂河》(王惠然曲)，古筝独奏《丰收锣鼓》(李祖基曲)等等。合奏器乐在70年代后开始活跃，有天津歌舞乐团改编的《大寨红花遍地开》，彭修文、蔡惠泉编曲的《丰收锣鼓》，李民雄的《夺丰收》及彭修文根据样板戏改编的民乐合奏《乱云飞》等。

(三) 管弦乐

"文革"前期管弦乐创作只能在"样板戏"和革命歌曲的音乐材料上加以改编，如储望华根据《智取威虎山》改编的《甘洒热血写春秋》，朱践耳、施咏康的弦乐四重奏《白毛女》及弦乐钢琴五重奏《海港》等。

在"文革"后期出现了陈钢、李自立等改编和创作的小提琴曲。陈钢(1935—)在这一时期创作了几首艺术与思想较高的小提琴独奏曲,如《阳光照耀着塔什库尔干》、《金色的炉台》、《我爱祖国的台湾》等。李自立(1938—)的小提琴作品也在全国产生了广泛的影响,有《丰收渔歌》、《江河水》、《忆延安》等等。

此外,还有吴祖强、王燕樵、刘德海的琵琶协奏曲《草原小姐妹》,瞿维的交响组曲《白毛女》等,其中《草原小姐妹》为中国传统乐器与西方管弦乐队的融合探索了一条新路。

三、新时期音乐

(一)声乐

"文革"结束后的20多年间,随着思想文化领域的空前活跃,其间经历了七八十年代抒情歌曲的丰收期,80年代后期的流行歌大潮及90年代的多元发展三个阶段。

粉碎"四人帮"后几年,词曲家们或借重唱历史歌曲来表达内心的欣喜,或以歌颂周总理为题抒发人民久积心中的强烈感情。其中施光南的《祝酒歌》、《周总理你在哪里》,郑秋枫的《我爱你,中国》,阿拉藤奥勒的《美丽的草原我的家》等均被广泛传唱。

80年代开始,流行歌曲创作进入了一个丰收期。首先歌曲题材明显地扩展和丰富,一些表现普通人生活和情感的作品,以其优秀的特质引起广大听众的共鸣,如施光南的《在希望的田野上》,铁源的《在那桃花盛开的地方》,王酩的《妹妹找哥泪花流》,张乃诚的《再见吧,妈妈》,铁源、徐锡宜的《十五的月亮》等等。此外,谷建芬的《我的小路》、《那就是我》,黄准的《一支难忘的歌》,王祖皆、张卓娅的《小草》,刘锡津的《我爱你,塞北的雪》等等,均以其强烈的艺术感染力,进入人们的心灵。

进入90年代,伴随着时代风云和社会变迁,人们的审美情趣和艺术追求均发生了较大的变化,歌曲创作进入多元发展的格局。流行歌曲、艺术歌曲、进行曲、儿童歌曲与抒情歌曲共同构筑起中国乐坛的一道亮丽的风景线。这一时期最能反映大众心声的仍是抒情歌曲,如徐沛东的《爱我中华》、士心的《说句心里话》、孟庆云的《长城长》、王佑贵的《春天的故事》、张千一的《青藏高原》、印青的《走进新时代》、赵季平的《好汉歌》等等,传遍大江南北。与蓬勃发展的抒情歌曲相比,其他体裁的歌曲创作则相对薄弱,但还是产生了一批较有影响的作品。艺术歌曲方面有黎海英的《枫桥夜泊》、罗忠镕的《涉江采芙蓉》、傅庚辰的《关山月》等等。进行曲方面有谷建芬的《年青的朋友来相会》、李遇秋的《八一军旗高高飘扬》、徐沛东的《亚洲雄风》、臧云飞的《当兵的人》、瞿希贤的《当代中国之歌》等等。在儿童歌曲方面,有刘庄的《小鸟小鸟》、潘振声的《嘀哩嘀哩》、寄明的《少年,少年,祖国的春天》、徐锡宜的《老师你好》以及李海鹰的《七子之歌》等等,都是人们耳熟能详的作品。

新时期歌曲发展中最引人注目的现象是通俗歌曲的繁荣。从70年代末至今,港台流行音乐对大陆歌坛产生了很大的冲击。改革开放以后,大陆流行歌坛经过短暂的模仿后很快进入了繁盛期,并产生了一批广为流传的歌曲,如刘诗召的《军港之夜》等等。1986年为"国际和平年"而推出的《让世界充满爱》(郭峰曲)标志着内地流行音乐创作群体的崛起。同时,以《一无所有》(崔健)、《信天游》(解承强)等为源,以《黄土高坡》(苏越)、《月亮走我也走》(胡积英)等为代表,流行歌坛刮起了一股强劲的"西北风"。与此同时,摇滚乐也开始崛起。进入90年代,随着"卡拉OK"的普及,流行歌曲在大街小巷广泛流传,流行音乐的队伍不断壮大,作品数量增多,题材广泛,形式多样,如腾格尔的《天堂》、刘青的《祝你平安》等等。总的来说,流行音乐在新时期已成为中国音乐文化的重要组成部分,且随着社会的发展必然会呈现出多种风格。

(二)器乐

新时期,由于国家的开放、经济的繁荣等诸多原因,器乐创作呈现出一种繁荣景象。一时间不同年龄的作曲家们从不同的角度创作出众多的器乐作品,题材、形式之丰富,创作之大胆,使中国器乐创作达到了一个高峰。

1.西洋器乐

新时期以来,西洋器乐的创作成果是多方面的,交响乐、室内乐重奏的创作成果尤为丰硕。

1981年全国第一届交响乐作品评奖活动,报送的有94部,获奖35部,可见景况之盛。其中重要的作品有刘敦南的钢琴协奏曲《山林》、朱践耳的《交响幻想曲》、李忠勇的交响音画《云岭写生》、王西麟的《云南音诗》、张千一的交响音画《北方森林》等等。1982—1989年间,交响音乐创作因"新潮音乐"的崛起而呈现一派欣欣向荣的景象。一部分青年作曲家把西方现代作曲技法引入交响乐创作,在乐坛引起很大的冲击波,继而一些中老年作曲家纷纷加入新潮行列,从而把20世纪中国交响乐创作推向一个制高点。这一时期重要作品有朱践耳的《黔岭素描》、《纳西一奇》及从"第一"到"第四"交响曲,杜鸣心的交响幻想曲《洛神》、谭盾的《钢琴协奏曲》、瞿小松的《Mong Dong》和"第一交响曲"等等,此外,还有叶小钢、陈怡、郭祖英的作品等等。不论上述作曲家和创作的作品采用何种技法,都显示出一个基本的美学倾向:非标题思维和无标题音乐逐渐增加,立体化、交响性的乐队写法更纯熟,民族风格的追求更加内在而深刻,戏剧性、悲剧性、哲理性因素大为增强。这表明中国作曲家对交响音乐艺术规律的把握更趋向成熟。进入90年代,交响乐主要代表是朱践耳,他的唢呐协奏曲《天乐》、第五至第八交响曲、小交响曲及交响诗《百年沧桑》接踵问世并屡获佳奖,使其成为20世纪中国交响音乐创作的重要代表。

新时期室内乐重奏亦有飞跃发展,丁善德、罗忠镕、刘庄等一批中老年作曲家不断有新作出现,一批青年作曲家以谭盾《第一弦乐四重奏——风·雅·颂》在1983年国际室内乐比赛中获奖为契机,创作了大量的室内乐,如周龙的弦乐四重奏《琴曲》、李晓琦的《边塞素描》、陈怡的《管乐五重奏》、何训田的弦乐四重奏《两个时辰》等等，且多数在国际室内乐比赛中获奖，表明中国室内乐创作达到了新的高度。

2.民族器乐

新时期初期的器乐作品，在深入挖掘各地传统、充分表现乐器性能方面均获得较大的发展。这一时期创作了各种器乐独奏曲，如笛曲《秋湖月夜》(俞逊发、彭正元)，筝曲《香山射鼓》(曲云)，二胡曲《第一二胡狂想曲》(王建民)等等。此外，在大型器乐创作方面尤以协奏曲最为突出，如筝曲《汨罗江幻想曲》(李焕之)，二胡曲《长城随想》(刘文金)、《红梅赞》(吴厚元)等等。大型民族器乐作品有合奏音诗《流水操》(彭修文)等。在打击乐器方面出现了《鸭子拌嘴》(安志顺)、《龙腾虎跃》(李民雄)等。

80年代中期，青年作曲家崛起，并开始进入民族器乐创作领域。如谭盾的《拉弦乐组曲》、瞿小松的《两乐章音乐》、何训田的《天策》等等。新潮音乐家的介入，使民族器乐创作融入了新的因子，对20世纪末民族器乐走向国际乐坛有直接影响。90年代以来，新潮作曲家们创作大型民族器乐的势头未减，主要有谭盾的《火祭》、郭文景的《愁空山》、唐建平的《 春秋》、《原土》等。民族室内乐方面也产生了一些重要的作品，如周龙的《魂》、郭文景的《戏》、陈其钢的《三笑》、王建民的《天山风情》、王西麟的《殇》等等，使民族器乐创作达到了一个新的历史阶段。

3.新潮音乐

新潮音乐是20世纪80年代，随着政治、经济方面的开放和思想解放运动，在音乐创作领域出现的以文革后进入音乐学院的学生如谭盾、瞿小松、周龙、许舒亚等为代表的一批作曲家的作品。他们的创作一方面伸向古老的中国传统音乐和民族精神，一方面又伸向20世纪西方现代音乐创作技法，他们以大胆的创新精神勇于创作，被人们称之为“新潮作曲家”或“第五代作曲家”。自1981年全国交响乐评奖活动中谭盾、罗京京的作品获奖而引起乐坛的关注，到1985、1986年在北京举办青年作曲家的系列交响音乐会，“新潮音乐”形成一股强大的冲击波。

谭盾(1957—)是新潮作曲家代表之一，他的交响乐、室内乐、民族器乐及电子音乐创作，既采用西方现代技法，又具有浓郁的楚、道文化和个人特色。他的音乐，跨越了古典与现代、东方与西方的界限。其早期作品有《道极》、《钢琴协奏曲》等。1995年歌剧《马可·波罗》完成，谭盾被评为当今国际“最杰出的作曲家之一”。1997年以后，他又创作了《交响曲1997:天地人》，歌剧《牡丹亭》，多媒体剧场《门》、《永恒的水协奏曲》，电影《卧虎藏龙》的音乐，歌剧《茶》，多媒体交响协奏曲《地图》等，并获得了格尔文作曲大奖、奥斯卡原创音乐奖等多项重要的国际奖项。

(三)歌舞剧

新时期初期，中断十余年的歌剧事业开始得到恢复。这一时期上演的歌剧有《启明星》(李井然)、《壮丽的婚礼》(吕远)等。80年代，随着社会音乐文化市场的巨大变化，歌剧在改革探索中前进。这一时期上演的歌剧有《伤逝》(施光南)、《原野》(金湘)等。90年代有《狂人日记》、《夜宴》(均为郭文景曲),《命若琴弦》(瞿小松),《马可·波罗》、《牡丹亭》(谭盾),《太平湖》(许舒亚)等。

新时期初期舞剧音乐创作取得的成就尤为显著。有建立在北欧音阶调式基础上的芭蕾舞剧《卖火柴的小女孩》(黄安伦),有根据傣族民间传说创作的、充分发挥傣族音乐特点的民族舞剧《召树屯与楠木诺娜》(杨力、聂思聪等),充分发挥西部风情的《丝路花雨》(韩中才等),还有吸收藏族民歌和秦腔音乐创作的《文成公主》(石夫)等。80年代无论是芭蕾舞剧还是民族舞剧音乐均获得较大的发展,如芭蕾舞剧《魂》(奚其明)、《红楼梦》(樊步义)、《鸣凤之死》(舒泽池)、《无字碑》(杨立青等)。其中《无字碑》的音乐既运用了无调性手法,同时还强调音色、音块的对比,并将交响音乐四个乐章的结构原则应用到舞剧中,使其成为一部颇有新意的交响舞剧。90年代,舞剧创作数量更加可观,约有50部,其中《阿诗玛》(万里、黄田曲)、《边城》(杨天解曲)、《森吉德玛》(王竹林等曲)、《南越王》(石夫曲)、《远山的花朵》(彭涛曲)都是获"全国文华音乐创作奖"的作品。这些舞剧音乐,以其崭新而鲜明的民族特色,显示着新时期音乐创作的勃勃生机。

思考题:

一、填空

1.青主早在1920年根据苏轼的名作《念奴娇·赤壁怀古》谱写的男中音独唱《__________》是我国第一首艺术歌曲。

2.__________作曲、__________作词的《黄河大合唱》是近代大型合唱音乐取得较高艺术成就、享誉中外里程碑式的杰作。

3.30年代,贺绿汀的《__________》的问世标志着中国钢琴音乐创作已进入一个新的历史阶段。

4.__________的《弦乐三重奏》获约翰·杰克森奖,这是中国所写的西洋乐器重奏音乐在国外获奖的第一部作品。

5.冼星海的《__________》是中国第一部以"民族解放运动"为题材的大型西洋乐器合奏音乐。

6.1943年春节,延安上演了第一部新秧歌剧《__________》,揭开了"秧歌运动"的序幕。

7.《__________》是中国歌剧创作史上一座闪光的里程碑,它的诞生标志着符合中国人民群众审美情趣的民族歌剧风格的形成。

8."文革"时期艺术性、思想性比较完整的当代管弦乐经典性作品是1970年由中央乐团集体根据冼星海的《黄河大合唱》改编、创作的钢琴协奏曲《__________》。

9."文革"后期,吴祖强、王燕樵、刘德海的琵琶协奏曲《__________》为中国传统乐器与西方管弦乐队的融合探索了一条新路。

二、解词

1.江南丝竹　2.广东音乐　3.二泉映月　4.秧歌剧　5.新潮音乐　6.八部样板戏

三、简答

1.萧友梅、赵元任的艺术创作

2.刘天华的音乐主张与艺术贡献

3.黎锦晖的儿童歌舞曲与歌舞剧

4.歌剧《白毛女》的艺术成就

5.小提琴协奏曲《梁祝》的艺术风格

6.新时期通俗歌曲的繁荣

7.谭盾的音乐创作与成就

四、论述

1."五四"运动后中国传统音乐的创作

2."五四"运动后中国声乐创作的发展

3.建国后的声乐创作状况

4.建国后器乐创作的演进

5.建国后的歌舞剧成就

下卷 外国音乐

第一章 古希腊到中世纪

第一节 古希腊音乐

西方音乐历史的发展,可以上溯到古代的希腊与罗马。古代希腊音乐的最早历史,是与神的崇拜、神的传说交织在一起的。希腊神话认为音乐起源于神,希腊神话中的安菲翁和奥菲欧等神或是半神,被认为是音乐的发明者和最初的实践者。现藏于大都会艺术博物馆的公元前 5 世纪中期的希腊油彩花瓶,就描绘着阿波罗左手持七弦基萨拉琴,右手执拨子,正在拨击琴弦作响的形象。琴身结实而精致,是专业音乐家的乐器。

古希腊时期音乐应用得很广,在宗教礼仪、大众娱乐和戏剧配乐等方面都有体现。随着音乐实践活动的繁荣,古希腊时期的音乐理论也并行发展,包含有音程和音阶的理论和音乐的社会功能理论两个方面,并且取得了很大的成就,一直保存至今。

一、古希腊的音乐实践

古希腊最初的音乐是对神的崇拜,音乐"music"一词源于"muse",而在希腊神话中,"Muse"即缪斯,是指宙斯的九个女儿,她们是一群象征着高贵、智慧和圣洁的女神,分别掌管着文学、戏剧、音乐等高雅的文艺活动。由于音乐与神的这种联系,在蒙昧的古代希腊时期,音乐本身也被认为充满了神性,可以净化人们的肉体和灵魂,因此在整个社会生活中占据着非常重要的位置。

古希腊在公元前 6 世纪就出现了集体性的节庆活动和竞技比赛, 这时往往都伴随着丰富的音乐表演。始于公元前 776 年的宙斯大祭,在南希腊的奥林匹亚每四年举行一次盛大的持续数天的祭奠,这个活动中就设有歌唱、角力、笛弦等表演。竞技会更是与音乐有着密切的关系,产生于公元前 586 年的皮底亚节是希腊著名的四大竞技会之一, 这个四年举办一次的祭奠阿波罗的盛会,竞技内容是乐器演奏比赛、歌咏比赛以及诗歌比赛等等。

古希腊的音乐实践活动,不仅仅存在于民间的祭祀活动中,还体现在诗歌的繁荣上,古希腊的音乐与诗歌是紧密联系在一起的。古希腊音乐都是诗、乐、舞三位一体的,并没有单独的纯音乐,诗歌吟诵总是伴随着音乐,因此当时的诗人也就是音乐家。

早在古希腊的荷马时期,民间行吟歌手就四处传唱关于神话英雄的叙事诗篇,公元前 9 世纪至公元前 8 世纪,诗人荷马经过整理写成了行吟风格的大型史诗《伊利亚特》和《奥德赛》。到公元前 8 世纪至公元前 6 世纪，古代希腊人的集体意识开始慢慢地淡漠，取而代之的是个人情感体验的丰富，这样的变化促使人们有了表达自身情感与意志的渴望，于是抒情诗歌应运而生。抒情诗来源于民歌，最早发源于希腊东部的累斯博斯岛，最早的抒情诗作者是泰而潘德（约公元前 7 世纪），他的作品庄重和谐，具有古代遗风。后来的贵族女诗人萨福（约公元前 612—前 557）在其生前及身后都享有很高的声誉，她的作品题材大都以爱情和婚姻为主，擅长细腻的心理刻画，反映了当时的贵族生活情趣，具有极强的艺术性。合唱诗的代表作家是品达罗斯（约公元前 518—前 442），他的作品风格庄重、辞藻华丽，因此大多被用于各种集体性的节庆场合。

古代希腊乐器主要有弦乐与管乐两类。弦乐乐器的历史较管乐要早，它代表着希腊本土乐器，并且与古希腊神话中具有显赫地位的阿波罗有密切联系。弦乐的代表乐器是里拉琴和基萨拉琴，里拉琴由手指或拨片拨弦发声，由乌龟壳或形似乌龟壳的木板做成共鸣箱，普通的里拉琴声音比较轻柔，一般业余音乐家较多使用。基萨拉琴属于里拉族乐器，是从里拉琴发展而来，常见的基萨拉琴一般都是七根弦，所以也称为七弦琴，它形状较大，声音也要比里拉琴响亮，演奏技巧比较复杂，因此常为专业演奏者使用。古希腊最重要的管乐类乐器名为阿夫洛斯管，它是一种具有单簧和双簧两种形式的吹管乐器，其管上有指孔，声音坚硬且具有穿透力，在狂欢节和悲剧演出中经常被使用。

二、古希腊的音乐理论

公元前 4 世纪始，古希腊文化发展进入到了希腊化时期。在这个时期的音乐发展中，不仅古代的音乐科学，像音程、音阶等被确立起来，更有不少关于音乐哲学、美学和社会功用的精辟理论得以发展和确立，对后世的音乐理论发展产生了重大的影响。

毕达哥拉斯（约公元前 6 世纪）是西方第一个用自然科学观来解释音乐现象的人。毕达哥拉斯学派认为音乐的基本准则在于数量的关系，把音乐的节奏、形式、比例发展到与数学理论相关联。毕达哥拉斯以独弦的弦音计为实验工具，通过实验得出结论：弦长比 2:1 时发出高八度的音，3:2 时五度，4:3 时为四度等，这样就把音程分为协和音程与不协和音程两种，八度、五度、四度这三对协和音程的理论对西方后来音乐的发展起到了重要的作用。

毕达哥拉斯学派具有很强的理性思辨特征，在当时还有另外一些学者注重从实际听觉经验中来认识音乐，公元前 4 世纪的希腊著名音乐理论家阿里斯多塞诺斯就是这些人的代表之一。阿里斯多塞诺斯的论著《和谐的要素》是古希腊甚至是古代西方音乐的重要文献，书中所提到的和谐要素并不仅仅是毕达哥拉斯提出的和谐概念，而是又进一步深入到音乐的构成要素，比如音程、调式、旋律等中探讨问题。阿里斯多塞诺斯音乐理论的核心内容是四音音列，四音音列是古希腊的音乐体系之一，是古代音阶、调式的理论基础。四音音列建立于一个固定的四度框架，包含自然音的、变化音的、四分音的三类，四音列两端界音的音高是固定的.中间两个音可以灵活变动。

古希腊具有多民族性，民族之间的音乐旋律差别较大，在历史的发展中，带有民族特色的古希腊调式体系逐步形成。古希腊的调式体系是以其不同的民族名称命名的，包括多利亚调式、弗里几亚调式、利第亚调式以及它们的各种变体调式，其中多利亚调式庄严雄壮，弗里几亚调式富有精神鼓舞的作用，利第亚调式则悲伤冷酷。

音乐在希腊人民的生活中占有重要地位，古希腊人在感觉和理解了音乐的“美”之后，不再单一地强调它的仪式功能，而是开始强调音乐的道德功能和它可能给人格带来的影响，赋予音乐社会使命感，众多哲学家与美学家都对音乐的社会功能进行了深入的研究与探讨。

柏拉图（前427—前347）认为音乐可以训练心智，不适度的音乐对人会有腐蚀作用，而好的音乐应该庄重、简朴、符合规则，要为社会教育服务，是和谐的教养、灵魂的完善和激情的中和，而不仅仅是享受和娱乐。

亚里士多德（前384—前322）认为音乐有伦理价值的取向，可以直接影响人的品格和意志。在谈到调式时，亚里士多德认为不同的调式是与不同的感情相联系的，如多利亚调式可以使人安静并具有力量，而弗里几亚调式则具有激情。

随着古希腊音乐的不断发展，到公元前5世纪，不论从体裁还是从表演形式，音乐都从单纯走向复杂，面对这样的情况，音乐的社会功用更进一步被提起和重视，音乐在社会教育等方面占有头等重要的地位，被看作陶冶性情、教化心灵不可或缺的手段。

第二节　古罗马音乐

古罗马是公元前753年之后逐渐兴起的一个国家，公元前214年起，古罗马不断发动侵略战争，扩张版图，公元前146年罗马征服希腊，文化中心也随之从希腊转移到罗马。在古罗马帝国的繁荣昌盛期，无论是建筑、音乐，还是宗教、哲学，都是从希腊世界输入的，希腊被罗马占领之后，希腊的各种文化更是逐渐取代了罗马本土文化。可以说，古罗马的文化是继承古希腊文化而逐步发展起来的，因此，古罗马的音乐几乎就是古希腊音乐在罗马的表现和发展。

公元初年，在耶路撒冷地区产生了基督教会，规模不断扩大，与此同时，罗马帝国逐渐没落。至公元3世纪、4世纪，罗马盛行的大型音乐活动消失，基督教会音乐慢慢兴起并占据了主导地位。

一、古罗马的音乐生活

古罗马人性格粗犷豪放，长于征战，纪律严明，这些性格与文化特征决定了古罗马人的音乐缺乏古希腊音乐中的高雅品格与艺术情调，而以大型化与直白化为特点。古罗马音乐中的实用性和仪式性音乐非常多,集体性的军乐以及仪式和游行音乐在当时十分普及。与古罗马的强大军团相对应,古罗马的军乐规模也相当宏大,大型的合唱和管弦乐队成百上千。罗马的圆形剧场可以容纳 7000 至 12000 人,场地之大、演出规模之大也就可想而知了。

为了适应这种大规模,古罗马的乐器体型也被扩展,像铜制管乐器大号,用于军乐,它的管长就有一米多。另外还有一种水压风琴是通过水的压力来送风发声,音量更是宏大,它最初是作为观赏决斗时的伴奏,后来逐渐也用于剧院与家庭的音乐演出。里拉琴和基萨拉琴在古罗马音乐中继续得以使用,只是弦数增多,琴体也相应加大。

除了这些社会音乐活动之外,古罗马的家庭音乐也逐渐流行。在罗马,熟悉音乐是有身分、有地位的表现,是贵族的象征。许多贵族都以拥有私人家庭乐师为时尚,这些贵族从私人奴隶中挑选出有天赋的奴隶,教给他们音乐,训练他们进行表演。久而久之,家庭音乐活动得到了普及,奴隶学习音乐已经不是新鲜事物。从奴隶到贵族,从专业音乐家到业余音乐爱好者都开始学习音乐,就连帝王都狂热地投入到音乐的学习中。古罗马皇帝尼禄(37—68)就是一名音乐爱好者,他学习音乐并且希望自己可以成为一名真正的音乐家,进入艺术家的行列,他多次登台演出,并定期举行以音乐比赛为重点的竞技会。在帝王的这种引领和影响下,各级贵族争相效仿,音乐教育作为一种职业也变得非常兴旺。

皇室与贵族对音乐的狂热崇尚直接导致了音乐的职业化，这是古罗马音乐的又一个明显特点。职业音乐家到处受到人们的尊敬与追捧,有的甚至还被贵族供养,待遇异常丰厚。在这种情况下,职业音乐家索取高额报酬,以致腐化、堕落的事情变得越来越多。

虽然古罗马的音乐精神健康与古希腊相比而言逊色许多，古罗马的音乐缺乏高雅的品格和艺术情调，变成了单纯的娱乐，但仍然应该看到古罗马音乐在延续古希腊文化和影响其他地区文化中所起到的积极作用。

二、基督教音乐的兴起

基督教产生于约公元 1 至 2 世纪,在古罗马各大中心城市的宏大奢华音乐盛行的同时,一些与此不同的声音也在慢慢变得响亮,这就是基督教徒的祈祷和歌唱。

基督教最初产生于奴隶、平民等受压迫的阶层,它宣扬世界末日即将到来,上帝将派救世主下凡来拯救众生,它的这种言论迎合当时人们注重获得永生的期望,因此影响迅速扩大,声势也越来越强。随着古罗马的各种盛大音乐活动逐渐冷寂,基督教徒的歌唱也由地下转入公开,到公元 313 年,罗马皇帝宣布基督教成为合法宗教,325 年的尼西亚会议,更是将基督教进一步确定为官方宗教,基督教的音乐也随之合法化。

基督教音乐在许多方面都继承了犹太教以及叙利亚等东方宗教音乐的特征,祭祀祈祷,诵经布道,以及教堂的赞美诗歌唱都被基督教音乐吸收进来,通过融会整合发展出新的音乐观,充满了凝重与肃穆,成为人们精神拯救的工具,主宰了之后中世纪的大部分时期。

第三节 中世纪音乐

公元476年,庞大的罗马帝国在各种尖锐的矛盾冲突中终于不可避免地崩溃了,西方历史进入了漫长的中世纪时期。基督教自建立以来,一直顽强地生存并不断发展壮大,最终确定了在欧洲世界的精神统治地位,而且在政治上获得了一定的特权,代表着至高无上的权力。

基督教的诞生对欧洲音乐的发展产生了巨大的影响,欧洲音乐从此进入了新的发展进程。中世纪的西方音乐文化在宗教的氛围中慢慢前行,教会音乐在当时音乐的发展中占据着主导地位,除此之外,也有世俗音乐和民间音乐的发展。在古罗马时代,由于各种西方教会相对独立,缺乏中央集权,因而当时形成的几种风格各异的教仪与圣咏曲目,都带有明显的地域特征。但到了9世纪,随着罗马教会势力的扩大,以及文化的复苏和政治的统一,各种教会仪式最终也得到了统一——格里高利圣咏确立了作为标准的教会礼仪音乐的地位。格里高利圣咏地位的确立,对后期的音乐发展具有很大的历史意义,它为复调音乐的发展奠定了基础。这可以说是中世纪音乐发展的第一个阶段。

10世纪下半叶到13世纪是中世纪音乐发展的第二个阶段,在这个时期中,世俗音乐得到进一步的蓬勃发展,在各地形成了明显的地域特色。同时,随着这一时期东西方的分裂和西方世俗王权的强大,复调音乐开始萌发并得到发展,13世纪经文歌的产生更是把复调音乐推向了繁盛阶段。

中世纪音乐的第三阶段也即14世纪到15世纪初,被称为“新艺术”时期,主要以法国和意大利为代表。中世纪发展到这一阶段,在政治时局和精神信仰上都处于动荡时期,音乐方面更是处在一个革新时代,“新艺术”向中世纪固有的“古艺术”发出了挑战。

虽然在历史上中世纪被认为是黑暗的年代,但教会却从一定意义上系统地保存了中世纪的文化。从音乐上来看,中世纪的音乐更是为西方后世音乐的发展做出了突出的贡献,西方后期音乐的独特发展都包含着中世纪音乐的重大理论与实践成就。

一、中世纪教会音乐与世俗音乐

(一)教会圣咏

中世纪是一个以宗教为主导的时代,教会在音乐的发展中起着不可替代的作用。直到11世纪到12世纪,音乐的活动基本上还都是围绕着教会展开。“西方音乐的历史,至少在基督教时代开始的一千年,必然是基督教礼拜的历史。虽然各种形式的世俗音乐在这一时间中无疑存在,但却没有得到记载,只有礼拜音乐得到保存”。礼拜活动中的唱诵经文称为圣咏,歌曲内容通常都是歌唱上帝，格里高利圣咏是用于罗马教会礼拜仪式的，从一定意义上可以说，中世纪教会音乐的历史其实都是围绕着建立和发展格里高利圣咏而展开的。

格里高利圣咏是以罗马教皇格里高利一世命名的。4 世纪以来，基督教从地下转入公开，迅速向各地传播，基督教的礼拜仪式也开始要求从开始的原始状态变为规范和完善。在此之前，各个地区的基督教会都具备带有自身特色的礼拜仪式和圣咏音乐，重要的像罗马的古罗马圣咏，意大利南部的贝内文托圣咏，西班牙的西哥特圣咏等等。6 世纪末，教皇格里高利一世开始改革基督教会仪式中的音乐，他创办了教会音乐学校，并且派人到各地收集圣咏，耗时多年对这些收集来的圣咏加以修改和加工，再加入自己新的创作，最后集结成集，这就是著名的格里高利圣咏。

格里高利圣咏的一般特征是：内容主要来自圣经和诗篇，音乐服从于唱词，用拉丁文演唱，旋律较为平缓而无明显的节拍特征，是无伴奏的纯人声演唱的单声部音乐形式。圣咏的曲调具有优美柔和的线条起伏，追求的是静穆、超脱的境界，排斥人间的所有浪漫和激情。

格里高利圣咏的歌唱方式大概有四种，包括独唱、齐唱、交替歌唱和应答歌唱，一般都根据礼拜进行的不同场合来选择不同的歌唱方式。按照旋律风格格里高利圣咏则可以分为音节式、纽姆式和花唱式三种。在发展的过程中格里高利圣咏形成了一些比较固定的音乐形式，如诗篇歌调、交替圣歌、应答圣歌和赞美诗，也是根据不同的场合来决定使用何种形式。

基督教教仪活动可以分日课和弥撒两大类，格里高利圣咏主要就运用于这两种礼拜仪式中。

日课简单来说是修道院规定每一僧人每日必做的“功课”，基督教的日课主要内容有咏唱诗篇和唱赞美诗等，在日课中常用的圣咏体裁主要是诗篇歌调、交替圣歌、应答圣歌和赞美诗。

弥撒是基督教最为重要的崇拜仪式，通常是在周日和具有特殊意义的宗教节日中举行，根据基督教的年历，完整的弥撒仪式包括专用弥撒和常规弥撒两部分，其中专用弥撒是根据年历的不同而有具体唱词和特定形式的，而常规弥撒则是每次都采用的，唱词的内容也较为固定。

随着西欧政治逐步走向统一，教会音乐也开始以不同的方式对格里高利圣咏进一步地修饰和雕琢，如弥撒礼拜仪式中增加的附加段、继叙咏以及教仪剧等新音乐现象，都使教会单声部音乐达到了空前的繁荣。

(二) 世俗音乐

在教堂之外，各种音乐活动也是存在的，社会音乐生活中并非只有基督教礼拜音乐，除了用于礼拜仪式的圣咏之外，中世纪音乐的另一重要组成部分是世俗音乐。

大约 11 世纪开始流行的拉丁歌曲是这一类音乐的代表之一。拉丁歌曲包括两种主要类型，即孔杜克图斯与戈利亚德歌曲。孔杜克图斯是在 12 到 13 世纪流行的一种有旋律的拉丁歌曲，它既有宗教性的，又有世俗性的，既可以是单声歌曲，也可以是复调形式，一般是二至四声部，常见为三声部，各个声部的节拍基本相同。孔杜克图斯的主要特征是：歌词基本均为韵文式或诗歌体，音乐则一般不采用格里高利圣咏的曲调而采用新创作的曲调，题材较为严肃，有规律的节奏，伴随着规则的重复。戈利亚德歌曲是另一类型拉丁歌曲的代表，也是现存古老世俗音乐的代表之一，是由当时一群自称为“戈利亚德”的游吟诗人创作。这些诗人过着流浪动荡的生活，因此在他们的这些作品中，内容大多与酒、女人与欢歌有关，带有相当的自由色彩，放荡且不拘礼节，被当时的正统人士所蔑视。但戈利亚德歌曲曲风清新动听，受到群众的喜爱，作品被集结手抄成册，广为流传。

中世纪世俗音乐中更具有重要意义的是方言歌曲，现在所知最早的方言歌曲是“英雄业绩歌”。“英雄业绩歌”是一类史诗性的作品，以歌颂忠诚勇猛的骑士英雄为主要内容，通常是民间说唱形式，音乐也较为简单，缺乏变化，主要以口传的形式传播，因此难以保留。产生于11世纪后半叶的《罗兰之歌》是现存于世的最著名的英雄业绩歌，描绘了查理大帝手下大将罗兰英勇作战并为国捐躯的动人故事。整部作品全用法国北方方言罗曼语写成，共有4002行，291节，是一部宏大的英雄史诗。

中世纪方言歌曲更重要的成就体现于法国游吟诗人的歌曲。游吟诗人被称为“特罗巴多”或“特罗维尔”，意为发明者、发现者或创造者，其区别主要在于，前者是指法国南部的游吟诗人，以奥克语或普罗旺斯语写作，后者指法国北部以奥依语写作的游吟诗人。游吟诗人的构成比较复杂，一般是在宫廷贵族和骑士圈子中，但也时有富有才华的下层诗人被吸收到这一群体中来，成为宫廷职业诗人。保留至今的游吟诗人作品较多，包含南方诗人作品2600首，附有旋律260首，北方诗人作品2130首，附有旋律1420首。

游吟诗人的歌曲题材众多，包括爱情题材、政治题材和道德题材等，其中以爱情题材为主，体裁也多种多样：以宫廷之恋为题材的康佐；表现恋人之间依依惜别之情的晨歌；表现骑士与牧羊女不期而遇的浪漫爱情的田园恋歌等。南、北方的游吟诗人的音乐也各有特点，南方诗人的旋律段落不明确，旋律细腻优美，节奏的处理较为自由；北方相对而言则朴实直率，旋律轮廓分明规整，通俗易记。

中世纪出现了许多优秀的游吟诗人，最为著名的是法国南方的著名诗人贝纳特·德·文塔多恩（1140—1190），他的代表作品是《我看见云雀扑打翅膀》，表现的是对一位贵妇人的单相思的苦恋之情。

除法国之外，其他国家在这一时期也出现了世俗歌曲，如德国流传于宫廷和城镇的恋歌，带有明显的宗教色彩，音乐的旋律比较庄重肃穆，多数是分歌节的。意大利流行的巴拉塔是关于爱情与道德方面内容的伴有舞蹈的歌曲形式，另外在意大利还有一种内容涉及宗教题材的劳拉赞歌，这是一种音节式的歌曲，一般在公共场合演唱。

二、复调音乐的兴起与发展

在11世纪和12世纪之间，宗教礼拜音乐的扩展不仅是水平化的修饰和雕琢，同时也有垂直的扩展，这种垂直的扩展就是复调音乐。复调音乐以它的多线条旋律和纵横兼顾进行的方式丰富着礼仪音乐，它的产生给西方音乐带来了一系列积极的后果：它促成声部协和的对位准则，推动了节奏和记谱理论的发展，唤醒了理性的作曲意识。

(一) 早期复调音乐

早期的复调音乐包括奥加农与华丽奥加农。奥加农是西方有记载的最早的复调音乐，大约从公元9世纪开始出现。最初的奥加农只是圣咏的一种演唱方式，即在圣咏的同时歌唱另外一个被称为奥加农的附加声部，这种简单的二声部歌唱也因此被称为奥加农。奥加农有两种，第一种是"平行奥加农"，它的组成是在一条给定的礼仪旋律，也即主声部之下，附加一个奥加农声部，这个声部是一条以四度或五度音程的旋律，与原有主声部构成一对一的关系，发展方向一致。除此之外，还有一种奥加农，也以圣咏为基础，但不同之处是两个声部以同音斜向开始，进入四度音程后两个声部开始平行进行，最后又汇合于同音，这是平行奥加农的变体，表明了这一时期人们对音域扩展的意识与尝试。

12世纪开始，奥加农声部在交错和超越的基础上又有了新的发展，由原来的下方声部转向上 方声部，旋律更加地流动和具有装饰性，形成了华丽奥加农复调风格。在华丽奥加农中，奥加农声部位于上方，表现出即兴和自由的特征，而下方的圣咏旋律相对来说则显得缓慢静止。

随着复调音乐的发展，到12世纪出现了一种叫做第斯康特的复调形式，它是以奥加农为基础，加上节奏的运用而形成的。第斯康特乐曲在整体上显示出分句结构的特征，这与结构松散的奥加农形成了最大的区别。第斯康特在节奏上有着灵活多变的独立性，在三声部、四声部的音乐出现之后，各声部的音乐和旋律变得五彩斑斓，现代意义上的复调音乐诞生了。

(二) 复调音乐的高峰——经文歌

中世纪的复调音乐发展至13世纪达到高峰，经文歌——这一中世纪乃至文艺复兴时期最为重要的复调体裁出现了，作为最流行的音乐样式，它以巴黎为中心，很快辐射到整个欧洲。

经文歌的产生可以上溯到第斯康特风格的复调写作，在第斯康特与经文歌之间有一个重要的环节，就是克劳苏拉。克劳苏拉原意是"句子"、"段落"，即礼拜音乐中的一个片段，作为二声部的克劳苏拉，上方声部原本是没有歌词的，但后来在其上方声部中有了歌词，而这种上方声部中有歌词的克劳苏拉就变成了经文歌。最初经文歌的标准形式是三声部，上方声部附加有拉丁文的歌词，后来经文歌的歌词开始使用方言，内容随着社会文化的变化也开始渐渐出现世俗化的倾向，在社会中受到普遍的欢迎。

经文歌是宗教音乐与世俗音乐互相借鉴的例证，促成了体裁之间的交流与融合。由于在宗教环境与世俗社会中都可以使用，也不受固定模式的拘泥，因此经文歌给予作曲家很大的创造空间,进一步促进了理性作曲意识的发展。

三、14 世纪法国和意大利音乐

相对来说,13 世纪是一个稳定统一的时代,14 世纪则是一个酝酿着历史变革的不安定的时代。英法之间旷日持久的百年战争,大范围蔓延的黑死病,严重的社会动乱和经济衰退,这一切使欧洲整个社会体系陷入动荡,随之而来的是精神和信仰的危机,严重地冲击着中世纪的思想价值结构。

文化艺术已经从宗教的统治下完全地摆脱出来,进入一种无序状态,这对其发展来说是一件好事。文化艺术领域受到封建国家政治独立倾向的影响,也开始不断表现出带有世俗因素的日益独立,音乐创作领域明显地以世俗音乐代替了原先的圣乐,并且出现了许多新特点,因此 14 世纪被称为“新艺术时期”。“新艺术”与“古艺术”之争拉开了音乐革新的序幕,音乐领域显现出一派新的气象。

(一) 法国新艺术

“新艺术”作为一种音乐艺术风格出现在 14 世纪初期,盛行于 14 世纪上半叶的法国和意大利,代表这一时期音乐的潮流与方向。“新艺术”这一概念来源于一篇论文的题目,作者是法国音乐家菲利普·德·维特里(1291 —1361),由于这一论题贴切地反映了当时的音乐风尚,因而被广泛采用。与法国新艺术有关的最早文献是一部富有戏剧性、配有插图、共收录 167 首乐谱的长篇讽刺诗歌《福维尔传奇》。

新艺术音乐的重要特征是大量的音乐创作与礼拜分离,音乐创作空前地世俗化,音乐形式和创作技巧上出现了一系列的变革，其中最突出的就是新记谱方式的出现和技术的革新。在代表“古艺术”的记谱法中,最重要的是按照三分法的原则进行组合,即一个长音符可以由三个短音符组成,一个短音符又包含三个小音符,这叫做“完美划分”。到了新艺术时期,记谱原则则突出二分的“不完全拍”,并把它用于主导地位,这就形成了二拍子与三拍子的复杂组合。除了记谱方式的变化,新艺术在音乐技术上也有一定的发展,如这一时期出现的一种重要的曲式组织方式——等节奏技术。

法国新艺术音乐的代表人物是纪尧姆·德·马肖(1300—1377),马肖是西方音乐史上作品得到完整保存的第一位音乐家,他的音乐作品涉猎到 14 世纪几乎所有的音乐创作体裁,包含宗教音乐和世俗音乐两大类,其中宗教音乐如弥撒、经文歌,世俗音乐如叙事歌等。马肖总结了法国中世纪音乐的一系列成就,是法国新艺术时期的音乐家典范。

(二) 意大利音乐

14 世纪的意大利音乐与法国音乐是存在区别的，因为这一时期的意大利是一个封建割据政权国家，这就决定了意大利的音乐是在一些分散的封建贵族中发展的，因而受宗教的影响较小而世俗化倾向更大。意大利音乐家在旋律的流畅和歌唱技术上倾注了更大的心血，内容上更多地与城市市民的现实生活有关。

14 世纪意大利音乐的重要体裁包括三种：猎歌、牧歌和巴拉塔。猎歌是一种标题性的世俗多声音乐，其歌曲性格活泼，具有描绘性，经常与狩猎情景相联系，音乐结构一般为二声部，有时也有三声部出现。牧歌的表现内容较为丰富，是当时最具有代表性的复调音乐体裁，主要内容是世俗情感和道德教育，通常是二声部或三声部。巴拉塔原是指为舞蹈伴唱的单声部歌曲，后来发展为带有合唱叠歌的歌曲，逐渐出现了二、三声部的形式。

意大利音乐的代表人物是盲人音乐家弗朗切斯科·兰迪尼（约 1325—1397），兰迪尼流传至今的作品大多是世俗音乐作品，主要以巴拉塔为主。兰迪尼的音乐作品以甜美和抒情为主要特点，不追求复杂技巧，他著名的“兰迪尼终止”是他独特音乐风格特征的最大体现。

四、中世纪的器乐与音乐理论

中世纪的音乐中有大量载歌载舞的形式，在这些歌舞中通常也配有乐器伴奏，中世纪存在多种乐器，常用乐器有弦乐和管乐两类。

弦乐类乐器有从古代一直沿用的里拉琴，有具有“典型的中世纪乐器”之称的竖琴。索尔特里琴也是中世纪常见的乐器，还有大轮擦提琴，早期体积较大，需要两个人共同演奏，用于教堂之后改为较小的形式。管风琴是允许使用于教堂的中世纪乐器，有大型和中小型之别。教堂演奏使用的大型管风琴规模之大，发出声音之巨使听的人不得不双手捂耳。除了大型的管风琴，还有两种小型的：便携式管风琴，演奏者颈部挂一根皮带，左手拉风箱，右手按键；中型管风琴，演奏这种管风琴时必须将其放在桌上，由助手拉动风箱。中世纪常用的管乐器有笛类和双簧类，其中笛类包括竖笛和横笛，双簧类包括肖姆管和短号等。

中世纪的音乐理论包括两个方面：音乐认识方面的美学和哲学理论，音乐实践方面的记谱和调式理论。

音乐在中世纪享有的地位是崇高的，中世纪的音乐理论家继承了古人的观点，强调音乐的教育作用和在宗教礼仪中的预示功能以及它的道德影响功能。中世纪对待音乐的喜爱与崇拜，在很大程度上并不是因为音乐所带来的感性的愉悦，而是一种理性上的认识与规则。中世纪音乐家认为音乐的美归于形式的力量，在于遵循和谐。音乐理论家波埃修斯（约 480—524）依据于此把音乐分为三类：其中“天乐”体现的是宇宙的最高和谐；“人乐”包括人身体和心灵的和谐以及歌唱的和谐，产生于人的灵魂深处；“器乐”则处于最低层次，因为它只是一种音程的数字比率体现出的和谐秩序，只是对听觉的抚慰，不足以感召心灵。

中世纪关于音乐实践方面的理论主要包括记谱法、教会调式和六声音阶三种。

古希腊的记谱法在中世纪失传，在很长的时间中格里高利圣咏的歌唱是完全依靠记忆的。继8世纪产生了简单的“纽姆谱”之后，记谱方式出现了具有革命性意义的改进，即用线来显示音的相对高度，开始是一根线，常用红色，后来在上方加了一根黄线，表示高五度音的位置。到11世纪线谱得到广泛运用，中世纪的音乐理论家规多（约997—1050）进一步总结出了四线谱，为后来五线谱的形成打下了基础。

中世纪的教会调式理论得到发展，并且受到拜占庭调式理论的影响，把圣咏旋律分为八种形态，每两个一对，每一对分别为正调式和副调式。到11世纪，八个教会调式基本确立，分别是：多利亚调式、副多利亚调式；弗里吉亚调式、副弗里吉亚调式；利第亚调式、副利第亚调式；混合利第亚调式、副混合利第亚调式。

六声音阶体系主要是为了便于学唱圣咏而设计的，主要是运用一组音节来指称音阶中的各个音级，用音节ut、re、mi、fa、sol、la来记忆音级中的全音与半音排列，这些唱名排列为六声音阶体系。之后有人在六声音阶唱名中又加入了si音，丰富了音阶体系。

思考题：

一、填空

1．公元前9世纪至公元前8世纪，古希腊诗人荷马经过整理写成的行吟风格大型史诗是《________》和《________》。

2.格里高利圣咏的歌唱方式主要包括四种：独唱、________、________和________。

3.基督教教仪活动大体可以分________和________两大类。

4.产生于11世纪后半叶的《________》是现存于世的最著名的英雄业绩歌，描绘了查理大帝手下大将罗兰英勇作战并为国捐躯的动人故事。

5.14世纪的意大利音乐的重要体裁包括猎歌、________和________三种。

6.中世纪音乐理论家波埃修斯把音乐分为________、________和器乐三类。

二、解词

1.格里高利圣咏　2.弥撒　3.英雄业绩歌　4.经文歌

三、简答

1．古希腊时期对音乐社会功能的认识

2．格里高利圣咏的主要特征

3．法国游吟诗人的创作内容

四、论述

1．复调的兴起与发展过程

2．意大利“新艺术”音乐

第二章 文艺复兴时期

第一节 文艺复兴早期的音乐

文艺复兴是14世纪中叶到17世纪初发生在欧洲的一场思想文化运动，14世纪，随着工场手工业和商品贸易的发展，资本主义经济关系在欧洲封建制度内部开始形成，宗教势力也随之衰退，经济的发展和文化的因素共同推动了这场运动的兴起。文艺复兴时期的主要思潮是人文主义，人文主义者反对一切以神为本的旧观念，提倡一切以人为中心的精神。

在人文主义思潮的影响下，文艺复兴时期的音乐发生了巨大的变化。文艺复兴早期的音乐艺术，在英国音乐、勃艮第乐派和佛兰德乐派的推动下，无论是在音乐观念还是在创作技法上，都有了很大的进步。

一、英国音乐

英国的地理位置独特，其音乐从中世纪开始就与法国、意大利音乐有明显的不同。英国音乐从来都与民间风格息息相关，倾向于大调性，倾向于主调风格，倾向于丰满的音响，自由地运用三度和六度音程。

15世纪初的英国音乐主要收集在《奥尔德霍尔藏稿》中，这是一部英国的手抄曲集，共包括147首复调音乐作品，其中将近五分之四是常规弥撒各个部分的配乐，其余的是经文歌、赞美诗和继叙咏。

《藏稿》中多数作品是英国的第斯康特风格，在三声部的织体中，定旋律一般在中声部，与另外两个外声部基本保持着音对音的关系，高声部的旋律通常是稍加修饰的。除此之外，其余的作品是坎蒂莱那风格，这是指14和15世纪流行的一种三声部的声乐音乐风格，在三个声部中占主导地位的高声部，其旋律带有装饰性，节奏也更加流畅，而其他两个声部则节奏较慢，成为高声部的陪衬。

除了弥撒、经文歌和交替圣歌、赞美诗等宗教形式的小型音乐体裁外，15世纪的英国还有其他一些音乐形式，如从英国第斯康特风格演化而来的法伯顿。这是一种带有即兴性质的复调音乐手法，它通常是以一个既定的圣咏旋律为基础，演唱时即兴在其上下附加两个声部而成。另外，圣诞颂歌是一种世俗性质的音乐体裁，它是一种单声部的舞蹈歌曲，题材包括道德、政治等，15世纪用于各种仪式，多为市民、宫廷贵族或教堂的队列在行进中演唱。

利奥纳尔·鲍尔（？—1445）是15世纪最重要的作曲家之一，他一生创作了将近50首宗教音乐作品，大部分作品都具有英国音乐的和谐音响，旋律甜美悦耳而又雅致。约翰·邓斯泰布尔（约1390—1453）是这一时期另一位重要的作曲家。他约有70余首作品存世，涉及到多种体裁，风格和谐而流畅。邓斯泰布尔的创作中最重要的体裁是经文歌，他也为弥撒曲的早期发展做出了重要贡献，也是15世纪最早创作弥撒套曲的作曲家之一。

二、勃艮第地区的音乐

文艺复兴早期，开音乐艺术先河的是一批来自欧洲北方的作曲家，他们大都集中在勃艮第地区，也即现在的荷兰、比利时、法国东北部、卢森堡以及法国中部偏东地区，因此，这些作曲家被称为"勃艮第乐派"。

勃艮第地区在14世纪和15世纪出现了设有音乐设备的小教堂，教皇、贵族都争相聘用优秀音乐家，这就使得勃艮第音乐生活十分丰富，其音乐作品主要是弥撒曲、经文歌和尚松。丰富的音乐作品促进了当时各国音乐家之间的交流，对欧洲其他音乐中心的音乐发展产生了影响。勃艮第乐派的重要音乐家代表为迪费与班舒瓦。

纪尧姆·迪费（1400—1474）是勃艮第乐派最重要的作曲家。在迪费的作品中，尚松是他保持传统风格最多的一种体裁。尚松是14世纪至16世纪以法文的世俗诗歌谱写的复调歌曲的概称，勃艮第的尚松主要以清晰与幽雅为主要风格。迪费的尚松通常以传统的固定模式进行创作，其歌词大部分是爱情诗，旋律流畅，偏向抒情、细腻与典雅，是勃艮第音乐一种恰当的写照。迪费的经文歌大部分是等节奏经文歌，经过他的发展，这种形式更加丰富和复杂，《最近玫瑰开放》就是这类经文歌的代表作。弥撒曲是迪费音乐创作中最重要的成就，他是第一个把世俗旋律定为弥撒曲定旋律的作曲家，在他保存下来的四首弥撒曲中就有两首是用世俗旋律作为定旋律，《脸色苍白》是迪费弥撒曲的代表作品。

与迪费同时代的另外一位重要的作曲家是吉尔·班舒瓦（1400—1460）。班舒瓦为特定的宗教仪式创作过许多经文歌、赞美诗和圣母颂歌，这些作品大多风格简朴，很少有装饰，多为上声部为主的三声部和声式的织体。班舒瓦的旋律创作最为突出，简洁朴实，没有复杂的节奏，优美典雅而富有感染力，成为许多后世作曲家喜欢引用的作品。

三、佛兰德乐派

15世纪中叶之后，欧洲大陆北部的一系列音乐家对整个欧洲音乐艺术的发展产生了重要影响，这些音乐家被统称为佛兰德乐派。但由于他们的分布范围较为广泛，加之时间跨度较广，因此音乐风格并不十分统一。佛兰德音乐早期代表有奥克冈等，发展到作曲家若斯坎时期达到高峰，出现了一批作曲家，其后风格渐趋多元发展。

奥克冈（1410—1497）是佛兰德乐派早期的代表作曲家，他出身于教堂唱诗班歌手，在世时就受到诸多赞誉，但是他的作品并不多，大约包括13首弥撒曲、1首单乐章的信经、10首经文歌和20首尚松。在这些作品中，弥撒曲代表着奥克冈的最主要成就，奥克冈多引用已有的，或宗教或世俗的旋律作为弥撒曲的创作基础，《任何调式弥撒曲》、《短拍弥撒曲》都是其代表作。奥克冈的尚松以简洁和传统为特点，如《我的嘴在笑》等。

若斯坎（约1440—1521）是世纪之交佛兰德乐派的突出代表，也是文艺复兴最重要的作曲家之一。在若斯坎的音乐中，既有旧的传统的体现，也包含着新时代的音乐思想与风格特征。若斯坎的弥撒创作是15世纪弥撒曲创作的概括与总结，也为16世纪弥撒曲的创作拓宽了道路，他的模仿弥撒曲《不幸向我袭来》，释义弥撒曲《唱吧，歌喉》都是弥撒曲创作的典型代表。经文歌是若斯坎创作数量最多的体裁，也是最能代表他个性的体裁。经文歌的歌词选择可以相对广泛，在歌词的激发下作曲家的想象力就会得到充分的发挥，若斯坎在经文歌的创作中，就尝试以音乐的手法对歌词进行形象的解释与象征，《圣母歌》就是具有代表性的作品 。

与若斯坎同时代的音乐家中，雅各布·奥布雷赫特（1450—1505）是最著名的一位。弥撒曲在奥布雷赫特的创作中占有重要地位，由于他的弥撒曲大多都采用定旋律弥撒曲创作方式，因此奥布雷赫特被认为是同一时代作曲家中保守风格的代表，他的代表作品有《至上圣母的爱抚》、《在你的保护下》等。

海因里希·伊萨克（1450—1517）是这一时期另外一位重要音乐家。伊萨克具有多方面的音乐创作才能，他的创作方法包括传统的定旋律技法和新的主题模仿风格，在各国广泛的游历和对各国音乐体裁营养的汲取，使伊萨克的音乐中包含了丰富的世俗内容。《康斯坦茨众赞歌》是伊萨克最具有代表意义的作品。

16世纪上半叶之后，佛兰德乐派的作曲家仍然在欧洲乐坛上活跃，他们分别定居于各个国家，因此在音乐风格上受到各地音乐的影响，他们一方面保持着佛兰德乐派的传统，另一方面与当地音乐相融合，风格渐渐趋向多元化。

阿德里昂·维拉尔特（约1490—1562）是本时期最有影响力的音乐家，他的作品主要是宗教音乐，作品中充分体现出歌词决定音乐形式的创作观念，对后期意大利牧歌的发展和威尼斯乐派风格的形成都有重要影响，其代表作品有《啊十字架，光辉地照耀着》。这一时期重要的音乐家还有尼古拉·贡贝尔，雅科布斯·克莱门斯等。

第二节　文艺复兴中期的音乐

16世纪之后，随着人文主义精神在各个领域影响的扩大，西欧的音乐发展出现了一些新的倾向，各国各民族开始注意自身音乐风格的树立，音乐开始倾向于展现本国的鲜明特色，具有民族代表性的音乐体裁也获得发展，这种民族倾向给欧洲音乐的面貌带来了重要的变化。

意大利牧歌、法国尚松等民族音乐体裁的兴起，丰富了欧洲的音乐语言，改变了欧洲长期以来宗教音乐占据主导地位的局面，这些世俗音乐繁荣的同时，器乐音乐也开始渐渐增多，走上了独立发展的道路。

一、各个国家的民族音乐

(一) 意大利

意大利音乐在16世纪发展，出现了其特有的牧歌。意大利牧歌是文艺复兴时期在欧洲具有广泛影响的一种世俗音乐体裁，它是以较高水准的诗歌为词谱写的复调歌曲。牧歌的内容常表现伤感和爱情，风格比较贵族化，韵律自由，注重对歌词的细致表达，歌词多为单段式，包括多种诗歌类型：十四行诗、巴拉塔、坎佐塔、抒情的或叙事的八行诗以及田园诗等。

意大利牧歌大体可以分为早期、中期和晚期三个时期。

早期的牧歌以佛罗伦萨、罗马和威尼斯为中心，包含四个声部，这一时期的牧歌主要是主调风格，但已经开始融入少量的模仿等复调。代表作曲家有科斯坦佐·费斯塔(1490—1545)、菲利普·维尔德洛(1470—1552)等。

中期的牧歌以威尼斯为中心，音乐以五声部居多，也有四或六声部的，代表作曲家有奇普里阿诺·德·罗勒(1515—1565)等。罗勒的牧歌富有个性的探索精神，给后期的牧歌作曲家以很大的启发和影响。

晚期牧歌的发展转入罗马、曼图亚和费拉拉，这时的牧歌已经发展成一种高度精致的音乐，音乐色彩的对比等手法被大量运用，音乐与歌词的戏剧性效果得到重视。这一时期的主要代表作曲家是贾切斯·德·韦尔特(1535—1596)、卡洛·杰苏阿尔多(约1561—1613)等。其中韦尔特进一步发展了罗勒的牧歌特点，重视牧歌的戏剧效果，作品出现了宣叙性的风格。

意大利的作曲家除了创作严肃的牧歌之外，还创作一些较为轻松的体裁。像维拉内拉，这是一种三声部、分歌式的活泼音乐，最早出现在16世纪40年代的那不勒斯；另外，复调音乐体裁小坎佐纳和芭蕾歌，也以其轻快的风格受到广泛的欢迎。

(二) 法国

法国进入16世纪之后，逐渐发展了一种具有鲜明民族特色的、从词到曲都是典型法国风格的音乐体裁，被称为“法国尚松”。法国尚松是一种轻松快速、节奏强劲的四声部歌曲，大部分是主调音乐，主旋律通常在高声部，尚松的题材广泛，有爱情内容也有社会生活内容，歌词的简明清晰与幽默感鲜明地体现了法兰西诗歌语言的特征。

法国尚松的重要代表作曲家是克劳丹·德·塞米西（约 1490—1562）和克莱芒·雅内坎（约 1485—1558），他们创作的尚松多达 400 余首，其中塞米西创作的尚松偏于雅致抒情，歌词与节奏配合密切。雅内坎的尚松作品则具备所提到过的法国尚松通常的特征，主要以社会生活、自然现象和风俗习尚为主要内容，歌曲具有独特的描绘性，他的代表作品有《战争》、《云雀》、《狩猎》、《亲切的吻应保存在哪里》等。

（三）德国

德国的世俗歌曲称为“利德”，利德是 15 世纪随着德国商业城市中社区的兴起而出现的一种独具特色的复调歌曲形式，利德在 16 世纪才形成自己成熟的风格，大多是四个声部，其中一个声部是固定声部，使用定旋律，其他三个声部围绕主声部编织成为复调织体。

著名的利德作曲家主要是海因里希·伊萨克（1450—1517）和海因里希·芬克（1445—1527）以及路德维希·森夫尔（1486—1543）等。到路德维希·森夫尔时期，德国的利德达到成熟完美，进入新的境界。

（四）西班牙

15 世纪和 16 世纪，西班牙的世俗音乐体裁是维良西科，它是一种以田园或爱情为主要内容的体裁，通常采取分节歌形式，三或四声部，具有庄重、真挚、热情的风格。代表作曲家是克里斯托瓦尔·德·莫拉莱斯（约 1500—1553）等。

（五）英国

同一时期的英国在宗教和政治上一直动荡不安。16 世纪英国音乐的民族风格发展，首先是体现在宗教音乐上，当时的弥撒、圣母颂以及经文歌等都带有英国民族特色，尤其是经文歌形成了一种自由、优美和富有表现力的效果。直到 16 世纪末，英国才迎来了世俗音乐的发展与繁荣，主要形式有牧歌和琉特琴歌曲。英国牧歌注重总体音乐结构，旋律与歌词的结合十分密切，整体风格清晰透明、充满活力，代表作曲家是托马斯·莫利（1557—1602）。琉特琴歌曲是以琉特琴和维奥尔琴伴奏的独唱歌曲形式，内容广泛，以抒情见长，形式上兼有通谱歌与分节歌，代表作曲家是约翰·道兰德（1563—1626）。

二、改进发展的各种器乐

文艺复兴时期，在各种声乐繁荣发展的背后，随着城市音乐生活的发展和世俗音乐的兴起，多种形式的器乐开始摆脱对声乐艺术的依附，迅速地走上独立发展的道路。

这一时期的管乐器的种类已经很多,主要包括:竖笛、肖姆管、克鲁姆双簧管、横笛、小号、萨克布号。其中的竖笛和肖姆管都形成了从高声部到低声部的成套乐器,可以获得在这些音域中统一的音色。

管风琴在这一时期做了音色方面的改进,增加了独奏音栓和演奏轻柔声音的音栓,与中世纪管风琴的各种音栓结合使用。16 世纪的管风琴已经有了二至三排键盘,为 17 世纪和 18 世纪管风琴的黄金年代打下了基础。羽管键琴和楔槌键琴是这一时期的主要键盘乐器,羽管键琴是用手指触动琴弦,以羽管拨弦发声,音量较大,音色也优于楔槌键琴;楔槌键琴则是由金属楔槌击琴弦发声,声音比较纤细,适合于室内演奏。

文艺复兴时期在家庭中最流行的乐器是琉特琴,琉特琴原料昂贵,做工精致,可以用于独奏或重奏。

弓弦类乐器维奥尔琴已经接近近代的提琴,音色优美清纯。

文艺复兴时期的器乐主要有三种体裁,即从声乐中分离出来的器乐音乐体裁,来源于舞蹈音乐的器乐音乐和即兴器乐音乐。

从声乐中分离出来的器乐音乐以意大利的坎佐纳最为典型,坎佐纳的音乐风格比较轻快,结构较为自由,节奏性强,经常运用重复与再现的手法。

舞蹈音乐也是器乐音乐的重要来源, 文艺复兴时期, 人们在日常生活中开始追求个人的风度,在这种前提下,琉特琴与键盘乐器合奏形成舞曲,用于当时的社交活动中,当时广泛流行一些法国舞曲,如帕凡、加亚尔德、阿拉曼德、库朗特等,后来人们把不同的几种舞曲组合起来,形成新的器乐音乐形式——组曲。

即兴是器乐的重要方法和来源,即兴演奏可以使音乐更加地自由、活泼、充满想象,文艺复兴时期用即兴风格写作的器乐音乐形式主要有前奏曲、幻想曲、里切卡尔和托卡塔。前奏曲是自由即兴风格的短小乐曲,一般由键盘乐器和琉特琴、管风琴演奏。幻想曲和里切卡尔是两种比较近似的形式,大多也在键盘乐器和琉特琴上演奏,幻想曲实际上可以看作是扩充了的里切卡尔。托卡塔是键盘乐器即兴乐曲的主要形式,通常速度较快,节奏始终保持统一。

第三节　文艺复兴晚期的音乐

宗教改革是 16 世纪欧洲教会的一场重要的变革运动,新教改革最初兴起于德国,许多欧洲国家逐渐脱离了罗马天主教会。新教改革十分重视音乐在改革过程中的作用,在宗教运动全面展开的同时,对音乐的改革也成了其中的重要组成部分。

相对于新教改革,罗马天主教自身也开展改革运动,即反宗教改革运动。在天主教自身的改革中，也提出了改良教堂音乐中的世俗情调和腐化堕落倾向相关的要求。

新教改革与罗马天主教改革对音乐在教会中的作用和表现方式提出了不同的看法，因此二者都极大地影响了欧洲音乐的发展。

一、宗教改革的音乐

16 世纪德国各个阶层民族精神开始增长，而此时罗马教廷正在德国扩张势力，极尽掠夺与腐败之能事，面对这种社会现状，德国开始了宗教改革运动。1517 年，德国的一位神学教授马丁·路德(1483—1546)将自己起草的檄文张贴在施罗斯教堂的大门上，宗教改革运动就此开始。

路德不仅是一位神学教授，而且是一位音乐爱好者，具有相当高的音乐修养与创造能力。路德十分重视音乐的教育作用和道德感化力量，他将音乐的改革作为宗教改革的一个重要组成部分，为教仪音乐更容易被民众接受做了很大努力。

德国宗教改革在音乐上最重要的成就是众赞歌。众赞歌又称为会众的赞美诗，是新教教会最重要和最有代表性的音乐形式，最初的众赞歌主要是单声部、分节歌的形式，音符长度基本一致，后来逐渐增添了和声、对位，并扩大成四部合唱，众赞歌的总体风格是平易和直率。

路德亲自创作过众赞歌，如《上帝是我们坚固的堡垒》，成为象征德国新教精神的战歌。这一时期的重要音乐家约翰·瓦尔特(1496—1570)也创作了多首多声部的众赞歌，到三四十年代开始不断出现模仿瓦尔特的众赞歌作者，其中以格奥尔格·劳乌(1488—1548)最为著名，他的作品代表了德国新教音乐的主要风格。

换词歌是众赞歌的一个重要部分，是指从中世纪以来，一首声乐作品保留原来的曲调而填入新的歌词。在德国宗教改革期间，换词歌以宗教歌词取代世俗歌曲中的世俗歌词的做法居多。换词歌中最著名的例子是哈勒斯的《我的平静心情被打乱》的旋律，于 1600 年左右被填入了宗教歌词《我心里充满渴望》。

到 16 世纪末，德国新教作曲家以传统的众赞歌为基本素材，加上自身的自由创作因素，大胆地进行艺术创新，表达自己的思想和情感，这类新的配乐被称为“众赞歌经文歌”。

在欧洲的宗教改革中，并不是所有国家的音乐主张都与德国相同，这是与宗教改革领袖人物对音乐采取的态度息息相关的。如法国对待宗教礼仪与宗教音乐的态度就是与德国相反的，他们反对在教堂使用复调音乐，新创作的音乐曲调一般偏向温和与含蓄，旋律也比较简单。

二、天主教会的音乐

针对欧洲的宗教改革，罗马天主教自身也做出了回应，16 世纪中叶开始了一场改革运动，这一运动通常被称为反宗教改革。反宗教改革的目的是纯洁教会与遏制新教的发展，在为了教会改革而召开的特伦托会议上，曾经提出教仪音乐的不再纯洁是由于世俗因素的渗入，复调音乐的复杂使得歌词含混不清。与会的主教们认为，亵渎神灵的音乐应该禁止再在教仪中出现，作曲家应该保持复调音乐中的歌词清晰以让会众理解。

天主教会改革时期最著名的音乐家是乔瓦尼·皮耶路易吉·达·帕莱斯特利那(1525—1594)。帕莱斯特利那的创作主要集中在宗教领域，其中弥撒曲的创作数量是同时代音乐家中最多的。帕莱斯特利那的作品与以往作品的臃肿、错综复杂不同，旋律大多以级进为主，呈拱行起伏，和谐而舒缓，注重感情表现，风格清新流畅，朴素而自然，在无伴奏的状态下形成了十分优美的感觉，代表作品有《马尔切里教皇弥撒曲》等。

这一时期伟大的作曲家还有奥兰德·德·拉索(1532—1594)。拉索与帕莱斯特利那相比有很大的差别，他一生游历广泛，创作领域也涉及很广，包括经文歌、弥撒曲等体裁。弥撒曲代表了拉索的创作中最具有传统性的一面，他的大部分弥撒曲都是模仿弥撒曲。经文歌是拉索重要的创作领域，他的经文歌以音乐生动地描述歌词为特点，音乐具有活力且富有感染力。

与拉索同样具有丰富创作才能的是16世纪下半叶英国的著名作曲家威廉伯德(1543—1623)。他是文艺复兴后期对英国音乐发展起到关键作用的作曲家，作品几乎包括了当时英国作曲家所创作的所有体裁，他继承了欧洲天主教音乐的传统并率先引领英国音乐向着新的方向发展。

三、威尼斯乐派

16世纪的威尼斯是意大利半岛上仅次于罗马的重要城市，其音乐文化在16世纪获得了长足的发展。威尼斯人对待宗教的态度是比较开明的，因此其音乐为教会服务，同时也为皇权服务，具有开放的风格。

威尼斯的音乐文化中心是建于11世纪的圣马可教堂，在那里经常举行威尼斯的隆重庆典活动以及教会的重要仪式。能够在这些场合中表演的艺术家都是经过严格挑选的，往往都是欧洲极富影响力的音乐家。威尼斯的作曲家在牧歌、管风琴音乐和经文歌等创作领域中都显示了他们非凡的创作才能，他们的作品饱满而丰富，音乐富丽堂皇，具有明显的主调音乐风格。

威尼斯乐派的代表音乐家有维拉尔特、扎利诺、加布里埃利叔侄等。维拉尔特为威尼斯乐派的独特音乐风格奠定了基础，为威尼斯乐派向鼎盛时期发展做出了突出的贡献。扎利诺是维拉尔特的学生，他是16世纪著名的音乐理论家，著有《和声基本原理》一书，在音乐理论的发展史上具有里程碑的意义。

思考题：

一、填空

1.15世纪初的英国音乐主要收集在一部英国的手抄曲集《__________》中，它共包括147

首复调音乐作品。

2.勃艮第乐派经文歌的代表作《最近玫瑰开放》是著名音乐家____________的作品。

3.尚松作品《我的嘴在笑》是佛兰德乐派早期代表音乐家____________的作品。

4. 在文艺复兴时期的乐器中，____________和____________都形成了从高声部到低声部的成套乐器，可以获得在这些音域中统一的音色。

5.德国的神学教授____________于1517年拉开了德国宗教改革的序幕。

6.扎利诺的音乐理论著作《____________》在音乐史上具有里程碑的意义。

二、解词

1.法伯顿　　2.勃艮第乐派　　3.意大利牧歌　　4.法国尚松　　5.众赞歌

三、简答

1.佛兰德乐派的代表作曲家及其风格特征

2.意大利牧歌的发展过程及艺术特点

四、论述

16世纪欧洲各国带有民族风格的世俗音乐

第三章 十七世纪到十八世纪

第一节 巴罗克音乐

西方音乐史中的巴罗克时期通常是指从17世纪到18世纪中叶。巴罗克最初用于音乐是带有贬义的,德国思想家卢梭在他的著作《音乐辞典》中,称巴罗克音乐是"和声混乱,充满转调与不协和音,旋律刺耳不自然,音乐难唱,节拍僵硬"。后来人们才逐渐对巴罗克音乐有了恰当公正的认识,并用它特指艺术风格的一个时期。

与文艺复兴时期音乐的统一、有逻辑、庄重的特点相比,巴罗克音乐是宏伟壮观的,追求新奇和无穷的夸张,强调情感的表现,注重装饰性,热情奔放且富有戏剧性,是充满活力的音乐。

巴罗克时期的声乐与器乐并行发展,文艺复兴时期以声乐为主的局面被彻底打破。声乐上诞生了许多新的大型体裁,如歌剧、清唱剧、康塔塔等,其中歌剧的诞生是巴罗克时期音乐艺术领域最伟大的一场革命。器乐中的管风琴与小提琴音乐都得到了极大的丰富提高,管弦乐队开始兴起,许多管弦乐体裁也得到繁兴。

巴罗克音乐的发展大致可以分为风格的形成期、风格定型期与发展的盛期三个阶段,在这一发展过程中,巴赫与亨德尔两位大师将巴罗克音乐推向了顶峰。

一、歌剧的诞生及发展

歌剧是一种用音乐来表现的戏剧,它的全部或大部分都需要演唱,还需要用适当的音乐来服务于剧情。歌剧不仅需要音乐,它还需要文学、戏剧、美术、舞蹈等其他姊妹艺术的辅助,因此歌剧是一种综合艺术体裁,欧洲歌剧的诞生是巴罗克时期乃至整个西方音乐史上最伟大的成就之一。

欧洲最早的歌剧产生在意大利的佛罗伦萨。16世纪末17世纪初,在佛罗伦萨出现了一个称为"卡梅拉塔"的艺术团体,这个团体的主要成员包括作曲家卡契尼(约1545—1618)、诗人利努契尼(1562—1621)等,他们一致认为只有古希腊那种单声部的音乐才具有影响观众的能力,并且希望可以创造出一种与希腊悲剧那样具有强烈表现力的新音乐形式。

1598年,第一部歌剧《达夫尼》上演,它的脚本是由利努契尼创作的,佩里作曲,这部歌剧的脚本虽然保存了下来,但音乐却只残存了很少的旋律和片段。1600年利努契尼和佩里再度合作创作了歌剧《尤丽迪茜》,歌剧的题材来自《圣经》,讲述了尤丽迪茜在草地上与精灵跳舞,后不幸被毒蛇咬伤致死，男主人公奥菲欧在维纳斯的帮助下来到冥王府，请求冥王让尤丽迪茜还生，并用歌声感动冥王，最终如愿以偿的故事。《尤丽迪茜》是迄今为止保存最早最完整的一部歌剧，它已经具备了严格意义上的歌剧的雏形：宣叙调、歌曲、合唱、舞蹈、管弦乐队和终曲。

卡瓦里埃利（1550—1602）也是最早的歌剧创作者之一。他的作品《关于灵魂和肉体的戏剧》是当时在教堂中最早演出的单声歌曲风格的戏剧音乐作品，全剧包括一些分节歌、牧歌以及舞蹈节奏的合唱等，舞台上还运用了布景，这部作品被认为是寓言歌剧。

对意大利歌剧的发展有着重要贡献的作曲家是蒙特威尔第（1567—1643），他是威尼斯乐派的创始人，也是巴罗克时期一位最伟大的作曲家，其创作被认为是由文艺复兴通往巴罗克时期的桥梁。蒙特威尔第的第一部歌剧作品是《奥菲欧》，这也是他早期歌剧艺术中成就最高的一部。在后来的歌剧创作中，蒙特威尔第逐渐有了许多变革与主张。他注重表现故事的戏剧性，加强了宣叙调的抒情性和旋律性，要求音乐要表现人物的内心情感，要按照人物的心理变化进行深入的表达，必须刻画人物心理中最激烈的活动。同时蒙特威尔第也重视管弦乐队的作用，乐队的规模空前地强大，根据剧情和人物的需要来进行不同的自由组合。

蒙特威尔第之后，威尼斯歌剧的代表人物是他的学生卡瓦利和切斯蒂。卡瓦利继承了蒙特威尔第的歌剧风格，重视歌剧的旋律表现力，音乐舒展精美，戏剧性较强，代表作品有《埃吉斯托》等。切斯蒂的歌剧相比而言更加精雕细琢，注重咏叹调和二重唱这些具有抒情能力的手法的运用，著名的代表作品是为奥地利皇帝列奥波德一世婚礼所作的《金苹果》。

17 世纪末，意大利的歌剧中心逐渐转移到那不勒斯，那里的创作和演出活动日渐频繁，达到前所未有的高峰，形成了意大利歌剧的标准形式。

那不勒斯歌剧重视音乐的华美和外在效果，在音乐形式上采用的是单音旋律配以相应简单和声。斯卡拉蒂（1660—1725）是那不勒斯歌剧创作的主要代表人物，代表作品如《光荣的胜利》等。斯卡拉蒂推崇理性，赞成用固定的音乐程式来承载感情与灵感，同时也注重歌剧音乐的抒情风格。在斯卡拉蒂的影响下，意大利歌剧的风格逐渐发生了转变，纯音乐开始在歌剧中占据主导地位，戏剧性变得无足轻重，追求音乐语言和形式的程式化，因为注重表面的华丽而使歌词降到了音乐的从属地位上。

歌剧从意大利兴起之后，作为一种新兴的音乐体裁很快在欧洲大陆的其他国家传播开来。整个的巴罗克时期，歌剧在欧洲的音乐生活中都占有重要地位。

法国有着深厚的戏剧传统与芭蕾舞传统，在法国曾经一度兴盛芭蕾舞剧。芭蕾一词源于意大利文，原意就指跳舞，芭蕾舞剧是舞蹈、音乐、戏剧构思三者结合的一种舞蹈形式，是芭蕾舞发展的最高形式，芭蕾舞剧的兴盛对法国歌剧的形成有着重要的影响。

法国早期歌剧的主要代表是吕利（1632—1687），他的歌剧作品主要取材于希腊神话与骑士传奇，在艺术表现手法上大量地使用芭蕾舞，追求华美的装饰和造型。吕利的歌剧都是由一个序幕与五幕戏组成，这成为他的固定歌剧结构模式，他的歌剧音乐有抑扬顿挫的华丽特点，其歌剧序曲也被称为法国序曲。法国序曲包括两个主要部分，每个部分各自反复，第一部分是慢板，采用主调风格，第二部分是快板，近似赋格风格，音乐庄严高贵，具有庆典的效果，最后第一部分慢板再现。吕利的歌剧作品比较有代表性的是《阿尔米德》、《阿尔采斯特》等。

17 世纪的英国歌剧完整地保留下来的，最具有代表性的是亨利·珀赛尔（1659—1695）作曲的《迪多与伊尼》。这部作品充分展示了珀赛尔的音乐戏剧才能，表达了带有民族特点的个性。

巴罗克时期的德国歌剧受意大利歌剧的影响很大，在德国歌剧作品中除了采用说白而不用宣叙调之外，其余的则照搬意大利歌剧的风格。许茨（1585—1672）创作的歌剧《达夫尼》是德国的第一部歌剧，但后来遗失了。凯泽尔（1674—1739）是德国歌剧创作中最具有代表意义的作曲家，他采用结构自由的旋律，将对大自然的感情融入到音乐当中，形成了清新的风格，代表作品有歌剧《克利萨斯》等。

二、其他大型声乐体裁

巴罗克时期的声乐体裁除了歌剧之外，还有清唱剧、康塔塔这些比较重要的大型声乐体裁。

（一）清唱剧

清唱剧是一种宗教性的大型声乐体裁，包含宣叙调、咏叹调、重唱、合唱、管弦乐前奏和间奏，有人物和情节，但是没有布景服装和舞台动作。

清唱剧的最初萌芽出现在意大利，真正的清唱剧开始于安尼利奥（1567—1630），他的《灵魂和谐的戏剧》中有一部分音乐已经可以被称为清唱剧。到了巴罗克中期，主要的清唱剧作曲家是卡里西米（1605—1674），他的清唱剧作品有 14 部之多，风格比较保守和简单，作品中最著名的是《耶夫塔》、《约拿》等。17 世纪末到 18 世纪初，清唱剧从罗马传入威尼斯、佛罗伦萨和其他意大利城市以及其他欧洲国家，并开始带有世俗化倾向。

（二）康塔塔

康塔塔是由一系列的宣叙调、咏叹调、重唱与合唱等演唱形式组成的大型声乐体裁，17 世纪初起源于意大利，后传入法国、德国、英国和其他国家，康塔塔既可以采用宗教题材，又可以采用世俗题材。

意大利的康塔塔主要是指世俗性的独唱康塔塔，内容通常以爱情为主，阿·格兰迪（约 1575—1630）是第一位提出康塔塔这种具体称谓的作曲家。17 世纪后期，卡里西米把这种体裁用于宗教音乐的创作，从而产生了宗教康塔塔。斯卡拉蒂是最重要的康塔塔作曲家，他代表了这一体裁的最高成就。法国代表作曲家是莫兰（1657—1728），他追求康塔塔的旋律与意大利的咏叹调旋律完美结合。德国康塔塔的发展主要在宗教音乐领域,注重重唱、合唱与管弦乐队的作用,巴赫是德国康塔塔的代表作曲家,他将德国的康塔塔推向了顶峰。英国康塔塔的代表作曲家是佩普什(1667—1752),他的作品采用意大利康塔塔的结构形式,但是扩大了乐队的编制,使用带有英国民族特色的旋律。

三、巴罗克的器乐

巴罗克时期的器乐创作蓬勃发展,巴罗克器乐一方面继承了文艺复兴时期的原有体裁,一方面把键盘乐和弦乐推向了创作和演奏的高峰,而这两种器乐的结合则是巴罗克时期合奏音乐的主要形式。

巴罗克时期的键盘乐器主要是管风琴和古钢琴两大类。巴罗克时期的管风琴主要向着统一音色、宽广音域、便易操作和合理构造发展,其音乐体裁主要有托卡塔、赋格曲以及以众赞歌为基础的作品等。巴罗克时期的古钢琴包含两种类型,即羽管键琴和楔槌键琴,前者音量较大,常用于音乐会,后者则音色柔和,音量较小,常用于室内演奏。

经过 17 世纪的漫长发展,合奏音乐在巴罗克时期逐渐独立起来,体裁也慢慢确立,主要有奏鸣曲和协奏曲等。

奏鸣曲在巴罗克早期泛指器乐作品,到 17 世纪以后,更多地指一首独立的器乐作品,通常是无标题、多乐章的室内合奏作品。后来人们因为奏鸣曲的使用场合不同,把它分为教堂奏鸣曲和室内奏鸣曲两大类,教堂奏鸣曲主要在教堂的弥撒仪式中演奏,室内奏鸣曲主要在宫廷或者私人音乐会上演奏,主要由不同风格的舞曲组成。奏鸣曲通常是由两把小提琴、一件低音弦乐器和一架低音钢琴演奏,当时的奏鸣曲有三重奏鸣曲、独奏奏鸣曲、无伴奏奏鸣曲等演奏形式。意大利的博洛尼亚乐派对奏鸣曲的发展形成了重要的影响。

协奏曲一词源于意大利文,意思是指"连在一起",后来延伸为"竞争"或"对抗",用来指形成于 17 世纪下半叶的一种管弦乐曲形式。到 18 世纪初,协奏曲可以分为三种形式:管弦乐协奏曲、大协奏曲和小协奏曲。对巴罗克协奏曲的发展做出最重要贡献的意大利作曲家安东尼奥·维瓦尔第(1678—1741),音乐风格简洁而充满活力,代表作品有《四季》、《异乎寻常》等。

四、巴赫与亨德尔

(一) 巴赫

巴赫(1685—1750)出生于德国中部的一个著名音乐家族中,他从小就在父亲的指导下学习小提琴和中提琴,后来父母亲去世,巴赫由大哥抚养并跟随大哥学习古钢琴,这些幼年时期接受的音乐教育,都对巴赫后期辉煌的音乐成就产生重要影响。

巴赫的音乐创作涉及到巴罗克时期除歌剧之外的所有体裁,他把各种巴罗克音乐体裁的特点都发挥到极致，是西方音乐历史中含有丰盛财富的伟大源泉。

与巴赫笃信宗教有关，他的声乐作品中最主要的是宗教作品，如康塔塔、受难乐、弥撒曲、清唱剧、经文歌等。巴赫现存有200多首康塔塔，内容丰富表现手法多样，性质上既有抒情性的也有史诗性的，形式上有独唱、合唱以及独唱、重唱综合在一起的几种，代表作品如引用众赞歌曲调的《我们的上帝是坚固的堡垒》，充满世俗气息的《农民康塔塔》等。巴赫的弥撒曲完全突破了旧有弥撒的形式限制和束缚，充分地发挥了音乐的表现力，更为深刻地表现了音乐的内涵，他的《b小调弥撒》是他最出色的代表作。

巴赫除了在声乐上有出色的创作外，在器乐创作上也丝毫不逊色。他是一位杰出的管风琴演奏大师，创作的管风琴作品主要有两种类型：复调音乐套曲和单乐章的众赞前奏曲，其中复调音乐套曲由前奏曲或幻想曲、赋格与托卡塔组成，著名的作品如《d小调托卡塔与赋格》、《g小调幻想曲与赋格》等。钢琴音乐在巴赫的器乐创作中占有重要的地位，无论在内容还是在题材风格上都达到了极高的水平。巴赫借鉴法国键盘乐、意大利小提琴音乐的因素，对钢琴的演奏技巧做了较大的改革，代表作品如《平均律钢琴曲集》、《意大利协奏曲》等。巴赫的《戈德堡变奏曲》是他变奏曲的经典作品，其《勃兰登堡协奏曲》更是在西方管弦乐历史上占有重要的地位。

巴赫是中世纪以来音乐最伟大的总结者，他的音乐充满丰富的感情，具有完美精致的形式，风格既严谨质朴又明朗欢乐，充满戏剧性，深深地感动人们的心灵，是西方音乐史上的精品，他也被后世称为“近代音乐之父”。

(二)亨德尔

亨德尔(1685—1759)生于德国哈雷，自小具有音乐天分，通过10年左右的音乐学习，亨德尔打下了坚实的基础。亨德尔的音乐创作主要体现在歌剧、清唱剧和器乐创作上。

亨德尔创作的第一部歌剧是《阿尔米拉》，最后一部是《狄雅达米》，这之间他创作的歌剧有40部之多。亨德尔的歌剧大多取材于历史传说和神话故事，内容有爱情、政治与英雄人物等，他的歌剧音乐具有戏剧性，其中的宣叙调一般可以产生激动人心的效果，咏叹调则主要用来表现人物的内心变化与性格特征。

亨德尔在清唱剧创作领域中做出了突出的贡献。他的清唱剧题材分为三种：宗教题材、神话题材和寓言，在唱词与合唱上亨德尔做出了革新，采用英文歌词，合唱气势宏大并且善于表现集体情感，最著名的代表作品是《弥赛亚》和《以色列人在埃及》。

亨德尔的器乐创作主要在键盘音乐和管弦音乐上，其中键盘音乐的特色主要是优美流畅，管弦音乐则主题鲜明，结构清晰。

巴赫与亨德尔是巴罗克时期两位处于顶峰的大师，他们都以自己独有的特点为西方音乐的发展做出了突出的贡献。

第二节　从巴罗克向古典的过渡

18世纪中叶到19世纪初是西方音乐蓬勃发展的重要阶段，在历史上被称为“古典主义时期”。古典主义时期一般分为两个阶段,即“前古典主义时期”和“维也纳古典时期”。

前古典主义时期也就是从巴罗克向古典主义过渡的时期，在18世纪上半叶这一段过渡期中，欧洲流行的是一种华贵典雅的音乐风格，在音乐史上曾被多种专业术语形容为“罗可可风格”、“华丽风格”等。到18世纪中晚期,古典风格已经逐步形成,正歌剧得到革新,喜歌剧也有了一定的发展,器乐音乐也成为这一过渡时期众多音乐家重点创作的对象。

一、古典风格源头的器乐

从巴罗克向古典主义过渡的过程中,器乐创作的风格既不同于巴罗克的音乐,也不同于成熟的维也纳古典乐派的风格,主要的创作体裁是奏鸣曲和交响曲。

(一) 奏鸣曲

奏鸣曲的名称由来已久,早在巴罗克早期和中期就大量出现过,但到了古典主义时期,它的内涵已经有了变化,成为一种比较明确的大型器乐套曲的体裁。

在奏鸣曲的发展中,做出重要贡献的有D.斯卡拉蒂、C.P.E.巴赫、D.阿尔贝蒂等作曲家。D·斯卡拉蒂(1685—1757)是18世纪意大利著名的键盘作曲家,他的奏鸣曲都是单乐章的,更多地运用带再现的二部曲式。C.P.E.巴赫(1714—1788)是德国的著名音乐家,他的奏鸣曲作品感情浓烈,力度变化非常频繁且幅度很大。意大利的D.阿尔贝蒂(1710—1740)在他的奏鸣曲中,左手常以一种不断反复的分解和弦式的伴奏音型从属于右手的旋律,整体和声的节奏变化缓慢,被称为“阿尔贝蒂低音”。

(二) 交响曲

交响曲的直接来源是意大利歌剧的序曲,它在形式上较为复杂,交响曲这种体裁既可以表达深刻的思想内涵,也可以表现轻松愉快的娱乐性题材。

古典交响曲创作的先驱是“曼海姆乐派”。“曼海姆乐派”是当时活跃在德国的一批作曲家和演奏家,他们来自欧洲各国,以指挥约翰·斯塔米茨(1717—1757)为首.曼海姆乐队规模较为完备,具有当时一流的演奏水平,开创了新的乐队风格。曼海姆乐派的作品轻捷明快,主调音乐风格已经完全确立,他们加强了器乐的表现力,使用了精确的力度控制,使乐队的音响丰富,色彩表现更加充分。

C.P.E.巴赫在交响曲创作领域中同样有着突出的贡献,他的交响由始终保持在三个乐章的结构上，创始了具动力性的、有机统一的、严肃的风格，用以发展主题，具有十分独特的价值。

二、正歌剧的改革与喜歌剧的繁荣

(一) 正歌剧的改革

歌剧自诞生后经历了100多年的历史，逐渐形成了以意大利和法国为中心的两大派别，但意大利的正歌剧却已经背离了原有的艺术创作理想，变成了宫廷贵族的装饰品，显得夸张造作，沉湎于虚饰浮华。到18世纪初，意大利正歌剧的这些弊端引起了人们的反感，歌剧的改革已经势在必行。

在启蒙运动的巨大影响下，为了增强歌剧的表现力，体现回归自然本真的思想，一批先进的歌剧改革者出现了，而真正确立了新歌剧原则、规范新歌剧形式的是德国作曲家格鲁克。

格鲁克(1714—1787)幼年时期就开始学习音乐的基本知识以及管风琴、钢琴和大提琴，1737年到意大利之后开始写作意大利正歌剧，以典型的正歌剧风格创作了不少作品。格鲁克的代表作品有《奥菲欧与尤丽迪茜》、《伊菲姬尼在奥利德》等。

格鲁克在提出对正歌剧进行改革之后，首先确立了歌剧创作基本原则，就是音乐要服从于诗歌。针对意大利歌剧的弊端，格鲁克具体提出了歌剧改革的三个原则：要选取具有社会意义和伦理道德意义的题材，将18世纪的人道主义精神赋予到古代神话与历史传说中，使其具有现代生活气息；音乐要与剧情密切联系，音乐要加强情感表现力，刻画人物的内心；抛弃过分追求华丽的装饰，追求朴实、真实的作品，回归自然。

在对歌剧演唱部分的改革中，格鲁克摒弃了以往歌剧中常用的“清宣叙调”，而代之以带有乐队伴奏的宣叙调，使宣叙调不再是一种可有可无的段落，成为了可以与人物、及其心理密切相关的歌剧组成部分。

对歌剧舞台布景的革新体现在格鲁克对设计整体效果的要求上，他追求的舞台设计是与这个歌剧可以融为一体的布景，而不是只追求浮华富丽的虚荣之作。

格鲁克的歌剧作品《阿尔采斯特》是一部在歌剧改革方面做得比较彻底的作品，通过这部作品格鲁克亲身实践了他改革意大利正歌剧的愿望，展示出一位著名音乐家的成功探索，为歌剧这一体裁点燃了新的生命活力。

(二) 喜歌剧的繁荣

18世纪初期，随着意大利正歌剧发展的衰退，欧洲各国逐渐出现了一些带有戏剧风格的新型歌剧，这些新兴的歌剧取材于日常生活，形式活泼，带有民族和民间色彩，被统称为“喜歌剧”。

1733年，意大利作曲家佩格莱西(1710—1736)创作了《女仆作夫人》，这标志着喜歌剧的诞生，全剧共有二幕八个段落，只有三个角色，直到现在依然有剧中的经典段落被不断演出。意大利喜歌剧在佩格莱西之后继续发展，比较重要的喜歌剧作曲家有皮契尼(1728—1800)，他与著名喜歌剧作家哥尔多尼曾经合作了多部作品。此后，作曲家帕伊西埃罗创作的《塞维尔的理发师》也是意大利喜歌剧的经典之作。

1752 年，佩格莱西的《女仆作夫人》在法国巴黎上演之后，卢梭对喜歌剧的这种新鲜活力表现出热情的赞颂，并且亲自创作了一部法国式的喜歌剧《乡村卜者》来实践自己的音乐观点。这之后，许多作曲家加入了法国喜歌剧的创作行列，最有影响力的作品是格雷特里的《狮心王理查》。

除了在歌剧的两大中心——意大利以及法国出现了喜歌剧之外，德奥和英国也分别出现了自己独有的歌剧形式。德奥在 18 世纪中叶逐渐流行起"歌唱剧"，采用的是简单的德国对白以及分节歌的形式，风格清新流畅，代表人物是约翰·亚当·希勒。出现在英国的民谣剧则是用英语对白再加上通俗的曲调结合而成的，代表人物是阿恩。

第三节　维也纳古典乐派

18 世纪下半叶的维也纳，是欧洲文化交流和音乐活动的中心，经过前古典主义时期的积累和酝酿，古典主义终于迎来了自己的风格成熟时期。海顿、莫扎特和贝多芬三位大师先后在维也纳生活、创作，他们之间有着深刻的内在继承关系，古典主义在维也纳乐派这三位大师的努力之下，走向了西方音乐文化的高峰。

一、海顿

弗朗兹·约瑟夫·海顿(1732—1809)是维也纳古典乐派的第一位大师，他的创作遍及各种体裁，尤其在弦乐四重奏和交响曲方面有着重要的贡献。

海顿确立了古典主义音乐时期管弦乐队的编制，即管弦乐队由两只长笛、两只双簧管、两只单簧管、两只大管、两只法国号、两只小号、一对定音鼓和弦乐器组成。

弦乐四重奏是海顿创立的一种器乐体裁，海顿的弦乐四重奏作品有 80 余首。早期的作品为容大多欢快热情，摆脱了当时时兴的室内乐的风雅气息，音乐带有一定的幻想性与浪漫性。到了中期，他的四重奏创作风格开始转变，出现了较为严肃、富有戏剧性的风格，逐渐变得成熟。晚期的作品则抒情性更强，主题扩展更大，节奏更加富于变化。

海顿的弦乐四重奏代表作品较为著名的有《云雀》、《皇帝》、《太阳》和《俄罗斯》等，这些作品奠定了他在室内乐创作史上的大师地位。

交响曲在海顿的创作中占有尤其重要的地位，他创作了 108 首交响曲，被称作"交响曲之父"。海顿在交响曲方面的主要贡献是为古典交响曲的创作奠定了基本原则——即鲜明的民族特点、深刻的哲理性和完美匀称的艺术形式相结合。

海顿的交响曲有基本的结构模式，第一乐章为奏鸣曲式的快板，常有缓慢的引子；第二乐章采用变奏曲式；第三乐章是极其多样的小步舞曲；第四乐章是回旋曲式或回旋奏鸣曲式。海顿早期的交响曲比较简单，娱乐性质更多一些，代表作品有《晨》、《午》、《夜》。到了中期，他的风格逐渐显露，技巧也开始成熟，想象力更为丰富，交响曲已经具备古典主义成熟时期交响曲的各种特征，代表作品有《告别交响曲》、《巴黎交响曲》和《牛津交响曲》等。晚期的海顿，积累了多年的创作经验，带有更多的气魄与热情，典型作品是代表他交响曲创作顶峰的12首《伦敦交响曲》。

《创世纪》和《四季》是海顿仅有的两部清唱剧，前者具有强烈的人道主义精神，后者表现了世俗的人民生活劳作场景，生活气息十分浓郁，充满了人与大自然之间的美好感情，两部作品都表现出了恒久的生命力。

海顿是维也纳古典乐派的奠基人，他为后来莫扎特和贝多芬的创作打下了基础，也以他的伟大成就为后人打开了通往古典主义音乐高峰的大门。

二、莫扎特

沃尔夫冈·阿玛德乌斯·莫扎特（1756—1791）是著名的作曲家、演奏家和指挥家，是维也纳古典乐派的代表人物之一。

莫扎特的创作领域十分广泛，但他最为喜爱的是歌剧。莫扎特自11岁起就开始创作歌剧，以后几乎没有间断过。他的一生虽然只有短短的35年，但却为后世留下了20多部歌剧。

歌剧是莫扎特音乐创作中成就最突出的体裁。继格鲁克之后，莫扎特给歌剧注入了新的活力，与格鲁克不同的是，莫扎特强调音乐在歌剧中的主宰地位，强调音乐在塑造形象和表现人物内心活动上的巨大作用。莫扎特在歌剧创作上最突出的成就表现在四部作品上——《费加罗的婚礼》、《唐璜》、《女人心》和《魔笛》，其中前三部属于莫扎特式的意大利喜歌剧，后一部则是用德奥歌唱剧的形式写成。

《费加罗的婚礼》取材于博马舍的戏剧作品，音乐的抒情性很强，用了更多的笔调对人物的内心性格加以刻画。《唐璜》取材于西班牙著名的一个民间传说，这部歌剧中的大多数戏剧情节和内心描绘都是通过重唱这种形式来表达的。

莫扎特的歌剧融合了多种歌剧的特点，从内容到形式上都取得了里程碑式的成就。除此之外，他在器乐创作方面也取得了很高的成就。

莫扎特一生共写了约50首交响曲，他的交响曲比海顿的更加抒情流畅，富有歌唱性，具有代表性的作品有《D大调第35“哈夫那”交响曲》、《C大调第36“林茨”交响曲》等。在协奏曲的形式上，最为突出的是莫扎特的钢琴协奏曲，无论在内容还是在形式上都有独特的地方，如d小调

(K.446,1785)和c小调(K.491,1786)等。

莫扎特虽然一生短暂，但是他的创作内容广泛，具有优雅的音乐格调，在音乐创作的各个领域中都有突出的成就，使得这些体裁和形式更加趋于完善和深刻，对同时代以及后来的音乐家都有非常重要的影响。

三、贝多芬

路德维希·冯·贝多芬(1770—1827)是维也纳古典乐派高峰时期的代表人物，也是西方音乐历史中具有传奇色彩的音乐家，在双耳失聪的情况下，他仍然创作出独领风骚的音乐作品，以他出众的音乐才华、崇高的人格、顽强的毅力，创造了一个奇迹。

贝多芬在器乐创作和声乐创作上都表现出了惊人的音乐能力和天赋，他的作品中融会了前辈音乐家的创造成果，在这种基础上，贝多芬又创立了自己独特的音乐风格。

贝多芬的器乐创作成就主要体现在交响曲和钢琴音乐的创作中。

贝多芬一生创作了九部交响曲，这九部交响曲作品可以比作是一篇大型的交响叙事诗，其中第三、五、九交响曲是英雄性的、戏剧性的交响曲；第一、四、八交响曲是生活风俗性的交响曲；第七交响曲是群众性的交响曲；第二交响曲既有生活风情，又有英雄气概；第六交响曲则着重于对大自然的描写。在贝多芬的九部交响曲中，第三交响曲又称为《英雄交响曲》，第五交响曲又称为《命运交响曲》，第六交响曲又称为《田园交响曲》，第九交响曲又称为《合唱交响曲》。

贝多芬的钢琴音乐成就并不逊色于他的交响曲创作成就。他的五部钢琴协奏曲从来都是音乐会的重要演奏曲目，而他的钢琴奏鸣曲创作则贯穿他的一生。

贝多芬的钢琴协奏曲不论是在精神内涵上还是在风格技法上都远远高于海顿、莫扎特的同类体裁作品，其中最具有代表意义的，也是最富于贝多芬性格特色的是《降E大调第五钢琴协奏曲》(Op.73,1809)。贝多芬的钢琴奏鸣曲也是具有贝多芬早期、中期和晚期性格特色的，其中最有代表性的是他中期的第17首(Op.31,No.2,1802)、第21首(Op.53,1803—1804)、第23首(Op.57,1804—1805)钢琴奏鸣曲，因为这些作品是贝多芬在钢琴奏鸣曲中走出新道路的代表。

贝多芬的声乐创作成就主要体现在歌剧和弥撒上。

贝多芬的歌剧代表作品是《费德里奥》(Op.72)，这是贝多芬唯一的一部歌剧作品，其中充分地体现出了贝多芬对社会现实和社会伦理道德题材的巨大创作热情。《D大调"庄严"弥撒》是贝多芬创作的一部宗教作品，这部作品花费了贝多芬四年的时间，音乐由虔诚崇敬而超脱欢欣，充满了丰富的力量。

贝多芬作为18世纪和19世纪之交的音乐家，将两个时代的古典主义与浪漫主义连接起来，将他对人类和世界的所有憧憬用他独具个性的音乐语言表达出来，实现了人生与艺术的最高目标。贝多芬的音乐象征着自由、力量、激情、意志与气势，至今听来仍让人震撼，给人类留下了最美好的财富。

思考题：

一、填空

1.欧洲最早的歌剧产生在意大利的________。

2.1598 年，第一部歌剧《________》上演。

3.蒙特威尔第的第一部歌剧作品是《________》。

4.那不勒斯歌剧《光荣的胜利》是著名作曲家________的作品。

5.被后世称为“近代音乐之父”的是________。

6.意大利作曲家佩格莱西的作品《________》标志着喜歌剧的诞生。

7.被称作“交响曲之父”的是________。

8.在贝多芬的九部交响曲中，第三交响曲又称为《________》，第五交响曲又称为《________》，第六交响曲又称为《________》，第九交响曲又称为《________》。

二、解词

1.歌剧　2.法国序曲　3.康塔塔　4.清唱剧　5.海顿　6.莫扎特　7.贝多芬

三、简答

1.巴罗克音乐的总体特征

2.蒙特威尔第的歌剧创作

3.巴赫的音乐贡献

4.格鲁克的正歌剧改革

四、论述

1.巴罗克时期各国歌剧的发展情况

2.巴罗克时期各国器乐的艺术成就

3.维也纳古典乐派大师的交响乐风格

第四章 十九世纪

第一节 浪漫主义音乐的兴起与繁荣

19 世纪整个欧洲都处在一个风云变幻的环境中，各种新思想、新观念不断地涌现出来，吸引着人们的注意力。在这些思潮的影响下，在法国大革命、欧洲民主运动和民族解放运动的潮流中，人的主观能动性以及个人的能力获得了极大的肯定，自我意识开始觉醒并得到了最大程度的张扬，思想和文化领域中由此出现了一股强烈的浪漫主义思潮。

浪漫主义音乐贯穿了整个 19 世纪，经历了早期、中期和晚期三个阶段，在整个发展中，浪漫主义音乐无论从内容上还是从形式上都有很大的改变，形成了自身的特点。

浪漫主义音乐在创作上反对古典主义音乐的秩序、平衡和理性，崇尚自由与激情，作品中往往带有强烈的主观感情色彩，作品富有诗意的表现；浪漫主义的音乐旋律更加抒情和具有歌唱性，音响色彩丰富细腻；浪漫主义音乐的配器乐队空前扩大，不仅原有乐器的地位得以提高，新的乐器还被吸收进来，单个乐器的演奏技巧与音色也更加受到重视；为了情感表现的需要，浪漫主义作曲家们还创造出了许多新的音乐体裁，如交响诗、标题性序曲、交响诗组曲、即兴曲、狂想由等等。

概括说来，浪漫主义音乐的特征是注重个性的表现，强调情感的表达，综合艺术的创造和标题音乐的确立。

浪漫主义音乐时期出现了许多著名作曲家。早期以韦伯和舒伯特为代表，这一时期浪漫主义艺术风格初步形成。盛期是浪漫主义特征最为典型的时期，代表作曲家有舒曼、柏辽兹、门德尔松、肖邦、李斯特等。晚期的代表作曲家有瓦格纳、勃拉姆斯等。

一、浪漫主义音乐早期

浪漫主义音乐兴起于德国和奥地利，这两个国家推崇自由与个性解放，崇尚大自然，音乐也受到这些思想的影响。德国的韦伯和奥地利的舒伯特创作了最早的浪漫主义作品，成为早期浪漫主义音乐的代表人物。

(一) 韦伯

卡尔·玛利亚·冯·韦伯(1786—1826)是德国的作曲家、指挥家和钢琴家，他自幼接触音乐，12

岁就已经开始创作小型音乐作品，后来更是创作了大量的歌剧、钢琴曲、合唱曲和宗教音乐，成为早期浪漫主义音乐的重要代表人物之一。

韦伯可以被称为德国浪漫主义歌剧的创始人，他为德国民族歌剧的发展奠定了基础。韦伯的第一部歌剧是《自由射手》，也是他最有代表意义的一部作品，这部作品取材于德国的民间传说，追求幻想的情趣，带有德国的民族风格，表现了善良终究会战胜黑暗的美好理想。韦伯的第二部歌剧是《欧丽安特》，在这部作品中，韦伯进行了新的尝试，冲破了德国歌剧的种种约束，丰富了合唱与重唱的作用，获得了很大成功。

在器乐创作中，韦伯的主要成就表现在钢琴作品的创作上。他的著名标题钢琴曲D大调华丽回旋曲《邀舞》，把德国普通民众生活与圆舞曲的音乐相结合，表现了一个热闹舞会上发生的简单的故事，成为浪漫乐派最早的标题性钢琴作品。

韦伯在进行创作时以民族歌剧为基础，同时吸收了前辈与其他国家的经验，创作出许多带有民族风格又具有浪漫主义特色的作品，深受人们喜爱。

(二) 舒伯特

奥地利作曲家弗朗兹·舒伯特(1797—1828)是浪漫主义音乐的另一位奠基人物，他的创作主要体现在歌曲、钢琴作品、交响曲和室内音乐上。

舒伯特一生写了600多首艺术歌曲，被称为“歌曲之王”。他的歌曲往往以诗人的诗作为歌词，文学性很强，内容也很广泛，他的音乐充满了情感力量和时代特征，带有鲜明的民族色彩。舒伯特的歌曲通常可以分为三类：分节歌、变化分节歌和通谱歌。分节歌是奥地利民歌最普遍的形式，通常有三段歌词，每段旋律都相同，《野玫瑰》就是分节歌的代表作。变化分节歌是为了突破分节歌的相同旋律而产生的，舒伯特在《鳟鱼》(1817，D.550)、《小夜曲》(1828，D.957，No.4)和《圣母颂》(1825，D.839)中，都使用了这种形式并且赋予了它强大的表现力和生命力。通谱歌是一种音乐随歌词内容从头至尾贯穿到底的形式，音乐长，无重复，代表作品是《魔王》，它是舒伯特戏剧性艺术歌曲完美的典型。除此之外，舒伯特还有两部著名的声乐套曲——《美丽的磨坊女》和《冬之旅》。

舒伯特的钢琴创作同样丰富多彩，包括奏鸣曲、幻想曲、即兴曲和舞曲等。舒伯特的大型钢琴作品有11首奏鸣曲和1首《流浪者幻想曲》，另外他还创作了14首钢琴小品和8首《即兴曲》。在这些作品中，舒伯特注入了自己的表现特点，体现出无可比拟的抒情性，展现出蓬勃的生命力。

舒伯特的9部交响曲中，最著名的代表是《b小调第八“未完成”交响曲》，这部作品同样很鲜明地体现了舒伯特的抒情性特点。舒伯特的室内乐创作如《“鳟鱼”钢琴五重奏》和《“死神与少女”弦乐四重奏》直接运用了歌曲的旋律，注入了歌曲的感情，因此歌曲性都非常强。

二、浪漫主义音乐盛期

浪漫主义音乐的特征在韦伯和舒伯特期间已经初步形成，在他们之后，浪漫主义音乐开始进入了盛期，舒曼、柏辽兹、门德尔松、肖邦、李斯特成为这一时期的代表音乐家，在浪漫主义音乐的发展过程中做出了极大的贡献，丰富了浪漫主义音乐的成果。

(一) 舒曼

罗伯特·舒曼 (1810—1856) 是德国的一位具有典型浪漫主义精神的音乐家，他的音乐创作主要集中在钢琴作品上。

钢琴音乐是舒曼最优秀的创作，他不受古典形式的束缚，以自由的想象为主题，感情奔放自由，音乐语言丰富而有趣，带有多种表现手段。舒曼杰出的钢琴变奏曲作品有《变奏曲形式的练习曲》、《交响练习曲》等，精致的套曲代表作品有《幻想作品集》、《儿童生活》等。

在这些作品中，舒曼通过多变的节奏和带有特性的旋律来表现他的丰富想象力，内心的细腻情感以及他的幻想特征。

(二) 柏辽兹

路易·赫克托·柏辽兹 (1803—1869) 是法国浪漫主义的杰出代表。在柏辽兹的音乐作品中，最有代表性的是交响乐。

柏辽兹的作品主要反映了个人对幸福的渴望、对美好理想热情的向往以及在黑暗现实中的孤独与苦闷。他在艺术上的最大成就是创立了浪漫主义标题交响乐体裁，使音乐更细微具体地反映生活，音乐的曲式结构非常灵活，对法国的音乐创作产生重要影响。

《幻想交响曲》是柏辽兹的交响乐中最有代表性的作品，此外交响乐作品还有《哈罗尔德在意大利》、《罗密欧与朱丽叶》等。

(三) 门德尔松

门德尔松 (1809—1847) 是德国著名作曲家，他的一生中充满了大量的音乐活动，主要创作集中在交响音乐、钢琴音乐等领域。

门德尔松少年时代就开始创作交响曲，正式发表的有 5 部，在这 5 部作品中，比较重要的是《意大利交响曲》(A 大调，Op.90) 和《苏格兰交响曲》(a 小调，Op.56)。门德尔松还为纪念德国奥格堡宣言 300 周年创作了《宗教改革交响曲》，反映了基督教的哲理思想。交响序曲也是门德尔松交响音乐创作中的重要体裁，这种体裁是专门为音乐会独立演奏而写的管弦乐曲。这种交响序曲融合了古典形式与浪漫风格，都具有标题性，门德尔松的代表序曲作品有《仲夏夜之梦》、《平静的海洋，幸福的航行》等。

门德尔松首创了抒情性小型器乐体裁“无言歌”，是指织体简明，大部分由歌曲似的旋律以及简洁的伴奏织体构成的音乐。他的小型钢琴曲集《无言歌》共包括48首作品，音乐形象生动，手法朴实，风格清新，代表作品有《春之歌》、《浮云》、《摇篮歌》等。

门德尔松还创作了一定数量的声乐作品，以合唱和艺术歌曲为代表，如清唱剧《圣保罗》，艺术歌曲《乘着歌声的翅膀》等等。

(四) 肖邦

肖邦(1810—1849)是波兰浪漫主义音乐创作领域的杰出代表，他的创作具有崇高的爱国精神，作品深深扎根于波兰的民族音乐土壤中，以高超的技巧和突出的艺术创造为后世留下宝贵财富。

肖邦的创作题材主要与祖国的现实、民族的命运紧密相关，具有乐观、热情等浪漫主义特质，肖邦的音乐形象鲜明具体，以奔放热情的旋律、灵活多变的和声结构，使音乐具有十分丰富的表现力。肖邦的音乐创作成就主要表现在钢琴音乐领域，他几乎将一生的精力都投入在钢琴音乐的创作上。

玛祖卡舞曲是肖邦创作中最具有波兰民间气息的体裁，肖邦的玛祖卡大致可以分为两类，一类以明朗、愉快的色彩为主，如第15首《C大调玛祖卡舞曲》；另一类玛祖卡舞曲则充满了哀伤的感情，曲调也比较细腻。

夜曲经过肖邦的发展成为浪漫音乐的独特体裁，大多形式自由，格调高雅，富有优美的旋律和浪漫的情感，代表作品如《e小调夜曲》等。谐谑曲和叙事曲以及奏鸣曲在肖邦音乐的大型体裁中占有重要的地位，这些乐曲的思想性十分深刻，构思宏伟，对比鲜明，艺术更加成熟，比如著名的《b小调奏鸣曲》就是一首恢弘严谨的悲情之作。

(五) 李斯特

弗朗兹·李斯特(1811—1886)是匈牙利杰出的音乐家，在匈牙利乃至整个欧洲的浪漫主义音乐中都占有重要的地位。他的创作主要集中在交响诗、交响曲和钢琴音乐上。

单乐章标题交响诗是李斯特首创的音乐体裁，交响诗的结构很自由，富有文学性，体现了综合艺术的理想。李斯特的交响诗共有13部，都带有标题，在这些交响诗中，最著名的是《前奏曲》。

李斯特创作了两部标题交响曲，一部是以但丁的《神曲》为题材的《但丁交响曲》，另外一部是以歌德的《浮士德》为题材创作的《浮士德交响曲》。

在钢琴音乐中，李斯特创作了大量的狂想曲、协奏曲、改编曲和练习曲等。李斯特擅长运用华丽的音乐语言和曲折往复的结构方式，使音乐作品流畅自然，具有强烈的感染力，代表作品如《A大调第二钢琴协奏曲》，它的音乐华丽抒情，节奏明朗愉快，具有细腻的风格。

三、浪漫主义音乐晚期

浪漫主义音乐的盛期过后，晚期德国又出现了两位可以代表浪漫主义音乐的音乐家，瓦格纳与勃拉姆斯。

(一) 瓦格纳

里夏德·瓦格纳 (1813—1883) 是一位思想活跃的音乐家，他在艺术上以标新立异和艺术思维的奇特为主要特征，他的主要创作体现在他的歌剧上。

瓦格纳认为，理想的歌剧应该体现戏剧和音乐的完美统一，好的歌剧中音乐应该是连续不断的。为了避免在自己创作的歌剧中有明显的段落感，瓦格纳运用各种手法使音乐不间断地发展，还采用了特殊的“曲式结构”，来为他心目中理想的歌剧服务，代表作品如《漂泊的荷兰人》、《特里斯坦与伊索尔德》、《尼伯龙根指环》等。

瓦格纳的歌剧突破了歌剧诞生以来的固有模式，使之更具有创造性，对后来的现代主义音乐流派产生了巨大的影响。

(二) 勃拉姆斯

约翰内斯·勃拉姆斯 (1833—1897) 是 19 世纪下半叶德国音乐家中，与瓦格纳齐名的另一位作曲家。勃拉姆斯在各种音乐体裁上都有所创作，他的音乐继承了古典音乐的某些传统，又对浪漫派的节奏、和声和乐器音色效果加以发展，因此在他的音乐作品中，节奏通常十分丰富，和声与配器方法也新颖独特，擅长于描写大自然的景色。

勃拉姆斯的室内乐是他艺术成就的重要体现领域，他的室内乐作品数量和样式都很多，包括弦乐四重奏、五重奏、六重奏，钢琴三重奏、四重奏、五重奏，还有小提琴奏鸣曲、大提琴奏鸣曲等等，代表作品像《g 小调钢琴四重奏》，这是勃拉姆斯最受欢迎的室内乐作品之一。勃拉姆斯的 4 部交响曲，包括《第一交响曲》、《第二交响曲》、《第三交响曲》和《第四交响曲》是德国交响曲发展历史上的里程碑，标志着勃拉姆斯的音乐创作达到了新的高度 。

勃拉姆斯的音乐具有鲜明的民族性，他的独特新颖的艺术手法，成为后世作曲家的共同财富。

第二节　法国与意大利的歌剧

19 世纪初期，随着欧洲歌剧的发展，法国的歌剧创作也进入了兴盛时期。在这个时代各种思潮的影响下，法国歌剧的形式和内容都出现了更加新颖和丰富的东西，许多著名的法国作曲家都在各自的歌剧创作中显示出自身的个性，共同对法国歌剧的繁荣做出了贡献。

意大利的歌剧在以往的发展过程中由于自身的虚荣、浮华与做作一度失去了统治欧洲歌剧舞台的地位，到了 19 世纪，意大利出现了一批伟大的歌剧作曲家，他们的创作以意大利悠久的歌剧传统作为基础，在这种基础上加入了自身的发展与特色，使意大利歌剧重新焕发出鲜活的生命力。

一、19 世纪法国歌剧

(一) 大歌剧

法国大歌剧产生于 19 世纪 20 年代末，大歌剧以场面宏大、布景豪华、风格宏伟而著称。大歌剧的内容以表现英雄的豪情为主，音乐则追求宏大壮阔。

法国大歌剧以作曲家奥柏 (1782—1871) 创作的《波尔蒂切的哑女》为开端，后来作曲家贾克莫·迈耶贝尔 (1791—1864) 将大歌剧推向高峰，他创作的《恶魔罗伯特》是大歌剧的典范之作。

(二) 抒情歌剧

抒情歌剧是伴随着喜歌剧和大歌剧的形成和发展而逐渐产生的。抒情歌剧的题材大多取自于文学名著，偏重于描写人物的生活与感情，在这些方面极尽细致刻画之能事，而不是像原著一样描写深刻的哲理。抒情歌剧的音乐借助了法国语言音调的结构，以城市浪漫曲和舞曲为一定基础，创造了简洁朴素的抒情音调。

抒情歌剧著名的代表作曲家是古诺 (1818—1893)，作品是《浮士德》，他的这部作品是法国抒情歌剧最辉煌的成就，也因此奠定了他自身在法国音乐史上的地位。古诺把法国的音乐创作中从大歌剧带来的不良影响祛除，使歌剧的创作重新回归到了自然状态，在他的音乐创作中发扬了法国音乐优雅、真挚的传统，对后世的作曲家产生了很大影响。

(三) 轻歌剧

轻歌剧又可以称为谐歌剧或趣歌剧，是由滑稽型的喜歌剧演变而来，强调诙谐、幽默、机敏和讽刺的特点，内容大多来自民间生活，结构短小精练，旋律优美，广泛吸取当代的流行音调，具有较强的通俗性。

轻歌剧的代表作曲家是奥芬巴赫 (1819—1880)，他创作的轻歌剧有将近百部，最有代表性的是《地狱中的奥尔菲斯》，这部作品表现出奥芬巴赫成熟的写作技巧和讽刺能力，自由流畅又简洁明了，深受观众喜爱。

(四) 比才

19 世纪的法国歌剧作曲家中，有一位不得不提到，他就是比才。比才 (1838—1857) 是著名的法国作曲家，他杰出的歌剧代表作是《卡门》。

《卡门》是根据梅里美的同名小说改编而成的，是一部具有传奇色彩的悲剧作品，比才以自己的才华使这部歌剧具有深刻的思想性与哲理性，是法国最重要的歌剧作品之一。歌剧《卡门》具有强烈的戏剧性，比才深刻地刻画了卡门的形象，他使音乐与戏剧紧密结合，全剧形成一个不断发展的连续的整体，他创造性地使用了西班牙民间的音调与节奏，使音乐极其富有激情和感染力，许多经典唱段直到现在仍然是多数音乐会的保留曲目。

二、19 世纪意大利歌剧

19 世纪意大利歌剧伟大的代表作曲家主要有罗西尼、贝利尼、多尼采蒂、威尔第和普契尼。

(一) 罗西尼、贝利尼与多尼采蒂

罗西尼 (1792—1868) 的歌剧创作以丰富优美的曲调、热烈奔放的感情和壮烈的悲剧场面深深吸引着观众,他的歌剧作品通常气势宏大,旋律优美华丽,节奏活泼轻快,极其富有表现力。

在罗西尼给后世留下的大量歌剧硕果中,《塞维利亚理发师》是他最具盛名的代表作,在这部作品中,罗西尼使用了流畅明快的音乐,全剧结构紧凑,自然而又精巧,因此也成为意大利歌剧舞台上的一部巅峰之作。

贝利尼 (1801—1835) 的歌剧主要是以抒情风格见长,对旋律的崇拜是贝利尼的艺术个性,在他的作品中忧郁哀婉的情调经常出现,他的代表作品是《梦游女》、《清教徒》等。

多尼采蒂 (1797—1848) 的歌剧旋律丰富流畅,具有强烈的抒情性,代表作品是《拉美摩尔的露契娅》、《爱的甘醇》和《唐·帕斯夸尔》等。

(二) 威尔第

威尔第 (1813—1901) 继承了意大利歌剧的优良传统,恪守"歌剧是人性的戏剧"的创作理念,将意大利的歌剧带入了至善至美的境界。

威尔第的歌剧题材内容具有强烈的现实性,主要反映当时的社会生活,他歌剧发展的基本原则是意大利的传统音乐,在表现手法方面他的歌剧则具有强烈的戏剧冲突和人物内心情感的深刻表现。

威尔第一生创作了 26 部歌剧,如《麦克白》、《奥塞罗》、《茶花女》、《利哥莱托》等,其中最具有代表性的是《茶花女》,这部作品可以说是代表了威尔第的歌剧创作最高成就。

(三) 普契尼

19 世纪末,意大利兴起了真实主义歌剧的创作,普契尼 (1858—1924) 在这种创作风潮的影响之下开始自己的歌剧创作生涯。

普契尼的歌剧题材多是下层人的生活内容,善于运用表现情感微妙变化的旋律,使得作品风格细腻婉转,他使用微妙的和声和精巧的结构,让音乐变得新颖并带有戏剧性。普契尼最著名的代表作品是《蝴蝶夫人》,这部作品体现了普契尼歌剧创作的主要特征,把普契尼的真实主义歌剧推向极致,使他的作品具有与众不同的魅力。

第三节 民族主义音乐

19 世纪 30 年代到 20 世纪初期，在东欧和北欧的若干国家先后出现了一批作曲家，他们立志于发展本民族的音乐，在各自的音乐创作中采用民族题材与民族形式，反映民族风情与民族精神，在西方音乐历史上被称为民族主义音乐，也称为民族乐派。

一、俄罗斯

格林卡（1804—1857）被称为"俄罗斯音乐之父"，他是俄罗斯的音乐历史上第一位非常具有代表性的音乐家。格林卡的音乐创作大体可以分为两个方面，一是歌剧创作，一是管弦乐创作。

格林卡的歌剧代表作品是《伊万·苏萨宁》，这是一部具有史诗性质的作品，这部作品中充满了崇高的爱国主义热情，照亮了俄罗斯歌剧创作的道路，可以说，《伊万·苏萨宁》是俄罗斯第一部具有鲜明民族特色的歌剧。格林卡管弦乐的代表作品是《卡玛林斯卡亚幻想曲》、《马德里之夜》等。

格林卡是 19 世纪俄罗斯民族乐派的奠基人，也是俄罗斯第一个具有世界意义的作曲家，他的创作从根本上体现了俄罗斯民间音乐与城市音乐的关联，对后来俄罗斯民族乐派的发展带来了深远影响。

19 世纪下半叶，俄罗斯的音乐得到了更大的发展，以"强力集团"为代表的民族乐派高举格林卡的旗帜，继续沿着民族化的道路前行。"强力集团"，也称"五人团"，出现于 19 世纪 60 年代，这支队伍是由具有共同理想、共同信念的年轻人组成的，他们致力于创建民族乐派，以车尔尼雪夫斯基的"艺术既要有美感，又要反映现实"的艺术观进行创作，要求艺术与生活紧密相连，强调思想性和现实性，主要成员是鲍罗丁、穆索尔斯基等。

鲍罗丁（1833—1887）的作品并不多，但是每一部都反映了他对传统的继承以及与俄罗斯民间民族音乐的联系，表现了民族坚强的性格和不屈的精神，代表作品是歌剧《伊戈尔王》、《b 小调第二交响曲》等。

穆索尔斯基（1839—1881）的作品遵从"强力集团"的创作宗旨，数量虽然不多却都很有特色，主要表现在旋律优美、自然朴素与大胆的和声使用上，始终把人民的形象和民族的主题放在第一位，代表作品如现实主义歌剧《鲍里斯·戈都诺夫》、歌曲《孤儿》以及著名器乐作品《荒山之夜》等。

在 19 世纪的俄罗斯音乐中，除了"强力集团"，还要提到的是著名音乐家柴科夫斯基（1840—1893）。柴科夫斯基的音乐作品数量大，样式多，是俄罗斯音乐家中在国际乐坛上享有盛誉的一位大师，其音乐带有鲜明的个人风格，极富个性的旋律使他成为真正的俄罗斯作曲家，概括地说，内容深刻、题材广泛、旋律动人、节奏生动是柴科夫斯基的音乐特色。他的作品以歌剧和舞剧最为著名，如歌剧《叶甫盖尼·奥涅金》、《黑桃皇后》，舞剧《天鹅湖》、《胡桃夹子》等。

二、捷克

捷克音乐在19世纪呈现出繁荣的景象，具有鲜明的民族特点。许多进步人士致力于民族文化的复兴，在音乐领域也得到了相应的体现，以斯美塔那和德沃夏克为代表。

斯美塔那(1824—1884)受过自由民主思想的熏陶，因此在他的作品中渗透着爱好自由、争取民族独立的思想因素。斯美塔那的音乐作品既蕴涵了捷克的民族因素，又在一定程度上融入了西方音乐的技巧，具有鲜明的时代气息，他最有代表意义的作品是歌剧《被出卖的新嫁娘》和交响诗套曲《我的祖国》。

德沃夏克(1841—1904)的创作具有鲜明的民族风格，体现了民族音乐的主旋律，是捷克民族艺术的重要组成部分。在音乐语言上，德沃夏克同样将民族音乐精华和其他国家的音乐结合起来，形成了具有时代感和富有生气的音乐风格，代表作品主要有《第九"自新世界"交响曲》和《b小调大提琴协奏曲》等。

三、挪威

19世纪的挪威兴起了"复兴民族文化"的运动，在音乐方面，音乐家们致力于收集民间音乐，创作有民族特色的作品，杰出的民族音乐家代表是爱德华·格里格。

格里格(1843—1907)的音乐作品带有个性化的成分，在他的作品中，既有挪威的民族音乐风格，又有西方音乐技巧的运用，音乐明晰丰富、大胆创新，在挪威音乐史上是光辉的丰碑。

格里格的作品主要有极富挪威音乐特色的管弦乐组曲《培尔·金特》，还有著名的钢琴协奏曲《a小调钢琴协奏曲》，作品结构恢弘，充满了对祖国的赞颂与热爱。

四、芬兰

19世纪下半叶的芬兰音乐很少带有独创性，也同样缺少民族性。后来随着民族文化的慢慢崛起，人们开始需要颂扬本民族精神的音乐，在这样的背景下，出现了芬兰最伟大的民族音乐家——西贝柳斯。

西贝柳斯(1865—1957)在学习各国音乐特点的基础上，吸收传统音乐的精华，成就了自己的大师地位，他的作品多数以对祖国的挚爱之情为主题，带有对民族命运的担忧和对未来的憧憬。

西贝柳斯的音乐色彩并不十分丰富，技巧也并不现代，但是他却以他对音乐执着的探索和对民族音乐的热情，用自己的努力为芬兰音乐在西方音乐历史上取得了一席之地。西贝柳斯的代表作品主要有交响诗《芬兰颂》、协奏曲《d小调小提琴协奏曲》等。

思考题：

一、填空

1.浪漫主义音乐兴起于德国和____________。

2.《自由射手》是德国浪漫主义作曲家____________的作品。

3.____________被称为“歌曲之王”。

4.19 世纪法国杰出歌剧代表作《卡门》是____________的作品。

5.《蝴蝶夫人》是意大利著名作曲家____________的作品。

6.____________被称为“俄罗斯音乐之父”。

7.交响诗套曲《我的祖国》是捷克作曲家____________创作的。

二、解词

1.舒伯特　3.门德尔松　2.肖邦　4.轻歌剧　5.强力集团

三、简答

1.浪漫主义音乐的特点

2.法国抒情歌剧的特征

3.意大利歌剧的发展

四、论述

1.19 世纪浪漫主义音乐风格的演变

2.19 世纪民族主义音乐的兴起与成就

第五章 二十世纪

第一节 20世纪上半叶的音乐

20世纪初,法国的印象主义音乐和德奥的表现主义音乐,打破了大小调一统天下的局面,向西方长达300余年占据主导地位的调性音乐发出尖锐的挑战。到20年代,新古典主义崛起,试图在复古的道路中获得收获。几乎与此同时,20世纪的民族主义作曲家开始把探索的目光投向民间,在传统和现代之间寻找新的突破点。

一、印象主义音乐

世纪之交,法国乐坛上兴起印象主义音乐,它不仅使得法国音乐摆脱了旧音乐的束缚,而且带来了一场改变西方音乐进程的革命。印象主义音乐的代表人物是德彪西和拉威尔。

德彪西(1862—1918)在印象主义音乐中占据着极其重要的地位,他的音乐风格特征主要是:擅长使用简短的音乐主题,和声色彩斑斓,配器细腻透明,通过描绘自然景物、生活风俗等突出主观的瞬间感受和直觉印象,不用组织严密、条理清晰的音乐语言来表达,而是用恍惚、松散的音乐氛围来暗示和象征,往往具有朦胧、飘逸、空幻的气氛。正是由于这些与印象画派相似的特点,德彪西的音乐被称为印象主义音乐,他的音乐特征也就相应成为印象主义音乐的总体特征。

德彪西的器乐作品《牧神午后》是他的著名代表作之一,在这部作品中,他完美地阐释了印象主义音乐的美学原则,即对事物一瞬间印象的重现,给人以耳目一新的感觉。而由《云雾》、《节日》和《海妖》组成的《夜曲三首》则将德彪西的印象主义音乐特征发挥得淋漓尽致。

拉威尔(1875—1937)是印象主义音乐的另一位重要代表人物。拉威尔在德彪西的音乐基础上,进一步发展了印象主义音乐,使它更为丰富和出神入化,将印象主义音乐的华美细腻发挥到极致。其代表作品有《水之游戏》等。

二、表现主义音乐

20世纪表现主义在音乐领域中,主要表现在奥地利作曲家勋伯格和他的两个学生贝尔格、韦伯恩的创作上。表现主义音乐的主要特点是旋律零碎、片段化且跳动剧烈,力度对比非常强烈,音乐中出现尖锐的、不和谐的和弦,节拍多变且不对称,结构模糊,无调性的音乐技法。

勋伯格(1874—1951)是表现主义音乐的重要代表人物,他的创作大体可以分为三个阶段:

晚期浪漫主义风格阶段、无调性探索阶段和十二音音乐风格阶段。统观他的三个阶段音乐创作，其中以第二和第三阶段的成就为大，由他创立的无调性音乐风格和十二音音乐风格，对传统的德奥音乐发出挑战，强烈地冲击了传统基础，为音乐的发展带来了新的动力。他的代表作品主要有《管弦乐队变奏曲》、歌剧《摩西与阿伦》等。

贝尔格与韦伯恩是勋伯格的追随者，他们在创作上与勋伯格一样都经历了三个阶段的风格转变。贝尔格将浪漫主义情感与表现主义美学完美地结合起来，使得抽象的音乐焕发出动人的艺术魅力，其代表作品有著名歌剧《沃采克》等。韦伯恩的音乐则并不重视听众的感受，音乐倾向于高度的简洁和理性化，代表作品有《室内交响曲》、《乐队变奏曲》等。

三、新古典主义音乐

新古典主义是指 20 世纪上半叶出现的一个重要的音乐创作流派，意大利作曲家布索尼(1866—1924) 在 1920 年发表的公开信《新的古典主义》，被认为是新古典主义的宣言书。

新古典主义反对浪漫主义的情感表现，要求恢复古典时代的理性，强调情感表现的适度与理智，追求各个方面的均衡与完美。新古典主义反对标题音乐，主张“纯音乐”，强调音乐的本体表现，要求将所有的注意力都集中在音乐本身，追求完美的作曲技法和音乐情趣。

新古典主义的代表作曲家包括俄罗斯的斯特拉文斯基、法国的“六人团”和德国的兴德米特。

斯特拉文斯基 (1882—1971) 是新古典主义的核心人物，他的创作可以分为三个时期。一是民族主义时期，也可以称为俄罗斯风格时期，这一时期的代表作品主要有《火鸟》、《春之祭》和《彼得鲁什卡》三部舞剧音乐；第二时期是新古典主义风格时期，这时期斯特拉文斯基的作品有《俄狄浦斯王》等；第三个时期他开始接受勋伯格的十二音音乐，在接受的同时保持了自己鲜明的个性风格，主要创作了舞剧《阿贡》、《安魂赞美诗》等作品。

法国“六人团”的成员包括奥涅格 (1892—1955)、米约 (1892—1974) 和普朗克 (1899—1963) 等人，“六人团”的成员反对印象主义，重视音乐的明快朴实，反映了新古典主义在法国的巨大影响。

奥涅格的作品雄浑热情，深沉厚重，富有激情和动感，代表作品有清唱剧《火刑堆上的贞德》等。米约则善于把自己的生活见闻融入到音乐中去，因此他的作品以题材丰富著称，代表作有《法兰西组曲》等。普朗克的音乐风格清新而高雅，代表作品主要集中在器乐方面，如著名的钢琴作品《古钢琴协奏曲 (田园)》、《d 小调双钢琴协奏曲》等。

兴德米特是德国新古典主义的代表人物，他的音乐题材广泛，体裁涉及面广，提倡音乐创作的目的性，代表作品包括《乐队协奏曲》、《画家马蒂斯》等。

四、民族主义音乐

民族主义音乐 19 世纪就已经在捷克、芬兰等地有所表现，在 20 世纪是与表现主义音乐、新古典主义音乐相并列的三大主流风格。20 世纪的民族主义音乐在继承 19 世纪各种特点的同时也发展出了一些新的特征，如作品已经开始在爱国思想方面有所减弱，对民间本身具有更加浓烈的兴趣等。20 世纪的民族主义音乐在匈牙利、美国、英国都有所体现。

20 世纪匈牙利最杰出的民族主义音乐家是巴托克（1881—1945），民间音乐的旋律、调式和结构是巴托克作品的灵魂，他的代表作品主要有《为弦乐、打击乐和钢片琴而写的音乐》、《两架钢琴与打击乐器的奏鸣曲》、《小提琴协奏曲》和《嬉游曲》，以及后期在美国时所写的《管弦乐协奏曲》和《第三钢琴协奏曲》。

美国民族主义音乐的创作起步较晚，最具有代表性的作曲家是科普兰和格什文。科普兰（1872—1936）的音乐创作风格也是随他的创作时期改变的，从一开始以新古典主义为基础到后来的重视民族风格各不相同，主要代表作品有《管风琴与乐队交响曲》、《墨西哥沙龙》等。格什文（1898—1937）的音乐作品是美国音乐的宝贵财富，他的卓越贡献在于成功地将爵士乐糅合于严肃音乐中，代表作品主要有《蓝色狂想曲》等。

英国的音乐家为复兴英国音乐做出了大量的努力，其中以威廉斯（1872—1958）为主要代表。威廉斯在长达 50 余年的音乐创作生涯中写出了大量的作品，他的音乐被他所处时代包括的所有音乐风格所影响，但他却也从未忘记过自己的使命，他创作的基础是英国民歌与英国传统音乐，代表作品有《第一交响曲——大海》、《第二交响曲——伦敦》等九部交响曲。

第二节　20 世纪下半叶的音乐

20 世纪下半叶的西方音乐，风格和流派更趋繁复。其中，更加激进的序列音乐和偶然音乐等流派占据主流，而随着科学技术的迅猛发展，电子音乐又应运而生。这些纷繁复杂的流派音乐给传统的音乐审美习惯带来了巨大的冲击。

一、序列音乐

序列音乐是20 世纪下半叶最先引起人们重视的音乐流派，它产生的基础是十二音音乐，十二音音乐以音级的不同序列为基础，对音乐的控制只表现在高音上，但是序列音乐却是将这种控制扩展到节奏、音色、力度等各个方面，因此，序列音乐也被称为全面序列音乐或是整体序列音乐。

序列音乐的关键人物是法国著名作曲家梅西昂（1908—1992），虽然他的风格并不仅仅局限于序列音乐，但是他在序列音乐的发展过程中起着很关键的作用。梅西昂的音乐创作题材主要包括爱情、宗教和自然，代表作品有《末日四重奏》等。

二、偶然音乐

偶然音乐与序列音乐相反，是一种尽可能摆脱对音乐形式、创作手法或作品演出的控制，只对有必要加以控制的部分做出限定的音乐形式。这种音乐最大的特点就是故意对作品的创作或演出不加控制,完全交给不可知的偶然性。

美国作曲家、哲学家约翰·凯奇(1912—1992)可以说是偶然音乐的开山鼻祖,他的第一首偶然音乐作品是《变化的音乐》,他首先制定出不同的音乐图表,然后采用抛三个硬币的方法来决定材料,构成音乐。后来凯奇更为极端的一首偶然音乐作品是《4分33秒》,这是一首无声作品,他要求钢琴家只坐在钢琴前面但不演奏,只在规定的三个时间点上打开、关上琴盖,完成乐曲的三个乐章,可谓偶然音乐的登峰造极之作。

三、电子音乐

20世纪出现的电子音乐泛指一切由电子装置产生和修饰的音乐,它通常包括录音带音乐、合成器音乐和计算机音乐三个发展阶段。

电子音乐作为20世纪后半叶的重要流派,对音乐的创作提出了新的问题,演奏者在电子音乐里面的地位已经变得无足轻重,传统的记谱法更是失去重要意义,它扩大了声音的范围和性能,赋予音乐在新时代的新的特征。

思考题:

一、填空

1.《牧神午后》是印象主义音乐代表人物____________的作品。

2.《夜曲三首》是由《____________》、《____________》和《____________》组成的,将德彪西的印象主义音乐特征发挥得淋漓尽致。

3.表现主义音乐的主要代表人物是____________和他的学生贝尔格与韦伯恩。

4.____________是德国新古典主义的代表人物,他的音乐题材广泛,体裁涉及面广,提倡音乐创作的目的性,代表作品包括《乐队协奏曲》、《画家马蒂斯》等。

5.____________在20世纪是与表现主义音乐、新古典主义音乐相并列的三大主流风格。

二、解词

1.表现主义音乐　2.法国"六人团"　3.序列音乐　4.偶然音乐

三、简答

1.印象主义音乐的总体特征及主要代表

2.新古典主义音乐的总体特征及主要代表。

四、论述

民族主义音乐在20世纪的发展状况

中外艺术史要略

第五编 影视

上卷 中国影视

第一章 电影拓荒期

第一节 概说

19世纪末20世纪初，电影作为一个“新奇的玩意”传入中国，并迅速在这块神奇的土地上生根、发芽。由此，中国电影开始了艰难的拓荒期(1896—1931)。

从第一部影片《定军山》的“记录”，到小品式滑稽短戏的“创作”，再到长故事片的摄制，这一过程实现了中国电影从萌芽时期、寄生阶段发展到自主艺术探索阶段的‘三级跳”。“明星”、“天一”、“联华”等众多电影公司的粉墨登场，不同的艺术观念和创作手段，使得中国电影开始形成流派纷呈的局面。1923年底《孤儿救祖记》的成功，确立了中国电影艺术和商业的双重地位。1926年相继掀起“古装片”、“武侠神怪片”浪潮，一直持续到1931年。1930年前后，随着有声电影的传入和摄制，中国电影完成了由纯视觉艺术向视听综合艺术的转变，中国电影的拓荒期划上了圆满的句号。

第二节 中国电影的诞生

在中国，电影最初被称为“西洋影戏”，早在1896年便从欧洲传入上海和香港。作为“舶来品”，在中国放映电影的第一人是上海徐园主人徐凌云。1905年，北京丰泰照相馆老板任庆泰(字景丰)主持拍摄的、由著名京剧演员谭鑫培主演的第一部无声影片《定军山》的诞生，翻开了中国电影的第一页。任庆泰所建的“大观楼电影院”(今大观楼电影院前身)是北京第一家带有专业性质的电影院，也因为最早放映《定军山》，成为第一家放映中国影片的场所。

刚起步的民族电影不仅需要本土文化的滋养，而且更需要经济保障和宽松的“精神气候”。这样，作为中国近代经济中心和文化中心的上海，顺理成章地成为中国早期电影发展的重要基地。1913年9月，郑正秋编剧并与张石川联合导演的中国第一部短故事片《难夫难妻》(由亚西亚影戏公司拍摄完成)在上海新新舞台首映，受到热烈欢迎。同任庆泰的拄片试验相比，《难夫难妻》已经开始体现出电影的某种叙事潜能。但短故事片毕竟不能作为独立的节目在影院中放映，《劳工之爱情》(我国库存最早的一部短故事片)便成了中国短故事片创作基本终结的标志。在此后的电影艺术探索中，由于市场的需要和经济、技术的支持，短故事片的主体地位开始被长故事片取代。第一部长故事片《阎瑞生》1921年由中国影戏研究社拍摄完成。

1913年，在香港主持"人我镜"剧社的黎民伟以华美影片公司名义拍摄的短片《庄子试妻》是香港第一部短故事片。该片由黎民伟编导，并反串扮演女主角庄子之妻，他的妻子严姗姗扮演"扇坟"的使女。严姗姗的戏虽不多，但却是中国电影史上第一位女演员，首开了女子进入银幕之先风。

就中国电影的拓荒方面来说，黎民伟的功绩在一定程度上可以与法国卢米埃尔兄弟媲美，因此有"香港电影之父"之称。在早期的南部电影范畴中，他是第一位率先拍摄故事短片、故事长片、新闻、风光、纪录片的人，是大规模引进外国先进技术在香港创立电影制片厂的第一人，是开办香港第一家华资影院"新世界"的人，也是将电影活动广泛推广和延伸到广州、上海等全国各地的重要人士。在中国电影百年发展脉络中，黎民伟同张石川和郑正秋形成了南北呼应之势，分头并进，不断引领中国电影摸索前进。

1923年明星公司完成的《孤儿救祖记》(郑正秋编剧，张石川导演)，开创了中国有电影以来的最高票房纪录，而且在艺术上确立了国产无声片的基本模式，是中国第一部在商业和艺术上获得巨大的双重成功的国产片。同时它还标志着民族电影业草创阶段的结束和初盛时期的到来。作为一个电影事件，它所产生的最为直接的影响，便是促成了一个前所未有的"国产电影运动"。影片主演者王汉伦是中国第一位女职业电影演员，曾有"悲剧明星"之誉。

在20年代的这一时期，除了"明星公司"的霸主地位外，比较有影响力和成绩的影片公司还有：长城画片公司、神州影片公司、大中华百合影片公司、民新影片公司和天一影片公司，以及由著名剧作家田汉所创办的南国电影剧社和至20年代末方才兴起的联华影业公司等。这些影片公司提出了各不相同的电影主张，采取了不同的制片方针。

第三节　"古装片"、"武侠片"

从1926年下半年开始的四年多时间里，中国影坛相继形成了"古装片"、"武侠片"、"神怪片"等商业电影创作热潮。

所谓"古装片"，当时又称为"稗史片"，基本上是根据旧文学素材改编拍摄的影片类型。其人物和故事原型，大多来自带有很大民间传说成分的评弹书目或演义小说和其他古典名著。就总体状况而言，这股席卷影坛的"古装片"浪潮并没有得到当时舆论界的肯定。由于过于切近商业功利意图，绝大多数影片几乎均是借模糊的年代概念和假托古人姓名，搬演"才子佳人"或"英雄美人"这样一种传统叙事母题，并穿插以能够迎合市民观众俗好的艳闻逸事和油滑噱头。影片往往热衷于野史细节，而缺乏对可考史实的依循。大多数影片在工艺环节上也流于草率从事，在较少的资金和较短的时间前提下敷衍成片。其中大中华百合影片公司的《美人计》和民新影片公司的《西厢记》可以看作庸中佼佼。

在"古装片"方兴未艾的同时,"武侠片"也悄然跃上银幕,并迅速形成商业电影竞争的第二个浪潮。"神怪片"可以看作是"武侠片"的一种延伸,因此又被称作"武侠神怪片"或"神怪武侠片"。

1928 年,明星公司的《火烧红莲寺》燃起了武侠神怪片的第一把火,《火》也成为中国武侠片的鼻祖。由于市场的诱惑,大大小小的影片公司纷纷效尤,武侠神怪片很快就替代了曾风靡一时的古装片大行其道。一时间"到处有火,有寺必烧",如《火烧青龙寺》、《火烧百花台》、《火烧剑峰寨》、《火烧九龙山》、《火烧七星楼》、《火烧白雀寺》等等,不一而足。除"火烧"系列外,其他的武侠神怪片,如《荒江女侠》、《儿女英雄》、《女侠红蝴蝶》、《女镖师》、《乱世英雄》、《唐皇游地府》,更是不胜枚举。这期间武侠神怪片成为影坛主流,而且还出现了专拍武侠神怪片而出名的公司。可以说武侠电影是中国最早的、最成熟的类型。从某种角度来说,武侠电影也是中国电影对世界电影贡献的最完美、最独特的电影类型。

这些武侠片类型化程度很高。剧情上,无非除霸型、复仇型、比武型、夺宝型四种,人物形象概念化、脸谱化。制作上采取低成本、短周期、大批量等策略,并扶植"侠星"以明星效应吸引观众。在视觉形象的设计上,必是荒山野外、古刹老庙和"飞剑白光",并不时穿插裸女怪男的狰狞面目,腾云驾雾、隐遁无踪同样必不可少。在侠客的服饰及造型方面,多借鉴京剧里的武生,对后代武侠片有至深影响。神乎其神的功夫特技,是在胶片上再加工的。停机再拍、倒拍、逐格拍摄、多次曝光、叠印、卡通等多种"幻摄法",以及机关布景等美术技巧,被大量使用于影片的前后期制作中,可见对电影的技术可能性和叙事能力做了多种尝试和发掘。

第四节 南国电影剧社

1926 年,我国著名的现代戏剧奠基者田汉创办了南国电影剧社,这在中国早期的电影史上有着特殊的意义。田汉深受日本唯美主义作家古崎润一郎在其《艺术一家言》里所说的"影片真可以说是人类用机械造出来的梦"之影响,这从他为南国电影剧社起草的宣言中可见一斑。在当时的中国,堪称从理论上首次引进和认定了电影艺术的美学特征。

在创建南国剧社后不久,田汉就亲自编导了第一部影片《到民间去》,以实践自己的创作思想,后因资金缺乏而未能完成。

1928 年南国电影剧社改组为"南国社",除电影部外另有文学、绘画、音乐、戏剧部,其宗旨定为"团结与时代共痛痒之有为青年,作艺术上之革命运动"。1930 年因演出舞台剧《卡门》引起政府警觉,被国民党强行解散。田汉并没有因此而停止从理论上探索中国电影发展现实前途的步伐。

田汉早期电影活动对中国电影发展的贡献在于：一，在多以赢利为目的的电影圈中，田汉高举电影运动的旗帜，强调电影不再单纯是赢利的工具，而是有相当的社会教育功能和崇高的艺术价值，他本着纯真的态度和艰苦奋斗的精神，"在中国电影史上写下光荣的第一页"。他的作品《到民间去》，被有些史论家称为是"中国电影史上第一个有进步意识的电影"。二，他是新文艺界众多文学艺术家中第一个尝试拍电影的人，也是把新文艺界的思想引入到电影界的第一人，从而结束了我国电影长期游离于中国新文艺运动的历史，为而后"左翼电影"运动的开展作了铺垫。

第五节　有声电影的出现

中国的无声电影向有声电影的转变，起步比西方先进国家晚得多，也经历了更长得多的时间。1929 年 2 月 4 日，上海的夏令配克电影院放映美国影片《飞行将军》，这是有声电影在中国的第一次正式公开放映。中国最初在电影中运用声音的尝试，是 1929 年孙瑜导演的《野草闲花》。影片里加入了一段歌曲《寻兄词》（事先录在蜡盘唱片上放映时配放），于是《寻》就成为中国最早的电影歌曲。

有声片分为蜡盘发音和片上发音两种。蜡盘发音是一种较为原始的方法，片上发音是当今电影普遍采用的方法。中国的有声片是从蜡盘发音开始的。1931 年第一部整部影片用蜡盘唱片配音的《歌女红牡丹》（洪深编剧，张石川导演）由明星公司和百代公司合作录音摄制，首映后引起轰动。友谊公司用一鸣公司的名义出品的《虞美人》同样颇受欢迎。这两部影片是中国最早摄制的蜡盘发音有声片，艺术与技术上比较幼稚。

同时，中国电影业也开始了片上发音有声片的制作。中国最早的两部片上发音的影片《雨过天青》和《歌场春色》都是中国电影公司高薪聘请外国技术人员摄制完成的。1931 年 11 月，由洪深编剧、张石川导演的第一部片上发音影片《旧时京华》开拍，1932 年 1 月底在上海卡尔登大戏院首映。

有声电影揭开了我国电影发展的新一页，经过从默片时代到有声时代长达五六年的交接时期，终于确立了我国电影未来发展的方向。有声电影带来的电影技术、艺术上的重大变革，使得电影的内涵更为丰富完美，并且鼓舞了我国进步的革命电影工作者运用这个崭新的艺术武器，开创了我国电影声色并茂的高峰阶段——左翼电影运动阶段。

第六节　第一代导演

在中国电影诞生起步时期内，中国涌现出了"第一代导演"。正是由于他们的努力实践和艰苦探索，才使中国电影度过了早期艰难的起步阶段。“第一代导演”活动的时间大体是在20世纪初到20年代末。这段时间涌现的导演总计约有100人，其中以张石川、郑正秋、但杜宇、杨小仲、邵醉翁为代表。“第一代导演”是中国电影的先驱，在拍摄条件非常简陋、艰苦，又缺乏经验的条件下，创作了中国第一批故事片。这些影片中部分受“五四”新文化运动的影响，不同程度地表现出反封建的民主思想。但从艺术技巧而言，“第一代导演”还不了解什么是电影，他们往往用传统的戏剧观念来处理电影，沿用戏剧舞台的一套办法，摄影机基本固定。“第一代导演”中成就最大的是张石川、郑正秋。中国第一部短故事片《难夫难妻》、长故事片《黑籍冤魂》、第一部有声故事片《歌女红牡丹》、第一部武侠片《火烧红莲寺》，以及早期最有影响的《孤儿救祖记》均出自他们二人之手。郑正秋比张石川更有主见与追求，张石川的制片方针是“处处惟兴趣是尚”，郑正秋则提出影片不仅要迎合观众，而且要引导观众的欣赏趣味。其影片故事性强，结构严谨，富有戏剧冲突。特别是后期的《姊妹花》，十分注重故事的雅俗共赏，表演朴素细腻，导演手法自然流畅，创下了连映60天的纪录。

思考题：

一、填空

1．________年，__________主持拍摄的第一部影片《______________》，标志着中国电影的诞生。

2．中国第一部短故事片是由________与__________联合执导的《____________》。

3．香港第一部短故事片是由“香港电影之父”________主持拍摄的《__________》，在其中扮演角色的__________是中国电影史上第一位女演员。

4．1923年明星公司完成的《______________》在艺术上确立了国产无声片的基本模式。

5．有声片分为__________和__________两种。我国第一部整部影片用蜡盘唱片配音的影片是《______________》。

二、解词

1.香港电影之父　2.古装片、武侠片　3.南国电影剧社

三、简答

1.《孤儿救祖记》的成就与影响

2.第一代导演对中国电影史的意义

四、论述

中国电影拓荒期概貌

第二章 电影探索期

第一节 概说

有声电影的成功摄制揭开了中国电影崭新的一页。从1931年到1949年,电影作为视听综合艺术在各个方面都获得了长足发展。从电影观念的更新到题材选择的拓宽,从导、表演艺术的娴熟到摄影技术的灵活自如,从表现手法的运用到审美意识的转变,经历了左翼电影浪潮的奔涌、八年艰苦的抗战和40年代战后发展三个阶段,中国电影逐渐成长、成熟起来,并对以后的发展产生了深远影响。1931年到1949年,是中国电影史上具有划时代意义的一个时期,是中国电影在探索中走向成熟的时期。

第二节 左翼电影运动

左翼电影运动是左翼文化运动的一个重要组成部分，自1931年开始生成并逐步发展,到1937年抗日战争全面爆发结束。当时社会各界一致要求中国电影要面向时代、面向民族危机,让电影发出抗日救亡的声音。左翼电影运动在这样一个风云突变的时代背景下应运而生。它带来了中国电影的一次历史性发展,促使20世纪30年代的中国电影发生了整体性的艺术巨变,是中国电影史上的一页华章。

从1932年到1933年左翼电影迅速兴起,出现了一批思想观念鲜明,艺术上也有一定成就的影片。这些影片没有逃避而是直接反映了社会现实存在的尖锐矛盾,令人耳目一新,受到广大观众的欢迎。仅1933年各电影公司就制作了70多部影片,具有左翼思想和进步倾向的约占三分之二,所以这一年又被称为“中国电影年”,是左翼电影的首次高潮。这一时期的影片不仅数量多,而且质量也比以往任何时期都有明显进步。《姊妹花》(郑正秋编导,胡蝶主演)、《渔光曲》(蔡楚生编导)在当时引起轰动,堪称中国电影经典。

这一时期也是世界电影艺术飞速发展的时期,一方面是无声电影发展成熟;另一方面是有声电影的推进。中国30年代电影发展的基本概况与世界电影是同步的。中国默片在30年代发展成熟,出现了中国电影史上第一个黄金时代,产生了一大批优秀的传世之作。这一时期虽短,但中国电影的变化却富于革命。《大路》(孙瑜导演)、《新女性》(蔡楚生导演)、《神女》(吴永刚导演)使默片成就达到顶峰。在对电影声音艺术所做的探索中，袁牧之的贡献表现得比较集中和突出。他与应云卫合作的《桃李劫》可以说是中国电影史上第一次较全面、有意识地按照有声电影的艺术规律进行创作的影片，被认为是中国有声电影声画结合的划时代之作。1936年前后，有声电影完全取代默片。从此对有声电影艺术的探索便更多地集中到声画蒙太奇的结合方面，《马路天使》(袁牧之编导)的贡献便集中于此。

左翼电影运动中，中国第二代导演成长、成熟起来。

“第二代导演”主要活动时间是在30—40年代，部分导演一直到50—60时代，甚至80年代仍工作在岗位上，这一代导演主要有沈西苓、蔡楚生、费穆、孙瑜、袁牧之、应云卫、陈鲤挺、郑君里、吴永刚、沈浮、汤小丹、桑弧等。其最大成就是，从他们开始，中国电影就思想内容而言，开始真正从单纯的娱乐——“玩耍”中解放出来，开始比较深入地反映社会生活，从娱乐中发挥社会功能。在艺术上，这代导演最大的特点是写实主义，同时，他们注意把“写实”和电影化结合起来，开始逐渐掌握电影艺术的基本规律。尽管这代导演的“戏剧意识”还比较强烈，但他们对戏剧的摹仿已经从形式转向内涵，即逐渐摆脱舞台的局限，充分发挥电影艺术之所长，只是在故事情节上强烈地追求戏剧悬念、戏剧冲突、戏剧程式。可以说，中国电影从这一代导演开始，才显出自己独立的价值。其中成就最大的是蔡楚生、郑君里、费穆、吴永刚、桑弧、汤小丹。这个时期，中国的电影表演艺术也从萌芽向起步阶段过渡。中国第一位引起社会广泛赞誉的女演员是阮玲玉。她自1927年主演第一部影片《挂名夫妻》起在29部影片中饰演过角色，她的出现标志着中国的电影表演艺术摆脱文明戏模式化表演窠臼，走向现实主义真实表演道路的开始。三四十年代中，也涌现出了一大批著名电影演员。其中女演员最为突出的是胡蝶(被誉为“电影皇后”)、白杨；男演员则为金焰(被誉为“电影皇帝“)、赵丹、蓝马。女演员如王人美、周璇、黎莉莉、舒锈文、上官云珠，男演员如陶金、袁牧之、金山、魏鹤龄也给人们留下了深刻的印象。

第三节 孤岛电影

1937年11月上海失守后至1941年12月太平洋战争爆发以前(共4年零1个月的时间)，日军碍于外交原因而暂未进入上海苏州河以南的德租界和公共租界，因而这一区域成为一座既被日军包围又偏安一隅的“孤岛”。“孤岛”时期是上海一个特殊的历史时期。“孤岛”电影的特殊历史地位，首先在于它的高产——在这块“弹丸之地”上，平均每年生产出60部影片，其次它一方面笼罩着浓重的商业气息，另一方面在时局和市场的压力下，很多影片顽强地表现出艺术家的勇气和良心。

综观“孤岛”影坛，最为突出的创作现象是古装片的大量问世。作为商业电影的重要类型，古装片继20年代下半期之后在"孤岛"再次盛行。由欧阳予倩、卜万苍导演的《木兰从军》是这一时期成就最显著、影响最大的一部古装片。《明末遗恨》(魏如晦编剧、张善琨导演)也是一部灌注了借古喻今的创作意图而又具有轰动效应的较出色的古装片。"用古人的酒杯,浇自己的块垒",在"孤岛"的古装片中并不罕见。

此时的美术片领域也不甘寂寞。长达70多分钟的中国第一部大型动画片《铁扇公主》(王乾白编剧,万籁鸣、万古蟾主绘)让人耳目一新。

在古装片如火如荼发展之际,其他商业电影类型也分得市场一杯羹,"孤岛电影"可谓百花齐放。这些商业电影类型包括言情片、喜剧片、歌舞片、侦探片、鬼怪片、恐怖片等。无疑,与中国商业电影的第一个繁盛阶段——20年代中后期相比,本时期的商业电影创作在类型上更为丰富和完备。"孤岛"时期的言情片、喜剧片、歌舞片、侦探片、鬼怪片和恐怖片作品,大多是在"时装片"的名义下走上银幕的。所谓"时装片",是当时人们对现代题材影片的一种统称。事实上,"时装片"包括一些根据中外文学名著改编和直接反映"孤岛"现实生活的影片。

第四节　战后电影

抗战时期,民族电影不仅在重重困扰和挤压中顽强生存发展着,而且整体艺术水平提高也更为突出。到战后,经历了生活的磨砺和艺术的锻造,电影领域又有了更多的花朵和果实,这是一个需要硕果而又产生了硕果的时代。《八千里路云和月》、《一江春水向东流》、《松花江上》、《天堂春梦》、《万家灯火》、《小城之春》等银幕佳作,一方面以深刻的社会批判和心理探析,完成了对时代的忠实纪录;另一方面又以对银幕语言的完善性改造,呈现出民族电影的成熟风采。作为一次非同寻常的艺术飞跃,战后电影所造就的相当数量的优秀作品,在中国电影史上形成了一个经典群落。

文华的《假凤虚凰》(桑弧编剧、佐临导演)富有喜剧色彩,情节结构巧妙,人物形象生动,对话风趣隽永,把中国电影喜剧的创作提高到一个新的水平,是抗战胜利后第一部在美国上映并受到好评的中国影片。《小城之春》(李天济编剧、费穆导演)具有很强的艺术表现力和感染力,成为中国电影的一个制高点。华艺公司于1948年11月完成的由梅兰芳主演的彩色戏曲片《生死恨》是中国摄制彩色影片的第一次尝试。启明影业公司拍摄的戏曲片《祥林嫂》(南薇编导)是根据同名越剧拍摄的(越剧改编自鲁迅的短篇小说《祝福》),是第一次将越剧戏曲搬上银幕。

思考题:

一、填空

1. 左翼电影时期,郑正秋编导的《________》与蔡楚生编导的《________》堪称经典。

2.中国第一位引起社会广泛赞誉的女演员是______,她主演的第一部影片是《______》。

3.中国第一部动画片是《________》,长达________分钟。

4.《________》是中国摄制彩色影片的第一次尝试。

二、解词

1.“中国电影年”　2.孤岛电影　3.时装片

三、简答

1.左翼电影运动取得的成就

2.第二代导演对电影的贡献

四、论述

中国30—40年代电影艺术的发展

第三章 电影发展期

第一节 概说

1949年新中国建立至1966年之间的电影,统称为"十七年电影"。这一时期,电影在银幕上形象地展现中国革命发展史的同时,也在强化着成为国家话语的意识形态。新中国电影从一开始就与政治紧密联系,在17年的发展中,政治作为一个大背景,一种内驱力,直接或间接地影响了中国电影从内容到形式上的探索和实践。娱乐消费和艺术审美并没有成为引导创作的主导风向,马列主义文艺观成为实际中的创作指南。到"文化大革命"时期,在"四人帮"的政治操控下,电影创作出现了严重的问题,成为政治斗争的工具而扼杀了许多艺术家的才能。中国电影用影象记录着时代的变迁和自身的发展轨迹。

第二节 新中国电影

一、革命的正剧

1949年4月,中央电影管理局在北平宣告成立,直接负责新中国电影的各项事宜。同月,东北电影制片厂的第一部长故事片《桥》拍竣。它标志着一种新的生活场景和新的形象谱系从此将全面跃上银幕。在电影史上,这两件大事共同构筑起了一块时代电影和电影时代的醒目界碑。在不到3年的时间里,北京电影制片厂、上海电影制片厂、八一电影制片厂先后建立,它们与东北电影制片厂携手并进,成为新中国初期电影摄制的主要基地。中国惟一的高等电影专业学府——北京电影学院也诞生于此时。

就风格样式而言,"十七年电影"主要是戏剧式的,而且数量多、成就大。其中占主导地位的是革命的正剧,也有人称作"革命的抒情正剧"。主要代表作有《中华儿女》、《战火中的青春》、《红旗谱》、《林则徐》、《聂耳》、《青春之歌》、《红色娘子军》等等,不胜枚举。其基本特征是:影片的题材内容,直接表现人民革命斗争生活,不是一般情节剧的儿女情长或爱情故事,多是写反抗、写觉悟、写革命。通过影片的情节、人物和电影语言,直接抒发创造者的革命情怀,潜移默化地以情动人,对观众产生认识、教育或审美作用。这类影片正面塑造英雄形象,如胡玉芝、高山、朱老巩、朱老忠、林则徐、聂耳、林道静、吴琼花、洪常青等等,人物众多。通过人物的命运和情节发展,自然地揭示主题思想，达到教育广大群众的目的。此外，这类影片多吸收和借鉴中国民间叙事艺术的传统，是以戏剧冲突为基础的戏剧式电影，叙事性、戏剧性和抒情性比较完美地融为一体，艺术家的革命思想和饱满热情，通过人物命运、情节发展、电影语言体现出来。

"革命的抒情正剧"在"十七年"有很大发展，并且发展到相当完整成熟的阶段，不是偶然，是时势造就的。建立在矛盾冲突基础上的戏剧式电影，正适宜正面表现阶级对立和阶级矛盾的题材。这种影片样式从内容到形式，都是与那个时代的要求相适应的。

二、第三代导演

这个时期，中国电影形成了"第三代"导演的群落，主要有成荫、谢铁骊、水华、崔嵬、凌子风、谢晋、王炎、郭维、李俊、于彦夫、鲁韧、王苹、林农等。这一代导演遵循现实主义原则，表现生活的本质，用影片努力反映时代，深入地展现了矛盾冲突。他们在民族风格、地方特色、艺术意蕴等方面的追求上，都有十分有益的探索，而且取得了可喜的成绩。其中成荫、水华、崔嵬、凌子风、谢铁骊、谢晋、李俊最有代表性。

成荫较为著名的作品有《钢铁战士》、《南征北战》，水华有《白毛女》、《林家铺子》，崔嵬有《青春之歌》、《小兵张嘎》，都是这一时期的银幕佳作。凌子风的处女作《中华儿女》是一部用纪录片创作手法拍摄的故事片，是新中国最早得到国际荣誉的影片之一，《红旗谱》是他的代表作。谢铁骊的代表作有《暴风骤雨》、《早春二月》等。谢晋文革前作品主要有《红色娘子军》、《舞台姐妹》等。谢晋与谢铁骊被称为"南北二谢"。由郑君里、岑范执导的历史人物传记片《林则徐》被公认为新中国电影史上难得的佳作。由李准编剧、沈浮执导、崔嵬主演的《老兵新传》是这一时期反映农村生活的代表作，它也是中国第一部彩色宽银幕立体声故事片。

新中国第一位女导演王苹拍摄的《柳堡的故事》，取材新颖，显示了女性独到的眼光，被誉为"新中国的一缕温柔"，之后执导的《永不消失的电波》、《江山多娇》、《霓虹灯下的哨兵》等影片，更是鲜明地显示了她细腻流畅、叙事与抒情相结合的艺术风格。

这一时期活跃在银幕上的优秀演员以各自不同风格的银幕形象在电影史上留下了深深的印记。其中女演员最为突出的有于蓝、谢芳、田华、张瑞芳等，男演员最为突出的有孙道临、于洋、谢添、陈强等。

三、难忘的 1959 年

1959 年国庆节之际，文化部在全国举办的"国产新片展览月"如期进行，《老兵新传》、《林则徐》、《林家铺子》、《五朵金花》、《战火中的青春》、《水上姐妹》、《红旗谱》、《青春之歌》、《聂耳》等 17 部新故事片参加展出，在全国上下引起了强烈的反响。同时，这些影片还以其鲜明的艺术形式和民族风格走向世界，赢得了各国观众的喜爱，仅《五朵金花》一部就先后输出到了 46 个国家和地区，是“十七年”期间在海外发行拷贝量最高的作品。由于种种原因，在以后长达20多年的时间里，中国电影再也没能出现如此盛况。所以1959年这一短暂的繁荣就显得格外美好和值得珍惜。“难忘的1959年”是中国电影事业的一个繁荣时期，也标志着新中国电影登上了一个新的高峰。

这一时期电影创作中比较突出的是喜剧电影。相比以前中国电影喜剧样式和手法，这一时期的作品显出了有所拓展和进步。大部分作品结合了讽刺型和歌颂型两种喜剧效果，在赞扬社会主义新人新事的同时还奚落嘲弄了落后人物和思想。影片合理利用误会、巧合，注意从人物性格及其冲突中挖掘喜剧因素，且对此处理得和谐、自然，富有生活气息。主要影片有《大李小李和老李》、《女理发师》、《哥俩好》、《锦上添花》、《满意不满意》、《魔术师的奇遇》等。由鲁韧导演、张瑞芳主演的《李双双》是其中的代表作。

第三节 “文化大革命”电影

“文化大革命”十年(1966—1976)是中国当代史上最沉重、最令人痛心疾首的十年，这场旷日持久的浩劫使整个中华民族陷入了空前的政治灾难中，社会生活的各个领域呈现全面倒退的状态。在这个“斗争哲学”、“政治偶像崇拜”控制了社会意识，肆意斗争、破坏乃至武装冲突普泛化为人们日常生活的年代，文艺作为与人民群众息息相关的精神生活，被推到了“革命”的最前线。在“四人帮”强权政治的操控下，电影完全丧失了独立品格和美学价值。树立革命样板的政治要求、“斗争哲学”衍生的叙事模式、“三突出”理论主导的表现原则和影片整体呈现出“矫饰美学”风格，成为“文革”电影的标志。这场以“文化”命名的社会运动实质是反文化和反艺术的。这一时期，电影处于停滞状态。除了《创业》、《海霞》、《闪闪的红星》几部较好的影片外，电影创作几乎一片空白。中国电影经历了严峻的考验。

从1966年到1972年，中国影坛没有出现过其他类型的影片，占据全国银幕的是八部“样板戏电影”。在“四人帮”的文化专制主义的控制下，这些影片通过影院放映、电台广播、舞台改编演出、语言文字宣传等多种传播渠道向全民推行，成为当时影响力最大、普及范围最广的文艺作品，而贯彻其中的“三突出”创作原则，不但以其严重脱离生活、违背艺术规律而使影片呈现出“奇特”的审美形态，还被奉为创作必遵之惟一法规，导致了中国电影艺术的全面倒退。

“三突出”原则可以概括为：在所有人物中突出正面人物，在正面人物中突出英雄人物，在英雄人物中突出中心人物。这一理论是一种行而上学的错误理论。按照这一理论塑造的人物，具有样板化、标准化、脸谱化等特点，从而使影片内容到形式都会表现出惊人的简单化和格式化趋势，并且必定沾染上政治气息，大大伤害了电影语言系统的丰富构成。根据“三突出”原则，又衍生出很多细微的规则，这些规则成为一个严密的规则体系综合发生作用，就使文艺成为按照政治要求模式化、标准化生产的产品，戏剧冲突、人物结构、舞台调度、镜头运用、歌舞乐安排等各方面都有“金科玉律”。如在镜头运用上，必须以“敌远我近，敌暗我明，敌小我大，敌俯我仰”的公式塑造高大的英雄形象。

所谓“样板”，有“范本”、“榜样”之意，近似于给文艺提供可资模仿、复制的模范的意思。由此可见，无论是样板戏还是纪录和传播样板戏的电影，都是政治规则扭曲文艺创作的结果。样板戏电影是中国“文革”时期的特定产物，但究其产生的过程，最早可以追溯到京剧现代戏的创作。1964年7月，“全国京剧现代戏观摩演出大会”在北京举行，会间演出了一批运用传统戏曲样式反映现代工农兵生活的剧目，其中有八个剧目经多次改编、尝试，形成了供学习参考的样板，包括京剧《红灯记》、《沙家浜》、《智取威虎山》、《奇袭白虎团》、《海港》，以及芭蕾舞剧《红色娘子军》、《白毛女》和交响乐《沙家浜》。这些剧目多来源于现实生活，改编自沪剧、淮剧、小说、话剧等其他艺术，由文艺工作者创作于新中国成立后的十七年间。革命样板戏是文艺工作者们长期努力探索的结果，它们的创作和改编与江青毫无关系，但后来却被她据为己有。为了利用电影艺术所拥有的对巨大受众的影响力，江青亲自指令电影制片厂拍摄革命样板戏电影。于是中国电影界万马齐喑，过去的优秀影片不准放映，新片的摄制被迫停止，在相当长的时间里，中国观众只能看到《地道战》、《地雷战》和《南征北战》三部影片，观众戏称为“三战”片。从1969年到1972年，第一批八个样板戏含《龙江颂》，不含交响乐《沙家浜》全部制成影片，在全国范围内发行放映。由于之后北影厂拍摄的《杜鹃山》和八一厂拍摄的《平原作战》以及其它京剧现代戏，推广的力度和影响也远不及那八个“样板”，因此，中国电影史上便出现了“八亿人民八个戏”的畸形文化现象。1974年以后，出现了几部较好的故事片，如《创业》、《海霞》、《闪闪的红星》、《难忘的战斗》等影片，受到广大观众的欢迎。

思考题：

一、填空

1．新中国第一部长故事片《________________》是由东北电影制片厂拍摄完成的。

2．新中国第一位女导演________________拍摄的《________________》被誉为“新中国的一缕温柔”。

3．八个样板戏是指《________________》、《________________》、《________________》、《________________》、《________________》、《________________》、《________________》、《________________》。

4．文革时期的“三战片”是指《____________》、《____________》、《____________》。

二、解词

1.革命的抒情正剧　2.难忘的1959年　3.样板戏

三、简答

1."十七年电影"中喜剧创作的特点

2."三突出"的原则及其对电影的影响

四、论述

十七年电影到文革电影的发展变化

第四章 电影繁荣期

第一节 概说

从1977年至今，中国影坛从封闭走向开放。中国电影艺术家思想解放，观念不断更新，“百花齐放，百家争鸣”的方针得到真正的贯彻。从现实题材到革命历史题材影片，从人物传记片到儿童影片、美术影片，一批不同类型、不同样式、不同风格的作品，纷纷出现于银幕上，使中国电影创作形成了全新的格局。老、中、青三代电影人竞相探索、创新，老一代艺术家重新焕发青春，中年创作人员走向成熟，青年电影人崛起为影坛输入了新鲜血液。中国电影创作与电影事业出现了电影史上从未达到过的繁荣局面。

第二节 新时期新成果

1979年对于中国历史来说，是具有特殊意义的一年，同样对于中国电影来说，也是非常重要的一年。中国电影从“文革”时期的寒冬中走出来，经过徘徊的预热，到1979年，以向国庆五十周年献礼为契机，终于迎来了生意盎然的春天。这一年全国共生产故事片65部，影片在题材、体裁、风格、样式等方面都有了较大的突破，初步显现出多样化的趋势，反映生活的深度和广度也大有加强。因此，我们可以把1979年称为中国电影转折的一年、创新的一年。1979年作为一个时期界点，其创作的成就，在中国电影史上留下了不可忽视的一页。这65部作品中有反映“文革”的影片《苦恼人的笑》、《泪痕》、《春雨潇潇》、《生活的颤音》，也有革命历史题材影片《归心似箭》、《曙光》（上、下集）、《从奴隶到将军》（上、下集）、《吉鸿昌》（上、下集）、《小花》、《赣水苍茫》，还有惊险片《保密局的枪声》，表现现实生活的影片《瞧这一家子》、《甜蜜的事业》、《小字辈》、《他俩和她俩》。

1980年共生产故事片82部，出现了《天云山传奇》、《巴山夜雨》、《今夜星光灿烂》这样优秀的影片。此外，还有赏心悦目的风光故事片《庐山恋》，儿童片《苗苗》以及《法庭内外》、《残雪》、《第十个弹孔》、《枫》等面对现实、揭露矛盾、令人警醒的影片。从美学角度讲，1979年和1980年同属于新时期第一个创新浪潮。这一时期在电影形态上的特点，电影美学上的追求，表现为从电影的外在形式上、电影的表现技巧上开始创新。

文学名著的改编在新中国的“十七年”中已经积累了一定的经验，但因“文革”而被中断。80

年代，电影人力图重建辉煌，以小说为母本的改编影片有《阿Q正传》、《伤逝》、《龙须沟》、《骆驼祥子》、《子夜》、《雷雨》、《城南旧事》、《边城》、《包氏父子》，还有根据话剧《茶馆》改编的同名电影。

80年代初，中国影片题材的多样化带来了影片样式、风格的多样化。有对重大社会问题把握的严肃正剧片《天云山传奇》、《牧马人》、《被爱情遗忘的角落》、《人到中年》等，有轻喜剧样式的《喜盈门》、《咱们的牛百岁》等，有武术片样式的《神秘的大佛》、《少林寺》、《武林志》等。影片《城南旧事》在艺术风格上是一部散文诗似的电影，全片充满“淡淡的哀愁，沉沉的相思”的诗情画意。

这一时期的电影形式也有了很大的转变，尤其表现在影片结构上，很多影片结构突破了“电影戏剧化”的传统束缚，突破“起、承、转、合”的基本模式，从偏重外在动作的戏剧结构转向偏重内在心理结构，直接以内心活动流程构成影片框架。这一特点表现在《天云山传奇》、《被爱情遗忘的角落》、《伤逝》等影片运用时空跳跃，将想象、回忆、幻觉用于与现实互相交错的艺术处理中。另外，松散的散文式叙述方法也得到了充分发展。《城南旧事》采用珠串式的结构，通过英子那双明亮、纯真的大眼睛，把“疯女人”、“偷儿”、“宋妈 ”三个小故事以及父亲的去世贯穿起来，全片和谐完美地形成了“形散神不散”的散文诗特质。

郑洞天导演的《邻居》，王启明、孙羽导演的《人到中年》，何群导演的《凤凰琴》，雷献禾、康宁导演的《离开雷锋的日子》，吴天明导演的《人生》，胡炳榴导演的《乡音》，黄健中导演的《过年》和谢飞导演的《香魂女》把中国现实题材影片的创作引向了进一步的深入。

张铮导演的《小花》，谢铁骊导演的《今夜星光灿烂》，张子思导演的《默默的小理河》，谢晋导演的《高山下的花环》的出现，标志着我国军事影片创作发生了较大的变化。第一部有巨片意识且获得强烈反响的军事题材影片是1986年杨光远导演的《血战台儿庄》。90年代初由李俊担任总导演拍摄的电影《大决战》（《辽沈战役》、《淮海战役》、《平津战役》）堪称是真正的鸿篇巨制。另外值得一提的还有1995年叶大鹰导演的《红樱桃》和吴子牛导演的《南京大屠杀》。

这一时期的革命历史题材影片创作，是整个电影创作中最有成绩的门类。80年代初，汤晓丹导演的《南昌起义》与成荫导演的《西安事变》表示了革命历史题材影片出现的最初变化。从80年代中期起，革命历史题材影片创作成果丰硕，其中最为突出的是李歇浦、沈妙荣导演的《开天辟地》和李前宽、萧桂云导演的《开国大典》、《重庆谈判》。在香港回归的前夕，中国影坛出现了两部革命历史题材的巨片《红河谷》与《鸦片战争》。

进入80年代以后，人物传记片，无论是表现对象或是艺术形式，都大大拓展了。汤晓丹导演的《廖仲恺》和丁荫楠导演的《孙中山》应该看作人物传记片创作的最早开拓。为国家领导人立传，是这一时期传记片创作在内容上的又一开拓，其中最为成功的有《彭大将军》、《周恩来》、《毛泽东和他的儿子》。在为普通的知识分子、英雄模范或优秀的基层干部立传的影片中，以《蒋筑英》、《焦裕禄》、《孔繁森》为佼佼者。

中国电影百花园中，美术片是一朵奇葩。中国美术片不仅有一般的动画片，而且还有木偶片、剪纸片、折纸片、水墨动画片等等，这些有着悠久历史传统的中国艺术受到世界各国观众的喜爱。中国有着古老的文化，其中包括极为丰富的民间传说和神话故事，而这些内容是最适于用美术片这种艺术形式来表现的。美术片在中国各类影片中占有特别的优势，不仅内容为中国独有，形式也是中国独有的，它是中国影片在国际上获奖最多的一个片种。国际舆论认为，中国美术片已经形成了“中国动画学派”。例如动画片《大闹天宫》曾在44个国家和地区发行放映，各国报纸评论它“完美地表达了中国传统艺术的风格”。

王树忱、严定宪、徐景达导演的大型宽银幕动画片《哪吒闹海》是这一时期的代表作。阿达导演的《三个和尚》是美术片中获奖最多的影片之一。其他如周克勤导演的《猴子捞月》，唐澄、邬强导演的水墨动画片《鹿铃》，胡进庆导演的《鹬蚌相争》，特伟、严定宪、林文肖导演的多集动画片《金猴降妖》也各有魅力。外国朋友对中国美术片的制作技术十分赞赏，许多合作拍摄的美术片已蜚声中外。比如上海美术电影制片厂与加拿大合拍的《夜莺》。

第三节　新时期电影人

一、第四代导演

这一时期，中国电影创作的主力军是“第四代导演”。“第四代导演”的主体是60年代电影学院的毕业生，还包括在同一时期自学成才的人。他们虽然学艺于60年代，由于种种原因，其艺术才华到1977年以后才发挥出来。几近不惑之年的“第四代导演”，一旦冲出起跑线，便显出稳健的创作实力和持久的艺术后劲。他们以开放的视野，吸收新鲜的艺术经验，不懈地探索艺术的特性，承上启下，力图用新观念来改造和发展中国电影。他们认为中国的电影要“丢掉戏剧的拐杖”，打破戏剧式框架；他们提倡纪实性，追求质朴、自然的风格和开放式的结构；他们注意主题与人物的意义性和从生活中、从凡人小事中去开掘社会和人生的哲理。“第四代导演”有理论、有实践，是这一时期获得重大成就的一支导演力量。

在“第四代导演”中，有代表性的人物是吴贻弓、吴天明、张暖忻、黄健中、滕文骥、郑洞天、谢飞、胡炳榴、丁荫楠、李前宽、陆小雅、于本正、颜学恕、黄蜀芹、杨延晋、王好为、张子思、宋崇。

二、第五代导演

在中国电影史上，“第五代导演”毋庸置疑地占据着举足轻重的地位。被归属于“第五代”的导演于20世纪80年代相继毕业于中国电影人的摇篮——北京电影学院。1983年，张军钊推出的《一个和八个》因在电影语言上以叛逆的姿态出现，被公认为“第五代”的发轫之作。之后，陈凯歌、张艺谋、田壮壮、吴子牛等相继推出了自己的作品，并且还公开宣称“宁愿在探索中失败，不愿在保守中苟安”。他们对新的思想、新的艺术手法特别敏锐，力图在每一部影片中寻找新的角度。他们强烈渴望通过影片探索民族文化的历史和民族心理的结构。第五代导演在选材、叙事、刻画人物、镜头运用、画面处理等方面，都力求标新立异，他们凭着全新的电影语言，冷峻的哲理反思，富有力度的银幕造型，以一种前卫姿态冲击了旧有的电影模式，给中国影坛带来了一股强烈的冲击波，这不但体现了新时期中国电影进程中的一次自觉探索，而且形成了一股汹涌的带有实验性质的电影潮流。第五代导演的作品主观性、象征性、寓意性很强。第五代导演虽然人数不多，但影响深远。

由于第五代导演至今仍处于创作盛年，所以很多作品是大家耳熟能详的。陈凯歌导演的《黄土地》、《大阅兵》、《孩子王》、《边走边唱》、《霸王别姬》、《风月》等作品入围重要电影节。张艺谋担任摄影的《一个和八个》、《黄土地》、《大阅兵》广受赞誉，他的导演生涯自1987年执导完成《红高粱》后就一发不可收，又连续执导了《菊豆》、《大红灯笼高高挂》、《秋菊打官司》、《摇啊摇，摇到外婆桥》、《有话好好说》等作品。田壮壮的代表作为《我的九月》、《猎场扎撒》、《盗马贼》。吴子牛更热衷于战争题材的影片，较为著名的有《喋血黑谷》、《晚钟》、《欢乐英雄》、《阴阳界》、《南京大屠杀》。黄建新1985年以处女作《黑炮事件》震动影坛后，又陆续执导了《错位》、《轮回》、《五魁》、《站直啰，别趴下》、《背靠背，脸对脸》、《红灯停，绿灯行》、《埋伏》等。第五代的领军人物还有李少红、胡玫、周晓文、宁瀛、刘苗苗。

1987年第五代的两员主将同时拿出的《孩子王》和《红高粱》，可以看作是陈凯歌和张艺谋的分道扬镳，标志着第五代的分化。之后，中国电影很少表现为一个群体向某种美学方向的集体突起，而更多呈现为艺术家个人的追求、个人的风格。以后几年影坛无论是从题材还是风格样式或对观众的不同态度，都出现了多元化探索的趋向，呈现出一种多元化的格局。

1988年出现的“王朔现象”是中国电影史上不得不说的故事。以“另类”姿态出现的青年作家王朔的作品颇受青睐，一年内四部作品被改编搬上银幕：峨影厂出品、米家山导演的《顽主》；西影厂出品、黄建新导演的《轮回》；深圳影业公司出品、叶大鹰导演的《大喘气》；北影厂出品、夏刚导演的《一半是火焰，一半是海水》。因此1988年被人们称之为“王朔电影年”。“王朔电影”受王朔小说影响，题材上贴近了平民生活，展现了社会转型期间的社会诟病，反映了人们精神领域的困惑。“王朔电影”因其对人性困境的关注和游戏无奈人生的主题表述，在影坛和文坛引起了强烈反响。

三、新生代

中国电影的代系概念，一直不太清晰。它不是一个从第一代开始记时的顺序过程，而是在“第五代”的概念先期出现后，再向第四代的回溯，向第六代的推衍。第五代之后的第六代，或称之为“新生代”，是个比第五代含混得多的概念，内涵和外延都很模糊。大致是对第五代高潮之后，产生于90年代的一批创作新人的概称。与第五代相比，第六代缺少遭逢世乱、上山下乡经历，他们大部分是学生经历、学院出身，但由于生存境域的不同创作也出现复杂的境况。他们的创作，一方面秉承着学院派的背景，一方面到自己的情感历程中开掘题材，同时还要应对当代的经济、政治环境，缝合起艺术和商业和理想之间的缝隙。但是在各种因素的规约中，“独立”成为这些导演共同的信念，不管他们是通过什么方式来努力。

与第五代导演乡土化、民俗化、历史距离化的表达不同，“新生代”关注的大多是当下中国，尤其是当下城市生活的叙述。“新生代”导演面向现实和城市，记述着当下经历的生活和生命的体验。他们的生活积累，主要来源于城市空间内繁复的社会生活和光怪陆离的人生百态。加之他们对同龄人的生存情景有着较深刻的体悟，因此他们的电影更倾向于以城市生活为载体，表现当代都市年轻人的生存状态，甚至叙述自己的成长经历，抒发个人的内心情感。所以，现实题材、城市变迁的写实便是他们作品的外部特征。如果说“第四代”留下了叙事电影、“第五代”创造了寓言电影，那么“新生代”打造出的则可称之为状态电影。由于他们比较注重表达个体对世界的体验和感觉，又有人称他们的电影为“新感觉主义电影”。

“新生代”的影片在制作方式和电影叙事方式上体现出了鲜明的非主流、非常规性，甚至有叛逆的倾向，其镜头锁定了一些社会边缘人物，关注当下城市人群的生存状态和生命感受，并且丝毫不掩饰人性的阴暗和文化的危机，裸露了生活的原生态，不仅拓展了电影的题材和主题，而且给电影语言的变革提供了新的启示。“新生代”的艺术积累和生活积淀虽然给他们的作品带来了题材单一化和类型化、艺术视野相对狭窄、表述过程中显示出了某种偏执的种种缺陷，但是他们的先锋意识和实验精神给中国电影的发展注入了难能可贵的青春气息。

“新生代”导演的代表作，如张元的《妈妈》、《北京杂种》、《东宫西宫》，王小帅的《十七岁的单车》、《极度寒冷》，娄烨的《周末情人》、《苏州河》，章明的《巫山云雨》、《秘语十七小时》，路学长的《长大成人》、《非常夏日》、《卡拉是条狗》，张扬的《爱情麻辣烫》、《洗澡》、《昨天》，贾樟柯的《小武》、《站台》、《任逍遥》等，共同构成了90年代中国电影一道亮丽的风景线。

思考题：

一、填空

1. 1979年以后，文学名著改编的影片中，较为著名的有《__________》、《__________》、《__________》、《__________》、《__________》、《__________》等。

2. 汤晓丹导演的《______》和丁荫楠导演的《______》被认为是人物传记片创作的最早开拓。

3. 1987年《______》和《______》的上映，标志着第五代的分化。

二、解词

1.1979年的电影　2.第四代导演　3.第五代导演　4.王朔现象

三、简答

1.中国美术片的创作

2.第五代导演取得的成就

3.新生代导演的"新"特点

四、论述：

新时期电影的创新发展

第五章 电视的进程

第一节 中国电视的建设

1958年5月1日19点整，中国第一座电视台开始试播。新华社随即向全世界宣布，中国第一座电视台正式诞生。这就是中央电视台的前身，当时因为局限首都一地，被称为北京电视台。10月1日，中国第二座电视台——上海电视台问世。12月20日，哈尔滨电视台（今黑龙江电视台的前身）也与观众见面了。这就是中国最早的一批电视台，它们标志着中国电视事业的诞生。

早期电视新闻节目是非常简单的。中央新闻纪录电影制片厂摄制的《新闻简报》是电视台长期的、经常的和大量的新闻节目来源。因此，有人称这一时期是“新闻纪录片时代”。

最早的固定观众，是一批党和国家的高级干部，包括中央领导人。而大多数观众则是在集体场所买票观看的，他们主要是奔“正片”而来，观赏压轴的故事影片和戏剧转播。这类节目在早期占有极大的比重，因此，早期电视又称为“缩型影剧院”。

1958年6月15日，北京电视台试播了第一部电视剧《一口菜饼子》。9月4日，在正式播出的节目中演播了电视报道剧——《党救活了他》。中国的电视剧几乎是与中国电视事业一并起步的。早期电视剧是现场直播，形式更接近舞台剧而不是电影。

文化大革命后中国电视剧改为录制播出，开始呈现“小电影”的形态。

1978年5月1日，北京电视台正式改为“中央电视台”（英文缩写CCTV）。

1979年1月28日，农历正月初一。下午，上海电视台屏幕上映出了“上海电视台即日起受理广告业务”的幻灯片，随即播出了中国电视历史上第一条商品广告——1.5分钟《参桂补酒》。

1979年7月，译制了菲律宾电影《我们的过去》，这是中央电视台的首次尝试。到1981年，译制片已基本达到每周平均提供一部的数量。

1979年8月，中央广播事业局召开首次全国电视节目会议。这是一个转折点，标志着中国电视从长期等待外援“要饭吃”的状况走向独立自主办节目的开端。

1980年，国家广播电视部创立“全国优秀电视剧奖”，为电视类的“政府奖”。从1981年开始，每年举办一届评奖。获得1980年度的电视剧一等奖的是《凡人小事》、《女友》和《有一个青年》。1992年改为“飞天奖”，它是对每年一度电视剧市场艺术成就的一次检阅和评判。

1981年，浙江的《大众电视》创刊，并于1982年开始主办大众电视繁荣电视剧奖——“金鹰奖”。此奖后由中国文联和中国电视艺术家协会主办，是一年一度以观众投票为主，并采取观众投票和专家评选相结合方式产生的国家级电视艺术奖项。获得1983年首届优秀连续剧奖的是《武松》、《蹉跎岁月》、《赤橙黄绿青蓝紫》。电视剧的评奖促进了电视剧艺术的提升，也使艺术家注意到市场大众的审美需求。

1983年元月，《为您服务》率先设立了一位固定的节目主持人，这便是沈力，50年代中国的第一位电视播音员。

1988年3月15日，现代化的中央电视台彩色电视中心正式启用，标志着中国广播电视事业又迈上了一个新的台阶。

第二节　中国电视剧的发展

中国电视剧就内容、形式而言，主要分为4类：1.短篇电视剧；2.电视连续剧；3.戏曲电视剧；4.儿童电视剧。

一、短小精悍的短篇电视剧

短篇电视剧是指1集或2 集的电视剧。顾名思义，它短小精悍，相当于文学作品中的短篇小说。在电视剧的百花园中，它也是最适宜精雕细刻的，在艺术上最有条件出新的艺术样式。

1978年，中央电视台播出的电视剧《三家亲》，是中国第一部由室内走向室外、实景拍摄的短篇电视剧。自1978年至1982年，中国制作、播放的电视剧基本都是“短篇电视剧”。中国观众真正认识电视剧，是从“短篇电视剧”开始的。这个时期是“短篇电视剧”独领风骚的时代。

最早引起强烈反响的短篇电视剧为《永不凋谢的红花》、《凡人小事》、《有一个青年》、《新岸》等。

1983年以后，短篇电视剧渐入辉煌，数量大幅增长。很多优秀的作品较以往有了很大的突破，视野更为开阔，艺术手法更为多样化，对生活的挖掘也更为深入。最重要的代表作品有《女记者的画外音》、《新闻启示录》。

80年代中期以后，中国短篇电视剧的最大变化，是涌现了一批具有探索精神与独特风采的作品，如喜剧《不该将兄弟吊起来》、歌舞剧《金房子》、轻喜剧《自行车圆舞曲》、悲剧《走进暴风雨》、论文式电视剧《我们起誓》。其中《希波克拉底誓言》和《秋白之死》堪称精品。

短篇电视剧进入90年代以后，由于连续剧的大量涌现，数量虽有所减少，但艺术上却日益成熟。如《无人知晓的世界纪录》就是一部艺术性很高的作品。根据艾芜小说改编的三部作品《边寨人家》、《人生哲学》和《山峡中》实现了电视剧叙事艺术形态的突破。

中国短篇电视剧在中国电视剧的发展中，日益显示着不可替代的魅力。

二、正值盛年的电视连续剧

在中国，电视连续剧虽然只有20多年的历史，但这一艺术样式却以其独特的优势，借助改革发展的契机，从无到有，腾云直上，成为电视剧的主力军。

中国第一部电视连续剧，是中央电视台于1980年摄制的《敌营十八年》。接着，山东电视台推出《武松》获好评，成为中国电视连续剧第一部成功之作。80年代初期，电视连续剧从总体水平看，属于初创期，质量不高，但也出现了几部很有影响力的作品，如《蹉跎岁月》、《赤橙黄绿青蓝紫》、《鲁迅》。《鲁迅》是我国第一部传记体的电视连续剧。

80年代后期，中国电视连续剧进入蓬勃发展时期。从1985年到1989年5年中，电视剧的产量增了10倍。

28集长篇连续剧《四世同堂》的出现，标志着中国电视连续剧进入一个新的时期。紧接着又有3部作品引起轰动：《寻找回来的世界》、《努尔哈赤》、《雪野》。这个时期引起最大社会反响的作品为《新星》和《红楼梦》。《红楼梦》的播出是自小说问世以来的一次最大的普及。

进入90年代，电视连续剧的产量出现飞跃，几乎以每年1000集的速度递增。90年代前期有3部作品以其独特的魅力，在社会上产生了轰动效应，分别是《渴望》、《编辑部的故事》、《围城》。这个时期的优秀剧作还有《宋庆龄和她的姐妹们》、《巨人的握手》、《唐明皇》、《焦裕禄》、《巾帼悲歌》等。

90年代中期以后，又涌现出了不少社会反响比较强烈的作品：根据同名古典小说改编的长篇电视连续剧《三国演义》、《东周列国》；嬉笑怒骂皆成文章的历史"戏说"连续剧《宰相刘罗锅》；以共和国30年的历史为背景，写一代知青经历、命运、感情的《年轮》、《孽债》；通过写儿女情、家务事，反映普通人美好情操的《咱爸咱妈》、《西部警察》；针砭时弊的《苍天在上》、《英雄无悔》、《反贪局长》等。在香港回归前夕，又有一批反映鸦片战争和香港历史变迁的连续剧推出，如《鸦片战争演义》、《林则徐》、《香港的故事》、《大命运》、《千年等一回》等。

中国的电视连续剧正以罕见的速度蓬勃发展，迅速成长为电视剧家族的一棵参天大树。

三、中国特色的戏曲电视剧

中国的戏曲艺术源远流长。戏曲电视剧则是传统戏曲与现代电视联姻而产生的新一类艺术品种。

中国戏曲电视剧的发展大体经过了3个阶段。

第一阶段是1979年以前由电视摄像机实录，并由电视台实况转播的戏曲舞台阶段。这个阶段可称为"戏曲电视舞台纪录片阶段"。

第二阶段为"戏曲电视艺术片阶段"。这个阶段，拍摄戏曲剧目，已脱离了舞台，在搭建的实景中拍摄。戏曲电视艺术片是以运用电视手段需确保和发挥戏曲基本精华为前提的。80年代以来，中国拍摄了许多戏曲电视艺术片，如京剧艺术片《张飞敬贤》、《曹操与杨修》，昆剧艺术片《南唐遗事》、《潘金莲》，川剧艺术片《界树下的奇案》、《四川好人》，越剧艺术片《春华秋实皆芳菲》、《桃花梦》等。

第三阶段为"戏曲电视剧阶段"。戏曲电视剧不再是戏曲和电视的简单相加，它已成为一种独立的艺术形式。这种新的艺术形式，品种繁复，题材广泛，风格多样。质量较好的戏曲电视剧有沪剧《璇子》、《雾中人》、《东方女性》，京剧《雪花飘》，豫剧《生儿子大奖赛》、《倒霉大叔的婚事》，越剧《爱的镜子》、《田螺姑娘》、《孔乙己》，评剧《开店》等。

作为一种新的艺术形式，戏曲电视剧成功的关键在于创作者要把握好戏曲与电视在审美特点上的矛盾，要把这种矛盾比较融洽地统一在一起。

四、不断壮大的儿童电视剧

中国儿童电视剧，如从1960年中央电视台播出的《刘文学》算起，已有45年的历史了。中国丰富多彩的儿童电视剧创作，应该从1978年算起。中国的儿童电视剧正在成长、壮大。其重要标志，是反映儿童生活的面宽了，取材的范围扩大了，样式与风格多样化了。

80年代初期，中央电视台录制了不少可供儿童观赏的世界文学名著，如《卖火柴的小女孩》、《万卡》、《七个铜板》、《灰姑娘》、《白雪公主》，这些充满着哲理内涵又生动有趣的作品，大大拓展了儿童的视野。满足儿童对外部世界幻想的作品，如《渔夫和金鱼》、《同是一个太阳》、《动物王国的答案》，都特别受儿童喜爱。《大鸟在中国》和《小龙人》是反响较大的两部儿童童话电视剧。许多作品消除了成人化倾向，改变了枯燥与干巴的面貌，洋溢着天真可爱的儿童情趣。在《妈妈不在的夏天》、《太阳有七种颜色》、《插班生》、《墨海新蕾》等电视剧中，儿童情趣体现在大胆的想象、巧妙的误会、曲折的故事中。

中国有3亿儿童，儿童电视剧的创作在中国有着特殊的地位和意义。中国的儿童电视剧正在朝着一个良好的前景发展。

思考题：

一、填空

1．中国第一座电视台是__________，于________年________月______日开始试播。

2．1958年6月15日，北京电视台试播了第一部电视剧《__________》。早期电视剧是__________，形式更接近舞台剧而不是电影。

3．1978 年 5 月 1 日，____________正式改为“中央电视台”(英文缩写 CCTV)。

4．50 年代中国的第一位电视播音员是______，她后来于 1983 年始主持《_________》栏目。

二、解词

1.“新闻纪录片时代”　2.“缩型影剧院”　3.“飞天奖”　4.“全鹰奖”

三、简答

1.短篇电视剧在艺术上的发展

2.戏曲电视剧的阶段性特色

四、论述

电视连续剧的繁荣壮大

下卷 外国电影

第一章 无声电影的探索

第二章 有声有色的电影

第三章 电影的丰富多彩

第一章 无声电影的探索

第一节 概说

电影诞生于西方，最初是一种用“活动照相”记录生活的方式。但它很快因其“有趣”吸引了人们的眼球，而在现代科技的进步中和艺术家的创造中迅速丰富了起来。从最初的无声到有声有色到精彩纷呈，电影不断给人带来新的审美愉悦。作为艺术，它又与市场结合，同时又展现着人的思考，正因如此，它魅力无穷。

无声电影时期从电影诞生起，经过法国的梅里爱、美国的格里菲斯、前苏联的爱森斯坦等人的共同努力，成功地创立并运用了蒙太奇，而且爱森斯坦等前苏联电影工作者还创建了蒙太奇理论。与此同时，在德国表现主义、法国先锋派思潮的大力推进和实验下，电影无可怀疑地成为艺术殿堂的一员，由此也为电影的现实主义与表现主义两大潮流奠定了基础。

这一时期的电影还没有声音，但从短片到长片，从单镜头（角度距离不变）到多镜头的剪辑，形成了自己的视觉语言，由此无声影片完成了视觉语言的基本构成元素的创造。

第二节 电影的诞生

1895年12月28日，法国奥古斯特·卢米埃尔和路易·卢米埃尔兄弟在巴黎卡普辛路14号大咖啡馆的地下室，第一次放映了自己拍摄的《火车到站》、《水浇园丁》、《工厂的大门》等十余部短片。从此，电影诞生了。

一、卢米埃尔兄弟

卢米埃尔兄弟是电影的首创者、奠基者。他们最大的贡献是拍摄并放映了电影史上第一批影片，开创了电影真正的历史，为电影艺术的构建打下了最初的基石。现在电影史上公认的第一部影片，是卢米埃尔兄弟拍摄的《工厂的大门》。他们的影片只是一种原始的记录，还谈不上什么精致的艺术创造。但他们最初的电影创作艺术实践，证明了“照相性”、“逼真性”是电影的与生俱来的本性之一。

卢米埃尔兄弟在电影的拍摄上是有他们的独到之处的。首先，他们在那种单一的生活景致中发现了一种动人的情趣，使当时的灰色银幕光彩照人。《水浇园丁》是他们最有名也是最成功的影片之一，它可以说是电影最早的追逐和棍棒喜剧，是后来无声影片的先驱。其次，尽管没有任何前人的经验可以借鉴，但他们仍然表现出高超的摄影技巧和优雅的审美趣味，他们不愧是当时最优秀的摄影师，有很多经典画面完全可以和今天电影中的画面媲美。在《火车到站》中，他们通过长时间的曝光自觉地运用了景深镜头，火车从影片的纵深处向观众迎面扑来，这种构图体现了卢米埃尔兄弟对于画面的动态把握，对后人有积极的借鉴意义，这种纵深构图今天已经成为景深镜头的经典。另外，他们还无意识地对蒙太奇进行了尝试。

二、梅里爱

如果说卢米埃尔兄弟是在事件发生过程中将它如实记录下来的话，那么梅里爱则是在这个过程结束后再表现发生了什么事。因此他开始了电影叙事，开创了电影的技术主义道路，可以说以后的叙事电影都是在梅里爱的想象中产生的。卢米埃尔可称之为电影纪录片的先驱；梅里爱则可称之为电影故事片的先驱。

在梅里爱拍摄的400多部影片中，大致可分为魔术片、排演的新闻片、神话故事片、科幻探险片。其中真正大获成功并让后人记住的有《贵妇人的失踪》(1896)、《灰姑娘》、《不可能的旅行》，《月球旅行记》(1902)是他艺术的高峰，而且也成为了电影叙事史上最重要的起点。

梅里爱的叙事观念还是停留在戏剧舞台的模式上。他的摄制没有特写、近景的变化。观众就像坐在戏院里，舞台上的表演尽收眼底，观众可以按自己的选择，观看或注意台上的某一个演员、某一个场面、角度。可见，在梅里爱时代的影片还没有发现电影属于自身的表现特性。因此，人们将梅里爱的电影称作"舞台化"或"戏剧化的电影美学"。从电影的独立性看，梅里爱的电影表明电影还处在依附于舞台剧的阶段。

三、布赖顿学派

早期英国电影的代表。两位主要代表人物乔治·阿尔培特·史密斯和詹姆士·威廉逊都出生和工作在英国海滨城市布赖顿，"布赖顿学派"因此得名。但"布赖顿学派"并不是学术意义上的一个"学派"，而是指他们创作的一种倾向。1900年前后，他们在电影上都有杰出的贡献。

几位布赖顿城的电影摄影师使用自己的机器，凭借着过去拍摄静物照片的工作经验和实践中的摸索，拍摄了一系列在电影制作史上有重要意义的短片，如《祖母的放大镜》(1900)、《中国教会被袭记》(1900)、《汽车中的婚礼》(1903)等。在这些影片中，首次出现了移动摄影、叠印、主观镜头、远景与特写的组接以及平行蒙太奇的雏形。同时，他们主张表现真实生活，提出"我把世界摆在你的眼前"。在他们拍摄的一批带有"某种社会性的现实主义"影片中，不但抨击了当时社会的剥削、压迫和悲惨事件，而且体现了摄制者对平民生活和社会问题的关注，摆出了一些重大社会问题。

四、艺术电影运动

如果说，“布赖顿学派”最主要的贡献在于电影语言的创造和革新，那么法国的电影则在内容和文化品位上给电影输入了新鲜血液。从这个意义上说，法国人是最早把电影作为一门艺术而不是新奇的玩意儿来认识的。

1907年，一个自称为“艺术影片”的制片公司，决定要把更为严肃的艺术性带到电影中来。于是，在影片的创作中，邀请著名的剧作家担当编剧，聘请最有经验的导演，雇佣著名演员扮演角色，还选择了优秀的音乐家和布景师共同合作，从而使影片具有第一流的艺术家的保障。1908年《吉斯公爵的被刺》就是他们成功的范例。此后《吉》所使用的制作方法不仅在法国得到继续发展，在意大利、丹麦、英国和美国都先后被采用，这一方法制作的影片有了更强的艺术性，这就是所谓的“艺术电影运动”。

从艺术上讲，法国艺术电影和梅里爱有一种直接的继承关系，但在本质上是不同的。梅里爱的电影是一种通俗的、手工业性质的巡回表演，而法国艺术电影则用一种严肃认真的态度对待电影，把它当作一只被埋没的白天鹅。他们和英国布赖顿学派一样，勇于探索和创造，促进了电影最终成为一门艺术。电影之所以成为一门艺术应该是在两个方面：一方面是叙述语言的建立和完善，另一方面则是所叙述故事的成熟。布赖顿学派着力于电影的叙述语言，而法国艺术电影则使电影的故事更趋于完美。后来的格里菲斯是一个集大成者，他使电影故事和叙述方法完美地结合，最终使电影堂而皇之地进入艺术的殿堂。

第三节　电影成为艺术

一、鲍特的《火车大劫案》(1903)

在电影最初的10年里，美国电影最值得一提的就是鲍特。鲍特尽管不完全够得上称为“伟大”的电影创作者，却是电影史上相当重要的人物之一，因为他确立了剪辑的原则，即挑选和连接分散的镜头以制作成完整的影片。鲍特可以说是格里菲斯的老师，格里菲斯的作品以及电影创作的主要传统，都起源于鲍特。

鲍特最轰动也是最有成就的影片是《火车大劫案》，该片不仅取得了惊人的票房成绩，还占据美国银幕长达10年之久，同时美国人对这部影片怀有深厚的感情，把它看做美国电影史上的首部里程碑式的作品，认为它是西部片的始祖。

《火车大劫案》是电影史上第一部从舞台化转向电影化的影片，是电影史上第一部具有里程碑意义的作品。梅里爱的影片通常是一个镜头一个段落，是戏剧舞台上的一幕一场。而鲍特在《火》中充分运用了镜头剪辑，将一个场景分成几个镜头，并完成了画面的时空转换和交叉，展示了电影画面表现力的独特性。鲍特不再用摄影机来摄制表现文学观念的影片，而是用摄影机表现电影观念的影片。

二、格里菲斯

格里菲斯是电影艺术史上第一个伟大的艺术家，一个总结前人经验并富有开拓精神的集大成者。一方面他建立起完整而自觉的电影叙事手段和叙事原则；一方面建立起完整的叙事结构框架并发明了现代剪辑观念。这个结构剪辑中包括了完整的情节、支撑这个情节的背景以及蕴涵在情节背后的情感表达。在格里菲斯的作品中不光做到了这两个方面，而且超越了时代，达到了完美的境界。

格里菲斯对电影的最大贡献，是他对电影的分段。在他之前，其他人已经把自己的影片分成我们所说的段落，但这个段的意义是不大一样的。鲍特或梅里爱的段落基本由一个镜头组成，每个镜头在叙事的过程中都是情节链条的一个环节。格里菲斯则把他的影片分成若干段，每段有几个镜头，甚至几个场景组成，段落已经不再是仅仅使电影的动作前进一步，而是成为电影意义的基本单位。这样，格里菲斯最后完成了电影的基本叙事结构，即形成镜头——场景——段落——影片的关系，镜头成为电影最小的单位，这样有利于电影表现更为复杂的题材和更为深刻的主题。从这样严格的逻辑关系看，格里菲斯以前的影片绝大多数只能算是一部影片中的一个段落。也就是说，格里菲斯发明了现代剪辑观念。

格里菲斯创造的“最后一分钟营救”至今仍被电影人广泛应用。这是格里菲斯的重要创新，他将前人的发现提升为一种基本的叙事模式。“最后一分钟营救”首先是一种情节安排。在正反双方的激烈冲突中，正方人物历经磨难、屡遭厄运，在最后一刻营救者赶到，正方获救，反方彻底失败。“最后一分钟营救”也是一种时间叙事。在情节的发展过程中，它利用几条情节线的同时展开、不同场景来回往复，逐渐缩短画面长度，加快速度，利用悬念，加强紧张感。而这一切都是建立在“平行”、“交叉”剪辑的基础上的。

格里菲斯决不仅仅是一个技巧大师，他坚持不懈地在他的影片中表达他的道德理想和精神信仰，坚持赋予电影以艺术的良知和责任。他是电影的第一个知识分子和诗人，第一个认识到电影具有表现导演本人对人的价值和社会结构的解释，第一次用电影表达自己的情感、理想和思维，正是在这一点上，格里菲斯超越了他的同时代人，使电影脱掉了以往的市井气息而步入艺术的殿堂。格里菲斯通过两部巨片《一个国家的诞生》(1915)和《党同伐异》(1916)实现了他的艺术理想，并达到了他事业的顶峰。

三、查理·卓别林

在整个无声电影时期，美国的喜剧学派一直是世界独一无二的。以至于美国影评家詹姆斯埃基把 1912—1930 年称为"美国电影喜剧最伟大的时代"。

1915 年，卓别林以他第一部重要影片《流浪汉》奠定了他喜剧明星的地位。他的一生全部献给了电影艺术，共拍摄了 80 余部影片，其中最为著名的有《淘金记》(1925)、《马戏团》(1925)、《城市之光》(1931)、《摩登时代》(1936)、《大独裁者》(1940)。而这些影片几乎全是以"流浪汉"为主角，表现"小人物"命运的。《摩登时代》中对技术压抑人性的控诉，《大独裁者》中对呼吁和平自由的布道，《舞台生涯》中对人生道德的说教，《一个国王在纽约》中对美国社会商业化的麦卡锡主义的嘲讽，都成功地将人道主义精神与社会批判因素融入了喜剧之中，创造了世界喜剧电影不可逾越的高峰。萧伯纳曾经说过，卓别林是电影界的惟一天才。

卓别林最了不起的是他的博大的人道主义立场，他的影片有一种感动心灵的神力，有人把他的喜剧概括为"带泪的微笑"，是十分准确的。每一个滑稽段落都围绕着人类生存的问题建立，每一个精彩的喜剧段落其实都是主人公最绝望情绪的一种体现。卓别林以他的人道主义立场，满怀深切的同情心，塑造了一个四处流浪、孤苦无依、身无分文但又善良勇敢、热爱生活、好打抱不平的流浪汉夏尔洛的形象。卓别林银幕上那个头戴圆顶高帽，穿着瘦小的上衣、宽松肥大的长裤、特大号皮鞋，鼻下一撮小胡子，手上提着小拐杖的"绅士流浪汉"形象，后来成了整整一代电影的某种艺术象征。

四、苏联电影学派和蒙太奇理论

(一) 苏联电影学派

苏联"十月革命"成功后，出于政治等方面的考虑，新生的苏联政府将发展民族电影放在极为重要的位置，由此促成了"苏联蒙太奇学派"的形成，为发现和确立电影叙事原则起了根本性的作用。所谓"苏联蒙太奇学派"，即是指由苏联电影工作者全面阐述和充实了由法国人让·爱浦斯坦提出的"蒙太奇"概念，并形成了研究和实验"蒙太奇"理论的由库里肖夫、爱森斯坦、普多夫金等为代表的电影学派。"苏联学派"是在总结格里菲斯剪辑经验的基础上形成的。他们强调"电影创作的基础是表现性，而不是影像性。表现性可以传达出对于客观世界的主观感受，它比客观世界的单纯影像(摹写)更深刻，更概括"。即强调主观认识与影像的客观表象相统一。这是电影史上第一个完整、系统、自觉的电影美学和哲学理论的学派。

苏联年轻的电影艺术家几乎都是一些激进的先锋主义者，他们拒绝把自己作为一名艺术家来看待，而是要把自己当成一名艺术工程师。他们提倡"制作群"和"实验研究室"，提出以集体的力量进行创作。他们接受先锋主义美学思想的影响，为电影艺术的美学探索做出了贡献。

库里肖夫建立“实验工作室”并通过实验得出结论:在电影中,表演不是主要的,意义是在上下镜头的联系中产生的,不同的画面可以组合在一起,并产生隐喻。因此,电影的组接是影片产生意义的基础。在这一基础上,他提出了著名的“库里肖夫效应”。他还提出了积极的创作纲领:影片结构的基础不是来自现实题材,而是来自空间结构和蒙太奇。

维尔托夫是纪实电影的开创者之一,创立了“电影眼睛派”。他提出摄影机应该像人的眼睛一样去客观地纪录生活实景。为此,他始终拒绝拍摄故事片,他反对传统叙事的方式,反对使用剧本、演员表演、摄影棚拍摄等等。但是在他从事的新闻片、纪录片的拍摄中,又并非以现实主义的态度来对待电影摄影。在他的理论中,崇尚技术,迷信机械运动,他更感兴趣的是改变运动速度和找出奇特的拍摄角度。他认为,电影的实质在于拍摄角度和蒙太奇,电影有可能以自己那种异乎寻常的、别人想不到的独特眼光去观察现实生活,或者把经过选择的镜头,以新颖的蒙太奇手法加以并列和配合,重新创造出一个现实生活来。

柯静采夫和塔拉乌别尔格等人的“奇异演员养成所”,是稍后一些发展起来的更为激进的电影学派。“奇异演员养成所”的涵义,关键在于“奇异”两个字,他们提倡建立一种“奇异化”的电影观念,即在作品的拍摄中竭力地获得一些惊人的视觉效果,使用一些正常视线所捕捉不到的仰拍、俯拍等视觉角度,以及蒙太奇的奇突变化的组接。

他们当中虽然有些过于偏激的美学追求,但他们却成为20年代苏联先锋主义电影美学探索中的一部分中坚力量,同时也为苏联蒙太奇学派的发展和形成做出了不同程度的贡献。

在旧俄电影的废墟上,爱森斯坦的不朽杰作《战舰波将金号》以其全新的革命内容和精湛的艺术形式震动了世界影坛,标志着苏联电影学派的兴起,随着《母亲》、《土地》、《成吉思汗的后代》、《兵工厂》、《圣彼得堡的末日》以及《帝国的废墟》等影片的相继出现,苏联电影学派达到了它的鼎盛时期,成为当时世界电影的一座高峰。

《战舰波将金号》是爱森斯坦最出色的一部影片,也是世界电影史上的一部经典之作,并且它还是人们认识蒙太奇理论的经典。最令人难以忘怀,也是被世界电影工作者备加赞赏,评述最多的段落,是影片的第四部分“敖德萨阶梯”。在这一段落中,各种形式的冲突和蒙太奇方法都达到了炉火纯青的程度。人们评价说,这里包含了几乎所有形式的蒙太奇:平面的、立体的、平行交叉的、光影的、节奏的、思维的等等冲突,最完美地阐述了“冲突”的魅力。

普多夫金和爱森斯坦同属于蒙太奇学派,但两人在创作方法上却有很大不同,甚至有一些对立的主张。总的来说,普多夫金坚持了现实主义的创作方法,在创新的同时并没有抛弃传统,既有蒙太奇的对比、冲突、隐喻,更坚持了完整的故事情节和统一的结构线索,尤其是在对人物性格和心理的刻画上,他比爱森斯坦更为清醒,达到了很高的艺术境界。在20年代后期,他创作的《母亲》(1926)、《圣彼得堡的末日》(1927)、《成吉思汗的后代》(1928)三部影片都获得了巨大的成功,走上了一条艺术性和群众性相结合的健康发展的道路。

(二) 蒙太奇电影理论

“蒙太奇”的直接含义是把一部影片的各种镜头按某种顺序、某种结构或某种需要连接组织起来,即术语所说的“剪辑”。无疑,蒙太奇是电影语言最基本的基础。如果说,格里菲斯在蒙太奇的叙事技巧上做出了无与伦比的贡献的话,那么,苏联蒙太奇学派,尤其是爱森斯坦和普多夫金,则把蒙太奇作为一种形象化的辩证思维方式加以研究,把蒙太奇上升为一种美学,一种理论。

现在我们所说的蒙太奇,有三个层面的意思,即叙事蒙太奇、艺术蒙太奇和思维蒙太奇。叙事蒙太奇在格里菲斯手里已经完成,也正因为如此,他成为世界电影艺术的第一个。欧洲先锋派的艺术家们迈出了探索艺术蒙太奇的第一步,并且做出了卓越的成就,但他们充满热情的探索很遗憾地失之于偏激和清高。更切实际、更富有成效的艺术蒙太奇属于苏联电影学派。至于思维蒙太奇,则是爱森斯坦和普多夫金等人的创造,而且他们的影响是世界性的、也是历史性的。他们第一次提示人类一种新的思维方式——视听语言的思维方式,并确立了一和真正的电影观念,在整个电影的发展历史中,这个成果实现了一个“质的飞跃”。

冲突原则应该看作是爱森斯坦的蒙太奇理论的核心, 这一原则贯穿于他整个理论体系的始终,从一开始,他就运用辩证法中“对立统一”规律来解释蒙太奇的原理,发现了“冲突”对于蒙太奇的重要意义,并把它加以理论化。

1.对于爱森斯坦来说,电影最重要的不是它的叙事因素,不是情节、故事、人物,而是由蒙太奇——镜头连接所带来的视觉冲击力和情绪感染力,这使得电影语言的表述范围,从叙事扩展到了情绪和思想,从格里菲斯的叙事蒙太奇到爱森斯坦的思维蒙太奇,是电影艺术发展史上的重大进步。

2.镜头连接的原则,也不应该是那种单一的叙事线索,只是时间的顺序、故事的发展、事件的逻辑。而更要侧重于镜头的矛盾对立,那些看似毫无关系的镜头组合起来,往往会产生意想不到的效果。尤其是爱森斯坦所以强调的隐喻和象征蒙太奇,它们的镜头之间的关系都没有,甚至排斥叙事逻辑关系。

3.蒙太奇的冲突原则,不光体现在两个镜头的连接这一最基本的层面上,同时也体现在由镜头组成的段落和由段落组成的整个影片中,蒙太奇的美学观念,不仅仅贯穿于镜头剪辑中,同时也贯穿于整体结构中。

突破现实生活中原有的生活逻辑,随意自由地选取具有冲击力的场面,形成强烈的艺术感染力,这是爱森斯坦为蒙太奇理论所做的最具有建设性的贡献。

第四节 欧洲先锋派电影

欧洲先锋派电影,主要是指 20—30 年代出现在欧洲特别是德、意、法等国的一种电影创作倾向。它是在现代主义思潮影响下的一种电影创新运动,这一运动从表层价值上看,主要表现为对现存电影叙事模式的对抗和突破，从而创造一种新的电影语言和表现形式。但从更深的层次上看,它的出现和存在意味着对电影语言形式的再次认定和充实,是对电影内涵的扩展和丰富,为电影艺术这样一门独立的艺术样式提供了丰富的、确信无疑的实践证明。正因为欧洲先锋派电影的创新、产生,丰富和完善了真正意义的电影理论。

先锋派电影的时间跨度大致是在 1917 年到 1928 年,以法国和德国为中心,辐射整个欧洲大陆,主要流派有印象主义、表现主义、抽象主义、超现实主义等。他们有一些共同性的美学特征如反叙事、非理性、抽象性。

一、印象主义电影

在形形色色的思潮中，最有代表性的是印象主义。印象主义几乎贯穿了整个先锋电影的始终。电影史家将印象主义称作“第一先锋派”。中心人物路易·德吕克在《电影》杂志上鼓吹“纯电影”,并提出了“视觉交响乐”、“上镜头性”等电影创作新概念。他以为,艺术传递表达的是经验而非真实,所以,艺术家的个人观点以及“情绪而非故事”,应该成为电影的中心,并且应该将其阐释为“对心灵的诗化表达”。1918 年,德吕克用“镜像”这个概念描述了电影画面与拍摄的客体之间的本质区别。德吕克认为,拍摄一个客体,通过拍摄者的眼睛为观众打开一个全新的视角,从而赋予被拍摄客体新的意义。

在创作实践上,德吕克团结了谢尔曼·杜拉克、马赛尔·莱皮埃、阿倍尔·冈斯等一批年轻导演进行了多方面的探索。其中被德吕克称为“印象派最典型的代表”的莱皮埃拍摄的《黄金国》(1921),冈斯拍摄的《年轮》(1924),以及德吕克编剧、杜拉克导演的《西班牙的节日》(1922),让·爱浦斯坦导演的《忠实的心》(1923)等影片,都是印象主义电影的代表作。

二、德国表现主义

以影片《卡里加里博士》(1920)为标志,德国表现主义电影从 1919—1924 年大致经历了 5 年的时间。《卡》是表现主义的代表作,又是先锋派电影的代表作,是电影史上被人说得最多的影片。影片中叙事被淡化了，表现主义的理想得到实现，它的成功对表现主义的发展发生了重大的影响。紧接着出现了《泥人哥连》(1920)、《三生记》(1921)、《吸血鬼诺斯费杜拉》(1922)等一系列暴力、死亡、谋杀主题的影片,在表现主义的氛围中构筑了一个鬼影憧憧的世界。

表现主义以现实场景作为表现素材，但他们所要表现的是一个纯精神的世界，而不是客观世界。表现主义所提供的视觉形象，是主观观察到的世界，是人的直觉感受和主观创造。而人的内心是一个深不可测的、充满着多种复杂因素的黑洞，因此他们所追求的是那种原始的、非实在的视觉效果，不合比例的、非对称的构图，明暗对比强烈的色彩。表现主义影片中所展示的客观物象是经过扭曲、变形的现实元素。

三、抽象主义电影

抽象主义电影在内容上往往无主题，一般表现抽象的物体，追求奇异效果的怪诞表演，而且向传统的叙事模式挑战，完全摒弃了情节和叙事的逻辑性。抽象主义电影，无情节、无人物、无主题，完全超出了叙事电影的范畴，纯粹是一种造型或韵律，完全实践了现代艺术的美学原则和艺术理想。

抽象主义电影是形式的极端主义，从对线条、光线、体积、色彩的体验和研究中感受节奏和韵律的意味。如维金·艾格林（瑞典画家）在德国摄制了《对角线交响乐》（1921）、《平行线交响乐》（1924）、《地平线交响乐》（1924）三部动画片，都是运用各种形状的线条来表现一种律动感。汉斯·里希特《第 21、22、23、25 号节奏》则用黑、白、灰的正方形的、长方形的跳动形象构成画面。从这些影片中我们可以窥见德国抽象主义的意图，使用一些活动的几何图形，极尽排列组合之能事，像安排管弦乐队中的各种声音那样，来创造他们所谓的“沉默的旋律”和真正的“视觉交响乐”。

和态度认真、内容正经而富有使命感的德国抽象派不同，法国的抽象派则充满了浪漫的诗意和快乐的幽默感，两相对照，风格立现。法国抽象主义的主要作品有曼·雷伊的《回到理性》（1923）、费尔南多·莱谢尔的《机器的舞蹈》（1923）和雷内·克莱尔的《幕间休息》（1924）。

四、超现实主义电影

超现实主义艺术家视艺术创造为一种偶然性的启示或悲剧式的预言。他们热衷于表现病理感受、病态的情欲和人们的迷狂状态。安德烈·布雷顿 1924 年发表了《超现实主义宣言》，为超现实主义提供了理论依据。超现实主义者从弗洛伊德的精神分析学出发，认为联想和梦境有很强的表现力，他们尝试在作品中对潜意识尽可能地不做加工，保持原样，使人们的需要明确地表达出来。

超现实主义电影是以谢尔曼·杜拉克导演的《贝壳与僧侣》（1927）一片的公开上映作为开端的。而它的顶点则是由路易斯·布努艾尔和萨尔瓦多·达利合作的《一条安达鲁狗》（1928）达到的。布努艾尔在此片之后拍摄的第二部影片《黄金时代》直接批评和揭露了资本主义，超现实主义通过这些影片表达了对各种性压迫和政治压迫的反抗。

超现实主义运动在 20 世纪 30 年代分成了极左派和极右派，这些导演和作品对二战以后的欧洲电影的演变产生了重要影响。西方学者认为阿伦·雷乃和伯格曼的影片都有超现实主义的印记。

第五节　20年代纪录主义电影的发展

苏联电影的兴起，加速了先锋派趋向于纪录电影一途。它给予先锋派的电影以人物和物体应同样重要的观念。在德国出生的画家瓦尔特·罗特曼摄制了《柏林——一个大都会的交响乐》(1927)，这部影片开创了一种新的纪录片的类型，并确立了此类影片在剧场里上演的地位。

除了罗特曼之外，20世纪20年代的纪录电影大师还有弗拉哈迪、格里尔逊、维尔托夫与尤里斯·伊文思，他们四人被并称为“纪录电影之父”。这几位大师都因为本身的纪录片创作而对纪录片的观念产生过重大的影响。弗拉哈迪1922年创作拍摄的《北方的纳努克》被认为不仅改变了技术，也改变了观众的欣赏习惯。弗拉哈迪不仅创立了新的纪录片风格，而且深深影响了后来的“人种学纪录电影”。

自称是弗拉哈迪学生的约翰·格里尔逊，于1929年拍摄创作了《漂网渔船》，后创办了帝国市场委员会电影组。电影组的成长和规模的扩大直接导致了30年代的纪录片运动，同时他本人也是最早在英语中使用Documentary作为纪录片意涵的。

苏联的吉加·维尔托夫于1918年成为苏维埃最早编辑新闻纪录片《电影新闻周报》的剪辑师。随后他通过新闻片的剪辑，制作了最早的历史长片《内战史》，还导演了几部纪录片，创办了一种不定期发行的杂志片，采用《真理报》的报名，起名为《电影真理报》。这被看作是新闻片的滥觞。

伊文思起初热衷抽象电影，从而走上了与罗特曼相似的创作道路。但无论是在1928年摄制的《桥》还是1929年摄制的《雨》中，他始终没有在注重表现抽象形式的同时，忽略对人的关注，这是他一生纪录电影创作的开端。到了30年代，伊文思成为一位出身荷兰却享誉国际、声誉卓著的电影工作者。在他最佳的作品如《力量与土地》中，伊文思结合了诗歌、政治与电影摄影，创作出一个兼有力与美的报道。

思考题：

一、填空

1.电影史上公认的第一部影片是__________拍摄的《__________》，其首映日期是__________年__________月__________日。

2. 1902年__________拍摄的《__________》是电影叙事史上最重要的起点。

3．格里菲斯的两部代表作是《________________》(1915)和《________________》(1916)。

4．被称为“纪录电影之父”的纪录电影大师分别是________________、________________、________________、________________。

二、解词

1．布赖顿学派　　2．艺术电影运动　　3．“最后一分钟营救”

三、简答

1．鲍特的《火车大劫案》在电影史上的意义

2．格里菲斯对电影的贡献和艺术理想

3．查理·卓别林在喜剧电影上取得的成就

四、论述

1．苏联蒙太奇学派的主要成就与电影理论

2．欧洲先锋派电影为世界电影所做的创新

第二章 有声有色的电影

第一节 概说

这一时期作为最重要的标志是电影有了声音、色彩，有了当代电影所需要的一切必要元素。电影有了声音、色彩，其它的一切技术进步，如宽银幕、变焦距镜头、高感光度胶片等，在技术上都相对次要。在这两个电影必要因素中，声音更重要，声音艺术给电影带来了革命性的变化。

电影成熟期表现于第二个方面的是，随着蒙太奇理论的进一步完善，电影制作技术也发生了重大的突破，长镜头和景深镜头开始在更多的影片中得到应用，特别是奥森·威尔斯的《公民凯恩》的出现，标志着电影史进入了一个新的阶段。

这个时期第三个重要的标志是，好莱坞现代工业化的整合，建立了现代电影工业，从而使电影工业化进入一个全盛时期。

第二节 有声电影的兴起

电影史上最初把声音带入电影的是美国人。1927 年 10 月 6 日，由华纳兄弟公司拍摄的第一部有对白的电影《爵士歌手》首映，标志着有声电影的诞生。1928 年同样由华纳公司推出的《纽约的灯光》被认为是第一部“百分之百的有声片”。

有声电影代表了电影发展的方向，声音的出现加快了叙事的节奏，增加了容量，丰富了内涵，拓展了表现力，使视觉语言转化为视听语言，而正是因为有了声音，才出现了 30、40 年代最流行的片种——歌舞片，才给强盗片增加了新的内容（如枪声、打斗声、器物的破裂声等）。而更关键的是，有声电影为好莱坞大工厂化生产制度的出现和确立起了主要的催化作用。

第三节 好莱坞

在 1900 年的时候，好莱坞还只不过是离洛杉矶市中心十几公里的一个人口稀少的小镇，是 1907 年，导演弗朗西斯·伯格斯带领他的摄制组来到洛杉矶拍摄《基督山伯爵》时发现的，后来又吸引了很多导演来好莱坞拍摄自己的作品。从 1912 年起，一些为逃避专利公司控制的小公司和独立制片商们纷纷涌来，好莱坞作为美国最大的电影制片基地的地位逐渐奠定。到了 1928 年，好莱坞已经形成了“八大影片公司”(派拉蒙、华纳、米高梅、福克斯、雷电华、环球、哥伦比亚、联美)一统天下的局面。好莱坞也无形中成为美国电影的代名词。

第四节　制片人制度

整个电影的制片是一项浩繁的工程，而制片人就充当了这个工程中的总管家，他把制片的所有权集中在自己的手中。从题材的选择、摄制人员的确定，以至于拍摄的角度、剪辑的取舍等，整个生产程序全部都控制起来。好莱坞的制片人是制片厂政策的执行人员，是组织和监督影片生产的管理人员，他对上向公司负责，对下控制着一切，他决定着影片的摄制人员的命运。制片人可发现和占有明星，可以为自己的明星大作广告宣传，使之成为社会崇拜的偶像，但他同时也可以毁掉明星，使明星一夜之间坠落下来。吹捧明星其实是制片人工作的一部分，目的是为了使公司赚得票房、赢得利润。这就是人们通常所说的制片人制度。

第五节　明星制

一般观众看电影通常只关心演员，而很少考虑导演，当电影以一种商品形态出现在观众面前时，电影的制片商们便不得不考虑演员的问题，这就是明星出现的基础，因此明星同样是观众制造的。明星大约在 1914 年左右出现。明星在签约条件下，由制片商包装出来，因此明星是一种标准化的产物，但明星又是一个个体，他被观众认可是因为他的个性。因此，明星既是一个制度，又是一个个体；而这个制度又是创造个体的制度。明星制形成以后，影片的制片也开始一切围绕着明星转：编剧为明星写剧本；导演以类型化人物树立明星；摄影、灯光服从和塑造明星；制片人以各种宣传手段捧红明星、制造明星。最终，观众到影院为的是看明星。在明星的周围形成了一个固定的影迷群，明星决定了影片的价值，决定了票房价值。明星制充分利用了影像画面的视觉效果，也由此创建出一种长盛不衰的“影迷文化”。对于明星本身，类型化则意味着艺术的僵化，在好莱坞只有极少数才华横溢的大明星才能冲破类型模式，使自己的才华得以发挥。

第六节　类型片

类型不是好莱坞首创的，自有艺术以来，大概就有类型问题。类型大约出于人类在审美过程中长期形成的一种心理认同经验，是一种审美心理的积淀。类型片则是指好莱坞商业电影生产机制下的一种特定的产物。类型片是在美国好莱坞发展起来，按照外部形式和内在观念构成的模式进行拍摄和观赏的影片。三四十年代好莱坞的制片商们在稳固的制片厂制度下，为适应工业化生产的需要，为迎合观众的欣赏趣味，为攫取票房的高额利润，愈加强化了类型电影观念。类型规范了影片的叙事时空和形式技巧，凡是不适应类型要求的题材和处理手法，均被视为有可能导致失败的风险。类型和票房也变为衡量创作者能力的尺度，创作者必须抑制个性的发挥，就范于一定的类型模式。

在三四十年代，好莱坞最突出的类型电影有：西部片、音乐歌舞片、悬念片等等。

一、西部片

也被称为牛仔片，是美国独有的一种影片类型，它也是最经典的电影类型之一，最能反映出美国人的民族性格和精神倾向。一些电影史学家认为，西部片与好莱坞同岁，鲍特拍摄于 1903 年的影片《火车大劫案》就是西部片的滥觞。西部片作为好莱坞电影特殊的类型片，其深层的符号和象征，是关于美国人开发西部的史诗般的神话，影片多取材于西部文学和民间传说，并将文学语言的想象幅度与电影画面的幻觉幅度结合起来。西部片的神话，并不是再现历史的真实写照，而是创造着一种理想的道德规范，同时，任何一种神话都是通过特定的戏剧性程式表现出来的。

好莱坞的西部片在情节构成、人物安排、视觉形象选择等方面往往带有很强的模式化特点。其公式化的基本题材一般有两种，一种是拓荒故事和建立法律的过程，另一种是拓荒者与印第安人的关系。其故事一般都是白人移民遭歹徒威胁，紧要时一牛仔英雄出面解除危难，除暴安良，最后抱得美人归。西部片的视觉图谱里永远少不了陡峭的山谷、沙漠、荒原、小镇和酒馆，反复使用的道具里必不可少的是左轮枪、温彻斯特来复枪、马匹、篷车、原始的火车，以及人物身上的宽边帽、紧身裤、皮上衣、子弹袋、彩色羽毛头饰等。人物形象通常善恶分明，有不变的象征意义。如善良牛仔和警长一定代表正义和法律，歹徒则代表邪恶，而 且集中了一切不法之徒的残暴与贪婪。东部来的淑女代表文明和道德，西部酒吧女郎通常生 活放荡但能见义勇为。

西部片最有代表性的导演是约翰·福特，他不仅确立了西部片的构成要素，同时创建了经典西部片的叙事模式。他拍摄的《铁骑》(1924)、《关山飞渡》(1939) 等都是西部片的杰作。其中《关山飞渡》被认为具有划时代的意义。此外，齐纳曼的《正午》(1952)，史蒂文斯的《原野奇侠》等共同构成了西部片蔚为大观的风景。

二、音乐歌舞片

与电影声音同时诞生的音乐片，在有声电影初期十分盛行。最初是把百老汇的东西搬上银幕，后来则发展为具有特殊形式的类型片，并在四五十年代走向了“最受欢迎的顶峰年代”。音乐歌舞片不是把那些音乐作为外部的手段从情感上来支持情节的影片，相反，它是把音乐结合在叙事的关联之中，并且实际上是由叙事内的人物具体演出或直接反映的。音乐歌舞片将音乐与叙事结合起来，以一种特殊的演出形式去体现，这类影片往往是在大型交响乐队的伴奏下进行。然而，人们却不会注意，这个音响的背景是否真实可信，而是把它当作一种特有的美学形式接受了下来。

音乐歌舞片的基本形态是一个非常简单的故事情节加上尽可能多的歌舞表演，营造一个轻柔曼妙、载歌载舞、令人赏心悦目的银幕世界。拍摄于1965年的歌舞巨片《音乐之声》应该算是歌舞片的巅峰之作。音乐歌舞片至今仍然是好莱坞的一个主要片种。至今仍让人念念不忘的有《让我们都跳舞吧》、《碧云天》、《绿野仙踪》、《雨中曲》、《出水芙蓉》、《霹雳舞》……

三、悬念片

悬念片在好莱坞始终是一个最具卖点的片种，悬念的角度不是从题材角度，而是从叙事结构角度来划分的，因此，悬念片是一个更宽泛的类型。悬念如果被看作是一种修辞手段，那么几乎所有的影片都包含悬念的元素。因此，悬念片必须界定其特定的含义：首先，悬念片是一种以暴力(特别是死亡)行为为主要表现形式的犯罪题材；其次，以悬念 来引导观众的期待心理，并具有鲜明的电影性的恐惧(惊恐以画面的直感方式表现出来)；其三，以强烈的对立关系展开的叙事结构(正与邪、善与恶、真与假、信与疑……)。悬念片的人物构成有三类：罪犯、受害者、侦探。就这三类人物在影片结构中所占的比重和视角来分，大致可以分为，以罪犯为主角的有：匪徒片、强盗片、黑帮片等；以侦探为主角的有侦探片、警匪片等；以受害者为主角的有：精神创伤片、无辜者逃亡片、政治疑案片等。

悬念片所引起的恐惧，通常是由于人和人之间的陷阱。时时潜在的杀机使人惊恐不已，所以大多以凶杀和犯罪为题材，表现人类的勾心斗角和自相残杀。如果说恐怖片和灾难片大多以视觉形象的人的外在因素表现恐慌的话，那么，悬念片的恐慌则更侧重于心理感受，恐惧来源于人们自身。悬念片有两大要素，一是一个悬而未决的疑案，而疑案的结局往往关系到主角的生死；二是经过严密的逻辑推理，事件终于真相大白，而结局往往出乎意料。悬念大师希区柯克，在悬念片领域所做的贡献至今无人超越，他导演的最大成就，首先在于他的叙述故事的结构方法——悬念的设置，事件总是险象环生，让人屏息以待，观众永远处在他精心营造的紧张和惊恐的气氛中；其二，希区柯克不遗余力地倡导他的“纯电影”观念，依靠纯粹的电影手段，如画面、音响、场面调度或蒙太奇来讲述故事，而不用语言，尤其是旁白。希区柯克最杰出的影片有《39 级台阶》(1935)、《吕蓓卡》(1940)、《疑影》(1943)、《后窗》(1954)。

好莱坞的类型片还包括：战争片、生活片、传记片、儿童片、迪斯尼的卡通片等等。

第七节　好莱坞的戏剧电影美学

好莱坞电影遵循的是一种戏剧电影的美学模式，具体体现在创作中，可以总结出以下几点：

一、故事情节的完整和合理性。影片首先要有一个好的故事，结构完整情节曲折动人，但不能脱离基本的戏剧故事法则，开头、发展、高潮，中间设置一些悬念，最后是大团圆的结局，事件的解决往往依靠一个戏剧性的转折，从而达到影片的高潮，如《卡萨布兰卡》。

二、清晰而简单的线形情节结构。好莱坞在其他方面都是不厌其精的，但是在结构上却十分吝惜笔墨，他们担心复杂的结构会妨碍观众对情节的领会、对人物的关注以及对画面的欣赏。因此，故事情节的发展通常都是按事件发展的时间顺序，即使有打乱，也是规范的倒叙和插叙，而且绝对是单一线索的，不会出现第二条线索与它交叉，例如《魂断蓝桥》。

三、人物形象的类型化以及人物性格的平面化。在好莱坞的叙事电影中，每一个人物，基本上都是按照一定的类别和性格典型而设定的。他往往代表了这一种类型的人的极端，而且人物善恶分明，正面人物和反面人物的界限十分清楚，因而观众就可以很容易地区分谁是好人，谁是坏人，从而决定自己的好恶。这在西部片中尤为明显。

四、拍摄方法和审美趣味的唯美主义倾向。除了西部片，好莱坞的大部分影片都是在摄影棚里拍摄的，用人工的手法，可以排除外界的不利因素，尽最大可能营造出一个梦幻般的银幕世界。这是一种拍摄方法，也是一种美学追求，是一种时代潮流，所以当时的好莱坞几乎没有例外 地统一在戏剧美学的旗帜下，出现了一大批戏剧电影的代表作，成为那个时代的经典。最具有代表性、最有成就的当属被称为好莱坞"第一巨片"的《乱世佳人》。

第八节　好莱坞电影的经验

电影百年历史，法国、英国、前苏联、意大利、德国等都曾各领风骚，惟有好莱坞的美国电影长盛不衰，雄视百年，显示出令人惊讶的强大生命力，其中确有值得后人学习和借鉴的经验。首先，好莱坞电影历来把观众的欣赏习惯和欣赏趣味放在首位，与观众的欣赏心理严格地同步合拍，使观众的情感和想象得到极大的满足；其次，好莱坞为了永葆银幕的魅力而注重对新技术的开发和利用，使得美国影片永远在制作的技术水平上保持最高的水准，对于电影这种依赖科学技术手段的艺术品种，这一点也是至关重要的；另外，好莱坞作为世界电影的“首都”一直都采取了一种兼收并蓄的大家姿态，各个时期、各个国家和地区的最优秀最杰出的导演、演员和电影各种行业的从业人员，都在他们的全盛时期到好莱坞发展，远至无声时代苏联的爱森斯坦，近到中国的吴宇森、李安，这些异国的人才为好莱坞带来的活力是不可估量的。好莱坞永远汇集了最杰出的人才和最尖端的科学和技术，永远年轻新鲜，永远充满活力，创造了一个属于20世纪人类的电影神话。

第九节　奥森·威尔斯的《公民凯恩》

如果说战前的好莱坞没有艺术电影，那是对这段历史的曲解，奥森·威尔斯的《公民凯恩》是好莱坞的另一道风景。

《公民凯恩》与三四十年代的好莱坞影片最重要的不同之处，在于它不属于任何一种类型模式。影片虽然具有侦探片、纪录片、传记片、新闻片、歌舞片等诸多类型片的特点，但它却不属于任何一种类型，在它面前没有任何模式可循。威尔斯以开拓新大陆的气魄，创造出一种独具新意的多视角的现代叙事结构。

《公民凯恩》的挑战，还体现在它对电影语言及其视觉技巧的锐意革新上。影片中系统地运用了景深镜头、长镜头、运动摄影、音响蒙太奇等，这些技巧的大胆运用正是为了把环绕于凯恩的这个捉摸不定的陷人于异化的世界艺术地呈现出来。更有意义的是，威尔斯对长镜头段落的富有创造性的运用，不仅是一种新的技巧和手段，更是一种新的电影观念，这对后来的巴赞的长镜头理论的形成无疑起到了重要的启示作用。

《公民凯恩》不仅是美国电影史上一部重要的实验影片，也是世界电影史上为人们所公认的创新之作和经典之作，被人们称为“现代电影的纪念碑”。

思考题：

一、填空

1．标志着有声电影诞生的影片是《　　　　　　》，而《　　　　　　　》被认为是第一部“百分之百的有声片”。

2．西部片最有代表性的导演约翰·福特，他拍摄的《　　　　　　　》、《　　　　　　》

等都是西部片的杰作。

3. 被称为好莱坞“第一巨片”的电影是《______________》。

4. ____________拍摄的《__________》被人们称为“现代电影的纪念碑”。

二、解词

1.好莱坞　2.制片人制度　3.明星制　4.类型片

三、简答

1.好莱坞的戏剧电影美学特征

2.《公民凯恩》取得的历史成就

四、论述

好莱坞几种典型的类型片及其形态特征

第三章 电影的丰富多彩

第一节 概说

这个时期是电影发展的最关键的时期。一方面全世界面临着战后重建的问题，另一方面电影面临着电视的冲击。

这一过程中，电影沿着两条道路发展：一条是出现了意大利的“新现实主义”、法国“新浪潮”等，更贴近生活；另一条是以伯格曼为代表的第二次现代电影思潮，电影的表现走向更内心化。

其时，创造了许多电影新手法，如意识流、闪回、闪前、手提摄影等等；出现了众多流派、风格竞相争艳、互补相融的现象；形成了独立制片与大工厂生产多元发展的局面。

同时，随着电视的出现和发展，两者从对立到携手，成为影响其它艺术、影响社会生活的最重要的文化现象。

第二节 现实主义电影的发展

一、法国诗意现实主义

30年代，法国的一批电影艺术家在自然主义的美学原则影响下，创作出了一批在艺术上和思想上都属于上乘佳作的电影作品，这批作品被后来的电影史学家冠之以“法国诗意现实主义学派”的名称。

在法国诗意现实主义电影学派中成就最大的导演有雷内·克莱尔、让·维果、让·雷诺阿等。他们虽然出身和背景迥异，而且创作理念也不尽相同，但表现在创作上却有一些相同的基本特征：第一，影片的题材大多取自现实生活，即使从小说改编的，也往往把时代背景移到现代，以缩短影片与观众间的距离。第二，影片的主人公也一改以往被贵族、富豪垄断的局面，出现了一批社会底层的小人物，影片编导对这类小人物的不幸命运都寄予着深厚的同情。第三，在艺术手法上，追求诗情画意的场面。

作为诗意现实主义先驱人物之一的雷内·克莱尔在有声电影初期导演的《巴黎屋檐下》(1930)、《百万法郎》(1931)、《自由属于我们》(1932)和《七月十四日》(1933)，被称作他在这一时期的“四部曲”。过渡时期的另一重要人物是年轻早夭的天才人物让·维果，他的社会纪录片《尼斯景象》(1930)、《零分操行》(1932)和《驳船阿塔郎特号》(1934)都获得了一致好评。

雷内·克莱尔与让·维果都是法国诗意现实主义的大师和创立者，但法国诗意现实主义的象征与真正首领却是让·雷诺阿。他所拍摄的《托尼》(1935)和《朗吉先生的罪名》(1936)被认为是“法国电影的转折”，“标志着法国电影的复兴”。影片所表现出来的政治倾向具有鲜明的左派思想，影片接受了苏联的现实主义精神，因而被认为是战后意大利新现实主义电影的先声。另一方面，他拍摄了这一时期最重要的影片《大梦幻》(1937)和《游戏规则》(1939)，成功地运用了景深镜头和长镜头的叙事手法，为电影语言的发展做出了极其重要的贡献。

二、苏联的社会主义现实主义电影

“社会主义现实主义”是苏联时期文学艺术，包括电影艺术的一个象征与符号，它包含着太多、太沉重的含义，但这是一个不能跨过的历史经验与教训。不管当初的倡议者是如何想的，但在后来具体的实践中，“社会主义现实主义”在本质上不是作为一种创作方法，而是作为一种创作原则提出来了。首先，它决定了创作的主导原则和政治方向；其次，它决定了创造者与接受对象之间是教育与被教育的关系。

“社会主义现实主义”作为一种创作准则，从提出到正式消亡经历了约60年的时间，大致可以分为五个阶段：成功期(1930—1945)、电影荒年(1945—1953)、解冻期(50年代中期—60年代中期)、紧缩期与调整期(60年代中期—80年代中期)、“公开化”时期(80年代中期—90年代初期)。

作为成功期典型标志的影片是瓦西里耶夫兄弟摄制的《夏伯阳》(1934)，它的成功标志着社会主义现实主义发展的一个高峰。作为典范，它同时也带动了一大批仿效者，对丰富当时的电影市场起到了一定的作用，但失于枯燥、乏味、单调、雷同。这一时期其他的成功之作有：爱森斯坦的《亚历山大·涅夫斯基》(1938)，顿斯阔伊根据奥斯特洛夫斯基的小说改编的《钢铁是怎样炼成的》以及他的曾产生巨大影响的《乡村女教师》。还有根据高尔基同名小说改编的《童年》、《在人间》、《我的大学》(1938—1940)。

1945—1953是苏联电影最黑暗的阶段，生产了一大批后来被称为“斯大林神话”的影片，歪曲了苏联的现实，伪造了一批虚假的人物形象，苏联电影界面临着惨不忍睹的局面。

解冻期的电影创作逐步活跃，开始涌现出一批优秀的作品。代表作有格里高利·丘赫莱依的《第四十一》(1956)，此片与他后来的《士兵之歌》、《晴朗的天空》(1961)合称为三部曲，被认为是“解冻期”“苏联新浪潮”电影的先声。这一时期另一部代表作品是米哈依尔·卡拉托佐夫的《雁南飞》(1957)。“解冻期”出现的最主要的影片，在美学倾向上都属于“诗电影”的范畴。

70年代末80年代初出现了一批具有相当质量水准、趣味和情调健康、为各阶层人士都乐于接受的影片，主要有：格里高利·达涅里亚的《秋天的马拉松》(1979)、符拉基米尔·缅绍夫的《莫斯科不相信眼泪》(1979)、艾利达尔·梁赞诺夫的《两个人的车站》(1982)、罗斯托茨基的《这里的黎明静悄悄》(1972)和邦达尔丘克的《他们为祖国而战》(1974)。

"公开化"时期的电影佳作有艾利达尔·梁赞诺夫的《被遗忘的长笛》(1987)、卡·沙赫拉扎洛夫的《小信差》(1986)等等。

三、意大利新现实主义

意大利新现实主义电影在二战后兴起，成为西方电影在这一时期最为重要的电影现象。一批批新现实主义电影作品相继问世，引起了世界电影的关注。它们以极为朴实、真挚和深刻的艺术风格，几乎打动了全世界任何一个国家、任何一个民族。事实上，影片中所表现出来的战后特定的题材和内容，也几乎是全世界所共有的。然而，意大利的艺术家却是最直接、最迅速地在影片中反映出来。他们紧紧地抓住了这个机遇，发展了属于自己的本民族的电影文化。同时，它也是属于全世界的电影文化。意大利新现实主义电影鲜明的美学特征，标志着有声电影以来电影趋向于现实主义美学追求的最突出成就。新现实主义，是一次从内容到形式的彻底美学革命，是继先锋主义电影运动之后，在世界电影史上所出现的第二次电影美学运动，它对于世界电影的发展产生了极其深刻的影响。

一般认为，新现实主义电影运动从1945到1956年持续了11年。"新现实主义"用于电影，始于卢奇诺·维斯康蒂的剪辑师为《沉沦》(1942)进行剪辑的过程中，他们将影片中出现的一些新的审美元素称为"新现实主义"。与《沉沦》同一时期出现的带有新现实主义特征的影片，还有勃拉塞蒂的《云中四部曲》以及由德·西卡和柴伐梯尼合作的《孩子们在注视着我们》。这些影片被认为是战后意大利新现实主义电影的先驱作品。

新现实主义的真正历史，始于1945年罗伯特·罗西里尼的《罗马，不设防的城市》的上映，该片后来长期被视为新现实主义的代表作。它之所以成为新现实主义的第一部作品，在于它对真实生活的自然描绘，而且体现出强烈的纪实性，并且在创作方法上一反过去的做法，使人耳目一新。从《罗马，不设防的城市》中，我们可以完整地感受到新现实主义电影的重主要创作倾向，这分别可以从他们的两个口号中得以概括：

其一，"还我普通人"。新现实主义电影的风格特征，最根本的体现在它反映普通人的日常生活，并以此关注当时意大利普遍的生活问题，这触及到时代最敏感最尖锐的倾向，以此和普通百姓之间建立了一种息息相关的联系。新现实主义电影影片的动人之处，就在于它真切感人的细节描写。生活中没有多少戏剧性，但并不缺乏情感的闪光，只不过这些情感隐藏在司空见惯的细枝末节中，新现实主义的艺术创作就在于挖掘出生活中的这些动人之处，使之成为艺术上的亮点，这些细节构成了新现实主义电影基本的艺术起点，并对以后的电影艺术创作产生了积极的影响。

同时,新现实主义的影片有一个共同的结尾,就是没有出路的结尾。它以现实生活为前提,以真实为原则,现实的情形就是,人们所面临的所有问题和所有困境,都是没有出路的,都是让人绝望的,所以在新现实主义的影片中笼罩了这样一种悲观失望的气氛,看不到希望、看不到出路,在结尾的时候,每个人心里都是一片茫然,每天都重复着同样的苦难。

其二,“把摄影机扛到大街上”。这一口号的提出,实际上代表了新现实主义的创作方法。“还我普通人”,表现在一种内容上的追求,而“把摄影机扛到大街上”,则是一种方法和手段的特点。这一口号,最初是由新现实主义的重要剧作家和理论家柴伐梯尼提出的,柴伐梯尼的许多文章和言论,其实代表了新现实主义的基本理论主张和行动纲领,可以说他是新现实主义的最好代言人。这一口号首先倡导了一种新的、富有建设性的拍摄方法,即外景拍摄、自然光的运用、造型和布景的自然化等等。同时,实景拍摄也给摄影机的运用带来了更为广阔的空间,由于空间的不受限制,摄影机运动也不再受限,运动镜头、景深镜头、长镜头的运用更加自如,也更加广泛,成为一种明显的风格。这种拍摄方法还带来了演员选择和表演方面的革新。新现实主义反对好莱坞的明星制度,尽量使用非职业演员。新现实主义对演员的最本质的要求是表演的真实性,同时注重演员的即兴创作。“把摄影机扛到大街上”,无论是作为一种拍摄方法,还是一种美学追求,在世界电影美学发展中都具有革命性意义。

新现实主义电影的最大功绩,在于创立了一种与好莱坞电影相对立的新的电影美学,即纪实主义电影美学,这种美学直接启示了巴赞的长镜头电影理论,并且对后来的电影创作产生了积极的深远的影响。

德·西卡是新现实主义最有代表性的导演之一,他的《偷自行车的人》(1945)是新现实主义杰出的代表作,它体现出新现实主义的全部美学原则。通过一个普通的意大利工人丢失和寻找自行车的故事,反映普通人的日常生活,反映意大利社会生活的现实。这部影片遵循纪实主义风格,在拍摄方法上追求最大限度的真实感,全部采用街头实景,没有一场戏是在摄影棚里完成的。影片中没有一个明星是职业演员,也不给观众答案,让观众自己去想象人物的出路。

因拍摄《沉沦》而被誉为“新现实主义之父”的维斯康蒂于1948年推出的《大地在波动》,被认为是一部最全面最彻底地贯彻了新现实主义电影创作原则的影片,是一部最严格意义上的新现实主义电影。新现实主义另一位重要的创始人吉斯帕·德·桑蒂斯,也是这一流派的坚定不移的捍卫者,他的《罗马11时》(1952)和《橄榄树下无和平》(1956)为人称道。

第三节　法国对电影史所做的贡献

一、巴赞及其长镜头电影理论

二战期间，电影受到很大影响，未有显著成就。战后电影有所恢复，在艺术上也有了新的探索。可以说，巴赞奠定了战后电影理论的基础，指出了战后电影发展的方向。1951 年，安德列·巴赞与雅克·唐尼尔·瓦尔罗泽创办了《电影手册》杂志，该刊物聚集了一群年轻的批评家：弗朗西斯·特吕弗、让·吕克·戈达尔、克劳德·夏布罗尔、雅克·李维特、埃里克·罗曼等，这些人后来成为"新浪潮"的主要导演，这就是所谓的"电影手册派"。

巴赞在短暂的一生中写下了大量的电影评论文章，但没有建立一个完整的理论体系。他的大量的文章是一些个案式的评论，但实际上他已经建立了一个具有个性特点的电影美学理论框架。他的主要的评论对象有卓别林、奥森·威尔斯、意大利新现实主义电影、美国西部片，涉及到了电影艺术本质和表现技巧等方面的问题。他的名字与意大利新现实主义、50 年代法国电影评论的发展、60 年代法国新浪潮电影、随后的电影现实主义美学思想等紧密相联。他完整地总结了新现实主义的创作成果，他没有看到"新浪潮"运动的兴起，但是他的理论为"新浪潮"的出现奠定了基础。他所参与创办的《电影手册》影响了一代人的电影研究。他是在电影史研究、电影理论研究和电影批评研究上最重要、最有影响的人物之一。巴赞的主要论文汇集于四卷本《电影是什么》。

电影影像和现实的关系引起了巴赞关于电影本性的思考，成为他考虑电影本体的出发点。在他看来，电影的本体主要有以下三个方面的内容：

其一，影像的逼真性。巴赞断言，摄影影像的本体和它的原型是不可分割的，甚至是同一的。巴赞认为电影的使命，就是用世界自身的直接形象来重塑世界。

其二，电影时空的完整性。巴赞认为，电影里最真实的东西，并不是题材和外在形象的真实，而是一种时空综合给人带来的真实感受。巴赞提出的电影完整性，实质上也是要求保持戏剧空间的统一和时间的延续。

其三，影像与现实的被摄对象的同一性。巴赞认为，在摄影机和现实之间是一个机械的操作过程，是一个纯客观的原始素材的复原，按照巴赞的理解，电影这种独特的再现事物原貌的本性是电影美学的基础。

电影的这种对现实世界的忠实，不仅保留了现实的真实的原貌，而且也保留了现实世界的多义性和复杂性。巴赞所说的"现实"不是作为通常哲学概念上的"现实"或"存在"，而具有两方面的含义。一是指影片表达层面上形成成分所具有的现实性。也就是在表现方式上视象的真实性。而第二个含义具有社会学的意义，是指有关表现内容主题的现实性。

在巴赞看来，电影是惟一真正客观、真实地再现现实的艺术。一切电影的创作和理论都以此为基础，而不能违背它。它准确地保持这个世界的完整和真实，电影中的景深镜头和长镜头是最好的技法。景深镜头保留了事物的整体面貌，长镜头则展现了事物的全部过程，使得观众在这种完整的过程中自由地选择并获取答案。这也是现代电影的精神之一。

在巴赞看来，长镜头和景深镜头的优势是不言而喻的：

第一，长镜头和景深镜头可以避免严格地限制观众的知觉过程，它是一种潜在的表意形式，注重通过事件的常态和完整的动作揭示动机，保持"透明"和多义的真实。

第二，长镜头（镜头——段落）可以保证事件的时间进程受到尊重，景深镜头能够让观众看到现实空间的全貌和事件的实际联系。

第三，连续性拍摄的镜头——段落体现了现代电影的叙事原则，摈弃戏剧的严格符合因果逻辑的省略手法，实现现实事物的自然流程，因而更有真实感。

二、法国"新浪潮"与"左岸派"

（一）"新浪潮"

所谓"新浪潮"，是指1958—1961年间，在法国影坛上突然涌现出一批由青年人第一次执导的影片，人们将这种现象称为"新浪潮"。但"新浪潮"这一概念，一开始并不是指电影，甚至更不指后来被人们所指称的那批电影导演。"新浪潮"不是一个有宣言、有纲领的自觉运动，它是一种社会现象。

"新浪潮"发展中，1958年是诞生年，特吕弗拍摄了《淘气鬼》，夏布罗尔拍摄了《漂亮的塞尔其》，两部处女作问世；1959年是幸福年，特吕弗的《胡作非为》获戛纳电影节最佳导演奖，标志着"新浪潮"的作品被评论家承认；1960年是高峰年，43个新人跨入影坛，新片产量高达124部；1961年是没落年，"新浪潮"开始走下坡路；1962年是危机年，除戈达尔拍摄了《如此生活》外，其他主将再没有什么作品出现。

首先，"新浪潮"是一次制片技术和制片方法的革命。"新浪潮"的主要人物，即所谓的"电影手册派"，接受了巴赞的崇尚真实的电影观念，反对好莱坞的电影样式和制片方式，尤其反对好莱坞那种野蛮而霸道的制片人中心制，他们认为，电影重要的不是制作，而是表达，电影不是赢利的工具，而是表现自我的手段。他们尖锐地批评那些所谓的"优质电影"的导演，认为那些导演不是一个电影作者，只是一个文学图解者。而电影应像作家和小说、画家和绘画作品一样，是一个人的作品，这个人就是导演。这实际上就是我们后来非常熟悉的，而且是习以为常的"导演中心制"，就像戈达尔曾经大声呼吁的"拍电影就是写作"。这种新的电影创作方式，使电影摆脱了旧的制片方式的沉重负担，给后来的电影创作一个新的启示。

其二，“新浪潮”确立了电影个人风格的地位。如果说，“新浪潮”在艺术上有什么共同点的话，那就是对于导演个人风格的追求。强调个人风格，声称影片都是个人思想的产物，表现个性，弘扬自我，这一点的前提是前面所述的“导演中心制”，在每一部新浪潮的作品中，都可以看到鲜明的自传。虽然有些夸张，但新浪潮的作品里，自传习惯的作品的确占有很大比重。最有说服力的就是特吕弗的自传体系列片。在这些个人化的作品中，仍然可以令人感受到强烈的时代特征和共同的情绪。导演们不约而同地反映了二战后法国青年一代的失望和幻灭，他们挑战传统，愤世嫉俗，但是没有理想和信念，没有生活寄托，没有目标，表现出一种消极和颓废的廿纪病。另一方面，新浪潮电影也是一种否定传统道德观念的艺术。新浪潮对于男女之间的情感和性爱的大胆描写，直接触及了现代西方人的生活方式和思维方式，表现了一种社会普遍的心理和情绪。但同时，这也为银幕打开了一个不该打开的禁区，从此以后，西方电影对于性的描写越来越大胆、越来越无所顾忌，成为一个愈演愈烈的禁区。

其三，新浪潮的反传统，与20年代的先锋派相比，显然更有分寸一些，他们避免了先锋派的“阳春白雪”，始终关注艺术和现实，尤其是现实中的个体——人的关系。在电影手法上，他们显示其独特的个性风采，但在思想情感上，则与当时在现实面前彷徨、苦闷、冷漠的社会群体取得了共鸣。也许是受巴赞“真实电影美学”的影响，他们在着重表现人物的思想情感时，也主要从生活细节和生活流程中体现，强调人物行为方式及其过程，而并不热衷于人物的不可感知的内心世界，没有过多的心理描写。和后来的现代派电影强调“意识流”电影相比，新浪潮则是一种“生活流”，在对于人物琐碎的日常生活细节做不厌其烦的叙述时，反映人物情感变化的微妙过程。

最后，新浪潮电影在电影语言和电影形式的革新方面，对电影艺术做出了重大贡献。由于新浪潮电影的制作费用低、周期短，采用实景拍摄和现场即兴的导、表演风格，因而创造出一种全新的纪实的摄影风格，长短镜头、不同景别的镜头错落有致地交替使用以及运用得十分灵活的移动摄影，给电影带来了一派生机。剪辑手法开始变得简捷而实用，去除了一些不必要的烦琐的过渡交代，通常都是直接衔接，甚至出现了所谓的“无技巧剪辑”。在音效运用上，新浪潮也大量采用了自然音响、环境音响和同期录音的手法，增强了影片的真实感。在表演方面，则起用了一大批不知名的年轻人做演员，追求一种没有表演的表演，给人以真实、自然、朴素的印象。

特吕弗以“电影手册派”和新浪潮电影的主要人物的姿态出现在影坛，代表了真正的法国电影精神。在他不算长的26年导演生涯中，共拍摄了24部影片。其中27岁拍摄的《四百下》荣获戛纳电影节1959年最佳导演奖及其他四项奖，其他影片如《枪击钢琴师》(1960)、《野孩子》(1960)、《朱尔和吉姆》(1961)、《黑衣新娘》(1968)、《偷吻》(1968)、《美国之夜》(1977) 等为他赢得了国际声誉。他的封镜之作《巴黎最后一班地铁》(1980)也是一部相当完美的作品。特吕弗是一个敢于坦陈自我、弘扬个性的导演，总是以一种明显的自传形式来叙述自身的经历和感受。最突出的例子就是他以安托万为主人公，以自己的亲身经历为原型的自传片。一共有5部：《四百下》(1959)、《二十岁的爱情》(1963)、《偷吻》(1968)、《夫妻之间》(1970)、《飞逝的爱情》(1979)，电影史上恐怕很难再找出第二个这样的例子，导演用摄影机完成了一部编年史的电影小说。

(二)"左岸派"

在法国"新浪潮"兴起的同时，在巴黎有另外一批电影艺术家，也拍出了一批与传统叙事技巧大相径庭的影片。由于他们大都住在塞纳河左岸，因此被称为"左岸派"。主要成员有阿仑·雷乃、玛格丽特·杜拉斯等。比起"新浪潮"来，"左岸派"是一个更为松散的艺术团体，其成员来自文学、美术等各个领域，他们中的大部分在当时已是40岁左右的中年人，有些早就开始电影导演的工作，如雷乃，还有一些在从事电影创作之前，已在其它艺术领域中出了名，如杜拉斯当时已是著名的新小说派作家。

"左岸派"的导演们对"人"及其精神发展过程感兴趣，推动他们走向电影的，不是理论评论，而是能加强文学表达方式的电影化手法，因此，他们所创作的电影，也被称为"作家电影"。他们的题材围绕着两个基本的轴：一个是错综复杂的表现时间，一个是对人的精神作用加以探索。这两大主题互相交错，构成了所有这类影片的脉络。在他们的影片中，人物无名无姓，环境模模糊糊，观众与银幕人物处于间离状态，是一种非认同的电影。"左岸派"电影由纪录式的外部写实主义转入内心的写实主义，及至到后来，演变成外部和内心相混合的写实主义。

"左岸派"导演从不改编文学作品，一定要专门为电影创作剧本，而且通常都由文学家们创作出非常文学化的剧本。"左岸派"是最具有文学性的电影群体。

"左岸派"导演把重点放在对人物内心活动的描写上，对人的内心世界进行深入探索。在主题和题材上，他们不像"新浪潮"电影喜欢从自己的亲身经历和切身感受中寻找灵感。他们的电影手法非常讲究推敲。细节上都要修饰雕刻，绝无潦草随意的即兴创作，而提倡一种精雕的创作态度，在结构、摄影、表演、剪辑、节奏、音乐音响等方面都非常讲究。如在结构上，打破现实世界单一的时间流程的线形结构方式，而以非逻辑的心理活动和意识活动作为影片的结构线索。

他们的影片具有更为浓重的现代主义色彩。代表作品有：阿仑·雷乃的《广岛之恋》(1959)、亨利·科尔皮的《长别离》(1961)和雷乃的《去年在马里昂巴德》(1961)。

第四节　日本电影概况

1951年，黑泽明的《罗生门》"一飞冲天"征服了西方，轰动了世界，使得日本电影在国际影坛骤然上升到显著的地位。在以后的几年里，日本电影连连在西方国际电影节上获奖：1952年，沟口健二拍摄的《西鹤一代女》在威尼斯电影节上获导演奖；1953年，沟口健二拍摄的《雨月物语》和五所平之助拍摄的《烟囱林立的地方》，分别在威尼斯和柏林电影节上获奖；1954年，衣笠贞之助拍摄的《地狱门》获戛纳电影节大奖，同年黑泽明拍摄的《活着》获柏林电影节大奖；黑泽明拍摄的《七武士》、沟口健二拍摄的《山椒大夫》同时在威尼斯电影节上获奖；1956年，市川昆拍摄的《缅甸的竖琴》在威尼斯电影节上获奖；1957年，今井正拍摄的《暗无天日》在莫斯科电影节上获奖；1958年，稻垣浩拍摄的《不守法的阿松的一生》在威尼斯电影节上获奖。这的确是一个惊人的纪录，世界电影便从此记载了走在民族电影最前列的日本电影。

黑泽明的《罗生门》获得了1951年威尼斯电影节金狮奖，使日本电影进入了一个新世纪，而他本人由此成为战后时期日本最重要的导演。他的创作方式是典型的日本式的，自编、自导、自剪。他其他的重要作品还有 《姿三四郎》(1943)、《无愧于我们的青春》(1946)、《七武士》(1954)、《乱》(1985)、《梦》(1990)、《八月狂想》(1991)、《还没有》(1993)。

相比黑泽明，沟口健二的作品在表现内容与审美情趣上更具有日本文化的意韵和情调，也更表现传统日本的内涵。沟口健二被称为日本电影界的"女性电影大师"，他绝大多数影片是描写妇女问题的，特别是最底层的妓女问题。他同时还是一位多产的导演，在他34年的电影生涯中，共编剧和导演了79部影片。其中，《浪华悲歌》(1936)、《青楼姐妹》(1936)、《西鹤一代女》(1952)、《近松物语》(1954)四部影片，被公认为是他的代表作。另外《雨月物语》(1953)、《杨贵妃》(1955)等也因为精彩的意境塑造而受到高度赞赏，成为研究他个人风格的重要作品。

日本电影受"新浪潮"影响而最有声望的导演是大岛渚，他的《爱和希望之街》(1959)、《青春残酷物语》(1960)、《东京的夜与雾》(1960)、《太阳的坟地》(1960)可以说是典型的日本帮派片。影片中的青年们通过直露的性与暴力及激烈的政治态度，表达他们对日本现行的社会体制的反叛，并因此而成为日本电影"新浪潮"的代表作。他的影片的两大主题是性与暴力，其中最有代表性的是《感官王国》(1976)和《情感王国》(1978)。

日本文化中对生与死、时间与空间、人的社会责任与生存状态的问题，都有独特的理解和解释。日本电影的审美倾向大致有这么几点：简洁、朴素；结构松散、情节进展缓慢；人物性格通常内敛、坚韧；自然主义传统依然是主导倾向。就日本这样同世界有着广泛交流的国家而言，它的电影现象有着无限可能性，至少是不可能有一个统一的风格的。但是从民族文化和审美传统上看，它们总归有着一定的共同性，而正是因为这个共同性，日本电影才会在世界电影舞台上有它不可忽视的地位。

第五节　西方现代派电影

现代派电影是现代派艺术的重要组成部分，是把现代主义的创作原则运用到影片创作形成的一个重要的电影流派。因为它的出现比现代派的音乐、美术要晚十几甚至几十年，所以现代派电影不仅受现代主义哲学的影响，也是各种门类的现代派艺术在银幕上交汇后绽放的一朵奇葩。

现代派电影与现代电影是两个概念。现代电影是相对于当代电影而言的，是对某一个时间段电影的总称。现代派电影是指具有某种特质的电影，是就电影的先锋、前卫和反传统、反经典而言。现代电影是个史学术语，现代派电影是个美学概念。但两个词语有时也混同，是因时间与风格相容。

现代派电影作为一个参与者众多，影响力大的流派，其形成起始于 20 世纪 50 年代。"新浪潮"、"左岸派"和"新德国电影"运动主将的很多作品，也都是现代派电影的代表作。此外还有一些艺术家，取得了令人瞩目的成就。

一、费德里科·费里尼

费里尼是 20 世纪后期世界最重要的导演之一，在国际上享有极高的声誉，西方影评界曾有人甚至将他奉为电影艺术的"顶峰"。

从 50 年代起，他陆续拍摄了以表现下层社会小人物的悲惨命运为主题的"孤独三部曲"：《道路》(1954)、《诈骗记》(1955)、《她在黑夜中》(1956)。这些影片不同于传统新现实主义那样停留在外在的表现，而是通过他们在生活道路上的艰辛经历，着力去揭示人物受压抑的内心世界和心理活动，因此被称为"内心现实主义"。1960 年完成的《甜蜜的生活》是费里尼向现代派转向的奠基之作，他的顶峰之作是《八部半》(1962)，这些影片都带有明显的"费里尼色彩"。

二、米开朗基罗·安东尼奥尼

安东尼奥尼是一位在纪录片和故事片方面都取得杰出成就的现代派电影艺术大师。50 年代末 60 年代初，他创作了四部重要的影片：《奇遇》(1959)、《夜》(1960)、《蚀》(1962)、《红色沙漠》(1964)，都是表现现代妇女生活状态的。其中前三部影片他自称为是"时代伟大的情感病态"三部曲，也就是通常所说的"《蚀》三部曲"。《红色沙漠》在他的 作品中是比较奇特的一部，色彩这一元素在影片中直接承担着表情达意、叙事言理的要务。1966 年完成的《放大》获得过戛纳国际电影节大奖。

三、英格玛·伯格曼

伯格曼是瑞典最著名的电影和舞台导演、剧作家。50 年代中期，他拍出了两部最重要的影片：《第七封印》(1956) 和《野草莓》(1957)。在国际上引起热烈反响，成为国际公认的现代电影最重要和最有影响的人物之一。

伯格曼乐于用抽象的哲学概念作为影片的中心，他是一位鲜有的能持之以恒地通过影片来生动表现理性的微观世界的导演。更为可贵的是，他的作品不是讨论会或话剧的纪录片，而是真正的电影。伯格曼影片的主题和题材是多种多样的,但它们在表现哲学观念和艺术处理上却有着引人注目的一贯性,那就是探讨人与上帝(《处女泉》1959、《冬日之光》1962)、人与爱情(《野草莓》1957、《狱在镜中》1961)、人与人(《安娜的热情》、《羞耻》1968)之间的相互关系,以及由此引发的复杂、疑难的问题,同时他也考察疯狂(《狼的时刻》1968)、死亡(《呼喊与细语》1972)、孤独和痛苦的性质,表达自己对生与死、善与恶的理解(《第七封印》1956)。

较之于传统、经典的电影和当代主流电影,现代派电影比较令人费解,甚至晦涩难懂。读解现代派电影的门径是:在对尼采、萨特、弗洛依德等为主帅的现代主义哲学比较熟悉的基础上了解现代派电影人的主张,并对现代派电影的总体特征有一个相对宏观、比较准确的把握。对经典的反叛与对传统话语的颠覆,是现代派电影最为核心的主张,也是现代派电影最为鲜明的特征。现代派电影强调表现自我,反对再现现实;主张形式至上,刻意标新立异;注重批判与暴露,充斥着悲观主义情调。

第六节　新德国电影

法国"新浪潮"、"左岸派"电影高潮刚过,欧洲影坛上又刮起了一股"新德国电影"的旋风。从20世纪60年代中期到80年代,德国的几百名以年轻人为主体的导演拍摄了近千部影片,形成了持续不断的创作高潮和声势浩大的电影革新运动。

1962年2月28日,26位年轻的、多数来自慕尼黑的短片导演参加了在奥博豪森举行的第八届西德短片节。在短片节上他们发表了一个宣言,在这个后来被称为"奥博豪森宣言"的文件中,他们发出了"创立德国新电影"的呼吁,并且旗帜鲜明地阐明了他们"要与传统电影彻底决裂"、"要动用新的电影语言,创立新的德国电影"的主张,断言"德国电影的未来在于运用国际性的电影语言"。他们的言论代表了当时德国最先进的电影观念。

"新德国电影"导演的共同特点是几乎都出生在二战结束以后,崛起于60年代末或70年代初,他们大多走"作者电影"的道路,思想活跃,很少受到旧电影传统的束缚。他们不满足于直接描述现实,而希望运用更加丰富多彩的艺术手段表达他们批判社会、变革现实的愿望。在这批导演中,维尔纳·赫尔措格、福尔克·施隆多夫、赖纳·维尔纳·法斯宾德以及威姆·文德斯是其中的代表人物,他们四人被称为"新德国电影四杰"。

新德国电影运动的重要代表人物是法斯宾德,他的名字在德国家喻户晓,在国外则被看作是"新德国电影"的同义语。1969年他拍摄了第一部故事片《爱比死更冷酷》,从此一发不可收,在短短13年的时间里拍摄了42部电影作品。这些作品风格差异很大,以致于评论者们很难清晰地归纳其创作特点。其中堪称经典的影片包括:《晴天霹雳》(1969)、《四季商人》(1971)、《恐惧吞噬灵魂》(1973)、《埃菲·布里斯特》(1974)、《绝望》(1977)、《玛丽娅·布劳恩的婚姻》(1978)、《第三代》(1979)、《莉莉·玛莲》(1980)、《罗拉》(1981)、《水手克莱尔》(1982)。这些影片曾多次荣获联邦德国政府奖及柏林国际电影节奖,并为新德国电影运动赢得了巨大的声誉。法斯宾德最有代表性的作品是他的成熟期的"德国女性四部曲":《玛丽娅·布劳恩的婚姻》、《莉莉·玛莲》、《罗拉》、《维罗尼卡·佛斯的欲望》。

此外,赫尔措格的《阿吉尔——上帝的愤怒》(1973)、《人人为自己,上帝反大家》(1974),施隆多夫的《丧失了名誉的卡塔琳娜·布鲁姆》(1975)和《铁皮鼓》(1979),文德斯的《爱丽斯漫游城市》(1974)、《错误的运动》(1975)、《得克萨斯的巴黎》(1984)等都在世界电影史上留下了灿烂的一笔。

从一开始,新德国电影就表现出与意大利新现实主义运动、法国"新浪潮"电影运动迥然不同的特点:第一,它没有电影理论或者批评立场来引导导演们的创作,导演们都是因为共同拍片的需要而走到一起去的,每个导演都具有自己鲜明的风格;第二,它没有统一的团体,因此它并不是一场对于德国电影整体风格而形成的一股潮流,它的真正动因是导演们试图使德国电影业恢复正常的电影制片策略、多样化的资金来源或发行上的彼此协助。

第七节　新好莱坞电影

电影史学家们将1967—1975年间出现的那批令人耳目一新的影片称之为新好莱坞电影。而80年代后好莱坞通过技术更新,又从数字技术中获得对电影艺术的新的解释,预示着后电影时代的到来。好莱坞完成了脱胎换骨的改造,电影成为最主要的大众娱乐形式,也成为美国经济最重要的支柱产业之一,并形成了对全球电影的语言霸权。

"新好莱坞"是一个创作现象,不是风格流派。它没有宣言,没有统一的美学目标,可以说是一批血管里流动着光与影、声与画的年轻人与好莱坞电影艺术规范和工业机械的成功对话,是双方彼此进行的成功改写。新好莱坞在成熟和发展的过程中,既有对原有类型电影的发展,也有新类型的创造。

一、公路片

公路片是美国电影的"现代专利"。有人将美国称为"汽车轮子上的国家",汽车是美国人便捷的交通工具,同时也是现代美国生活方式的重要象征。美国高速公路四通八达,在汽车文化熏陶之下成长起来的美国人,常常驾驶着汽车摆脱生活的烦恼,追寻虚无的梦想,他们的独特心态可以用一个与公路和汽车相关的语词来表达,那就是:在路上——没有过去和未来,只有令人触目惊心的现在。

公路片的起始作品是《邦尼和克莱德》,它同时也是新好莱坞的开山之作,标志着美国电影发展由传统到现代的转折。

二、越战片

美国对于越南发动的侵略战争,无论从哪个角度来说都是一场惨痛的教训,它带给了整个美国深刻的反思。20 世纪 70 年代以来,美国电影人拍摄了为数可观的与这场战争有关的影片,它们被称为“越战片”。其中堪称经典的有《猎鹿人》(1978)、《现代启示录》(1979)、《野战排》(1987)、《生于七月四日》(1990) 等,这些影片在国际电影节上频频受到青睐,都获得过各类大奖,同时还成就了一批好莱坞著名导演。

三、科幻片

现代美国电影的重要类型之一,它在发展电影技术表现方面具有着独到的贡献,它在观众中的巨大影响力和同样巨大的商业价值更让人不容忽视。

科幻片于 20 世纪 70 年代兴起,一是得益于现代科学技术的发展,二是得益于人类想象力的开发,三是得益于高科技手段及特技制作在电影创作中的运用。

奠定科幻片在好莱坞地位的影片是由乔治·卢卡斯执导的《星球大战》,这部采用了 360 种特技,制作费用高达 1000 万美元的影片向观众展示了神奇的宇宙和星际奇观,尽管它归根结底讲述的不过是一个善恶争斗的老套故事,但观众还是蜂拥而至,影片赢利高达 4 亿美元,在全世界范围内引起了轰动。

四、家庭伦理片

家庭伦理片的兴起是电影界对战后美国倡导的社会价值观念和由此衍生的一系列社会问题进行反思的结果。

1979 年,一部名为《克莱默夫妇》的影片公映了,它没有起伏跌宕的波澜,也没有精美绝伦的制作,却成为该年度最卖座影片,赢得了包括最佳影片在内的奥斯卡五项大奖。它讲述了一个普通美国家庭的故事,回应了人们回归传统、找寻新的秩序与平衡的强烈心声,尽管影片本身未对克莱默夫妇的家庭问题给出答案,但问题提出的本身就引发了家庭伦理片的热潮。

80 年代后,反映家庭亲情、伦理道德的影片成为好莱坞类型片中最受欢迎的一类,同时这类影片也成了奥斯卡的“得奖专业户”。《普通人》(1980)、《金色池塘》(1981)、《母女情深》(1983)、《汉娜姐妹》(1986)、《雨人》(1988)、《为戴茜小姐开车》(1989) 等先后在奥斯卡的领奖台上领尽风骚。进入 90 年代,《钢琴课》、《廊桥遗梦》等影片仍可看作是探讨家庭伦理问题的力作。

五、其他影片

改变好莱坞历史的这批电影人从 70 年代至今以崭新的面貌和高涨的创新热情投身创作，在好莱坞占据着最为重要的地位。阿瑟·佩恩的《邦尼与克莱德》、迈克·尼克尔斯的《毕业生》(1967)、丹尼斯·霍佩尔的《逍遥骑士》被收录进了世界电影史。马丁·斯科西斯的《出租车司机》是他的成名作，也是新好莱坞电影的一部扛鼎之作。米勒斯·富尔曼的《飞越疯人院》(1975) 堪称警世之作中的上乘精品。弗朗西斯·科波拉的三集《教父》(1972、1974、1990)、《对话》(1974)、《现代启示录》(1979) 使之堪称当之无愧的旗手。在新好莱坞的电影主将中，还有执导过《大白鲨》(1975) 和《第三类接触》(1977)、《E.T》(1982)、《辛德勒的名单》(1993)、《拯救大兵瑞恩》、《人工智能》(2001) 的斯皮尔伯格。

新好莱坞电影的特质集中体现在以下几个方面：

第一，影片不再推销中产阶级的意识形态和生活方式，其主人公不再是“官方英雄”或中产阶级的伟男淑女，而常常是些反传统的、信奉无政府主义的、属于“垮掉的一代”的青年人。影片不再宣扬法律的力量或政府的力量，相反，法律和政府的代表或象征往往变成了讽刺、抨击的对象。影片不再讲述强行编造的、有头有尾的故事，而是把重心移到对特定人物的塑造上。影片的样式不再是某一种类型片的局部改造或翻新，而是对传统类型的彻底解构与颠覆。

新好莱坞电影不仅对传统的美国电影形成了冲击，在国际影坛上也产生了深远的影响。

思考题：

一、填空

1. 法国诗意现实主义的代表导演____________拍摄的《托尼》和《____________》被认为是“法国电影的转折”，“标志着法国电影的复兴”。

2. 苏联导演格里高利·丘赫莱依的《____________》与《____________》《晴朗的太空》，合称为三部曲，在美学倾向上都属于“诗电影”的范畴。

3. 意大利新现实主义提出的两大口号是____________、____________。

4. 意大利新现实主义的真正历史始于 1945 年罗伯特·罗西里尼的《____________》的上映，该片后来长期被认为是新现实主义的代表作。

5. 法斯宾德的“德国女性四部曲”：____________、____________、《罗拉》、《____________》是他成熟期的作品。

二、解词

1.社会主义现实主义　2.电影手册派　3.现代派电影　4.奥伯豪森宣言

5.公路片　6.越战片　7.科幻片　8.家庭伦理片

三、简答

1."左岸派"电影的创作特色

2.日本电影的美学特征

3.新德国电影取得的成就

4.新好莱坞电影对类型片的发展

四、论述

1.意大利新现实主义电影的风格特征和创作方法

2.巴赞的长镜头理论与法国"新浪潮"电影的成就

参考书目：

袁行霈主编:《中国文学史》(四卷本),高等教育出版社 1999 年版。

郭预衡主编:《中国文学史》,上海古籍出版社 1998 年出版。

于非主编 :《中国古代文学》(上、下),高等教育出版社 1994 年版。

黄香山编著:《中国古代文学简史》,厦门大学出版社 2003 年版。

罗宗强、陈洪主编:《中国古代文学发展史》(上、中、下),南开大学出版社 2003 年版。

章培恒、骆玉明主编:《中国文学史》(上、中、下),复旦大学出版社 1997 年版。

孔范今主编 :《二十世纪中国文学史》(上、下),山东文艺出版社 1997 年版。

张炯主编:《中华文学发展史》(上、中、下),长江文艺出版社 2003 年版。

黄修己著:《中国现代文学发展史》,中国青年出版社 1997 年版。

九所院校合作编写:《中国现代文学史》,江苏人民出版社 1984 年版。

黄悦、宋长宏编著 :《20 世纪中国文学史纲》,北京语言大学出版社 2003 年版。

黄修己主编:《20 世纪中国文学史》(上、下),中山大学出版社 2004 年版。

林志浩主编 :《中国现代文学史》(上、下), 中国人民大学出版社 1984 年版。

张钟等编著:《当代中国文学概观》,北京大学出版社 1998 年版。

於可训著:《中国当代文学概论》,武汉大学出版社 2004 年版。

聂珍钊主编:《外国文学史》(四卷本),华中科技大学出版社 2004 年版。

郑克鲁主编:《外国文学史》(上、下),高等教育出版社 1999 年版。

朱维之、赵澧、黄晋凯主编:《外国文学简编》(欧美部分),中国人民大学出版社,2004 年版。

吴无迈主编:《20 世纪外国文学史》(五卷本),译林出版社 2004 年版。

李欧、范文瑚主编:《外国文化与文学》(欧美部分),天地出版社 2001 年版。

钮骠主编:《中国戏曲史教程》,文化艺术出版社 2004 年版。

周贻白著:《中国戏剧史长编》,上海书店出版社 2004 年版。

杨建文著:《戏剧概要》,华中师范大学出版社 1999 年版。

章诒和主编:《中国戏曲》,文化艺术出版社 1999 年版。

麻文琦、谢雍君、宋波著:《中国戏曲史》文化艺术出版社,1998 年版。

程芸著:《世味的诗剧——中国戏曲发展史》湖南人民出版社,2002 年版。

崔建林、黄华著:《艺术的文明》,中国物资出版社 2005 年版。

徐振贵著:《中国古代戏剧通论》,山东教育出版社 2003 年版。

张庚、郭汉城主编:《中国戏曲通史》,中国戏剧出版社 1992 年版。

邓涛、刘立文著:《中国古代戏剧文学史》,北京广播学院出版社 1994 年版。

王新民著:《中国当代戏剧史纲》,社会科学文献出版社 1997 年。

黄会林著:《中国现代话剧文学史略》,安徽教育出版社 1990 年。
余从、周育德、金水著:《中国戏曲史略》,人民音乐出版社 1993 年。
傅谨著:《新中国戏剧史》,湖南美术出版社 2002 年版。
中国大百科全书戏剧编辑委员会、中国大百科全书出版社编辑部编:《中国大百科全书·戏剧》,中国大百科全书出版社 1992 年版。
宋宝珍著:《世界艺术史·戏剧卷》,东方出版社 2003 年版。
廖可兑著:《西欧戏剧史》,中国戏剧出版社 2002 年版。
李永华著:《西方戏剧史话》,上海文艺出版社 1995 年版。
陈世雄著:《现代欧美戏剧史》,四川教育出版社 1994 年版。
汪义群编:《西方现代戏剧流派作品选》,中国戏剧出版社 1991 年版。
亚里士多德著:《诗学》,人民文学出版社 1962 年版。
何延喆著:《中国绘画史要》,天津人民出版社 1998 年版。
黄宗贤著:《中国美术史纲要》,西南师范大学出版社 1993 年版。
范扬主编:《中国美术史》,西南财经大学出版社 2002 年版。
李福顺著:《新编中国美术史纲》,西南师范大学出版社 2003 年版。
单国强主编:《中国美术·明清至近代》,中国人民大学出版社 2004 年版。
中央美术学院美术史系中国美术史教研室编著:《中国美术简史》,高等教育出版社 1990 年版。
邹跃进著:《新中国美术史》,湖南美术出版社 2002 年版。
李铸晋、万青力著:《中国现代绘画史——当代之部》,文汇出版社 2004 年版。
中央美术学院美术史系外国美术史教研室编:《外国美术简史》,高等教育出版社 1997 年版。
欧阳英、潘耀昌著:《外国美术史》,中国美术学院出版社 1999 年版。
范梦著:《西方美术史》,山西教育出版社 1993 年版。
修·昂纳、约翰·弗莱明著,范迪安译:《世界艺术史》,南方出版社 2002 年版。
朱伯雄主编:《世界美术史》,山东美术出版社 1989 年版。
崔庆忠著:《现代派美术史话》,人民美术出版社 2004 年版。
佟景韩、余丁、鹿镭著:《欧洲 19 世纪美术》,中国人民大学出版社 2004 年版。
张怀林编著:《世界美术史简明手册》,安徽美术出版社 2003 年版。
孙继南、周柱铨主编:《中国音乐通史简编》,山东教育出版社 1993 年版。
梁茂春、陈秉义主编:《中国音乐通史教程》,中央音乐学院出版社 2005 年版。
修海林、李吉提著:《中国音乐的历史与审美》,中国人民大学出版社 1999 年版。
金文达著:《中国古代音乐史》,人民音乐出版社 1994 年版。
李纯一著:《先秦音乐史》,人民音乐出版社 1994 年版。
吴钊、刘东升著:《中国音乐史略》,人民音乐出版社 1993 年版。

伍国栋:《民族音乐学概论》,人民音乐出版社 1997 年版。
乔建中主编:《中国音乐》,文化艺术出版社 1998 年版。
余甲方著:《插图本中国古代音乐史》,上海人民出版社 2003 年版。
夏滟洲著:《中国近现代音乐史简编》,上海音乐出版社 2004 年版。
汪毓和著:《中国近现代音乐史》,人民音乐出版社 1994 年版。
居其宏著:《新中国音乐史》,湖南美术出版社 2002 年版。
朱敬修主编:《西方音乐史》,河南大学出版社 2004 年版。
姚亚平主编:《西方音乐通史》,中央音乐学院出版社 2005 年版。
于润洋主编:《西方音乐通史》,上海音乐出版社 2001 年版。
蔡良玉、梁茂春著:《世界艺术史·音乐卷》,东方出版社 2003 年版。
唐纳德·杰·格劳特、克劳德·帕利斯卡著,汪启璋、顾连理、吴佩华译:《西方音乐史》,人民音乐出版社 1996 年版。
陆弘石、舒晓鸣著:《中国电影史》,文化艺术出版社 1998 年版。
王晓玉主编:《中国电影史纲》,上海古籍出版社 2003 年版。
倪骏著:《中国电影史》,中国电影出版社 2004 年版。
章柏青著:《中国电影·电视》,文化艺术出版社 1999 年版。
周星等著:《中国电影艺术发展史教程》,北京师范大学出版社 2005 年版。
钟艺兵主编:《中国电视艺术发展史》,浙江人民出版社 1994 年版。
郭镇之著:《中国电视史》,文化艺术出版社 1997 年版。
张巍著:《外国电影史》,中国电影出版社 2004 年版。
康尔著:《西方电影导读》,南京大学出版社 2001 年版。
韩莓编著:《西方电影》,湖北美术出版社 2005 年版。
黄文达著:《世界电影史纲》,上海古籍出版社 2003 年版。
郑亚玲、胡滨著:《外国电影史》,中国广播电视出版社 1995 年版。

后记

张维青　高毅清

书稿终于完成，了却一桩心愿。

近年来一直想做这件事，原因是在学科的发展和自己的教学中感到十分需要。这里有几层意思，一是在强调综合素质创新发展的今天，艺术学科的建设需要一部这样整合各个专业知识的书籍，打通专业之间的联系而获得整体素质的提升，这对艺术学科跨专业的联通无疑具有积极意义，对学生总体素质的培养也富有多重的价值；二是西方现代的艺术家和哲学家已做出很好的范例，他们通过历史的研究和理论的建树，把艺术感受和哲学思考联系起来，探究人生的本质和追求，从而做出了富有创新意义的成果，从各个角度推进了学科向更深更宽的层面突破，这给了我们很多很好的启示；三是自己对艺术史深感学习和研究的不足，正需系统地梳理和深入地探索以提高学养，丰富和完善知识的储备和更新，给学生提供更为丰富的养料，这是一件基础的事情也是一件升华的事情；四是自己承担艺术学的课程，课程涉及到比较研究的领域，这一领域需要宏观观照和科学方法的联系，所以打通史与论进行系统地考察也就十分必要，中外古今的艺术现象需要较为扎实、清醒的认识。

鉴于以上原因，自己也关注学界的已有成果和最新动态，但由于此课题较大较难，既广博又专业，费力未必讨好，始终未见到内容丰富、形式简要的这类书籍。所见各门艺术史固然不少，或大或精，但将它们汇集到一起却并不多见，而中外艺术是按照时空的推进发生发展的，各门艺术都是在特定的语境和氛围中嬗进的，它们在共同的艺术思潮中互相影响、互相启发、互相借鉴，各门类艺术虽有独自的个性特征，虽有艺术家、民族性以及地域和风格的不同，但受主流的影响或时代的创新总有其相同相异的一面。客观地看待是深入地论说的基础，因此，史家、论者当前尽管可能有不同的观点，但历史不能假说，论析需要证据，由此较为务实的思想成为编纂这部书的主导思路，遂决心下些功夫，哪怕并不尽善尽美也创试之。

编此书还有相关的契机，就是随着艺术教育事业的勃兴和规模的扩大，市场经济的深化和生活节奏的加快，人们素质的提高及艺术趣味的浓厚，也迫切需要能够深入浅出地较为全面地而又浓缩精炼地介绍艺术的书籍。

其一，当下青年学子为接受更高层次的教育，获得人生发展的更好远景，他们参加高考、考研是一条现实的途径，但实际情况是，他们不可能奔波于各大书店淘选各类专业书籍，不可能在有限的时间内掌握大量的专业知识，也不可能花费大量的金钱把各门类的书籍买全，所以编此艺术类综合性之书也是考虑到广大考生的需要，一书在手，不用东奔西走，尽览古今中外，获取质价效益，在他们备考的同时也获得了对艺术的基本了解，无论是否走入艺术殿堂都是对素质提升的一件幸事，鱼与熊掌兼得，于俗于雅有利无弊，何乐而不为。

其二，在市场经济深拓的条件下和知识经济时代的来临中，尽管人们的工作高度紧张，但仍要不断地充实自己，也需要强化艺术的修养，同时或可愉悦、舒缓疲惫的心灵，他们没有很多时间细读大部头考释性的著作，因此编一部总汇式的信息含量大且接受起来快的书也是适时的。打一个不十分恰当的比喻，相对于大百货公司和精品专卖店，此书可谓类似于中型超市，生活中的必需品大致都有，货品保证质量且价格不贵，当然，经营好这个超市也不是很容易的，要了解顾客的品位和需求，自己也要有独到的眼光和多重的考虑，如高端的、低端的都有，精英的、大众的皆全，通盘筹划，搭配得当，侧重品质，提供合理的健康的优质的货品，从象牙塔走到民间去，把高而精的研究成果转化为普及性的大众需求，在文化市场和企业文化中独具一份风韵。

其三，在强调培养跨界型、复合型人才的过程中，在倡导打破、消融学科阻隔的发展势头中，编此一书也算是切中了时代脉搏，迎接了一场挑战而迎合了一份机遇。在艺术学内部，可谓将各专业知识联络起来，它们自成体系又互为整体；在艺术学外部，它又给其他学科提供了可以吸取的养料和参照的体系，如不同的时空发生的艺术及其走向，不管是哲学、社会科学还是自然科学，都可以从中得到镜像开阔视野。在当前的高校教学和中学的课程改革中，也可作为一部艺术素质的教材。总之，正是在这样的境况下，与山东人民出版社的编辑沟通切磋，取得共识。于是，一个酝酿已久的想法变成了现实，这就是读者诸君手中拿到的、眼前看到的一部有些高雅又有些通俗、意味深长或许也平淡无奇的撰述。

事实上，做好这件事情并不容易，因为要满足日益增长的大众阅读需求，并不等于粗俗、浅薄的简单说教，而是要通过消化吸收、提炼精纯的研究过程，得出较为切实的识见并较为恰切地传达出来。同时更为实际的是，随着我国艺术研究的深入，艺术教育的发展，艺术素质的提高，这就要求本书力求站在学术高度，又要密切贴近现实，时新适用，雅俗共赏。我们知道，在辽阔的生存境域和悠久的历史发展中，人类以多元的探索和多样的手段与不竭的智慧和不懈的努力创造了大量的艺术作品。这些作品是一笔巨大的文化资源和宝贵的精神财富，凝聚着人们广博的经验和深刻的思考。它既蕴含着集体积淀的意识,同时凸现着个体独特的灵感,因而记载下人的共性审美历程和个案艺术特征。在当今全球化的语境中,人们的视野不断开阔,思维不断活跃,深入了解中外文化的状况已成为“地球村”成员的乐事,而艺术文本的理性研究则可以提供许多有价值的欣赏借鉴。所以,遍取中外,察古应今,的确是一件有意思的事情。正是在这样一个思路上,本书试图以简洁的方式梳理中外艺术的发展线索,以简要的文笔勾勒中外艺术创作的大致景观,以简明的论说扼要介绍中外艺术的有关常识。它不是百科全书式的逸闻杂谈,而是专业精英式的逻辑梳理,故有学院的高端指向和大众的实用目的,书名定为《中外艺术史要略》或可体现这一意图.同时也是为适应社会生活快节奏的需要做出的一种尝试。

全书体例分为五编,按艺术类五大史划分,为文学、戏剧、美术、音乐、影视。因文学类过大,故从中分出戏剧部分,也避免了戏剧原属文学的状况,使分类明确,便于操作。五大类从艺术史角度出发,按时间线索从古到今,分别介绍、论述中国和外国的艺术常识和艺术现象,它汇总精要内容和科研成果以组编的形式体现,尽可能囊括所有题目而在书中给出答案.在一般教材和学术论著的基础上,力求全面、简要、翔实、明晰地撰述,既便于学生了解、把握、查找、应试,也给一般读者扼要地浏览提供了便捷的途径。在每个部分之后列出思考题，而题目的解答就在书中的相关内容,因此具有体例清楚、立足高端、务求实效的特点。

在确定了思路和体例后开始撰写,但这一工程的实施也是不易的,好在有几个年轻人愿意加入到这个过程中。于是主编制定了大纲、分解了任务、提出了要求,按照本书体例顺序,分工负责撰写的为:

第一编	文学卷	上卷	中国部分	王　雯
		下卷	外国部分	单　帅
第二编	戏剧卷	上卷	中国部分	张维青
		下卷	外国部分	于利平
第三编	美术卷	上卷	中国部分	高毅清
		下卷	外国部分	伦伟华
第四编	音乐卷	上卷	中国部分	于洪燕
		下卷	外国部分	张永清
第五编	影视卷	全卷	中外部分	袁亭亭

为保证质量,我们拟定了编写原则:一、从实用出发,避免矫揉造作,高谈阔论,务虚谈玄;二、查证具体材料,博览有关书籍,在消化吸收的基础上整合扼述,每个部分之后必列具体参考书目;三、内容要有明确说法,概念、论述不能含糊不清,要符合事实切中肯綮.避免琐碎繁冗;四、先具

体列出逻辑结构，眉目层次要清楚，条分缕析，说理透彻，前后不能矛盾交叉；五、要以学术语言，应具平实理性，根据内容不同适当体现文采，力戒枯燥、晦涩，力戒柔靡、浮艳，要文质相符，雅俗共赏；六、要达优质目的，不故作高深，要平易近人，适读耐看，易懂合用，既有较高的学术精神价值，又有较强的实务工具性质。

在此前提下，全部书稿完成后，由主编统合、审读、修改、定稿。由于作者分工的艺术门类不同，掌握材料和研究的能力不同，文字表达的功夫和风格不同，故全书的总体大致贯通了前设的思路，但各部分仍保留了撰述者的个性痕迹。虽然我们抱着美好的愿望出发，但很难自诩就达到了预期目标，在时间紧、跨度大、任务重的情况下，尽管力求把此书做成广博、简约的精品，但难免挂一漏万，书中仍有错误、纰漏，还请各方专家、学者批评指正。

需要提及的是，本书撰写过程中，参阅了大量前贤和今哲的著作，这些成果启发了本书的写作，在此深表感谢。还要感谢山东艺术学院的领导对本书的关心和支持，他们重视科研并给与相应资助。特别感谢艺术文化学院院长田川流教授，他在承担行政工作、教学任务、科研探索的繁忙日程中，抽出时间专为本书作序，从学科建设和教师发展的角度，对本书给以充分的肯定和高度的赞誉。另外还要感谢的是山东人民出版社的编辑们，尤其是袁丽娟女士，她为推出本书屡次督促、精心筹划、诚挚建议，使得本书能够尽早与读者见面。我们将把这些鼓励铭记在心，不负良师益友的厚望，在今后做出更好的业绩。

2006年9月10日夜

图书在版编目（CIP）数据

中外艺术史要略 / 张维青主编. -2版. — 济南: 山东人民出版社, 2006.9（2025.8重印）

ISBN 978-7-209-04113-3

Ⅰ. 中… Ⅱ. ①张… Ⅲ. 艺术史—世界 Ⅳ. J110.9

中国国家版本馆CIP数据核字（2006）第119365号

装帧设计：武　斌
制　　作：候地霞

中外艺术史要略
ZHONGWAI YISHUSHI YAOLUE

张维青　主编

主管单位　山东出版传媒股份有限公司
出版发行　山东人民出版社
出 版 人　田晓玉
社　　址　济南市市中区舜耕路517号
邮　　编　250003
电　　话　总编室(0531)82098914
　　　　　市场部(0531)82098027
网　　址　http://www.sd-book.com.cn
印　　装　山东华立印务有限公司
经　　销　新华书店

规　　格　16开(185mm×260mm)
印　　张　35
字　　数　600千字
版　　次　2010年7月第2版
印　　次　2025年8月第14次
ISBN 978-7-209-04113-3
定　　价　56.00元
如有印装质量问题，请与印刷厂调换。电话：(0531)76216033